역사유물론 연구

역사유물론 연구

Cinq études du matérialisme historique

에티엔 발리바르 지음
배세진 옮김

현실문화

추천사

진태원 고려대 민족문화연구원 선임연구원

지금부터 40여 년 전에 프랑스어 원서가 출간되었고, 또한 30여 년 전에 우리말 번역본이 출간된 바 있는 에티엔 발리바르의 이 책에 대해, 나로서는 한 사람의 독자가 어떤 책에 대한 서평을 쓰듯이 아니면 그 책에 대해 가벼운 소감을 남기듯이('괜찮은데?' '뭔 소리야?' '아직도 이 얘기야?') 발언하기는 어렵다. 그것은 무엇보다도 1989년 『역사유물론 연구』라는 제목으로 출간된 이 책의 국역본에 대한 독서가 나 자신에게 큰 영향을 미쳤기 때문이다.

그 이전까지 나는 이른바 '헤겔 마르크스주의' 내지 '서구 마르크스주의'에 속하는 저작들, 예컨대 죄르지 루카치의 『역사와 계급의식』이나 허버트 마르쿠제의 『이성과 혁명』, 또는 카렐 코지크의 『구체성의 변증법』이나 안토니오 그람시의 『옥중수고』 같은 책을 즐겨 읽었다. 당시 한창 전개되고 있던 사회성격 논쟁에 얼마간 관심을 갖고 있던 나는, 알튀세르와 발리바르가 이 논쟁의 주요한 한 입장이었던 이른바 'PD'파의 이론적 전거로 거론되고 있다는 사실은 알고 있었다. 하지만 막상 그들의 저작을 직접 접하기는 쉽지 않았다. 따라서 이 책은 내가 접한 알튀세리엥들의 첫 번째 책이었고, 이 책의 독서는 깊은 인상을 남겼다.

30여 년이 지난 오늘날까지도 기억하는 이 책 속 문구 두 개가 있다. 첫째는 2장에 나오는 프롤레타리아 독재에 관한 문구였다. "착취계급과, 역사상 최초로 그리고 생산 내에서 차지하고 있는 위치로 인해 스스로 권력을 쟁취할 수 있는 능력을 지닌 피착취계급은 그들의 권력을(그리고 심지어는 그들의 절대적 권력, 즉 '독재'를) 동일한 수단을 갖고서 그리고 동일한 형태로 행사할 수 없다." 다른 하나는 4장의 마지막 문장으로, 마르크스-레닌주의란 "마르크스주의 및 레닌주의가 아니라 (내가 감히 다음과 같이 말할 수 있다면) 레닌주의 내의 마르크스주의"라는 것이다.

이 두 가지 문구가 오랫동안 기억 속에 남아 있는 이유는, 돌이켜보건대 아마도 첫 번째 문구는 프롤레타리아 정치가 왜 근본적이고 새로운 정치인지 납득할 수 있게 해주었기 때문일 것이고, 두 번째 문구는 마르크스-레닌주의 또는 마르크스주의가 목적론적인 교조주의 체계가 아니라, 오늘날의 투쟁 속에서 지속적으로 쇄신되어야 하는 개방적인 이론적 실천의 형태라는 것을 깨닫게 해주었기 때문일 것이다. 아무튼 발리바르의 이 책은 나에게 마르크스주의가 무엇인지, 그것이 추구하는 변혁의 성격이 어떤 것이었는지를 이전의 다른 철학책들보다 훨씬 더 생생하고 구체적으로 일깨워주었다.

따라서 발리바르가 40여 년 전에 이 책을 썼을 때, 그리고 나와 같은 독자들이 30여 년 전에 이 책을 한글로 읽었을 때, 아마도 우리 모두는 전前미래(또는 미래완료)의 시점에서 사고하고 있었을 것이다. 그것은 공산주의 정치의 새로운 실천일 수도 있었고 남한에서 사회주의 혁명의 전망일 수도 있었다.

하지만 이제 1989년의 초판 번역본에서는 누락되었던 3장의 부록과 5장이 추가되고 전체적으로 프랑스어 원본에 더 충실하게 번역된, 말 그대로 『역사유물론 연구』 완역본을 접하게 된 나 자신도 그렇거니와, 아마도 원서가 출판된 지 40여 년 뒤에 이 책의 「한국어판 서문」을 보내온 발리바르도 더는 예전과 같이 전미래 시제에 따라 이 책을 읽을 수는 없을 것이다. 이 책의 독서는 오히려 말하자면 '지나간 미래'의 시제, 또는 '미래Zukunft의 유래Herkunft로서 과거'의 시점에 따라 이루어질 수밖에 없다.

오늘날의 독자들은 이 책에서 마르크스주의의 필연성이 무엇인지 배울 수 있을 것이다. 확실히 이 책은 오늘날에도 여전히 마르크스주의의 이론적 핵심인 정치경제학 비판과 프롤레타리아 독재론에 관한 가장 좋은 길잡이 중 하나라고 할 만하다. 아마도 눈 밝은 독자들이라면 이러한 필연성이 어떻게 불가능성에 이르게 되었는지, 그 이유에 대한 해명도 이 책에서 발견할 수 있을 것이다. 가능성만이 아니라 불가능성을 조건으로 하는 필연성이란 어떤 것인지 파악하기 위해서는 아마도 조금 더 깊은 독서가 필요할 것이다.

완역본으로 새로 읽으니 이번에는 5장에 나오는 다음 문구가 내 눈을 사로잡았다. "마르크스주의 이론의 역사는 노동자운동과 사회주의의 역사의 한 부분에 불과하다." 확실히 그렇다. 이전에도 그랬거니와 지금도, 그리고 앞으로도 그럴 것이다.

추천사

백승욱 중앙대 사회학과 교수

발리바르의 이 책은 '마르크스와 더불어' 마르크스주의 사유의 극한을 어디까지 밀고 가볼 수 있는지 좌표를 설정한 책이다. 발리바르 자신은 이처럼 '마르크스와 더불어' 이론적 사유를 극한까지 전개한 뒤 마르크스의 아포리아를 인식하고, 이제는 '마르크스를 위하여' 무엇을 어떻게 발언할지 고민하고 있다.

발리바르 사유 과정의 출발점이라 할 이 책에서 그는 마르크스에 대한 경제주의적·진화주의적 해석을 넘어서고자 한다. 그는 생산양식의 일반이론이란 불가능하며 오직 자본주의 생산양식의 특수 이론만 존재함을 강조한다. 또한 생산관계 우위하에 생산관계와 생산력을 통일적으로 이해함으로써, 계급투쟁 우위 속의 자본주의 생산양식의 특성을 규명한다. 이와 더불어, 가치증식 우위하에 가치의 형성이라는 관점을 제시하면서 계급에 대한 '사회학주의'적 해석을 거부하면서 적대 구조의 재생산으로서 계급이라는 관점을 제출하는 동시에 부르주아지와 프롤레타리아 계급의 비대칭성이라는 테제를 제출한다.

이런 전제로부터 이행과 재생산의 통일적 이해, 그리고 생산양식

의 모순 내부로부터 새로운 정치의 필연성과 동시에 정치의 진화주의
적 사고의 부정(프롤레타리아 독재라 지칭하는 새로운 정치에 대한 요청)
이라는 결론이 제기된다. 이후에 발리바르가 '노동과정과 국가 사이
의 단락'이라 지칭한 사유가 이미 여기서 출발하고 있음을 확인할 수
있다.

이렇게 계급적대라는 하나의 모순에 기원하는 과잉결정의 사고
를 발전시키면서 발리바르는 자본과 국가, 생산력과 생산관계, 부르
주아지와 프롤레타리아트를 왜 두 개의 병립하는 기원이 아닌 '하나'
의 대립물의 통일 속에서 사유해야 하는지를, 그러면서도 그것이 어
떻게 환원주의로 가지 않는지를, 그것이 왜 '마르크스와 더불어'의 출
발점이 되어야 하는지를, 그리고 왜 바로 거기서 정치가 출발해야 하
는지를 밝혀낸다. 우리는 이처럼 두 개의 상이한 기원처럼 보이는 대
립물의 통일적 사고를 통해 '하나'로 돌아온 이후에야 비로소, 마르
크스의 한계라는 질문을 개시할 수 있다. 또한 마르크스에 발 딛고
서 있으면서도 상대주의를 벗어나 이 '하나'에 머물 수 없고, '둘' 또는
'셋'의 복수의 기원들의 문제를 어떻게 대면하면서 마르크스의 아포
리아를 넘어설 수 있을지 성찰해볼 수 있다.

마르크스의 이론을 대하는 발리바르의 태도는 마르크스 자신이
걸었듯이 실천(계급투쟁) 우위하에서 반복되는 이론의 자기비판과 정
정이라는 역사유물론의 고유한 이론적 발전의 과정으로 이해되어야
한다. 이를 위해서는, 발리바르가 각 시기 '무엇'을 이야기했는가보다
는, 그가 새로운 정세하에서 앞서의 입장들에서 출발해 '어떻게' 정치
와 이론의 아포리아를 돌파해 이론의 유물론적 효과를 위한 새로운
사유를 전개하는지를 보아야 한다. 특히 이 시기 발리바르에게서 부

각되기 시작한 당 형태의 역사적 제약성이라는 고민을, 이 책을 회고적으로 읽는 지금 반드시 염두에 두어야 할 것이다.

이 책이 한국에 소개됨으로써 마르크스를 세련된 사상의 흐름으로 해석하고 발전시키고자 하는 사람들에게 하나의 길잡이가 되었다면, 이제는 '마르크스와 더불어' 더 극한까지 가보는 동시에 '마르크스를 위하여' 우리에게 맡겨진 사상적·실천적 임무가 무엇인지 천착해보는 작업에 어떤 도움을 줄 수 있을지 기대된다. 모든 사상적 모색에는 나선형적으로 회귀해 자기의 궤적을 성찰적·비판적으로 되돌아볼 정거장이 필요하다. 이 책은 발리바르 자신에게 그랬듯이 우리에게도 지금 그런 의미로 남게 될 것이다.

『역사유물론 연구』 한국어판 서문[1]

1974년 출간한 저의 논문 모음집 『역사유물론 연구』가 배세진 씨의 노고로 이전 1989년 번역본과는 달리 이제 완역돼 새 한국어 번역이 나올 수 있게 되어 저는 큰 기쁨과 영광을 느낍니다. 저는 역자 배세진 씨에게 깊은 감사를 표하고 싶은데요. 그런데 45년도 더 전에 출간했던(그리고 이 논문모음집의 연구 중 몇몇 연구의 경우 그보다도 더 오래되었죠) 책을 오늘날 한국의 독자들이—오늘날 한국의 독자들 가운데에서도 특히, 제가 교육받았던 그리고 제가 철학과 마르크스주의에 대한 연구에 착수했던 그러한 세계와는 분명 매우 다른 세계 속에서 성찰의 시대[혹은 나이]로 이제 막 접어들고 있는, 젊은 세대의 독자들이—관심을 가질 만한 가치가 있을 거라 판단하고 이를 번역하기 위해 그가 그토록 고된 작업을 수행했다는 점을 생각해본다면, 당연히 제가 표하는 감사에는 감동 또한 함께할 것입니다.

또한 저는 이 기회를 빌려 저의 미래의 독자들에게, 그리고 이 미

---

1   이 한국어판 서문 번역의 경우, 한국의 독자들에게 부치는 저자의 편지에 가깝다는 점에서, 글의 성격에 맞게 최대한 가독성에 중점을 두어 번역했음을 밝힌다.—옮긴이

래의 독자들을 통해 한국의 지식인들에게 반가운 인사를 전하고 싶습니다. 애석하게도 저는 한국에서 저에게 제안한 초대들을 수락할 수 없었고, 결국 한국을 직접 방문해 그 민감한 현실 속에서 이 나라를 바라볼 수 없었습니다. 저는 영화, 예술작품, 문학, 언론 그리고 한국의 몇몇 학자들(이들 중 몇몇은 이미 자신들의 동료 시민들에게 제 작업을 '소개'하기를 원하고 있었죠)과 나누었던 서신들을 통해서만, 그리고 무엇보다도 특히 제가 오랫동안 학생들을 가르쳤던 곳인 저의 나라 프랑스에 저 세계 반대편 끝에서부터 유학을 온 한국 학생들을 통해서만 한국을 알고 있을 뿐입니다. 이들 덕분에 저는 한국의 정신적[문화적 혹은 학문적] 풍요로움을, 그리고 한국에서(특히 대학에서) 전개되었던 해방투쟁의 역량을 조금은 인지하게 되었고, 이 해방투쟁의 주인공들의 영웅적 행위에 감탄했습니다. 저에게 이는, 제 책들 중 한 권이 한국어로 새로이 번역된다는 것이 단순한 우연적 사건은 아니라는 것을 의미합니다.

분명, 이 책에 포함되어 있는 시론들과 이 책이 담고 있는 역사유물론에 관한 해석의 관념들 혹은 가설들로부터 오늘날 우리가 무엇을 사고해야 하는지를 말할 수 있는 권리가 저에게 속해 있지는 않습니다. 상황의 강제에 의해 저는 이에 대한 왜곡된 지각[기억]을 갖고 있는데, 달리 말해 이는 다른 요소들 가운데에서도 특히 (정치철학의 영역 내에서 마르크스에 대한 해석과 이를 넘어서는 것에 대해) 저로 하여금 성찰하도록 만들기를 멈추지 않았던 해석의 관념들 혹은 가설들에서의 요소들만을, 그리고 '오류'는 아니라고 해도(그런데 철학에 오류란 것이 있다면 그건 도대체 무엇입니까?) 최소한 더 이상은 유지하기가 불가능한 그러한 입장들로 오늘의 제가 간주하는 혹은 그 반대물로 전도해야만 할 것 같은(많은 경우 이러한 반대물로의 전도는 동일한 질문에 대해 계속 실험해나가는 하나의 방식이죠) 그러한 요소들만을 [다른 요소들 대신] 제가 기억하고 있다는 점을 의미합니다.

저는 이 책을 제가 아닌 다른 이가 쓴 책으로 판단하기 위해 이 책으로부터 스스로를 거리 둘 수 없으며, 또한 저는 이 책을 썼던 당시의 저와 지금의 저를 동일시할 수도 없습니다. 여러 가지 지점에서 이제 저와는 서로 매우 멀리 떨어져 있는 어느 한 명의 프랑스 철학자, 하지만 인격적 동일성identité personnelle이라는 질문에 관한 그의 현상학적 작업에 제가 여전히 경탄하고 있는 어느 한 명의 프랑스 철학자(즉 폴 리쾨르)의 아름다운 표현을 활용하자면, 이는 '다른 한 명의 타자와 같은 나 자신moi-même comme un autre'이지요. 그래서 저는 이 서문에서, 한국의 독자들의 너그러움을 요청하면서, 이 책을 썼던 당시 제가 작업했던 조건들에 대한 몇 가지 세부적인 맥락들을 제공하고, 이 책에 포함된 '연구들' 중 세 가지가 저의 관점에서 보자면 여전히 지니고 있는(물론 이 세 연구 각각이 서로 다른 이유로 인해 지니고 있는) 흥미로운 점임을 지시하는 것으로 만족하고자 합니다.[2] 하지만 제가 이러한 저의 선택을, 다른 독해들보다 몇몇 특정한 독해들을 특권화하는 하나의 방식으로 간주하고 있는 것은 전혀 아니라는 점을 명확히 해야겠습니다.

우선, 루이 알튀세르의 지도하에서, 그리고 (그 당시 저는 대학에서 공부 중이던 젊은 학생에 불과했지만) 저 또한 속해 있던 알튀세르 제자

---

[2]   바로 뒤에서 등장하겠지만 독자들의 이해를 위해 군이 첨언하자면 이 세 연구란 2장 「『공산주의자 선언』의 정정」, 3장 「잉여가치와 사회계급」, 5장 「마르크스주의 이론의 역사에서 유물론과 관념론」이다.─옮긴이

들의 집단[3]과 함께 (1965년 출간한) 『'자본'을 읽자』라는 집단저작의 집필에 제가 참여했다는 점을 독자들에게 상기시켜야겠습니다.[4] 물론 이때의 저는 엄청난 강도로 작업했으며 우리 집단의 분위기는 이런 빠른 습득을 가능케 했습니다(여기에는 알튀세르 자신의 강한 추동력 또한 기여했다는 점을 잊지 말아야 하는데, 그의 추동력은 선생의 것이었음에도 그것이 거의 조금도 권위적이지 않았던 만큼 더욱 효과적이었습니다). 하지만 그럼에도 어쨌든 저는 한 명의 견습생에 불과했죠. 이는 특히 마르크스의 저작에 대한 저의 이해가 우리 알튀세르 집단이 특권화했던 몇몇 텍스트들(특히 『자본』)에 집중되어 있었다는 점을, 그리고 마르크스에 대한 역사적으로 중요한 주해들과 동시대의 다른 독해들 대부분에 대해 무지했다는 점을, 그리고 많은 경우 제가 (알튀세르가 특히나 좋아했던 스피노자의 표현 하나를 다시 취해보자면) '전제 없는 결론들'로 나아갔다는 점을 의미합니다.

결과적으로, 『'자본'을 읽자』 출간 이후 몇 년 동안, 우리 알튀세르 집단의 직관을 발전시키고자 시도하고 동시대에 벌어졌던 논쟁들에 무절제하게sans modération 참여함과 동시에, 저는 『'자본'을 읽자』에서 어떤 의미에서 보자면 '내가 이미 썼던 바를 다시 이해'해야 했으며 그 적절성을 시험해보아야만 했습니다. 하지만 당연하게도, 제가 이런 식으로 저 자신을 추격해나갔던 반면, 우리 알튀세르 집단

---

3   즉 『'자본'을 읽자』의 초판에 등장하는 인물들(피에르 마슈레, 자크 랑시에르, 로제 에스타블레), 그리고 이 저서의 공저자로 등장하지는 않지만 그럼에도 『'자본'을 읽자』 집필을 위한 예비 세미나의 토론에 활발히 참여했던 이들을 뜻한다.

4   이에 대해서 독자들은 『'자본'을 읽자』를 위한 발리바르의 2019년 새 서문을 참조할 수 있다. 「『'자본'을 읽자』를 읽자」, 에티엔 발리바르 지음, 배세진 옮김, 웹진 인무브(www.en-movement. net) 참조. 이 텍스트는 한국어판 『'자본'을 읽자』의 새 서문으로도 수록될 예정이다.—옮긴이

이 그 속에서 작업했던 상황이, 그리고 우리 집단이 이를 대상으로 하여 '이론의 무기'를 주조하기를 원했던 그러한 상황이 변화했지요. 심지어 이 상황은 무대의 완전한 변화까지도 생산했는데, 정치적 차원에서 보자면 이러한 무대의 완전한 변화에 대해 저는 상징적으로 1968년 봉기의 효과들을, 그다음으로는 (알튀세르와 마찬가지로 저 또한 소속되어 있었던) 프랑스 공산당의 '유로공산주의'의 프랑스적 변형태[변종]로의 변화(이 '유로공산주의'의 프랑스적 변형태의 중심 테마는 '사회주의로의 평화적 이행'이었죠)를 연결지을 수 있습니다. 따라서 저는, 저 자신의 관념들에 대한 회고적 전유 작업 속에서, 이 관념들을 새로운 전선에 복무하도록 만들기 위해 이 관념들을 조정하는 작업 또한 동시에 시도했습니다. 이 작업은 같은 시기에 수행되고 있었던 알튀세르의 (종종 매우 공격적이었던) '자기비판'(이 '자기비판'의 저서인 『자기비판의 요소들』과 『존 루이스에 대한 답변』 모두는 1972년에 출간되었습니다)에 의해 영향 받았습니다만, 그럼에도 이 작업은 자신만의 고유한 길들로 나아갔죠.

『'자본'을 읽자』 집필 당시 '알튀세르' 집단 내에서 그토록 강력했던 인식론적 관심을 포기하지는 않으면서도, 저 또한 '구조주의적' 패러다임에 대한 일종의 '부인reniement'에 기여했으며,[5] 또한 마르크스에 대한 독해의 중심에서 마르크스의 정치적 의도를 복원하기 위한, 게다가 마르크스를 '재정치화'하기 위한(마르크스주의가 어떠한 하나의 정치를 정초하는 것 이외의 다른 목표를 가져본 적이 없는 하나의 독트린이기

---

[5]　이러한 부인이 이 시기에 매우 광범위하게 행해졌다는 점을 지적해야만 하는데, 알튀세르적 마르크스주의자들에게서뿐만 아니라 푸코, 심지어는 들뢰즈 같은 다른 이들에게서도 그러했다.

에, 사람들에게는 이것이 꽤나 역설적으로 보일 것입니다) 시도를 행했습니다. 바로 이 시기에 알튀세르는 '이론에서의 계급투쟁'이라는 철학(일반)에 대한 새로운 정의를 제출했죠. 제 책에 담겨 있는 논쟁들 중 몇몇, 특히 『이론적 실천Theoretical Practice』이라는 영국 학술지의 편집진들의 '하이퍼-알튀세르주의'와의 논쟁은, 저 스스로가 그로부터 해방되고자 노력했던 '편향들'을 논쟁의 맞수들에게 부여하는 하나의 방식을 구성하는 것이었을 수도 있습니다(이런 방식이 아름다운 것은 전혀 아니겠지만 지적 영역에서는 종종 일어나는 일이죠).

이러한 서로 모순되는 추동력들이 만들어낸 결과는, 제가 마르크스의 텍스트들의 **문자 그 자체**에, 그리고 알튀세르가 '징후적 독해'라 불렀던 바(제 생각에 이 '징후적 독해'는 알튀세르의 가장 위대한 철학적 관념들 가운데 하나입니다)를 마르크스의 텍스트들에 적용했을 때 이 마르크스의 텍스트들에서 드러나게 되는 **아포리아들**에 매혹되어 왔었고 여전히도 매혹되어 있기에, 마르크스주의의 근본 명제들에 대한 '탈구축'의 실천(『역사유물론 연구』에 대한 서평에서 배세진 씨가 지적했듯 분명 데리다에게 빚고 있는 것이 틀림없는)을 수행하게 되었다는 점으로 보입니다.

저는 마르크스주의의 근본 명제들에 대한 이러한 '탈구축' 실천을 이 『역사유물론 연구』 이후의 여러 저작들에서 추수해왔으며, 결국 근본적으로는 지금도 여전히 수행하고 있습니다. 이러한 실천은, 사람들이 겪는 것을 제가 종종 관찰합니다만, 마르크스로부터 스스로를 **분리**하는 것을 어렵게 만드는 난점뿐만 아니라, 마르크스에게 **일의적인** 혹은 **확정적인** 하나의 독트린을 부여하는 것을 어렵게 만드는 그러한 난점도 지니고 있습니다. 하지만 이와 반대로 이러한 실천은 우리를 점점 더 이러한 **일의적인** 혹은 **확정적인** 하나의 독트린을 부여하는 것으로부터 멀어지게 만들고 있는데, 그러나 제가 보았을 때 또한 이는 마르크스를 그 미라화로부터 그러니까 그 죽음으로부터 지켜내는 유일한 방식인 것 같습니다.

그래서 저는, 오늘날의 저에게 보여지는 바 그 자체로서 이 책 안에서 제시된 세 가지 '독해들'의 전략적 특징에 대해 몇 마디 하고자 합니다. 물론 매우 간략하게 말이죠. 우선 『공산주의자 선언』의 정정', 그러니까 파리코뮌의 경험 이후 마르크스 스스로가 (역시 엥겔스와 함께 집필했던, 『공산주의자 선언』의 1872년 서문에서) 프롤레타리아 혁명에는 '민주주의를 쟁취하는 것'뿐만 아니라 [대문자] 국가장치의 파괴destruction와 해체démantèlement 작업에 착수하는 것 또한 필수적이라고 선언했다는 관념에서부터 시작해보죠.

이 관념은 특히 레닌에게서(그의 저작들 중에서도 특히 『국가와 혁명』 안에서) 집요하게 남아 있는, '프롤레타리아 독재'를 중심으로 하는 마르크스주의 전통과 그 논쟁의 공통의 장소[즉 상식]입니다. 프랑스 공산당은 그 당시 [대문자] 프롤레타리아 독재라는 개념concept의 '포기'를 여전히 결정하지 않고 있었는데, 그렇지만 이에 대한 질문은 당 내에서 이미 광범위하게 퍼져 있었죠.[6] 따라서 외관상 순전히 문헌학적인 것으로 보이는 저의 개입은, 마르크스주의의 '정초적'('신성한'이라

6 　이는 필자로 하여금 1976년에, 알튀세르의 요청에 따라, 특수한 목적을 지니는 '프롤레타리아 독재에 관하여'라는 제목의 시론 한 편을 작성하도록 이끌었다. 이 시론에서 필자는 이 프롤레타리아 독재라는 개념을 정당화함과 동시에 그에 대한 스탈린주의적 해석을 비판하고자 시도했다. (이 시론은 알튀세르가 책임지도하던 『이론』 총서 중 한 권으로 프랑수아 마스페로 출판사에서 '프롤레타리아 독재에 관하여'라는 제목의 단행본으로 출간되었는데, 한국에서는 '민주주의와 독재'라는 제목으로 번역되었다. 『민주주의와 독재』, 에티엔 발리바르 지음, 최인락 옮김, 연구사, 1988 참조. ─옮긴이)

고 말하려 했네요…) 텍스트들에 대한 해석으로 코드화된[해석의 형태를 취하는] 방법을 따르는, 우리가 프랑스 공산당에게 그 책임을 물었던 '수정주의'에 대항하는 하나의 공격이라는 의미를 지니고 있었습니다. 하지만 만일 그 중요성을 인정하면서도 동시에 제가 정반대의 입장을 취하고자 했던 대상인 이론적 정교화 작업들élaborations[7]에 대해 우리가 더욱 흥미로운 관념을 얻고 싶다면, 우리는 '프롤레타리아 독재'를 **국가 한가운데에서의**au sein de l'État 정치투쟁 혹은 계급투쟁으로 대체하는 관념을 발전시키는 니코스 풀란차스Nicos Poulantzas의 시론들(이와 동시대에 출간되었던)을 읽어야만 합니다.

그 당시 알튀세르는 이러한 풀란차스의 관념을 불편해했는데, 알튀세르와 달리 이후의 저는 그 당시의 제 입장을 전도하면서 이 관념에 존경을 표했죠.[8] 하지만 제 생각에 여기에서 우리는 저 개인의 단순한 입장 변화보다는 더 나은 무언가에 대해 말할 수 있을 것 같습니다. 한편으로, (파리코뮌으로부터 영감을 얻은) 마르크스의 '정정적'[즉 자신의 이전 관념을 정정하는 성격의] 텍스트는 마르크스 이후 레닌이 변증법의 언어로 더욱 사변적인 정식화를 제시했던 그러한 하나의 관념의 맹아 혹은 의거점을 포함하고 있습니다. 여기에서 레닌의 이

---

7   이 책에서 '정교 구성'은 명사 élaboration 혹은 동사 élaborer를 옮긴 것이다. (단, 이곳에서는 가독성을 위해 '정교화 작업들'로 옮긴다.) '세공'이라는 번역어도 많이 쓰이지만 '세공'이 이 어휘의 의미를 잘 표현하지 못한다고 판단해, 옮긴이는 모두 '정교 구성' '정교하게 구성'으로 옮기고 있다. 이 책에서도 옮긴이는 이 어휘를 모두 '정교 구성'으로 일관되게 옮기고자 한다.—옮긴이

8   필자의 저서 *La proposition de l'égaliberté*(평등자유 명제), Paris, PUF, 2010에서 그러했다. (국역본으로는 『평등자유 명제』, 에티엔 발리바르 지음, 진태원 옮김, 그린비, 근간을 참조할 수 있다. 특히 여기에서 발리바르가 언급하는 글은 이 책에 수록된 「공산주의와 시민성: 니코스 풀란차스에 대하여」인데, 이 글은 진태원이 웹진 인무브를 통해 공개한 바 있다. 웹진 인무브www.en-movement.net의 '공산주의와 시민성: 니코스 풀란차스에 대하여'를 참조하라.—옮긴이)

사변적 관념이란, 공산주의로의 '이행'을 목표로 하는 '이행' 국가(이 국가에서 공산주의는 '이행'의 도구이자 동시에 그 목표입니다)는 하나의 '국가/비-국가', 다시 말해 대립물들의 하나의 통일체 혹은 서로 대립하는 원리들과 힘들 사이의 항구적 전투의 장소라는 관념입니다.[9] 우리는 레닌 스스로도, 자기 자신이 이러한 방식으로 정의했던 위험천만한 입장을 러시아 혁명의 와중에 유지할 수 없었다는 점을, 그리고 어쨌든 소련의 역사는 하나의 '국가'를 강화하고자 하는 노력을 통해 이 '비-국가'를 오래오래 매장시켜버리려는 역사였다는 점을 알고 있습니다. 하지만 이것이 우리로 하여금 이 정식 속에서(아무리 이 정식이 추상적인 것이라고 해도) 혁명적 과정 전체를, 심지어는 (조직화와 자생성 이 양자 모두에 동시에 기반하고 있는 것으로서의) 혁명적 사회변혁의 시도 전체를 특징짓는 모순의 이름 그 자체를 인지하지 못하도록 해서는 안 될 것입니다.

이와 동시에 우리는 『공산주의자 선언』 그 자체 내에서 이러한 모순의 표현을 이미 구성하고 있는 바로 나아갈 수 있을 텐데요. 명백히 이 모순이란 바로, 마르크스가 **민주주의**와 **공산주의**라는 두 가지 통념들notions을, 어떤 때에는 민주주의를 기껏해야 프롤레타리아 혁명의 **수단**으로서의 역할을 수행할 수 있는 하나의 **권력형태**(그러니까 국가형태)로 만들면서, 어떤 때에는 민주주의를 (**자유로운 연합**이라는 이름하에) 생산자에 의한 생산자의 통치—오늘날의 우리라면 '급진 민주주의'라고 부를—로서의 공산주의 그 자체의 하나의 본질적

---

9   이 책의 2장에서 다시 언급되겠지만, 여기에서 non-État 즉 '비-국가'는 '국가 아닌 국가'로도 번역 가능하다. ―옮긴이

구성요소로 만들면서, 서로 만나도록 하는 모호한 방식 그 자체입니다.[10]

이 지점에서, 저의 독해들이 가장 나은 경우에는 소심한 것이며 가장 나쁜 경우에는 보수적인 것이었다는 점을 인정해야겠습니다. 그 당시 저는 '부르주아 민주주의'에 대한 레닌주의적 비판(오늘날에도 몇몇 다른 이들이 여전히 행하고 있는)에 사로잡혀 있었으며, 아마도 저는 러시아 혁명이 한창 진행되고 있을 당시 로자 룩셈부르크가 러시아 혁명에 온전히 참여하면서도 동시에 레닌에게 가했던 비판들을 충분히 제대로 읽지 않았던 것 같습니다… 미겔 아방수르 같은 마르크스 정치사상의 주석가는 (자신의 1997년 저서 『국가에 대항하는 민주주의: 마르크스와 마키아벨리적 계기』에서[11]) 마르크스의 1843년의 (유고집인 『헤겔 국법론 비판』에서 제시된) 테제들에서부터 (파리코뮌 이후의) 1872년의 테제들로 나아가는 연속성의 선을 그려내면서, 하지만 역설적이게도 『공산주의자 선언』은 다루지 않고 넘어가면서(아방수르가 『공산주의자 선언』은 다루지 않고 넘어간다는 사실은 우리의 질문이 지니는 난점을 잘 보여주고 있습니다), 저보다 훨씬 더 정확히 이 점을 읽어냈습니다.

물론 대립물들의 통일이라는 관념은 '마르크스주의 이론의 역사에서 유물론과 관념론'이라는 제 시론의 집필 또한 지배하는 관념입니다. 이 시론은 이 시론의 집필 자체에서도, 그리고 이 시론이 다루

---

10 '생산자에 의한 생산자의 통치'에서 '생산자'는 '직접생산자', 즉 '노동자'를 의미한다.—옮긴이
11 발리바르가 매우 중요하게 생각해 자주 인용하는 이 저서는 아쉽게도 국역되지 못했다. 수정증보판인 *La démocratie contre l'État. Marx et le moment machiavélien*, Miguel Abensour, Éditions du Félin, 2012를 참조하라.—옮긴이

는 텍스트들에 대한 독해에서도 세부지점에서 매우 불완전한 텍스트인 것으로 지금의 저에게는 보여지는데요. 그렇지만 그 어느 때보다도 더, 지금의 저는 이 시론이 지니는 철학적 영감 일반의 의미를 강조하고 싶습니다. 이 시론이 지니는 전반적인 철학적 영감은 앞에서 제가 이미 언급했던 '이론에서의 계급투쟁'에 관한 알튀세르의 정식화들, 그리고 '지속적인continuée' 인식론적 절단이라는 관념이 지니는 것과 분명 동일한 의미를 지닙니다. 이 '지속적인' 인식론적 절단이라는 관념을 통해 알튀세르는 '인식론적 절단'에 대한 자신 최초의 이론이 지니는 기계론적 그리고 결국에는 실증주의적 특징을 극복하고자 노력했는데요. 이 관념은 '이데올로기적' 명제들과 '과학적' 명제들 사이의 **구분**이 **이미 획득된 자연적인 것**acquis과 같은 무언가가 전혀 아니며, 오히려 끊임없이 재정의되고 재구축되어야 하는 것이라는 점을 의미합니다.[12] 심지어 우리는 이러한 의미에서 어떤 하나의 명제가 ['이데올로기적' 명제에서 '과학적' 명제로, 혹은 그 역으로] **기호를 변경한다**changer de signe고도 전제할 수 있는데, 왜냐하면 이는 하나의 맥락과 하나의 주어진 정세 속에서 이 명제의 **활용**에 달려 있는 것이기 때문입니다.

조금 더 뒤에(그러니까 1976년의 단편적인, 하지만 매우 깊은 영감속에서 집필된 텍스트들에서[13]) 알튀세르는 마르크스주의가 정신분석

12　'구분(démarcation)' 혹은 '구분선(ligne de démarcation)'에 대해서는 『레닌과 철학』, 루이 알튀세르 지음, 진태원 옮김, 『레닌과 미래의 혁명』, 이진경 외 지음, 그린비, 2008을 참조하라.—옮긴이

13　이 텍스트들은 프랑스어로는 *Solitude de Machiavel et autres textes*(마키아벨리의 고독), Yves Sintomer 편집, PUF, 1998이라는 알튀세르의 논문 모음집에서 읽을 수 있다. 특히 Sur Marx et Freud(마르크스와 프로이트에 대하여)라는 텍스트와 도미니크 르쿠르(Dominique Lecourt)의 저서 *Lyssenko. Histoire d'une science prolétarienne*(리센코: 프롤레타리아 과학의 현실역사)에

학과 같이 '분파적 과학'(혹은 '분열적 과학')이라는 관념 —이러한 과학들 안에서 **정통성**orthodoxie이란 존재하지 않고 단지 서로가 서로를 무한히 정정하는 **편향들**déviations만이 존재합니다—을 제출하게 됩니다.[14] 「마르크스주의 이론의 역사에서 유물론과 관념론」이라는 시론에서 저는 이 정도로까지 멀리 나아가지는 않았지만, 이 시론에서 저는 서로 간에 대립되는 철학적 원리들 사이의 갈등이 서로 대립되는 방향성들에 의해 구성된travaillé 각각의 '이론적 요소'(이 각각의 '이론적 요소'란 또한 각각의 개념을 의미하는 것이기도 하죠)의 중심을 **각각의 계기마다**[매순간] 통과한다는 점을 주장하고 있습니다. 따라서 인식이란 결국 하나의 투쟁입니다. 저는 이 시론에서 잉여-가치(혹은 잉여가치)와 계급투쟁이라는 예시를 취했는데, 그러나 아주 단순하게 노동과 '노동-가치'라는 예를 취할 수도 있었을 겁니다. 이 **노동**과 '노동-가치'에 대해 마르크스 스스로가 (「고타 강령 비판」의 아주 짧은 하나의 단락에서) 이 **노동**과 '노동-가치'를 착취와 이 착취에 대항하는 저항에 대한 자신의 이론의 토대로 삼으면서도 동시에 그것에 어떠한 '초자연적 역량'을 부여해서는 안 된다고 우리에게 지적해주었죠.

　이 지점은 저로 하여금 이 책의 중심을 차지하는 긴 분량의 시론인 「잉여가치와 사회계급」으로 곧장 나아가도록 해줍니다. 이 시론

부치는 서문인 Histoire terminée, histoire interminable(종결된 역사, 종결될 수 없는 역사)을 참조하라. (이 알튀세르의 논문 모음집 즉 『마키아벨리의 고독』은 서관모 교수가 번역하고 있으며 후마니타스 출판사에서 출간이 예고되어 있다. 「마르크스와 프로이트에 대하여」의 경우에는 『알튀세르와 라캉』, 윤소영 편역, 공감, 1996에 국역되어 있으므로 독자들은 이 책을 참고하기를 바란다.—옮긴이)
[14]　'분파적'은 schismatiques을, '분열적'은 scissionnistes를 옮긴 것으로, 이에 대한 더 자세한 설명은 알튀세르의 논문 「마르크스와 프로이트에 대하여」를 참조하라.—옮긴이

을 이제는 다시 읽지 않기 때문에 제가 이 시론에서 제시되었던 정식화들 중에서 어떠한 것들에 동의하고 어떠한 것들에 아마도 거리를 두고 있을 것인지 정확히 알지는 못하겠습니다. 비록 사람들이 이 텍스트가 여전히 유용하다고 저에게 종종 말해주곤 하지만, 저는 이 시론 전체가 오늘날의 독자들에게 조금은 독해하기 버거운 것으로 보이지는 않을까 심히 두렵습니다. 반면 제가 잘 기억하고 있는 바는, 이 텍스트가 마르크스주의가 어떠한 의미에서는 그 탄생에서부터 노출되어 있었던 **사회학주의**뿐만 아니라 **경제주의**까지도 반박하는 그러한 텍스트이기를 제가 원했다는 점입니다.

사회학주의와 관련해 말해보자면, 핵심적인 질문은 (자본주의에 특정적인 사회갈등 내에서 서로 대립하는) 집합체collectifs로서 혹은 '다중multitudes'으로서 사회계급을 '정의'하기 위해 어떠한 기준들을 우리가 취해야 하는지에 대한 것뿐만이 아닙니다. 또한 핵심적인 질문은, 특히, 우리가 이 계급들의 '투쟁'의 역사적 양태들modalités과 부침들vicissitudes을 분석하기 **이전에**, 그러니까 우선 **정치**를 추상한 이후에 이 계급들 각각을 각각의 계급으로서 **개별적으로**séparément 정의할 수 있는지에 대한 것이기도 합니다. 분명히 이 질문에 대한 대답은 그렇지 않다는 것인데, 이는 각 계급에로의 소속과 '계급의식'이 갈등과 그 조직화의 유효성[효과성 혹은 현실성]과는 독립적으로 잔존할 수 있다는 관념을 의문에 붙이는 것으로, 그리고 '즉자적 계급'과 '대자적 계급'이라는 도식화로부터 단번에 완전히 벗어나는 것으로 우리를 이끕니다. 이 텍스트를 집필할 당시 제가 이탈리아 **노동자주의**의 이론적 전개들(특히 1966년에서 1972년 사이에 집필한 마리오 트론티Mario Tronti의 저서 『노동자와 자본』의 이론적 전개들)에 대해 전혀 모르고 있었다는 점은 참으로 안타깝습니다.[15] 왜냐하면 그 당시 제가 그람시로부터(그람시에게서 이 계급 구성의 '정치적 계기'는 상부구조에 속하는 것이지요) 암묵적으로 저의 영감을 길어올리고 있었던 반면, 트론티는 이 계급 구성의 '정치적 계기'를 자본의 '정치적 구성'과 연결되어 있는 생산양식에 내재적인 하나의 특징, 서로가 서로에 대해 '탈조직화désorganiser'하고자 하는 자본과 노동 사이의 항구적 대립으로서의 하나의 특징으로 만들었기 때문입니다.[16]

하지만 경제주의라는 질문이 훨씬 더 중요한데요. 혹은 그렇지 않다고 해도 최소한 이 경제주의라는 질문은 그 당시의 저에게는 훨씬 더 중요했고, 최근 들어 마르크스를 지속해나가거나 정정하기보다는 하나의 '새로운 정치경제학 비판'에 착수함으로써 마르크스를 '다시 시작'케 할 필요성을 점점 더 의식해나가고 있는 저에게 또 다시 더 중요한 질문이 되고 있습니다.[17] 그 당시 저는 개념들 고유의 전개[발전]로부터 출발해 개념들을 사후적으로 결정한다는 개념화에 기초한 특이한baroque 관념을, 그러니까 '잉여-가치'(혹은 잉여가치)에 대한 하나의 이론을 '가치'에 대한 하나의 이론 **위에서** 정초해서는 안 되며 역으로 잉여-가치(혹은 잉여노동의 착출과 실현)의 메커니즘으로

---

15   「잉여가치와 사회계급」 이후에 집필된 텍스트들에서는 발리바르가 트론티를 알튀세르와 체계적으로 비교하면서 그의 작업을 심도깊게 다루고 있는데, 이에 대해서는 발리바르의 『대중들의 공포』(서관모, 최원 옮김, 도서출판b, 2007)의 3부 2장 '붙잡을 수 없는 프롤레타리아트'와 '서방 맑스주의의 하나의 이단점: 1960년대 초 알튀세르와 트론티의 상반된 『자본』 독해'(장진범 옮김, 웹진 인무브), 그리고 「마르크스의 '두 가지 발견'」(『마르크스의 철학』, 에티엔 발리바르 지음, 배세진 옮김, 2018의 부록 2번)을 참조하라. —옮긴이

16   여기에서 '정치적 구성'은 composition politique을 옮긴 것으로, 명확히 이는 자본의 '유기적 구성'이나 '기술적 구성' 같은 마르크스적 표현의 트론티적 변형태다. —옮긴이

17   '마르크스'를 '지속' '정정' '다시 시작'케 한다는 표현은 한국어상으로 어색하지만 발리바르의 의도를 살려 그대로 직역했다. —옮긴이

부터 **출발하여** '가치'란 무엇인지를 결정해야만 한다는 관념을 갖고 있었습니다. 착취 없이는 가치도 없다는 것이죠!

이는 경제학자들의 귀에는 부조리한 이야기로 들릴 것이며, 또한 마르크스주의자들 대부분을 화나게 만들 수도 있을 것인데요. 왜냐하면 이 경제학자들과 마르크스주의자들에게는, 만일 우리가 가치(그 표현 형태들과 측정 형태들과 함께 '노동의 이중적 성격'으로부터 유래하는)가 무엇인지 **사전에** 정의하지 않았다면 **그다음으로** 잉여-가치(노동자의 소비수단의 가치에 비해 이를 초과하는excédent 가치)란 무엇인지 설명할 수 없는 것이 '명백'해 보이기 때문입니다. 이들에 대립해 저는 자본주의적 생산양식이 지배하지 않는 한은, 그러니까 노동의 지출이 잉여-가치를 제공해야 한다는 요구에 지배되지 않는 한은, **역사적으로** 일반화된 교환(그러니까 완전한 **가치형태**)이란 존재하지 않는다는 관념을 제시했습니다. 바로 그렇기 때문에 고전파 경제학자들이 잉여-가치라는 개념을 억압하거나 전치시키면서도 동시에 가치를 필요노동으로 정의하고자 악착같이 노력했다는 점이 증상적인 사실인 것입니다. 그리고 (스라파 같은) 동시대의 신-리카도파 경제학자들이 이윤이라는 범주를 보존하면서도 동시에 '가치'라는 범주를 순수하고 단순하게 제거하고자 노력한다는 점 또한 동일하게 의미심장한 사실인 것입니다.

오늘의 저는 이러한 관념에서 더 멀리 나아가, 마르크스 그 자신에게도 두 가지 서로 다른 용어들에 의해 담지되는 두 가지 서로 다른 경향들이 존재한다고 주장하고자 합니다. Wertbildung과 Verwertung이라는 독일어 단어들은 프랑스어에서 모두 'valorisation'['가치화' 혹은 '가치증식']으로 번역되는데, 그렇지만 동일한 프랑스어로 번역됨에도 Wertbildung의 경우 **가치의 형성**formation de valeur이라는 의미를, Verwertung의 경우 **가치의 증가**accroissement de valeur라는 의미를 가집니다(한국어로는 이 두 가지가 어떻게 번역되는지 모르겠네요…[18]). '상식'에 따르면 가치는 스스로 증가s'accroître하기 이전에 '형성formée'되어야만 합니다(그리고 이렇듯 생산의 결정작용들을 유통의 결정작용들과 뒤섞어버리도록 강제되었던 고전파 경제학자들이 바로 이러한 방식으로 추론했던 것이죠). 하지만 변증법과 역사적 경험은 투입된avancé 어느 한 '자본'의 **가치화/가치증식**mise en valeur 혹은 그 **증가**를 목표로 한 **투자**가 어느 한 가치(이 가치는 다른 가치들과 비교 가능한 가치인데요, 이 비교 가능한 다른 가치들과 함께 이 가치는 항구적 운동 내 전체 자본의 유지를 위해 교환되죠)의 형성의 동력 그 자체라는 점을 보여줍니다.[19]

이러한 관념이 논쟁의 여지가 없는 것은 아니라는 점을, 그리고 아마도 심지어 이 관념이 모호점들을 내포한다는 점 또한 저는 알고

18   이에 대해서는 「잉여가치」, 에티엔 발리바르 지음, 배세진 옮김, 『문화과학』 98호, 2019를 참조하라. 이 논문에는 자크 비데(Jacques Bidet)가 발리바르에게 보내는 편지 또한 번역되어 있는데, 이 편지 또한 이 논점을 이해하는 데 큰 도움을 준다. 참고로 '잉여가치'는 survaleur를, '잉여-가치'는 plus-value를 옮긴 것인데, 독일어 Mehrwert의 두 가지 다른 프랑스어 번역인 이 '잉여가치'와 '잉여-가치'에 대해서도 이 논문을 참조하기를 바란다. 그리고 이 2019년 서문과 「잉여가치」 논문에서는 발리바르의 용어법이 확립되면서 Wertbildung(formation de valeur 혹은 creation de valeur 즉 '가치의 형성')과 Verwertung(accroissement de valeur 즉 '가치의 증가')이 모두 valorisation(가치화/가치증식)으로 동일하게 번역되면서도 구분되는 반면(Verwertungsprozess의 경우 proces de valorisation 혹은 processus de valorisation 즉 '가치화/가치증식과정'), 1974년에 출간한 텍스트인 이 책의 3장에서는 이러한 용어법이 명확히 확립되어 있지 않다. 하지만 옮긴이는 이러한 변화를 있는 그대로 보여주는 것이 혼란을 줄이는 방법이라 판단해 회고적으로 이 책 3장의 용어법을 수정하지 않고 문자 그대로 옮겨주었다.―옮긴이

19   프랑스어 valorisation과 mise en valeur는 프랑스 마르크스주의 문헌에서 사실상 동의어로 쓰이며, 모두 한국어로는 동일하게 '가치화' 혹은 '가치증식'으로 번역될 수 있다. 옮긴이는 가독성을 해치더라도 일부러 이를 '가치화/가치증식'으로 옮겨왔다.―옮긴이

있습니다. 하지만 저는 화폐형태로부터 출발해 이루어지는 인간 삶의 새로운 대상들과 새로운 측면들에 대한 항구적 '상품화'(그러니까 가치화/가치증식valorisation)를 함의하는 자본주의의 현재 형태들을 더욱 잘 이해하기 위해 이 관념과 계속 실험해나갈 것이며, 이 항구적 '상품화'에 대한 더욱 만족스러운 '마르크스주의적' 해석을 찾고자 계속 노력할 것입니다. 아마도 이러한 시도 속에서 저는 제 이전 작업에 대한 이해를 원하는 한국의 몇몇 독자들의 지지와 비판에 의지해볼 수 있을 것입니다. 한국의 독자들에게 심심한 감사의 인사를 미리 전하는 바입니다.

2019년 8월
에티엔 발리바르

차례

1장
칼 마르크스와 마르크스주의

2장
『공산주의자 선언』의 정정

3장
잉여가치와 사회계급: 정치경제학 비판을 위한 서설

4장
역사변증법에 관하여: 『'자본'을 읽자』에 관한 몇 가지 비판적 소견

5장
마르크스주의 이론의 역사에서 유물론과 관념론

전 생애에 걸쳐 마르크스가 가장 집중적으로 맞서 투쟁했던 것은 바로 프티-부르주아적 민주주의démocratie와 부르주아적 민주제démocratisme라는 허상이었다. 마르크스가 가장 조롱했던 것은, 자유와 평등을 말하는 문장들이 노동자의 굶어 죽을 자유의 본성을, 혹은 그 누구든 (자기를 자유로운 존재라 자처하는 시장 위에서의 완전한 평등 속에서 자유롭게 노동력 등을 구매하는) 부르주아지에게 자신의 노동력을 판매할 수 있는 평등의 본성을 은폐할 때, 바로 이 자유와 평등을 말하는 의미 없는 문장들이었다. 마르크스는 이 점을 자신의 모든 경제학적 저작들을 통해 분석하고 폭로했다. 따라서 우리는 마르크스의 『자본』이라는 저작 전체가 이러한 진실을 해명하고자 한다고, 그리고 **자본주의 사회의 근본 세력들은 부르주아지와 프롤레타리아이며 부르주아지와 프롤레타리아일 수밖에 없다**고 말할 수 있다. 이 자본주의 사회의 건축가이자 지도자, 그리고 추동력 그 자체로서의 부르주아지, 그리고 자본주의 사회의 묘부墓夫이자 이 자본주의 사회를 다른 사회로 대체할 수 있는 힘을 가진 유일한 세력으로서의 프롤레타리아. 우리는 마르크스의 그 어떠한 저작에서도 이 주제에 할애되지 않은 단 하나의 장도 발견할 수 없을 것이다. 우리는 제2인터내셔널의 중심에서 세계 전체의 사회주의자들이 이러한 진실을 이해했다며 노동자들 앞에서 신에게 여러 차례 맹세했다고 말할 수 있다. 하지만 사태가 권력을 쟁취하기 위한 프롤레타리아와 부르주아지 사이의 진정한 투쟁으로, 결정적 투쟁으로 나아갔을 때, 우리는 우리의 맨셰비키들과 혁명적 사회주의자들, 그리고 세계 전체의 구舊 사회주의 정당들의 지도자들이 이러한 진실을 망각하고 순전히 기계론적인 방식으로 민주주의 일반에 관한 [공허한] 속물적 문장들을 반복하기 시작했다는 점을 확인할 수 있었다.

    ―레닌, 「8차 러시아 (볼셰비키) 공산당 당대회 보고서」, 1919

일러두기

이 저서에서 나는 서로 다른 목적으로, 그리고 서로 다른 상황 속에서, 하지만 동일한 작업의 일환으로 지난 몇 년간 집필한 역사유물론에 관한 다섯 가지 연구를 독자들에게 제시하고자 이를 한 권의 책으로 모았다. 이 다섯 가지 연구의 출처를 밝히고 그 목표를 설명하기 위해서는 다음의 몇 마디면 충분할 것이다.

첫 번째 연구인 「칼 마르크스와 마르크스주의」는 1971년 출간된 *Encyclopaedia Universalis*라는 사전에 기고한 하나의 항목의 완성본이다. 나는 주어진 분량에 맞추기 위해 축약해야만 했던 이 텍스트의 1부를 다시 다듬어 더욱 명료하게 수정했다.

두 번째 연구인 「『공산주의자 선언』의 정정」은 마르세이유 지역 교육센터의 요청에 따라 다양한 학년의 교사들을 위해 행한 발표의 발표문이다. 이 책에 실린 판본은 《라 팡세*La Pensée*》 1972년 8월호에 실린 판본을 그대로 전재한 것이다.

세 번째 연구인 「잉여가치와 사회계급」은 1972년에 내가 제시했던 정식화들[1]을 수정해 더욱 명료화한 형태로 이 책에서 처음 공개하는 텍스트다. 나는 이 텍스트에 1973년 6월 8일자 《뤼마니테

L'Humanité》에 실린 나의 텍스트 「레닌, 공산주의자 그리고 이주」를 부록으로 추가했다. [1]

네 번째 연구인 「역사변증법에 관하여」는 『'자본'을 읽자』[2]에 실은 나의 텍스트에 대한 몇몇 질문과 비판에 응답하기 위해 작성한 것으로, 《라 팡세》 1973년 8월호에 실린 바 있다. 이 텍스트를 이 책에 다시 실으면서 나는 몇몇 설명들을 추가했으며 이 텍스트의 논증을 조금 더 보강했다.

마지막으로, 다섯 번째 연구인 「마르크스주의 이론의 역사에서 유물론과 관념론」은 볼로냐 대학과 베를린 대학의 요청에 따라 1974년에 행했던 발표의 핵심 논점들을 추합한 텍스트다.

이 텍스트들의 저작권을 소유하고 있는 출판 관계자분들께 이 책의 출간을 허락해준 데 대해 감사의 인사를 드린다.

* * *

이 다섯 가지 연구 사이의 다양성에도, 이 텍스트들 모두는 하나의 동일한 목표를, 즉 역사유물론**에 대한** 연구라는 동일한 목표를 지니고 있다. 그런데 이 연구들은 하나의 학파가 취하는 '관점'을 실험하는 장소로서의 (마르크스주의에 대한) 철학적 주석과 해석이 아니라, 실천을 위해 마르크스주의의 핵심 교훈 중 몇 가지를 연구하고 소화하기 위한 시도다. 이 연구들은 역사유물론의 개념들을 이 역사

---

[1] 특히 나는 이 정식화들을 "Les Formations sociales capitalistes", *Les Sciences de l'économie*, C.E.P.L., Paris, 1973에서 활용했다.

[2] Paris, Maspero, 1965.

유물론이 무시해왔던 새로운 문제들에 적용하기 위해 역사유물론의 기반 위에서 행해지는 '조사연구recherches'가 아니라, 무엇보다도 우선 마르크스주의 이론이 요구하는 끊임없는 학습 작업travail d'apprentissage 을 위한 요소들이다.

마르크스주의 이론은 이 마르크스주의 이론을 원용하는 모든 이들, 혹은 심지어는 고전 마르크스주의자들의 마르크스주의 이론에 관한 위대한 원전들을 습관적으로 인용하는 모든 이들에게조차, 자생적인 방식으로는 '올바르게 인식되지' 않는다. 마르크스주의 이론은 그 구체적 요소들 내에서 연구되어야만 한다. 분명 마르크스주의 이론이 우리 시대의 실천과 정치적 문제에 비추어 연구되어야 하는 것은 사실이지만, 그럼에도 어떠한 근거도 없이 이데올로기적인 진정성의 보증물을 제공하는 데 쓰일 수 있는 인용문들과 설명들의 저장소로서 정세적인 노선의 **입맛에 맞게 활용**되어서는 안 된다. 만일 (조직된 노동자계급이 오늘날 그 안에서 자신의 혁명이 겪는 문제들을 마주하는 장소인) 구체적 상황에 대한 분석에서 마르크스주의 이론이 필요불가결한 것이라면, 정확히 말해 이는 마르크스주의 이론이 구체적 상황에 대한 분석으로 대체될 수는 없기 때문이다. 마르크스주의 이론은 **노동자운동의 역사**로부터 독립적인 방식으로는 연구될 수 없다. 왜냐하면 이 노동자운동의 역사의 단계들은 마르크스주의 이론의 문제, 증명, 개념의 구성, 변형 그리고 불가피한 정정을 규정하기 때문이다.

(역사유물론이 생산하는 과학적 인식에 대한 연구임과 동시에 이 역사유물론 자체의 역사에 대한 연구인) 역사유물론에 대한 연구는 노동자운동의 집합적 과업이다. 이는 무한하다는 의미에서가 아니라(마치 이

론을 실천에 투여하기 위해 한 명의 마르크스주의 **학자**savant가 될 때까지 **기다려야** 한다는 듯이, 마치 순수한 이론으로부터 절대로 **빠져나오지** 못할 수도 있는 위험을 무릅쓰면서까지 이 순수한 이론으로부터 **시작**해야만 한다는 듯이…), 이 과업이 그 일부를 이루고 있는 혁명적 실천 자체와 마찬가지로 **중단되지 않는다**는 의미에서 기나긴 과업이다. 이는 정치적 과업이며, 따라서 최종적인 수준에서 노동자운동의 한가운데에 계급투쟁의 효과들이 반영되는 곳으로서의 끊임없는 하나의 **투쟁**의 장소이자 쟁점이다. 이는 마르크스 자신에게서, 그리고 명백한 방식으로 마르크스 사후에도 항상 그러했다. 게다가 이는 그 어느 때보다도 오늘날 더욱 그러하다. 역사유물론에 대한 연구는 그 자체로 역사유물론에 대한 정정rectification과 발전을 위해 그 수정révision과 편향에 반대하는 투쟁이며, 동시에 (이 투쟁이 포함하는) 모든 위험들과 함께 여러 다양한 방식으로 행해지는 투쟁이기도 하다.

역사유물론의 과학적 진리들은, 텍스트들이라는 금고에 보관되어 있는, 그 자체로 영원히 유효하며 필요에 따라 꺼내 쓰기만 하면 되는 이러저러한 고립된 정식화의 언표 내에 보관되어 있는, 헤겔의 표현을 빌리자면, '언제라도 지출하거나 예금할 수 있게 이미 완벽히 준비된 주조화폐' 같은 것이 전혀 아니다. 하지만 그렇다고 해서 과학적 진리들이 신비스럽게도 감추어져 있다는 '의미'에서 주관적 해석에 따라 항상 재발견해내야만 하는, 마르크스, 엥겔스, 레닌 그리고 그 계승자들의 작업이 생산해냈던 텍스트들의 **바깥**에 존재하는 것 또한 아니다. 이 과학적 진리들은 완벽히 준비된 해결책과 정답이 아니라, 문제, 그리고 문제의 위치를 다룬다. 따라서 이 과학적 진리들은 이론적 언표들의 적용점을 변경하는 연속적인 역사적 정세들 내에서 이 이론적 언표들이 프롤레타리아의 정치적 실천과 맺는 객관적 **관계** 내에 놓여 있다.[3] 이 과학적 진리들은 마르크스주의의 이론적 언표들이 지배 이데올로기—마르크스주의의 이론적 언표들은 프롤레타리아 이데올로기에 그 신체와 힘을 부여하기 위해 지배 이데올로기, 즉 부르주아 정치경제학 담론, 역사에 관한 도덕적이고 법률적인 철학들의 담론, 유토피아적이고 개량주의적인réformiste 사회주의의 담론과 투쟁하고 이를 '비판'한다—의 서로 다른 이데올로기적 담론들과 맺는 객관적 **관계** 내에 놓여 있다. 결국 이 과학적 진리들은, 역사상 최초로 프롤레타리아 계급의 **이론적** 관점 혹은 계급 **이론적인** 프롤레타리아의 관점(다시 말해 위치/입장)이 실현되는 장소로서의 논증démonstration이 취하는 엄밀한 변증법에 따라, 이 이론적 언표들 간의 객관적 **관계** 내에 놓여 있는 것이다.[4]

마르크스주의의 과학적 진리들은 역사유물론이 자본주의적 **착취**의 과정, 그리고 **프롤레타리아 혁명**과 (이 프롤레타리아 혁명을 예비하고 완수하는) 계급투쟁의 과정, 이 두 가지 과정들이라는 분리 불가능

---

3   여기에서 '관계'는 rapport를 옮긴 것으로, 프랑스어에서 '관계'를 의미하는 단어는 rapport와 relation 두 가지가 있다. 이 두 단어 사이에는 분명 뉘앙스와 쓰임의 차이가 존재하지만 본 번역에서 이를 구별해줄 필요는 없다고 판단해 원어를 병기하거나 구분해 번역하지는 않는다. 그 대신 한 가지 지적해둘 점은, rapport와 관련된 중요 개념어인 '생산관계' '교환관계' '유통관계' '사회적 관계' 등등이 복수로 쓰였더라도 복수임을 지적해줄 필요가 있는 몇몇 경우를 제외하고는 모두 단수로 번역했다는 점이다. 물론 이 '관계'가 단수인지 복수인지를 지적해줄 필요가 있는 몇몇 부분이 존재하기는 하지만, 대부분의 경우 발리바르는 이 책에서 이 '관계'를 프랑스어의 관행에 따라 복수로 쓰고 있는 것이므로, 많은 한국어 번역들이 서양어의 복수 명사를 단수 명사로 간단히 번역하듯 한국어상으로는 단수로 표현해도 별 문제가 없기 때문에 이러한 선택을 했다(다른 어휘들의 경우에도 복수형으로 굳이 표현할 필요가 없을 경우 가독성을 위해 최대한 단수형으로 번역했다).—옮긴이

4   영어 position과 마찬가지로 프랑스어 position에는 '위치'라는 뜻과 '입장'이라는 뜻이 모두 들어 있다. 맥락에 맞게 역어를 선택하되, 두 가지 의미를 모두 담고 있다고 판단될 경우, 가독성을 해치더라도 '위치/입장'으로 번역한다.—옮긴이

한 두 현실을 구체적으로 정의하고 분석한다는 사실로부터 산출된다. 이 두 현실은, 그에 대한 이론적 인식을 개시했던 마르크스 덕택에, 무엇보다도 역사유물론의 진정한 근본 개념들인 다음의 두 가지 개념 속에서 표현된다. 바로 **잉여가치**plus-value라는 개념과 **프롤레타리아 독재**dictature du prolétariat라는 개념이 그것이다.[5] 이 두 개념들은, 그리고 바로 이 두 개념들만이, 우리가 지배계급의 이데올로기와 비가역적인 방식으로 단절rupture, 심지어는 절단coupure할 수 있게 해주며, 또한 역사와 계급투쟁에 대한 하나의 과학을 정초할 수 있게 해준다. 이 두 개념들은 '생산양식', '사회구성체', 계급들 그 자체, '토대'와 '상부구조' 사이의 역사적 관계 등등에 대한 과학적 정의를 가능케 하는commandent 것이다.

따라서 이는, 역사유물론을 연구함으로써, '과학적'으로 개념화되든 '변증법적'으로 개념화되든 일반적이거나 특수한 하나의 '방법'을 (현존하는 분과학문들을 정정하는 데에, 게다가 이 분과학문들을 올바른 대의를 위해 다시 취하는 데에 사후적인 방식으로 이 '방법'을 적용하기 위해) 역사유물론에 흡수시키는 것이 아니다.[6] 방법은 강한 의미에서

---

5 본서에서 발리바르는 '잉여가치', 즉 독일어 Mehrwert의 프랑스어 역어로 plus-value를 사용하지만 2018년 발표한 논문에서는 survaleur를 사용한다. 이 문제에 대해서는 「잉여가치」, 에티엔 발리바르 지음, 배세진 옮김(자크 비데Jacques Bidet 비평문 추가 수록), 『문화/과학』, 2019년 여름호를 참조하라. 또한 '프롤레타리아 독재' 개념에 대해서는 발리바르가 프랑수아 마스페로(François Maspero) 출판사에서 1976년 출간한 저서 *Sur la dictature du prolétariat*(프롤레타리아 독재에 관하여)를 적극 참조해야 하는데, 이 저서의 국역본으로는 『민주주의와 독재』, 에티엔 발리바르 지음, 최인락 옮김, 연구사, 1988을 참조하라.—옮긴이

6 여기에서 '특수한'은 particulière를 옮긴 것으로, 프랑스어에서 particulier와 spécifique은 모두 '특수한'을 의미한다. spécifique은 그 어원을 고려해 예전에는 한국 인문사회과학계에서 '종별적'이라고 옮기기도 했으나, 정말 이 단어가 특수하게 '종별적'이라는 의미로 쓰이는 경우가 아니라면 사실 굳이 잘 사용하지 않는 번역어를 가져올 필요는 없다. 그렇기 때문에 particulier와 혼동될 우려가

그 적용 내에서만, 규정된 개념들의 전개 내에서만 존재한다.[7] 역사유물론을 연구한다는 것은 무엇보다도 **잉여가치**와 **프롤레타리아 독재**의 정확한 문제들을, 그리고 이러한 기반 위에서 마르크스주의 이론과 계급투쟁의 전략과 전술의 특수한 문제들 전체를 개념들의 규정작용_{déterminations} 전체 내에서 연구하는 것이다.[8]

잉여가치와 프롤레타리아 독재는 완성된 하나의 독트린, 경제적 혹은 정치적인 하나의 **체계**의 원리들이 아니라, 마르크스와 엥겔스 이래로 끊임없이 새로운 형태들을 취해왔던 하나의 과정, 자본주의 사회의 모순적인 역사적 경향들에 새로운 형태를 부여하는 하나의 과정에 대한 과학적 개념들이다. 잉여가치와 프롤레타리아 독재를 '망각'하는 것, (이 '잉여가치'와 '프롤레타리아 독재'라는 단어들을 보존하든 보존하지 않든) 잉여가치와 프롤레타리아 독재에 그 완전한 정의를 적용하기를 포기하는 것, 이는 마르크스주의를 수정주의적으로 개조_{réviser}하는 것일 뿐만 아니라, 계급투쟁의 역사를 이해하고 설명할

생기는 것인데, 그러나 particulier는 은행에서 '기업'을 professionnels로, '개인'을 particuliers로 부르듯, '개별적'이라는 의미가 더욱 강하다. 그래서 spécifique의 경우 '특수한'으로 통일해 옮겼으나 particulier의 경우 맥락에 따라 '특수한' 혹은 '개별적'으로 옮겼다. 또한 '특수한'으로 옮길 경우에도 특별히 이 단어가 spécifique이 아니라 particulier라고 지시해줄 필요가 없는 경우에는 굳이 가독성을 해치는 원어병기를 하지는 않았다.─옮긴이

[7]　'전개'는 développement을 옮긴 것으로, 이 프랑스어 단어에는 '발전'과 '전개'라는 의미가 모두 들어 있다(특히 '모순'과 관련해서는 흔히 '발전'보다는 '전개'로 번역한다). 가독성을 위해 원어병기 없이 적절하게 맥락에 따라 '발전'과 '전개'로 나누어 번역한다. 다만 '전개'를 뜻하는 다른 프랑스어 단어들이 존재하는 관계로, développement이 아닌 '전개'의 경우에는 원어를 병기해준다.─옮긴이

[8]　여기에서 '규정작용'은 원어를 병기해주었듯 détermination을 옮긴 것인데, 이 단어는 '결정' '결정작용' '결정요소'라는 의미뿐만 아니라 '규정' '규정작용' '규정요소'라는 의미 또한 지니고 있다. 기계적으로 '결정'만으로 번역하지 않고 이후에도 그 맥락에 따라 '결정' 혹은 '규정'으로 적절히 번역하고자 한다.─옮긴이

수 있는 가능성을, 이 계급투쟁의 역사에 개입해 계급투쟁을 혁명의 성공으로 이끌 가능성을 스스로 금지시키는 것이다. 잉여가치와 프롤레타리아 독재를 연구하는 것, 이는 이 잉여가치와 프롤레타리아 독재의 모순적인 역사적 실현과 주어진 정세들 속에서 이 잉여가치와 프롤레타리아 독재의 **변화**variation 그 자체를 연구하는 것이다. 1974년의 우리에게, 이 주어진 정세들이란 제국주의의 발전으로부터, 노동자계급과 다른 착취 받는 노동자들의 투쟁으로부터, 억압받는 인민의 해방투쟁으로부터, 사회주의의 발전 내 모순들로부터 기원하는 정세들 전체를 의미한다. 이는 **각각의** 새로운 정세에서마다 다음과 같은 하나의 중심적 **문제**를 오늘날 우리의 논의 지형 위에 올려놓는 것이다. 잉여가치의 현재적 형태들은 **무엇인가**? 프롤레타리아 독재의 현재적 형태들은 **무엇인가**? 이는 또한, 바로 이러한 질문을 통해, 노동자운동의 역사에 밀접하게 연결되어 있는 이 잉여가치와 프롤레타리아 독재라는 개념들의 **역사**를 우선 인식하고 이에 대해 성찰하는 것이기도 하다.

잉여가치와 프롤레타리아 독재는 서로가 서로에 대해 **독립적인** 개념들이 전혀 아니다. 역사유물론의 장champ은 착취라는 문제와 혁명이라는 문제를 **병치해놓은 것**이 아니다. 이는 자본주의의 역사를 분석한 **뒤에** 사회주의의 역사를, 심지어 공산주의의 역사를 분석하는 것도 아니다. 다시 말해 하나의 세계 이후 다른 세계를, 하나의 역사 이후 다른 역사를, 전사préhistoire, 前史 이후에 역사를 혹은 역사 이후에 역사의 종말을 분석하는 것이 아니다. 이는 또한 혁명의 객관적인 물질적 조건들에 대한 분석 **이후에** 또 다른 평면 위에서 이 혁명의 실천적이고 활동적인 형태들에 대한, 그리고 이 혁명의 '주관적인'

조건들에 대한 분석을 행하는 것이 아니다. 마찬가지로 이는 '경제'에 대한 분석 **이후에** 프롤레타리아 '정치'에 대한 분석을 행하는 것 또한 전혀 아니다.

역사유물론의 장은 착취라는 문제와 혁명적 투쟁이라는 문제의 **통일체**unité다. 따라서 '프롤레타리아 독재'는 인식 가능한 혹은 실천 가능한 다른 수단들 중에서 하나의 **목적**(노동자 해방과 계급의 폐지)에 도달하기 위한 하나의 **수단**이라는 의미에서 단순히 프롤레타리아와 그 조직이 취하는 **하나의 정치**를 지시하는 것이 아니다. '프롤레타리아 독재'는 자본주의적 생산양식의 모순적 경향들 내에, 잉여가치에 대한 강탈extorsion —이는 모든 역사적인 착취 형태들의 도달점이다—이 취하는 특수한 형태 내에 포함되어 있는 불가피한 **하나의 역사적 시기**période를 지시한다. 자본주의적 착취의 전개가 공산주의적 혁명들—이 혁명들의 불균등한 전개의 부침이 어떠하든지 간에—을 촉발하자마자, 프롤레타리아 독재는 프롤레타리아 정치를 객관적으로 지배commandent하는 자기 고유의 경향적 형태들의 윤곽을 소묘한다.[9] 자본주의의 최고suprême 단계는 동시에, 그 내적 필연성에 따라, 승리를 향한 프롤레타리아 혁명의 시기이기도 하다. 즉, 프롤레타리아 독재가 그 최초의 지속적 토대들을 구성하는 역사적 단계,

[9]   뒤에서 반복할 것이지만, 원어를 병기했듯 '지배'는 commander를 옮긴 것으로, 이 프랑스어 동사에는 '지배'와 '명령'이라는 뜻이 모두 들어 있다. 일반적으로 commander를 한국어로 그 뉘앙스까지 살려 정확히 옮기기는 쉽지 않은데, '지배'와 '명령'의 의미를 지니는 '규정하다'라는 뜻으로 이 동사를 간주하는 것이 이해를 돕기 위해 좋을 것 같다. 사실 옮긴이는 '규정'이 뉘앙스를 가장 잘 살려주는 번역어라고 생각하는데, 그러나 détermination을 '규정'으로 옮기기 때문에 혼동을 피하기 위해 옮긴이는 구판 번역본이 그러하듯 '지배'로 옮기면서 필요한 경우 원어를 병기하는 선택을 내렸다.—옮긴이

'사멸해가는agonissant' 자본주의와 이미 시작된 프롤레타리아 독재, 그리고 이 둘 사이의 화해 불가능한 모순(바로 이 화해 불가능한 모순이, 그리고 이 화해 불가능한 모순만이 이후에 공산주의의 전망, 계급 없는 사회의 전망을 열어젖힐 것이다)의 **기나긴** 시기다.

하지만 프롤레타리아 독재와 상호적으로, '잉여가치'는 노동자들의 삶에 대한 경제적 착취의 수단들의 총합somme, 그리고 노동자들의 삶에 대한 사회적, 정치적 그리고 이데올로기적인 조건들에 대한 억압을 단순히 지시하는 것이 아니다.[10] 잉여가치는 생산조건들의 물질적 생산과정과 항구적인 재생산과정 **내에서** 발현되는[11] **계급투쟁** 개념이자 계급투쟁의 조건의 **역사**에 대한 개념이다. 잉여가치는, 그 개념이 계급투쟁의 전개에, 그리고 특히 경제적 지형과 정치적 지형 그리고 이데올로기적 지형 위에서 **프롤레타리아가 行하는** 계급투쟁의 전개에 의존한다는 점에서, 자본주의적 생산과 착취의 경향적 전개를 뜻하는 개념이다. 잉여가치는 **프롤레타리아의** 계급투쟁과 그 역사적 경향의 **관점에서** 사고된 착취 개념이다. 바로 그렇기 때문에 역사유물론은 잉여가치를 정의하지 않고 이 잉여가치의 형태들을 고립적이고 일면적인 방식으로 분석하지 않으며, 그 대신 항상-이미 프롤레타리아 독재의 관점에서, 이 프롤레타리아 독재가 함축하는 객관적인 혁명적 경향들의 관점에서 분석한다. 추상적으로 말하자면, 역사유물론의 장은 **프롤레타리아 독재의 규정하에서** 잉여가치와 프롤레타

---

10 불필요한 구별일 수 있으나, somme은 '총합'으로, montant은 '총계'로 구분해 번역해주었다.—옮긴이

11 이 책에서 '발현'은 émanation이 아니라 모두 manifestation을 옮긴 것이다. 프랑스어에서 본래 '발현'을 뜻하는 émanation이라는 단어는 이 책에서 다행히 등장하지 않아 혼동의 여지가 없다.—옮긴이

리아 독재의 통일체다.

레닌은 마르크스 이후 등장한 매우 탁월한 이 통일체의 이론가이자, 프롤레타리아 독재와 그 현재적 조건들의 관점과는 **다른 방식으로는** 자본주의의 착취와 역사의 형태들을 **절대로** 분석하지 않았던 변증법적 마르크스주의자다. 바로 그렇기 때문에 역사유물론으로서의, 계급투쟁 이론으로서의 마르크스주의는 레닌주의가, 즉 '마르크스-레닌주의'가 되었던 것이다. 마르크스의 텍스트 그 자체 내에서 역사유물론을 연구하는 것은 레닌의 '방법'에 따라 레닌의 관점하에서 마르크스를 연구하고 마르크스를 설명하는 것과 다름 없다.

이어지는 연구들이 이러한 원칙을 명확히 밝히고 이 원칙에 대한 더 나은 적용을 촉발할 수 있기를 바란다.

1974년 4월 22일 파리에서

1장

칼 마르크스와 마르크스주의

1818년 프러시아령 라인주 트리어에서 태어나 1883년 런던에서 사망한 칼 마르크스는 과학적 사회주의의 첫 번째 이론가이자 당대 국제 노동자운동의 핵심 조직자였다.

마르크스의 이론에 대한 제시와 분석은 지금까지 끊임없이 이데올로기적인, 그리고 최종적인 수준에서는 정치적인 투쟁의 쟁점이었다. 이러한 투쟁은 마르크스 자신이 활동했던 시기에서부터 이미 시작되었다. 이 투쟁은 근대 노동자운동사의 두 번째 시기, 즉 대중적 사회주의 정당들과 제2인터내셔널이 형성되었던 시기에도 지속되었다. 세 번째 시기, 즉 제국주의의 발전과 소비에트 혁명의 시기에도 이 투쟁은 중단되지 않았으며, 우리가 속해 있는 현재인 네 번째 시기, 즉 세계적 차원에서 혁명적 투쟁이 일반화된, 하지만 동시에 국제 공산주의 운동의 분열의 시기이기도 한 지금도 마찬가지다. 이 투쟁을 이해하기 위한 필수 원리는 이 투쟁 자체의 **실천적** 의미로 거슬러 올라가는 것이다.

우선 이러한 원리는 우리가 일반적으로 마르크스주의 이론과 실천을 '정초'하는 것으로 간주하는 **철학**이 지니는 본성과 의미를 대상으로 하는 논쟁들에 적용된다. 몇몇 이들이 주장하듯 이 철학은 헤겔적 철학인가(즉 마르크스는 연장된 헤겔 혹은 새로운 대상에 적용된 헤겔인가)? 혹은 다른 이들이 주장하듯 반-헤겔적 철학인가(즉 마르크스는 전도된 헤겔 혹은 부정된 헤겔인가)? 혹은 이 철학은 자연주의적 유물론, 즉 인간의 역사가 생물학적이고 심지어는 지질학적인 진화의 연장으로 나타나고 또한 역사의 '법칙들'이 자연에 대한 하나의 보편적 변증법의 특수한 경우들cas particuliers로 나타나는 자연주의적 유물론인가?[1] 혹은 정반대로 이 철학은 부르주아 [시민]사회가 만들어내는 모든 종류의 소외에 대한 '비판'에 기반을 두는, 인간해방이라는 윤리적 이상에 기반을 두는, 역사에서 인간적 실천이 취하는 창조적 환원 불가능성에 기반을 두고 있는 인간학적[인류학적]이고 인간주의적인 철학인가? 하지만 마르크스의 이론이 정확히 하나의 철학 위에 '정초'되어 있다는 것조차 옳은 관념이기는 한 것일까? 주기적으로 반복되는 이러한 논의들[즉 질문들]은 순전히 사변적으로 보일 수 있다. 다만 몇몇 특정한 역사적 정세들 속에서, 이러한 논의들은 노동자운동의 정치 **노선**에 직접 영향을 미칠 수 있었다.[2] 이 문제에 대해서는 뒤에서 다시 다루도록 하겠다.

　　이러한 원리는 노동자운동의 역사 내에서, 그리고 무엇보다도 특

1　'진화'는 프랑스어 évolution을 옮긴 것으로, 일반적으로 évolution은 시간의 흐름에 따른 단순한 '변화'를 의미하고 특수한 경우에만 '진화'를 의미한다(물론 엄밀한 자연과학적 의미에서는 사실 '진화'라는 개념 자체가 시간의 흐름에 따른 단순한 변화를 의미한다). 그런데 여기에서는 발리바르가 자연주의적 유물론이 진화주의적(évolutionniste) 성격을 지니고 있다는 점을 암시하고 있다고 판단해 '진화'로 번역한다. 진화주의적인 의미를 담고 있지 않은 évolution의 경우 거의 대부분 원어 병기 없이 '변화'로 간단히 옮기겠다.—옮긴이

2　Louis Althusser, *Réponse à John Lewis*(존 루이스에 대한 답변), Maspero, 1973을 참조하라.

히 제1인터내셔널에서 **마르크스가 수행했던 역할**을 대상으로 하는, 그러니까 제1인터내셔널에서 진행되었던 분파적 투쟁의 쟁점과 유효 범위[3]를 대상으로 하는, 그리고 이 제1인터내셔널의 해산을 둘러싼 상황을 대상으로 하는 논쟁들에도 동일하게 적용된다. 이 법학자, 철학자 그리고 '학자'로서의 마르크스는 대부분의 부르주아 역사가들과 사회민주주의 역사가들, 혹은 아나키스트 역사가들이 주장하듯 어떤 의미에서는 노동자운동의 **초대받은 이**[즉 외부자]였을까? 마르크스는 역사적 사건들의 (직접적 참여자가 아닌) **관찰자**로서 자신이 만들어낸 이론을 **외부에서부터** 노동자운동 내부에 도입했던 것일까? 마르크스는 자신의 노련한 전술을 통해 노동자운동 내부에서 (경향들 간의 갈등이 분열로까지 이어지는 것 또한 예상함으로써) **다른 경향들**에 대항해 **마르크스 자신의** 경향이 승리하도록 만들 줄 알았던 것일까?[4] 그것이 아니라면, 오히려 마르크스는 (그의 소비에트 전기작가인 스테파노바E. Stepanova의 표현을 따르자면) 인터내셔널의 '진정한 창조자'였으며, 운동의 심원한 경향들에 그 의식을 부여함으로써 이 심원한 경향들을 **표현했던** 것일까? 객관적인 사회적 과정을 '용이'하게 만들

---

3   '유효범위'는 프랑스어 portée를 번역한 것으로, 말 그대로 (추상적인 의미에서든 구체적인 의미에서든) '유효성이 미치는 범위'를 의미하는 이 단어는 프랑스어의 문어와 구어에서 매우 많이 쓰이는 단어지만 어색하지 않은 한국어 번역어를 찾기는 쉽지 않다. 기본적으로 '사정거리' 혹은 '사정'이라는 번역어도 많이 쓰지만, 그럴 경우 항상 한자를 병기해줘야 하는 어려움이 있고 또 한국어상으로 그렇게 매끄럽게 읽히지도 않으므로 옮긴이는 현재 대부분 '유효범위'로 번역하고 있다.—옮긴이
4   '경향'은 tendance를 옮긴 것으로, 사실 마르크스주의에서는 관습적으로 이를 '분파'라고 옮기며, 레닌이 당 내에서 옹호했던 권리 또한 '분파형성권'으로 번역한다. 하지만 이 저서에서와 마찬가지로 『검은 소』(루이 알튀세르 지음, 배세진 옮김, 생각의힘, 2018)에서도 옮긴이가 이를 '경향'으로, 그리고 '경향형성권'으로 옮겼던 이유는 민주집중제의 관점에서 당 내에서 옹호되어야 할 실천인 '경향의 형성'이 만들어내는 '경향'과, 부정적 의미의 분파(fraction)를 구분하고 싶었기 때문이다.—옮긴이

고 또한 이를 '가속화'함으로써, 그리고 노동자계급의 자연적[즉 자생적으로 형성된] 지도자들을 **교육**하고 **인도**하는 최초의 이로서, 즉 자기 스스로를 진행 중인 역사의 해석자로 정립함으로써 말이다. 그러나 아마 이 둘 모두 아닐 것이다. 여기에서 또 다시 이러한 논의들은 순전히 현학적이고 사변적인 것으로 보일 수 있다. 하지만 레닌이 수행했던 역사적 역할이란 무엇이었는지에 관한 유사한 논의들과 마찬가지로, (경험이 우리에게 보여주듯) 이 논의들은 노동자운동의 **조직화 형태들**, 그러니까 역시 노동자운동의 정치적 **노선**과 직접적으로 관련되는 것이다. 역시 이 문제에 대해서도 뒤에서 다시 다루도록 하겠다.

사실 '역사적' 질문들에서와 마찬가지로 이 '철학적' 질문들에서도, 이는 정확히 동일한 역설과 관련된 것인데, 적지 않은 수의 마르크스주의자들은 오늘날에도 여전히 이러한 역설의 문제에 부딪혀 넘어지고 있다는 점을 인정해야만 한다. 마르크스가 **바깥으로부터** 프롤레타리아 운동에 가져다주는 것으로 보이는 바(즉 하나의 '의식', 다시 말해 하나의 독트린과 하나의 전략), 이는 사실 자신의 계급적 자율성 속에서 프롤레타리아 계급 자신이 지니는 프롤레타리아 이데올로기다. 반면 프롤레타리아의 '토착적인autochtones'[자생적인] **이론적** 대변자들은 사실 프티-부르주아 이데올로기의 대표자들에 불과했다. 우리들이 갖고 있는 어떤 특정 상식의 그럴듯함과는 반대로, 바로 이러한 매우 특수한 의미에서 마르크스주의는 한 '지식인'의 저작/작업에 의해 노동자계급 안으로 **수입되었던** 것이다.[5] 이러한 수입은 프롤레타리아가 계급투쟁 내에서 자신이 취하는 역사적 역할을 지배하는 **조**

---

5 '저작/작업'은 œuvre를 옮긴 것으로, 이 프랑스어 단어에는 '저작'이라는 의미와 '작업'이라는 의미가 동시에 들어 있다.─옮긴이

직화의 형태들을 발견하는 과정과 **동일한 것**이다. 결과적으로, (우리가 속해 있는 시기를 포함해) 각 시기마다 '혁명적 이론'과 '혁명적 운동'의 융합을 가능케 하는 실천적 조건이 마르크스의 저작/작업의 해석과 활용 속에서 쟁점으로 작용하고 있는 것이기도 하다.

이러한 관점으로부터 출발해 마르크스의 저작/작업의 주요 측면들을 요약해보도록 하자.

1. 마르크스의 정치적 단계들

마르크스의 청년기(1818~1847): 부르주아 혁명적 민주제에서
프롤레타리아 국제주의로

마르크스의 청년기에, 유럽 역사의 특징들을 앞으로 형성하게 될 주요한 모순이 자본주의 부르주아지와 산업 프롤레타리아 사이의 모순으로 막 발현되기 시작했다. 하지만 각 국가 사이에서 이 모순의 전개는 극히 불균등했다.

독일에서, 부르주아지는 마르크스가 태어났던 라인주에서만 우세했다(마르크스의 아버지는 유대인 혈통의 개종한 프로테스탄트이자 자유주의적 변호사로, 말하자면 '18세기의 진정한 프랑스인'이었다). 이는 라인주를 일시적으로 병합했던 프랑스 대혁명의 효과를 이 라인주가 충분히 경험했기 때문이며, 또한 라인주가 독일의 다른 지역들보다도 먼저 산업혁명의 효과를 경험했기 때문이기도 하다. 독일에서 주요한 정치적 문제는 여전히 국민적 통합이라는 문제였으며, 민주주의 운동은 바로 이 문제의 해결에 집중했다. 프러시아 국가는 농민계층과 자유주의적 부르주아지에게 1813~14년의 국민적 해방전쟁을 통해 태어난 희망을 매우 폭력적인 억압이라는 대가를 치르도록 만듦으로써 보복했다. 그리고 부르주아지와 토지 봉건귀족이라는 지배계급들 사이의 (토지 봉건귀족의 헤게모니적 우위하에서의) 연합을 통해 국민적 통합을 실현하려 시도했다.[6] 또한 1789~93년 프랑스 대혁명의 특징인 부르주아지와 인민 대중 사이의 연합을 불가능하게 만들 수단을 찾고자 노력했다.

청년 마르크스는 처음에는 본대학에서, 그리고 다음에는 베를린 대학에서 철학과 법학을 공부했다. 1841년 마르크스는 「데모크리토스와 에피쿠로스 자연철학의 차이」라는 논문으로 철학 박사학위를 취득했다.[7] 하지만 마르크스는 철학 교수직을 얻지 못했다. 이때부터 마르크스는 브루노 바우어Bruno Bauer가 주도했던 '좌파 헤겔주의자' 모임("헤겔 철학으로부터 무신론적이고 혁명적인 결론들을 이끌어내고자 했던"[8])의 구성원으로 활동했다. 이후 마르크스는 언론인이 되었으며, 그다음 (부르주아적인) 혁명적 민주주의 경향의 《라인신문》 편집장이 되었다. 마르크스는 《라인신문》에서 '철학적 입장'을 대변하는 인물이었다. 결국 《라인신문》은 프러시아 정부에 의해 판매가 금지되었다.

---

6   학문적 논쟁의 여지가 있으나 nation과 national을 '민족'과 '민족적'이 아니라 '국민'과 '국민적'으로 거의 대부분 일관되게 옮겼음을 밝힌다. 다만 인문사회과학에서 일반적으로 '민족'과 '민족적'으로 옮겨왔기 때문에 어색하게 읽히는 독자들은 '민족'과 '민족적'으로 간주하고 읽어주어도 좋다.─옮긴이

7   국역본으로는 『데모크리토스와 에피쿠로스 자연철학의 차이』, 카를 마르크스 지음, 고병권 옮김, 그린비, 2001을 참조하라.─옮긴이

8   이는 *Œuvres complètes*(레닌 전집) 21권인 *Karl Marx*(칼 마르크스)에서 등장하는 레닌의 표현이다. 우리는 레닌의 이 저작으로부터 여러가지 정식화들을 빌려올 것이다. 마르크스의 삶에 관한 나의 이러한 요약은 장 브뤼아(Jean Bruhat)의 저서 *Karl Marx et Friedrich Engels, Essai biographique*(칼 마르크스와 프리드리히 엥겔스, 전기적 에세이), Paris, 1970으로부터도 많은 도움을 받았다.

마르크스가 1843년 이주했던 **프랑스에서**, 상황은 독일과는 많이 달랐다. 부르주아지는 폭력적이고 모순적인 형태로 정치적이고 법률적인 혁명(구舊 '봉건' 지배계급의 회귀와 이 구 '봉건' 지배계급이 착취하는 노동자계급의 존재라는 새로운 위협 **둘 모두에 동시에** 맞서 자신의 우세를 보장해주는 지배의 형태를 단 한 번만에는 아니라고 해도 여러 시행착오를 거쳐 발견해냄으로써 이 부르주아지가 권력을 잡을 수 있게 해주었던)을 실현했다. 이러한 해소되지 못한 모순은 프랑스를 19세기 내내 "정치적 계급투쟁이 극단으로 치달았던", 다시 말해 노골적인 적대로까지, 국가권력을 쟁취하기 위한 폭력적 투쟁으로까지 치달았던 국가로 만들었다.

1840년대 동안 대공업의 발전이 본격적으로 시작되었고, 노동자계급은 대농업 부르주아지와 '금융귀족'의 지배에 맞서는 정치투쟁에서 조금씩 조금씩 하나의 결정적 세력이 되어갔으며, 동시에 노동자계급은 자본에 대항하는 경제적 투쟁을 개진하기 시작했다. 또한 프랑스는 (여전히 프티-부르주아적 이데올로기가 지배적인) 프롤레타리아 정치 이데올로기의 최초 형태들인 '유토피아' 사회주의와 공산주의(생시몽, 푸리에, 카베)의 고전적 국가이기도 했다. 하지만 이러한 지배[형세] 그 자체하에서, 프롤레타리아 이데올로기의 (노동, 삶 그리고 노동자 계급투쟁의 조건에 준거하는) 결정적 요소들이 탄생하게 되었다. 이 첫 번째 역사적 단계에 조응하는 **조직화**의 형태는 [종교적 성격을 띠는] '섹트secte', 더 나아가 노동자 비밀단체라는 형태였다.

마르크스는 1845년 2월까지 파리에 머물렀으며, 이후 프러시아의 요구에 따라 기조Guizot는 그를 파리에서 추방시켰다. '공산주의자'가 된 마르크스는 프랑스의 사회주의, 공산주의 노동자들의 모임과 프랑스로 이주해온 독일 노동자들의 모임(특히 의인동맹이라는 모임)과 열심히 교류했다. 그 당시 마르크스는 (브루노 바우어를 비판하는) 「유대인 문제에 관하여」를, 그리고 마르크스 자신이 그 창립자 중 한 명이었던 《독불연보》를 통해 『헤겔 법철학 비판』을 출간했다.[9] 국가와 이데올로기(특히 종교적 형태로 표상되는 이데올로기)에 대한 비판, 즉 마르크스가 포이어바흐의 인간학적 철학으로부터 문제설정을 빌려와 행하는 그러한 비판의 범위 내에서, 마르크스는 자신의 텍스트들을 통해 **프롤레타리아**를 (이 프롤레타리아 자신의 절대적 소외라는 사실 자체로 인해) 현존하는 사회관계의 전복을 자신의 임무로 취하는 숙명적인 역사적 세력으로 제시했다. 따라서 마르크스가 보기에 프롤레타리아는 부르주아지가 실현했던 단순히 법률적이기만 한 허구적 해방에 대립되는 진정으로 보편적인 **인간**해방을 실현할 것이었다. 하지만 이러한 보편적 인간해방의 실현을 위해서, 프롤레타리아는 자신 스스로가 담지하는 보편성에 대해 의식하는 방식으로 스스로를 **철학**과 결합해야만 한다.

따라서, 고유한 의미에서의 마르크스주의의 '시작점'에 직접적으로 선행하는 이 시기에는 마르크스의 이론적 입장에 대한 정치적 입장의 우위라는, 상대적이지만 결정적인 하나의 **진전**avance이 존재하는 것이다. 마르크스의 이론적 문제설정 내에서 이러한 진전은, 어떠한 [즉 불특정한] 인간주의(심지어 그것이 비판적이고 혁명적인 인간주의라고 할지라도)가 취하는 용어의 외양과 그것이 공언하는 믿음에도 불구하고, 그 철학적 전제들로 환원 불가능한 진정한 '낯선 물체'[이물질]라

---

9   국역본으로는 「헤겔 법철학 비판 서문」과 「헤겔 국법론 비판」을 모두 번역한 『헤겔 법철학 비판』, 카를 마르크스 지음, 강유원 옮김, 이론과실천, 2011을 참조하라.—옮긴이

는 테제들의 존재로 점점 더 표현된다. 이러한 테제들은 자본에 대항하는 조직된 계급투쟁의 최초 형태들의 경험[실험]으로부터 직접적으로 산출된 것이다.[10] 이와 같이 노동자계급의 혁명적 이데올로기의 가장 근본적이고 급진적인 형태인 공산주의는, 이 공산주의가 사회조직이 그 위에 자신의 기반을 두는 그러한 소유의 형태 그 자체를 문제 삼았다는 점에서, 평등주의와 형제애—몇몇 이들에게 이 형제애는 심지어 종교적인 것이기까지 했다—의 지적 이상으로서가 아니라 "가까운 미래의 필연적 형태와 이 형태로 나아가게 해주는 추동력의 원리"로서, 즉 현재 사회의 모순들 그 자체의 심화의 결과로서 노동자계급에게 보여질 수 있었다. 따라서 마르크스는, 영국(그리고 프랑스)의 정치경제학을 통해, 부르주아 사회 내에서 생산자가 더 많이 생산할수록 이 생산자를 더욱 박탈dépossède하는 '소외된 노동travail aliéné'의 모순을 연구했다.[11] 엥겔스와의 협력작업을 통해 한 걸음 더 나아감으로써, 『신성가족』에서 마르크스는 유물론적 관점에서 역사에 관한 모든 관념론적 철학을, 그리고 심지어는 사회에 대한 단순한 '비판적' 관점, 즉 사실은 프티-부르주아지 지식인의 역사학적 무능력을 표현한 것일 따름인 이러한 '비판적' 관점을 비판한다. 마르크스는 프롤레

---

10   그 당시 마르크스(와 엥겔스)의 이론적 작업을 특징짓는 이러한 역설적이고 불안정한 상황을 이해하기 위해서는, 많은 경우 암시적인 성격을 지니는 마르크스 자신의 '자기비판들'보다는 엥겔스의 탁월한 텍스트인 『영국 노동자계급의 상황』(1845)의 1892년 독일어 재판 서문을 참조해야 한다. (국역본으로는 『영국 노동계급의 상황』, 프리드리히 엥겔스 지음, 이재만 옮김, 라티오, 2014를 참조할 수 있지만, 아쉽게도 1892년 독일어 재판 서문은 번역에서 빠져 있다.―옮긴이)

11   1920년에 발굴되어 출판에 이른 *Manuscrits économico-philosophiques de 1844*(1844년 경제학-철학 수고)를 참조하라. (국역본으로는 『경제학-철학 수고』, 카를 마르크스 지음, 강유원 옮김, 이론과실천, 2006을 참조하라. 또한 독자들이 혼동해서는 안 되는 것은 여기에서 말하는 '생산자'가 자본가가 아니라 노동수단을 갖고서 직접 생산을 수행하는 '노동자'라는 것이다. 이러한 혼동을 방지하기 위해 '직접생산자'라는 표현을 사용해 번역하기도 한다.―옮긴이)

타리아의 대중투쟁이 현존하는 사회질서 전체에 대한 진정한 '비판'
이라는 점을 보여준다.

1845년, 브뤼셀로 망명한 마르크스는 역사에 대한 유물론적인
철학적 개념화[인식] ─ (「포이어바흐에 관한 테제」, 그리고 마르크스와 엥
겔스 사후에 출간된 원고인 『독일 이데올로기』에서) 마르크스는 이러한
개념화를 자율적인 프롤레타리아 사회주의의 이론적 기반으로 만들
고자 했다 ─ 의 정교한 구성 작업을 엥겔스와 함께 했다.[12] 동시에 마
르크스는 독일의 혁명적인 노동자 집단 내에서 활발히 투쟁했다. 마
르크스는 1847년 최초의 국제 노동자조직인 "공산주의자 동맹"을 창
립하는 데서 결정적 역할을 수행했다. "공산주의자 동맹"은 마르크
스 덕분에 보편적 인간 형제애('모든 인간은 형제다')라는 공허한 이상
을 거부하고 '만국의 프롤레타리아여, 단결하라!'라는 구호를 채택하
게 되었다. 이 구호는 부르주아적인(혹은 프티-부르주아적인) 이데올로
기와 정치와의 단절을 나타내는 **최초의** 거대한 정식화이자 부르주아
사회 그 자체 **내에서** 프롤레타리아의 이론적이고 실천적인 **자율성**을

---

[12] 1845년 「포이어바흐에 관한 테제」와 『독일 이데올로기』에서 마르크스와 엥겔스가 천명한, 이
전의 전통과는 구분되는 자신들만의 역사 인식의 관점이 바로 la conception matérialiste de
l'histoire, 즉 '역사에 대한 유물론적 개념화'다. 일반적으로 '역사에 대한 유물론적 인식' 혹은 '유물
론적 역사인식'으로 쓰이나 더욱 줄여서 '유물사관'이라고도 번역한다. 하지만 옮긴이는 프랑스어 번
역에서 conception을 일관되게 '개념화'라고 옮기기 때문에 관행과는 조금 다르더라도 '역사에 대
한 유물론적 개념화'로 옮겼다. 「포이어바흐에 관한 테제」와 『독일 이데올로기』의 국역본으로는 『칼
맑스 프리드리히 엥겔스 저작 선집 2권』, 김세균 감수, 박종철출판사, 1997을 참조하라. 박종철출판
사의 『독일 이데올로기』 국역본은 아쉽게도 부분 국역본이지만, 『독일 이데올로기』의 이론적 핵심
을 잘 추출해내 번역했으므로 독자들에게 큰 도움이 될 것이다. 『독일 이데올로기』의 완역본은 최근
에 출간되었다. 『독일 이데올로기』 1·2, 이병창 옮김, 먼빛으로, 2019를 참조. 또한 「포이어바흐에 관
한 테제」의 또 다른 국역본으로는 『마르크스의 철학』, 에티엔 발리바르 지음, 배세진 옮김, 오월의봄,
2018의 2장 부록을 참조할 수 있다. ─옮긴이

나타내는 최초의 정식화였다.

하지만 공산주의자들 사이의 동맹은 대중 조직과는 거리가 멀었다. 공산주의자들 사이의 동맹은 아직까지는 그저 급진적인avancée 소수파를 한 곳에 모아놓은 것일 뿐이었다.

정확히 이와 동일한 시기에, 마르크스는 (엥겔스를 따라) 처음으로 **영국**을 방문했다. 영국은 마르크스에게 결정적 영향력을 끼쳤던 엥겔스의 1845년 저서 『영국 노동자계급의 상황』에서 그가 보여주었듯 자본주의적 대공업이 이미 지배적이었던, 그리고 노동자계급이 경제적이고 정치적인 **대중적** 운동(차티즘Chartisme과 노동조합trade-unions[13])을 조직하기 시작했던 유일한 유럽 국가였다.

따라서 이론적 관점에서 보자면, 마르크스의 청년기는 그로 하여금 독일 관념론 철학—그중 헤겔 변증법이 가장 체계적인(그리고 이후 레닌이 보여주듯 가장 모순적이기까지 한) 형태를 띠고 있었다—에서 (포이어바흐의 지배적 영향하에서) '비판적' 유물론으로, 그다음 역사유물론으로 나아가도록 했다. 이러한 변형 과정은 다음과 같은 세 가지 이질적 '원천'의 결합을 가능케 했다. 독일 철학, (본질적으로 프랑스적이고 영국적인) 유토피아 사회주의 그리고 (이미 어느 정도까지는) 영국 '고전파' 정치경제학([그런데] 이 영국 '고전파' 정치경제학에 대한 활용은 마르크스로 하여금 이 이후 더욱 심원한 사상적 변형을 겪게 할 것이다). 따라서 마르크스의 이론적 입장의 변형과 동시에, 무엇보다도

---

13 syndical, syndicaliste, syndicalisme의 경우 원어병기 없는 '노동조합'으로, trade-union의 경우 원어병기한 '노동조합'으로(trade-unioniste는 '노조운동적'으로) 번역한다. 물론 syndicalisme의 경우 음차하여 '생디칼리즘'이라고 하는 경우도 있으나, 한국에서 아직 이 두 단어는 체계적으로 구분해 번역되지 않는다.—옮긴이

이는 그 이론적 '원천들' 자체의 객관적 변형에 관한 것이기도 하다. 이러한 의미에서, 이는 역사적이고 사회적인 어떠한 한 과정의 효과이지 단순히 주관적인 [지적] 여정이 아니다.[14] 이러한 세 가지 이질적 '원천'의 결합은 노동자운동의 다른 이론가들(예를 들어 프루동)에게서도 또한 그 윤곽을 드러내기 시작했다. 하지만 이들은 이러한 결합이 내포하는 난점들을 넘어서는 데에 성공하지는 못하는데, 바로 이러한 사실로 인해 이 이론가들의 입장은 크게 보아 절충주의적인 것으로, 또한 최종적인 수준에서는 부르주아 이데올로기에 의해 지배되는 것으로 남게 되었다. 그리고 이러한 모순은 그 직접적인 실천적 상관항을 갖게 되었다. 예를 들어, 부르주아지의 경제적 지배에 대항해 투쟁하기 위해서 부르주아지의 정치적 지배에도 맞서 투쟁해야 하는 필연성을 인지하지 못하는 무능력, 프롤레타리아 투쟁의 객관적으로 국제[주의]적인 특징을 인지하지 못하는 무능력 같은 상관항.

[14] 그러므로 이러한 변형이 **마르크스와 엥겔스의** 프롤레타리아적 위치/입장 취하기, 프롤레타리아를 위한 위치/입장 취하기로부터 도출된다는 이유로 이러한 변형을 그들이 완수했던 것이라고 주장해서는 안 된다. 오히려 이러한 변형 속에서, 역사상 최초로, 규정된 물질적 토대 위에서 프롤레타리아적인 **이론적** 위치/입장들—마르크스와 엥겔스는 바로 이 프롤레타리아적인 이론적 위치/입장들의 대표자가 된다—이 **구성**되고 **실현**된다고 주장하자(발리바르는 '위치/입장들'에서 이 '들'을 부정관사 des로 표현하면서 강조하고 있다—옮긴이). 그래서 이러한 변형이 실현되도록 하는 것, 마르크스의 작업에 그 유효성을 부여하는 것은 최종적인 수준에서 바로 부르주아 이데올로기와 프롤레타리아 이데올로기 사이에서(이 두 가지 이데올로기는 서로 불균등하게 발전되어 있다) 작용하는 계급 갈등의 본성 그 자체라고 주장하자. 따라서 다음을 지적하자. 우리가 너무 자주 그렇게 하듯 이러한 과정을 '성찰'의 노동으로, '의식화'(prise de conscience)의 노동으로 혹은 역사의 흐름을 예측하거나 역사의 흐름보다 '앞서 있는' 위대한 인물들의 '천재성'으로 환원하는 것은 이러한 과정을 (마르크스와 엥겔스가 결국 도달했던) 프롤레타리아 이데올로기의 관점이 아니라 (마르크스와 엥겔스가 그로부터 태어났지만 경향적으로 포기하게 되는) 부르주아 이데올로기의 관점에서 이해하는 것이다. 따라서, 이러한 관념론적 설명들을 포기하는 프롤레타리아 이데올로기의 관점에서, 이러한 과정은 필연적이고 내재적으로 **미완성된** 그리고 **중단되지 않는** 것으로 나타나야만 한다. 다시 말해, 마르크스주의의 역사는 이 역사가 시작되는 순간에조차 전혀 완성되어 있지 않은 것이다.

1846년의 반反-프루동적 저작 『철학의 빈곤』, 그리고 특히 ('공산주의자 동맹'을 위해 1847년 집필한) 『공산주의자 선언』은 역사유물론에 관한 최초의 일관된 설명을 제시했다.[15] 즉, 이 텍스트들은 자신의 이론적 위치/입장이 이전의 모든 형태들로 환원 불가능한 그러한 인물로서의 마르크스가 집필한 최초의 텍스트들이었으며, 또한 프롤레타리아의 특수한 위치/입장이 (이 특수한 위치/입장이 자신의 정식화를 발견함과 동시에) 지배적인 것이 되는 그러한 최초의 텍스트들이었다. 결론적으로 말해 마르크스에게서 단절은 이론적인 동시에 정치적인 것이었다.

1848년의 혁명들

1848년 3월 브뤼셀로부터 추방당한 마르크스는 2월 혁명이 만들어낸 프랑스 임시정부의 노동자 구성원들의 노력으로 같은 시기 프랑스로 다시 돌아올 수 있었다. 프롤레타리아적이고 민주주의적이며 동시에 국민적인 인민혁명은 유럽 전체로, 그리고 특히 독일로 빠르게 번져 나갔다. 프롤레타리아 투쟁의 지도에 대한 마르크스주의적 **전술**은 역사유물론이라는 토대 위에서, 그리고 긍정적[실정적]임과 동시에 부정적인 경험들을 통해서, 혁명적 사건들이 발발함에 따라 구성되기 시작했다. 바로 이것이 이론과 실천 사이의 상호 연결liaison

---

15 『공산주의자 선언』의 국역본으로는 『공산당 선언』, 칼 마르크스, 프리드리히 엥겔스 지음, 강유원 옮김, 이론과실천, 2008을 참조하라.—옮긴이

의 조건 그 자체였다.[16]

　우선 마르크스는 독일로 보낼 군사파견단을 조직하고자 하는 몇몇 망명자들의 기획에 반대했다. 하지만 국민적 통일과 민주주의 정부를 위한 봉기가 일어났을 때, 자유주의적 부르주아지와 프롤레타리아 사이의 잠재적 통일 행동강령으로서『독일에서 공산주의자 당파의 요구』를 집필했던 것은 다름 아닌 바로 마르크스였다. 1848년 4~5월부터, 마르크스는 쾰른에서 공산주의자 동맹 쾰른 지부를 지도하면서 이 동일한 노선을 실천으로 옮겼다. 그다음, 프롤레타리아 '전위'가 한 섹트로 고립되는 것을 어떠한 대가를 치르고서라도 피하고자, 마르크스는 "공산주의자 동맹"의 해산과 (라인주에서 7000여 명의 노동자 가입자들을 유지하고 있었던) 노동자연합Association des travailleurs의 구성을 인정하도록 만들었으며, 또한 동시에 그는 《신라인신문》의 지도를 맡았다(이 《신라인신문》에는 엥겔스, 볼프wolff 형제 등등이 참여했다). 훗날 마르크스는 다음과 같이 말했다. 이 《신라인신문》에 "우리는 하나의 깃발, 민주주의라는 깃발만을 제시할 수 있었다. 하지만 이 민주주의라는 깃발은, 이 민주주의가 아직은 게양할 수 없었던 특수하게 프롤레타리아적인 특징을 모든 면에서 명백히 표현하는 그러한 민주주의의 깃발이었다". 마르크스는 쾰른에서 만들어진 공공

16　1848년의 혁명적 사건들과 관련해, 우리는 처음에는 마르크스의 이름으로 출간되었던 엥겔스의 저서, 즉 1851~1852년의 *Révolution et contrerévolution en Allemagne*(독일에서 혁명과 반혁명)를 읽어야만 한다(*La Révolution démocratique bourgeoise en Allemagne*, Paris, Éditions sociales에 실림). 엥겔스는 이 방면에서는 하나의 전형적 모델이 될 정도로 탁월한, 역사적 정세에 대한(다시 말해 사회계급들 간의 세력관계와 서로 다른 국가들에서 이 세력관계의 변화에 대한) 분석을 제시한다. 여기에서 우리는 특히 프티-부르주아지와의 동맹에서 노동자계급의 **지도적 역할**의 필연성에 대한 증명을, 그리고 레닌과 마오가 이로부터 자신들의 교훈을 발전시켰던 그러한 봉기의 '규칙들'에 대한 하나의 체계화를 발견할 수 있다.

복지위원회Comité de salut public에 참여했다. 이를 통해 사회주의적 섹트의 최초 영역을 상당 정도 넘어서는 **대중적인** 혁명 행동의 윤곽이 소묘된다.

6월 며칠간 일어난 노동자들에 대한 학살을 비판하는 마르크스의 글들 이후,《신라인신문》의 자유주의적 출자자들이 자신들의 출자를 철회했다. 이는 부르주아적 반-혁명이 프랑스에서 승리를 거두었던 반면, 군주제적, 봉건적 그리고 대-부르주아적 반-혁명이 독일에서 점진적으로 진행되고 있었기 때문이다. 독일 부르주아지 전체는 정치적 자유주의와 국민적 통일에 반대하여 전제국가적 헤게모니하에서 대토지 소유자들과의 동맹을 선택했다. 마르크스는 국가 전복을 꾀했다고 고발당했지만 쾰른 배심원회 덕분에 사면받았다. 혁명의 공포에 질린 민주주의적 부르주아지와 단절하면서, 그리고 라인주 혁명가들의 무장봉기('장군' 엥겔스는 그 군사 고문이었다)를 지원하면서도 동시에, 마르크스는 노동자의 조직화와 이론적 형성[교육]을 위한 작업을 재개했다.[17]

1849년 봄 마르크스는 독일에서 추방당했으며, 프랑스 정부가 내린 주거제한 명령을 피하기 위해 런던으로 망명했다. 1년 동안 처음으로 마르크스와 엥겔스는 노동자계급과 지배계급들 사이의 투쟁을 둘러싸고 있었던 상황과 세력관계의 주기 전체를, 그리고 이 상황과 세력관계에 조응하는 정치투쟁의 방법들의 주기 전체를 검토했다.

---

[17]   브뤼셀에서 1847년 행했던 강연에 기초해 1849년 출간한 *Travail salarié et Capital*(임노동과 자본)을 참조하라. (국역본으로는 『임금노동과 자본』, 카를 마르크스 지음, 김태호 옮김, 박종철출판사, 1999를 참조하라. 또한 여기서 '형성'은 프랑스어 formation을 옮긴 것으로, 이 프랑스어 단어에는 '형성'과 '교육'이라는 의미가 모두 들어 있다.—옮긴이)

프랑스와 유럽에서의 혁명들이 실패한 이후, 잠시 동안이었지만 마르크스는 프랑스에서 봉기의 재개가 임박했다고 확신하게 되었다. 다시 구성된 '공산주의자 동맹'의 지부들sections에 마르크스는 다음과 같이 편지를 썼다.[18] "프롤레타리아 당파는 가능한 빨리 혁명을 끝내고 싶어하는 프티-부르주아 민주주의자들과는 구별되어야 합니다. (…) 그리고 많은 정도이든 적은 정도이든 재산을 소유한 모든 소유자 계급들이 (…) 세계의 모든 주요 국가 내에서 권력으로부터 쫓겨날 때까지 **혁명을 항구적인 것으로 만들어야**만 합니다."(1850년 4월) 동일한 시기에 마르크스에게서 최초로 **프롤레타리아 독재**라는 통념이, "공산주의의 실현에 이르기까지 혁명을 항구적인 것으로 유지"하기 위해 필수적인 정치형태로서 등장한다.[19]

하지만 프랑스와 독일 각각에서 혁명들이 전개되는 양상을 비교함으로써, 그리고 이 혁명들의 상호의존성과 이 혁명들이 그 안에서 전개되는 물질적인 경제적 조건들을 연구함으로써, 마르크스는 다음과 같은 네 가지 결론을 도출하게 되었다.

---

[18] secte는 '섹트'로 음차했으며 section은 '지부'로 일관되게 옮겼다. 또한, 편지의 경우 반말과 존댓말을 구분하는 것이 이 책에서 큰 의미는 없어서 맥락에 따라 자연스러운 것이 무엇인지 옮긴이가 자의적으로 선택해 반말로 옮기거나 존댓말로 옮겼다.—옮긴이

[19] 한참 뒤 트로츠키는 제국주의에 관한 레닌주의적 이론을 비판하고 또한 소련에서의 '일국사회주의의 건설'이라는 정책을 비판하기 위해 1848~1850년 이후 마르크스가 포기하게 되는 '영속 혁명'(révolution permanente)이라는 관념을 다시 취해 일반화하게 되었다(트로츠키주의와 관련해서는 이 동일한 개념이 한국어로는 관용적으로 '연속 혁명'으로 번역된다—옮긴이). 때로는 '좌익적으로' 때로는 (특히 '수정주의'의 아버지인 베른슈타인에게서) '우익적으로' 주기적으로 재출현하는 하나의 전통은 '프롤레타리아 독재'를 '블랑키주의적'인 통념으로 만들어버렸다. 마르크스는 1848~1850년의 『프랑스에서의 계급투쟁』에서 다음과 같이 썼다. "**프롤레타리아**는 **혁명적 사회주의**의 중심으로, **공산주의**—이 공산주의를 위해 부르주아지 자신은 **블랑키**라는 이름을 발명해냈다—의 주위로 점점 더 집결하게 된다. 사회주의는 **혁명에 대한 항구적 선언**, 계급적 차이 일반의 폐지에 도달하기 위해 필수적인 이행점(point de transition)으로서의 프롤레타리아적 **계급독재**다. (…)"

1) 근대 사회에서 서로가 서로에 대해 투쟁하고 있는 계급들 사이의 세력관계의 상태는 경제적 정세에 의존한다.[20] 부르주아지의 세력 약화와 그 고립은 1847년의 세계적인 무역 위기로부터 유래하는 것이고, 1848~1849년 부르주아지의 세력 강화는 산업적 호황의 재개에 의존하는 것이다. "진정한 혁명은 이 두 가지 요소들, 즉 근대적 생산력과 부르주아적 생산 형태가 서로서로에 대해 갈등하는 관계 속으로 진입하는 시기에만 가능한 것이다."

2) 유럽 국가들에서 프롤레타리아 혁명의 성공은 프롤레타리아의 존재에만 의존하는 것이 아니다(즉 계급투쟁은 부르주아지와 프롤레타리아 사이의 단순한 결투가 아니다[21]). 프롤레타리아 혁명의 성공은 아주 약간의 토지를 소유하는 가난한 농민계층을 이 농민계층 자신들을 간접적인 방식으로 착취하고 있는 부르주아지와 국가로부터 분리시킬 수 있는 프롤레타리아의 능력에, 그리고 이 가난한 농민계층을 노동자계급의 지도하에서 지배계급에 대항하는 투쟁으로 집결시킬 수 있는 프롤레타리아의 능력에 달려 있다.

3) 영국에서의 사회적 모순의 전개, 프랑스 부르주아지에 대항하

---

20 '정세'는 conjoncture를 옮긴 것으로, 사실 경제학에서 이 개념은 '경기순환의 특정한 국면'을 의미하는 것으로, '정세'라는 논쟁적인 개념으로 옮기는 것은 다소 과잉된 번역이다. 하지만 '정치경제학'이 아니라 '정치경제학 비판'을 다루는 이 책에서는 과잉번역이라고 할지라도 '부르주아적인' 경기순환 개념으로부터 조금 거리를 두기 위해, 정치학이나 사회학, 철학에서와 마찬가지로 '정세'라고 번역하도록 하겠다. 진태원은 자신의 논문 「알튀세르와 68: 혁명의 과소결정?」(『서강인문논총』 52, 2018년 8월)에서, 백승욱은 『자본주의 역사강의』(그린비, 2006)에서 이 conjoncture를 번역하지 않고 음독하여 '콩종크튀르'라고 쓰는데, 이는 이 개념이 한국어 '경기순환'(영어로는 business cycle, 프랑스어로는 cycle conjoncturel), 심지어는 한국어 '정세'로도 온전히 번역될 수는 없는 어휘이기 때문이다. ─옮긴이

21 여기에서 '결투'는 duel을 옮긴 것으로, duel은 중세 귀족들 사이에서 갈등을 해결하기 위해 행해졌던 두 사람 사이의 대결로, 한 명이 죽어야만 결투가 끝난다. ─옮긴이

는 프롤레타리아의 자율적 투쟁, 독일과 중유럽에서의 민주주의를 쟁취하기 위한 전쟁은 동일한 하나의 혁명적 과정의 분리 불가능한 요소들이다. 유럽에서의 반-혁명적 질서와 억압은 소유자 계급들 간의 연대에 기초해 있다.

4) 근대 국가는 이러한 지배와 연대의 도구이며 서로 다른 여러 형태들로 착취를 유지하기 위한 보증물이다. 보편 선거제도와 정당 메커니즘에 기반을 두는 부르주아적인 민주주의 공화국 그 자체는 '부르주아 독재'의 정상적normale 형태다. 이는 부르주아지의 서로 다른 여러 분파들 사이의 **통일**을, 따라서 농민계층과 프티-부르주아지에 대한 부르주아지의 지배를 가능케 하는 유일한 정치체제다. 바로 그렇기 때문에 프롤레타리아 혁명은 "국가에 대항해 자신의 모든 파괴의 힘을 집중"시키고 동시에 "지금까지의 모든 정치 혁명들이 [사실은] 완성시켜왔을 뿐인 국가기계machine d'État를 부러뜨린다briser"는 조건에서만 승리할 수 있는 것이다.

이러한 결론들은 특히 1850년의 『프랑스에서의 계급투쟁』과 1852년의 『루이 보나파르트의 브뤼메르 18일』에서 제시되었다.[22] 이 결론들은 이중의 문제설정을 **열어젖히**는데, 이 이중의 문제설정의 발전, 그리고 이 이중의 문제설정에 대해 마르크스가 이후에 행한 수정은 그가 역사유물론에 행했던 이론적 기여의 본질을 규정하게 된다. 한편으로, 자본주의 역사의 **경제적 토대**라는 문제가 있다. 특히 계급적인 경제적 **적대들**의 발전과 상품생산과 상품유통의 발전 내에서의

---

22   『프랑스에서의 계급투쟁』과 『루이 보나파르트의 브뤼메르 18일』의 국역본으로는, 『칼 맑스 프리드리히 엥겔스 저작 선집 2권』, 칼 맑스, 프리드리히 엥겔스 지음, 김세균 감수, 박종철출판사, 1997을 참조하라. ― 옮긴이

(주기적인[경기순환적인] 것이든 아니든) **모순들**의 전개 사이의 '조응'이라는 문제. 다른 한편으로, **국가의 계급적 본성**과 프롤레타리아 혁명의 정치적 목표라는 문제. 이제부터 이 두 가지 문제는 하나의 동일한 변증법 내에서 서로 연결된 것으로 나타나게 된다.

따라서 마르크스의 관점에서 공산주의에까지 이르는 '중단 없는ininterrompue' 혁명을 위한 열쇠는 자본주의적 생산의 모순들의 전개 내에, 대중적 정치운동으로의 프롤레타리아의 '집중' 내에 그리고 이러한 조건들에 대한 정확한 인식 내에 존재하는 것이다. 마르크스는 혁명의 객관적 조건들—이 객관적 조건들 중 하나가 바로 **프롤레타리아 자신의 발전과 조직화다**—이 부재한 상태에서 혁명을 원하는 이들의 의지주의를 비판했다. "우리는 노동자들에게 말한다. 당신들은 기존 상황을 변화시키기 위해서뿐만 아니라 또한 당신들 자신을 변화시키기 위해, 그리고 당신들을 정치권력에 더욱 적합한 인물들로 만들기 위해 15년, 20년 아니 50년의 내전과 국제적 투쟁을 통과해야만 한다."

『자본』과 인터내셔널(1850~1871)

1848년 혁명의 종말과 동시에 하나의 새로운 시기가 도래하는데, 이 시기는 1871년 파리코뮌과 함께 끝나게 된다. 그 시작은 유럽대륙에서, 그리고 심지어는 영국에서 일어난 반동세력의 승리였다. 이는 러시아, 영국, 프랑스, 프러시아, 오스트리아의 정부들 사이에 다시 확립된 동맹의 시기로, 이 정부들은 그들 간의 경쟁에도 불구하고 자신들의 기존 사회질서를 유지하기 위해 서로 연합했다. "유럽의 대륙 질서파의 다양한 분파들의 대표자들이 오늘날 하나같이 몰두하고 있는 여러 논쟁들은, 이 다양한 분파들이 서로를 위태롭게 하는 그러한 여러 논쟁들은, 새로운 혁명을 위한 기회를 제공하기는커녕, 사실은 관계들의 기반이 일시적으로 매우 안정적이며 (반동세력들은 모르고 있는 바이지만) 매우 부르주아적이기 때문에만 가능한 것이다." 하지만 이는 또한 세계분할을 위한 제국주의 열강들이 서로 간에 최초로 대립했던 시기이기도 했다. 이러한 대립을 통해 인류의 역사가 경험한 바 중에서 가장 거대한 영국 식민제국이 탄생했다. 이때는, 영국이라는 '중심'에서부터 출발해(마르크스와 엥겔스는 세계시장을 지배하는 영국의 산업독점에 대해 언급한다), 자본주의 산업혁명이 프랑스, 독일 그리고 미국으로 심원한 방식으로 확장되었던 시기이기도 했다. 하지만 또한 이때는, 특히 1860년대 이후부터 시작된 유럽(이탈리아, 폴란드, 아일랜드) 민족해방투쟁의 시기였으며, 노동자계급 규모의 폭발적 확장, 노동자계급의 노동조합 조직화의 진전, 프랑스, 영국, 벨기에에서의 경제적 계급투쟁의 발전을 표현하는 거대한 규모의 파업들의 시기이기도 했다.[23]

이 시기 마르크스의 활동은 일견 두 가지 분리되는disjoints 측면들로 제시되는 것 같다. 한편으로, 『자본』의 출판으로 이어지는, 그리고 그 결과가 다음 단계가 되어서야 노동자운동의 기반으로 조금씩 조금씩 침투해 들어가는 이론적 노동이라는 측면. 다른 한편으로, 인터내셔널의 창립에서부터 출발해, 여전히 매우 취약하고 모순적이

---

23   1864년 국제노동자연합 발기문에서, 마르크스는 이로부터 도출되는 "두 가지 거대한 사실"을 강조했다. 노동일을 제한하는 10시간 노동법의 획득, 그리고 노동자 협동조합(coopératives)의 발전.

지만 명확히 1848년 이전의 섹트적 고립으로부터는 벗어난 프롤레타리아 '당파'라는 최초의 형태를 취하는 정치적 조직화로 나아가는 노동이라는 측면. 마르크스라는 **한 개인**의 실천적 입장과 행동 내에서 극복됨과 동시에 물질화된, 역사적으로 필연적인 이러한 상대적 분리disjonction relative가 마르크스의 예외적인 역사적 역할과 이 역할에 대한 분석의 문제 전체를 구성하는 것이다.

『자본』의 준비과정

망명자 모임과 거리를 취하게 되면서, 마르크스는 우선 극심한 고립 속에 빠지게 되었다. "마르크스의 집을 방문하면, 우리는 그의 인사가 아니라 경제학적 범주들의 인사를 받게 된다."[24] 마르크스는 정치경제학을 대상으로 하는, 하지만 마찬가지로 철학, 역사, 자연과학(화학과 농학), 수학 또한 대상으로 하는, 특히 대영박물관 도서관 열람실에서 행했던 악착같은 이론적 작업을 이어나갔다. 1866년 마르크스는 자신의 친구인 쿠겔만에게 다음과 같은 편지를 썼다. "[인터내셔널의—발리바르] 제네바 총평의회Conseil général를 위한 준비 작업에 많은 시간을 들이고 있기는 하지만, 그 총평의회에 갈 수도, 또 가고 싶지도 않네. 왜냐하면 오랜 시간 내 작업을 중단할 수 없기 때문이지. 이 작업을 통해 나는 내가 그 어떠한 총평의회에서도 개인의 자격으로 할 수 있는 바 전체보다 노동자계급을 위해 훨씬 더 중요한 무언가를 할 수 있을 거라 판단하네."

이 작업은 마르크스가 겪어야만 했던 물질적인(그리고 그의 사기

---

[24] 피페(Pieper)가 엥겔스에게 보내는 1851년의 편지.

까지도 저하시키는) 끔찍한 비참으로 인해 자주 오랜 기간 중단되기도 했다. 마르크스는 엥겔스에게 다음과 같이 썼다. "이 정도로 돈이 없는 상황 속에서 돈[화폐]에 대한 글을 썼던 사람이 있었는지 의문이야. 돈이라는 대상을 다루었던 저자들 대부분은 그들의 연구 주제와 좋은 관계를 맺었었는데 말이지."(1859년 1월 21일) 마르크스의 자녀들 중 많은 수는 어린 나이에 죽어야만 했다. 경찰의 뒤를 이어 집달리가 마르크스를 쫓아다니기까지 했다.

마르크스는 처음에는 민주주의적인 여러 신문들과, 그다음으로는 사회주의적인 많은 신문들과 협업했다. 특히 (과거 푸리에주의자였던 한 인물이 이끌었던) 《뉴욕 데일리 트리뷴New York Daily Tribune》이 그러했는데, 이 신문에는 국제 정치(유럽에서의 전쟁들과 미국의 남북전쟁)와 영국 식민주의(중국, 페르시아 그리고 특히 인도), 경제 정세(1857년의 위기), 은행신용과 화폐유통의 메커니즘 그리고 산업체계에 대한 마르크스의 분석이 실렸다. 생계를 위한 이 '밥벌이' 기사들은 또한 역사유물론의 이론적 실험실이기도 했다. 1859년부터 마르크스는 런던으로 이주한 독일 노동자들의 문화협회Association culturelle 기관지인 《다스 폴크Das Volk》의 실질적인 지도를 맡았다. 마르크스는 《피플스 페이퍼People's Paper》 같은 영국 차티스트 신문들, 그리고 영국 사회주의 신문들과 협업하기도 했다.

1859년, 마르크스는 상품과 화폐에 관한 자신의 이론이 처음으로 그 모습을 선보이는 『정치경제학 비판을 위하여: 1분책』을 출간하게 되었는데, 이 책을 통해 자신의 상품-화폐론만을 제시했다.[25] 이

---

25   일반적으로 『정치경제학 비판을 위하여』 혹은 『정치경제학 비판 서설』로 번역하지만 옮긴이는 윤소영 교수를 따라 『정치경제학 비판을 위하여: 1분책』으로 일관되게 옮기도록 하겠다. 프랑스어에

론 텍스트의 집필 이외에도, 마르크스는 또한 기나긴 정치 논쟁을 이끌어가야만 했다. 1848년 프랑크푸르트에서 열린 독일 국민회의에서 그것의 전前 대표였던 한 자연주의자가 노동운동사를 날조한 것을 비판하기 위해 마르크스가 집필했던 1860년의 「포그트 씨Herr Vogt」라는 텍스트가 그러했다(파리코뮌이 압수했던 문서고를 통해, 마르크스가 주장했듯 포그트가 나폴레옹 3세의 스파이였다는 사실이 사후에 밝혀지게 된다).

1867년, 15년간의 작업의 결과물인 『자본』 1권이 출간되었다. 1867년 베커Becker에게 보낸 편지에서 마르크스는 『자본』 1권이 "필시 토지 소유자를 포함한 부르주아지의 머리에 떨어지는 가장 위협적인 폭탄일 것"이라고 말했다. 『자본』 1권에서 마르크스는 근대 사회의 계급들이 취하는 모든 적대의 물질적 토대를 구성하는 **직접적인**immédiat 자본주의적 **생산과정**에 관한 역사이론을 제시했다. 따라서 마르크스는 발전된 과학적 형태하에서 '정치경제학 비판'을 최초로 실현하고 이러한 '정치경제학 비판'과 나란히 프롤레타리아 혁명과 (현재의 사회적 모순들의 전개 내에 함축되어 있는) 그 필연성의 객관적 조건들에 관한 이론을 구성했던 것이다.

인터내셔널

1864년 폴란드의 자유를 지지하기 위해 런던에서 조직되었던

서 livre는 '권'이고 tome은 '분책'인데, 예를 들어 마르크스의 『자본』 1권을 출판사에서 10개의 책으로 쪼개어 출간했다면 『자본』 1권의 '권'은 livre이고 '분책'은 tome다. 앞으로도 자주 등장하는 '분책'이라는 단어는 어느 한 책이 프랑스에서는 여러 권으로 나뉘어 출간되었으며 그중 몇 번째 책인지를 나타내는 것이다. —옮긴이

국제회의에서, 지금은 제1인터내셔널이라는 이름으로 우리에게 잘 알려진 국제노동자연합Association internationale des travailleurs, AIT이 창립되었다. 국제노동자연합은 매우 다양한 이데올로기적 동력을 지닌(즉 프루동적, 라살레적, 바쿠닌적, 마치니적mazziniens, 노조운동적trade-unionistes, 영국 자유주의적 등등) 영국, 독일, 프랑스, 스위스, 벨기에의 노동자 조직들, 그리고 그 이후에는 이탈리아, 스페인, 미국 등등의 노동자 조직들이 연합한 조직이었다. 그 다양한 차이에도 불구하고 이 조직들의 연합은 "근대 사회의 억압 불가능한 자연적 경향들에 의해", 즉 정치적이고 경제적인 계급투쟁들과 이 투쟁들이 점차 서로 의존함에 따라 "스스로 만들어진 프롤레타리아 운동의 생산물"이었다. 인터내셔널을 이전의 다른 집단들과 구분해주는 것("섹트들의 세계로부터 노동자계급의 현실적 조직으로의 이행")은 여전히 빈약했던 인터내셔널의 결집력recrutement이 아니라 인터내셔널이 지니는 영향력의 확대를 해명하는 작업과 개입의 형태였다.

인터내셔널은 개인들의 개별 가입을 논외로 한다면 '노동조합적인'(즉 지역적이고 직업적인) 조직들과 함께 '정치적' 조직들(즉 지부들)을 포함한다. 인터내셔널의 창립에서부터 임시 위원회에, 그리고 이후에는 국제노동자연합의 총평의회에 참여를 권유 받았던 마르크스는 연합과 연대를 위한 순수 자문기구를 만들겠다는 기획에 반대했다. 그는 지역적 상황에서부터 출발해 (레닌의 표현을 따르자면) "서로 다른 국가들 각각의 노동자계급의 프롤레타리아적 투쟁을 위한 유일한[즉 이 각 국가의 상황에 조응하는] 전술", 또한 단일한 형태의 불변적 전술이 아니라 정치적 실천에 맞먹는 개념화와 역사적 정세의 일반 경향들에 대한 인식 위에 기초한 전술을 정교하게 구성하는 과업을 맡는 정치적 지도기구를 내세웠고 이에 대한 개념화를 인터내셔널의 방향으로 관철시키는 데에 성공했다. 결국 마르크스가 인터내셔널의 규약과 **발기문**을 작성하게 되었다. "노동자계급의 해방은 노동자계급 자신에 의해 쟁취되어야 한다"는 점을 사고함으로써, 그리고 노동자계급의 해방이 "모든 계급지배의 폐지"—이 계급지배의 토대는 "노동수단의 소유자에게로 노동자가 경제적으로 예속화assujettissement됨"으로써 구성된다—를 핵심으로 한다는 점을 사고함으로써, 마르크스는 경제적 투쟁과 정치적 투쟁의, 그리고 국민적 투쟁과 국제적 투쟁의 필연적 결합이라는 원칙을 제기했다.

1865년 3월 13일자 편지에서 마르크스는 엥겔스에게 다음과 같이 썼다. "내 책[『자본』]을 쓰기 위한 작업을 제외한다면 나는 국제노동자연합에 가장 많은 시간을 쏟고 있어. 사실상 내가 국제노동자연합의 일을 총 지휘하고 있으니 말이야." 1869년이 지나서야 엥겔스는 가족이 경영하는 기업에서 자신의 지분을 매각함으로써 사업에서 완전히 손을 떼고 마르크스와 합류해 그와 함께 국제노동자연합의 총평의회에 참여할 수 있었다. 총평의회는 매주 열렸으며 해외에서 온 인물들의 소식과 의견을 지속적으로 수용했고 여러 국가의 파업 노동자들을 지원하기 위한 물질적 연대를 조직했다(1868년의 샤를루아Charleroi, 1869년의 바젤). 국제노동자연합은 파업 중인 기업이 그들의 파업노동자들을 대체할 외국인 노동자들을 고용하는 것을 저지하는 데에 성공하기도 했다. 이는 부르주아 법에 따르면 '노동의 자유'를 훼손하는 것이며, 달리 말하면 임금제가 함의하는 노동자들 간의 경쟁에 반대해 투쟁하는 것이고, 결국 부르주아지의 공통 이해에 맞서 이러한 투쟁 그 자체 내에서 노동자계급을 통일시키는 것이었다.

국제노동자연합의 국제주의internationalisme는 고유한 정치적 지형 위에서도 표현되었다. 마르크스에게 "노동자 문제는 일시적인 문제도 지엽적인 문제도 아니었다. 그대신 이는 세계의 역사[즉 세계사]의 문제였다". 그리고 이와 상호적으로 노동자계급은 "영국 노동자계급의 사회적 해방과 아일랜드인의 국민적 해방"을 객관적으로 통합시키는 밀접한 관계가 보여주듯, 또한 **오히려** 영국 노동자계급의 정치적 취약성과 세계 전체에 대한 영국의 상업적[무역적], 식민지적 그리고 산업적 지배 사이의 관계가 보여주듯, 세계사에서 이 노동자계급이 갖는 고유한 위치/입장의 이해관계로부터 벗어날[무관심할] 수 없었다. 러시아와 폴란드에 관해 엥겔스가 지적하듯, "다른 인민을 억압하는 인민은 자기 스스로를 해방시킬 수 없다. 다른 인민들을 억압하기 위해 이 인민이 필요로 하는 힘은 결국은 항상 자기 자신에게로 되돌아오고 만다".[26] 인터내셔널은 유럽에서의 국민적 해방운동들을 지원하기 위한 정치적이고 이데올로기적인 활발한 투쟁을 전개했다. 인터내셔널은 1862년 영국이 미국 남부의 편에 서서 남북전쟁에 직접 개입하는 것을 저지하도록 영국 노동자계급이 투쟁하게 인도하는 데에 성공했으며, 1869년 5월에는 영국과 미국 사이의 대립에 반대하는 미국 노동자계급의 투쟁을 이끄는 데에 성공하기도 했다. 이때부터 "노동자계급은 유순한 실행자로서가 아니라 (…) 소위 자신들의 주인이 전쟁을 호소하는 곳에서 평화를 호소할 수 있는 독립적인 하나의 힘으로 등장하게 된다".[27]

마지막으로 인터내셔널은 마르크스가 만든 질문지에 기초해 노

---

26 1874년의 Littérature d'exilés(망명자 문헌).

27 미국의 전국노동조합(National Labor Union)에서 행한 국제노동자연합의 연설.

동자들이 처한 조건에 대한 여러 조사연구를 진행했다(1865년 마르크스는 "노동자계급이 노동하고 생활하는 조건에 대한 정확하면서도 실질적인 인식을 획득해야만 한다"고 주장했다). 또한 인터내셔널은 여러 국가에서 각국 지부들의 신문을 통해 출간한 연설문의 형태로 노동자계급의 이론적 교육[형성]에 쓰일 기초적 텍스트들을 전파했다.

따라서 인터내셔널의 활동은 끊임없는 이데올로기적 투쟁에 의해 인도되었다고 우리는 주장할 수 있다.

프랑스 사회주의의 주류는 정치행동에 적대적인 프루동주의였다. "프루동주의자들은 모든 혁명적 행동을, 다시 말해 계급투쟁 그 자체로부터 분출되는 모든 집약된 사회운동을, 즉 **정치적 수단들**(예를 들어 **법적** 노동시간의 단축)을 통해 실현 가능한 모든 혁명적 행동을 경멸하지. 그리고 이는 자유라는 미명하에 존재하는 반-통치주의antigouvernementalisme 혹은 반-권위적 개인주의일 뿐이야."[28]

차티스트 운동을 유지 혹은 재정초하기 위한 모든 노력의 '충격적인 패배' 이후(차티스트 운동은 1848년 반동세력이 반격하고 영국인들이 미국으로 이주하면서 소멸되었다), 영국 사회주의는 자신들의 관점에서 물가상승을 일으킬 위험이 있는 경제적 계급투쟁 앞에서 우물쭈물하면서 '노조운동적trade-unioniste', 개량적 그리고 합법주의적인 방향으로 나아갔다.

독일 사회주의의 주류는 1863년 라살레와 슈바이처schweitzer가 창립한 독일 노동자총연합Association générale des travailleurs allemands으로 조직화되었다(이 독일 노동자총연합은 프러시아 국가에 대한 사회주의적

---

28 쿠겔만에게 보내는 1866년 10월 9일자 편지.

개입이라는 허상에 반복적으로 사로잡혔다). 1865년 마르크스에게 보내는 세 명의 베를린 노동자의 편지는 비스마르크의 정치jeu를 용이하게 하는 방향으로 "이 독일 노동자총연합이 황제정치césarisme를 민주주의적 원칙들과 접목시킨다"고 썼다. 1865년 마르크스는 "라살레의 치명적인 허상illusion이 (…) 환멸désillusion로 이어질 것이라는 점에는 그 어떠한 의심도 불가능하다. 사태의 향방이 이를 말할 것이다. 하지만 노동자 당파의 명예는 경험이 그 무의미를 증명하기 이전에 이 환영들을 몰아내기를 요구한다. 노동자계급은 혁명적이다. 그렇지 않으면 노동자계급은 아무 것도 아니다rien"라고 썼다.

1868년 이후, 스위스, 이탈리아, 스페인의 노동자계급은 바쿠닌의 무정부주의에 매우 강한 영향을 받았다.

인터내셔널은 '공산주의적'이지 않았다. 인터내셔널이 『공산주의자 선언』의 역사적인 구호('만국의 프롤레타리아여, 단결하라!')를 실천으로 옮기긴 했지만, 인터내셔널이 이 역사적인 구호에 명시적으로 준거했던 것은 아니었다. 국제노동자연합의 규약 서문에서 마르크스는 다음과 같이 썼다. "나는 의무Devoir, 진리Vérité, 도덕Morale 그리고 정의Justice에 관한 구절들을 (…) 인정할 수밖에 없었다. 하지만 나는 이 구절들이 전체에 해를 끼치지는 않는 방식으로 이를 배치했다. (…) 우리의 관점을 노동자운동이 현재 위치하고 있는 단계 내에서 수용 가능하게 만드는 그러한 형태로 우리의 관점을 제시하는 데에 성공하는 것은 매우 힘든 일이었다. (…) 노동자운동이 내가 예전에 사용했던 언어의 속내[즉 지금은 어쩔 수 없이 가려져 있는, 마르크스가 실제로 말하고자 하는 배를 깨닫는 단계에 이르기까지는 시간이 좀 더 필요할 것이다. (…)"

이러한 사실로 인해 인터내셔널의 역사는, 그 개념화와 실천에 대항하는 [부르주아지의] 무자비한 투쟁이라는 대가를 치르고서, **노동자 운동 내부에 (마르크스주의라는) 과학적 사회주의의 헤게모니가 확립되는**(그리고 프롤레타리아의 이론과 전술이 정교하고 명확하게 구성되는) **과정의 역사였다.**

각 인터내셔널 총평의회는 정세에 따른 프티-부르주아적인 사회주의 형태의 패배와 마르크스주의 승리의 표지를 나타냈다.

1) 노동자 대중에게는 '사회주의 학교'의 역할을 했던 **노동조합 내에서의 경제적 계급투쟁과 그 과학적 조직화를 위하여.** 하지만 경제적 투쟁은 개량주의의 침투로부터 스스로를 방어하는 데에 성공했을 때에만 유용하고 효과적일 수 있다. "임금삭감에 반대해 노동자들이 주기적으로 수행하는 저항과 이 노동자들이 임금인상을 쟁취하기 위해 주기적으로 개시하는 시도들이 임금제라는 체계에 분리 불가능하게 연결되어 있으며 노동이 상품으로 흡수되고 이로 인해 가격의 일반적 운동을 통제하는 법칙들에 종속된다는 사실 자체로 인해 자극 받는다는 점을 명확히 보여준 뒤 (…) 결국 이는, 자본과 노동 사이의 지속적 투쟁이 진행되면서, 어느 정도로까지 자본이 승리할 가능성을 갖게 되는지를 아는 것의 문제다. (…) 사태는 투쟁하는 이들 간의 세력관계라는 질문으로 환원된다. **노동일의 제한**과 관련해 (…) 이 노동일의 제한은 **법률적 개입**과 다른 방식으로는 규제되었던 적이 없다. 외부로부터 작용하는 노동자들의 지속적 압박 없이, 이 개입은 절대로 일어나지 않을 것이다. 어쨌든 노동자와 자본가 사이의 사적 합의로는 이러한 결과를 획득할 수 없었을 것이다. **정치적 행동 일반**에 대한 이러한 필연성 그 자체는 순수하게 경제적인 투쟁 내에서는

자본이 더욱 강력할 수밖에 없다는 점을 증거한다. (…) 자본주의적 생산의 일반적 경향은 임금의 평균 수준을 높이는 것이 아니라 낮추는 것, 다시 말해 **노동의 가치**를 얼마만큼은 그 **가장 낮은 한계**로 이끌어가는 것이다. 하지만 이러한 체제 내에서 **사태**의 경향이 그러하다면, 이는 노동자계급이 자본의 침탈에 대항하는 자신의 투쟁을, 그리고 기회가 도래했을 때 자신의 상황에 대한 그 어떠한 개선을 가져다줄 수 있는 모든 것을 포기해야 한다는 점을 의미하는가? 만일 노동자계급이 그렇게 한다면, 노동자계급은 형태를 갖추지 못한, 으깨어진, 허기진 존재들의 덩어리(더 이상 그 어떠한 안녕도 기대하기 힘든)로 전락하고 말 것이다. (…) 만일 노동자계급이 자본에 행하는 자신의 일상적 투쟁에서 발을 뺀다면, 분명 노동자계급은 더 커다란 규모의 이러저러한 운동에 착수할 가능성 자체를 스스로에게서 제거하게 될 것이다. 하지만 동시에 (…) 노동자들은 이러한 일상적 투쟁의 최종적 결과를 과장해서도 안 된다. 노동자들은 이러한 일상적 투쟁을 통해 이 효과의 원인에 대항하는 투쟁이 아니라 이 효과 자체에만 대항하는 투쟁을 하고 있을 뿐이라는 점을 망각해서는 안 된다. (…) 노동자들은 현재의 체제가, 이 현재의 체제가 노동자들을 짓누르고 있는 그 모든 비참과 함께, 사회의 경제적 변형을 위해 필수적인 **물질적 조건과 사회적 형태** 또한 동시에 생성하고 있다는 점을 이해해야만 한다. '**정당한 노동일에 대한 정당한 임금**'이라는 **보수주의적** 구호 대신에, 노동자들은 자신들의 깃발 위에 '**임금제의 철폐**'라는 **혁명적** 구호를 기입해야만 한다."[29] 우리는 계급투쟁의 형태에 대한 변증법적 분

---

[29] 영국 오언주의자인 웨스턴(J. Weston)의 테제들을 비판하기 위해 총평의회에서 1865년 발표한 *Salaire, Prix et Profit*(임금, 가격, 이윤). (국역본으로는 『칼 맑스 프리드리히 엥겔스 저작선집 3권』,

석의 탁월한 모델이라고 할 수 있는 이 텍스트의 전문을 꼭 읽어야만
한다.

2) 생산수단에 대한 개인적 소유로의 회귀라는 몽상에 반대하
는, 또한 독립적autonomes 소小생산자들의 평등주의, 자주관리 그리고
연합fédération이라는 프티-부르주아적 유토피아에 반대하는, 노동자계
급에 의한 **생산수단의 집합적 전유**의 원칙을 위하여(1868년 브뤼셀 대
회와 1869년 바젤 대회). "실현 불가능한 넌센스contresens인 **계급들 간의
평등화**가 아니라 오히려 **계급 자체의 폐지**가 국제 노동자운동의 거대
한 목표를 형성하는 프롤레타리아 운동의 진정한 비밀이다."[30]

3) **국민적 투쟁들에 대한** (특히 프루동주의자들의) 무관심에 반대
하여, '자국의' 부르주아지와의 연대를 해체하지 않으려는, 그리고 부
르주아지가 착취하는 인민들의 편에서 투쟁하지 않으려는 노동자들
의 저항에 반대하기 위하여(특히 마르크스는 아일랜드 문제를 통해 영국
노동자계급에 깊숙이 침투한 쇼비니즘과 맞닥뜨리게 되는데, 임금 수준에
압박을 가하는, 아일랜드 이민 노동자 집합masse의 존재 자체가 영국에서 이
러한 쇼비니즘을 유지시켰다).

4) **조직된** 하나의 **당파**라는 형태하에 존재하는 정치적 장치 내
에 **계급적 정치투쟁을 조직하기 위하여**, 그리고 혁명적 지식인들을 노
동자운동으로 통합하기 위하여(계급적 소속appartenance과 계급적 위치/입
장position을 혼동하는 프루동주의자들은 '육체 노동자'가 아닌 모든 이들을
배제하고자 한다).

칼 맑스, 프리드리히 엥겔스 지음, 김세균 감수, 박종철출판사, 1997을 참조하라. 옮긴이는 이 책에서
번역한 뒤 위 국역본과 대조하여 조금 수정했다.—옮긴이)
30   1869년 3월 9일의 회람문.

5) 때로는 부르주아 국가와 부르주아 법권리의 역사적 필연성에 대한 오인 속에서, 그러니까 그 직접적 '철폐'라는 공허한 구호 속에서 표현되는("가족의 철폐! 상속권의 철폐! 종교의 철폐!"), 때로는 정치적이고 법률적인 이데올로기의 부르주아적 정식들을 비판하는 데에서의 무능함 속에서 표현되는(보편적인 "자유, 평등, 형제애"와 [대문자] 진리와 [대문자] 도덕성), 부르주아 국가와 부르주아 법권리에 관한 프티-부르주아적 허상들에 반대하기 위하여.[31]

1867~1868년은 유럽에서 일어난 파업들에서 국제노동자연합이 핵심적인 역할을 수행하며 유럽 각국의 정부들이 국제노동자연합을 공공의 적으로 공식적으로 비난한다는 점에서 국제노동자연합의 역사에서 하나의 전환점을 이루는 시기였다. 하지만 곧이어 발생한 파리코뮌은 이러한 대립의 지형 자체를 완전히 바꿔버리게 된다.

파리코뮌, 인터내셔널의 종말, 마르크스 최후의 저작들

파리코뮌주의자들의 역사적 '발견trouvaille'

1871년 3월 18일에서 3월 27일 사이에 발생했던 파리코뮌과 그 직접적 결과들은 혁명적 이론과 실천 사이의 융합의 토대를 마련했던 조직된 노동자운동 역사의 첫 번째 시기가 종말했음을 보여주었다. 사실상 파리코뮌은 비-마르크스주의적이고 프티-부르주아적인

---

[31] '법권리'는 프랑스어 droit를 옮긴 것으로, '법' 혹은 '법칙'을 의미하는 loi와 달리 droit는 '법'과 '권리'라는 의미를 모두 지닌다. 4장에서 논의되는 물신숭배론과 관련해서도 결국 소유권과 관련한 '법'과 '권리' 모두가 문제이기 때문에 조금 어색하더라도 엄밀하게 '법권리'로 번역한다. —옮긴이

사회주의의 몇몇 유럽 국가들에서의 우위(특히 독일에서의 우위)와 **동시에** 인터내셔널의 모순적 통일성(파리코뮌이 그 해체를 야기했던)과도 단절함으로써 하나의 역사적 시기를 **완성**하는 사건이었다. 하지만 동시에 파리코뮌은 대중적인 사회주의 당파들의 구성과 이 사회주의 당파들의 중심에서 마르크스주의의 우위를 가능케 함으로써 또 하나의 새로운 시기를 **열어젖혔다**. 파리코뮌은 유혈낭자한 새로운 억압에 뒤이은 프랑스 프롤레타리아의 **실패**였다(최소 2만여 명이 죽었으며, 동일한 수만큼이 강제추방되고 감금되었다). 하지만 파리코뮌은 자신의 보편적 유효범위를 획득했던 프롤레타리아의 **성공**이기도 했는데, 왜냐하면 파리코뮌은 프롤레타리아에 의한 권력 쟁취의 가능성을 입증했으며, 또한 프롤레타리아 독재의 최초의 구체적인 역사적 형태를 보여주었을 뿐만 아니라, 20세기에 [결과적으로] 성공에까지 이르렀던 혁명들이 그 성공을 위해서는 취해야만 했던 길을 열어젖혔기 때문이다.[32]

1870년의 독불전쟁과 파리코뮌 동안 인터내셔널은 독불전쟁과 파리코뮌에 축적되어 있던 모순들의 매우 거대한 복잡성을 고려해야만 했다.

그 결과가 어떠했든, 독불전쟁은 나폴레옹 3세의 몰락, 프랑스에서 보나파르트주의의 종언 그리고 유럽에서 나폴레옹 3세와 보나파르트주의의 영향력 소멸을 예고했다. 마찬가지로 독불전쟁은 독일의 국민적 통합의 실현, 다시 말해 부르주아 혁명 과정의 완성을 함의했다. 동시에 이 부르주아 혁명은 독일에서 계급투쟁의 심화와 독일 노

---

[32] Bruhat, Dautry, Tersen, *La Commune de 1871*(1871년의 코뮌), Éditions sociales, 2판, 1970을 참조하라.

동자운동의 발전 조건으로 등장했다. 최종적인 수준에서, 독일의 편에서 이 독불전쟁은 하나의 민주주의적 측면을 포함하고 있었다.[33]

하지만 독불전쟁은 또한 독일에서의 부르주아 혁명이 몰락 귀족들hobereaux이 지배하는 프러시아 국가의 헤게모니하에서 '위로부터' 완성될 것이라는 점을 의미하기도 했다. 이와 마찬가지로, 독불전쟁은 왕조의 몇몇 변화와 헤게모니의 전복이라는 대가를 치르고서 유럽의 지배계급들이 자신들의 방어적 블록[지역]을 즉시 재구성할 것이라는 점을 예고한 것이기도 했다. 바로 이것이 비스마르크와 프랑스 부르주아지(티에르, 쥘, 파브르 등) 사이의 동맹이 곧이어 증명했던 바다. 이 동맹은 파리코뮌에 대한 고립과 진압을 가능케 했는데, 이는 프랑스에서뿐만 아니라 독일과 유럽 전체에서도 노동자운동에 대한 잔혹한 억압을 야기했다.

결국 이렇듯 복잡한 모순들 사이의 '작용jeu'과 그 빈약한 간극 속에서 프롤레타리아의 실천action이 발현될 수 있었던 것이다.

『쿠겔만에게 보내는 마르크스의 서한들』의 러시아어판 번역본에 붙인 1907년의 서문에서, 레닌은 파리코뮌에 대한 마르크스의 태도를 플레하노프의 태도(그는 1905년 발발한 러시아에서의 혁명 동안, 처음에는 봉기를 호소했으나 그 이후에는 '무장을 해서는 안 되었다'라고 외쳤다)와 하나하나 대립시킴으로써, 파리코뮌 기간 동안 마르크스가 보여주었던 태도의 정치적 유효범위를 매우 깊이 강조한다. 레닌이 단

---

[33] 19세기의 국민적 부르주아지들 사이의 전쟁이라는 지형 위에서, 프롤레타리아의 역사적 이해의 관점에서 '선택해야만 하는 진영'에 관한 마르크스의 입장에 대해서는, 레닌의 핵심 텍스트인 "Sous un pavillon étranger"(남의 깃발을 내걸고, 1915), Œuvres complètes, 21권, p. 135 이하와 Le Socialisme et la Guerre(사회주의와 전쟁, 1915), Œuvres complètes, 21권, p. 305 이하를 참조하라.

순히 지적하는 것에 그친 바를 이 자리에서 더욱 개진해보자

파리코뮌 이전에, 마르크스와 엥겔스는 모든 봉기를, 그러니까 프랑스 노동자운동 속에서 "국민적 증오와 공문구phraséologie의 지배"를 전개시킴으로써 "우리를 50년 전으로 되돌려 놓을" 그리고 "모든 획득한 성과를 그르치게 만들", 그러한 "절망적인 광기"를 발견하는 모든 봉기를 만류했다. 마르크스와 엥겔스는 "프랑스 노동자계급이 극도로 곤란한 상황에 처해 있다"는 점을 보여준다. 왜냐하면 제2제국의 몰락 이후 프랑스 공화국은 "왕좌를 전복시키지 못하고 단지 왕좌를 비워두기만 했을 뿐"이기 때문이다. 프랑스 공화국은 제2제정의 상속자이며, 국가장치의 우두머리 개인을 단순히 바꾼 것에 불과하지 인민계급의 권력 쟁취를 표현하는 것은 아니었기 때문이다. 따라서 프랑스 공화국은 자신의 정치를 지속할, 프롤레타리아에 대항해 기존 질서를 영속시키기 위한 모든 억압적 힘들을 집중시킬 준비가 되어 있다. 게다가 (독일 제국의 정초를 통해) 국민적 전쟁을 왕조의 정복전쟁으로 변형하는 것은 혁명에 우호적인, 국제적인 **대중적 차원의** 운동을 위한 조건을 창출하는 것이 전혀 아니다. 그래서 마르크스는 자신의 노력을(그리고 인터내셔널의 노력을) 프랑스–독일적 국제주의의 발현(특히 리프크네히트의 추동력하에서 전쟁 상태로 진입하는 순간에 돌발했던), 그리고 비스마르크의 제국주의에 대항하고 민주주의적인 프랑스 공화국의 인정을 위한 투쟁에 집중했다. 마르크스는 1870~1871년의 계급 모순의 **주요 측면**, 즉 부르주아 국가들이 지닌 강력한 힘과 이에 대비되는 프롤레타리아의 준비 부족에 대한 명확한 인식을 통해 자신의 입장을 명료히 했다.

하지만 **파리코뮌이 진행되는 동안**, 마르크스의 입장은 완전히 달

라졌다. 역사학자들의 관점에서 마르크스의 이러한 입장 변화는 하나의 '방향전환'으로 보였다.

1871년 3월 18일 봉기 이후, 베르사유의 도발에 대응해 인터내셔널 총평의회는, 비록 인터내셔널이 봉기의 불씨가 당겨지는 데에 개입했던 적은 없었지만, "혁명을 주도하는 대중의 추동력을 열렬히 환영했다."[34] 쿠겔만에게 보내는 1871년 4월 17일자 편지에서 마르크스는 다음과 같이 썼다. "필연적으로 우호적일 수밖에 없는 기회가 도래했을 때에만 투쟁을 개시해야 한다면 역사를 만드는 것은 분명 굉장히 손쉬운 일일 것이야. (…) 노동자계급의 사기 저하démoralisation는 몇 명이 되었든 '지도자들chefs'을 잃는 것보다는 훨씬 더 큰 불행일 것이야. 파리에서 시작된 투쟁 덕택에, 자본가계급과 이 자본가계급의 자본주의 국가에 대항하는 노동자 계급투쟁은 새로운 국면에 들어서게 되었어. 하지만 그 결과가 어떠하든, 우리는 보편적인 역사적 중요성을 지닌 하나의 새로운 시작점을 획득하게 되었네."

마르크스의 지도하에, 총평의회는 매우 심각한 어려움에도 불구하고 파리코뮌을 위한 국제적 연대를 조직했다. 봉쇄된 파리의 장벽을 뚫고 총평의회는 (비스마르크와 쥘 파브르 사이의 비밀조약에 대한) 정보들을, 그리고 (군사적 방어, 자금조달, 노동정책 같은 문제에 대한) 몇몇 전술적 조언들을 파리코뮌과 교류할 수 있는 대표자들을 급파했다. 파리코뮌의 몰락 이후, 마르크스는 생존자들에 대한 구조, 파리코뮌의 진행과정에 대한 공개, 파리코뮌의 이념에 대한 전파를 조직했다(파리코뮌의 몰락에는 연합한 베르사유 군대와 프러시아 군대를 선제 공

---

[34]   레닌, 『칼 마르크스』라는 저서(각주 8에서 이미 언급된 바 있다—옮긴이).

격하기를 원하지 않았던, 또한 부르주아지의 테러를 인민의 테러로 응수하기를 원하지 않았던 파리 노동자들의 "너무나도 위대했던 정직함"이 한몫했다). 파리코뮌이 끝나기도 전에, 마르크스는 만국의 프롤레타리아를 위해 파리코뮌의 교훈들에 대한 분석에 착수했다.[35]

레닌의 글을 다시 한 번 인용해보자. "1870년 9월 마르크스는 봉기가 바보짓이라고 말했다. 하지만 **대중들이** 봉기를 일으켰을 때, 마르크스는 이 대중들과 함께 전진해나가기를, 그리고 대중들이 그러하듯 자신도 투쟁 속에서 교육받기를 원했으며 관료주의적인 훈수를 두기는 전혀 원하지 않았다. 마르크스는 투쟁의 성공 가능성을 사전에 미리 **매우 정확히** 예상하[고 이에 견주어 투쟁을 해야 할지 말아야 할지를 결정하]려는 모든 시도는 사기이거나 용서가 안 되는 현학적 태도에 불과할 것이라는 점을 이해했다. **무엇보다도 우선** 마르크스는 노동자계급이 앞으로 나아가고자 하는 정신과 헌신을 통해 영웅적으로 세계의 역사를 **정교하게 구성한다**는 사실에 대해 성찰했다. 마르크스는 성공의 가능성을 사전에 미리 **아무런 실수 없이** 예상할 수 없음에도 불구하고 역사를 **창조해내는** 이들의 관점에서 역사를 사고했다. 하지만 마르크스는 도덕적으로 설교하려는 프티-부르주아 지식인으로서 역사를 바라보았던 것은 아니었다. (…) 또한 마르크스는 역사의 특정한 몇몇 계기들에서는 **대중들의** 목숨을 건 투쟁이, 심지어 절망적인[즉 성공의 가망없는] 대의를 위해서라고 하더라도, 이 대중들 자신의 이후 교육을 위해서, 그리고 **미래의** 투쟁을 준비하기 위

---

[35] *La Guerre civile en France*(프랑스 내전)에 수록된 국제노동자연합 총평의회의 세 번째 담화문을 참조하라. (국역본으로는『프랑스 내전』, 안효상 옮김, 최갑수 해제, 박종철출판사, 2003을 참조하라.—옮긴이)

해서 **필수적**이라는 점을 인정할 줄 알았다. 질문을 **제기하는** 이러한 **방식**은 걸핏하면 마르크스를 인용해대기를 좋아하는, 그리고 마르크스로부터 과거에 대한 판단만을 빌려오며 미래를 정교하게 구성하기 위한 교훈은 전혀 찾으려 들지 않는, 우리가 현재 함께하고 있는 유사-마르크스주의자들에게는 원리적인 측면에서 접근 불가능한 것인데다가 심지어는 이상해 보이기까지 한 것이다."[36]

따라서 우리는, 마르크스의 비일관성을 이해하기 위해, 변증법에 대립하여 모순의 '주요 측면'(즉 부르주아 국가의 상대적 힘)을 **유일한** 측면으로 변형해야 하며, 모순의 다른 측면들은 잊어버려야만 한다. 우리는 부르주아지의 (실제적) 힘을 **부르주아지가 자기 자신을 볼 때 취하는 그러한 관점**[즉 부르주아지 자신의 관점]에서 보아야만 하며, 이러한 의미에서 우리는, (필요불가결한 것으로서의) 적수의 전술에 대한 고려에서 (우리의 모든 혁명적 실천을 억제해버리는) 적수의 전략에 대한 고려로까지 나아가야만 한다. 마르크스의 위치/입장은 유물론적이기 때문에 혁명적이다. 마르크스의 위치/입장은 이론가들의 태도를, 그리고 노동자계급의 정치 지도자들의 태도를 '자생성'이 아니라 대중들의 **혁명적 주도권**[이니셔티브]에 종속시킨다. 이러한 마르크스의 입장은 역사가 지속적으로 그 진실을 입증해주는 다음과 같은 항구적 의미를 지닌다. **혁명은 사전에 이미 확립된 도식들에 따라 진행되지 않는다.** 혁명은 혁명적 당파가 개념화해낸 '프로그램'[강령]의 적용이 전혀 아니다. 프롤레타리아의 과학적 정치는 도래할 역사적 사건들의 기획plan을 이론 속에서 찾는 데 있는 것이 아니라, 이론 속에서,

---

[36] *Lettres de Marx à Kugelmann*(쿠겔만에게 보내는 마르크스의 서한들)의 1907년 러시아어판 번역본에 붙인 레닌의 서문.

현재의 경향과 조건에 대한 이해 속에서, 이 역사적 사건들이 발생하게 되었을 때 이 사건들을 수동적으로 경험하기 위해서가 아니라 이 사건들에 능동적으로 참여하기 위해서 이를 이해할 수 있게 해주는 수단들을 찾는 데 있다.

마르크스는 장기적인 역사적 이해의 관점에서 파리의 노동자계급이 **다른 선택지를 갖고 있지 않았다**는 점을 이해했다. 파리의 노동자계급에게 봉기는 지배계급의 직접적 도발로 인해 필연적인 것이었다. 왜냐하면 프랑스 부르주아지는, 군사적 패배 이후 자신들의 통일성을 재구성하기 위해, 모든 프티-부르주아 계층들과 다른 모든 노동자계급들을 자신들 아래에 복속시키고 자신들과 타협하도록 만들기위해, **부르주아 국가의 연속성**을 정초하기 위해, 프롤레타리아에 대한 실질적 승리를 필요로 했기 때문이다. 프랑스 부르주아지는 프롤레타리아를 전투 없이도 후퇴하도록 강제해서든 전투에서의 폭력을 통해서든 정치적으로 박살내버릴 필요가 있었다. 하지만 부르주아지에게는 동일한 가치를 지니는 두 가지 수단, 즉 '평화적' 승리 혹은 내전이 노동자계급에게 마찬가지의 가치인 것은 전혀 아니다. 노동자계급의 저항—이 저항 속에서 노동자계급은 사회 전체를 변혁하고 착취를 폐지할 수 있는 자신의 고유한 능력을 확인한다—은 혁명운동을 앞으로 나아가게 만드는 유일한 수단이었다. 1848~1852년의 시기 이래로, 자본주의와 계급투쟁의 발전 그 자체는 사회 내에서 프롤레타리아가 차지하는 위치를 변형했고, 그래서 1848년 6월 혁명의 실패와 1871년 봄 파리코뮌의 실패는 정확히 반대되는 의미를 갖게 되었다. 1848년 6월 혁명의 실패는 자신의 투쟁에 그 자율적 내용을 부여하는 데서 프롤레타리아의 무능력을 나타냈으며, 1871년 봄 파리코뮌의 실패는 절망적 추동력—이 절망적 추동력을 통해 프롤레타리아는 **자기 고유의** 정치형태, 즉 벗어나는 것이 불가능한 필연성이라는 효과하에서 프롤레타리아가 '발견'하게 되는 **자기 고유의** 정치형태를 발전시키기 시작한다—을 드러냈다. 파리코뮌의 시기, 노동자계급에게는 자신의 계급적 이해를 보존할 수 있게 해주는 가능한 정책들이 그리 많지 않았다. **그러했기 때문에 투쟁의 직접적 필연성이 역사적 필연성과 일치했던 것이다.** 우리가 사후적인 방식으로 지각해서는 안 되는[즉 사전에 파악해야만 하는] 이러한 '일치'가, 그 안에서 계급투쟁이 완벽히 명료한 상태로 나타나게 되는 그리고 마르크스의 표현을 따르자면 그 안에서 "며칠의 시간이 20년의 시간을 응축"하게 되는 그러한 혁명적 정세를 특징짓는 것이다.[37]

파리코뮌의 역사적 실험이 전개되는 조건과 파리코뮌이 취하는 주요 내용(즉 프롤레타리아 독재의 최초의 실천적[실제적] 실현, 그러니까 마르크스가 자신의 참여와 직접적 개입으로 인해 하지만 또한 자신이 이전에 맡았던 역할과 자신이 행한 발견으로 인해 이론적으로 **전유**할 수 있었던 대중들의 '발견trouvaille') 사이에는 밀접한 결합관계가 존재했던 것이다.

프롤레타리아 독재

이러한 작업 내에서, 마르크스에게 모든 경험이 필요로 하는 실천적 기준을 제공해주었던 것은 바로 다음과 같은 역설이었다. 사실

---

37 "역사 속에서, 투쟁의 이러한 측면은 **매우 드물게만** 현재성(ordre du jour) 내에 기입된다. 반면 투쟁의 이러한 측면의 중요성과 영향력은 수십 년에 걸친 것이다. 우리가 우리의 강령을 **이러한** 투쟁의 방법에 기입할 수 있게 만들어야만 하는 **며칠**의 시간은 다른 역사적 시기의 **20여 년**과 동일한 가치를 지닌다." Lénine, *La Faillte de la IIe Internationale*(제2인터내셔널의 붕괴), *Œuvres complètes*, 21권, p. 260.

파리코뮌은 그 구성원들 대부분의 이데올로기적 위치/입장이 가리켰던 정치를 따르지 않았다. 파리코뮌은 **필요가 지시했던**, 그리고 무엇보다도 파리코뮌 자신의 존재와 생존이라는 필요가 지시했던, 자신의 이데올로기적 위치/입장과는 **정면으로 대립되는 정치**를, 즉 과학적 사회주의라는 정치를 따랐다. 파리코뮌 내에서 지배하는 계급은 노동자계급이었지만 노동자계급만이 파리코뮌을 지도했던 것은 아니다. 파리코뮌에서는 혁명적 프티-부르주아지, 수공업적 프티-부르주아지, 지식인 프티-부르주아지의 대표자들 또한 동일하게 등장했다. 노동자계급의 대표자들은 **블랑키주의자 다수파**와 **제1인터내셔널주의자 소수파**, 특히 프루동주의자들(바를랭Varlin을 포함하여)과 몇몇 소수의 '마르크스주의자들'(드미트리예프E. Dmitrieff, 세라이에Serraillier, 프랑켈Frankel)로 분열되었다. 그 상승 국면에서 파리코뮌을 특징지었던 것은 프루동주의자들과 블랑키주의자들이 이끌었던 비-프루동주의적이고 비-블랑키주의적인 정치였다.

파리코뮌은 "국가기계machine de l'État를 있는 그대로 취하여 이를 자신을 위해 복무하도록 기능하게 만드는 것에 만족하지 않았"으며, 그 대신 이 국가 기계를 부러뜨리는 작업에 즉시 착수했다. 곧바로 파리코뮌은 상비군과 상비경찰이라는 부르주아 국가권력의 도구를 제거했으며 이를 침략전쟁에 대한 저항을 위해 동원했던 '무장인민'(이들 중 대다수는 노동자들이었다)으로 대체했다. 마찬가지로, 파리코뮌은 상류층에만 속하는 공무원 집단, 즉 상시 행정기구administration permanente를 제거했다. 하지만 (아나키즘적이고 유토피아적인 모든 방향성에 반대해) 파리코뮌은 이 장치appareil를 '프롤레타리아의 지배계급으로의 조직화'를 구성하는 '상시 제도들institutions durables'로 대체하고자 노력했다.

파리코뮌은 모든 수준에서의 보편선거권과 지방과 농촌공동체의 상대적 자율성을 추구했지만 중앙집권화를 폐지했던 것은 전혀 아니다. 파리코뮌은 연방제적fédéraliste이지 않았으며, 그 대신 (독립생산자들이 이루는 하나의 사회가 아니라) 한 단계 더 높은 생산의 사회화에 이미 기반을 두는 근대 사회의 특징들 그 자체로 인해 **중앙집권적**centraliste이었다. 이를 통해 파리코뮌은 소수의 지배집단에 의해 강제되는 국가의 억압적 권력이라는 질문을 중앙집권주의centralisme라는 질문과 **구별했다**. 파리코뮌은 민주집중제centralisme démocratique의 가능성을 노동자들ouvriers의 지도하에서 노동자들과 다른 임금노동자들travailleurs 사이의 동맹에 기반하도록 만들었다.[38]

"파리코뮌은 파리의 다양한 구區들에서 보편선거를 통해 당선된 시의원들로 구성되었다. 이 시의원들은 **언제든지 자신들의 행동에 책임을 지고 해임되는 것이 가능했다**. 파리코뮌의 다수 구성원들은 자연히 **노동자들 혹은 노동자계급이 인정한 대표자들**이었다. 파리코뮌은 의회제적 기관이 아니라 **행정권을 지님과 동시에 사법권도 지닌 활동 기구여야만** 했다. (…) 파리코뮌의 구성원들로부터 기층 대중에 이르기까지 그 누구든, **공적 기능을 담당하고 있는 이들은 노동자들과 동일한 보수를 받아야 했다**. 국가 고위공무원들의 활용 이익과 대표로

---

[38] 사실 프랑스어에서 ouvrier와 travailleur는 모두 '노동자'를 뜻하기 때문에 구분하는 것이 불필요하지만, 여기에서는 발리바르가 ouvrier는 공장의 '육체노동자'로, travailleur는 공장의 '육체노동자'를 포함하는 '임금을 받는 노동자' 전체로 나누어서 쓰고 있기 때문에 다소 억지스럽게 보일지라도 '노동자'와 '임금노동자'로 구분해주었다. 물론 travailleur보다는 ouvrier가 공장에서 노동하는 '육체노동자'를 지칭할 경우 더 많이 쓰이는 것이 사실이다. 하지만 일반적인 임노동자를 말할 때는 salarié라는 단어를 쓰기 때문에 요즘에는 이런 식으로 구분하지 않는다. ─옮긴이

서의 보상은 이 국가 고위공무원들과 함께 완전히 사라졌다. 공공 서비스는 더 이상 중앙정부 창조자들의 사적 소유물이지 않게 되었다. 시 행정뿐만 아니라 지금까지 국가가 행했던 모든 주도권[이니셔티브]이 파리코뮌의 손으로 넘어갔다."[39] 따라서 프롤레타리아 독재는 그 어떤 부르주아 민주주의보다도 외연이 넓은, 선거의 원칙과 인민에 대한 '대의'의 원칙을 **일반화**하는 데에 만족하는 것이 아니라 선출된 대표자들을 노동자들travailleurs의 **종복**(마르크스의 표현) — 혁명적 인민의 **대중 조직들**(특히 파리코뮌 군대를 구성했던 무장 노동자들과 그들의 아내 그리고 심지어는 그들의 자녀들까지도 드나들었던 정치 '모임들'[클럽들])의 항구적 통제 아래에 위치한 — 으로 만들기까지 하는 **프롤레타리아 민주주의**를 통해 실현되었다.

파리코뮌은 행정적, 입법적, 사법적 '권력들'(부르주아지의 법률적 이데올로기는 이를 개인 자유의 '보증물'로 간주되도록 만들었다) 사이의 모든 분할을 폐지했다. 이를 통해 파리코뮌은 의회주의와 함께 **법**justice**과 권리**droit**의 '거짓된 독립성'** 또한 산산조각나게 만들었다.[40] 파리코뮌은 전前-마르크스주의적인 사회주의의 서로 다른 여러 형태들이 의존했던 프티-부르주아적인 도덕적이고 법률적인 모든 이데올로기의 실천적 기반들을 파괴했다. 파리코뮌은 그 어떠한 법이든, 그 어떠한 권리든 계급적 내용을 갖고 있다는 점을, 그리고 노동자계급은 그 스스로 하나의 프롤레타리아적 법justice을 실행해야만 한다는

---

[39] *La Guerre civile en France*, op. cit.
[40] '법'으로 의역했으나 justice의 기본적인 의미는 영어 justice와 마찬가지로 '정의'이며, 프랑스어 droit는 '법'과 '권리' 모두를 의미하는 양의적 단어다. 독자들은 이 단락에서 법으로 의역된 justice가 '정의' 혹은 '법적 정의'의 의미 또한 내포하고 있음을 인지하기를 바란다.—옮긴이

점을 보여주었다. 파리코뮌은 [대문자] 교회라는 물질적 조직을 공격함으로써, 그리고 ([대문자] 교회 혹은 [대문자] 국가가 아닌) 인민이 통제하는 인민적 교육의 윤곽을 소묘함으로써 "억압의 정신적 도구를 부러뜨리기" 시작했다.[41]

파리코뮌은 **노동자계급 통치**의 정치형태를, 즉 "노동의 경제적 해방을 실현할 수 있게 해주었던, (…) 전유자 계급[즉 소유자 계급]에 대항하는 [직접]생산자 계급의 투쟁의 결과"를 "마침내 발견"했던 것과 동시에, 자본 수탈의 최초 수단들을 노동자들을 위한 정치적 혁명과 결합시켰다. "1871년, 심지어 숙련 수공업자들의 중심인 파리에서도 대공업이 너무나도 심대하게 발전해서, 파리코뮌의 단연코 가장 중요한 법령은 각 공장의 노동자연합에 기초해야만 할 뿐만 아니라 거대한 연합체fédération로 이 연합들associations 전체를 결합해야만 했던 대공업(뿐만 아니라 대공장)의 조직을 설립하는 것이었다. 간단히 말해, 결국 공산주의로, 다시 말해 프루동의 독트린과는 완전히 대립되는 바로 가닿[는―발리바르] 하나의 조직으로 말이다. 또한 이는 파리코뮌이 프루동적 사회주의 학파의 무덤이었던 이유이기도 하다."[42]

착취의 주요 행위자인 부르주아 국가를 파괴한다는 파리코뮌의 정책을 통해, 파리코뮌은 가난한 프티-부르주아지, 그리고 특히 농민계층을 프롤레타리아 독재와 결합할 수 있는 토대의 윤곽을 소묘했다. 파리코뮌 정책의 정당성은 **역으로** 리옹코뮌Commune de Lyon의 실패

---

[41] '인민적 교육'에서 '교육'은 instruction을 옮긴 것으로, 프랑스어에서 '교육'을 의미하는 enseignement이나 éducation과 달리 instruction에는 '교육'과 '지도'라는 의미가 모두 들어 있다. 따라서 여기에 등장하는 '인민적 교육'이라는 번역어에는 '인민의 지도'라는 의미 또한 들어 있음을 독자들은 인지하기를 바란다.―옮긴이

[42] *La Guerre civile en France*의 1891년 재판에 붙이는 엥겔스의 서문.

를 통해 증명되었는데, 이 리옹코뮌에서 바쿠닌의 행동은 노동자계급을 직접적 고립으로 나아가도록 만들어버렸기 때문이다.

이러한 파리코뮌의 교훈과 파리코뮌이 처한 정세에 대한 분석은 인터내셔널을 위해 마르크스가 작성했던 세 가지 연설문(첫 번째 연설문은 1870년 7월 23일, 두 번째 연설문은 1870년 9월 9일, 세 번째 연설문인 『프랑스 내전』은 1871년 5월 30일의 것이다)과 쿠겔만과 교환했던 서신들에서 특히 잘 드러난다. 레닌은 이에 대해 1917년의 『국가와 혁명』에서 자세히 설명한 바 있다.[43]

인터내셔널의 종말

파리코뮌이라는 결정적 경험을 통해, 마르크스주의 이론과 노동자운동은 새로운 토대 위에서 하나로 결합하면서도 동시에 **각기 변형된다.** 이는 파리코뮌이 '마르크스주의적' 혁명이었는지 아닌지의 문제를 완전히 무의미한 질문으로 만들어버린다!

인터내셔널은 모든 유럽의 정부들에게 어떠한 대가를 치르고서라도 제거해야만 하는 공동의 적으로 보였다. 쥘 파브르의 제안으로 모든 유럽 정부들은 함께 파리코뮌을 억압했다.

마르크스 분석의 결론에서까지 그를 따르기를 거부함으로써, 그리고 파리코뮌의 정치적 교훈을 포기함으로써, 영국 노조운동trade-unionisme의 대표자들(이 시기에 이들은 '노동귀족'으로 변해 있었다)은 총평의회를 떠났다. 영국이라는 국가만이 지녔던 특징들, 그리고 이 영국이라는 국가의 부르주아 민주주의적 전통은 평화적 성격의 사회주

---

43 국역본으로는 『국가와 혁명』, 블라디미르 일리치 레닌 지음, 문성원·안규남 옮김, 돌베개, 2015를 참조하라.─옮긴이

의 이행을 가능케 할 것으로 보였다. 하지만 1871년 7월 미국 일간지 《세계The World》 특파원의 질문에 응답하면서, 마르크스는 국민적 조건의 특수성을 강조하면서도 "나는 그 정도로 낙관적이지는 않다"고 말했다. "영국 부르주아지는 선거가 자신들의 독점을 보장해주는 한에서는 다수의 결정을 받아들일 준비가 되어 있음을 항상 보여주었다. 하지만 영국 부르주아지가 자신들에게는 사활적 중요성을 지니는 문제들에 관해서 소수파가 되는 순간부터 그들은 [선거제도는 내팽개쳐두고] 새로운 노예전쟁을 일으킨다는 점을 확실히 인지해야 한다."

바쿠닌과 그 일파는 그들의 개입이 불러일으켰던 파국적 결과에도 불구하고 파리코뮌을 아나키즘의 확립으로 간주했다. 1868년 이래로, 바쿠닌과 그 일파들은 '반-권위적 공산주의'를 위해 싸웠던, 그리고 인터내셔널 내부에서 비밀리에 분열활동을 전개했던 (사회주의적 민주주의의 성격을 지니는) 국제주의적 동맹을 설립했다. 1864년 마르크스가 "16년이 지난 후 후퇴가 아닌 진보를 확인할 수 있는 몇 안 되는 인물 중 하나"로 찬양했던 바쿠닌은 국가에 관한 자신의 아나키즘적 이론을 정면으로 반박하는 프롤레타리아 독재를 수용할 수 없었다. 1869년의 바젤 대회 이래로 바쿠닌은, **상속**의 문제—상속의 제거는 바쿠닌에게 사적 소유를 폐지할 수 있는 수단으로 보였다—를 둘러싸고, 생산수단의 사회화를 지지하는 마르크스주의자들과 충돌했다. 바쿠닌에게 모든 국가는 억압적이었다(하지만 그의 관점에서 앵글로색슨 국가들, 즉 '자유주의' 국가는 고유한 의미에서의 국가는 아니었다). 따라서 '프롤레타리아 독재'는 프롤레타리아**에 대한** 학자들[지식인들]과 정치가들의 독재일 수밖에 없었다. 혹은 농민계층과 하위-프롤레타리아에 대한 프롤레타리아의 독재, 농업국가에 대한 산업국가의 독재일 수밖에 없었다. 바쿠닌은 『공산주의자 선언』과 「국제노동자연합 발기문」에서 마르크스가 제시했던 테제를 "프롤레타리아의 지배계급으로의 조직화", 즉 독일의 많은 사회주의자들에게서 지배적이었던 '인민 국가État populaire'라는 라살레의 관념과 동일한 것으로 간주했다.[44] 바쿠닌은 마르크스가 자신의 게르만 민족주의와 러시아 공포증으로 인해 총평의회를 경유해 인터내셔널 내에서 개인적 독재를 행사하고 있다고 비난했다(이러한 비난은 부르주아적이고 반사회주의적인 신문과 문헌에 의해 반복적이고 체계적으로 활용되었다).

1872년 9월 개최되었던 헤이그 대회에 이르기까지 내부 투쟁이 지속되었다. 그 당시 쿠겔만에게 보내는 편지에서 마르크스는 "여기에 인터내셔널의 생사가 걸려 있어"라고 썼다. 이전의 파리코뮌주의자들과 블랑키주의자들(프랑켈Frankel, 에두아르 바이앙Édouard Vaillant) 대부분의 지지를 받아, 마르크스와 엥겔스는 바쿠닌의 퇴출과 당파 내에서 자신들의 이론에 대한 공식적 승인을 얻어냈다. "소유자 계급의 집합적 권력에 대항하는 투쟁에서, 프롤레타리아는 소유자 계급에 의해 형성된 이전의 모든 당파들과는 대립되는 변별적인 정치적 당파로 자기 스스로를 구성함으로써만 계급으로 행동할 수 있다."[45] 프롤레타리아를 섹트들 간의 대립으로부터 분리시키기 위해, 마르크스와 엥겔스는 총평의회를 뉴욕으로 이전하는 투표를 실행시키기도 했다. 하지만 국제노동자연합은 1876년 해체되고 말았다.

인터내셔널의 '죽음'은 동시에 그 '삶'이기도 했다. 바로 파리코뮌

---

[44] 마르크스가 자세히 주석을 달았던 바쿠닌의 1873년 저서 *Étatisme et Anarchie*(국가주의와 아나키)를 참조하라.
[45] 「국제노동자연합 규약」에 추가된 7a 조항.

의 분석에 대한 전파를 통해서 1871년 이래로 유럽의 여러 국가들 내에서 정치적 운동이 상당 부분 발전하게 되었다. 이에 따라 마르크스의 이전 저작들(특히 『공산주의자 선언』)이 독일, 프랑스, 러시아 그리고 이탈리아의 프롤레타리아 조직들 내에서 폭넓게 인지되고 활용되기 시작했다.

"제1인터내셔널은 자신의 역사적 임무를 완수했으며 자신의 자리를 모든 국가에서 끊임없이 더욱 중요해지고 있는 노동자운동의 성장 시대에, 다양한 국민 상태의 틀 내에서 노동자운동의 확장적 발전과 노동자-대중적 사회주의 당파의 형성으로 특징지어지는 시대에 양보했다."[46]

1879년, 마르크스는 게드Guesde와 라파르그Lafargue가 프랑스 노동자당을 정초하고 그 강령을 집필하는 것을 적극적으로 도왔다.

1875년, 고타Gotha에서는 '라살레주의적' 독일 사회주의자들과 '마르크스주의적' 독일 사회주의자들('아이제나흐파'라고 불렸던 베벨Bebel과 리프크네히트Liebknecht) 사이의 통일을 위한 회의가 개최되었다. 자본주의가 제국주의적 국면으로 이행하는 문을 여는 이 시기에, 노동자운동 발전에서도 새로운 국면의 특수한 모순이 나타나기 시작했다. 이는 바로 **합법적인 '마르크스주의적' 당파들의 중심에 자리하는 과학적 사회주의와 기회주의 사이의 모순**인데, 이 모순은 노동자운동 한가운데에 부르주아지가 미친 영향을 나타내는 것이었다. 마르크스와 엥겔스는 기회주의에 대항하는 타협 없는 내적 투쟁을, 부분적으로는 비밀리에 수행된 투쟁을 이끌어나갔다(마르크스와 엥겔스가

---

46   레닌, 『칼 마르크스』라는 저서.

독일 사회-민주주의 지도자들과 교환했던 서신들을 참조). 마르크스와 엥겔스의 개입은, 특히 1878년 엥겔스의 저술 『반-뒤링』(이 저서의 한 장은 마르크스가 집필한 것이다)과 1875년의 「고타 강령 비판」(이 텍스트는 1891년이 되어서야 엥겔스에 의해 출간된다)을 보면 알 수 있듯, 무엇보다도 전술적이지 않고 **이론적**이었다.

사회-민주주의가 대부분 '무시'해버리는, 그에 반해 레닌은 국가에 관한 자신의 분석의 핵심에 위치시키는 「고타 강령 비판」은 마르크스 이론의 새로운 단계, 마르크스 이론의 변형의 결과, 즉 **『자본』의 분석과 파리코뮌의 교훈 사이의 결합**을 보여주었다. 「고타 강령 비판」에서 마르크스는 부르주아 국가와 타협하려는 경향('자유로운 인민 국가', '국가에 의한 인민 교육', 민족주의)과 부르주아적인 법률적이고 정치적인 이데올로기와 타협하려는 경향을 매섭게 비판했다. 특히 마르크스는 프롤레타리아 독재 이론을 발전시키는, 이전의 모든 텍스트와 비교해 **새로운** 하나의 이론적 테제, 즉 **공산주의 사회의 두 국면** 사이의 구별이라는 테제를 언표했다. 노동자계급의 권력 쟁취에 바로 뒤따르는 첫 번째 국면인 '낮은' 국면에서 우리가 마주하게 되는 것은 "공산주의 사회의 고유한 토대 위에서 발전하는 바 그대로의 공산주의 사회가 아니라 반대로 자본주의 사회로부터 막 **도출**된 바로서의 공산주의 사회[사회주의 사회]"다. 이 '낮은' 국면을 계속 지배하는 것은 "모두를 위한 평등한 권리", 다시 말해 개인들 사이의 평등성에 기반해 있는 부르주아 권리('각자의 노동에 따른 몫의 분배')이면서도, 생산수단의 소유자로서의 사적 자본가가 제거된 사회와 노동자 사이의 교환에 적용되는 그러한 부르주아적 권리다. "공산주의의 고유한 토대"가 유일하게 그 위에 기초해 있는, 그리고 프롤레타리아 독재 전체가 지향하는 '높은' 국면으로서의 두 번째 국면은 "개인들의 노동 분할에 대한 노예적 종속, 그리고 이 노예적 종속과 함께 육체노동과 지식노동 사이의 대립이 사라졌을 때, 노동이 단순히 생존의 수단이기만 한 것이 아니라 그 자체 가장 중요한 생명의 욕구가 되었을 때, 개인들의 다양한 발전과 함께 생산력 또한 증가해 집합적 부의 모든 원천이 풍요롭게 등장하게 되었을 때"에만 시작될 수 있다. "따라서 부르주아적 권리의 한계 지어진 지평이 확정적으로 극복될 수 있을 것이며 사회는 자신의 깃발에 '능력에 따른 노동, 필요에 따른 분배'라고 쓸 수 있을 것이다." 공산주의로의 이행 과정 내에 존재하는 모순들에 대한 하나의 이론의 윤곽은 이렇게 소묘될 수 있었다.

최후의 시기

생의 마지막 시기에, 마르크스의 작업은 그의 지병으로 인해 지속적으로 중단되었다. 그럼에도 불구하고, 엥겔스와의 협력작업을 통해 마르크스는 새로운 인터내셔널의 구성을 준비하면서(하지만 이 새로운 인터내셔널은 마르크스의 죽음 이후에야 구성된다) 사회주의 당파들의 조언자와 매개자 역할을 계속 수행했다. 그 직후인 1875년 조제프 루아ᴊoseph Roy의 (마르크스가 그 전체를 감수한) 『자본』 1권 프랑스어 번역이 출간되었다. 하지만 마르크스는 『자본』 1권에 이어지는 저서들의 집필을 완수할 수 없었다. 『자본』 2권과 3권은 마르크스의 원고와 지시에 기반해 각각 1885년과 1894년에 엥겔스에 의해 출간되었다. 『잉여가치학설사』라고 불리는 『자본』 4권은 1905년에서 1910년 사이 카우츠키에 의해 출간되었다.[47]

경제 정세와 경제 이론 이외에도 마르크스는 맬서스주의를 비판하고 (러시아나 미국 같은) 신생 자본주의 사회구성체들의 역사를 연구하기 위해 지대에 관한 이론과 농업 자본주의 발전에 관한 이론과의 연관 속에서 자연과학(지질학, 농화학, 농학 등)을 연구했다.

철학적 차원에서, 사회-민주주의의 기회주의적 경향은 유물론에 대한 반대와 '칸트로의 회귀'라는 관념으로도 특징지어졌다. 따라서 이러한 정세하에서, **변증법**이라는 질문이 마르크스와 엥겔스의 작업의 전면으로 명시적으로 회귀하게 되었다(엥겔스는 『반-뒤링』과 『자연변증법』에서부터 1888년의 『루트비히 포이어바흐와 독일 고전철학의 종말』에 이르는 저서들에서 이 변증법에 관한 여러 정의들을 제시했다).

1850~1860년 동안 마르크스는 '전前자본주의적'이고 '원시적'인 사회들에 대한 질문을 이 당시 행해지고 있었던 아시아에 대한 자본주의적 식민화와 더불어 연구했다.[48] 마르크스는 인류학자이자 선사시대 연구자인 모건L. H. Morgan의 작업에 기반해 이 질문을 말년에 다시금 연구하게 되었다.[49] 다니엘슨Danielson과 로파친Lopatine에 의해 최초로 『자본』이 러시아어로 번역된 해인 1872년부터, 마르크스는 '인민의 의지Volonté du peuple'라는 이름의 러시아 혁명가 집단과 지속적인 관계를 맺기 시작했다. 마르크스는 러시아어를 배웠고 러시아 농업 내에서의 '공동체적' 사회관계의 역사에 관해 연구했다. 마르크스의

---

[47] 『자본』 4권을 한국에서는 관용적으로 '잉여가치학설사'라고 부르지만 프랑스에서 관용적으로 통용되는 제목인 Théories sur la plus-value는 직역하면 '잉여가치에 관한 이론들'이다.—옮긴이

[48] 마르크스와 엥겔스의 텍스트 모음집인 *Textes sur le colonialisme de Marx et Engels*(마르크스와 엥겔스의 식민주의 관련 저술들), Éditions en langues étrangères, Moscou를 참조하라.

[49] 엥겔스의 *L'Origine de la famille, de la propriété privée et de l'État*(가족, 사적 소유 그리고 국가의 기원)을 보라. (국역본으로는 『칼 맑스 프리드리히 엥겔스 저작 선집 6권』, 칼 맑스, 프리드리히 엥겔스 지음, 김세균 감수, 박종철출판사, 1997을 참조하라.—옮긴이)

마지막 텍스트들 중 하나인 1882년에 집필한 『공산주의자 선언』 러시아어 2판 서문에서 마르크스는 다음과 같이 주장했다. "오늘날 (…) 러시아는 유럽의 혁명적 운동에서 전위avant-garde의 위치를 차지하고 있다. (…) 만일 러시아 혁명이 서구에서의 노동자 혁명의 신호탄을 쏘고 있는 것이라면, 그리고 이 둘 모두가 서로를 보완하는 것이라면, 현재 러시아에 존재하는 공동 소유는 공산주의적 변화의 시작점의 역할을 할 수 있을 것이다." 한 번의 변화가 그 사람 전체를 바꾸는 것은 전혀 아닌 것과 마찬가지로, 이 뒤에 일어났던 역사적 사실들이 마르크스의 이러한 예견을 전부 부정하는 것은 전혀 아니다.[50]

50 여기에서 '공동 소유'는 propriété commune을 옮긴 것으로, 단순히 공동으로 소유한다는 의미가 아니라 러시아 농촌 공동체적 성격의 '공동 소유'라는 의미를 지닌다. 또한 '공산주의적 변화'에서 '변화'는 évolution을 옮긴 것으로, 이미 지적했듯 프랑스어에서 évolution은 특수한 경우가 아니라면 일반적으로는 '진화'의 의미가 들어 있지 않은 '변화'를 의미한다. 여기에서도 단순한 '변화'의 의미로만 쓰였다. 말년의 마르크스가 행했던 러시아 농촌공동체에 대한 연구와 이를 통한 진화주의 비판에 대해서는, 『마르크스의 철학』, 에티엔 발리바르 지음, 배세진 옮김, 오월의봄, 2018의 4장 「시간과 진보: 또 다시 역사철학인가」에서 발리바르가 제시한 그의 정치한 설명을 참조하라. 그리고 지금까지 우리가 읽은 1장 '칼 마르크스와 마르크스주의'의 1절 '마르크스의 정치적 단계들'의 경우, 독자들은 「마르크스의 정치」, 마이클 뢰비 지음, 배세진 옮김, 『마르크스를 읽자』, 마이클 뢰비, 제라르 뒤메닐, 에마뉘엘 르노 지음, 나름북스, 2020(근간)와 함께 독해하기를 바란다.―옮긴이

2. 마르크스의 이론

마르크스의 이론은 어떠한 철학적 토대에 기반해 있는 하나의 **체계**가 아니다. 이러한 사실이 생산해낸 효과들 중 하나는 마르크스가 자신의 이론을 완성시키지 않았다는 점이다. 또 하나의 효과는 이러한 이론의 설명이 그 전체에서도, 부분들에서도(예를 들어 『자본』으로 대표되는 마르크스 이론의 '경제학적' 부분) 절대적 **시작점**을 전혀 갖지 않는다는 점이다.

하지만 이것이 마르크스의 이론이 과학적 의미에서 **체계적**이지 않다는 점을, 다시 말해 마르크스의 이론이 연구 대상의 객관적 필연성을 설명하는 방식으로 자신의 연구 대상을 정의하지 않는다는 점을 의미하는 것은 전혀 아니다.

이러한 의미에서 마르크스의 이론에 그 체계적 특징을 부여하는 것은 **계급투쟁**의 서로 다른 여러 형태들에 대한 분석과 이 형태들 사이의 결합에 대한 분석이다. 어느 한 과학의 내용물이 하나의 정의 안에 담길 수 있다고 가정한다면, 마르크스의 이론에 우리가 부여할 수 있는 최상의 '정의'란 바로 이것이다.

계급과 계급투쟁

『공산주의자 선언』에서 마르크스는 다음과 같이 주장했다. "지금까지의 모든 사회의 역사는 계급투쟁의 역사일 뿐이었다." 우리는 마르크스의 이 명제를 강한 의미로 이해해야만 한다. 이 명제는 계급투쟁이 역사 **내에서** 우리가 관찰할 수 있는 주요 '현상'이었다는 점을 의미하는 것도 아니고, 또한 계급투쟁이 역사적 현상들의 다소간 직접적인 심원한 **원인**이라는 점을 의미하는 것도 아니다. 이 명제는 역사적 현상들—이 역사적 현상들만이 역사의 유일한 현실이다—이 계급투쟁의 (다양하고 복잡한) 형태들과 다른 것이 전혀 아니라는 점을 의미한다. 따라서 '지금까지의jusqu'à nos jours'라는 단어를 통해 마르크스가 행한 한정—이 '지금까지의'라는 한정은 오늘날 우리가 어떠한 수정 없이 여전히 반복할 수 있는 것이다—은 만일 우리가 '계급' 사회들의 역사에 선행하거나 혹은 이 역사의 뒤를 이을 '계급 없는 사회들'을 고려한다면 이 마르크스의 정의가 부분적이고 부정확한 것으로 보일 것이라는 점을 의미하지 않는다. 계급 없는 사회라고 해서 계급투쟁으로부터 벗어남으로써 이를 통해 '역사를 갖지 않는', 계급투쟁보다 더욱 심원하고 더욱 일반적인 하나의 사회 현실을 드러내는 것은 전혀 아니며 앞으로도 그렇지 않을 것이다(그러나 이와 정반대로 사회인류학이 일반적으로 탐구하고자 하는 것은 바로 이것이다). 미래의 계급 없는 사회—현재 사회가 취하는 계급 없는 사회로의 경향은 우리로 하여금 이 계급 없는 사회의 단지 몇몇 특징들만을 지시하게 할 뿐이다—는 **이 동일한 계급투쟁의 효과하에서 계급투쟁이 변형된 결과**일 수밖에 없다. 바로 그렇기 때문에 마르크스(와 엥겔스)는 선사시대와 이 선사시대에 관한 민속지적 연구들이 그 자체의 발견을 통해 우리에게 제시해주는 '원시 공동체들'이 사회적 생산양식과 조직양식으로서 자본주의의 뒤를 이을 '공산주의'와는 **그 어떠한 공통점도 공유하지 않는다**는 점을 항상 강조했던 것이다.

마르크스주의 내에서 '사회계급'이라는 개념의 활용과 의미를 이해하기 위해서는 이 점을 잘 포착하는 것이 중요하다. 1852년, 마르크스는 자신의 친구 바이데마이어Weydemeyer에게 보내는 편지에서 다음과 같이 썼다. "근대 사회 내에서의 계급의 존재를 발견한 이는 제가 아닙니다. 이 계급이 근대 사회 내에서 수행하는 투쟁을 발견한 이가 제가 아닌 것과 마찬가지로요. (…) 이 지점에 제가 새롭게 기여한 바는 다음과 같습니다. 1) **계급의 존재**는 오직 생산 발전의 **규정된 역사적 국면들**에 연결되어 있다는 점, 2) 계급투쟁이 **프롤레타리아 독재**로 필연적으로 나아간다는 점, 3) 이러한 독재 그 자체가 **모든 계급의 폐지와 계급 없는 사회**로의 이행을 나타낼 뿐이라는 점을 증명한 것입니다." 마르크스가 아직은 잉여가치라는 개념을, 다시 말해 자본주의적 착취라는 개념을(이 아래에서의 논의를 참조하라) 정교하게 구성하지 않았던 시기에 행해진 그의 이러한 선언은 '전도'의 본성을, 더욱 정확히 말해 사회계급이라는 개념의 활용에서 그가 수행했던 이론적 혁명의 본성을 우리로 하여금 깨닫게 해준다. 그 역사적 효과와 경향과 함께, 바로 계급투쟁이 계급의 **존재**를 규정하는 것이지 그 역이 아니다. 달리 말해, 사회계급은 **사후적으로** 투쟁 속으로 진입하는 사물 혹은 실체(예를 들어 사회라는 이 '전체'의 한 **부분**, 이 '집단'의 '하위-집단', 하위 부문 등)가 아니다. 혹은 사회계급에 대한 역사적 분석은 계급투쟁과 그 효과에 대한 분석과 다른 것이 전혀 아니라고 말할 수도 있다.

따라서 어느 한 계급이 지니는 역사적 이데올로기(예를 들어 프롤레타리아의 '계급의식')는 최초의 심리학이 하나의 주체(혹은 한 명의 개인이나 하나의 집단)가 의식적으로든 무의식적으로든 **자신의** 관념들을 발명하는 것을 상상하는 방식과 동일하게 이 하나의 계급에 의해 창조되고 정교하게 구성되고 발명되는 것이 아니다. 어느 한 계급의 역사적 이데올로기는 적대적 이데올로기에 맞서 주어진 물질적 조건 내에서 **이 적대적 이데올로기와 동시적으로** 생산되며, 이 역사적 이데올로기는 이러한 투쟁의 전개와 함께 사회 내에서 확립된다(다시 말해 이 역사적 이데올로기는 실현되고 그 자체 **존재**하게 되는 것이다).

이러한 주장을 통해 마르크스의 이론은 계급에 관한 '실재론적'[실념론적] 정의의 지지자들과 '유명론적' 정의의 지지자들 사이의 전통적 논쟁(계급은 실제적 **통일체**인가 아니면 단지 단수 혹은 복수의 '기준들'에 따른 이론적 필요에 의해 수집해놓은 개인들의 **집합체**일 뿐인가?), 다시 말해 '실재론적' 정의를 지지하는 사회학자이든 '유명론적' 정의를 지지하는 사회학자이든 계급투쟁에 대한 분석에 도달하기 **이전에** 사회계급에 대한 정의를 연구하고자 하는 **모든 사회학자 사이에서의** 논쟁을 완전히 무용한 것으로 만들어버린다. 실천적 차원에서 이러한 [전통적] 사고방식démarche이 다음과 같은 부르주아 이데올로기의 근본 경향과 정확히 조응한다는 점을 지적하자. 즉, 부르주아 이데올로기는 사회가 계급들로 분할되는 것은 영원한 것이지만 이 계급들 간의 적대는 영원한 것이 아니라는 점을, 혹은 심지어 이 적대가 (공산주의의 영향 같은) 이데올로기적이고 (19세기 같은) 일시적인 역사적 상황에 연결되어 있는 사회계급의 특수한 행동, 그것에 부가적으로 우리가 (타협 같은) 다른 행동들을 상상하고 실천할 수 있는 그러한 행동에 불과하다는 점을 보여주고자 한다.

바로 그렇기 때문에 마르크스는 『공산주의자 선언』에서 매우 엄밀하게 다음과 같이 주장할 수 있었던 것이다. "근대 부르주아 사회는 (…) 계급적대를 폐지하지 않았다. 근대 부르주아 사회는 이전의 것들을 새로운 계급, 새로운 억압조건, 새로운 투쟁 형태로 대체한 것에 불과하다." 우리는 이를 '새로운 계급, 즉 새로운 억압조건, 즉 새로운 투쟁형태'라고 강한 의미로 독해해야 한다.

이를 통해 우리는 다음과 같은 근본 명제로, 즉 사회계급은 그 경제적 역할에 의해, 혹은 더욱 정확히는 물질적 **생산 내에서** 사회계급이 차지하는 위치로 인해 규정된다는 근본 명제로 나아가게 된다. 이러한 명제는 다음의 명제와 동일한 것이다. 계급투쟁 전체ensemble는 **최종심급에서 '경제적' 계급투쟁, 생산 내에서의 계급투쟁에 의해** 규정된다. 이는 생산 내에서의 계급투쟁 **때문이 아니라면**, 그리고 결국에는 이러한 계급투쟁을 **목적으로 하는 것이 아니라면**, 사회계급이 이러저러한 세계관에 찬성하거나 반대함으로써 대립하는 것도, 이러저러한 법률적 지위에 찬성하거나 반대함으로써 대립하는 것도, 이러저러한 정치적 조직의 형태들에 찬성하거나 반대함으로써 대립하는 것도, 사회적 부를 분배하는 이러저러한 양식들에 찬성하거나 반대함으로써 대립하는 것도, 물질적 생산물들의 유통을 조직하는 이러저러한 형태들에 찬성하거나 반대함으로써 대립하는 것도 아니라는 점을 의미한다. 이는 생산 내에서의 계급투쟁이 계급의 물질적 존재와 이 계급의 '존속subsistance'을 이끌어내기 때문이다. **자본에 의해** 생산 내에서 행해지는 일상적 계급투쟁이 노동과정을 잉여가치의(그러니까 잉여가치의 한 분파에 불과한 이윤의) 생산과정으로, 자본가계급이 존재할 수 있는 물질적 기반으로 만드는 것이다. **노동자에 의해** 생산 내에서 행해지는 일상적 계급투쟁이 최대치의 이윤을 뽑아내려는 자본의 경향에 맞서 **노동력의 재생산**에 필수적인, 노동자계급의 존재에 필수적인 노동조건과 물질적 조건(특히 임금 수준)을 보장하는 것이다.

마르크스 역사이론의 토대를 구성하는 이러한 명제는 또한 **프롤레타리아 계급투쟁 전술**의 토대를 구성하는 것이기도 하다. 이 명제는 프롤레타리아 계급투쟁 전술의 '출발' 지점과 '도착' 지점을 다음과 같이 명확히 해명해준다. 출발 지점은 프롤레타리아 투쟁이 그들의 경제투쟁과 함께 시작하며 이 프롤레타리아 투쟁이 지속적으로 이 경제투쟁에 기반을 둔다는 점이다. 그리고 도착 지점은 프롤레타리아 정치 투쟁이 **임금제의 폐지**, 즉 '생산의 사회적 관계'라는 근본적 관계인 자본과 임노동 사이의 관계의 **폐지**로까지 전개된다는 조건에서만 자신의 목표를 쟁취할 수 있다는 점이다.[51] 정치적 목표는 역사적 정세에 따라 이 정치적 목표의 실행mise en œuvre을 지배하는 이러한 목적에 도달하기 위한 수단 그 자체다.[52]

---

51   '생산의 사회적 관계'는 rapport social de production을 옮긴 것으로, '사회적 생산관계'로도 옮길 수 있으나 rapport social, 즉 '사회적 관계'를 강조하기 위해 '생산의 사회적 관계'로 번역한다. 이와 더불어 이미 지적했듯, 가독성을 위해 한국어에서는 불필요한 복수형 명사들을 단수형 명사들로 대부분 바꾸어주었기 때문에, rapports sociaux, 즉 '사회적 관계들' 또한 필요한 경우가 아니라면 대부분 '사회적 관계'로 옮겼다. 그런데 이 '사회적 관계'는 마르크스의 포이어바흐에 관한 여섯 번째 테제로부터 유래하는, 마르크스주의에서 특수한 의미를 지니는 개념이다. 그렇기 때문에 앞으로 등장할 이 rapports sociaux의 ensemble의 경우에는 '사회적 관계들'의 '집합' 혹은 '전체'로 옮기지 않고 '총화' 혹은 심지어 음차하여 '앙상블'이라고 번역하는 것이다. 이에 대해서는 발리바르의 『마르크스의 철학』의 재판 후기인 「철학적 인간학인가 관계의 존재론인가: 포이어바흐에 관한 여섯 번째 테제로 우리는 무엇을 할 것인가?」에서의 정치한 주해를 참조하라. ─옮긴이

52   이 지점들 전체에 관해서는, *Misère de la philosophie*(철학의 빈곤), *Salaire, Prix et Profit*(임

자본과 임노동[53]

이러한 관점에서는, 『자본』에서 설명된 자본주의적 생산양식 이론의 (마르크스 자신의 표현을 따르자면) '정수quintessence'를 구성하는 바를, 그리고 정치경제학, 사회학, 부르주아 역사기술과 비교해 마르크스가 수행했던 단절의 정확한 장소를 우리에게 가리켜주는 바를 규정하기가 전혀 어렵지 않다.[54] 이는 바로 **잉여가치**에 대한 분석이다.

자본의 운동

부르주아 경제의 실천[현실] 속에서 자본은 주어진 **양의 가치에 대한 가치화/가치증식**으로 정의된다.[55] 가치의 총합somme 전체가 무매

금, 가격, 이윤), 그리고 *Critique du Programme de Gotha*(고타 강령 비판)을 참조하라. (『철학의 빈곤』의 경우 『칼 맑스 프리드리히 엥겔스 저작선집 2권』, 김세균 감수, 박종철출판사, 1997을, 「고타 강령 비판」의 경우 『칼 맑스 프리드리히 엥겔스 저작선집 4권』, 김세균 감수, 박종철출판사, 1997을 참조하라.―옮긴이)

53   발리바르가 상당히 압축적으로 집필하여 이해하기가 까다로운 이 절의 내용에 대한 더 자세한 설명으로는 이 책의 3장을 포함하여, 「잉여가치」, 에티엔 발리바르 지음, 배세진 옮김, 『문화과학』 2019년 여름호, 『마르크스주의 100단어』, 제라르 뒤메닐, 미카엘 뢰비, 에마뉘엘 르노 지음, 배세진 옮김, 두번째테제, 2018, 『『자본』의 이해』, 던컨 폴리 지음, 강경덕 옮김, 유비온, 2015, 『일반화된 마르크스주의 개론』(개정판), 윤소영 지음, 공감, 2008, 『마르크스의 '자본'』, 윤소영 지음, 공감, 2009, 「마르크스의 경제학」, 제라르 뒤메닐 지음, 김덕민 옮김, 『마르크스를 읽자』, 마이클 뢰비, 제라르 뒤메닐, 에마뉘엘 르노 지음, 나름북스, 2020(근간), 『생각하는 마르크스』, 백승욱 지음, 북콤마, 2017, 「부록: '자본'과 잉여가치/잉여노동 분석으로서 정치경제학 비판」, 『마르크스주의의 전화와 '인권의 정치'』, 윤소영 지음, 문화과학사, 1995, 『노동가치이론 연구』, 정운영 지음, 까치, 1993 등을 참조하라. 여기에서 옮긴이가 제시한 참고문헌들은 모두 '알튀세르-발리바르적' 관점에서 재해석된 마르크스의 '정치경제학 비판'을 추수하므로 (세부적인 차이들에도 불구하고) 큰 맥락에서 이 절의 내용과 조응한다. 어떤 의미에서 이 참고문헌들 모두는 이 책의 3장의 '이론적 후예'라고 할 수 있다.―옮긴이

54   Engels, *Le Capital*(자본), 2권의 서문과 *Anti-Dühring*(반-뒤링)의 2부, 또한 Marx, *Le Capital*, 4권을 참조하라. (『자본』 4권이란 통상적으로 그러하듯 『잉여가치학설사』를 의미하는 것이다.―옮긴이)

개적으로 자본인 것은 아니며, 자본은 가치의 활용에 달려 있는 것이다.[56] 개인의 소비에 사용되거나 축장된 가치는 자본이 아니다. 자본이 되기 위해서는 가치가 현재 규정되어 있는 양보다 스스로를 더욱 증가시키는 방식으로 투입investie되어야만 한다.[57] 그 정의상 바로이 증가된 양이 **잉여가치**를 구성한다. 이러한 의미에서, 잉여가치라는 통념은 (어떠한 자본이든 상관없이) 자본이 우리에게 주어지게 되면그 즉시 형식적으로 존재하게 되는 것이다.[58] 각각의 개별 자본은, 잉

55　볼드체로 되어 있는 어구의 원문은 la mise en valeur(la valorisation) d'une quantité de valeur다. 여기에서 mise en valeur는 (미장아빔mise en abîme이나 문제제기mise en question 등에서 확인할 수 있는 mise en quelque chose 혹은 원형으로 mettre en quelque chose의 용법을 고려한다면) '가치로 형성한다'는 의미가 있고, 그렇기 때문에 정확히 '가치화'로 번역될 수 있는 valorisation과 사실상 동의어이며 프랑스 마르크스주의 관련 문헌들에서도 이 두 단어를 혼용해서 쓰고 있다. 그런데 마르크스주의의 논의 내에서는 이 '가치화'라는 것이 사실상 '가치증식'과 동일한 것이기 때문에 오히려 한국에서는 '가치증식'이라는 번역어가 더 많이 쓰인다. 그렇지만 옮긴이는 가독성을 해치더라도 원어의 뉘앙스를 살려주기 위해 '가치화'와 '가치증식'이라는 번역어를 병치하고자 한다.―옮긴이

56　이 책에서 앞으로도 지속적으로 등장할 '무매개적으로'는 immédiatement을 옮긴 것으로, 일상에서 많이 쓰이는 구어인 이 단어는 어원을 살려 문어적으로 번역하면 '무매개적으로'이지만 사실은 directement과 동의어로서 '직접적으로'라는 뜻으로 흔히 사용된다. 하지만 directement과 달리 이 단어에는 '매개물/매개자가 없어서 직접적'이라는 의미가 강하게 들어 있으며, 그래서 인문사회과학에서는 뉘앙스를 살려주기 위해 '무매개적'이라는 번역어를 활용하기도 한다. 쉽게 '직접적'이라고 옮길 수도 있으나, 앞으로도 옮긴이는 맥락에 따라 '무매개적'이라는 번역어가 지금처럼 더 정확히 의미를 표현한다고 판단된다면 '무매개적'으로, 그렇지 않은 경우는 (directement과 굳이 구별할 필요는 없기 때문에) '직접적'으로 옮기도록 하겠다.―옮긴이

57　'투입'은 동사 investir를 옮긴 것인데, 이 프랑스어 동사는 좁은 의미의 '투자'뿐만 아니라 넓은 의미에서 어떠한 회로 혹은 순환 내로 무엇인가가 '투입'되는 것 전체를 의미한다.―옮긴이

58　일반적으로 프랑스어 번역에서 notion이든 concept이든 모두 '개념'으로 번역한다. 하지만 알튀세르와 발리바르의 텍스트를 번역할 때는 통념(notion)과 개념(concept)을 엄밀히 구분한다. 다만 이 구절을 포함한 여러 곳에서 사실 엄밀하지 않은 의미로 notion이라는 단어를 발리바르가 쓰고 있기 때문에 굳이 '통념'이라고 옮길 필요는 없어 보일 뿐만 아니라 '통념'이라고 옮길 경우 매끄럽게 읽히지도 않는다. 그럼에도 발리바르의 텍스트라는 점을 고려해 이 책 전체에서 notion은 '통념'으로, concept는 '개념'으로 구분해 옮겨주었다.―옮긴이

여가치를 뽑아냄dégageant으로써, 그리고 정의상 무한히 계속되는 과정 속에 뽑아낸 이 잉여가치를 통합시킴으로써 이 각각의 개별 자본을 정의[규정]하는 동일한 일반 운동을 각각의 편에서 실현한다. 하지만 이 과정은 금융자본, 상업자본, 산업자본 같은 서로 다른 투입 양식들에 따라(이에 이어서는 또한 경제 실천과 경제 이론 내에서 이 투입 양식들이 정의하는 관점들에 따라) 서로 다른 방식으로 나타날 수 있다. 따라서 잉여가치는 자본 증가의 서로 다른 형태들, 즉 (그 메커니즘이 실천[현실]에서는 완전히 서로 다른) 이자, 상업 이득, 산업 이윤 내에서 해소되는 것처럼 보인다. 마찬가지로, 자본은 자신의 가치가 제시되는se présente 개별 형태, 즉 화폐 혹은 상품 혹은 생산수단과 동일시된다. 하지만 그중에서도 **화폐**형태forme argent는 항상 특권적인 위치를 차지한다. 화폐가 (산업자본의 기능작용에 필수적인 생산수단과 '노동'을 포함하여) 모든 상품의 등가물이기 때문에, 화폐는 가치가 달라붙어 있는 물질적 대상과는 독립적으로 가치를 '가치 그 자체'로서 표상한다.[59] 그런데 자본의 운동은 자신의 운동 내 대상들이 아니라 오직 가치의 양적 증가에만 관심을 가진다. 따라서 본질적으로 자본의 운동은 화폐유통 중 하나의 전개된 형태인 화폐량의 증가로 나타나게 된다.[60]

---

59 '달라붙어 있다'는 동사 attacher를 번역한 것으로, 화폐 혹은 가치가 물질적 대상에 '달라붙는다'는 식의 사고가 바로 상품물신숭배론의 핵심이다. 그렇기 때문에 너무 구어적인 역어라고 하더라도 이를 '달라붙어 있다'라고 번역하는 것이 적절한데, 이에 대해서는 본 텍스트 이후 30여 년이 지나 발리바르가 집필했던 물신숭배에 관한 텍스트를 참조하는 것이 좋다. 『마르크스의 철학』, 에티엔 발리바르 지음, 배세진 옮김, 오월의봄, 2018에 실린 부록 3 「상품의 사회계약과 화폐의 마르크스적 구성: 화폐의 보편성이라는 문제에 관하여」를 참조하라. ―옮긴이

60 『자본』 1권 2편 4장과 3편 5장, 2권 1편 1장에서 4장까지를 참조하라. (참고로 여기에서 '나타나다'는 동사 apparaître를 번역한 것으로, 이 동사 apparaître는 마르크스 화폐론의 맥락에서

잉여가치의 기원

만일 자본의 존재를 **사회적 차원에서** 사고한다면, 그리고 만일 잉여가치의 기원이라는 질문을 우리 스스로에게 제기한다면, 이 잉여가치는 [그러나 우리의 예상과는 달리] 상품유통 내에서도, 그래서 결과적으로 상업자본의 특수한 작동 내에서도, 금융자본의 특수한 작동 내에서도 존재하지 않는 것처럼 보일 것이다. 비록 자본주의에 의해 일반화된 상품유통의 형태들이 분명 자본주의에 본질적인 것이긴 하지만 말이다. 오히려 실제로 사회적 차원에서 존재하는 상품유통과 화폐유통은 각각의 개별 교환행위와 각각의 계약에 강제되는 **등가적 가치들 사이의 교환법칙**에 의해 경향적으로 통제된다. 따라서 그 어떠한 새로운 가치도(즉 그 어떠한 잉여가치도) 유통 영역에서 **창조**될 수 없다. 그렇기 때문에 자신의 운동을 통해 가치를 창조할 수 있는 유일한 가치는 **생산적 자본으로서의 산업자본**이다. 이 생산적 자본으로서의 산업자본의 특수한 작동은 유통 영역 바깥에서 진행되며 교환 내에서는 존재하지 않지만, 필수적인 생산요인들(원료, 노동수단, 임노동자)이 일단 한 자리에 모이고 나면, 물질적 변형, 다시 말해 **노동** 내에 존재하게 된다.[61]

따라서 우리는 앞에서 제시했던 우리의 첫 번째 정의를 전도해

는 단순히 '나타나다'의 의미로 환원되지 않고 apparaître의 [apparition과는 또 다른] 명사형인 apparence와 같이 물신숭배론의 맥락에서 철학적 의미를 지닌다. 이때 apparence는 '외양'으로 옮길 수 있으며, 이에 대해서는 이 책의 4장에서 더 자세히 다루어질 것이다.―옮긴이)

61   이 단락에 등장하는 '작동'은 opération을 옮긴 것으로, 한국어로는 어색하지만 영어로 '작동 체계' 혹은 '운영 체계'를 operating system이라고 하듯 어떠한 메커니즘의 운동을 기술하는 적합한 역어라고 판단해 어색하더라도 직역하여 '작동'으로 옮겼다. 또한 '요인'은 facteur를 옮긴 것으로, 일반적으로 '원료'나 '노동수단' '임노동자' 등을 '생산의 요소들'이라고 번역하지만, 이 책에서는 élément을 '요소'로, facteur를 '요인'으로 구분해 옮겼다.―옮긴이

야만 한다. 산업적 혹은 상업적 이윤, 이자(그리고 이와 마찬가지로 지대)는 자본 증가의 자율적 형태들이 아니다. (산업기업의 이윤을 포함하여) 이는 생산 영역으로부터 발생한 사회적 잉여가치의 **부분들**parties, 파생된 즉 '변형된' 형태들이다. 따라서 각각의 산업자본가는, 이 각각의 산업자본가가 최종적으로 전유하는 몫이 무엇이든지 간에, 사회적 총자본을 위해 잉여가치를 공급하는 인물로, 사회적 자본[62] 전체의 '대표자'로 기능하게 된다. 이윤이나 이자 등의 표면적 자율성은 사회적 자본의 서로 다른 분파들fractions을 서로서로 다시 연결시키는, 그리고 부르주아 회계학과 부르주아 정치경제학의 범주들 내에서 반영되는 경쟁관계들의 복합체로부터만 유래하는 것이다.[63] 이 자율성이 취하는 법칙들을 이해하기 위해서는, 우선 잉여가치 **생산**의 비밀을 꿰뚫어 보아야만 하며, 그다음으로는 잉여가치의 (화폐적) **실현**과 **변형**으로부터 파생된 메커니즘들—이러한 잉여가치 생산의 경제적 실천은 이러한 실현과 변형의 결과만을 우리에게 보여줄 뿐이다—을 발견해야만 한다.[64] 우리는 생산관계에 의한 분배관계의 결정 작용을 재구성해야만 한다.

이것이 바로 마르크스의 첫 번째 근본적 발견이다.

---

[62] 이 책에서 capital social, 즉 '사회적 자본'은 '총자본'과 동의어로 보면 된다. 발리바르가 이 책을 집필할 당시에는 '총자본'의 의미로 '사회적 자본'이라는 어휘를 사용했던 것으로 보인다. 하지만 현재 '사회적 자본', 즉 '사회자본'이라고 하면 인문사회과학 내에서 피에르 부르디외 사회학의 핵심 개념으로 통용된다.—옮긴이

[63] 잉여가치의 '부분들', 즉 parties와 잉여가치의 '분파들', 즉 fractions은 여기에서 동의어로 간주해도 무방하다.—옮긴이

[64] *Le Capital*, 3권의 서문과 7편, *Le Capital*, 4권을 참조하라.

노동과 잉여노동

생산자본은 두 부분으로 나뉘며, 이 두 부분 사이의 양적 비율은 변화한다. 첫 번째 부분은, 고정적인 것[즉 '고정자본']이든 '유동적'인 것(기계와 원료)[즉 '유동자본']이든, 노동과정에서 소비되는 **생산수단**에 투입되는 부분이다. 두 번째 부분은 자본이 어떠한 한정된 시간 동안 구매하는 노동력의 가격인 **임금**에 투입되는 부분이다. 마르크스는 첫 번째 부분을 **불변**자본이라고 부르며, 두 번째 부분을 **가변**자본이라고 부른다. 과거에 행해진 노동의 생산물이자 특정한 양의 가치를 표상하는 생산수단은 그 자체로는 그 어떠한 새로운 가치도 추가할 수 없다. 더욱 정확히 말해, 생산수단은, **노동에 의한** 이 생산수단의 '생산적' 소비(변형, 마모)와 함께, 자기 자신의 가치를 **이전**하는 것이다. 역으로, 인간 노동은 이 인간 노동이 소비하는 생산수단의 가치를 (이 가치를 생산물에 이전함으로써) **보존**하는 속성과 이 생산수단의 가치에 지출된 노동량(노동시간, 노동강도, 노동자의 수에 따라 결정되는)에 따라 **잉여적인 가치**valeur supplémentaire를 추가하는 속성이라는 이중적 속성을 갖게 된다.

이러한 마르크스의 이론은 노동을 자본가가 노동자로부터 구매하는 하나의 특수한 상품인 **노동력**에 대한 **사용**usage으로 정의한다는 조건에서만 엄밀한 성격을 지닐 수 있다. 더욱 정확히 말해, 이는 자본주의적 생산양식이라는 조건—이 조건 내에서 (예를 들어 노예제에서 행해졌던 바와는 달리) 노동자는 **그 자체**로는 구매되고 판매되는 하나의 상품이 아니며, 그 대신 (노동시장에서) 판매자로서의 자본가와 마주해 교환(노동력과 임금 사이의 교환) 계약의 파트너로 나타나게 된다—에 부합하는 정의를 의미한다. 그러나 이 정의는 **임금**이라는 법률적 허구fiction ─이 법률적 허구는 임금을 제공된 노동량에 비례하는 '노동 가격'으로 제시한다─에 의해 **은폐**된다(하지만 이 법률적 허구는 필수적인 것인데, 이에 대해서는 조금 뒤에 다루어보도록 하겠다). 노동은 사실 하나의 상품이 아니라 '노동력'이라는 상품의 **사용**이다.[65]

따라서 하나의 상품의 가치는 항상 그 자체 두 부분을 내포하고 있다. 하나는 생산수단의 생산에 필요한 과거 노동량에 비례하는, 노동과정 내에서 생산수단으로부터 이전된 부분이며, 다른 하나는 **현재**의 노동량에 비례하는, 바로 이 노동과정에 의해 창조된(추가된) 부분이다. 최소한 이 두 경우 모두가 생산성의 평균적 조건 내에서 지출된, 그리고 사회적 생산 전체의 유효 필요besoin effectif에 조응하는(하지만 일반적으로 이는 평균적으로만 진실인데, 경쟁이 개별 자본에게 이러한 기준을 '외적 강제 법칙'으로 부과하는 역할을 수행하기 때문이다) **사회적 필요노동**에 관한 것이라는 조건에서 그러하다.

자본주의적 생산양식은 (그 자체 생산도구와 생산기술의 진보에 의존하는) 노동의 충분한 생산성이라는 기반 위에서만 발전될 수 있다. 자본주의적 생산양식은 물질적 생산력 발전의 주어진 상태를 그 초기 역사적 조건으로 지닌다. 바로 이 기반 위에서, 임노동을 고용함으로써 이를 활용하는 것은 **각 생산과정 내에서 새롭게 창조된 가치량이 항상 노동력의 가치 그 자체를 초과한다**는 결과를 도출해낸다. 달리 말해, 지출된 노동 중 하나의 부분만이 노동과정 내에서 활용된(따라서 마모되고 소비된) 인간 노동력의 재생산에 필수적이다. 나머지

---

[65]   *Le Capital*, 1권 3편 6장과 6편 전체를 참조하라.

다른 한 부분은, 이 필요노동과 비교해, **잉여생산물**을 산출하는 것인데, 바로 이 나머지 부분이 가변적 크기를 지니는d'importance variable **잉여노동**을 구성하는 것이다. 또 한 번 달리 말하자면, 새롭게 생산된 가치의 한 부분만이 노동자가 자신의 노동력을 재생산하기 위해 소비해야만 하는 상품들의 **등가물**을 표상하는 것이며, 나머지는 **잉여가치**를 구성하는 것이다. 생산수단의 활용에 비례하여 이 생산수단에 의해 생산물로 이전된 가치의 경우, 명백히 이 가치는 생산과정이 동일한 규모로 지속될 수 있도록, 따라서 자본이 자본 그 자체로 기능할 수 있도록 획득되어야만 하는 그러한 새로운 생산수단의 등가물을 표상한다. 여기서 생산과정은 자본의 기능작용 그 자체가 재생산하는, **자본에 의한 생산수단의 항구적 전유**를 그 조건으로 취한다.

따라서 자본의 운동에 의한 잉여가치 창조의 '신비'는 노동으로 하여금 노동력의 가치를 초과하는 가치를 창조할 수 있게 해주는 기술적(노동생산성)이고 사회적(임노동 형태)인 조건들의 집합이라는 비밀 이외의 다른 비밀을 갖는 것이 아니다. 그래서 잉여가치는 노동자계급의 노동 능력이 구성하는 **상한선**뿐만 아니라, 주어진 시기에 노동력의 가치가 구성하는 **하한선** 또한 갖게 된다. 잉여가치 생산의 메커니즘은 **자본주의적 생산관계**의 메커니즘, 즉 노동자로 하여금 자신의 고유한 재생산에 조응하는 이러한 최저 한계를 넘어서고 자신의 노동 능력의 최고 한계를 무한히 위로 끌어올리도록 강제하는 메커니즘이다. 이는 착취의 메커니즘, 다시 말해 (경제적) **계급투쟁**의 메커니즘이다. 다르게 말해 이는 잉여가치의 착출extraction을 보증하려는 자본의 투쟁과 자신들의 최저생존subsistance을 보존하려는 노동자들의 투쟁이라는 계급투쟁이다.

잉여가치의 두 형태

마르크스는 이러한 계급투쟁이 항구적으로 전개되는 장소로서의 전형적인 두 형태를 개별적으로 분석한다. 마르크스는 이 전형적인 두 형태를 '절대적' 잉여가치 생산과 '상대적' 잉여가치 생산으로 지칭한다. '절대적' 잉여가치는 사회적 노동의 주어진 생산성에, 노동력의 주어진 가치에 조응한다.[66] 아주 단순히, '절대적' 잉여가치는 무매개적 형태하에서 행해지는 자본 증가의 본질인 잉여노동의 착출을 우리에게 보여준다. 여기에서 잉여노동의 착출이란 노동자로 하여금 자신의 노동력을 자신의 재생산을 위한 필요성nécessités을 넘어서 지출하도록 강제하는 것으로, 이는 노동자가 필수적 생산수단을 자기 스스로 소유하고 활용하지 못한다는 사실로 인해 가능한 것이다.[67] 이러한 강제를 관철시키기 위한 근본 수단은 **노동일의 연장**, 그리고 노동자가 더욱 오래 노동함으로써만 자신의 노동력을 재생산할 수 있도록 만드는 방식으로 임금을 고정시키는 것이다. 절대적 잉여가치 생산의 이러한 경향은 자본주의의 시작과 함께 개별적으로(혹은 주요 형태로) 등장하지만, (사회적 노동이 어느 정도의 생산성을 지니고 있든 상관없이) 그 어떠한 생산성의 토대 위에서도 **지속적으로** 작동한다.

이 경향은 '정상' 노동일을 위한 노동자들의 (경제적) 계급투쟁을 직접적으로 촉발하는데, 이러한 (경제적) 계급투쟁은 국가로부터 빼앗아온 합법적 조치들까지도 포함한 다양한 수단들을 통해 노동시

---

66 *Le Capital*, 1권 3편을 참조하라.

67 여기에서 '소유하고 활용하다'로 옮긴 프랑스어는 disposer다. 이 단어는 '처분'이라는 맥락에서 무언가를 '소유'하고 '활용'한다는 두 가지 행위를 동시에 의미한다.—옮긴이

간 연장의 경향에 저항하고자 하는 것이다.[68]

절대적 잉여가치는 노동자계급의 존재 자체는 유지시켜야préser-vation 한다는 한계를 지닌다. 그러나 우리가 경험해온 역사는, 노동력main-d'œuvre 사이의 경쟁과 이 노동력 조직화의 허약함이 노동자계급에게 불리한 세력관계를 형성하자마자, [자본이] 이러한 한계의 탄력성을 활용한다는 점을 웅변적으로 보여준다.[69] 역으로, 노동자계급의 조직된 저항은 이러한 한계를 더욱 고착시킨다. 이를 통해 노동자계급의 조직된 저항은 자본이 다음과 같은 두 번째 형태의 방향으로 나아가도록 만드는 데 기여한다.

두 번째 형태인 '상대적' 잉여가치는 '절대적' 잉여가치와는 정반대의 원리를 취한다.[70] 여기에서 잉여노동의 증가는 필요노동의 연장을 통해 직접적으로directement 획득되는 것이 아니라 **노동력의 가치가**, 다시 말해 노동력의 재생산에 필요한 상품들의 가치가 **떨어지게 만듦**으로써, 이 필요노동의 감축을 통해 [간접적으로] 획득된다. 이러한 결과는 노동의 **생산성 향상**을 통해 획득된다. 상대적 잉여가치를 생산하기 위해 자본이 활용하는 다양한 '방법들'을 분석하면, 사회적 자본 분파들 자신들 사이의 경쟁을 넘어 착취과정 내에서 사회적 자본의 서로 다른 여러 분파가 하나로 결합하기 위해 맺는 관계를 정확히 해명할 수 있다. 각 자본가는 자신의 노동생산성을 높임으로써 자신의 개별 이윤을 늘린다. 하지만 각 자본가가 행하는 바로 이러한

---

68 *Le Capital*, 1권 4편 10장을 참조하라.
69 force de travail의 경우 원어병기 없이 '노동력'으로, main-d'œuvre의 경우 동일하게 '노동력'으로 옮기되 원어를 병기해주도록 하겠다. ―옮긴이
70 *Le Capital*, 1권 4편을 참조하라.

노동생산성 증가는, 노동자계급의 소비수단의 가치를 떨어뜨림으로써만이 모든 개별 이윤을 거둘prélevé 수 있는 방식의 잉여가치 생산에 [자신들도 의식하지 못한 사이에] 결국은 기여하게 된다.

노동생산성을 높이는 방법들은 노동일의 연장과는 대조적으로 절대적 한계를 내포하지 않는다. 그리하여 이 방법들은 자본주의의 **특수한**spécifique 물질적 생산의 조직화 양식을 만들어낸다. 이 방법들은 협업coopération, 개인들 간에 강제된 노동분할(테일러주의와 현재의 포스트-테일러주의 같은 '노동의 과학적 조직화'를 예상하는 '매뉴팩처적' 분할), 인간 활동을 부분적으로 대체하는(혹은 오히려 이 인간 활동을 종속시키는) 기계의 활용 그리고 자연과학을 생산과정에 적용하는 기술의 발전에 기반을 둔다.[71] 이 모든 방법은 이전에는 홀로 생산수단을 적용할 수 있는 능력을 갖고 있었던 개별 노동자를 복잡하며 분화된 하나의 '집합적 노동자'로 대체함으로써 노동 **사회화**의 정도를 끌어올리는 데 협력한다. 이 모든 방법은 노동자 **집적**, 그러니까 항상 더욱 거대한 규모 위에서 실현되는 자본의 집적을 전제한다.[72]

상대적 잉여가치에 대한 분석은 생산의 사회적 관계와 (인간 노동력을 포함하는) 물질적 생산력 사이의 결합에 대한 마르크스주의적 이론을 예증한다. 상대적 잉여가치에 대한 분석은 생산력 발전의 주

---

[71] '노동분할'은 division du travail를 옮긴 것으로, 사실 줄여서 '분업'으로 번역하는 것이 가능하며 '분업'이라는 번역어가 조금 더 자연스럽지만 본래의 의미를 살려주기 위해 일부러 풀어서 옮겼다. 이 책에서는 '분업'보다는 '노동분할'이라는 번역어를 일관되게 사용하도록 하겠다. —옮긴이

[72] 바로 뒤에 이어지는 '축적' 부분을 참조하라. (여기서 '집적'은 concentration을 옮긴 것으로, 마르크스주의 경제학에서는 '집적'과 '집중'centralisation이 구분된다. 이에 대해서는 『마르크스주의 100단어』, 제라르 뒤메닐, 미카엘 뢰비, 에마뉘엘 르노 지음, 배세진 옮김, 두번째테제, 2018의 '자본의 집적과 집중' 항목을 참고하라. —옮긴이)

어진 상태를 역사적으로 전제하는 자본주의가 어떻게 생산력의 끊임없는 변형과 필연적 발전을 잉여가치 생산의 수단으로 규정하는지를, **자본주의가 어떻게 항구적 산업혁명을 규정하는지**를 보여준다(반면 부르주아 이데올로기는 산업혁명의 본질을 자본주의적 생산관계, 즉 자본주의적 착취관계에 전혀 의존하지 않는 자연적 진화évolution로 개념화함으로써 오늘날에도 여전히 자본주의를 '산업사회'의 변형태로 표상한다). 상대적 잉여가치에 대한 분석은 이러한 발전에서 생산수단의 변형이 바로 노동력의 질qualité[숙련성]의 변형에 선행하고 이 변형을 지배하는 것이라는 점을 보여준다.

마르크스의 분석은 이전의 모든 생산양식이 지니는 특징인 상대적 보수성[자본주의의 '진보성'에 대비되는 보수성]과 단절하는 자본주의 내 생산력 발전이 **절대적** 발전은 아니라는 점을 보여준다. 즉, 자본주의는 극대화된 이윤에 대한 추구가 각 자본에 강제하는 한계 내에서만 사회적 노동의 생산성을 높이는 것이다. 하지만 이러한 발전은 그 어떠한 사전적으로 규정된 **최고 한계**—생산관계의 적대적 특징이 자신의 중심에서 규정하는(그리고 계급투쟁에 그 동력을 공급하는) 모순들로 인한 중단을 논외로 한다면, 이를 넘어서서는 이러한 발전이 지속될 수 없는 그러한 **최고 한계**—라는 것을 지니지는 않는다. 정확히 말해, 이 발전에서 이러한 [자본의] 투쟁은 노동과정 그 자체의 '기술적' 조직화와 뗄 수 없는 다수의 형태들로 제시된다. 자본주의적 생산양식 내에서, 노동생산성의 발전은 노동강도의 항구적 **강화**intensification(노동일 연장의 뒤를 이어 이와 결합되는 지옥 같은 '노동리듬'), 업무의 세분화parcellisation, 노동자의 상대적 탈숙련화déqualification, **육체노동과 지식노동 사이의 분할** 경향의 악화(이는 생산수단의 활용에서 이 생산수단에 대한 절대적 통제권을 자본에 보장해준다), 기계화에 의해 노동자들이 제거됨으로써 발생하는 '기술적' 실업 등을 그 필연적 조건으로 지닌다.

자본축적

자본의 운동은 자본으로서의 자기 자신을 재생산하기 위해서만, 더 나아가 **확대된** 규모로 자기 자신을 재생산하기 위해서만 잉여가치를 생산한다. 자본의 단순 재생산은 잉여가치 전체가 비생산적인 방식으로 자본가계급에 의해 소비되었을 때 발생한다. 자본의 단순 재생산은 관념적이고 허구적인 상황이다. 자본의 확대 재생산, 즉 **자본축적**이 바로 자본주의적 생산의 진정한 목표다. 자본축적은 **동시에 자본주의적 생산의 수단**이기도 한데, 왜냐하면 바로 이 자본축적만이 생산성의 향상, 즉 '상대적' 잉여가치의 생산이 의존하는 자본의 집적을 가능케 하기 때문이다.

표면적으로는, 제각기 별개로 사고된 각 생산 주기 내에서, 자본과 노동은 **변별적인** 두 극으로부터 유래한다. 이 두 극이란 자본가와 임노동자인데, 이 둘 모두는 상품의 '소유자'이며, 등가적 가치(즉 임금과 노동력)에 따라 행해지는 교환 계약을 체결한다. 그런데 현실적으로는, 만일 우리가 잉여가치의 자본으로의 변형을 고려한다면, 그러니까 연속적인 생산 주기들의 흐름 속에서 이동하는 자본의 재생산 과정을 고려한다면, 자본은 **축적된** 잉여가치로 구성되어 있는 것으로 드러난다. 즉, **자본은 새로운 잉여노동에 대한 강탈**extorsion**을 수행하는, 이미 강탈된 잉여노동**이다.

마르크스는 다음과 같이 주장했다. "(…) 고립된[개별적인] 각 거래는 노동력을 지속적으로 구매하는 자본가와 노동력을 지속적으로 판매하는 노동자 사이에서 상품 교환의 법칙을 정확히 따른다(심지어 우리는 이 자본가가 노동자의 노동력을 [정당하게도] 그 실제 가치로 구매한다고 인정할 수도 있다). 이러한 범위 내에서, **상품의 생산과 유통에 기반하는 전유 법칙**(혹은 사적 소유의 법칙)은 **자기 고유의 내적이고 불가피한 변증법을 통해 자신의 직접적 반대물로** 명백히 변형된다. (기원적 작동opération originelle으로 **나타났던**apparaissait) 등가물들 사이의 교환은 교환이 **표면적으로**만 발생하는 형식으로 전도되는 것이다.[73] 이와 반대로 사실은, 첫 번째 단계에서, 노동력과 교환된 자본의 일부분part은 그 자체로는 **등가물 없이**[즉 대가없이] 전유된 (타인의 노동이 생산한) **생산물**의 일부분part에 불과하며, 그다음으로 두 번째 단계에서, 이 자본의 일부분part은 그 생산자인 노동자에 의해 **새로운 잉여가치를** 이 자본의 일부분part에 추가함으로써 대체되어야만 하는 것인데도 말이다. 따라서 **자본가와 노동자 사이의 상호 교환관계는 유통과정에 속하는 하나의 외양**apperance, 하나의 단순한 형태에 불과하다. (…) **소유와 노동 사이의 분리**는 명백히 소유와 노동 사이의 **동일성**identité으로부터 도출된 하나의 법칙의 필연적 결과가 된다."[74]

따라서 상품유통의 경제적 형태들과 이 경제적 형태들에 정확히 조응하는 부르주아적인 법률적 형태들(자유, 평등, 개인적 소유)은 자본주의적 생산관계의 본질 혹은 기원이 아니며, 사실 이 상품유통의 경제적 형태들과 이에 조응하는 부르주아적인 법률적 형태들은

---

[73] 여기에서 '표면적으로'는 en apparence를 옮긴 것으로, 조금 직역하면 '외양적으로'도 옮길 수 있다.—옮긴이

[74] 독일어판 『자본』 1권 7편 24장.

자본주의적 생산관계의 재생산에 필수적인 수단이다.

　자본축적은 자본주의적 생산양식의 **경제법칙들**과 결부된 근본적인 경향적 현상이다. 자본축적의 정세적[경기순환적] 리듬이 임금 총액masse의 증가 리듬을 지배한다(그러나 자본가들이 우리로 하여금 믿게 만들기 위해 노력하는 바와는 반대로 그 역은 전혀 성립하지 않는다). 하지만 임금 총액의 증가 리듬은 전체 축적률에만 의존하는 것은 아니다. 임금 총액의 증가 리듬은 축적이 자본의 유기적 구성―자본의 유기적 구성은 자본의 **불변적** 부분(생산수단의 가치)과 자본의 **가변적** 부분(노동력의 가치) 사이의 관계로 표현된다―으로부터 이끌어내는 변형들에 특히 의존한다.[75] 본질적으로는 자본축적이 노동생산성의 향상과 '상대적' 잉여가치의 생산적-기술적 혁명에 기반하기 때문에, 자본축적에는 사회적 자본의 평균적인 **유기적 구성의 경향적 향상**, 다시 말해 과거의 '죽은' 노동을 물질화한 것인 자본 부분(기계와 원료)과 현재 살아 있는 노동을 투입한 것인 노동 부분 사이의 점증하는 불비례성이 뒤따른다.[76]

　바로 그렇기 때문에 자본축적은 다음과 같은 두 가지 역사적 결과를 낳는다.

　―생산수단의 항상 더욱 거대한 집적, 자본의 서로 다른 여러 형태들하에서의 **자본의 불가피한 집적.**

　―자본주의 사회의 진정한 '인구법칙'인, 그리고 역사적 정세와

---

[75]　여기에서 '부분'은 위에서 '잉여가치의 분파'와 관련해서는 '분파'로 옮겼던 fraction을 다르게 옮긴 것이다.―옮긴이

[76]　'향상'은 élévation을 옮긴 것으로, '향상'이나 '증가'라는 표현도 쓰이지만, 특히 유기적 구성과 관련해서는 '유기적 구성의 고도화'라는 표현도 종종 사용된다.―옮긴이

시기에 따라 다양한 형태들을, 즉 농촌과 식민 국가 내에서 자본이 창조해낸 '잠재적' 과잉인구의 다양한 형태들을 취하는 (노동자의) 항구적인 **상대적 과잉인구** 혹은 '산업 예비군'의 창조.

이 두 가지 효과와 이 두 가지 효과에 대한 설명 사이의 필연적 결합은 현재 자본주의 사회의 역사에 의해 지속적으로 예증되고 있는 마르크스의 근본적 발견이다.[77]

이러한 결합은 노동력의 재생산(따라서 노동자의 소비, 노동자의 수, 노동자의 질qualité[숙련성])이 **사회적 자본의 재생산의 한 측면**이라는 점을 보여준다. "따라서, 사회적 관점에서, 노동자계급은 노동의 다른 도구들 전체와 마찬가지로 자본—이 자본의 재생산 과정은, **특정한 한 계 내에서**, 노동자들의 개인적 소비까지도 포함한다—에 속하는 것이다. (…) [노예제 시대에는] 사슬이 로마의 노예를 묶어놓았다. [자본주의 시대에는] 보이지 않는 끈이 임노동자를 자신의 주인에게 묶어놓는다. 다만 여기에서 이 '소유자'는 개별 자본가가 아니라 자본가계급이다. (…) 그 지속성 내에서 사고된, 혹은 재생산의 관점에서 사고된 자본주의적 생산과정은 상품이나 잉여가치만을 생산하는 것은 아니다. 자본주의적 생산과정은 자본가와 임노동자 사이의 사회적 관계를 생산하고 영속화시킨다.[78] **따라서** 노동자계급이 자신의 생존을 보

---

77   *Le Capital*, 1권 7편 25장을 참조하라.

78   노동자들의 존재 그 자체가 그들이 그 효과를 경험하고 있는 자본주의적인 사회적 관계의 모순을 언표한다. "제 관점에서 본다면 저는 노예에 불과합니다. 노예와 저를 구분하는 유일한 사실은 제가 밤마다 저의 집으로 돌아갈 수 있다는 것이며 제가 사슬에 묶여 있지는 않다는 것입니다."(L. D., O. S. 2, 르노빌랑쿠르Renault-Billancourt의 조정공, in Jacques Frémontier, *La Forteresse ouvrière*, Renault[노동자 요새: 르노], Fayard, 1971, p. 80.) "저는 이곳에 일하러 온 것이고, 그게 다입니다. 이는 전혀 행복한 삶이 아니죠. 사장은 사무실을 청소하라고 당신에게 시킬 수 있습니다. '예'라고 말하는 것 이외에 무얼 할 수 있을까요. 시키는 대로 하지 않으면 사장이 당신을 문밖으로

장하기 위한 수단인 일상적인 (경제적) 계급투쟁을 (정치적) 계급투쟁, 사회적 관계의 변형을 목표로 조직된 투쟁으로 변형시킴으로써 **이 관계 자체를 폐지하는 것 이외에 이 효과를 완화할 수 있는 수단은 존 재하지 않는다.** 자본 자신은 노동자계급을 집적함으로써[결집하게 만 듦으로써], 그리고 노동자계급에 대한 착취를 악화함으로써 이러한 폐 지의 토대를 제공한다.

더욱 일반적으로 말해, 마르크스는 (『자본』 2권에서) 자본의 재생 산과 이 자본의 축적을 가능케 하는 조건 전체를 분석한다. 케네의 몇몇 관념들을 다시 취해 이를 변형함으로써, 마르크스는 이 조건이 사회적 자본의 **1부문**(생산수단의 생산 부문) 내에서의 투자와 **2부문**(소 비수단의 생산 부문) 내에서의 투자──사회적 차원에서 이 두 부문은 각 개별 자본의 불변자본과 가변자본 사이의 분할에 조응한다──사 이의 불균등한 조건임을 보여준다. 마르크스는 사회적 자본의 **재생산 표식**을 구성함으로써 이 두 부문에 대한 수학적 연구의 윤곽을 소묘 한다. 바로 이 조건이 잉여가치를 **실현**(즉 잉여가치의 자본화 가능한 화 폐로의 변형)할 수 있게 해주면서 동시에 각 생산자본이 시장에서 자 신들의 재생산을 위한 물질적 요소를 발견할 수 있게 해주는 것이다. 이 조건들은 **소비수단의 생산에 비해 생산수단의 생산이 항상 앞서 있 음**을 의미한다. 이는 사회적 자본의 '1부문'이 '생산을 위한 생산'으로 서 스스로 자신의 주요 '시장'을 구성한다는 사실을 의미한다.

쫓아내니까요. 당신을 쫓아내면서 사장은 당신에게 다음과 같이 말할 거예요. '집으로 돌아가는 것 말고 네가 뭘 할 수 있겠어!' **그다음 날에도 일을 찾으러 다시 사장에게 돌아오는 것은 사실 바로 저입 니다. 저를 찾으러 사장이 오지는 않습니다.** (…)" 한 아프리카 출신 노동자, in *L'Humanité*, 18-XI-71, 강조는 발리바르. 바로 이것이 '자유로운' 노동자가 처한 현실이다.

이 점과 관련해서, 우리는 1899년 『러시아에서의 자본주의 발전』에 응축되어 있는 레닌의 논평과 이론적 전개를 읽어야만 한다. 이 저서에서 레닌은 다음과 같이 지적한다.[79] "소비에 조응하는 확장 없는 이러한 생산의 확장은 자본주의의 역사적 역할과 이 자본주의의 특수한 사회적 구조에 정확히 조응한다. 자본주의의 역사적 역할은 사회의 생산력을 발전시키는 것이며, 자본주의의 특수한 사회적 구조는 다수masse 인구를 이러한 기술적 발전의 활용으로부터 배제한다." 자본의 운동 내에서 축적과 착취의 **수단**(생산력의 발전)은 또한 이러한 배제의 물질적 **결과**, 즉 역사적 '획득물'을 구성하기도 한다.

자본주의의 '경제법칙'

우리가 방금 위에서 요약한 분석들은 마르크스가 혁명적으로 새롭게 발견해낸 바에 집약된 그의 이론적 핵심 자체를 구성하는 것이다. 이 분석들은 마르크스 스스로가 『자본』에서 완벽히 연구할 수는 없었다고 말했던, 사회적 자본이 생산하는 잉여가치와 이 사회적 자본의 재생산 분석의 **전제**로서든 **결과**로서든 나타나게 되는 일련의 다른 '경제 법칙들'에 대한 언표를 포함한다. 그리하여 여기에서는 이에 대해 부분적으로만 간략하게 다룰 수밖에 없다.

마르크스는 상품 생산에 필수적인 노동시간[이라는 개념]을 통해 '고전파' 경제학자들(스미스와 리카도)로부터 상품의 '가치'에 대한 **객관적**이고 유물론적인 결정의 원리를 다시 취했다. 하지만 (리카도를 포함한) 고전파 경제학자들은 이 원리를 과학적으로 발전시킬 능력이

---

[79] Lénine, *Œuvres complètes*, 3권.

없었다. 고전파 경제학자들은 결국 오래 지나지 않아 (경쟁적) 상품 유통에 대한 경험적 관찰에 속하는 다른 설명 원리들로 되돌아가야만 했다. 고전파 경제학자들의 이러한 무능력은 이윤, 이자 그리고 지대의 '변형된 형태들'의 원천으로서의 잉여가치와 이 잉여가치의 생산 메커니즘에 대한 분석의 부재와 연결되어 있는 것이다(고전파 경제학자들은 이 잉여가치와 잉여가치의 생산 메커니즘을 직접적인 방식으로directement 설명하고자 시도했다). 이러한 무능력은 (스미스로부터 상속받은) 오류—이 오류의 핵심은 이전의 생산 주기들cycles로 조금씩 조금씩 거슬러 올라감으로써 모든 상품의 가치를 **임금과 이윤**, 다시 말해 '가변'자본으로 환원하는 것이다—와 연결되어 있다. 달리 말해, 이러한 무능력은 이 고전파 경제학자들이 **잉여가치**의 생산으로서만 이 자본주의적 생산이 상품의 생산, **가치**의 생산일 수 있다는 점을 보지 못한다는 점으로부터 유래하는 것이다. 고전파 경제학자들은 이러한 생산 내에서 **생산의 물질적 수단**(불변자본)—이 생산의 물질적 수단에 대한 (지속적으로 재생산되는) 자본주의적 전유만이 '산' 노동을 자본화된 '죽은' 노동에 추가함으로써 이 '산' 노동의 지출과 가치의 '생산'을 가능케 한다—의 역할을 '보지 못한'다. 이로부터 '정치경제학 비판'(이는 『자본』의 부제이기도 하다)의 필연성이 도출된다.[80]

『자본』 1권 1편에서 마르크스는 가치라는 통념에 대해 분석한다. 마르크스는 상품의 **유용성**('사용가치')과 **교환가치**라는 상품의 두 측면 사이의 근본적 구분을 보여준다. (생산을 위해서든 소비를 위해서든) 상품의 사회적 유용성은 상품을 생산하고 변형하는 노동의 '구체

---

80   *Le Capital*, 2권 3편 19장과 *Le Capital*, 4권 전체를 참조하라.

적'(독특하며singuliers 통약 불가능한incommensurables) 특징들에 준거한다. 교환가치는 '추상적' 노동에만, 다시 말해 생산에서 지출된 인간 힘의 (그 자체 동질적이고 교환 가능한) 양quantité에만 준거한다. 그다음으로, 마르크스는 상품의 **가치량**quantité de valeur과 이 상품의 **가치형태**forme de valeur를 분명히 구분한다. 이러한 구분은, 교환의 실천 속에서, **주어진 어느 한 상품의 양이 또 다른 상품의 가치량을 표상**하도록 만든다. 이렇게 구분함으로써 마르크스는 가치의 연속적인 '전개 형태들'—이 연속적 전개 형태들의 종착점은 다른 모든 상품들의 '보편적 등가물'[일반적 등가물]로서의 **화폐**에 관한 이론인데, 이 화폐 내에서 가치는 '본성적으로'(혹은 고전적 이데올로기의 변종을 따르자면, '관습적으로') 자신을 물질화하는 것처럼 보인다—의 논리적 발생을 설명할 수 있게 된다. 따라서 가치와 가치형태 사이의 구분은 어떻게 상품의 **가격**(즉 이 상품의 화폐로 표현된 등가물)이 상품의 **가치**와 달라질 수 있는지를 이해하게 해준다.

하지만 이러한 설명은 용어의 문자적 의미에서 형식적인 설명에 불과하다. 이러한 설명을 보고도 우리는 왜 그리고 어떻게 상품의 가치가 상품의 가격을 결정하는지를 이해할 수 없다. 이를 이해하기 위해서는, **자본의 생산물로서의** 상품을 정확히 사고해야만 한다. 이것이 바로 『자본』 3권의 1편과 2편의 대상이다. 마르크스는 경기변동fluctuations conjoncturelles을 제외한다면 모든 자본이 동일한 **일반이윤율**을 취하는 것이 경향적으로 필연적인 것임을 보여준다. 서로 다른 생산 부문들 내에 투입된 서로 다른 자본들은 일반적으로 서로 다른 유기적 구성을 취하게 된다(앞의 논의를 참조). 그리고 '가변자본'만이 잉여가치를 생산하기 때문에, 만일 상품이 '그 가치에 따라' 판매된다면, 만일 각 자본에 의해 생산된 잉여가치가 이 각 자본이 전유하는 이윤을 직접적으로 구성한다면, 이 서로 다른 자본들은 이로 인해 노동력 착취의 주어진 조건 내에서 매우 불균등한 이윤을 가져다줄 것이다. 이러한 경향적 불균등성이 **자본 간 경쟁**을 이끌어내며, 이것이 역으로 **이윤율의 균등할당**(균등화)과 평균적인 일반 이윤율의 고정을 야기한다.[81] 따라서 상품은 (시장의 개별 변동이라는 조건을 유보한다면) '상품의 가치에 따라서'가 아니라 상품의 **생산가격**—즉 생산비용(생산수단의 가격과 임금)과 평균 이윤을 합산함으로써 얻어진—에 따라서 판매된다. 하지만 가격의 운동이 자본 간 경쟁이 행해지는 조건, 자본주의의 역사와 함께 변형되는 그러한 조건에 직접적으로 의존한다는 점은 자명하다(비록 상당한 실천적 중요성을 갖는 것임에도 마르크스가 이 점을 진정으로 발전시킬 수는 없었다고 할지라도 말이다). 마찬가지로 사회 전체의 수준에서 **가치의 총합**이 **생산가격의 총합**과 항상 엄밀하게 동일하다는 점도 자명하다.

이것이 마르크스의 '가치법칙'이 진정으로 언표하는 것이다.

우리는 마르크스의 '가치법칙'을 자본주의적 축적 그 자체로부터 도출되는 '이윤율의 경향적 저하 법칙'과 직접 연결 지을 수 있다.[82] 자본주의적 축적과 함께, 사회적 자본[즉 총자본]의 평균적인 유기적 구성은 지속적으로 상승하는 경향을 지닌다. 따라서, 비록 자본이 생산의 규모를 확장함으로써 그리고 이전의 경제 형태들 전체를 파괴함으로써 임노동 집합masse을 끊임없이 증가시킨다 해도, 동시

---

[81] '균등할당'은 péréquation을 옮긴 것이고 '균등화'는 égalisation을 옮긴 것으로, 여기에서는 두 단어 사이에 큰 의미 차이는 없는 것으로 간주해도 무방하다.—옮긴이

[82] *Le Capital*, 3권 3편 13장부터 15장을 참조하라.

에 자본은 임노동의 **상대적** 크기[즉 비율]를 끊임없이 감소시키고 이를 통해 투입된 자본 전체에 비례하는 잉여가치(그러니까 이윤)를 끊임없이 감소시키는 경향을 지니게 된다. 이러한 역사적 경향에 '반작용contrecarrer'하기 위해 자본이 적용하는 여러 수단들 전체는, 잉여가치율의 절대적 상승[즉 잉여가치량의 증가]을 통해 잉여가치 집합masse의 상대적 감소[즉 잉여가치율의 하락]를 상쇄함으로써, 최종적인 수준에서 착취의 장을 **확장**하거나 착취를 **강화**하는 결과에 이르게 된다. 그러므로 이 서로 다른 수단들 전체는 계급적대의 심화와 일반화로 이어진다.

따라서 마르크스가 언표한 '경제 법칙들'은 다음의 두 가지 주목할 만한 특징을 지니게 된다.

—한편으로, 이는 상품과 자본의 유통의 수준에서 정의된 경제학적 크기 변화에 관한 단순한 '모델'이 아니라 생산의 근본 메커니즘으로부터 연역된 **필연적** 법칙들이다.

—다른 한편으로, 이는 그 효과가 일련의 생산관계(이 생산관계로부터 이 경향적 법칙들이 유래한다) 그 자체의 반작용에 직면하는, 그리고 이로 인해 '모순'으로 이어지는 **경향적** 법칙들이다. 이 경향적 법칙들은 그 실현에서 자본주의적 축적의 역사적 발전에 의존한다(위에서 지적했듯, 자본 간 경쟁은 이 자본들의 집적 정도에 따라, 그리고 세계 시장의 불균등한 발전 정도 등에 따라 서로 다른 형태를 취하게 된다). 결국 이 경향적 법칙들은 자본주의의 역사적 **국면들**에 대한 연구로 곧바로 이어지게 된다.[83]

83   Lénine, *L'Imperialisme, stade suprême du capitalisme*(제국주의, 자본주의의 최고 단계)를 참조하라. (국역본으로는 『제국주의, 자본주의의 최고 단계 대중적 개설』, 블라디미르 일리치 레닌

자본주의의 모순들

위에서 제시된 지표들 전체를 다시 취함으로써, 우리는 더욱 명료한 방식으로 다음의 두 가지를 구분할 수 있다.

— 자본주의적 생산의 기능작용에 '경제위기'의 항구성이라는 (노골적이든 잠재적이든) 외양allure을 부여하는, 자본주의적 생산의 기능작용 자체에 특징적으로 존재하는 **모순들**. 과잉생산, 사회적 차원에서 재생산 과정과 생산력 발전의 과정을 통제하는 것의 불가능성, 자본 간 불균등 발전(이 자본 간 경쟁은 생산의 영역 혹은 부문 전체를 갑작스럽게 파괴한다), 호황기와 불황기 사이의 주기적 교체. 이 모순들은 **개별 자본들**이 잉여가치의 생산에 투여되는consacrent 조건에 의존한다. 이 모순들은 마르크스가 '상품 생산의 무질서'라고 불렀던 바 전체의 형상tableau을 구성한다.

— 자본주의적 생산양식을 구성하고 결과적으로 **자본주의적 생산양식의 역사적 필연성과 그 파괴의 필연성** 모두를 포함하는 **근본 모순**. 자본과 노동이라는 적대적 사회계급들 사이의 모순. 최종적으로, 자본주의적 생산양식의 모순들 전체는, 생산력 발전 내의 모순들을 포함해, 잉여가치 즉 잉여노동의 강탈의 필연성으로 설명된다. 이와 마찬가지로 이 모순들은 계급적대를 항상 심화시키고야 만다(왜냐하면 최소한 사회적 차원에서는 경제위기로 인해 고통을 겪는 것은 자본이 아니기 때문인데, 이와 정반대로, 마르크스가 지적했듯, 경제위기 덕분에 "자본주의적 생산양식은 종종 자기 스스로가 창조해내는 장애물들을 자연스럽게 넘어설[제거할] 수 있게 되"며, 경제위기와 '질서회복'의 대가를 치르

지음, 황정규 옮김, 두번째테제, 2017을 참조하라. —옮긴이)

는 이들은 항상 노동자들이다). 하지만 만일 자본의 기능작용 그 자체가 항구적 계급투쟁—자본은 이 항구적 계급투쟁의 요소들을 재생산('영속화')한다—을 **이미** 구성하고 있는 것이라면, 이를 통해 자본은 "기계화 그 자체와 동일하게 현 시대의 발명품"인, "근대 산업의 적자適者이자 이 산업이 포함하는 사회혁명에, 자본의 지배와 임금 노예제가 보편적인 만큼이나 보편적으로 세계 전체에서 이들의 고유한 계급적 해방을 의미하는 혁명에 기여하는, 마지막이 절대 아닌" 이들의 힘을 항상 더욱 강화한다.[84] 달리 말해, 자본 스스로가 자기 자신의 '묘부墓夫'를 만들어내는 것이다.

---

[84] 영국 노동자들에게 보내는 1856년 4월 14일자 마르크스의 편지.

결론: 역사유물론

결국 '자본'이란 무엇인가? 자본은 하나의 '사물chose'(화폐 혹은 생산수단)이 아니다. 이와는 정반대로 자본은 사회 전체의 차원에서 항구적으로 진행되는 주기적인 하나의 **과정**processus으로서 연구되어야 한다. 그리고 이 자본의 주요한 계기는 생산이라는 계기다. 바로 이 생산이라는 계기에서 자연의 물질적 변형과 잉여가치의 창조가 동시에 실행된다. 다시 말해, 바로 이 생산이라는 계기에서 **잉여노동이 만들어진다는**(혹은 잉여노동을 공급한다는) **조건하에서 노동이 실행되는 것이다.**[85]

자본은 생산수단에 대한 (사적인) 법률적 소유와 같은 의미에서 하나의 **법률적 권리**가 아니다.[86] 분명 (변별적 외양apparence을 지니는) 임노동의 법률적 형태가 자본에 필요불가결한 것과 마찬가지로 (사적

---

[85] 이 문장과 바로 위 문장에서 '실행되다'로 옮긴 프랑스어 동사는 s'effectuer로, effet가 '효과'를, effectif가 '유효한'을 의미하듯, effectuer는 '실행'을 통해 '유효하게 만들기'를 의미한다. '실행되다'로 옮겼으나 이 단어 안에 '유효성'이라는 의미가 들어 있기 때문에 한국어로 조금 어색하더라도 더욱 정확히는 '유효화되다'로 옮길 수 있다.—옮긴이

[86] 여기에서 '권리'는 droit가 아닌 titre를 옮긴 것으로, 프랑스어로 '증권'이 바로 titre이며, '증권화'가 바로 titrisation이다.—옮긴이

자본주의로부터 국가독점 자본주의까지, 역사적으로 일련의 형태들을 취하는) 법률적 소유는 자본의 기능작용에 필요불가결하다. 하지만 바로 이 지점에서만이, (자본주의적 주기[즉 생산의 순환]가 끊임없이 재생산하는) **생산수단의 전유라는 수단을 통해 노동을 전유하는 현실적 과정인** 자본주의적 **생산관계**의 기능작용을 위해 필요한 조건이 존재 가능하다. 사회적 관계로서의 자본주의적 소유는 임노동과 **동일한 것**이다. 자본주의적 소유와 임노동은 서로가 서로 없이는 역사적으로 존재할 수 없다.

　　자본은 생산의 사회적 관계들의 하나의 체계이며, 이 체계는 절대 잉여노동의 존재와는 다른 것을 내포하지 않는다.[87] 마찬가지로, 자본주의적 생산양식에 의해 발전된 '가치법칙'은 생산의 서로 다른 부문들 사이로 사회적 노동을 배분répartition하는 특수한 양식, 그리고 잉여노동의 획득을 목적으로 이러한 배분을 조절régulation하는 특수한 양식과 다를 바 없다.

　　하지만 잉여노동은 자본주의적 형태와는 다른 역사적 존재 형태들 또한 갖고 있다. 봉건 지대도 (부역 속에서) 종종 무매개적인 방식으로 가시적인 잉여노동의 한 형태이며, 자본은 자기 스스로를 발전시키기 위해 이 봉건 지대를 폐지해야만 했다. 자본은 역사적이고 일시적인 사회적 관계 가운데 하나의 체계에 불과하며, 자본 자신이 요구하고 일반화하는 상품유통과 상품회계의 '경제적' 범주들의 (이 체계와 함께 존재하는) 집합이다.

---

[87]　'사회적 관계들'은 rapports sociaux를 옮긴 것으로, 이 단락과 바로 아래 단락에서는 복수로 번역했으나 이미 지적했듯 이 책 대부분에서 복수로 사용되는 '사회적 관계들'을 옮긴이는 단복수 구분이 불필요하다고 판단하여 대부분 '사회적 관계'로 번역했다.—옮긴이

하지만 이러한 정식화는 불충분하다. 이 정식화가 마르크스의 분석이 역사적 상대주의로 나아간다고 오해하게 만들 수도 있기 때문이다. 자본을 하나의 단순한 역사적 형태로 만들고 자본의 유효한 영역을 **제한**한다는 오해 말이다. 그러나 사실 마르크스의 분석은 이와는 다른 것을 우리에게 가르쳐주는데, 바로 이 가르침 속에 변증법이라는 관념의 단순함[순수성] 전체와 난점 전체가 놓여 있다(레닌은 『변증법 노트』에서 상대주의가 변증법과 맺는 관계는 관념론이 유물론과 맺는 관계와 동일하다고 말했다). 마르크스의 분석은 이러한 '역사적 형태'의 메커니즘(잉여가치의 메커니즘) 자체 내에서 물질적 조건—바로 이 물질적 조건(노동 생산성, 그리고 생산력 혁명) 내에서 이러한 '역사적 형태'가 나타나게 된다—이 변화하는 원인을 발견한다. 이 원인은 그 발전이 자기 자신의 '부정'과 파괴를 양산하는 그러한 모순들, 그리고 이러한 변형의 행위자들(프롤레타리아)—이 행위자들의 기술적 능력과 정치적인 조직 형태, 그리고 이데올로기는 도래할 사회적 관계의 일부분을 예시préfigurent해준다—이다.

사회적 관계의 앙상블로서의 자본은 **과정, 모순** 그리고 **역사적 경향**으로 (이 세 가지가 분리 불가능한 방식으로) 정의되어야만 한다.

그렇지만, 계급투쟁의 구체적 국면들을 해명하고 완벽히 이해maîtriser하기 위해 계급투쟁의 변증법에 대한 경제적 결정을 분석하는 것만으로는 전혀 충분하지 않다. 이러한 '토대' 위에서, 동일하게 우리는 그 기능작용이 사회적 관계의 앙상블의 재생산에 필수적인 정치적이고 이데올로기적인 '상부구조'를 분석할 줄 알아야만 한다. 사회적 관계는 상부구조를 거치며 변화하며, 바로 이 상부구조가 경제적 투쟁만으로는 **환원되지 않는** 구체적인spécifiques 계급투쟁 속에 놓여 있는 것이다. 마찬가지로, 하나의 **주어진 사회구성체**의 중심에서 (1848년의 프랑스, 1917년의 러시아, 1970년의 제국주의적 세계시장), 불균등하게 발전된 서로 다른 **생산양식들**에 준거하는 계급투쟁들의 복합체를 분석할 수 있어야만 한다. 농민계층이라는 질문은 마르크스주의의 이론과 전술에서 항상 가장 다루기 어려운 지점이었다. 바로 이러한 이론적 전개들을 마르크스 자신은 『자본』의 뒤를 이어 체계적인 방식으로 완수할 수 없었다. 하지만 마르크스는 이 이론적 전개들의 윤곽을 폭넓게 소묘했으며, 이미 그는 활동가로서 자신의 투쟁 전체 속에서 실천적 결론들을 제시했다.[88] 마르크스는 자신의 저작/작업의 유일한 저자는 전혀 아니다. 하지만 마르크스의 저작/작업은 그의 시대에서는 유일무이한 것이었다.

* * *

1971년 집필된, 우리가 지금 읽은 1장의 설명 전체에서, 몇몇 정식화들은 매우 암시적이며 또한 이것 외의 다른 정식화들은 이러저러한 점에서 모호하다. 나는 1장 이후에 이어지는 연구들에서 이 정식화들을 보완하고 개진하고자 노력했다. 다른 한편, '백과사전적' 성격의 사전이 항목들 간의 구분을 요구하다 보니, 나는 엥겔스의 역할을 부분적으로 삭제하도록, 혹은 마르크스와 엥겔스의 공동 작업과 실천을 마르크스 한 명의 이름만으로 서술하도록 강제되었다. 하지만 이 텍스트에서 내가 모든 것을 남김없이 다루고자 하는 것은 전

---

88 이 장의 1절을 참조하라.

혀 아니다. 여하튼 이러한 언급은 만일 우리가 '좋은' 마르크스와 '나쁜' 엥겔스라는 구분을 오늘날에도 여전히 반反마르크스주의적인 잘못된 상식으로 갖고 있지만 않았더라면 입 밖으로 꺼낼 필요조차 없었을 것이다.

2장

『공산주의자 선언』의 정정

시민들이여, 그대들은 혁명 없는 혁명을 원하는가?
　　－로베스피에르, 1792년 11월 4일의 연설

　　독재, 그것은 피비린내 나는, 거친, 거대한 단어다. 보편사의 두 계급, 두 세계, 두 시기 사이의 목숨을 건 가차 없는 투쟁을 표현하는 단어다. 이는 허투로 내뱉을 수 있는 그런 단어가 절대 아니다.
　　－레닌, 한 정치평론가의 노트에서, 1920

마르크스와 엥겔스의 최초 투쟁 동지들이 오늘날과는 매우 거리가 있는 상황 속에서 이 두 사람에게 '외뢰'해 집필된 『공산주의자 선언』은 우리의 혁명적 이론 형성[교육]에서 여전히 근본적인 텍스트들 중 하나다.[1] 전 세계의 수십만 공산주의 활동가들에게 『공산주의자 선언』은 사회와 이 사회의 역사에 대한 (프롤레타리아 투쟁에 밀접하게 연결된) 과학적 인식의 토대를 마련하고 그 거대한 전망의 윤곽을 그려내는, 유일한 텍스트까지는 아니라고 하더라도 거의 항상 첫 번째로 등장하는 텍스트일 것이다. 이러한 이유에서 우리는 『공산주의자 선언』이라는 텍스트를 이 자리에서 연구한다.

『공산주의자 선언』의 1890년판 서문에서 엥겔스는 『공산주의자 선언』의 역사를, 다시 말해 『공산주의자 선언』 집필의 역사, 우리가 그 안에서 『공산주의자 선언』을 읽었고 그 안에 이 『공산주의자 선

1   『공산당 선언』 혹은 『공산주의당 선언』이라는 제목이 통용되지만 이 책에서는 『공산주의자 선언』으로 통일한다. parti는 '당'이나 '정당'(parti politique)이라는 의미 이전에 (동일한 입장을 공유하는) '당파'나 '집단' 혹은 '입장'이라는 의미를 지닌다. 또한 20세기에 의회민주주의 내에서 권력을 잡았던 '공산주의 정당', 즉 '공산당'으로 이 parti가 환원되지는 않기 때문에 '공산주의자들의 선언' '공산주의적 입장을 취하는 이들의 선언' 정도의 의미를 살려주는 것이 적절하다.—옮긴이

언』이 생산했던 효과들이 존재하는 그러한 조건의 역사를 다시 추적했다. 엥겔스는 다음과 같이 주장했다. "『공산주의자 선언』의 역사는 어느 정도 근대 노동자운동의 역사를 반영한다."

사실, 이 팸플릿의 역사가 취하는 세 가지 단계에 국제 노동자운동의 역사에서 변별적인 커다란 세 가지 시기가 정확히 조응한다. 다음의 세 시기를 다시 떠올려보자.

1) 1848년 이전, 즉 '유토피아' 사회주의와 공산주의의 시기, 혁명적 섹트의 시기(하지만 또한 영국에서 이 시기는 대중적인 정치적-노동조합적 운동을 위한 최초의 도약과 전투의 시기이기도 했다).

2) 1850~1872년, 즉 파리코뮌 그리고 그 종말과 함께 막을 내리는 국제노동자연합(AIT, 제1인터내셔널은 1864년 창설)의 시기.

3) 마지막으로 1872년 이후, 즉 '과학적 사회주의', 다시 말해 마르크스주의를 자신의 독트린으로 취하는, 그리고 제2인터내셔널을 구성하는 최초의 대중적 노동자 정당(특히 독일)과 국민적 정당의 시기.

1848년 혁명의 전야에 쓰인 『공산주의자 선언』은, 마르크스주의가 프롤레타리아 정치운동의 이론적 표현으로 나타나기 시작했을 때, 즉 1870년 이후가 되어서야 유럽 전체에서 광범위하게 출판되고 전파되었다. 『공산주의자 선언』은 두 번째 시기에는 명백히 부재한다. 혹은 오히려 이 두 번째 시기에 『공산주의자 선언』은 가려져 있었다고 말할 수 있다. 하지만 사실 상황은 보이는 것보다는 더욱 복잡한데, 왜냐하면 프롤레타리아 계급투쟁의 역사적 자율성에 대한, 그리고 이 투쟁의 필연적으로 국제주의적인 특징에 대한 『공산주의자 선언』의 근본 테제들은 이 두 번째 시기에 전혀 다른 정식화들을 수용하기 때문이다. 그래서 이는 이론과 실천 사이의 단순한 시간상의 간극 문제는 전혀 아니다. 이와 달리, 더욱 심원하게도, 계급투쟁의 역사적 과정 내에서 노동자운동의 변형과 이 노동자운동이 차지하는 자리의 변형은 『공산주의자 선언』의 이론이 노동자운동과 맺는 관계 내에서의 변형과 조응한다.

하지만 여기에서 한 걸음 더 나아가 **이론** 그 자체 **내에서의** 필연적 변형에 대해 말해볼 수 있을까?

강한 의미로 이해한다면, 위에서 언급한 엥겔스의 정식은 또 다른 적용점을 내포하게 될 것이다. 엥겔스의 정식은 우리를 외적이고 상황적인 것이 아니라 마르크스주의 이론과 노동자운동 사이의 내적이고 상호적인 필연적 관계lien에 대한 발견의 길로 인도할 것이다. 엥겔스의 정식은 왜 (그 유類에서 독자적이며 다른 모든 것들과 단절하는) 마르크스주의 이론이 노동자운동에 의해 미라화momifiée되거나 점차 버려지지 않고 (마르크스주의 이론이 노동자운동을 변형시킴과 동시에) 이 노동자운동에 의해 변형되었는지를 이해할 수 있게 해줄 것이다. 엥겔스의 정식은 이론과 실천 사이의 '융합'의 변증법적 과정에 대한 우리의 인식을 진전시킬 것이다.

『공산주의자 선언』은 자신의 텍스트 그 자체 내에서의 변형transformations을 진정한 자신의 대상으로 삼았다. 교정과 명료화, 그리고 이를 넘어 이 과정의 규정된 단계들에 연결되어 있는 진정한 **정정**이라는 변형을 말이다.[2]

---

2   '교정'은 correction을 옮긴 것이고, '정정'은 rectification을 옮긴 것이다. 이 장의 제목 『공산주의자 선언』의 정정'에서 '정정' 또한 rectification이다. 반면 우리가 베른슈타인의 것으로 대표되는 마르크스주의에 대한 '수정주의적 해석'이라고 할 때의 '수정'은 révision의 번역어이며, 그래서 일반적으로 révisionisme을 '수정주의'로 번역한다.—옮긴이

바로 이러한 맥락에서『공산주의자 선언』의 1882년 러시아어판 서문(이는 마르크스가 생전에 출간했던 최후의 텍스트다)에서 마르크스와 엥겔스가 1847~1848년 이래 세계적 차원에서의 정세와 사회적 관계의 변형을 사고했던 것이다. 마르크스와 엥겔스는 이 서문을 러시아 혁명이 생산할 수 있을 효과들에 대한 예상으로 끝맺는다.

『공산주의자 선언』의 1883년 서문에서(그리고 1장 첫 페이지 아래 각주에서), 인류학자 모건과 그의 작업에 대한 마르크스의 주석을 따라『가족, 사적 소유 그리고 국가의 기원』을 집필 중이던 엥겔스는 '쓰이지 않은' 역사 이전_préhistoire_의 사회들에 준거함으로써『공산주의자 선언』의 초기 테제("지금까지의 모든 사회의 역사는 계급투쟁의 역사일 뿐이었다")를 '교정'한다. 당연히 이 교정의 지점은 그 자체만으로도 하나의 연구 전체를 할애할 만한 가치가 있다.

하지만 이 모든 교정들 가운데에서 가장 중요한 교정은 시기상 가장 처음으로 행해진 정정으로, 이 정정은 그 자체 있는 그대로 우리에게 제시된다. 이 첫 번째 정정은 파리코뮌의 영향의 직접적 결과로서『공산주의자 선언』의 1872년 서문으로 언표된다. 왜냐하면 파리코뮌은 1848년 혁명의 이론적 교훈을 완성하는 하나의 이론적 교훈을 내포하기 때문이며, 또한 파리코뮌은 우리에게 열린 새로운 시기를, 그리고 그 안에서『공산주의자 선언』이라는 이론이 어느 정도는 '다시 생명을 얻고' 다시 현재성을 획득하게 되는 정세를 그 의미와 효과를 통해 지배하기 때문이다.

다음이 바로 마르크스와 엥겔스의 1872년 서문의 일부다.

지난 25년 동안 상황이 아무리 많이 변했다 해도, 이 『공산주의자 선언』에 개진되어 있는 일반 원칙들은 대체로 오늘날에도 여전히 완전한 정당성을 지닌다. 하지만 구체적인 것들은 이것저것 고쳐야 할 것이다. 『공산주의자 선언』 자체가 천명하듯, 이러한 원칙들을 실제로 적용하는 일은 언제 어디서나 역사적으로 주어지는 상황에 달려 있을 것이며, 그런 까닭에 2장 끝에서 제안한 혁명적 조치들에 특별한 비중을 두는 것은 결코 아니다. 이 구절들은 오늘날 많은 점에서 다르게 쓰여야 할 것이다. 지난 25년에 걸친 대공업의 엄청난 발전이나 이와 함께 진전된 노동자계급의 당 조직에 비추어보고 더 나아가 프롤레타리아 계급이 처음으로 두 달 동안 정치권력을 쟁취했던 파리코뮌의 실천적 경험에 비추어볼 때, 오늘날 이 강령은 곳곳이 낡은 것이 되어버렸다. 특히 파리코뮌은 "노동자계급은 기존의 국가기계를 단순히 접수하여 그것을 자기 자신의 목적을 위해 움직이게 할 수는 없다"(『프랑스 내전: 국제노동자연합 총평의회 담화문』, 독일어판, 19쪽. 여기에는 이에 대한 논의가 더 폭넓게 개진되어 있다)[3]는 것을 증명했다.

---

[3]   『공산당 선언』, 강유원 옮김, 이론과실천, 2008의 65~66쪽에서 약간 수정해 인용했으며, 강조는 발리바르의 것이다. 참고로, 이 장과 관련한『프랑스 내전』의 핵심 구절인 "노동자계급은 기존의 국가기계를 단순히 접수하여 그것을 자기 자신의 목적을 위해 움직이게 할 수는 없다"의 경우, 발리바르가 인용하는 프랑스어본에 따르면 이 구절은 다음과 같다. "la classe ouvriere ne peut pas se contenter de prendre telle quelle la machine de l'Etat et de la faire fonctionner pour son propre compte." 강유원이 '국가기구'라고 번역한 부분은 이 같은 원문에 비춰 조금 더 정확히 옮기자면 '국가기계'로 고쳐야 한다(아래에서도 옮긴이는 '국가기구'를 '국가기계'로 고쳐 옮겼다).

   독일어에서 옮기든 프랑스어에서 옮기든, '국가기계'를 '국가기구'로 옮기는 것은 부적절한데, 이와 마찬가지로, 알튀세르의 유명한 개념인 '이데올로기적 국가장치'를 일부에서 그러듯 '이데올로기적 국가기구'로 옮기는 것 또한 부적절하다. 옮긴이의 생각으로 machine은 '기계'로, dispositif와 appareil는 '장치'로 옮기는 것이 적절하다(dispositif와 appareil 사이의 긴장에 대해서는 일단 논외로 하자). 이는 '기구'가 지니는 실체론적 뉘앙스를 '기계'와 '장치'가 ('물질성'의 뉘앙스는 보존하면서도) 효과적으로 제거하기 때문인데, 그렇기 때문에 현대 프랑스 철학자들이 국가와 관련해(특히 들 따라서 이제 우리는 이 텍스트의 정확히 어떤 지점을 마르크스의 필연적 정정이 내포하고 있는지 파악할 수 있다. 이는 바로 '여러 혁명적 조치들에 대한 강령'을 구성하는 『공산주의자 선언』의 2장 끝이다. 그리고 우리는 최종심급에서[결국에는] 이러한 정정이 구성하는 바가 무엇인지 알게 된다. 이는 바로 그 결정적 이행을 마르크스가 직접 언급하고 있는 『프랑스 내전』이라는 텍스트다. 하지만 여기에 새로이 하나의 인용을 추가해야만 한다. 만일 마르크스와 엥겔스가 자신들이 수행했던 **정관사**la 교정[바로 그 교정]이 무엇으로 구성되어 있는 것인지 그리고 이 교정이 어떤 지점을 자신의 대상으로 삼고 있는지를 완벽히 인지하고 지시했다면(마르크스와 엥겔스 자신들이 아니라면 도대체 누가 마르크스와 엥겔스를 위해 이를 인지하고 지시할 수 있겠는가?), 역으로 마르크스와 엥겔스 이후의 노동자운동의 역사만이 이 정정의 중요성 전체를 나타나게 만들 수 있었다는 점은 명확하다. 자신[레닌]이 놓여 있었던 상황의 강제성으로 인해 레닌이 이를 설명해냈던 시기 이전까지는 말이다. 이것이 바로 레닌이 『국가와 혁명』에서 행했던 바이며, 이 저서에서 레닌은 특히 다음과 같이 주장했다.

뢰즈의 '기계'에 대한 논의를 보라) 이 세 가지 프랑스어 어휘를 광범위하게 사용하는 것이다. 발리바르 또한 마르크스주의 국가론을 다루면서 이런 뉘앙스의 차이를 고려하고 있다고 보아야 한다(특히 이는 이 책 이후에 발전된 그의 작업을 보면 더욱 명확해진다). 그리하여 '기구'라는 역어는 피하는 것이 좋다고 판단했다.

이에 대해서는 발리바르가 조르주 라비카(Georges Labica)와 제라르 벵쉬상(Gerard Bensussan) 책임편집의 *Dictionnaire critique du marxisme*(마르크스주의 비판사전)에 기고한 「장치란 무엇인가?」(Appareil)에서의 비판적인 논의를 참조할 수 있다. 이 텍스트는 발리바르의 또 다른 텍스트 「정치경제학 비판: 비판의 비판을 위하여」(Economie politique)와 함께 알튀세르 탄생 100주년 기념 심포지엄 자료집 『알튀세르의 문제들』에 옮긴이가 번역해 출간한 바 있다. 『알튀세르의 문제들』, 진태원 외 지음, 난장, 2018을 참조하라.—옮긴이

『공산주의자 선언』에 필수적으로 가해야만 한다고 마르크스가 판단했던 유일한 '정정', 마르크스는 이를 파리코뮌주의자들communards parisiens의 혁명적 경험으로부터 영감을 얻어 행했다.

마르크스와 엥겔스가 함께 집필했던, 『공산주의자 선언』의 독일어 신판의 마지막 서문은 1872년 6월 24일에 작성된 것이다. 마르크스와 엥겔스는 이 서문에서 『공산주의자 선언』의 강령이 "오늘날 곳곳이 낡은 것이 되어버렸다"라고 선언한다.

뒤이어 마르크스와 엥겔스는 다음과 같이 지적한다. **"특히 파리코뮌은 '노동자계급은 기존의 국가기계를 단순히 접수하여 그것을 자기 자신의 목적을 위해 움직이게 할 수는 없다'는 것을 증명했다. (…)"[4]**

[앞서 확인했듯] 이 인용의 따옴표 쳐진 마지막 문장은 마르크스의 저작인 『프랑스 내전』에서 마르크스와 엥겔스가 직접 가져온 것이다.

따라서 마르크스와 엥겔스는 파리코뮌의 주요하고 근본적인 교훈들 중 하나에 매우 중대한 유효범위—마르크스와 엥겔스는 『공산주의자 선언』 안에 이 유효범위를 하나의 본질적인 교정으로 도입했다—를 부여했던 것이다.

이는 매우 특징적인 지점이다. 바로 이 본질적 교정이 기회주의자들에 의해 왜곡되었던 것이며, 99%까지는 아니라고 해도 90%의

---

4   강유원 번역본에서 인용했지만, 사실 바로 아래에서 발리바르가 각주를 통해 지적하듯 『프랑스 내전』의 이 구절의 번역은 『공산주의자 선언』과 『국가와 혁명』에서 조금 다르다. 이 인용문이 포함되어 있는 저서 『국가와 혁명』에서 이 구절의 프랑스어 번역은 다음과 같다. "la classe ouvrière ne peut pas se contenter de prendre la machine de l'État, toute prête, et de la faire fonctionner pour son propre compte."—옮긴이

『공산주의자 선언』 독자들은 분명 이 본질적 교정의 의미를 여전히 이해하지 못하고 있다. 우리는 조금 뒤에 등장하는, 왜곡déformations에 특별히 할애된 절에서 이러한 왜곡에 대해 자세히 다루어볼 것이다. 지금으로서는 우리가 방금 인용한 마르크스의 이 유명한 정식에 대한 현재 통용되는 속류적 '해석'이 마르크스가 권력 쟁취 등등에 대립해 느린 속도로 진행되는 변화évolution라는 관념을 강조했었다고 [부당하게] 주장한다는 점만을 지적하는 것으로 만족하자.

그러나 현재 통용되는 속류적 해석과 달리 사실은 **정확히 그 반대다.** 마르크스의 관념은 노동자계급이 "완전히 준비된 국가기계la machine d'État toute prête"를 **부러뜨리고**briser **파괴해야**démolir 하며, 이 국가기계를 단순히 소유하는 것에 만족해서는 안 된다는 것이다.[5]

『공산주의자 선언』의 '교정'이 **유일하게 한** 구절에서가 아니라 때로는 길고 자세하게, 때로는 암시적으로,『국가와 혁명』의 2장에서부터 **모든** 장들마다 언급되어 있다는 점 또한 지적하자. 따라서『공산주의자 선언』의 교정은『국가와 혁명』이라는 저서 전체를 독해하는 진정한 열쇠이며, 레닌은『공산주의자 선언』의 99%의 독자들의 (완전히 결백하다고는 볼 수 없는) '무지/무시ignorance'를 바로잡기 위해 이를

---

5   Lénine, *L'Etat et la Revolution*(국가와 혁명), *Œuvres complètes*, 25권, p. 447~448.『프랑스 내전』의 해당 구절에 대한 프랑스어 번역은 에디시옹 소시알판『공산주의자 선언』에서 가져온『프랑스 내전』의 통용되는 번역과 파리-모스쿠(Paris-Moscou) 출판사의 레닌 전집 25권인『국가와 혁명』번역 사이에 약간의 차이가 존재한다. 나는 이러한 차이를 무시하지 않고 존중해 살려주었다. 독일어 텍스트는 다음과 같다. "Aber die Arbeiterklasse kann nicht **die fertige Staatsmaschinerie** einfach in Besitz nehmen usw⋯." 따라서 문자 그대로 더욱 정확히 옮긴 것은 바로 레닌 전집의 번역이다(prendre la machine d'État toute prête). 하지만 맥락을 중시해 번역한, 현재 통용되는 프랑스어 번역본의 번역(prendre telle quelle la machine d'État) 또한 동일한 의미를 지니고 있으며, 정당하게도 'toute prête'라는 단어에 대한 해석의 모호성 전체를 제거하고 있다(이 단어가 여전히 우리에게 필요한 것이라 해도 말이다).

집필해야만 했다.

그렇다, 여기에서 문제가 되는 것은 바로 **본질적 교정**이다. 이 교정은 본질적인 것인데, 왜냐하면 이 교정이 마르크스에 대한 독해에서 끊임없이 민감한 지점point sensible이었으며, 또한 더욱이 '마르크스주의자들'의 실천에서 시금석이 되어왔기 때문이다. 이 교정은 본질적인 것인데, 왜냐하면 이 교정이 여기에서 여러 차례에 걸쳐 자신의 운명을 걸었던, 그리고 아마도 오늘날에 이르기까지도 여기에서 자신의 운명을 걸고 있는, 그러한 마르크스의 이론 그 자체의 민감하면서도 결정적인 지점과 관련되기 때문이다. 이 교정은 본질적인 것인데, 필연적 정정의 운동 내에서, 지금의 우리는 그것이 역사적으로 필연적일 수밖에 없었다는 점을 알고 있는 그러한 왜곡을 이 교정이 선제적인 방식으로 비판하기 때문이다. 그래서 이러한 교정은, 이 교정이 수행되는지 아닌지, 수용되는지 거부되는지, 효과적으로 실천되는지 억압되는지에 따라, 우회 불가능한 구분선ligne de démarcation을 그릴 것이다. 바로 그렇기 때문에 이 지점에서 나는 이러한 본질적 교정에 대해 조금 더 자세히 연구해보기를 제안하는 것이다.

1. 프롤레타리아 국가에 관한 『공산주의자 선언』의 테제들

마르크스가 언표했던 **정관사**la 정정을 올바르게correctement 수행하기 위해, 우선 우리는 『공산주의자 선언』의 텍스트를 분석해야 한다. 바로 다음이 그 어떠한 모호함 없이 『공산주의자 선언』이 지시했던 바다.

우리는 이미 앞에서 노동자 혁명의 첫 걸음이 프롤레타리아 계급이 지배계급으로 올라서는 것, 민주주의의 쟁취라는 것을 보았다.

프롤레타리아 계급은 자신의 정치적 지배를 이용하여, 부르주아 계급에게서 모든 자본을 차례차례 빼앗고, 모든 생산 도구들을 국가의 수중에, 다시 말해 지배계급으로 조직된 프롤레타리아 계급의 수중에 집중시키며, 가능한 한 급속하게 생산력의 규모를 키울 것이다.

물론 이것은 처음에는 소유권과 부르주아적 생산관계에 대한 전제적인despotique 침해를 통해서만 일어날 수 있으며, 그에 따라 경제적으로는 불충분하고 불안정한 것처럼 보일지 모르나 운동이 진행되면서 자기 자신을 뛰어넘게 되며 생산방식 전체의 변혁을 위한 불가피한 수단이 되는 그러한 조치들에 의해서만 일어날 수 있다.

이러한 조치들은 당연히 국가가 다양하게 존재하는 만큼 다양할 것이다.

그렇다 해도 진보적인 국가들에는 다음의 것들이 상당히 일반적으로 적용될 수 있을 것이다.

1. 토지 소유의 몰수expropriation와 지대의 국가 경비로의 전용.
2. 고율의 누진세.
3. 상속권의 폐지.
4. 모든 망명자들과 반역자들의 재산 압류.
5. 국가자본과 배타적 독점권을 가진 국립 은행을 통한 국가 수중으로의 신용 집중.
6. 운송 제도의 국가 수중으로의 집중.
7. 국영 공장과 생산 도구들의 증대, 공동 계획에 따른 토지의 개간과 개량.
8. 모두에게 동등한 의무노동, 산업군, 특히 농업 부문을 위한 산업군 설립.
9. 농업 경영과 공업 경영의 결합, 도시와 농촌의 차이의 점진적 제거를 위한 노력.
10. 모든 아동의 공공 무상교육, 오늘날과 같은 형태의 아동 공장노동의 폐지, 교육과 물질적 생산의 결합 등.

발전이 진행되면서 계급의 차이가 사라지고 모든 생산이 연합된 개인들의 수중에 집중되면, 공권력은 정치적 성격을 잃을 것이다. 본래 정치권력은 다른 계급을 억압하기 위한, 계급의 조직된 힘을 의미한다. 프롤레타리아 계급이 부르주아 계급에 대항하는 투쟁 속에서 필연적으로 계급으로 단결하고, 혁명을 통해 스스로 지배계급이 되며, 지배계급으로서 낡은 생산관계를 강제로 폐지하게 된다면, 프롤레타리아 계급은 이 생산관계와 함께 계급 대립의 존립 조건들과 계급을 폐지하게 될 것이며, 그렇게 함으로써 자기 자신이 계급으로서 지배하는 것도 폐지하게 될 것이다.

계급과 계급 대립이 있던 낡은 부르주아 사회 대신에, 각자의 자유로운 발전이 모든 이의 자유로운 발전을 위한 조건이 되는 연합체association가 돌발한다.[6]

만일 마르크스의 텍스트에 대한 완전한 독해가 다음을 우리에게 명료히 보여주는 것이 사실이라면, 이렇듯 내가 한 번 더 길게 마르크스의 텍스트를 인용한 점에 대해 독자들은 나를 용서해줄 것이라 생각한다. 『공산주의자 선언』의 위 구절에서, 어느 정도는 상황에 따른 변형을 통한 적용이 가능한, 정치적이고 경제적인 일련의 '조치들'에 대한 열거가 정확히 등장한다. 하지만 이 조치들을 기술적technique이고 순전히 정세적conjoncturel인 특징만을 지니는, 프롤레타리아 정치의 본질을 우리에게 드러내주기에는 불충분한, 단순하고 개별적인 절차들procédés과 혼동해서는 안 된다. 오히려 이 '조치들'은 (토지몰수expropriation와 의무노동에서부터, 이 모든 것의 핵심인 국가 수중으로의 경제 전체의 집중화를 거쳐, 현재 형태하에서의 노동분할의 폐지에 이르기까지) 프롤레타리아의 혁명적 정치와 일체를 이루며, 이 정치의 원리 내에서 우리는 이 정치의 원리를 평가하고 이를 교정하는 순간 이

---

6   강유원 번역본의 39~41쪽에서 인용했으며, 번역은 아주 조금 수정했다. 또한, 이 책에서 surgir는 조금 불필요할 수 있으나 기존 알튀세르(그리고 발리바르) 번역 관행을 따라 모두 일관되게 '돌발'로 옮겼다.—옮긴이

정치 자체에 준거하게 된다.

사실 이 텍스트는 이보다도 더욱 많은 것을 우리에게 보여준다. 자본주의로부터 출발하여(그리고 이 자본주의를 통해 착취와 계급투쟁의 이전 형태들 전체로부터 출발하여) 이미 우리를 계급 없는 사회, 즉 공산주의로 나아가게 만드는 중인 역사적 과정의 연속적 단계들이 있다. 이 텍스트들은 이 단계들 안에서 이 조치들과 정치를 필연적 지위에 올려놓고 있다. 이를 통해, 이 텍스트는 이 정치가 내포하는 조치들과 함께 이 정치가 **역사적으로 필연적**이라는 점을 보여준다. 이 정치는 프롤레타리아가 취하는 역사적 목표들에 대한 현실적 실현의 유일한 과정이다. 혹은 더 나아가, 만일 **모든** 계급적대의 소멸 **경향**이 프롤레타리아 계급의 상황 내에, 프롤레타리아를 자본과 대립시키는 적대의 특수한 본성 내에 객관적으로 기입되어 있다면, 이러한 정치는 이 **경향의 실현** 이외의 다른 것이 전혀 아니며, 이 **경향의 실현** 그 자체일 것이다.

문제의 쟁점 전체를 명확히 밝혀주는 이 지점에서 잠시 멈추어 보자.

만일 우리의 독해가 정확한 것이라면, 이 텍스트에서 문제가 되는 것은 마르크스와 엥겔스가 『공산주의자 선언』 전체에 걸쳐 어떤 것을 '공산주의자들'의 입장의 본질로 제시하고 있는가다. 마르크스와 엥겔스가 제시하는 입장이란 바로 자율적 계급의 운동이 취하는 물질적 토대 위에서[7] 이 운동을 **통합**함과 동시에 이 운동을 **운동 자**

---

7   "공산주의자들은 다른 노동자 당파에 대립되는 변별적인 하나의 당파를 형성하지 않는다. 공산주의자들은 자신들을 프롤레타리아 전체로부터 분리시키는 이해관계를 전혀 갖지 않는다. 공산주의자들은 그들이 그 안에서 노동자운동의 형태를 규정하고자 하는 그러한 틀에 대한 개별 원칙을 세우

신의 고유한 미래로 유효하게 앞으로 나아가도록 만드는 입장이다.[8]

하지만 도대체 왜 노동자운동은, 노동자운동이 자신의 계급적 통일성의 고유한 토대 위에서 통합되어야 할 필요가 있는 것과 마찬가지로, (정확히 말하자면 우리가 방금 그 정의를 확인했던 정치를 통해) 자신의 고유한 미래로 앞으로 나아가게 만들어져야(혹은 당겨져야) 할 필요를 역설적으로 갖게 되는 것인가? 이를 이해하기 위해서는, 우리가 방금 말했던 모든 것을 마르크스의 하나의 근본 관념, 특히『공산주의자 선언』의 서두에서 그가 표현했던 하나의 근본 관념과 연결 지어야만 한다. 마르크스는 이 근본 관념을 다음과 같이 표현한다. "지금까지의 모든 사회의 역사는 계급투쟁의 역사일 뿐이었다. (…) 한 마디로 말해, 지속적인 대립 속에서 억압자와 피억압자는, 때로는 노골적이고 때로는 감추어진, **항상 사회 전체의 혁명적 변형 혹은 투쟁하는 두 계급의 공멸로** 끝났던, 중단없는 전쟁을 행해왔다." 그런데 공산주의는 이전 역사의 계급투쟁 전체가 지녔던 필연성과 다른 필연성을 지니는 것은 전혀 아니다. 이것이 바로 공산주의가 하나의 도덕적 이상이 아니라 현실 역사의 결과라는 점을 최초로 보여주었던『공산주의자 선언』전체의 교훈이다. 그리고 이 역사는, 투쟁과 변형의 역사적 구조 내에서, 항상 '열려' 있다. 이 역사가 하나의

지 않는다. 공산주의자들은 다음의 두 가지 지점에서만 다른 노동자 당파들과 구별된다. 1) 프롤레타리아의 서로 다른 여러 국민적 투쟁들 내에서, 공산주의자들은 국적과는 독립적인 반면 모든 프롤레타리아에게는 공통된 이해관계를 제시하고 인정한다. 2) 프롤레타리아와 부르주아지 사이의 투쟁을 가로지르는 서로 다른 국면들 내에서, 공산주의자들은 언제나 운동의 이해관계를 그 총체성 속에서 표상한다."

8   "공산주의자들은 노동자계급의 직접적 이해와 목표를 위해 투쟁한다. 하지만 현재 운동에서 공산주의자들은 이와 동시에 운동의 미래를 옹호하고 대표하기도 한다."

이상적 종말목적fin으로 향하지 않는 것과 마찬가지로, 이 역사는 사전에 이미 고정된 하나의 프로그램[강령]의 완수가 전혀 아니다. 역사유물론을 역사철학 전체 혹은 역사신학 전체와 구별해주는, 그리고 우리가 그로부터 이 역사유물론에 대한 다른 정식화들을 발견할 수 있는 마르크스의 이러한 근본 관념은 미래가 필연적이고 물질적으로 규정déterminé되어 있지만 **이미 결정되어**prédéterminé **있는 것은 아니며,** 정확히 바로 이 미래가 이미 결정되어 있지 않다는 점에서 필연적이라는 점을 의미한다. 이는 역사적 '경향'이 **자동적으로** 실현되는 것이 전혀 아니며 우연과 우연의 축적의 효과하에서도, 그 어떠한 운명이나 섭리의 효과에 의해서도 실현되는 것이 아니라는 점을 의미한다.

이제 우리는 이 '조치들'의 체계 내에서 결국 문제가 되는 것이 프롤레타리아 정치의 고유한 역사적 경향 내에 필연적으로 기입된 **실천**으로서의, 그리고 이 프롤레타리아 정치의 실현에 필수적인 **실천**으로서의, 그러한 프롤레타리아 정치에 관한 것임을 이해하게 된다.

하지만 이러한 실천의 본성, 조건 그리고 목표를 규정하는 것은 도대체 무엇인가?

마르크스와 엥겔스의 텍스트는 이 텍스트의 처음에서부터 끝까지 존재하고 있는 세 가지 항 혹은 세 가지 통념에 따라 조직되어 있다. 이 세 가지 항 혹은 통념은 다음과 같다.

1) 국가.
2) "프롤레타리아의 지배계급으로의 조직화."
3) 생산관계의 변형.

하나의 동일한 분석의 중심에서 이 세 가지 항을 올바르게 사고함으로써 우리는, 심지어 매우 추상적으로라고 할지라도, 현재의 착취관계의 파괴를, 그러니까 특수한, 착취받는, 지배받는 하나의 계급으로서의 프롤레타리아 존재의 종언을, 그러니까 (어떠한 형태하에서 존재하는 것이든지 간에) 모든 계급과 계급투쟁의 존재 그 자체의 종언을 사고할 수 있을 것이다. 이 세 가지 항을 정의하는 물질적 조건 바깥에서는, 착취의 폐지에 관한 관점들이 공허한 몽상에 불과할 것이다.

따라서 우리는 이 지점에서 마르크스의 이론과 그 정치의 중심에 위치하게 된다. 또한 우리는, '좌익적' 혹은 '우익적'인 마르크스에 대한 비판 혹은 '거부'—마르크스에게서 자본주의만큼이나 억압적인 '국가 사회주의'의 주창자의 모습을 발견해 이를 비판한다고 주장하는 그러한 비판과 거부 또한 포함하여—가 그 실천적 난점들을 동반하면서도 항상 집약되었던 지점에 (전혀 우연적이지 않은 방식으로) 위치하게 된다.

이러한 의미에서, 조금 앞에서 "모든 계급투쟁은 정치투쟁"이라고 주장했던 마르크스에게, 정치라는 질문은 그 자체로(즉 형식적으로)가 아니라 물질적으로, 역사에 의해 규정되는 현실적 조건 내에서만, 국가라는 질문과 일치하게 된다. 착취를 폐지하기 위해 (법률적 관계나 정치적 관계 혹은 부의 분배라는 관계뿐만 아니라) 생산관계 그 자체의 변형을 목표로 함으로써, 프롤레타리아의 정치는 국가와 자기자신 사이의 관계에 의해 지배된다. 그리고 프롤레타리아 혁명이라는 질문은 정치적이고 실천적으로 국가의 본성, 국가의 정복 그리고 국가의 소멸이라는 질문에 의해 지배된다.[9]

내가 볼 때 이론적 관점에서 마르크스의 입론이 지니는 주요 측면들은 아마도 다음의 네 가지 지점으로 요약된다.

국가에 대한 정의

이 정의는 매우 탁월한 하나의 형태를 지닌다. 이 정의는 다음의 정식화에서 명시적으로 드러난다. "(…) **국가**의 수중에, **다시 말해 지배계급으로 조직된 프롤레타리아의 수중에.**"

레닌에 따르면 바로 여기에 "가장 흥미로운" 정의가, 그리고 "마르크스주의의 수많은 '잊힌 말들'이기도 한" 정의가, 그것이 개량주의와는 절대적으로 화해 불가능하다는 이유에서 매우 정확히 잊힌 정의가 존재한다. 이 정의는 "민주주의로의 평화적 이행évolution에 대한 기회주의적인 관습적 선입견들, 또한 프티-부르주아적 허상들과 정면에서 충돌(…)"한다.[10] 나는 우리가 반드시 다시 독해해야만 하는 레닌의 일련의 주석들 전체에 준거하고자 한다.

레닌의 설명을 잘 살펴보자. 왜냐하면 이 정의에 대한 그 어떠한 잠재적 정정도 이 정의가 우리에게 가르쳐주는 바의 **이편으로**[가르쳐주는 바에서 퇴보하는 쪽으로] 되돌아올 수는 없기 때문이다. 『공산주의자 선언』의 이 정의는 개량주의뿐만 아니라 아나키즘과도 **이미 화**

---

9   '지배'는 commander를 옮긴 것으로, 이 프랑스어 동사에는 '지배'와 '명령'이라는 뜻이 모두 들어 있다. 일반적으로 commander를 한국어로 그 뉘앙스까지 살려 정확히 옮기기는 쉽지 않은데, '지배'와 '명령'의 의미를 지니는 '규정하다'라는 뜻으로 이 동사를 간주하는 것이 이해를 도울 것이다.―옮긴이

10   *L'État et la Révolution*, 앞의 책, p. 435.

해 **불가능한** 것인데,『공산주의자 선언』안에서 이 정의는 마르크스 자신이 이론 내에서 그리는 계급적 구분선을 넘어서는 곳에 마르크스를 위치시키며, 오늘날에도 여전히 마르크스의 국가주의적 '경향' 혹은 반대로 아나키즘적(그리고 절대자유주의적 등등) '경향'에 대해 논하는 이들의 사변을 완전히 가소로운 것으로 만든다.

이 정의에서 우선 레닌의 관심을 끄는 것은 이 정의가 착취자 계급, 즉 부르주아지의 저항을 '굴복'시키고 '억압'하기 위해 프롤레타리아가 자신의 정치적 지배를 조직해야 할 필요를 주장한다는 점이다. **지배하는** 계급을 말하는 이는 그 누구든 **지배당하는** 계급을, 조직되고 집중된 국가의 힘에 의해 지배당하는 계급을 말하는 것일 수밖에 없다.

하지만 이러한 정의는 그 개념적 형태 때문에 다른 의미에서 또한 흥미로운 것이다. 이 정의는 부르주아지의 경제적이고 정치적인 역사에 할애된『공산주의자 선언』1장의 분석으로 우리를 인도한다. 이 장에서 분명 우리는 **지배계급으로 조직된 부르주아지**라는, 이러한 지배계급으로의 조직화라는 목적을 위해 "근대 대의제 국가 내에서" 조직된 부르주아지라는 관념을 발견하게 된다(이 근대 대의제 국가의 중심에서 "근대 정부는 부르주아 계급 전체의 공동 사무를 관리하는 위원회에 불과하다"). 바로 이 역사적 투쟁의 결과가 우선은 부르주아지의 존재로, 그다음으로는 조직으로(그러니까 정치적 자율성으로), 마지막으로는 사회적 지배로 나아갔던 것이다.

따라서『공산주의자 선언』에서의 마르크스의 정식화는 다음의 두 가지를 포괄하는(혹은 최소한 두 가지 역사적 상황에 공통적인) '일반적' 정의로부터 도출되는 것이다.

1) 국가 = 지배계급으로 조직된 부르주아지

2) 국가 = 지배계급으로 조직된 프롤레타리아, 즉

국가는 지배계급이 자신의 지배를 조직하는 한에서, 혹은 동일한 의미이지만, 지배계급이 자신의 지배를 행사하기 위해 스스로 조직되는 한에서의 지배계급 그 자체다.

이 정의의 이러한 특수한 형태가 제기하는 문제들을 보여줄 다른 기회가 있을 것이다.

혁명에 대한 정의

혁명에 대한 정의는 다음과 같은 일련의 정식들에서 구성된다. "정치권력의 정복" "민주주의의 정복" "소유권과 부르주아적 생산체제에 대한 전제적 침범violation despotique" "폭력을 통한 구체제적 생산의 파괴". 이 일련의 정식들은 국가를 수단으로, 그리고 이를 통해 국가를 혁명의 첫 번째 목표로 삼는다.

우리는 이 정식들이 이미 다음과 같은 두 극—이 두 극 사이에서 (프롤레타리아) '혁명'이라는 마르크스적 개념에 특징적인 긴장이 형성된다—을 서로 연결한다는 점을 보게 된다. 이 혁명은 **동일성-평등성이라는 지표**를 통해 서로 결합되는 '민주주의'와 '전제주의'(혹은 폭력)를 동시에 함의한다. 이 혁명은 '민주주의'와 '전제주의' 사이의 통일체, 심지어는 둘 사이의 동일성이다. 이러한 모순적 통일성을 어떻게 사고할 것인가? 『공산주의자 선언』에서 마르크스가 증명도,

잠재적인 구체적 예증도 없이(마르크스는 단지 하나의 강령을 제안하고 있을 따름인데, 증명 혹은 구체적 예증과 강령은 전혀 다른 것이다) 이 모순적 통일성을 제기하고 이를 주장affirmer하는 것에 만족한다는 점은 명확하다. 하지만 마르크스는 왜 이렇게 주장하는 것인가? 다른 이들과 마찬가지로 이는 마르크스가 정의, 권리, 진보 등등과 정치적 유효성 모두를 동시에 주장하는 이중적 요구를 만족시키기 위해서 그런 것인가? 분명 그렇지 않다. 오히려 마르크스는 여기에서 의도적인 방식으로 법droit[정당성]과 사실[사실성], 정의와 폭력, 힘과 권리droit, 민주주의와 전제주의 등등 사이의, 부르주아적이고 프티-부르주아적인 정치철학에 의해 확립된 전통적인 형이상학적 대립에 대한 **부정**을 '실천'하고 있는 것이다. 뿌리 깊은 이데올로기적 문제설정에 대한 부정이자 동시에 비판이기도 한, 마르크스의 이러한 새로운 주장은 하나의 문제를 (이 문제를 해소한다기보다는) 제기한다.

하지만 다음을 지적하도록 하자. 혁명에 대한 이러한 정의는 프롤레타리아의 **정치에 대한 정의**의 한 계기일 뿐만 아니라(권력 쟁취를 결정적 지점으로 만드는 이 프롤레타리아 정치의 '전략', 그리고 부분적으로는 '상황'에 의존하는 이 프롤레타리아 정치의 '전술'과 함께), 혁명에 대한 **정치적 정의**이기도 하다. 더욱 정확히 말해, 이는 최소한 그 원리에서는 하나의 **정치형태**에 대한 정의다. 만일 '민주주의'와 '전제주의'가 형태들, 심지어는 마르크스가 사회적 '상부구조들'이라고 부르는 바의 수준에서 정의되는 정치적 '체계들'이라면, 이는 이러한 형태들 사이의 모든 결합(심지어는 모순적인 결합)에 대해서도 필연적으로 마찬가지라고 말할 수 있다. 따라서 이러한 정의는 자기 자신 안에, 자기 고유의 수준에 존재하는 것이 아니라, 오직 하나의 '토대'와 자신이 맺는 관계 내에서 비롯되는 것이다. 혹은 더욱 정확히 말해, 이 정의가 하나의 물질적 토대 위에서 구성되는 장소로서의 그러한 과정 전체에 존재하는 것이다.

이는 결국 다음과 같은 두 가지 문제를 동시에 제기한다. 혁명에 필수적인 구체적 정치형태들이라는 문제, 그리고 이 정치형태들이 혁명적 과정 전체의 물질적 토대와 맺는 관계의 문제.

혁명적 과정

마르크스와 엥겔스는 혁명에 대한 이러한 최초의 정의가 제기하는 질문들을 우리로 하여금 지금보다 한 걸음 더 나아갈 수 있게 해주는 그러한 관점 속에서 개진한다.

프롤레타리아 혁명은 프롤레타리아 자신의 강령 혹은 기획을 실현하는 프롤레타리아의 **行爲**acte로서의 하나의 **行爲**로 개념화되지 않는다. 비록 혁명을 완수하는 것은 분명 프롤레타리아의 정치적 실천이긴 하지만 말이다(후에 마르크스는 혁명이 폭력 속에서 그 역사를 '낳아'야만 한다고 말한다). 혁명은 단순하게 하나의 행위로 개념화되는 것이 아니라 하나의 객관적 **과정**processus으로 개념화되는 것이다.

이러한 과정 내에서, 혁명적 강령을 구성하는 '조치들'은 '첫 번째 단계', 필연적으로 다른 단계들이 그 뒤를 이을 단계, 그리고 다른 '조치들'은 아직 포함되어 있지 않은 그러한 '첫 단계'다. 이 '조치들'은 이러한 과정을 개시하지만, 마치 계급적대의 폐지가 어떠한 명령 혹은 심지어는 어떠한 (폭력적) 전도의 대상이 될 수 있다는 듯 계급적대를 **폐지**하는 것은 아니다. 이 '조치들'은 그 안에서, 즉 "발전이 진행됨에 따라", 계급적대가 소멸할 수 있는 물질적 조건만을 생산할 뿐이다.

프롤레타리아 '혁명'은 이 과정의 **전체**tout l'ensemble다. 그렇기 때문에 결과적으로, 이러한 혁명의 본질 그 자체는 이 혁명에 혁명 자신의 운동에 대해 말해주는 힘 혹은 힘들 간의 작용 속에 놓여 있다.

마르크스는 다음과 같이 말한다. 시초의 '조치들'은 "경제적으로는 불충분하고 유지 불가능한 것으로 보인다. 하지만 (…) 운동이 진행됨에 따라 이 '조치들'은 스스로의 한계를 넘어선다". 이 시초의 '조치들'이 불충분하며 유지 불가능한 이유는, 『공산주의자 선언』에서 제시된 용어들 그 자체로부터 우리가 이미 파악할 수 있었듯, 혁명의 궁극적 목표가 첫눈에 봤을 때에는 완전히 다른 [새로운] 것, 즉 "자본의 존재조건"의 폐지, 즉 임노동제의 폐지이기 때문이다.

이는 이 시초의 '조치들'이 불충분하며 유지 불가능하다는 바로 **그 이유 때문에** '자생적' 운동에 따라, 즉 '자기-운동'에 따라 **스스로의 한계를 넘어선다**는 것을 의미하는가? 이 시초의 '조치들'의 이와 같은 필연적 넘어섬의 이유가 이 '조치들' 자신의 불충분성 자체 내에 있는 것인가? 이는 우리가 부정성négativité이라 부를 수 있는 바로 이러한 결여의 '부정적' 힘인가?

그것이 아니라면, 우리는 이 시초의 '조치들'이, 이 '조치들'이 생산하는 물질적 **결과들**résultats **내에서**, 즉 마르크스가 지적했던 (국가의 수중으로의) 생산의 집중화와 생산력의 발전이라는 **결과들 내에서** 극복된다고 말할 수 있는가? 하지만 만일 우리가 어떠한 조건 내에서, 즉 어떠한 (정치적이고 경제적인) 사회적 관계하에서 이 결과가 획득되는지를 먼저 설명해내지 못한다면, 이 결과들 중 그 무엇도 계급 그 자체의 폐지에 필수적인 이행을 설명하는 바를 자기 자신 내에 포함하지 못할 것이다. 따라서 우리는 우리가 제기했던 질문으로 다시 돌아오게 된다.

사실 모든 단계를 넘어서도록 밀어붙이는 힘은 미래에 실현해야 할 바와 그에 대한 필요성의 결여로부터도(이는 순전히 관념론적인 설명일 뿐이다), 첫 번째 단계의 경제적이고 법률적인 단순한 결과들로부터도(이는 기계론적이고 진화주의적인évolutionniste 설명이다) 도출되는 것이 아니다. 이 힘은 『공산주의자 선언』의 1장 전체에서 **기술되었던 힘**, 즉 매 순간 계급적대 그 자체로부터 나오는 물질적 **힘과 동질적인 것**일 수밖에 없다. 만일 힘과 경향, 그러니까 과정이 존재한다면, 이는 적대가 존재한다는 바로 그 이유 때문이다.

그래서 이 과정이 제기하는 문제와 동시에 이 과정의 다음과 같은 주요한 측면이 개입된다. **혁명적 과정은 그 자체 온전한 계급투쟁의 과정이다.** 다른 용어로 말하자면, 이는 다른 모든 투쟁들로부터 도출되지만 그 어떠한 다른 투쟁과도 유사하지 않은, 이 투쟁의 특수한 구조에 기입된 내적 필연성에 의한, 계급투쟁의 폐지라는 결과로 나아가는 계급투쟁의 과정에 관한 것이다. 이를 통해서 계급투쟁에 관한 잠재적인 **제3의 출구**가, 근본적으로 새로운, "투쟁하는 두 계급의 공멸"과 구분됨과 동시에 계급지배라는 또 하나의 **다른** 형태의 구성과도 구분되는 그러한 **제3의 출구**가 나타나게 된다. "프롤레타리아의 지배계급으로의 구성" 즉 국가권력의 정복은 이러한 투쟁의 첫 번째 계기를 구성할 뿐이다. 그렇지만 이 계기는 결정적인 것인데, 왜냐하면 정확히 말해 바로 이 첫 번째 계기가 이제까지는 인식하지 못했던 계급투쟁의 **새로운** 형태의 조건들을, 계급투쟁의 최종 결과를 **표상**하지는 않으면서, 그러니까 계급투쟁의 최종 결과를 그 어떠한 방식으로도 미리 결정하거나 보증하지는 않으면서, 창조하기 때문이다.

이 지점에서 잠시 멈추어보자.

프롤레타리아 혁명의 필연성으로부터 마르크스에게 제기된 이론적 문제를 구성하는 것이 무엇인지를 우리로 하여금 이해할 수 있게 해주는 이러한 정식화들은, 감히 다음과 같은 표현을 사용하자면, 사실은 순전히 말뿐인 것이다. 하지만 이 정식화들은 진정한 하나의 과학적 지식savoir ─ 그런데 이 지식은 어떠한 대상에 대한 지식인가? '마르크스주의적 미래학prospective marxiste'을 상상하는 것보다 더 터무니없는 짓은 없을 것이다 ─ 은 아니라고 해도 최소한 이론적이고 정치적인 하나의 **방향 설정**orientation을 포함한다. 그리고 바로 이러한 자격을 바탕으로 이 정식화들은, 이 정식화들 그 자체가 진정한 물질적 힘을 구성했던 장소인 노동자운동의 역사 내에서 거대한 실천적 역할을 수행했다. 왜냐하면, 마르크스의 정식화들은 이데올로기적 의미의 사회주의와 공산주의가 현재 사회의 모순들로부터 '탈출'하기 위해 제시하는 모든 정식화에 하나의 '마르크스주의적' **해결책**을 추가하기는커녕, 사회주의와 공산주의의 것과는 완전히 다른 하나의 **문제**를 제시하기 때문이다. 그리하여 이 정식화들은 프롤레타리아 조직의 혁명적 투쟁을 위한 유효한 길을 **열어젖혔다**. 또한 이 프롤레타리아 조직의 혁명적 투쟁의 진전은 마르크스가 제기했던 문제의 이러한 열림이 유지될 수 있었던 순간마다[때에만] 지속될 수 있었다. 바로 이러한 사실로 인해, 혁명적 과정에 대한 마르크스의 정식화들은 역사유물론의 문제설정을 이해하기 위한 핵심 가운데 하나가 된다.

마르크스의 이 정식화들은 『공산주의자 선언』의 근본 테제를 강화하고 확정한다. 그리고 『공산주의자 선언』의 정식화들은 우리로 하여금 이 테제의 엄밀하게 변증법적인 특징을 이해할 수 있게 해준다. "지금까지의 모든 사회의 역사는 계급투쟁의 역사였을 뿐이다." 이 법칙에 **예외**란 없다. 심지어 공산주의로의 이행, '계급 없는 사회'로의 이행도 예외일 수 없다. 역사는 '좋은 측면'이 아니라 '나쁜 측면'을 통해 전진하며, 역사는 평화적이고 '눈부시게 빛나는' 자신의 미래에 대한 예상으로 전진하는 것이 아니라 단지 자신의 현재 투쟁을 통해 전진하는 것이다. 그리고 바로 이 투쟁에 대한 모순이 이 투쟁의 미래 혹은 결과와 같은 무언가quelque chose를 사고할 수 있게 해주는 것이다.

우리의 논의를 좀 더 밀어붙여보자. 마르크스의 텍스트는 계급들 중 하나인 프롤레타리아가 **승리를 쟁취**하며 이 승리를 통해 자신의 적을 제거한다는 '단순하고 명확한tout simplement' 이유로 계급투쟁이 중단된다는 논리를 핵심으로 취하는 상식적 의미의de bon sens '해결책'을 완전히 배제한다는 점에서 탁월한 것이다. 이러한 해결책, 즉 '투쟁자가 없어서' 중단되는 투쟁이라는 식의 해결책은 사실 전혀 해결책이라고 볼 수 없다. 왜냐하면 이 해결책은 대칭적 위치를 점하고 있는 적들과 대립하는 것으로서의, 그리고 그 어떠한 투쟁에도 적용 가능한 것으로서의 '투쟁'에 대한 **형식적** 개념에만 준거하기 때문이다. 하지만 마르크스의 역사변증법은 일반적 의미의 '투쟁이론'(혹은 모순론)이 아니다. 마르크스의 역사변증법은 물질적으로 규정된 특수한particulière 투쟁이론이다. 그리고 이미 『공산주의자 선언』은 이 투쟁의 항들(즉 계급들)이 (서로가 서로에 대해 독립적인 방식으로 출현하거나 소멸하는) 이 투쟁 바깥에 존재하는 인물들 혹은 주인공들이 아니라 물질적으로 그 자체 투쟁의 효과, 다시 말해 사회적 생산의 적대적 조건의 효과라는 점(이는 『자본』에서 잉여가치론과 함께 발전된 하나의 분명한 개념이 된다)을 이미 보여주었다. 우리가 변형해야 하는 것은 바로 이 적대의 조건, 즉 착취관계다.

이에 따라 자본주의적 소유형태들 전체에 대립하는, 그리고 생산의 한 전유형태를 다른 한 전유형태로 대체하는 방식으로 이 소유형태들을 폭력적으로 **파괴**하는 하나의 프롤레타리아 **국가**의 구성을 사고하는 것이 착취의 종언을 사고하기 위해 필수적이라는 점을 이해하게 된다. 또한 역사적으로 국가를 지배의 도구로 만들었던, 그리고 결과적으로 이 국가의 소멸을 이끌어내고야 마는 그러한 조직화에 **대립되는** 사회적 생산의 조직화의 조건이 창조되어야만 한다는 점을 이해하게 된다. 하지만 우리가 완벽히 이해하지 못하는 것은 **개인들**(즉 [직접]생산자들)**의 연합체**를 국가의 지위statut로부터 더 이상 국가가 아닌 하나의 '자유로운' 연합체의 지위로 이행시키는 변형의 **양태**가 도대체 무엇인지다. 이러한 난점은 이 변형의 과정 전체에 걸쳐 다시 돌출하게rejaillit 되는데, 왜냐하면 이 난점은 투쟁이 집중되고 작용하는 장소로서의 형태, 즉 혁명의 결정적 지점에 관한 것이기 때문이다.

여기에서 마르크스의 정식화는, 『공산주의자 선언』의 이러한 이행을 정확히 겨냥하면서 레닌이 여러 차례에 걸쳐 반복했듯, 하나의 **추상적** 정식화다. 우리는 레닌 자신의 이 동일한 관점에 따라 진리가 항상 '구체적'이라는 점을 기억해야만 한다. 바로 그렇기 때문에 마르크스의 정식화는 혁명의 정치형태들에 대한 정의가 이미 제시했던 난점들, 그리고 이번에는 이 혁명에 대한 마르크스의 개념화의 토대 그 자체와 관련되는 난점들 자체로 우리를 다시 이끌어간다.

이를 다시 한 번 더 언표해보자. 마르크스의 이 유명한 텍스트에서 우리는 이 과정의 **모순적** 특징들에 대한 기술description의 양식 위에서 행해지는[기술에 토대를 둔] 단순한 **주장/긍정**affirmation과는 다른 것을 마주하고 있는 것인가? 다르게 말해보자. 우리는 부르주아 [시민]사회 내 사회적 관계가 자본과 프롤레타리아 사이의 화해 불가능한 적대에 기초해 있는 **현실적으로** 모순적인 관계라는 점을 알고 있다. 바로 이 적대의 본성 그 자체가 이 적대에 대한 지양dépassement의 필연성을, 그러니까 이 적대로부터 유래하는 모순에 대한 현실적 변형을 해명해준다. 그리고 정확히 말해 바로 이 변형을, 그러니까 새로운 투쟁의 전개développement를 통한 투쟁의 비-투쟁으로의 변형을, 그러니까 사회계급들 사이의 투쟁의 고조와 폭발을 통해 그 사이에서 이 사회계급들 간의 투쟁이 존재하는 항들 자체의 폐지를 사고하기 위해, **그 자체 모순적** 개념인 프롤레타리아 혁명이라는 개념을 도입해야만 하는 것이다. 결국 현실 모순의 해결책을 사고하기 위해 **논리적 모순**을 도입하는 것이 아니라면 우리가 했던 것은 도대체 무엇이었겠는가?

분명 우리는 이러한 난점이 모든 '변증법'의 난점이라는 사실을 이해하고 있다. 유물론적인 관점에서 이러한 난점의 해결책이 논증을 위한 순수한 노력을 통해 이론적으로 **발명**될 필요는 없다. 왜냐하면 이러한 난점의 해결책은 **실천적으로** 생산되어야만 하기 때문이다. 한 세기 반이 지나 마르크스의 텍스트를 다시 읽는 우리들 자신은 실천 속에서 실현되기 시작한 이 '해결책들'을 지시할 수 있다. 이는 연속적으로 발생했던 사회주의 혁명들, 파리코뮌, 소비에트 10월 혁명, 중국 혁명이다. 이 혁명들은 물론 실제적인 것이다. 하지만 이것은 이 난점이 이러한 추상적 형태하에서만(이 추상적 형태는 그 위치 자체로 인해 이 난점의 해결을 가로막는다) 언표될 수 있는 것이라는 점을, 그리고 결과적으로는 이 난점이 그 필연성의 세부지점 내에서는 진정으로 **설명**될 수 없다는 점을 의미하는가? 달리 말해, 계급투쟁과 공산주의 혁명의 변증법이 결국에는 **자신의 내용 속에서** 이론으로부터 벗어난다는 점을 인정해야만 할 것인가? 그렇다면, 마르크스의 이론에 적합한 방식으로, 구체적인 사회주의 혁명들과 그 성공과 실패의 역사를 설명함으로써 이 역사를 어떻게 사고할 것인가? 이 구체적인 사회주의 혁명들이 산출하는 교훈들의 보편적 유효범위를 어떻게 사고할 것인가? 우리의 실천 속에서 이 구체적인 사회주의 혁명들을 어떻게 적용할 것인가? 만일 원리적으로 이론의 힘이 혁명 과정의 전야까지는 영향을 미치지만 그다음 날 혁명을 넘어서는 그러지 못한다면 말이다.

'정치의 종언'

『공산주의자 선언』에서 마르크스가 제시한 정식화들에 대한 분석을 종결하기 위해, 마지막으로 하나의 지점을 더 검토해보도록 하자. 우리는 이전의 요소들(그리고 이 이전의 요소들에서 우리가 발견하게 되는 '난점들'까지도 포함하여)을 종합함과 동시에 이 이전의 요소들에 매우 중요한 하나의 **새로운 정식화**를 제시하는 그러한 테제 하나를 제시하게 된다. 이 테제는 다음과 같은 정식 내에 함축되어 있다. "계급적대가 일단 소멸하고 나면 (...) **그때에 공권력은 자신의 정치적 특징을 상실하게 된다.**"[11]

이 정식화 내에서, 우리는 1) 모든 계급투쟁이 정치투쟁이라는 관념, 2) 한 계급의 정치적 지배가 이 계급의 국가권력을 함축한다는 관념, 3) 계급관계의 소멸에 뒤이은 국가의 필연적 소멸이라는 관념, 이 세 가지 관념 이상의 무언가를 발견할 수 있는가?

나에게는 발견할 수 있는 것처럼 보인다. 여기에서 우리는, 이러한 토대 위에서, **인간의 역사 속에서 정치적인 것 그 자체의 필연적 소멸이라는 테제**를 발견한다. 이는 하나의 규정된 '정치'형태(새로운 조건에 의해 또 하나의 다른 정치로 변형된)뿐만 아니라, **어떠한 형태이든지 간에 모든 '정치'의 순수하고 단순한 소멸** 또한 의미한다.[12]

다르게 말해, 우리는 그 자체 **정치적이지 않은**, 더욱 정확히 말해 모든 정치에게는 낯선étrangère 비-정치적인a-politique **사회적** 조직화의 한 형태(개인들 간의 연합체, 생산의 조직화와 전유 등등)라는 관념을 발견하게 된다. 마르크스의 이러한 정식화들에서, '국가의 종언'은 '정치의 종언'을 함의하는 것으로 보이며, 또한 과거의 정치적 제도들 혹은 정치적 장치들appareils의 종언뿐만 아니라 **정치적 실천의 종언** 또한 함의하는 것으로 보인다.

아마도 사람들은 여기에서 쟁점이 되는 것이 순수한 용어상의

---

11   우리는 이 테제가 *Misere de la philosophie*(철학의 빈곤)에서도 매우 유사한 형태로 등장한다는 점을 알고 있다.

12   '순수하고 단순한'은 pur et simple을 번역한 것으로, 한국어로는 조금 어색하지만 프랑스어 문어에서 매우 자주 사용되는 표현이다. 이 구절의 경우 문자 그대로 '순수'하고 '단순'하게, 즉 완벽히 혹은 순전히 소멸되었다고 이해하면 된다.—옮긴이

문제에 불과한 것이라고 지적하며 나의 주장에 반박할 것이다. 어떠한 의미에서 마르크스가 행사하고 있는 것은, 자신이 활용하는 용어들을 자신이 원하는 방식으로 정의하고자 하는 그 누구에게나 주어진 그러한 자유일 뿐이라고 말하면서 말이다. 예를 들어, 국가의 종언이 그 **정의상** 정치의 종언, 정치적 실천의 종언일 수 있도록 '정치'와 '국가'를 **동일시하는** 마르크스의 자유.

하지만 이러한 반박은 근거가 없다. 이 반박은, 만일 우리가 여기에서(그리고 역사유물론 일반에서) 그 고유의 시초적 협약들conventions에, 즉 자의적으로 전제된 자기 고유의 '공리들'에 기초해 있는 하나의 이론적 체계를 대상으로 할 뿐이라면, 근거가 있는 것이다. 그런데 그렇다면 역사유물론은 마르크스가 끊임없이 논박했던 유토피아주의의 '이론적' 등가물에 불과할 것이다. 하지만 우리가 『공산주의자 선언』에서 논의의 대상으로 삼고 있는 것은, 마르크스의 이 저서의 제목 자체가 지시하듯, 완전히 다른 것이다. 공산주의자들이 "노동자운동을 그에 따라 틀 짓고자 원하는 그러한 개별 원리들을 확립하는 것은 아니"라는, 2장의 첫 부분에 등장하는 마르크스의 테제를 상기하기를 바란다. 마르크스와 엥겔스는 현재의 투쟁과 비교해서만, 그리고 자기 자신이 이 투쟁 내부로의 실천적 개입을 구성하는 그러한 용어들로만, 이 투쟁들이 정식화되는 그러한 언어의 토대 자체 위에서만 '미래'라는 문제를 취급한다. 바로 그렇기 때문에, 이르게 혹은 뒤늦게, 이 용어들은 구호로서 기능하는 데에 성공할 수 있었던 것이다.[13]

---

13 '용어들'은 termes를 번역한 것으로, 영어와 동일하게 이 단어는 '용어' 이외에도 '관점' '조건'이라는 뜻도 포함하고 있다.—옮긴이

따라서 마르크스의 용어법은 우리로 하여금 이 용어법 자체의 효과들(이는 협약적인[관습적인] 것이 아니라 필연적인 것이다)로 나아가게 만든다. 그리고 이를 통해 다음과 같은 보충적인 테제를 제기하는 질문들로 나아가게 만든다. 이 용어법이 함의하는 것은 무엇인가? 이 용어법은 무엇과 대립하는 것인가?

마르크스는 자신의 **정치적** 특징을 상실한 **공권력**에 관해 말한다. 이 지점에서 여전히 부르주아적인 이데올로기적 범주들 사이의 대립을 (이 대립을 비판하기 위해) 작동시킴으로써, 마르크스는 우리에게 '사적' 제도들, 그리고 무엇보다도 사적 소유와 이 '공권력'이 맺는 관계 바깥에서 '공권력'을 사고하자고 제안한다. 우리에게 남는 것은, 마르크스의 이러한 제안이 또 다시 순수하게 수동적이고 잠정적인 것은 아닌지 질문해보는 과제다.

이 테제가 제기하는 문제들을 회피하지 않기 위해 그 가장 명료한 형태 속에서 취해야만 하는 이 테제는 마르크스주의의 다른 유명한 정식화들을 곧바로 떠올리게 만든다. 무엇보다도 엥겔스가 마르크스 이후에 제시한 다음과 같은 정식화 말이다. "**인격들**personnes**의 통치**gouvernement(die Regierung über Personen)**는 사물들**choses**의 관리**administration(die Verwaltung von Sachen)**와 생산의 실행**opération**에 대한 지도**direction**로 대체된다.**"[14] 이 정식은 분명 계급이 아니라 인격(그러니까 개인)에 대해 우리에게 말하는(나는 이 문제로 곧 돌아올 것이다), 하지만 단순히 부정적이지만은 않은 거대한 이점을 제시하는 그러한 정식이다. 이 정식은 국가의 소멸이라는 상관항을 규정하는데, 이러한

---

[14] Engels, *Anti-Dühring*, 3부 2장.

규정과 동시에 이 정식은 이 상관항의 특징, 즉 사물의 관리와 생산 과정의 지도라는 **정치적이지 않은** 특징을 온전히 밝혀준다.

하지만 이 지점에서 괄호를 하나 쳐보도록 하자. 우리는 이 정식이 생시몽으로부터 유래했다는 점을 알고 있다. 엥겔스는 이보다 조금 앞, 그러니까 『반-뒤링』의 3부 1장에서 이를 언급하고 있다. "1816년, [생시몽은—발리바르] **생산에 대한 과학적 정치를 선언하고 정치의 경제 내로의 완전한 흡수를 예상한다.** 경제적 상황이 정치제도들의 토대라는 관념이 여기에서 그 맹아 상태로만 등장하는 반면, 인간에 대한 정치적 통치에서 사물에 대한 관리로의, 그리고 생산의 수행에 대한 지도로의 이행, 그러니까 최근에 그토록 소란을 일으켰던[격렬한 논쟁의 대상이 되었던] 국가의 폐지는 여기에서 이미 명료하게 언표되어 있다."

생시몽에게, 이 테제는 유토피아적인 동시에 기술통치적technocratique인 의미를 지닌다. **유토피아적인** 이유는 이 테제가 정치를 '실현' 함으로써 정치를 폐지하는, 정치에 대한 산업적 '생산과학'으로의 무매개적 변형과 **전도**를 요구하기 때문이다. 동시에 이 테제는 **기술통치적인** 의미 또한 지니는데, 그 이유는, 생시몽이 생각했던 바와는 반대로, 이것이 산업경제의 자생적 경향이 전혀 아니기 때문이다. 사실 국가와 정치는 그들 스스로는 소멸할 수 없다. 단지 기나긴 계급투쟁의 효과하에서 사물의 관리 같은 구호는 **실천 내에서** 정치적 지배(자기 자신을 감히 자기 자신으로 밝히지 못하는 그러한 [은밀한 형태의] 정치적 지배)와 조응할 수밖에 없을 뿐이며, 이 구호는 소위 '경제적' '기술적' 등등의 명령들하에서 은폐된다. 엥겔스에게서 이 두 측면은, 이미 『공산주의자 선언』이 제시했던 바에 조응함으로써 정확히 프롤레타리아에 의한 정치권력의 정복이 필연적인 단계와 수단으로 전제되는 한에서, 소멸된다. 하지만 이 질문은 이 조건 내에서 "사물"에 대한 순수한 "관리"라는 관념, **정치적이지 않은 사회**라는 관념이 완전히 다른 하나의 내용을 정말로 지니는 것인지 확인해야 하는 과제를 남겨둔다.

일단 우리는 이 질문을 열린 채로 두도록 한다.

2. 파리코뮌의 교훈

이제 우리는 1872년 마르크스가 수행했던 **정관사**¹ᵃ 정정, 레닌이 언급했던 '본질적 교정'의 문제로 나아갈 수 있다.

도대체 이 교정의 핵심을 한 마디로 정의한다면 무엇일까? 이는 바로, 마르크스와 엥겔스가 항상 파리코뮌의 경험에 명시적으로 준거함으로써 『프랑스 내전』과 『프랑스 내전』 이후의 텍스트들에서 발전시킨, **프롤레타리아 독재**라는 개념concept이다.

파리코뮌의 경험에 준거함으로써 마르크스와 엥겔스가 제기했던 문제들을 여기에서 전부 검토하는 것은 불가능하다. 우리는 교정의 정확한 지점을 확인하는 것으로 만족할 것이다.

우선 '프롤레타리아 독재'라는 용어가, 비록 유사한 여러 표현들로 쓰인다고는 해도, 『공산주의자 선언』에서는 [문자 그 자체로는] 등장하지 않는다는 점을 우선 확인하게 된다. 실제로, 용어의 기원이 무엇이든지 간에(몇몇 이들에 따르면 이 용어의 기원은 블랑키주의다), 마르크스는 프롤레타리아 독재라는 개념을 『공산주의자 선언』의 집필 이후의 시기가 되어서야 정의했다. 더욱 정확히 말해, 프롤레타리아 독재라는 개념은 다음의 두 시기를 거쳐 구성되었다.

—첫 번째 시기는 1848년부터 1852년 사이의 시기로(마르크스가 《신라인신문》에 기고한 기사들, 『프랑스에서의 계급투쟁』『루이 보나파르트의 브뤼메르 18일』을 보라), 이때 마르크스는 프롤레타리아 독재에 단지 **부정적인** 정의만을 부여한다. 마르크스는 (의회제 공화국이라는 민주주의 국가를 포함하여) 근대 국가가 실현하는 **부르주아 독재**에 프롤레타리아 독재를 [부정적으로] 대립시킬 필요성을 제시한다. 마르크스는, 이전의 모든 정치혁명들, 특히 연속적으로 발생했던 프랑스에서의 혁명들이 그러했듯, '기존 국가기계'를 활용하고 '완전화perfectionner'하는 대신에 이 '기존 국가기계를 부러뜨려야briser la machine d'État existante' 한다는 점을 보여준다. 이렇듯 마르크스는 1848~1849년의 프롤레타리아의 실패로부터 교훈을 이끌어낸다.

—두 번째 시기는 파리코뮌의 실패가 아니라 오히려 "파리코뮌의 존재와 실천이라는 유일한 사실"로부터 "보편적 유효범위를 취하는 한 걸음의 전진"을 구성하는 바를 분석하는 『프랑스 내전』의 집필 시기로, 이때 마르크스는 '프롤레타리아 독재'에 대한 **실정적인** 정의를 제시할 수 있게 된다. 달리 말해, 순수한 이론적 노력을 통해서가 아니라 진정한 역사적 실험의 실천적 효과하에서, 마르크스는 프롤레타리아 혁명이 실천적으로 **무엇을 향해** 자신의 방향을 설정해야 하는지를 보여줄 수 있었다. 또한 '보편적 유효범위'를 직접적으로 취하는 이 프롤레타리아 혁명의 경험적 측면들을 분석할 수 있었다.[15]

---

[15] '실험'은 expérimentation을 옮긴 것이고 '경험'은 expérience를 옮긴 것이다. 사실 프랑스어에서 expérimentation과 달리 expérience에는 '경험'과 '실험'이라는 의미가 모두 들어 있다. expérience의 경우 모두 '경험'으로 통일해 옮기지만 '실험'이라는 의미도 들어 있다는 점을 독자들은 인지하기를 바란다.—옮긴이

마르크스에 따르면 파리코뮌의 윤곽을 소묘해주는 바로서의 프롤레타리아 독재는 "본질적으로 **노동자계급의 통치**gouvernement, 전유자 계급에 대항하는 [직접]생산자 계급투쟁의 결과, 노동의 경제적 해방을 실현하게 해주는 마침내 찾아낸 정치형태"다.[16] 파리코뮌의 '경제적' 실천action, 파리코뮌의 생산관계에 대한 변형의 실천pratique 그리고 프롤레타리아 독재라는 파리코뮌의 정치형태 사이에는 하나의 필연적 관계가 존재한다. 이 '경제적 정치'의 새로운 유형은 '노동자계급의 통치'라는 새로운 정치 전체를 전제할 뿐만 아니라, 이 새로운 정치는 권력의 행사와 실현이라는 새로운 하나의 정치형태를, 그리고 이전의 정치형태들에 대한 근본적이고 급진적인 파괴를 물질적 조건으로 취한다.[17]

여기에서 나는 더욱 깊은 세부지점들을 다루기 위해 『프랑스 내전』의 텍스트 그 자체로, 그리고 『국가와 혁명』에서 레닌이 제시했던 이 『프랑스 내전』에 대한 주석으로 돌아가고자 한다. 이 텍스트들에서는 이 새로운 정치형태가 취하는 다음과 같은 두 가지 주요 측면들을 확인할 수 있다.

1) 다른 모든 조치들의 조건이자 보증물로서의, 상비군을 대체하는 **무장 인민**.

2) 부르주아 국가의 기능작용fonctionnement의 토대가 되는 **의회주의와 관료제**fonctionnarisme**의 폐지**. ('노동자 임금'이라는 수단을 통해) 인민 전체의 차원으로 확대된 선출직들과 공직자들의 직접적directe 종속

---

16 *La Guerre civile en France*, 앞의 책.
17 프랑스어 politique에는 '정치'와 '정책'이라는 표현이 모두 들어 있다. 따라서 '경제적 정치'라고 어색하게 번역했지만 조금 의역하면 '경제정책'이라고 간단히 옮길 수 있다. 또한 '근본적이고 급진적인'은 프랑스어 radical을 옮긴 것으로, 영어와 마찬가지로 이 단어에는 '근본적'이라는 뜻과 '급진적'이라는 뜻이 모두 들어 있다.—옮긴이

(즉 직접적immédiates 해임 가능성과 책임성), 그리고 사법, 행정, 교육 등등의 허울뿐인apparente 독립성의 종언.

물론 이 또한 상황에 의해 강제된 '직접적 조치들mesures immédiates'에 불과하다. 하지만 이 조치들은 사회의 '위'에 위치해 있는 기존 국가기계를 해체démanteler하고 이 국가기계를 하나의 다른 정치형태로 대체한다는 유일한 목표만을 지닌다. 바로 그렇기 때문에, 마르크스가 지적하듯, 이 정치형태가 내포하고 있는 모순이라는 바로 그 이유로 인해, 여기에서 문제가 되는 것은 "끊임없는 방식으로 발전될 수 있는 정치형태", (비록 지배계급에 대항하는 자신의 무장투쟁에서 파리코뮌이 최종적으로 실패했다는 사실이 이 발전을 방해하고 다른 장소와 다른 조건 속에서 차후에 이 발전을 다시금 개시하도록 강제하기는 하지만) 이 정치형태가 지시하는 객관적 경향의 방향 내에서 새롭게 변형될 수 있는 "정치형태"인 것이다. 그렇지만 이 최초의 조치들은 프롤레타리아 독재가 정말로 **민주주의와 전제정**(폭력, 독재) 사이의 낡은[오래전부터 존재해왔던] '모순'의 **물질적** 실현, 노동자라는 하나의 계급의 독재형태하에서의 "거대 다수를 위한" 민주주의라는 점을 증명하기에 충분하다.

특히 프롤레타리아 독재는 이미 동시에 하나의 국가와는 **다른 것**인 그러한 국가의 물질적 실현, "고유한 의미에서는 더 이상 하나의 국가가 아닌 무언가quelque chose로 변형된 그러한 국가"의 물질적 실현이다.[18]

달리 말해, 파리코뮌은 '불가능'해 보였던 것이 사실은 '가능'한 것이라는 점을 증명하는 것에 그치는 것이 아니다.[19] 파리코뮌은 모

---

[18] *L'État et la Révolution*, 앞의 책.

[19] "예 그렇습니다, 여러분. 파리코뮌은 거대 다수의 사람들의 노동을 몇몇 이들의 부로 만들어버리

순이 **필연적**으로 가능한 것[**필연적 가능성**]의 표지, 즉 **현실적인** 것 그 자체의 표지라는 점을 증명한다(반면 관념론 철학은 이 모순 내에서 불가능한 것의 표지를 볼 뿐이다).

하지만 훨씬 더 구체적으로 말해—『공산주의자 선언』에 가해진 **정관사**la '정정'은 이제 사실적 차원에서 분명해진다—파리코뮌은 '비-국가'(국가의 파괴)가 혁명적 과정의 **최종결과**에 불과한 것만은 아니라는 점을 증명한다.[20] 오히려 '비-국가'는 이것 없이는 혁명적 과정 그 자체가 전혀 존재할 수 없는, **무매개적으로 존재하는 하나의 시초 측면**un aspect initial이다. 아마도, 모든 아나키즘적 해석에 반대해 레닌이 보여주듯, 국가의 **완전한** 종말extinction(즉 소멸disparition)은 계급관계의 (즉 그 모든 형태들하에서의 착취의) 완전한 소멸 **이후에야** 이뤄질 수 있을 것이다. 하지만 이러한 종말은 **무매개적으로 시작**되며, 이러한 종말의 무매개적[즉각적] 시작은 하나의 의도 속에서가 아니라 국가의 불가피한 '잔존survivance'에 직접 대항하는 실천적 조치들 속에서, 국가 그 자체의 확정적 소멸과 마찬가지로 생산관계의 유효한 변형의 물질적 조건이기도 하다.

어떠한 의심의 여지도 없이 바로 이곳이 가장 중요한 핵심 지점이다. 따라서 우리는 『공산주의자 선언』의 텍스트로 되돌아가 최초의 질문, 즉 왜 마르크스와 레닌은 정정, 즉 '본질적 교정'에 대해 언급하는가, 이 '본질적 교정'은 **무엇으로 구성되어 있는가**에 대한 첫 번

는 계급적 소유를 폐지하고자 했습니다. 파리코뮌은 수탈자의 수탈을 목표로 했습니다. (…) 하지만 이는 바로 공산주의, '불가능한' 공산주의입니다!"(*La Guerre civile en France*) ('수탈자의 수탈'에 관해서는, 『마르크스의 철학』, 에티엔 발리바르 지음, 배세진 옮김, 오월의봄, 2018의 부록 4번인 「수탈자의 수탈에 관하여」를 보라.—옮긴이)

20 '비-국가'는 non-État를 옮긴 것으로, 이는 '국가-아닌-국가'로도 번역 가능하다.—옮긴이

째 답변을 제출할 수 있다.

나는 다음과 같은 답변을 제출하고자 한다. 이 용어들을 강한 의미로 취해야만 한다. 이 용어들 또한 (하지만 이번에는 이론과 그 역사의 중심에서) 하나의 진정한 모순을 내포한다. 마르크스주의 이론의 역사가 지니는 필연성을 이해하기 위해서는, 『공산주의자 선언』과 『프랑스 내전』 사이의 단순한 하나의 '전개dévelopment' '발전enrichissement' '변화évolution' 등등이 아니라 이 두 텍스트 사이의 모순을 발견해 이를 언표하는 데에까지 이르러야 한다. 하지만 이러한 모순은 비규정적인 방식으로 두 이론을 대립시키지 않는다. 이는 이론 그 자체 내부에 존재하는 규정된 그리고 위치 지어진 하나의 모순이다.

요약하자면 다음과 같다.

1) 프롤레타리아 독재라는 용어는 『공산주의자 선언』에서 부재한다.

2) 프롤레타리아 혁명이 지니는 "기계를 부러뜨리"고 "기존 국가장치"를 부러뜨릴 **무매개적** 필연성은 『공산주의자 선언』에서 부재한다.

3) 심지어 불충분하고 개별적인 하나의 형태하에서로라도 국가의 파괴와 '종말'에 조응하는 실천적 조치들은 『**공산주의자 선언**』**에서 완전히 부재한다.** 이러한 종말은 머나먼 최종목표로서만 사고된다. 다시 말해, 『공산주의자 선언』에서 쟁점이 되는 것은 단지 국가에 대한 **실정적** 활용의 문제일 뿐인 것이다. 우리는 『공산주의자 선언』의 이러한 결과를 다음과 같은 용어로 언표할 수 있다. 『공산주의자 선언』에서, "국가의 파괴(그리고 이 파괴 이후에 이어지는 소멸)"와 "프롤레타리아 혁명"은 **변별적인 두 과정**으로 나타난다. 한편으로, 국가의 종말

은 진정한 하나의 혁명적 과정, 이러한 의미에서 필연적으로 '폭력적' 인 사회적 투쟁과 대립이라는 하나의 과정이 아니며, 단지 하나의 변화évolution 혹은 이 변화의 결과일 뿐이다. 규정된 실천의 목표를 이 변화로부터 만들어내는 것은 전혀 필수적이지 않으며, 단지 이 변화의 (경제적인) 물질적 조건들을 조금씩 조금씩 실현하는 것만으로도 충분하다. 국가의 소멸은 결국 시간이 지남에 따라 이루어질 것이다. 다른 한편으로, 프롤레타리아 혁명은 국가의 파괴, 혹은 국가의 필연적 파괴와 국가의 필연적 활용 사이의 모순(국가를 필연적으로 파괴해야 함과 동시에 국가를 필연적으로 활용해야만 한다는 모순)을 그 필연적 측면들 중 하나로서 내포하지 않는다.

반면, 이미 확인했듯, 『공산주의자 선언』에는 '전제정'(이와 더불어 독재)과 동일시되는 민주주의라는, 폭력을 통한 정치권력의 정복이라는, 프롤레타리아의 지배계급으로의 조직화라는 문제적 관념이 존재한다.

그리하여 다음을 주장할 수 있다. 레닌이 보여주듯, 분명 『공산주의자 선언』의 정식화는 **이미** 기회주의와 화해 불가능하며, 『공산주의자 선언』의 정식화는 기회주의와 단절하기에 충분하며(혹은 오히려 이 정식화는 규정된 정세 내에서 기회주의와 단절하기에 충분했으며), 이 정식화는 더 이상은 소멸될 수 없을 하나의 문제를 제기하는 장소로서의 역사유물론이라는 지형 위에 위치해 있다. 레닌이 또한 지적하듯, 동시에 이 정식화는 '추상적'이다. 하지만 이러한 추상화는 하나의 모순이 출현하지 않고서는 구체화될 수 없다. 이 추상화에 결여되어 있는 것은 단순한 하나의 간극lacune, 즉 한편으로 국가는 이미 존재하고 다른 한편으로 '비-국가'는 여전히 부재한다는 간극이 아니다. 그러나 이러한 부재는 『공산주의자 선언』에 존재하는 테제에 근본적인 영향을 미친다. 결론적으로, 모순이 출현하게 되면 『공산주의자 선언』의 의미는 소급적으로 변화된 것으로 나타나게 된다.

물론 이 모든 것은 **정치적으로** 핵심적이었으며 이후로도 내내 핵심적인 것으로 존재하게 된다. 왜냐하면 정치에서 중요한 것은 어떠한 이론적 텍스트에 대한 잠재적 의도나 해석이 아니라 단지 이 이론적 텍스트의 문자 그 자체(이 문자가 정치적 효과를 생산하는 한에서)이기 때문이다. 따라서 우리는 『공산주의자 선언』이 정치적으로 중의적이라고 정당하게 말할 수 있다. 혹은 더욱 정확하게는, 이러한 비결정성indécision이 사후적으로만 출현할 뿐이라는 점을, 또는 동일한 말이지만 이 비결정성이 현실적 비결정성—1848년 이전의, 그리고 특히 1871년 이전의 노동자운동이 그 안에서 존재했던—에 조응했다는 점을 제대로 이해한다는 조건에서, 그리고 결국 문자 그대로 이해한다면 『공산주의자 선언』의 이론 그 자체가 그 이론이 내포하는 이론적 비결정성을 제거하는 데에서 필수적인 조건들 중 하나라는 점을 이해한다는 조건에서, 『공산주의자 선언』이 **본질적 지점에서 하나의 비결정성**을 지닌다고 정당하게 말할 수 있다.[21]

---

[21] 발리바르의 철학하는 방식의 핵심이 아포리아를 발견해 이를 철학적 무대 위에 상연하는 것이라는 점에서, 옮긴이의 생각에 이 '비결정성'이라는 어휘는 '아포리아'라는 어휘로 치환 가능할 것 같다. 발리바르의 철학하는 방식에 대해서는 「추측과 정세: 에티엔 발리바르와의 인터뷰」(피터 오스본과의 대담, 김정한 역, 웹진 인무브www.en-movement.net)를 참조할 수 있다.—옮긴이

3. 정정

이제 남은 과제는 『공산주의자 선언』과 역사유물론의 테제들 전체에 대한 마르크스의 이러한 정정의 결론들—이중 몇몇은 단지 그 윤곽이 소묘되었을 뿐이거나 심지어는 문제설정적 수준의 것으로 남아 있을 뿐이다—이 무엇인지를 지시하는 것이다.[22]

우리는 이 결론들 중 최소한 다섯 가지를, 게다가 서로 간에 긴밀하게 연결되어 있는 다섯 가지를 다음과 같이 나열할 수 있다.

1) **국가에 대한 정의**의 변형.

2) **국가의 역사**에 대한 이론의 변형.

3) 계급과 착취의 폐지라는 문제에 대한 최초의 **구체적** 규정(왜 프롤레타리아 혁명은, 다른 모든 혁명들과는 달리, 그 어떠한 **새로운** 착취 형태로도 이어질 수 없는 것인가?).

4) 아나키즘과 개량주의, '좌익' 기회주의와 '우익' 기회주의 사이

---

22 '결론들'은 conséquences를 옮긴 것으로, 이 책의 5장에서 특히 빈번히 사용되는 단어다. 이 단어는 '결론' '결과' '일관성' '영향력' '중요성'이라는 뜻 모두를 지닌다. 앞으로도 기본적으로는 '결론'으로 옮기되, 여러 의미를 지닌다고 판단될 경우에는 가독성을 조금 해치더라도 원어를 병기해 résultat 등과 같이 혼동될 수 있는 다른 프랑스어 단어들과 구분하도록 하겠다.—옮긴이

의 정치적 이율배반이라는 원환으로부터 확정적으로 탈출할 수 있는 가능성.

5) '정치의 종언'이라는 문제, 그리고 정치적 실천을 사물의 관리 같은 '순수하게 경제적인' 실천으로 대체하는 것의 문제를 전혀 다른 관점에서 **새롭게 제기**할 수 있는 가능성, 심지어는 **새롭게 제기**해야만 하는 필연성.

나는 첫 번째 결론과 마지막 결론 사이의 연관성을 보여주는 방식으로 이 두 결론을 대상으로 취하는 몇몇 지표들을 제시하는 것에 만족하겠다.

국가에 대한 새로운 정의

마르크스의 '정정'은 국가에 대한 정의의 변형을 함축한다(솔직히 말해, 이 지점은 다음의 지점, 즉 국가의 역사에 대한 개념화의 변형이라는 지점과 엄밀하게 분리 가능한 것은 아니다).

본질적 지점을 즉시 제기하도록 하자. 이 본질적 지점은, 『공산주의자 선언』이 자신의 문제설정을 정정하는 경우에서조차, 『공산주의자 선언』의 문제설정이 앞으로 나아갈 수 있게 해준다. 이 본질적 지점이란 국가에 대한 새로운 정의가 **국가권력**pouvoir d'État과 **국가장치**appareil d'État 사이의 구분에 기반해 있다는 점이다. 따라서 이는 국가권력으로서와 동시에 국가장치로서의 국가라는, 국가에 대한 하나의 복잡한[복합적] 정의인 것이다.

그렇지만 여기에서 나는 독자들의 주의를 촉구해야만 한다. 이러한 정의는 소위 '마르크스주의적 정치과학', 즉 국가권력과 국가장치, 그리고 그 결합의 (본질적으로는 **법률적인**) 형태들에 대한 유형학의 대상이 될 수 있는 바와는 아무런 관계도 없다. 사실 이는 국가권력에 대한 정복과 국가권력에 대한 행사가 취하는 역사적 조건을 (이 조건이 지배계급에 의해 창조된 국가장치의 본성에 의존하는 한에서) 분석하는 것이다.

마르크스의 테제, 그리고 이후에는 엥겔스와 레닌이 발전시켰던 테제는 다음과 같다. 부르주아지 같은 어느 한 지배계급의 **정치권력**은 '직접적으로' 행사되는 것이 아니라 '간접적으로', 즉 다음과 같은 이중적인 의미에서 '간접적으로' 행사된다.

정치권력은 어느 한 계급의 경제적 지배(생산수단의 전유, 그리고 이러한 전유의 토대 위에서 행해지는 잉여노동의 강탈extorsion)가 **그 자체만으로도 충분하다**[즉 경제적 지배 이외의 지배는 필요하지 않다]는 의미에서 직접적으로 행사되는 것은 아니다. 이러한 지배 혹은 더욱 정확히 말해 이 지배가 가능케 하는 노동에 대한 착취가 모든 지배의 토대임과 동시에 항상 도달해야만 하는 목표라는 점을 잊지 말자. 이 지배는 지배계급의 계급투쟁 전체에 의해 '재생산'된다. 하지만 정확히 이러한 관점에서 이 지배는 전혀 충분치 않다. 이 지배는 고유하게 정치적인 성격의 계급투쟁에 대한 '우회'를 요구한다.

또한 정치권력은 지배계급이 그 스스로 하나의 **집합체**collectivité로서 피지배계급에게 정치권력을 행사할 것이라는 의미에서 직접적으로 행사되는 것은 아니다. 이러한 상황은 고대 '도시국가'에서와 같이 소유자가 동시에 시민이기도 한 몇몇 경우들에서 존재 가능했던 것으로 보인다. 하지만 그러한 순수한 상황이 진정 존재했다고 가정한다 해도, 어쨌든 이는 그러한 상황을 더욱 발전시키는 대신 국가의 역사적 발전이 이 상황으로부터 **멀어지는** 상황이다. 이러한 의미에서, 자본주의 국가, 즉 자본가계급의 국가는 **자본가들의** 국가가 전혀 아니다(즉 자본주의 국가는 자본가들의 '조합'이 전혀 아니다). 달리 말해, 지배계급은 하나의 정치적 '주체'로 직접적으로 정의되지 않는다(고전주의 시대였다면 우리는 아마 '주체' 대신 '주권자_le souverain'라고 말했을 것이다). 만일 이것이 정말 사실이라면, 국가의 외양_apparences '뒤편'에서, 이 국가를 지배하는_commandent 계급들, 그리고 최종심급에서 생산-착취의 과정 내에서 그것들이 차지하는 위치에 의해 정의되는 계급들이라는 현실을 탐색하고 발견할 필요는 없었을 것이다.

사실 어느 한 지배계급의 정치권력은 사회의 '위'에 위치해 있는, 즉 지배계급의 이익을 위해 **복무하는 전문화된 하나의 장치를 매개로 해서** 실제적으로_réellement 행사된다. 게다가 (다음은 매우 거대한 실천적 중요성을 지니는 지점인데) 서로 다른 사회구성체들 내에서 이 복무의 **양태들**은, 비록 이 양태들이 연속적으로 이어지는 지배계급들의 이익을 위해 복무한다는 공동의 일반 '기능'을 수행하기는 하지만, 서로 전혀 다르다. 바로 정확히 이로부터 국가의 영원성이라는 외양이 만들어진다.

『가족, 사적 소유 그리고 국가의 기원』에서 엥겔스는 이 양태들과 국가장치의 구성의 역사를 연구하기 시작했다. 특히 엥겔스는 국가장치의 고유하게 **억압적인** 핵심을 구성하는 '무장한 남성들의 특수한 분견대', 그리고 국가 공물 혹은 **조세**가 구성하는 필연적인 **물질적 토대**에 주목했다. 조세는 그 자체 잉여가치(그러니까 이윤)와는 구별되는, 그리고 더욱 일반적으로는 착취관계로부터 직접 도출된 잉여생산물의 연속적인 역사적 형태들 전체로부터 구별되는 특수한 하나의 경제 형태다. 비록 조세가 이 형태들이 구성하는 토대 위에서만 존재할 수 있고, 이 형태들과 함께 역사적으로 변형되기는 하지만 말이다. 1848년의 혁명이라는 시기 이후에 마르크스와 엥겔스가 수행한 '정치(학)적' 작업은 다른 한편으로 자본주의적 국가장치의 형태들과 이 자본주의적 국가장치가 계급투쟁 내에서 수행하는 기능의 형태들에 대한 일련의 풍부한 분석들을 포함한다.

따라서 이러한 '차이'의 결론들conséquences을 검토하는 것이 핵심적인 과제다. 국가장치의 필연적 존재로 인해(그리고 이 존재 덕분에) **어느 한 계급**이 다른 한 계급 혹은 다른 여러 계급들에게 행사하는 정치권력은 변형되며, 결국 복잡한 방식으로 **실현**된다. 매우 도식적으로 말하자면, 정치권력은 다음과 같은 두 계열의 관계들 사이의 동시적 작용을 통해 실현된다.

1) 한편으로 정치권력은 이 계급의 **대표자들이 장치에 대해** 갖는 권력(**사실적**[사실상의] 권력, 역사적 투쟁의 결과로서의 권력)을 뜻한다. 이 대표자들은 그 자체로 지배계급의 규정된 한 분파다. 그리고 이 권력은 계급들 사이에서뿐만 아니라 지배계급의 분파들 사이에서의 투쟁의 쟁점이 될 수 있다(프랑스의 경우 1830년과 1848~1851년의 '혁명들', 혹은 지금의 우리와 더 가깝게는 1958년 5월 13일의 '쿠데타'를 보라).[23]

---

23 '쟁점'은 프랑스어 enjeu를 옮긴 것으로, 한국에서 부르디외 사회학을 소개하는 이들이 이를 '내 깃물'로 옮기듯, 여기에서도 그 의미를 더 살리는 방식으로 옮기고자 할 경우에는 '내깃물로 옮기는 것이 더 정확하다. —옮긴이

2) 다른 한편으로 정치권력은 장치와 마주하여 그리고 장치와의 관계 속에서 한 자리에 모인 집단 혹은 개인의 집합collection으로서의 **'사회'에 행사되는 장치의** 권력(**합법적으로** 조직된 권력)을 뜻한다.

달리 말해, 국가의 정치권력은 한 계급이 다른 계급과 맺는 관계의 **형태**로 제시, 더욱 정확히 말해 **실현되지 않는다.** 비록 사회적 생산과정 **전체**ensemble를 포함하는 국가의 정치권력이라는 바로 그 수준에서 계급관계가 계급투쟁 내에서 항구적으로 유지되고 재생산되는 것이긴 하지만 말이다. 이 점을 잘 이해하자. 국가장치는, 비록 이 국가장치가 이러한 정치적 지배의 **기원에** 존재하는 것은 전혀 아니라고 해도, '변형된 형태'하에서 지배계급의 정치적 지배를 실현한다. 정치적 지배의 기원에는, 계급투쟁 내부의, 그리고 특히 최종심급에서는 '경제적' 계급투쟁, 즉 착취 내의 힘관계[세력관계]만이 존재할 수 있다. 따라서 장치 그 자체의(게다가 프루동과 슈티르너에서부터 오늘날의 몇몇 이들에 이르기까지 국가에 대한 프티-부르주아적인 잘못된 비판이 선호하는 목표인 '제도'의) 초자연적 역량이란 존재하지 않는 것이다. 만일 정치적 지배가 국가장치의 기능작용 내에서만 자신의 실현과 자신의 현실을 지니는 것이라면, 이 국가장치는 자신을 실현하는 계급관계와 분리되어서는 완전히 이해 불가능한 것이 된다.

따라서 국가장치의 기능작용 내에서 계급관계는 **은폐**되며 또한 이는 이 계급관계를 실현하는 메커니즘 그 자체에 의해서도 은폐된다. 사실 국가장치는 계급 그 자체와 관계를 맺는 것이 전혀 아니며, 또한 권력을 사실상 **점유**한 계급들과도, 이 권력에 **종속**된 계급들과도 관계를 맺는 것이 전혀 아니다. 이 사실로부터, 정치권력은 **국**

가 그 자체가 (카스트나 신분 같은 지위의 위계로 정의되든 아니든) '사회' 에 **대해** 지니는 권력('권위autorité')으로, 혹은 (다소간 평등한) 개별적 인 격들personnes individuelles의 집합체로 제시된다. 더욱 정확히 말해, 바로 국가장치의 존재가 '국가'와 '사회'를 서로가 서로를 마주하는 방식으로(그리고 서로가 서로를 포함하는 방식으로) 구성되도록 만드는 것이다.

이 메커니즘이, 바로 이 메커니즘을 제도화하는 법률적 형태들이 그 자체 **하나의 허상**이 아닌 것과 마찬가지로, 그 자체 **하나의 허상**이 아니라는 점을 잘 이해해야만 한다. 겉으로만 그러한 것이 아니라 매우 실제적으로, 자본가와 마찬가지로 프롤레타리아는 자유롭고 평등한 **개인**이며, 바로 그러한 개인으로서 프롤레타리아는 시민의 지위를 획득하고 학교에 가고(혹은 가지 않고) 군복무를 하고(혹은 하지 않고) 선거와 국민투표에서 자신의 권리를 행사하고(혹은 행사하지 않고) 국회의원 혹은 시의원으로 선출되고(혹은 선출되지 않고) 소유계약 혹은 고용계약 등을 체결하는(혹은 하지 않는) 것이다 등등.[24] 하지만 이 메커니즘은 이 메커니즘이 실현하는 계급관계에 대한 허상 혹은 오인을 필연적으로 생산한다. 왜냐하면 그 자체로 물질적 실천들 내에서 실현되는 목표가 바로 이 메커니즘이기 때문에 다음의 현상을 객관적으로 설명해준다. 바로 이 메커니즘이 국가의 표상에 필연적으로 연결되어 있는 허상을 만들고 이러한 허상 그 자체를 국가의 기능작용 양태에 통합하는 바를 설명해주는 것이다. 다시 말해 규정된 제도와 실천을 통해 국가장치를 **억압적** 장치뿐만 아니라 동시에 **이데**

---

[24]   여기에서 '겉으로만 그러하다'는 en apparence를 옮긴 것인데, 만일 물신숭배론의 맥락에서의 '상품의 사회계약'을 염두에 둔다면 '외양적으로'라고 옮길 수도 있을 것이다.—옮긴이

올로기적 장치로도 만드는 바에 대해서 말이다.[25]

따라서 국가장치는 규정된 한 계급에 의한 권력의 행사를 가능케 하는 방식으로 구성되어야 한다. 국가장치는 이 규정된 계급의 '대표자들'에 의한 권력의 행사를 가능케 해야만 한다. 따라서 이 대표자들은 **장치의 구조라는 사실로부터**, 그리고 이 대표자들이 여기에서 하나의 '자리$_{poste}$'를 점하고 있다는 사실로부터 이 규정된 계급의 **정당한 대표자들로 (재)생산된, '사회'의 대표자들로 변형**되어야만 한다. 이 대표자들이 어떠한 양태이든 간에 서로 다른 양태들에 따라 이 자리에 선출된 것이든 지명된 것이든 모집된 것이든 말이다. 이로부터 그 위계들(이 위계들 중에서 법률적 평등성 위에 기초한 위계는 어떤 특수하고 극단적인 경우에 불과하다)과 그 의존관계들(이 의존관계들 중에서 개인적 자유에 기초한 의존관계는 어떤 특수하고 극단적인 경우에 불과하다)과 함께 국가 형태가 도출된다. 바로 그렇기 때문에, 간략히 말하자면, 각각의 지배계급이 국가장치를 활용할 뿐만 아니라 [이러한 활용 이전에] 우선 이 국가장치를 창조하고 발전시키고 조직하고 변형하는 것을 자신의 과업과 목표로 삼는 것이다(마르크스가 강조했던 1789년, 1830년, 1848년의 프랑스 혁명들의 '전형적으로' 정치적인 특징

---

[25] 이 정식화들은 비록 우리의 현재 목표에는 그 자체 충분한 것이긴 하지만 여전히 지시적인 것으로 남아 있다. 이 정식화들은 국가장치의 억압적 측면과 이데올로기적 측면이 그 상보성 내에서 어떻게 기능하는지를 알려주지 않는다. 이는 우리로 하여금 이데올로기적 국가장치들을 서로 선명히 구분하고 이를 분석해야만 하도록 이끈다. 《라 팡세》 1970년 6월호에서(즉 「이데올로기와 이데올로기적 국가장치들」 논문에서―옮긴이) 일차적 개요 형태로 알튀세르가 시도했던 바가 바로 이것이다. 『공산주의자 선언』에서 이러한 허상은 결국 이해하기 전혀 쉽지 않은 것인데, 이는 마르크스로 하여금 자신의 양가적인 정식들을 통해 종교, 가족 그리고 국가의 "모든 베일을 찢어버리는", 그리고 모든 인간을 "자신들의 존재조건과 자신들의 상호관계를 각성한 눈으로 결국에는 바라볼 수 있게 해주"는 하나의 사회, 그 안에서 **정치적 허상들의 종언**이 자본주의적 생산관계 그 자체의 자생적[자동적] 결과가 되는 그러한 사회로서의 부르주아 사회를 표상하도록 이끈다.

은, 마르크스의 관점에서 보자면, 이 혁명들이 이 과정을 상대적으로 고립시키며 이 과정을 계급투쟁의 특정한 정세들의 직접적 쟁점으로 형성한다는 사실에 놓여 있다).

분명 이 메커니즘은 마르크스와 같이 말하자면 '완전화perfectio-nné'되는 것이며, 이 메커니즘은 과거 계급투쟁의 도달점인 국가의 역사적 형태들 내에서의 이 메커니즘의 **극한적** 실현으로까지 밀어붙여진다. 국가장치의 기능작용이 이전의 모든 계급투쟁의 효과하에서 사회 **전체**를 (전례 없는 전문화와 집중화를 통해 장치를 이 사회에 완전히 **대립**시킴과 동시에) 장치의 기능작용 내에 **직접적으로** 포함하는 '부르주아 민주주의'가 바로 이 메커니즘이다. 따라서 국가장치에 대해 자신이 점유하고 있는 권력을 행사하는 이로서의 부르주아 계급의 대표자들은 이러저러한 방식으로 전체 '인민의' 대표자로 변형되어야만 한다. 이러한 관점에서 보자면, 여기에 모순이란 존재하지 않으며, 그 대신 마르크스가 어떻게 "자신들의 고유한 정치적 목표에 도달하기 위해 부르주아지가 프롤레타리아 전체를 움직이게 만들어야만 하는지"를 보여주는 『공산주의자 선언』의 분석들과 『루이 보나파르트의 브뤼메르 18일』과 그 이후에 쓴 텍스트들에서 제시된 의회주의와 보편선거에 대한 분석들 사이의 긴밀한 상보성만이 존재하는 것이다.

정치의 새로운 실천

이제 프롤레타리아 독재와 이 프롤레타리아 독재에 대한 최초의 정의의 문제로 돌아오도록 하자. 원칙적으로 여전히 동일한 텍스트에 준거함으로써 **국가가 또한 이미 하나의 '비-국가'이기도 하다**는 관념을 국가권력과 국가장치 사이의 구분과 관련지어 정확히 설명해볼 필요가 있다.

우리는 이러한 관념이, 심지어 이 관념이 국가의 종말이라는 관념을 추상적으로 고려하는 척할 때에조차, 부르주아적 정치 이데올로기에 문자 그대로 부조리한 것으로 끊임없이 나타났다는 점을 알고 있다. 국가는 존재하고 기능하거나, **그렇지 않다면** 존재하지 않거나 둘 중 하나다. 이러한 '양자택일'의 두 항들 사이에서, 부르주아 이데올로기는 지속적이고 점진적인 증진gradation(혹은 오히려 **쇠퇴** dégradation)이라는 의미에서 국가와 비-국가 사이의 **매개적** 상황을 위한, 즉 '평균적 해결책'을 위한 자리만을 발견한다. 하지만 만일 '비-국가'가 국가의 쇠퇴가 향하는 **영도**degré zéro에 불과하다면, 달리 말해 만일 우리가 국가 그 자체라는 **단 하나의 항**과만 관계 맺고 있는 것이라면, 마르크스의 정식은 말놀이 혹은 넌센스처럼 사고 불가능한 것이 될 것이다. [그러나] 마르크스가 작동시켰던 이 새로운 구분 distinction이 정확히 바로 이 '논리적' 아포리아로부터 탈출할 수 있게 해준다.

"그 존재와 실천이라는 유일한 사실"로부터 이 파리코뮌이 진정 증명해내는 것은 무엇인가? 그리고 『프랑스 내전』에서 마르크스가 기록하고자 하는 것은 무엇인가? 어느 정도로는 **이미** 국가와는 다른 것인 하나의 국가가, 즉 '비-국가'가 존재한다면, 분명 이는 프롤레타리아의 **국가권력**이 그 종말extinction의 과정 속에서 약해지기 때문은 전혀 아니다. 오히려 국가권력은 **강화되며** 프롤레타리아 독재의 과정 전체를 통해 끊임없이 강화된다. 하지만 이는 이전의 역사 전체가 이 국가장치를 완전화시켜왔다는 의미에서, 그리고 계급투쟁 그 자체가 이러한 경향을 끊임없이 강화한다는 의미에서, **국가장치**가 이미 **더 이상** 하나의 국가장치가 아닌 한에서 그러한 것이다. 왜냐하면 '무장 인민'(의무 군복무와 이 '무장 인민'을 전혀 혼동해서는 안 된다), 또한 관료제fonctionnarisme와 의회주의의 폐지는 국가장치에 특수한 전문화와 분할séparation의 종언을 의미하기 때문이다.

결과적으로, 과거의 역사 전체에서, 어느 한 계급의 국가권력 강화가 국가장치의 강화라는 물질적 조건을 항상 지녔던 것과 대조적으로, 우리는 정확히 반대되는 상황과 우리가 최초로 마주하고 있다는 점을 확인하게 된다. 국가권력의 강화는 국가장치의 약화를, 혹은 더욱 정확히 말해 국가장치의 존재에 대항하는 투쟁을 그 조건으로 취한다는 점을 말이다.

우리가 이렇게 발견한 **사실**을 다음과 같은 일반적 형태로 언표할 수 있다. **착취계급**과, 역사상 최초로 그리고 생산 내에서 차지하고 있는 위치로 인해 [타자의 도움 없이] 스스로 권력을 쟁취할 수 있는 능력을 지닌 **피착취계급**은 **그들의 권력을**(그리고 심지어는 그들의 절대적 권력, 즉 '독재'를) **동일한 수단을 갖고서 그리고 동일한 형태로 행사할 수 없다.** 이 착취계급과 피착취계급은 도덕적 불가능성이라는 의미에서가 아니라 물질적 불가능성이라는 의미에서 이를 동일한 형태로 행사할 수 없다. 국가기계는 노동자계급을 '위해서' **기능하지 않는다.**[26] 국가기계는 전혀 기능하지 않거나 기능하더라도 노동자계급과는 다른 이(노동자계급의 적수일 수밖에 없는 이)를 위해서pour le compte

---

26　'위해서'는 pour le compte를 옮긴 것으로, 프랑스어 숙어 pour le compte de는 '누구누구를 위해' '누구누구의 이름으로' '누구누구를 대신해' 정도의 의미를 지닌다.—옮긴이

기능하거나 둘 중 하나다. 지배계급을 위해 봉사했던 도구와 유사한 도구를 이용함으로써 정치권력을 정복한 뒤 이 정치권력을 취해 사용한다는 것은 프롤레타리아에게 불가능한 것이다. 그러나 그럼에도 이를 감행한다면, 프롤레타리아는 '폭력적'인 형태하에서든 '평화적'인 형태하에서든 이 권력을 필연적으로 **상실**하게 될 것이다.

그런데 이러한 혁명적 변형은 이중의 조건을 지닌다. 이 이중의 조건 그 자체만으로도 (노동착취의 소멸을 가능케 하는) 생산관계의 변형 내에서 이 조건이 직접 수행할 수 있는 역할을 이해할 수 있다.

1) 첫 번째 조건은 국가장치 **곁의**à côté de, (새로운 형태의 국가장치까지도 포함해) 국가장치를 통제하고 이를 복속시키는 새로운 유형의 정치조직들, 대중적 정치조직들, **노동자들의 정치조직들**의 존재다. 바로 이러한 **조직들** 앞에서, 마르크스의 용어를 따르자면, (우리가 간단히 제거해버리는 것은 불가능한) 선출직들과 공직자들이 "직접 책임성을 지니며 해임 가능"한 것이다. 우리는 이를 선출직들과 공직자들이 **개인들** 앞에서, 심지어는 개별적으로 간주된 노동자들 앞에서 책임성을 갖는 것으로 이해하도록 하자. 파리코뮌에서 이 조직들은 노동자-병사 '모임'[클럽]과 그 가족들 같은 개략적인 형태로 대표되었다.[27]

---

27   하지만 다음을 주의해야만 한다. 마르크스의 관점에서 중요한 것은 이 조직들(파리 '지부들'부터 노동자 섹트들을 거쳐 파리코뮌까지, 하나에서 다음의 하나로 전이되었던 특수하게 프랑스적인 특징을 지닌 1789년과 1793년의 '모델')이 영감을 얻었던 원천인 '정치이론'이 아니었다. 왜냐하면 바로 이 지점에서, 파리코뮌의 패배와 프랑스 부르주아지의 파리코뮌에 대한 군사적 진압을 객관적으로 이롭게 했던 파리코뮌의 지독한 내적 분열에 부분적으로는 책임이 있는 이 조직들의 허약함이 존재했기 때문이다. 마르크스의 관점에서 중요한 것은 이 조직들이 지니는, 생산자 **대중의**(de masse) 정치조직으로서의 특징이었다. 바로 그렇기 때문에 파리코뮌은 이전보다 더욱 절박한 방식으로 노동자계급의 당파라는 질문을 직접적으로 제기했던 것이다.

이렇게 인민의 '대표'라는 메커니즘, 즉 지배계급의 대표자들을 국가 장치 내의 '사회적' 대표자들로 변형하는 작용jeu de renvoi으로서의 메 커니즘을 폐지하는 경향을 지니는 실질적인 '다수majorité' 조직의 윤 곽이 그려진다.

　2) 하지만 두 번째 조건이 훨씬 더 중요한데, 왜냐하면 이 두 번 째 조건은 첫 번째 조건을 그 자체로 조건 짓기 때문이다. 두 번째 조 건은 **정치적 실천의 '노동' 영역 내부로의, 즉 생산 내부로의 침투**다. 다 른 용어로 말해, 자본주의 그 자체가 발전시킨, '정치'와 '경제' 사이 의 절대적 분리의 종언. 이는 새로운 것이라곤 전혀 갖고 있지 않은 '경제정책'이라는 의미에서도 아니고, 심지어 노동자에게로의 정치권 력의 이전에 대한 것만도 아니다. 그 대신 **이 노동자들이 노동자로서 이러한 정치권력을 행사할 수 있도록** 하기 위해, 노동자이기를 멈추지 않으면서 생산의, 그리고 정치적 실천의 한 **부분** 전체를 생산의 영역 **안으로** 끊임없이 이입시킨다는 의미에서 그러하다. 따라서 우리는 노 동이, 그리고 이 노동 이전에는 노동의 사회적 조건들이, '사회적으로 유용한' 그리고 '사회적으로 조직된' 실천이 될 뿐만 아니라 또한 **정치 적** 실천이 되기도 한다고 생각할 수 있다. 조금 뒤 이 문제로 다시 돌 아오도록 하겠다.

　따라서 우리는 마지막으로 다시 『공산주의자 선언』으로 돌아와 이것의 새로운 정식화들로부터 결론들conséquences을 이끌어낼 수 있 다. 『공산주의자 선언』만을 읽는다면, 다음과 같은 하나의 해석에서 '지배계급의 조직'으로서의 국가라는 정의가 완전히 배제되지는 않는다. 최소한 만일 우리가 마르크스가 이 정의에 관해 제시하는 설명들이 불러일으키는 '난점들'을 일단은 생략한다면 말이다. 이 해석은 부르주아 혁명과 프롤레타리아 혁명 사이의, 그리고 심지어는 봉건제 사회의 중심에서의 부르주아지의 발전과 부르주아 사회의 중심에서의 프롤레타리아의 발전 사이의 유사성 혹은 평행성에 관한 해석이다("오늘날 우리는 하나의 유사한 과정을 목격하고 있다. […] 봉건제를 몰락시키기 위해 부르주아지가 사용했던 무기는 오늘날 부르주아지 자신을 향해 돌아서서 부르주아지를 공격하고 있다."). **이러한 유사성은 완전히 형식적인 것인데**, 이 유사성은 일시적이고 교육적인 기능만을 지닌다. 심지어, 모든 교육적 기술이 그러하듯, 이 유사성은 오류를 불러일으킬 고유한 위험을 가진다. 사실 이러한 유사성하에서 평행 혹은 대칭이란 존재하지 않으며 그 대신 완전한 **대립과 비대칭**만이 존재한다. 특히, 역사적으로 우선 봉건제가 봉건적 국가장치 내에서 부르주아지의 자리를 만들도록 강제함으로써 정치권력을 쟁취했던 반면(이는 이미 『공산주의자 선언』에서 마르크스와 엥겔스가 절대군주제에 관해 제시했던 해석이다), 프롤레타리아는 기존 국가장치를 전혀 통제하지 못하며 또한 부르주아지의 지배하에서 국가장치에 자신들의 자리를 점진적으로 만들어내지도 못하기 때문이다.

역설적으로, 『공산주의자 선언』은 (자신의 오류에 대한 교정 없이) **부르주아 국가**("지배계급으로 조직된 부르주아지")와 **프롤레타리아 국가** ("지배계급으로 조직된 프롤레타리아")─『공산주의자 선언』에서 이 둘은 분명히 구분되며, 부르주아 국가와 프롤레타리아 국가의 사회적 토대 내에서 그리고 부르주아 국가와 프롤레타리아 국가가 추구하는 정치 내에서 이 둘은 대립되지만 하나의 **공통 원칙**(하나의 일반적 정의, 하나의 본질), 즉 "지배계급으로의 조직화" 그 자체simlpe라는 공통 원칙을 지닌다—라는 관념으로 나아가버릴 수 있었다.

반면 우리는 부르주아지가 국가장치를 **발전시킴으로써만** "지배계급으로 조직화"된다는 점을 확인하게 된다. 그리고 프롤레타리아는 국가장치 곁에서 그리고 국가장치에 대항하여 실천과 조직의 완전히 다른 정치형태들을 돌발하게 **만듦으로써만**, 그러니까 사실은 기존 국가장치를 파괴하고 이 국가장치를 (단순한 또 하나의 장치가 아니라) **또 하나의 국가장치 더하기 국가장치와는 다른 무언가의 앙상블**ensemble로 대체함으로써 "지배계급으로 조직화"된다. 프롤레타리아 독재 내에서, (마르크스가 강조하듯 모든 민주주의까지도 포함해) 모든 국가에 내재하는 억압은 **전문화된**spécialisé 하나의 (억압적) 장치에 의해서만 행사되는 것이 아니며 또한 주로 이 하나의 장치에 의해서만 행사되는 것도 아니다(이는 '억압에 전문화된 권력의 종언'에 대한 레닌의 주석이다). 하지만 또한 억압은 점점 더 그리고 중심적으로 '일반적인' 하나의 권력, 즉 프롤레타리아를 지도하는 노동자들의 조직된 집합masses에 의해 행사된다. 또한 마찬가지로, 아마도, "국가의 수중에 들어 있는" 생산수단의 집중화는 국가장치의 수중으로의 집중화로, 심지어 프롤레타리아가 지배하는 국가장치의 수중으로의 집중화로도 환원될 수 없다. (최초로는 법률적인 것으로 시작되는) 이러한 집중화와 마찬가지로, 모순적인 방식으로, 노동자들 그 자신의 조직으로부터 도출되는 새로운 유형의 집중화가 또한 구성된다.

따라서, 방금 전에 내가 제기했던 질문으로 다시 돌아오자면, "이미 또한 비-국가이기도 한 국가"가 국가의 존재와 국가의 소멸 사이의 **매개자적인** 무언가, 즉 단순한 쇠퇴dégradation의 계기는 아니라는 점을 이해하게 된다. 오히려 이는 하나의 **모순적** 사실이다. 그리고 이는 우리가 여기에서 하나의 항이 아니라 두 개의 항과 관계하고 있기 때문이다. '비-국가'는 단순히 영zéro, 즉 국가의 부재인 것이 아니다. '비-국가'는 다른 한 항의 실정적 존재다. 따라서 문제는 국가의 점진적 내향화involution[퇴화]를 기술하는 것이 아니라 국가에 대항하는 (정치적) 투쟁과 이 투쟁의 수단을 기술하는 것이다.

이러한 결론을 정식화함으로써, 마르크스는 파리코뮌의 투쟁이 발견해낸 현실적 경향을 분석하고 언표했을 뿐이다. 마르크스는 미래에 대한 예상을 제시하는 그 어떠한 '해결책'도 추구하지 않았다. 하지만 직접적인 몇 가지 과업들을 동시에 정의하기에는 마르크스에게 이것만으로도 충분했다. 이 과업들 중 가장 중요한 것은 프롤레타리아 **당파**의 조직화인데, 이 당파 한가운데에서, 심지어 공산주의 혁명 이전에, 그리고 이 공산주의 혁명이 가능하기 위해서는, 이 두 가지 모순적인 경향들이 이미 공존하고 있어야만 한다. 이로써 사회-민주주의를 기존 정치 장치의 한 조각pièce[부품]일 **뿐만 아니라**(이는 필연적인 것이다) 완전히 다른 무언가로도 만들기 위해 마르크스와 엥겔스가 이끌어갔던 끊임없는 투쟁이 설명된다. 레닌의 투쟁을 예기하는 마르크스와 엥겔스의 이러한 투쟁은 분명 그 자체만으로도 자세한 분석을 행할 가치를 지닐 것이다.

따라서 우리는 열린 질문에 대한 탐구를 종결짓기 위해 위에서 내가 지시했던 문제, 즉 '정치의 종언'과 관련해 『공산주의자 선언』의 관념이(그리고 『반-뒤링』의 관념이) 제시하는 문제로 돌아올 수 있다.

이제 이러한 관념은 무엇을 의미할 수 있을까? 이 관념이, 프롤레타리아의 역사적 운동의 미래가 취하는 경향들에 영향을 주는 영역 전체에서와 마찬가지로, 부분적으로는 필연적으로 **모호한 것**obscure으로 남아 있다는 점을 확인해야만 한다. 사실 이러한 관념의 구체적 내용은 이 경향들의 **현재 형태**에 대한 인정 바깥에 존재하는 것이 아니다. 이는 예언 같은 것이 전혀 아니다. 마르크스에게로만 논의를 한정하자면, 그가 우리에게 미래에 관해 말할 때, 그는 또한 그리고 무엇보다도 현재에 대해, 그리고 가끔은 가장 직접적인 우리의 현재에 대해 말하고 있는 것이다. 바로 그렇기 때문에 마르크스가 역사적 경향에 대해 제시하는 분석은 그 자체 실천에 영향을 미친다.

하지만 마르크스의 분석과 이 분석의 변형을 따른다면 '정치의 종언'이라는 질문은 어떻게 제시될 수 있을까? 1847년 마르크스와 엥겔스는 국가의 종언(그리고 국가의 종말extinction)이 정치의 종언을 **함축**한다는 점을 설명한다. 논리적으로, 만일 (파리코뮌이 보여주듯) 국가의 종언이 무매개적으로 시작된다면, 그리고 만일 이 '종언'이라는 것이 **정도**의 차이가 아니라 투쟁하는 두 경향들 간의 모순적 결합이라면, 그렇다면 '정치의 종언' 또한 그 즉시 '시작'되어야만 한다. 하지만 파리코뮌에서 이미 그 윤곽이 소묘되었던 현실적 경향은 전혀 다른 것이었다. 이는 '정치'의 또 하나의 **다른 형태**의 (처음에는 불확실하면서도 빈약한) 구성이다.

이 점을 잘 이해하도록 하자. 여기에서 중요한 것은 정치적 실천이 국가의 기능작용으로 **환원되지 않는다**는 점을 파리코뮌이 밝혀냈다는 식으로 이해하는 것이 아니다. 사실 오히려 파리코뮌은 이 정치적 실천을 국가의 기능작용에 완전히 '환원'시켰다. 규정된 물질적 조건 바깥의 정치적 실천을 위한 역사적 조건이란 존재하지 않았다. 정반대로 국가, 그리고 자본주의에 의해 발전되고 '완전화'된 국가장치의 형태들이 존재한다. 바로 그렇기 때문에, 프롤레타리아—프롤레타리아의 역사적 행위action는 **정치의 새로운 실천**으로 나아간다[28]—에게는 국가와 국가장치라는 지형으로 침투하는 것 말고는 정치의 새로운 실천에 도달할 수 있는 길이 전혀 없다.[29] 하지만 프롤레타리아는 ("지배계급이 만든 것이면서도 이 지배계급 자신을 향해 되돌려지는") 지배계급 고유의 무기뿐만 아니라 (부르주아지의 무기와는 아무런 관계도 없는) 새로운 무기를 갖고서 지배계급을 무찌르기 위해 자기 고유의 계급적de classe 토대와 계급 통일적d'unité de classe 토대를 갖고 이 지형 안으로 침투한다(그러나 프롤레타리아는 이 계급적 토대와 계급 통일적 토대, 즉 물질적 생산, 생산의 경험 그리고 생산 내에서의 조직화를 절대로 **벗어나지** 않는다). 이것이 바로 이러한 상황의 근본적이고 급진적인 새로움이다. **생산자들에 의해** 행해지는 정치, 생산자들에 의해 겨냥된, 정복된 그리고 행사된 국가권력.[30]

---

28   나는 알튀세르가 레닌의 '**철학의 새로운 실천**'에 관해 언급하면서 이미 활용했던 정식을 다시 취해 이 가설적 표현을 제시하고자 한다(*Lénine et la philosophie*, Maspero, 1969). 솔직히 말해, 알튀세르가 보여주듯 철학이 그 자체로 이론 내에서의 정치와 다른 것이 아니기 때문에, '정치의 새로운 실천'과 '철학의 새로운 실천'은 동일한 문제의 두 양태일 뿐이다. (국역본으로는 「레닌과 철학」, 진태원 옮김, 『레닌과 미래의 혁명』, 이진경 외 지음, 그린비, 2008을 참조.—옮긴이)

29   더욱 정확히 말해, 앞에서 내가 이미 지적했듯, 억압적일 뿐만 아니라 이데올로기적인, 그 전체가 (단수의—옮긴이) 국가장치를 구성하는 (복수의—옮긴이) 장치들의 지형.

30   내가 이 글을 쓰고 있는 지금 이 순간의 직접적 현재성이 나에게 이러한 변증법에 대한 구체적 예증을, 우리 시대의 위대한 혁명 지도자인 팜 반 동(Pham Van Dong)이라는 예증을 제시해주고 있다. 1972년 5월 18일 일간지 《르 몽드》와의 인터뷰에서 그는 다음과 같이 선언한다. "미국은 자신의 호치민 루트 폭격이 아무런 성과도 이끌어내지 못했다는 점을 결국 인정했으며 '베트남화'의 실패와 정확히 다를 바 없이 이로부터 자신의 결론을 이끌어냈다. 미국의 작전은 아무런 효과 없이 엄청난 규모의 비용만을 지불케 했다. 그럼에도 미국은 자신이 동원할 수 있는 **모든 과학적 수단을 동원해 전쟁**을 수행한다. 하지만 우리가 활용할 수 있는 수단과 함께, 우리는 비록 우리의 군대가 보잘것없는 수준이라고 해도 **과학적으로 전쟁**을 이끌어나가고 있다. 물론 우리는 우리가 획득할 수 있는 현대식 무기의 활용에 머무르고자 하는 것은 전혀 아니다. 하지만 전쟁을 과학적으로 이끌어나가기 위해서

따라서 우리는 마르크스가 관찰했던 현실적 경향이 하나의 단순한 경향이 아니라 **복잡한** 경향이라고 말할 수 있다.

—한편으로 이는 국가 파괴의 경향, 그러니까 국가를 위한pour 그리고 국가 내에서의dans 계급투쟁과 동일시된 바로서의 정치에 대한 소멸의 경향이다.

—하지만 다른 한편으로 또한 이는 '정치'의 새로운 형태의 구성, 혹은 더욱 정확히 말해 **정치의 새로운 실천**의 구성 경향이다. 비록 이 정치의 새로운 실천이 무엇보다도 계급투쟁의 명령에 의해 필연적으로 지배되며 따라서 국가에 반하여contre 그리고 국가에 대하여 par rapport à 구성되는 것이긴 하지만 말이다.[31] 그리고 이 두 번째 경향은 **첫 번째 경향의 실현의 조건 그 자체**인데, 왜냐하면 이 두 번째 조건만이 실정적인 방식으로 프롤레타리아의 역사적 독특성originalité을 표상하고 프롤레타리아에게 자신의 투쟁을 위한 수단을 제시하기 때문이다.

바로 이로부터 결론을 위한 다음과 같은 질문이 도출된다. 이 두 번째 경향이 단지 '일시적'일 뿐이며 미래를 갖지 못한다는 점이 증명하는 것은 무엇인가?[32] 만일 공산주의가 하나의 이상이 아니라 현재

는 선진 테크놀로지 수단을 소유하는 것만으로는 충분하지 않다. 전쟁을 개념화하는 우리의 방식은 과학적인데, 왜냐하면 우리는 **우리 고유의 방법을 갖고서 우리 고유의 목표를 위해 우리의 지형 위에서** 투쟁하고 있기 때문이다. 바로 그렇기 때문에 우리의 적수는 자신의 과학적 장치를 갖고서도 패배하게 되는 것이다. 주도권을 쥐고 있는 것은 바로 우리다."(강조는 발리바르)

31   par rapport à는 '~에 대하여' '에 비하여' '에 비례하여' '에 견주어서'의 의미를 지닌다. '대하여' 라고만 옮기면 '견주다'라는 원어의 뉘앙스가 많이 사라지기 때문에 여러 방식으로 옮기면서도 항상 원어를 병기하겠다.—옮긴이

32   '일시적'은 프랑스어 transitoire를 옮긴 것이며, 이 단어는 '일시적'이라는 의미와 '이행적'이라는 의미를 동시에 지닌다.—옮긴이

의 운동과 실천의 **결과**라면, 오히려 우리는 프롤레타리아가 '정치'와 그 실천의 본성[그 자체]의 **변형**을 향해 나아간다고 말해야 하는 것은 아닐까? 사람들이 이 텍스트들을 종종 너무 성급히 독해하면서 제안하듯, '경제를 위한 정치의 소멸', 생산의 '순전히 기술적인' 조직화 등등(결국 이는 우리가 정치에서뿐만 아니라 경제에서도 **부르주아적인** 개념화에 머무르고 만다는 점을 의미한다)이 아니라 오히려 생산의 실천으로서의 경제를 **직접적으로 정치적인 과업으로** 변형하는 방향으로 나아간다고 말해야 하는 것은 아닐까?

이 질문에 우리는 마르크스의 텍스트들—2장에서는 이 텍스트들로 나의 논의를 한정하고자 한다—에만 기초해 우리의 답변을 이끌어낼 수는 없다. 하지만 우리는 다음과 같은 언급을 제시함으로써 이 질문 자체의 정당성을 확인할 수는 있을 것이다.

'정치의 종언'을 설명하고자 하는 '사물의 관리'라는 관념이 의미하는 것은 무엇인가? 이 관념은 이미 잘 알려진 다음과 같은 실정적 내용을 지닌다. 이 관념은 [직접]생산자에 대한 박탈dépossession과 현재 우리 사회를 지배하는 생산의 아나키[즉 '직접생산자' 입장에서의 생산에 대한 통제와 전유의 불가능성]에 대립하여 생산자 그 자신에 의한 **생산의 통제**maîtrise와 **전유**appropriation를 지시한다.[33] 하지만 이 실정적 내용 곁에서, 이 관념이 오류를 생산할 수 있는 하나의 모호한 정식화를 우리에게 제기한다는 점을 인정해야 한다. 왜냐하면 이러한 정식

---

[33] 물론 마르크스주의와 '자주관리'에 대한 프티-부르주아적 관념 사이의 혼동을 확정적으로 금지하는 것만으로도 충분하다. 끈질긴 프루동적 전통으로 거슬러 올라가는 이러한 혼동이 우리에게서, 그리고 가끔은 심지어 노동자운동의 한가운데에서 끊임없이 재출현하므로 이를 일깨우는것이 유용할 수 있다.

화 전체는 '인격'과 '사물'의 부르주아적인 **법률적 이율배반**에, 그러니까 상품적 유통과 국가의 기능작용이 내포하는 이데올로기에 온전히 기초해 있기 때문이다.[34] '인격에 대한 통치'를 '사물에 대한 관리'와 대립시킴으로써, 고립되어 문자 그대로 취해진 이 정식은 이로 인해 역사유물론과 이중적으로 모순적인 다음의 결과에 도달하게 된다.

— 국가에 대한 분석에서 이 정식은 **계급투쟁** 내에 존재하는 국가의 현실적 기원을 국가의 기능작용으로부터 결과하는 허상 그 자체로 대체한다(개인, 그리고 **인격**과 맺는 배타적 관계).

— 이 정식은 공산주의적 생산이 **생산의 사회적 관계 전체의 바깥에서의** 생산, 그리고 노동이라는 활동과 자유롭게 연합한 **개인들의** 본성에 따른 행동으로 '환원'되는 생산이라는 점을 가정한다.[35] 이 정식은 착취(와 계급)의 폐지라는 관념을 의도치 않게 생산의 사회적 관계 일반의 폐지라는 관념으로 대체하며, 이러한 대체는 우리를 자연 상태로의 회귀라는 낡은 몽상으로 되돌아가게 만들 것이다.

이러한 표상이 내포하는 **공백** 그 자체는 우리로 하여금 『공산주의자 선언』의 **정관사**la 정정을 취하게 강제함으로써 우리의 질문 자체의 정당성을 확인할 수 있게 해준다. 또한 이로써 우리는 오늘과 내일

---

[34] '인격'은 personnes을, '사물'은 choses를 옮긴 것이다. 물신숭배론의 핵심인 이 두 개념에 대해서는 이 책의 4장에서 본격적으로 다루고 있으며, (물론 이 단락에서 '인격'과 '사물'이라는 용어가 사용된 맥락이 배타적으로 물신숭배론적인 것이라고 확정할 수는 없음에도) 이를 '인격'과 '사물'로 옮겨야 하는 이유에 대해서는 『마르크스의 철학』, 에티엔 발리바르 지음, 배세진 옮김, 오월의봄, 2018의 3장 「이데올로기 또는 물신숭배: 권력과 주체화/복종」과 부록 3번인 「상품의 사회계약과 화폐의 마르크스적 구성: 화폐의 보편성이라는 문제에 관하여」를 참조하라.─옮긴이

[35] '활동'은 activité를 옮긴 것이고 '행동'은 action을 옮긴 것인데, 이 용어들은 일반적인 의미로 쓰인 것이라기보다는 독일 관념론과 마르크스가 맺는 복잡한 관계의 맥락 속에서 쓰인 것이다. 이에 대해서는 역시 『마르크스의 철학』의 2장 「세계를 변화시키자: '프락시스'에서 '생산'으로」를 참조하라.─옮긴이

의 사회주의 혁명의 경험에 우리가 준거하도록(그리고 이 경험 속에서 공산주의적 생산관계의 구성이 프롤레타리아 정치를 활용하고 발전시키는 장소로서의 구체적 형태들을 발견하도록) 제안할 수 있다.

3장

잉여가치와 사회계급
: 정치경제학 비판을 위한 서설*

서론

    과학적 마르크스주의 이론(즉 역사유물론)은 **하나의 정치경제학**인가? 이 과학적 마르크스주의 이론은 자신의 영역들 중 하나로서 정치경제학을 포함하는가? 나에게는 현재의 정세 내에서 이러한 두 가지 질문에 다음과 같이 분명히 답변하는 것이 필수적인 일로 보인다. **전혀 그렇지 않다고.** 하지만 이와 마찬가지로 우리는 과학적 마르크스주의 이론과 관련해 '경제사' 혹은 '경제사회학'(더 나아가 '경제인류학')의 관점에서 답변하는 것 또한 거부해야 한다. 왜냐하면 이 분과학문들은 (마르크스주의에 대한 반향하에서, 마르크스주의의 발전에 대한 상관항으로서, 부분적으로) 정치경제학의 부산물, 보충물 혹은 변형태[변종]를 구성하기 때문이다. 또한 이 분과학문들의 문제설정이 명시적일 경우, 이 분과학문들의 문제설정이 정치경제학의 경제 개념들 전체 혹은 일부분을 무비판적인 방식으로 답습하기 때문이다.

    물론 여기에서 문제가 되는 것은 **단어들**, 즉 단순한 명명의 문제가 아니다. 중요한 것은 이러저러한 방식으로 마르크스주의를 지칭하거나 분류하는 것이라기보다는, 마르크스주의를 실천하고 이러한 실천을 통해 마르크스주의를 다른 영역에 적용하며 이 마르크스주의를 앞으로 나아가게 만드는 것이다.

정치적이고 사회적인 역사적 조건에 의해 그 자체 결정되는 기존의 이론적 공간 내에서, 그리고 경제적 계급투쟁에서 마르크스가 수행했던 직접적 역할로 인해, 마르크스주의는 단번에 '정치경제학'으로 정의되었다(물론 마르크스주의가 배타적으로 '정치경제학'으로만 정의되었던 적은 전혀 없다는 점 또한 지적하자). 이러한 맥락에서 1864년 「국제노동자연합 발기문」에서 마르크스는 이론적 투쟁을 적대적 계급들 간의 정치와 결합시킴으로써[1] '노동의 정치경제학'을 '자본의 정치경제학'에 대립시켰다. 마르크스는 『자본』 1권의 출간을 예고하면서 다음과 같이 쓰기도 했다. "이 책은 영국인들이 '정치경제학 원론 The Principles of Political Economy'이라고 부르는 바를 그 내용으로 포함하고 있습니다. (…)"[2] 의심의 여지 없이 우리는, 마르크스 자신에게서와 마찬가지로 마르크스의 후계자들에게서도 이와 관련한 인용들을 계속 찾아낼 수 있다. 어찌 되었든 이 인용들은 과학적 마르크스주의 이론이 자신의 구성적인 한 측면으로서의 **정치경제학**(혹은 최소한 '고전파' 정치경제학)**과 형성하는** (역사적이고 이론적인) **관계**를 지시해준다.

이 자리에서 한 가지만 더 인용해보자. 왜냐하면 과학적 마르크스주의 이론은 오늘날까지도 사용되고 있는 '정치경제학'이라는 한 단어의 용어법 전체를 확립해놓았기 때문이다. 『반-뒤링』의 2부에 '정치경제학'이라는 제목을 붙임으로써, 엥겔스는 이 '정치경제학'의 대상과 방법을 정의했다. "**가장 넓은 의미에서의** 정치경제학이란 인간

---

1   영국에서 노동일을 제한하는 **10시간 노동법**의 획득과 노동자 **협동조합**(coopératives)의 발전과 관련하여.

2   쿠겔만에게 보내는 1862년 12월 28일자 편지.

사회의 생존subsistance을 위한 물질적 수단의 생산과 교환을 지배하는 법칙들에 대한 과학을 의미한다. (…) **다양한 인간사회들**이 생산과 교환을 행했던 장소인, 그래서 결과적으로 생산물들이 매번 배분되었던 장소인 그 조건과 형태에 대한 과학으로서의 정치경제학, 이러한 외연을 취하는 정치경제학은 그러나 여전히 앞으로 형성해내야만 할 것으로 남아 있다. (…)" 따라서 이는 기존의 (부르주아적) 정치경제학의 한계를 넘어서는, 그리고 자본주의적 생산과 상품교환의 형태들에 상대적인(그리고 보편적으로 합리적, 인간적, 사회적이지는 않은), 역사적으로 규정된 특징을 보여주는, 그러한 마르크스주의의 목표일 것이다.

하지만 마르크스주의의 전통 내에서 정치경제학에 대한 준거는 그 자체 투쟁과 결부되어 있는 정치경제학 **비판**(이는 『자본』의 부제다)이라는 관념과 분리 불가능하다. 여기서 투쟁이란, 새로운 계급적 관점에서 노동자운동이 국가권력의 전복과 착취의 물질적 조건에 대한 폐지를 위해 사회적이고 정치적인 지형 위에서뿐만 아니라 이데올로기적이고 이론적인 지형 위에서도 부르주아지에 대항해 이끌어 나가는 그러한 투쟁이다. 따라서 이제 문제는 '정치경제학 비판'이 무엇을 의미하는지를 파악하는 것이다. '정치경제학 비판'이란 특수한 particulière 하나의 정치경제학을 파괴하고 이를 **또 하나의 다른 경제학**으로 대체하는 것인가?(그렇다면 여기에서는 이 **또 하나의 다른 경제학**에 혁명적 특징을 부여하는 **것**이 무엇인지를 설명해야 하는 과제가 우리에게 남게 된다) 그것이 아니라면 이 '정치경제학 비판'이란 원리적으로 [근본적으로] **정치경제학 전체와 단절**하고 **또 다른** 지형 위에서 (정치경제학으로 환원되지 않는, 그리고 하나의 완전히 다른 대상과 관계된, 개념화

conceptualisation와 설명의 근본적으로 새로운 다른 형태들에 따라 이해되는) 또 하나의 **다른** 분과학문을 점진적으로 구성해나가는 것인가?

이러한 질문이 의미를 갖기 위해서는, 일반적 정의들 혹은 전통적 지칭들을 검토하는 것만으로는 충분하지 않다. 우리는 마르크스와 그 후계자들(특히 레닌)이 유의미한 방식으로 연구했던 대상을, 마르크스와 그 후계자들이 제기했던 문제들의 본성을, 마르크스와 그 후계자들이 발전시켰던 개념들을 참조해야만 한다. 간단히 말해, 우리는 마르크스와 그 후계자들이 자신들의 이론적 실천을 지시하는 방식을, 마르크스와 그 후계자들이 이 이론적 실천에 대해 '의식'하는 방식을 이 실천 그 자체와, 그리고 이 실천의 결과들과 비교해보아야만 한다. 바로 이것이 유물론적 관점에서 기초적으로 요구되는 바다.

그렇다면 도식적으로 말해 우리는 무엇을 확인하게 되는 것인가? 바로 마르크스주의 이론의 발전이, 정치경제학의 대상에 대한 정정된 개념화 위에 기초해 있는 그러한 정치경제학이라고 하더라도, 이러한 정치경제학의 **확장**으로는 전혀 이어지지 않았다는 점이다.

정치경제학이라는 영역 내에서 마르크스주의자들은 **그 어떠한 새로운 경제학적 개념도** 생산하지 않았다고 우리는 분명히 말할 수 있다. 기껏해야 마르크스주의자들은 (서로 다른 성공도에 따라) 마르크스의 **비판적** 작업opération을 변조해 수행했다(하지만 이는 새로운 경제학적 개념의 생산과는 전혀 다른 것이다).[3] 이는, 경제학적 개념들에 대한

---

3 '변조해 수행하다'는 프랑스어 rééditer를 옮긴 것으로, éditer라는 프랑스어가 '편집'이나 '수정' 등을 의미하므로 독자들은 되풀이해 다시 '편집'하고 '수정'했다 정도의 의미로 뉘앙스를 파악하면 된다.—옮긴이

분석과 이 경제학적 개념들의 실천적이고 역사적인 기능에 대한 분석을 통해, 사회적 과정의 지표들(바로 이 사회적 과정 내에서 이 지표들이 구성된다)과 이 사회적 과정이 지니는 모순의 지표들(마르크스주의자들이 이 모순에 대한 '해결책'을 사고하려 시도하는 한에서 이 사회적 과정에 신비화적mystificatrice 방식으로 반영되는 지표들)을 연구함을 의미한다. 만일 마르크스주의자들이 정치경제학의 최근 역사에서 어떠한 역할을 수행한 것이 맞다면, 이는 완전히 다른 방식으로, 매우 간접적인 방식으로 수행된 것이다. 왜냐하면 마르크스주의자들의 존재(그리고 이 마르크스주의자들의 존재 뒤에 위협적으로 자리하고 있는 노동자운동의 존재) 그 자체만으로도 마르크스주의는 경제학자들로 하여금 마르크스주의적 비판을 피해가기 위해(가치에 대한 '한계주의적' 이론들을 통해) 혹은 이 마르크스주의 이론을 정세적[임기응변적] 답변들과 대립시키기 위해(위기, 고용, 성장, 균형 등에 관한 이론들을 통해) 자신들의 분과학문을 무한히 **전치**시킴으로써 자신들의 분과학문을 '쇄신'하도록 강제했기 때문이다. 마르크스 자신 또한 (1883년 『자본』 1권 독일어 2판의 서문에서) 이를 이미 지적한 바 있다. 마르크스에 따르면, 이제 '속류' 경제학의 발전 그 자체는 과학적 사회주의의 이론과 실천의 존재에 의해 규정되기 시작한다. 이러한 의미에서 모든 부르주아 경제학은 (윌리엄 페티에서 리카도에 이르는 '고전파' 경제학자들의 경제학과는 대립적으로) '속류적'이다(하지만 또한 대부분 학술적이고 아카데믹하기도 하다). 이러한 사실확인constatation[4]은 마르크스주의로부터 유래하

---

[4]   constatation은 '확인'이나 '주장' 등으로도 간단히 옮길 수 있지만 constat가 '확인된 사실'이라는 뜻을 지니고 있다는 점에서 '사실확인'으로 옮겨주도록 한다. 참고로, constat에는 '조서'라는 의미도 들어 있다.—옮긴이

는, 새로운 경제적 테크닉들을 '짜깁기'하기 위해 『자본』의 비판적 분석의 단편들을 **전도**시킬 줄 알았던 (콘드라티예프나 레온티예프 같은) 이론가들이 계량경제학의 발전 속에서 수행했던 역할에 의해 (약화되기는커녕) 오히려 강화된다.[5]

따라서 우리는 훨씬 더 적절한 또 하나의 다른 용어법을 참조해야 한다. 마르크스는 1859년의 『정치경제학 비판을 위하여: 1분책』에서 처음으로 ('경제적 사회구성체' '사회의 경제구성체' 같은 변형태들과 함께) **'사회구성체'에 대한 분석**이라는 개념(규정된 **생산양식**들의 출현과 역사적 변형에 조응하는)을 도입한다.[6] 마르크스는 자본주의적 생산양식에 내포되어 있는 사회적 관계의 앙상블ensemble이 변형되는 '자연적인'(다시 말해 물질적으로 필연적인) 과정에 대한 분석을 자신의 대상으로 제시한다(1867년 『자본』 1권 서문을 참조). 마르크스는 어떻게 자본주의적 생산양식의 구조를 구성하는 **계급투쟁**이 이 구조 자체를 파괴하는 경향을 지니게 되고, 하나의 사회혁명 그리고 착취도 계급도 없는 하나의 새로운 생산양식의 조건을 생산하게 되는지를 보여준다.

결과적으로, 마르크스에게서 문제는 기존 경제이론을 **동일한 대상을 취하는** 또 하나의 다른 이론으로 대체하는 것도, **더욱이 동일**

---

5   '짜깁기'는 프랑스어 bricoler를 옮긴 것으로, 일상에서 이 단어는 가내에서 도구를 통해 자신이 직접 쓸 가구 등을 만드는, 많은 프랑스인들이 취미생활로 갖고 있는 행위를 의미하며, 이 단어의 명사형 브리콜라주(bricolage)는 프랑스인들이 좋아하는 이러한 취미생활을 일컫는다. 여기에서는 맥락상 이러한 일상적 의미를 기반으로 약간의 부정적 뉘앙스를 담고 있다고 판단해 '짜깁기'로 번역한다. 구판 번역본에서는 '이것저것 찾기'로 번역했는데, 『자본』의 비판적 분석의 단편들을 '이것저것 찾'아 이를 새로운 경제적 테크닉으로 '뚝딱뚝딱' 만들어냈다는 점에서 이 또한 참고할 만한 역어라고 생각한다.—옮긴이

6   '사회구성체'는 formation sociale을 옮긴 것이고, '경제적 사회구성체'는 formation sociale économique를, '사회의 경제구성체'는 formation économique de la société를 옮긴 것인데, '경제적 사회구성체'와 '사회의 경제구성체'는 서로 동일한 의미를 지닌다고 보아도 무방하다.—옮긴이

한 '메커니즘들'에 관한 또 하나의 다른 '모델'로 대체하는 것도 아니며, 마찬가지로 경제이론을 **확장**하는 것도 전혀 아니다. 실천 속에서 마르크스주의 이론은, 자본주의적 생산에 대한 경제학적 분석을 (마르크스가 명시적으로 거부했던 관점인) 하나의 사회학적 일반이론 혹은 하나의 보편적 역사이론이라는 더욱 광대한 하나의 전체ensemble로 '빠뜨리는 것'을 자신의 핵심 목표로 삼았던 적이 전혀 없다.

당대의 논쟁적 맥락 속에서(왜냐하면 당대에 뒤링은 자기 자신이 온전한 의미의 '경제학자'이기를 원했으며 그렇다고 믿었기 때문에) 엥겔스가 그 윤곽을 소묘했던 프로그램과 비교해보자면, 오히려 마르크스주의 이론은 실천 속에서 하나의 **제한**restriction으로 정의될 것이다. 이 **제한**을 마르크스주의 이론이 연구하는 것이 사회구성체들 **일반**의 역사가 아니라 **자본주의적 사회구성체들**만의 (오늘날까지의) 역사적 경향이라는 사실로 이해하도록 하자. 더욱 정확히 말하자면, 바로 **모순**이, 자본주의적 생산양식이 **지배적** 생산양식으로 구성되자마자(즉 '부르주아 혁명'이 이루어지자마자), 또 하나의 **다른 혁명**, 즉 프롤레타리아 혁명의 점점 더 확정적인 형태들을 발전시키고 그 필연성을 생산하는 것이다. 마르크스주의 이론이 연구하는 것, 그리고 마르크스주의 이론이 이러한 역사적 문제가 실천적으로 '해소'되지 못하는 만큼 끊임없이 연구하게 되는 것은, 가깝거나 멀거나 심지어는 매우 머나멀기까지 한 구체적인 역사적 조건(즉 이 모순이 취하는 이러한 조건) 전체와 함께, 바로 이 모순의 통일성이다. 하지만 이러한 분석은 기존 사회적 관계 내에서의 경제 관리 혹은 경제 정책이라는 관점, 즉 고전파적이든 신고전파적이든 정치경제학의 문제설정들과 개념들 내에서 실현되는 관점에서 수행될 수는 없었으며 지금도 여전히 수행될

수 없다. 오히려 이러한 분석은 **기존 사회적 관계를 그 대상으로 취해**
야 하며, 부르주아지의 계급투쟁 내에서의 그 기원과 기능을 설명해
야만 한다. 따라서 이러한 분석은, 이 분석 고유의 새로운 개념들에
대한 배치dispositif 내에서 이러한 관점을 점진적으로 실현함으로써, 사
회계급 즉 근대 노동자계급으로서의 프롤레타리아의 관점에, 다시 말
해 기존의 사회적 관계에 대한 혁명적 변형을 실현하기 위해 생산 내
에서 이 사회계급의 위치가 만들어내는 효과하에서 투쟁하는 사회계
급의 관점에 자신을 위치 지어야만 한다. 바로 이것이 기존 정치경제
학과의 이론적 단절(연구대상의 변화)과 정치적 단절(계급적 관점의 변
화) 사이의 객관적 통일성을 명료히 밝혀주는 것이다. 계급적 관점의
변화는 연구대상의 변형 **내에서**, 이론적 지형의 변형 내에서 실현되
며, 연구대상의 변형은 계급적인 (이론적) 관점의 변형 **내에서** 실현되
는 것이다.

　　바로 그렇기 때문에, 매우 도식적으로 말하자면, 정치경제학 **일**
반을 가리켜 거대한 두 진영으로 분할되는 하나의 분과학문, 동일한
문제들에 대한 해결을 위해 공식 경제이론들과 마르크스주의 이론,
그러니까 부르주아 경제학과 프롤레타리아 '경제학'이 서로 대립하는
장소로서의 하나의 분과학문이라고 말하는 것이 그리 정확한 주장
은 아닌 것이다. 이 둘 사이의 차이는 답변의 수준에 있는 것이 아니
라 이미 질문의 수준에 있는 것이며, 이 둘 사이의 차이는 이 질문이
더욱 잘 이해되면 이해될수록 그만큼 환원[제거] 불가능한 것이 되어
야만 한다. 그 어떠한 경제학적 문제설정도 그것이 원하든 원하지 않
든 항상 부르주아적이다. 적절한 이론적 개념들을 취하는 프롤레타
리아 계급적 관점의 정식화 전체 또한, 정치경제학의 난점들 혹은 곤

경들을 '해결'하기는커녕, 여기에 해결 불가능한 모순들을 도입할 수밖에 없다. 결국 마르크스주의 이론은 **하나의** 정치경제학이 아니다. 바로 그렇기 때문에, 불행하게도 또한 우리는, 제국주의와 이 제국주의가 초래하는 격렬한 계급투쟁의 정세 내에서 자신들의 이론과 자신들의 기술이 지니는 곤경들을 해결하기 위해 마르크스주의로 되돌아가고자 하는 오늘날의 수많은 경제학자들을 실망시킬 수밖에 없다. 마르크스주의가 경제이론의 난점들을 '해결'할 수 있을 것이라는 관념은 자본가들이 자본축적을 관리하는 데에 마르크스주의 이론을 활용할 수 있을 것이라는 관념만큼이나 부조리한 것이다. 혹은 마르크스주의의 적용이 기존 생산관계라는 범위 내에서 자본주의 경제의 **위기**에 대한 '해결책'을 제시해줄 수 있을 것이라는(마치 이 위기가 '잘못된' 경제학적 개념화로부터 결과하는 것이라는 듯이 말이다) 관념만큼이나 부조리한 것이다. 프롤레타리아 계급(과 이 프롤레타리아의 계급투쟁)의 조직들이 마르크스주의 이론을 전유하고 발전시킨다는 조건에서, 이 마르크스주의 이론은 위기를 **악화**시키고 이 위기를 정치적으로 **활용**하는 역할을 수행할 수밖에 없다. 마르크스주의 이론은 위기가 서로 확연히 다른 다음과 같은 두 가지 가능한 역사적 '해결책들' 이외에는 그 무엇도 지니지 않는다는 점을 보여준다. (착취의 조건들을 이르게 혹은 뒤늦게 재생산하는) 착취의 강화, 혹은 생산양식의 혁명적 변형.

　물론 나의 이러한 주장은 마르크스주의 이론 내에서, 그리고 이 마르크스주의 이론이 경제학적 **기원을 갖는** 범주들(**자본**이라는 범주 그 자체에서부터 출발하는 여러 범주들)을 통해 행하는 활용 내에서, 경제학적 문제설정과 **양립 불가능한 것**을 우리가 **인지할 수 있다는** 점을 전제한다.

오래전부터 경제학자들은 마르크스가 '발견'하고 정의했던 바로서의 **잉여가치**라는 개념의 이러한 양립 불가능성의 원천을 거부와 부인이라는 형식으로 스스로 인정해왔다. 경제학자들의 눈에 이 개념은 그 어떠한 '조작적' 가치도 지니고 있지 않은 '반反과학적'이고 '사변적'인 하나의 대표적 개념이다.

역으로, 마르크스주의 전통의 중심으로 (끊임없는 이데올로기적 투쟁이라는 사실—마르크스주의 전통은 이러한 끊임없는 이데올로기적 투쟁의 장소다—로부터) 의식적이든 아니든 하나의 정치경제학의 구성으로 되돌아가려는(그래서, 객관적으로 보아, 마르크스가 개시했던 이중의 단절을 **폐기**하기 위해 노력하는) 모든 이론적 시도는 **항상 잉여가치 개념에 대한 자신의 오인이라는 특징을 통해 드러난다.** 즉, 이러한 모든 이론적 시도는 잉여가치에 대한 단순히 기술적인descriptif 절충적 활용을 행함으로써 이러한 활용을 발전시키지 못하는 것으로 밝혀지거나, 혹은 심지어는 이러한 모든 이론적 시도가 잉여가치와 그 형태들(그러니까 착취)에 대한 이론을 이윤과 이 이윤의 실현, 그리고 자본의 유통 등등에 대한 하나의 단순한 이론으로 대체하고자 하는 경향을 지니는 것으로 드러난다. 또는, 마르크스가 리카도에 대해 비판했던 '원환' 그 자체를 이 모든 이론적 시도 자신의 방식대로 다시 변조함으로써rééditant, 이 모든 이론적 시도는 **잉여가치**(와 이 잉여가치의 자본화 과정)를 **이윤**(과 이 이윤의 추구)**의 관점에서 정의**하고자 시도하는 것으로 보이는데, 이는 그 자체로 마르크스의 분석 원리에 대한 부정이다. 바로 이 지점에 우리가 가장 심도 깊게 고려해야만 하는, 명백히 언제나 존재하는 하나의 **사실**이 놓여 있다.

따라서 여기에서 문제가 되는 것은 단순한 용어법이 아니다. 아무리 여전히 추상적이라고 할지라도 (내가 위에서 상기시키는 것만으로 만족했던) 이 테제들은 매우 심원한 현재성을 지니고 있는데, 왜냐하면 오늘날 우리는 마르크스주의를 표방하는 이론가들 사이에서 다음과 같은 두 가지 기회주의적 경향을 관찰할 수 있기 때문이다.

― 한편으로, 자본주의의 현재 단계의 새로운 현상들(그러니까 프롤레타리아 혁명의 현재 조건)을 설명하기 위해, 혹은 사회주의 구축의 문제들을 실천적으로[현실적으로] 통달maîtriser하기 위해, 이러저러한 고립된[중심으로부터 분리된] 마르크스주의적 정식화로부터 출발해 제국주의에 대한, 독점자본주의(혹은 국가독점자본주의)에 대한, 사회주의에 대한, 심지어는 공산주의에 대한 하나의 '정치경제학'을 발전시키고자 시도하는 **객관주의적** 경향. 이는 사회주의 국가들의 몇몇 경제학자들에게서 ('성장' '균형' 계획화 등등에 관하여) 부르주아 경제학의 (수학적) 테크닉들에 대한, 그리고 심지어는 부르주아 경제학의 이론적 개념화들에 대한 순수하고 단순한 재활용으로까지도 이어질 수 있는 그러한 경향이다.[7]

― 다른 한편으로, 자기 자신의 고유한 대상을 지니고 있는 과학적 이론으로서의 마르크스주의 혹은 자율적인 과학적 이론으로서의 마르크스주의―마르크스주의는 이러한 자신의 고유한 대상을 갖고서 **실정적** 인식을 발전시킬 수 있다―라는 관념을 포기하고 이 실정적 인식을 오로지 **부정적**이기만 한 하나의 분과학문의 인식으로 대

---

7   '재활용'은 '다시 취하기'나 '재전유'를 의미하는 reprise를 옮긴 것으로, 조금 어색할 수도 있으나 여기에서 발리바르가 의도하는 '다시 취하기'는 경멸적 의미를 담고 있으므로 '쓰레기 재활용'이라는 의미를 연상시키는 '재활용'이라는 번역어를 선택했다.―옮긴이

체하는 **주관주의적** 경향. 이를 통해 마르크스주의 이론은 정치경제학의 모순과 한계를 폭로하기 위해 이 정치경제학의 발전을 끊임없이 논평하는 역할을 수행하는 하나의 '비판'에 불과한 것으로 나타나게 된다. 마르크스주의 이론은 더 이상 고유한 대상도 고유한 역사도 갖지 않게 된다. 마르크스주의 이론은 하나의 '비판적 정치경제학'으로, 심지어는 '반反-경제학적인 것'의 하나의 변형태[변종]로 환원되어버리고 만다.

한편으로, 객관주의적 경향에서는 『자본』의 부제인 '정치경제학 비판'이 사실상 망각되는 것이며, 다른 한편으로, 주관주의적 경향에서는 이 『자본』의 부제인 '정치경제학 비판'이 그 내용물 없이, 이 내용물의 실제적인 역사적 발전 없이 ['정치경제학 비판'이 아니라 '비판적 정치경제학'으로] 재활용(되고 전도)된다.

정확히 말해 이는, 객관주의적 경향이든 주관주의적 경향이든 이러한 잘못된 관점들 아래에서 현재에 대한 인식과 마르크스주의 이론의 발전을 그 쟁점으로 취하는 문제들이 현실에서 논의되고 있는 것이 그 원인이며, 그렇기 때문에 정확한 용어법의 채택이 중요한 것이다. 하지만 그렇다고 해서 이러한 용어법이 과학적 작업[노동] 그 자체를 대체할 수는 없다. 이러한 용어법이 사전적으로 이 과학적 작업의 정확성을 보증할 수 없는 것과 마찬가지로 말이다. 그렇지만 이러한 용어법은 주어진 정세 내에서 이 과학적 작업을 올바르게 **정향**하는 데에는 기여할 수 있다.

비교법의 용어를 차용해 말하자면, 이러한 지형 위에서 오늘날의 상황은 '제2인터내셔널의 붕괴'와 소비에트 혁명의 시기, 레닌과 볼셰비키들이 '사회-민주주의자'라는 명칭—사회-민주주의자들은 바로 이 명칭하에서 마르크스와 엥겔스의 뒤를 이어 '공산주의자'라는 과학적으로 올바르며 정치적으로 모호하지 않은 명칭을 쟁취하기 위해 투쟁해왔다——을 포기해야만 했던 시기인 1914~1918년의 상황과 유사하다.

이 두 상황들 사이의 차이를 모두 고려한다면, 이론의 지형 위에서 오늘날 그려야 하는 구분선은 서로 동일하다.

이어지는 설명에서 우리는 다음의 두 가지 본질적 지점들에서 마르크스주의 이론의 독창성을 구성하는 바를 드러나게 만들고자 시도할 것이다.

1) 과거와 현재의 자본주의적 사회구성체들의 역사를 분석할 수 있게 해주는, 자본주의적 생산양식에 대한 이론적 정의.

2) 프롤레타리아와 부르주아지 사이의 투쟁에 대한 분석으로부터 도출되는 바로서의, 이 프롤레타리아와 부르주아지라는 적대적 사회계급들에 대한 이론적 정의.

1. 자본주의적 생산양식과 잉여가치론

자본주의 경제사의 불가능성

우선 현재 통용되고 있는 '경제사'라는 개념화가 항상적으로 지니는 몇 가지 난점들을 간략히 상기해보자.

(애덤 스미스부터 존 스튜어트 밀까지의) 고전파적 경제자유주의는 (한계주의로부터 유래하는) '신-고전파' 경제학과 마찬가지로 '외부적' 요인들의 개입, 즉 사회적, 제도적, 정치적, 이데올로기적 질서의 개입 (이에 대한 연구는 경제적 '합리성'이 지니는 잔여적 '비합리성'을 설명하기 위한 다양한 '인간과학들'—[사회적, 제도적, 정치적, 이데올로기적 질서로의] 이러한 분할 그 자체로 구성되어 있는—이 담당한다)으로부터 근본적으로 독립적인 고유한 '자연적' 법칙들을 통해 기능하는 하나의 자율적 경제체계를 표상했다.

1930년대에, 예를 들어 케인즈에게서, 정반대로 이러한 자연주의적이고 낙관주의적인 표상은 실업과 인플레이션이라는 대립적 경향들 사이의 '중재'를 위한 (독립적인 한 명의 '경제적 행위자'로 사고된) 국가의 개입을 전제하는 또 다른 표상으로 대체된다. 이러한 표상은 산업적이고 금융적인 집적으로 인해 형성된 새로운 조건, 국제적 경쟁, 1914~1918년의 1차대전과 1929년 세계대공황과 그에 이어지는 몇 년의 효과와 분명히 연결되어 있는 것이다.

하지만, 우리가 논의의 쟁점으로 삼고자 하는 바와 관련해서, 이러한 [케인즈적] 표상은 이전의 [고전파적 혹은 경제자유주의적] 표상과 근본적으로 다르지 않다. 수요와 공급 곡선 사이의 수렴, 그리고 가격과 생산과 노동력main-d'œuvre의 자생적 운동으로 인해 자연적으로 균형을 이룬 규정된 하나의 체계를 대신하여, 이 케인즈적 표상은 최소한 경기변동fluctuations에서는 두 가지 잠재적 결과를 생산하는, 그래서 적절한 경제정책을 통해 균형을 이루어내야만 하는 상대적으로 비규정적인 하나의 체계를 우리에게 기술해준다.[8] 하지만 이 두 가지 결과들은 체계의 구조 내에 '자연적으로' 기입된 것으로, 이 체계의 구조에 의해 이미 규정된 것으로 남아 있다.

따라서 체계 그 자체의 변형과정이라는 의미에서의, 새로운 경향들을 발현하는 사실들이라는 의미에서의 진정한 경제사란 이 두 표상들 중 그 어떠한 표상에서도 존재하지 않는 것이다. 지금 존재하는 것은 균형과 불균형의 국면들 사이의 교체를, '현실경제affaires'의 확장과 수축의 주기들cycles을, 체계의 상태에 미치는 이러저러한 경제정책의 정세적conjoncturels 효과를 보여주는 '경제적 사실들'에 대한 일화적anecdotique 역사뿐이다.[9]

---

[8] '경제정책'이라는 통념에 대한 비판과 관련해 우리는 쉬잔 드 브뤼노프(Suzanne de Brunhoff)의 *La Politique monétaire, un essai d'interprétation marxiste*(화폐정책: 마르크스주의적 해석의 시도), PUF, Paris, 1973에서 매우 흥미로운 연구 방향들을 발견할 수 있다.

[9] 이러한 방식으로 이해된 경제사 전체에 대한 설명으로는 Maurice Niveau, *Histoire des faits économiques contemporains*(동시대 경제적 사실들의 역사), PUF, Paris, 1966을 참조하라. 이러

연속적인 경제 '주기들cycles'[경기순환들] 사이에 대한 최근의 비교를 통해 쉬잔 드 브뤼노프가 완벽하게 지시하고 있는 것이 바로 이것이다.

"이러한 비교분석들에서, 과거가 현재의 기준이든 현재가 과거의 기준이든, 주기라는 통념은 **자본주의 체계** 내에서의 경제적 과정들에 내재적인 경기변동fluctuation을 보존하고 지시하는 개념이다. 이러한 경기변동이 자신의 주기성périodicité 내에서 지니게 되는 개별 특징들, 즉 각 국면이 이전 국면의 조건으로부터 도출된다는 사실은 유일하게 경제의 운동에만 속하는 것이다. 그렇기 때문에 바로 [첫 번째 단계에 이어지는] **두 번째 단계**에서 우리는 주기의 진행에 영향을 미치는 '외적 요인'에 대한 이해를 통해 경제적 원인들에 대한 이해를 완성하고자 시도하게 되는 것이다. 이는 역설적인 작업인데, 왜냐하면 각 국면은 어떠한 결말에 도달했든 이전 국면의 진행에 필연적으로 의존하기 때문에, 혹은 우연적 원인들의 배치constellation 전체를 기술할 수 있게 해주는 **역사적 변수들**에 대한 도입을 통해 자기 자신의 차원에서는 이미 완결된complète 경제적 설명을 보충compléter해야만 하기 때문에 그러하다. 이러한 역설은 주기라는 통념이 위기라는 통념을 대체하는 방식을 취함으로써 지불해야만 하는 대가다. 만일 위기가 (라브

<hr/>

한 경제사가 학계 내 역사가들에게서 초래하는 비판과 교정에 대한 언표와 관련해서는, 장 부비에 (Jean Bouvier)의 논문 'Crises économiques', in *Encyclopaedia Universalis*, 5권을 참조하라. (이미 지적했듯, '주기'라고 번역했으나 사실 cycle은 경제학에서 사용하는 의미의 '경기순환'을 의미한다. conjoncture 또한 인문사회과학에서는 '정세'로 번역하지만 경제학에서 사용하는 의미로는 '경기순환의 특수한 국면'이다. 그러나 이 책이 경제학 저서는 아니라는 점에서, 비록 경제학자 브뤼노프의 논문을 인용한 것이라 하더라도, 단어의 의미를 살리는 방식으로 cycle은 '주기'로, conjoncture는 '정세'로 거의 대부분 일관되게 구분하여 옮기도록 하겠다. ―옮긴이)

리올라의 표현을 따르자면) 일종의 '경제적인 것 내로의 비-경제적인 것의 침입'의 생산물로 오랫동안 나타났다고 한다면, 주기라는 통념은 '불황의 유일한 원인은 호황'이라는 주글라Juglar의 관념을 따름으로써만 완전히 드러날 수 있게 된다. 양차대전 이전과 이후의 주기들 사이의 비교분석은 경제적 설명, 즉 사건들이 야기하는 충격 혹은 제도적이고 사회적인 등등의 구조들의 변형에 의해서만 진동하고 굴절되는 내생적 메커니즘들의 작용이라는 설명에 충실하게 남아 있다."[10]

하지만 여기에서 우리는 논의를 더욱 앞으로 진전시켜야만 한다. 자율적 체계들이라는 관점에서 도출된 '경제적' 현실에 대한 이러한 표상, 즉 역사적 과정에 대한 설명을 제공할 수 없는, 그 대신 이 경제적 과정의 표면적apparents 효과들 중 몇몇 효과들에 대한 추상적이고 경험적인 하나의 표상(즉 하나의 모델)에 불과한 이러한 표상은 (첫눈에 보기에는 서로 매우 상이해 보이는 관점들 내에서라고 할지라도) 역설적이지만 매우 많은 수의 마르크스주의자들이 공유했으며 지금도 공유하고 있다. 시장의 영역(생산물, 자본, 노동)만을 규제하는 하나의 경제적 체계라는 표상을, 이 마르크스주의자들은 단지 **생산의 체계들**(봉건제, 자본주의, 사회주의)이라는 표상으로 대체했을 뿐이다. 균형, 변동, 경제성장의 법칙 같은 관념을, 마르크스주의자들은 생산체계들의 발전의 '단계들'을 미리 배열할 수 있게 해주는, 그리고 결국에는 생산력 발전과 노동생산성 발전의 자연적 경향이라는 효과하에서 하나의 체계를 다른 하나의 체계로 대체하는 것을 정당화할 수 있게

---

[10] Suzanne de Brunhoff, "Conjoncture et histoire économique"(정세와 경제사), *Critique*(비판), n. 250, 1968년 3월(강조는 발리바르). (조금 어색하더라도 이 책에서 거의 대부분 phase는 '국면'으로, étape나 stade는 '단계'로 구분해서 옮겼다.—옮긴이)

해주는 경제적 **진화**évolution**의 법칙**이라는 관념(이러한 관념에 따르면 각 체계는 자기 자신의 고유한 '근본적 진화법칙'을 갖고 있는데, 예를 들어 자본주의의 경우에는 이윤율의 경향적 저하법칙이 존재한다)으로 대체했을 뿐이다.[11] 이때부터 역사적이고 사회적인 변형들은 바로 그와 동일한 수준에서 체계의 정치적이고 제도적인 '반응들'[반작용들]로, 이 체계를 각 진화 단계의 특징적인 모순들에 **적응**시키는 역할을 담당하는 '반응들'로 나타나게 된다. 자신들이 원했든 원하지 않았든, 이를 통해 이 마르크스주의 경제학자들은 자신들의 설명 내에서 역사적 계급투쟁에 파생적이고 부차적인 기능만을 부여하고 말았다.

(카우츠키나 플레하노프 같은) 제2인터내셔널의 몇몇 사회주의 지도자들에게서 이미 지배적이었던 이러한 마르크스주의 해석은 여러 기회에 걸쳐 스탈린에 의해 다시 취해져 명료하게 정식화되었다. 이러한 맥락에서, 스타하노프주의 운동을 "사회주의가 제시할 수 있는, 그리고 자본주의는 제시할 수 없는 높은 노동생산성의 예시"로 취급하면서 스탈린은 다음과 같이 주장했다.

"왜 자본주의는 봉건제와의 싸움에서 승리했는가? 왜냐하면 자본주의는 더욱 높은 노동생산성의 기준들을 창조했기 때문이다. 왜냐하면 자본주의는 봉건체제에서 수용할 수 있었던 것보다 무한히 더 많은 생산물을 수용할 수 있는 가능성을 사회에 제시했기 때문이다. 왜냐하면 자본주의는 더욱 풍요로운 사회를 만들었기 때문이다.

---

11 그 고전적 예는 바로 *Manuel d'économie politique, Académie des sciences de l'U.R.S.S.*(소련 정치경제학 교과서, 1판, 1954)다. 이 책은 여러 차례 재판이 나왔다(가장 최근에 나온 판본은 Éditions Norman-Béthune, Paris, 1969). 다음의 사실을 하나의 중요한 지표로 제시하도록 하자. 공식 부르주아 경제학이 '위기'라는 통념을 '주기'라는 통념으로 대체하는 바로 그 순간 마르크스주의 경제학 자신은 자본주의의 '일반적 위기', 즉 지속적(이고 확정적)인 '위기'라는 통념을 도입했다.

왜 사회주의는 자본주의적 경제체계와의 싸움에서 필연적으로 승리할 수 있고 승리해야만 하며 승리할 수 있을 것이고 승리할 수 있을 것이어야만 하는가? 왜냐하면 사회주의는 더욱 우월한 노동의 범례들을, 자본주의 경제체계보다 더욱 높은 생산량을 제시할 수 있기 때문이다. 왜냐하면 사회주의는 자본주의 경제체계가 만들 수 있었던 것보다 더욱 풍요로운 사회를 만들 수 있기 때문이다."[12] 게다가 우리는, 경제에 대한 스탈린 자신의 표상으로 인해, 그가 제국주의 시기 적대들의 상대적 특징으로서가 아니라 생산체계들 사이의 일반적 경쟁으로 이해된 '평화적 공존'이라는 것[통념]의 최초의 이론가가 될 수밖에 없었다는 점 또한 이 구절을 통해 확인할 수 있다. 이는 실천적으로까지는 아니라고 해도 이론적으로 부르주아 경제이론의 지형 그 자체 위에 자신을 위치시키는 것이었다.[13]

솔직히 말하자면, 외견상 전혀 다른 용어법에도 불구하고(또한 일반적 견해에도 불구하고), 여전히 이러한 표상은 이전 표상들과 근본적으로 다르지 않다. 단순한 **생산체계들**의 관점에서의 자본주의와 사회주의에 대한(나아가 유사하게는 봉건제를 포함한 전前자본주의적인 여러 생산양식들에 대한) 정의들 전체는 '순수하게' 경제적인 법칙들이라는 관념을 보존하고 있다. 반면 (이러한 생산체계들의 대체가 초래하는 원인 혹은 결과로서의) 생산력 발전이 구체적인 역사적 정세들의 이편

---

[12] Joseph Staline, *Questions du léninisme*(레닌주의의 문제들), 2분책, p. 199, Éditions sociales, Paris, 1946.

[13] 소련의 현실역사는 여전히 거의 제대로 알려져 있지 않다. 심원하게 **모순적인** 현상으로서의 스타하노프주의가, 이러한 정식화에서는 부재한 완전히 다른 다음과 같은 하나의 측면 **또한** 포함하고 있다는 점을 지적하는 것으로 만족하자. 공장 안으로의 **정치적 실천**의 진입이라는 역사적이고 혁명적인 어떠한 형태, 하지만 새로운 노동 조직화 형태들 내에서는 물질화될 수 없었던 형태라는 측면.

혹은 저편에 위치해 있으며 그 자체 설명 불가능한 보편적이고 자연적인 하나의 경향으로 나타남과 동시에 말이다. 따라서 이 표상은 여전히 현실의 역사를 쟁점으로 하고 있는 것이 아니며, 그 대신 이 표상에서 중요한 것은 일련의 근사적 사실들을 통해 예증되어야 하는 이론적 진화 도식이다.[14]

(자본주의적 생산양식에 불완전하게 종속된 '후진적' 국가들에서 사회주의 혁명들이 개시된 시기에서부터 몇몇 자본주의 국가들에서 노동생산성의 가속화된 발전—이는 이론적으로는 '사고 불가능한 것'이다—이 이룩된 최근 시기에 이르기까지) 지난 오십여 년간의 [현실에서의] 실천이 그러했던 것처럼, 이러한 실천이 위의 도식에 관한 온갖 종류의 '예기치 못한' 난점들을 불행하게도 계속 만들어낸다면, 이 표상은 앞으로도 현실의 역사에 도달하지 못하게 될 것이다.

따라서 우리는 경제사에 의해 드러난 문제들에 대한 분석을 완전히 다른 기반 위에서, 즉 마르크스가 정의했던 바로서의 생산양식 개념과 이 개념의 경향적 변형들에 대한 (변증법적) 분석이 취하는 기반 위에서 다시 시작해야만 한다.

---

14   여기에서 문제가 되는 것이 이러저러한 모델을, 이러저러한 '사회에 대한 진화 도식'(단선적이든 복선적이든)을 특권화한다는 사실이 아니라 이러한 이론적 통념 그 자체라는 점을 지적하자. 한편으로 이러한 이론적 통념은 역사적 진화에 대한 매우 일반적인 몇몇 특징들에 대한 **사후적** 요약을 구성하는 것에 불과할 수 있다. 이 경우 이러한 이론적 통념은 우리가 규정된 과정들에 더욱 더 관심을 가지면 가질수록 더욱 더 많아지는 (이 이론적 통념의) '예외들'을 통해서만 유효해진다. 혹은 다른 한편으로 이러한 이론적 통념은 '예상'(prévision)이라는 형태로 역사적 변형을 사전에 미리 규정하려 한다. 이 경우 이러한 이론적 통념은 이르게 혹은 뒤늦게 사실에 의해 부당당하게 된다. 이 두 경우 모두에서 이러한 이론적 통념은 과학적 설명의 장애물이 된다. 유물론적 관점에서, 보편사는 하나의 **결과**이지 하나의 소여가 아니다. 진화의 선(들)이란 존재하지 않는다.

역사적 생산양식들에 대한 문제설정

방금 우리가 도식적인 방식으로 드러낸 난점들은 우리로 하여금 자본축적의 순수 도식의 속성에 대한 연구를 독특한singulières(그렇기에 심지어 필연적이기까지 한—왜냐하면 현실적인 역사적 인과성 전체는 규정된다는 점에서 독특하며, 전혀 보편적-형식적이지 않기 때문이다) 역사적 조건—이 조건은 자본주의적인 사회적 관계의 구성과 (산업혁명에서부터 시작해 세계시장의 형성, 일시적 위기 혹은 경기침체에도 불구한 끊임없는 자본축적, 자본주의적 사회구성체들의 한편에서는 '지배적'이고 다른 한편에서는 '피지배적'인 불균등 발전에 이르기까지) 이 사회적 관계의 경제적 효과를 지배한다—에 대한 연구로 나아가게 만든다. **한편**, 그러니까 규정된 사회구성체의 구조를 구성하는 사회적 관계가 **다른 한편**, 그러니까 축적이나 성장 등의 경제적 효과들을 설명하며, 그 역은 전혀 성립되지 않는다.

하지만 이러한 새로운 관점을 적용할 수 있으려면, 우리는 **역사적인 물질적 변형과정이라는 개념, 이미** 하나의 변이variation의 개념이어야만 하는 그러한 개념을 도입해야만 한다. 우리는 '경제적 분석' **내에**가 아니라 (이 '경제적 분석'의 대상과 정의를 뒤집어엎음으로써) 이 '경제적 분석'이 인지-오인하는 문제들의 **위치/입장** 그 자체 내에 사회적 관계로서의 자본이 취하는 역사적 조건의 변형과 이 자본의 특징들을 도입해야만 한다.[15] 따라서 우리는 노동자 수와 숙련도

---

15 '인지-오인하는', 즉 '인지하고 오인하는'은 reconnaît-méconnaît, 즉 reconnaître-méconnaître를 옮긴 것이다.—옮긴이

qualification[16], 노동조건, 그리고 노동자계급의 조직화와 투쟁의 형태들과의 관계 속에서 기술 혁신을 연구해야만 하는데, 그 자체로 이러한 연구는 사회계급들 간의 투쟁을 경제적 진화의 동력으로 인정하는 것으로 이어진다. 하지만 특히 우리는 자본과 임노동 사이의 유기적 관계를, 자본이 잉여노동을 발전시키고 집적하며 축적하는 특수한 형태를 이론적으로 연구해야만 한다. 간단히 말해, 우리는 물질적 생산수단([신고전파 경제학의] 신-한계주의적 용어법에 따르면 이용 가능한 '자원들'의 양으로서든 단순히 화폐의 양으로서든 현재 통용되는 자본에 대한 '경제학적' 정의들을 넘어서서 **자본**을 상품생산의 사회적 **과정**—이 과정 내에서, (처음에는 자본과 '마주'한 것으로, 즉 다른 요인들 가운데에서도 하나의 '생산요인'으로 등장하는) **임**노동은 사회구성체 전체의 차원에서 자본의 본질적인 **내적** 결정요소인 것으로 드러난다—**으로 정의**해야만 한다. 결국 자본의 발전은 임노동의 발전에 의해 지배되며, 자본의 역사는 임노동의 형태와 조건의 역사에 의해 지배되고, 자본의 소멸과정은 임노동의 소멸과정에 의해 지배된다.[17]

현실에서, 이러한 기획이 지니는 난점들에도 불구하고 점점 더 **경제적 효과들에 대한 '경제(학)적'[경제주의적] 관점을**, 심지어는 역사에 대한 경제학적 범주들에 관한 단순한 투사를 **포기**하도록, 그리고 모든 경제학적 문제설정을 또 하나의 다른 문제설정, 즉 계급투쟁의 역사적 형태와 효과라는 문제설정으로 변형하도록, 이론적 '지형'을

---

16   qualification은 '숙련화'로, qualité의 경우는 대부분 '질'과 '숙련성' 모두로 옮기면서 혹시 필요한 경우에는 '숙련도' 같은 다른 역어도 사용하면서 원어를 병기하도록 하겠다.—옮긴이

17   이미 지적했듯 여기에서 '지배'는 프랑스어 동사 commander를 옮긴 것으로, 이 단어에는 '지배'와 '명령'이라는 뜻이 모두 들어 있다. 여기에서 독자들은 '지배' '명령' '통제' '종속' '규정' 등의 뉘앙스로 독해하면 이 문장의 이해가 조금 더 쉬울 것이다.—옮긴이

'변화'시키도록 우리를 이끌 수 있는 것이 있다. 바로 자본주의 경제의 표면적 규칙성régularités apparentes — 심지어 위기 혹은 주기라는 불안정한 규칙성들까지도 포함하여 — 으로부터 벗어나는 현상들의 존재('저발전' 혹은 '사회주의의 건설' 같은)다. 하지만 이러한 관점의 변화는 이 과정들이 자본주의에 외부적이면서도 내재적으로 연결되어 있다는 점에서 자본주의 그 자체의 경제사와 관련해서도 완전히 필요불가결한 것이다.[18]

이러한 '지형의 변경changement de terrain'은 우리가 '추상적인' 경제적 분석을 '구체적인' 경제적 역사[경제사]와 **병치**하는 것에 만족해서는 안 되며, 그 대신 18세기와 19세기 이래로 '고전파' 경제학(이는 스스로 중상주의와 이론적으로 단절함으로써 만들어진 것이다)에 의해 주입된 표상, 모든 '경제-외적'(상품의 **생산자-교환자들**[즉 생산하는 교환자들] **사이에서의 경쟁**이 생산 그 자체에 미치는 효과라는 의미에서) 요인을 (자연적인 경제법칙들의 객관성과는 대립되는) '주관적'[주체적] 효과로 간주하는 그러한 표상에 맞서는 근본적이고 급진적인 투쟁으로까지 나아가야 한다는 점을 전제한다. 이러한 표상에 맞서 투쟁하는 것은 이 표상의 상대적 엄밀성 이편으로 되돌아온다[즉 미달 혹은 퇴보한다]는 것을(즉 하나의 '제도적' 개념화로, 하나의 사회학으로, 심지어는 하나의 경제심리학으로 후퇴한다는 것을) 의미하는 것이 아니라 이러한 엄밀성 너머로 나아간다는 것을 의미한다. 다시 말해, 경제적, 정치적, 이데올로기적 관계들 간 결합의 (각 시기périodes에 따른) 특수한 형태들을 객관적 과정의 결합들로 사고하기, 생산조건의 생산과 재생산 내에서의

---

18   '지배적' 자본주의를 연구하는 것은 자본의 **지배과정**을 연구하는 것이다. 따라서 동시에 이는 '피지배적' 자본주의를 연구하는 것이기도 하다.

물질적 계급투쟁에 의한 이 모든 관계들 혹은 오히려 이 모든 관계들의 경향적 변형의 **결정**을 사고하기. 이는 한계(고전파 경제학은 이 한계 내부에서 사회계급이라는 개념을 인지하고 이를 그 안에 가두어놓는다)를 넘어설 수 있는 가능성에, 그리고 사회계급에 대한 **완전히 다른** 개념을 정식화할 수 있는 가능성에 직접적인 방식으로 분명하게 연결되어 있는 것이다.

알다시피, 이러한 역사적 분석을 실행하기 위해 우리가 활용해야만 하는 (추상적인) 이론적 개념은 **생산양식**이라는 개념이다.

이 지점에서 다음과 같은 한 가지 사항을 즉시 지적함으로써 우리의 주장을 명확히 정립할 필요가 있는데, 이에 대한 지적이 없다면 우리는 또 다른 유형의 형식주의에 빠져버리고 말 것이기 때문이다. 이 한 가지 사항이란 바로, 이론이라는 용어를 강한 의미로 취했을 때 **생산양식들에 대한 일반이론**이란 존재하지 않고 존재할 수 없다는 점이다. 만일 **생산양식들에 대한 일반이론**이 존재한다면, 필연적으로 우리는 생산양식 '일반'에 관한 하나의 이론, 보편사에 관한 하나의 이상적[관념론적] 이론으로 회귀하고 말 것이다. 정의상, 각각의 생산양식은 각각 하나의 특수한 이론에 속하게 된다(생산양식의 사회적 과정의 형태, 생산양식의 모순들, 생산양식의 경향적 법칙들과 관련해서, 그리고 동시에 이 생산양식이 구성되고 재생산되며 변형되는 그러한 역사적 조건과 관련해서도). 하지만 이러한 하나의 특수한 이론은 언제나 생산양식들에 대한 **하나의 일반 과학적 문제설정**을, 그리고 무엇보다도 우선 몇몇 일반적 정의들을 가진다.[19]

---

19   이러한 용어법적 구분은 이브 뒤루의 것이다. Yves Duroux, *Problèmes de planification*(계획화의 문제들), École pratique des hautes études, Paris, n. 14, s.d.를 참조하라. 이 점에 관해서는,

따라서 매우 도식적으로 다음과 같이 말하도록 하자. 첫 번째로, 생산양식은 그 어떠한 것이든 직접생산자들(생산적 노동자들), 비-생산자들 그리고 물질적 생산수단 사이에서 이 생산양식이 사전에 이미 전제하고 재생산하는 **생산관계의 본성에 의해 근본적으로** 특징지어진다. 또한 생산양식의 기능작용의(그러니까 사회적 생산의) 하나의 (필수적인) 유기적 조건으로서의 생산수단을 전유하고 있는 비-생산자 계급[예를 들어 부르주아지]의 존재와 활동을 포함하는 그 어떠한 생산양식이든, **생산관계의 본성에 의해 근본적으로** 특징지어진다는 바로 이러한 사실로 인해, 이 모든 생산양식들은 사회적 노동에 대한 하나의 **착취양식**인 것이다. 지금까지(만일 '원시' 사회들이 제기하는 해결하기 어려운 문제들을 일단은 논의에서 제외시킨다면), 모든 역사적 생산양식은 직접적 착취양식들이었거나 (예를 들어 개인적 상품소↙생산 같은) 착취양식들에 의존하는 피지배 생산양식들이었다. 바로 그렇기 때문에 생산양식의 문제설정이 근본적으로 착취의 역사적 형태에 대한 하나의 문제설정인 것이며, 또한 바로 그렇기 때문에 생산양식의 문제설정이 착취에 대한 저항의 문제설정이기도 한 것이다. 자본주의적 생산양식의 발전과 함께(그리고, 명백한 방식으로, 승리를 거두었던 최초의 사회주의 혁명들과 계급의 폐지를 지향하는 사회구성체들의 등장 이래로), 생산양식의 문제설정은 동일하게 (모든 형태의 생산양식에서의) 착취의 폐지에 대한 문제설정이 된다.[20]

이 뒤에 이어지는 4장 「역사변증법에 관하여」의 2절 또한 참조하라.

[20] 마르크스의 근본 테제는 다음과 같다. 자본주의적 생산양식은 계급착취의 **마지막 가능형태**다. 이는 자본주의적 생산양식이 계급분할의 **모든** 형태들에 대한 폐지 **없이는** 사라질 수 없다는 점을 상관적으로 의미한다.

두 번째로, 생산양식은 그 어떠한 것이든 사회적 노동 **내에서**(노동자들의 노동 도구 내에서, 그리고 노동자들의 직접적 혹은 간접적 협업의 상관적 형태들 **내에서**) 결합된, 더욱 정확히는 규정된 생산관계 **내에서** 결합된, 그렇기에 이 생산관계의 존재의 **토대**를 구성하는 **물질적 생산력의 본성에 의해** ([첫 번째와 달리] 파생적인[이차적인] 방식으로) 특징지어진다.

하지만 고립적으로[맥락으로부터 분리되어] 취해진 이러한 정식화는 생산관계와 생산력이 서로가 서로에 대해 독립적인 방식으로(서로가 서로에 대해 외재적인 방식으로) 존재한다고 전제해버릴, 혹은 각각의 생산양식이 생산력의 한 가지 불변적 유형에, 게다가 유한한 수의 일련의 기술들techniques에 조응한다고 전제해버릴 위험이 있는데, 이 두 가지 전제 모두 역사에 의해, 특히 자본주의적 생산양식의 역사에 의해 절대적으로 반박된다. 따라서 정확히 말하자면, 그 어떠한 생산양식이든 **규정된 생산관계의 효과하에서 존재하는 생산력이 겪게 되는 경향적 변형들**에 의해 특징지어지는 것이다. 생산관계와 생산력의 역사적 통일성을 표상하는 (이러한 경향의) 본질적 지표는 자본주의적 생산양식 내에서 직접적 생산과정 내 **노동의 사회-기술적 분할**의 본성에 의해 구성된다.

세 번째로, 생산양식은 그 어떠한 것이든 생산관계의 항구적 재생산(이러한 생산관계의 항구적 재생산은 절대로 생산과정 그 자체에 의해 완전히 보증되지 않는다)에 필수적인 **'상부구조적'** 형태들에 의해, 혹은 오히려 **한계들**—이 한계들 사이에서 이 **'상부구조적' 형태**들은 생산과정의 사회적 형태(즉 생산관계의 본성)의 변형 없이 역사적으로 변화한다—에 의해 특징지어진다. 그러나 이러한 (법률적, 정치적, 이데올로기적) 형태들을 설명하기 위해서는, 우선 사회적 형태—규정된 생산관계라는 사실로 인해 생산요소들(생산수단과 노동자)의 유통과 분배가, 따라서 동일하게 하지만 부차적으로, 일반적으로는 생산요소들의 유통과 분배에 직접 의존하는 소비수단의 유통과 분배가 이 사회적 형태하에서 실행된다—를 분석해야만 한다.

자본주의적 생산양식: 잉여가치

마르크스는 자신의 일반 개념들을 무엇보다도 특수한particulier 하나의 생산양식(마르크스에게서는 이 생산양식에서 이러한 일반 개념들은 서로가 서로에 대해 분리 불가능하다), 즉 **자본주의적 생산양식**에 대한 분석에 투여한다. **자본주의적 생산양식**을 근본적으로 특징짓는 것은 **잉여가치**의 생산과정 내에서 자본과 임노동자를 대립시키는 생산관계다. 잉여가치(와 이 잉여가치의 연속적인 혹은 동시적인 서로 다른 여러 형태들)의 존재는 자본주의적 생산양식을 다른 생산양식들로부터 구분해준다.

하지만 도대체 이 **잉여가치**란 것은 무엇인가? 자신들의 문제설정 내에서 이 **잉여가치**라는 개념을 재정식화하고자 시도하는 경제학자들의 관점에서, 잉여가치는 순수하게 양적인 방식으로 정의되어야만 한다.[21] 회계론적 관점에 따르면, 잉여가치는 단순히 **사회적 노동**에 의

21　더욱 정확히 다음과 같이 말하도록 하자. '순수하게 **회계론적**(comptable)인 방식으로'라고. 왜냐하면, 철학적 전통이 지니는 뿌리 깊은 경향에 따르면, 여기에서 우리가 '질'(qualité)을 추구하기 위해, 즉 잉여가치에 대한 '질적' 정의를 위해 '양'(quantité)에 대항하는 전쟁을 수행하고 있다고 믿

해 노동력의 재생산에 필수적인 소비수단의 가치에 추가된 새로운 가치의 초과분(excédent)에 불과하다.

현재 널리 통용되는 이러한 정의는 다음과 같은 하나의 중요한 현상의 지표다. 모든 잉여가치 생산은 가치와 가치의 차이에 대한 회계화를 전제한다는 현상. 하지만 이러한 정의는 불충분하며 본질적인 무언가를 은폐하고 있는데, 왜냐하면 한편으로 (**또 다른** 하나의 **형태**하에서라고 할지라도) 초과분이라는 것은 (충분한 노동생산성을 포함하고 있는) 모든 생산양식에 존재하며, 다른 한편으로 이러한 정의는 (비록 다음과 같은 근본적 문제가 이미 해결된 것으로 전제하지만) 여전히 순환론적인 것이기에 다음과 같은 문제를 전혀 해결하지 못하기 때문이다. 왜 자본주의적 생산양식 내에서 (노동력의 직접적 재생산에 필수적인 양에 대한 점증하는 초과분을 포함하는) 노동생산물은 필연적으로 **가치라는 형태**를 취하는가? 마찬가지로, 이 초과분이 확대된 차원에서 생산수단의 축적을 위한 역할을 수행한다는 사실이 특히 자본주의의 도래와 함께 드러나게 되는데, 그러나 이는 또한 공산주의적 생산양식도 동일하게 지니는 것이다. 결국 이 초과분이 직접생산자의 고용을 결정하는 비-직접생산자 계급에 의해 전유된다는 사실은 모든 계급적 생산양식에 공통적으로 속하는 것이다. 따라서, 잉여가치

어버릴 수도 있기 때문이다. 하지만 '질의 과학'(science de la qualité)이란 존재하지 않는다. 그렇기 때문에, 양 즉 교환가치에 대한 회계론적 테크닉과 분과학문(즉 회계학)으로서의 정치경제학이 그 자체로 과학적이지 않다 해도, 이 정치경제학에 대한 비판이 우리에게 제시하는 해결책이 질에 대한 '과학' — 예를 들어 사용가치, 그러니까 '필요'에 대한 '과학' — 내에 있는 것은 전혀 아닌 것이다. 질의 과학과 양의 과학, 이 둘 모두는 항상 정치경제학(과 그 전도)의 원환 내에 갇혀 있다. 자신의 저서 *La Conception marxiste du capital*(자본에 대한 마르크스주의적 개념화), SEDES, Paris, 1952에서 장 브나르(Jean Benard)는 정당하게도 '자본'에 대한 부르주아 경제학적 개념화가 (국민회계를 예상하는) 기업회계의 범주들과 문제들에 대한 하나의 정교한 구성물이라는 점을 즉각 강조했다.

를 올바르게 정의하기 위해서는, 이 잉여가치를 단지 (생산물 혹은 가치의) 양으로만이 아니라 하나의 사회적 과정의 형태로도 정의해야만 하는 것이다.

(노동의 '필수적' 몫에 조응하는) 노동력 가치와 ('잉여노동'에 조응하는) 잉여생산물 모두가 그 즉시[직접적으로] (가치의 전개된 형태로서의) **화폐**형태를 취한다는 사실은 자본주의적 생산관계의 재생산에 필수적인 수단임과 동시에 그 결과다.[22]

따라서 잉여가치가 지니는 진정한 특징은 이 초과분이 생산되는 양식mode이다. 우리는 잉여가치의 양적 결정을 오로지 이 양식의 **효과**로서만 간주해야 한다.

자본주의적 생산양식은 직접적 생산과정 바깥에서, 그러니까 (前자본주의적인 조공이나 지대 혹은 조세처럼) **외부로부터**de l'extérieur 노동자들의 노동과 소비에 대한 강제를 행사함으로써 초과분을 보증하지 않는다. 그 대신 자본주의적 생산양식은 상품이라는 이름으로 노동력을 **직접적으로** 생산과정—이 생산과정의 물질적 수단은 항상-이미 노동력 바깥에 갖추어져 있다—에 통합시킴으로써 **직접적 생산과정 내에서** 초과분을 보증한다.

그렇다면 우리는 사회적 형태라는 문제를 어떻게 제기할 수 있을까? 그 **출발점에서, 각각의** 자본주의적 생산과정 내에서 생산의 요인들은 **항상-이미** 가치라는 형태로(그러니까 가격을 가진 것으로) 주어져 있다. 그 도착점에서, 생산물(즉 상품) 또한 가치라는 형태로 주어

---

[22] 화폐형태에 고유한 모순에 대한 연구로는, 쉬잔 드 브뤼노프, *La Politique monétaire*(화폐정책), op. cit과 동일 저자의 *La Monnaie chez Marx*(마르크스의 화폐론), Éditions sociales를 참조하라.

진다(이 가치는 상품의 판매를 통해 그것이 실현되었을 때 비로소 '나타나게apparaître' 되는데, 그러나 자본가는 자신의 예측을 통해 이러한 실현을 미리 기대하며 이를 자신의 대차대조표상에 기입해놓는다).

자본에 의해 생산된 **상품들의 가치**는 다음과 같은 세 가지 부분으로 나뉠 수 있다.[23]

1) 생산수단에 대응되는 부분
2) 노동력 가치에 대응되는 부분
3) 초과분에 대응되는 부분

하지만 이러한 세 가지 부분들은 서로 간에 완전히 다른 비대칭적 지위를 지닌다.

생산수단의 가치는 이 생산수단을 변형하는 노동과정 내에서 **보존**되며 생산물로 이전된다. 하지만 이때 생산수단의 가치는 **새로운 가치가 생산되는 한에서만 보존된다.** 노동과정 내에서 노동력에 의한 생산수단의 **물질적인** 생산적 소비 없는 생산수단 가치의 '보존'이란 존재하지 않는다. 마찬가지로, 가치와 잉여가치를 '생산'하는 소비로서의 노동력에 대한 소비 없는 생산수단 가치의 '보존'이란 존재하지 않는다. 회계사로서의 모든 경제학자들은 '물신숭배자'임과 동시에 자생적 형이상학자들이다. 이 모든 경제학자들은 영혼이 신체 속에서 살아남듯 하나의 대상의 가치가 이 대상에 대한 '물리적' 파괴 속에서도 살아남는다는 점이, 바로 이 하나의 대상의 가치가 회계장부

---

23   여기에서 '부분'으로 옮긴 단어 또한 fraction이지만, 가변자본과 불변자본 등과 관련해서는 '분파'로 옮기지 않고 '부분'으로 구별해서 옮기도록 하겠다.—옮긴이

의 각 란 속에 기입되어 있다는 이유에서, 완전히 자연스럽다고 간주한다. 자본가 또한 실천 속에서 생산수단의 가치가 이 생산수단 '홀로'는 보존되지 않는다는 점을 잘 알고 있다. 사실은 보존된 가치 또한 규정된 가치량으로 **재생산**된 것이다.

노동력의 가치는 노동과정 내에서 **소비**(소진)된다. 자본이라는 형태하에 한 자리에 모인 생산수단은 이러한 소비의 수단, 즉 노동력 '흡수'의 수단이다.[24] 하지만 동시에 이러한 흡수pompage는 지출된 노동의 기간과 강도에 비례해 새로운 가치를 **창조**한다.[25] **따라서** 노동력이 **자본주의적 형태하에서** 지출된 바, 즉 **이미 자본화된** 생산수단[26]에 대한 생산적 소비로 지출된 바로부터 유래하는 이러한 새로운 **가치만이** 두 개의 부분fractions으로, 그러니까 한 부분은 노동력의 가치를 대체하고 다른 한 부분은 잉여가치를 구성하는 두 개의 부분으로 재

---

[24] 여기에서 '흡수'는 pompage를 옮긴 것으로, 이는 프랑스어 동사 pomper의 명사형이다. 독자들도 쉽게 알아챌 수 있듯 이 단어는 영어의 '펌프질'(펌프질을 통한 '추출' 혹은 '흡수')과 같은 의미의 단어이며, 그래서 노동력에 대한 extraction과 마찬가지로 '착출'로 번역할 수 있지만 자본의 관점에서는 노동력을 흡수하는 것이므로 '흡수'로 옮기면서 원어를 병기해주도록 하겠다. 참고로 extorsion은 '강탈'로 일관되게 옮겼다.—옮긴이

[25] 노동의 **강도**를 절대 잊지 말아야 한다는 점에 주의하자! 가치를 규정하는 **노동량**과 측정 가능한 **노동시간**을 동일시하는 것은 규정된 일정 수준의 노동 강도 내에서만 유효한 것이다. 이것이 바로 '상대적 잉여가치' 생산을 이해하는 열쇠다.

[26] 자본이라는 형태로 한 장소에 모임으로써 자본화되지 않은 그러한 생산수단에 대한 생산적 소비는 그 어떠한 가치도 창조하지 않는다. 만일 **개인 소(小)생산자**의 노동 또한 가치의 형태하에서 결정화(cristallise)된다면, 이는 소(小)농민과 관련해 마르크스가 보여주었듯 그 또한 자본 재생산의 총과정이라는 매개를 통해 자본주의적 생산의 조건에 종속되기 때문이다. 따라서 **개인 소생산자**는 자기 자신의 노동력을 흡수(pomper)하는 방식으로, 자기 자신의 잉여노동을 스스로 착출(s'extraire)하는 방식으로 자신의 생존을 위해 자신의 생산수단을 자본의 한 부분으로 활용해야 한다(마르크스는 이러한 조건 내에서, 그리고 개인 노동의 최소한의 생산성을 고려한다면, 소생산자가 그 어떠한 **이윤**도 실현하지 못할 뿐만 아니라 심지어 정상적인 평균 '임금'의 등가물조차도 얻을 수 없다는 점을 지적한다).

분할될 수 있다. 따라서 새로이 창조된 가치를 노동력의 가치(즉 '가변자본')와 잉여가치로 분할하는 것은 임노동 계약과 생산과정의 자본주의적 조직화의 결과로서 **사후적으로** 개입하는 것이다.[27]

따라서 만일 시초 자본capital initial 내에서 생산수단의 휴지immobilisation 기간이 어떠하든 생산수단에 투입되는 몫(즉 **'불변'자본**)과 노동력의 구매에 투입되는 몫(배타적으로까지는 아니라고 해도 본질적으로는 노동자들의 개별 임금 형태로 존재하는 **'가변'자본**) 사이의 본질적 차이가 항상 존재한다면,[28] 이러한 차이는 그 출발점에서부터 **주어지는 것**이 아니며, 따라서 이 차이는 절대 직접 관찰할 수 없다. 이러한 차이, 혹은 더욱 정확히 말해 이러한 차이화différenciation는 그 화폐적 표현(이 화폐적 표현이란 가치-형태를 의미하는데, 이 가치-형태하에서 생산물이 유통된다)에서와 마찬가지로 물질적 생산물의 상품형태 내에서도 주기적으로 '말소'된다. 이러한 차이화는 자본이 투입되는 장소인 **생산과정** 내에서만 존재한다. 이 **생산과정**은 자본의 **가치화/가치증**

---

27   바로 그렇기 때문에 만일 우리가 **그 출발점에서** '가변자본' 그 자체를 스스로가 새로운 가치를 증가시키는(s'accroître), 스스로가 새로운 가치를 추가하는(s'adjoindre) 능력을 지닌 규정된 하나의 **부분**으로 고립시킬 경우 가치의 생산과 재생산의 메커니즘을 전혀 이해할 수 없는 것이다. 만일 잉여가치와 가변자본 간의 산술적 관계가 가치의 형태로 '잉여가치율'을, 다시 말해 노동에 대한 착취율을 표현한다면, 이는 이 산술적 관계가 노동력 착취 과정의 시초적 조건이 아니라 이 노동력 착취 과정의 **결과**를 표현하기 때문이다. 하지만 물론, 자본주의적 생산의 지속적 과정 내에서, 그리고 규모의 변동(새로운 노동력의 고용, 노동력 가치의 변이)을 추상한다는 조건에서, 우리는 자본가가 소유하고 활용하는 화폐-자본의 어떤 부분이 임금으로 지출되어야 하는지를 항상 예상할 수 있다.

28   자본주의적 생산수단의 발전과 함께, 그리고 생산의 사회화와 요구적 계급투쟁 사이의 결합 효과하에서, '노동의 가격'에 직접적으로 결부된 개별 임금이 변화한다. 노동에 대한 대가로서의 역할은 그대로 유지하면서도, 개별 임금은 (유급휴가, 가족수당, 사회보장 같은) '간접 임금'의 여러 형태들에 의해 부분적으로 보충된다. 하지만 절대적으로 불변적인 것으로 남아 있는 것은 노동력 재생산의 개별 형태로, 이는 시장에서 노동력을 구매하고 판매할 수 있게 해주며 법은 이를 개인적 '자유'라고 정의한다.

식valorisation(마르크스는 이를 Verwertung이라고 부른다) 과정이며, 따라서 이것이 자본을 자본으로 정의하는 것이다(가치의 총합은 이 가치의 총합이 끊임없이 증가s'accroît하는 한에서만, 이 가치의 총합이 축적과정 내에 관여prise되는 한에서만 자본일 수 있다). 이러한 차이화는 사회적 차원에서의 생산과정—이 생산과정 내에서 이 차이화가 작동되며, 이 생산과정 내에서의 화폐-자본유통과 상품유통은 하나의 매개적 계기만을 구성할 뿐이다—의 연속성을 우리 분석의 대상으로 삼을 때에만 인지 가능하다. 특히, 이러한 차이화는 형식적으로는 자율적인 **개별자본들을 사회적 자본**[즉 총자본]의 분파들—이 **사회적 자본** 내에서 이 분파들은 서로 다른 기능들을 동시에 혹은 연이어 수행한다—로 간주할 때에만 인지 가능하다.

따라서 우리는 **한편으로** 가치의 구성Wertbildung, **다른 한편으로** 잉여가치의 생산Verwertung이라는 변별적인 두 가지 사회적 과정들과 관계하고 있는 것이 아니다. 만일 생산의 시초 요인들, 즉 생산수단과 노동력이 항상-이미 상품형태라면(그리고, 이러한 상품형태로서, 이 상품형태의 가격—이 가격이 이 상품형태를 정확히 반영하는 것이든 아니든—으로 표상되는 '가치를 지닌다'면), 이는 자본주의적 생산과정이 **가치를 재생산**하고 유통 속에서 이 가치형태의 발전을 규정하기 때문이다. 잉여가치의 생산은 동시에 가치의 구성이기도 하다.

하지만 불변자본의 보존(가치의 보존—가치의 재생산의 첫 번째 형태)과 가변자본의 '확대' 재생산(가치의 창조—첫 번째 형태를 규정하는 재생산의 두 번째 형태)이라는 이중적 과정 내에서 자본에 통합된 노동력의 소비는 **잉여노동** 발전의 특수하게 자본주의적인 메커니즘이다.[29] 달리 말해, 자본주의적 생산의 모든 '비밀'—이 '비밀'의 해소는 우리로 하여금 자본주의적 생산의 역사를 설명할 수 있도록 해준다—은 잉여노동(그리고 심지어는 **최대치의** 잉여노동이라고 말해야만 하는데, 왜냐하면 **과잉착취**를 향한 항구적 경향 없는 자본주의적 착취란 존재하지 않기 때문이다)을 **노동의 필연적 조건** 일반으로 형성하는 과정의 **모순적 통일체** 내에 놓여 있다. 따라서 자본주의적 생산관계(정확히 지적하자면 이는 복수의 관계들이 아니라 단수의 **관계**인데, 왜냐하면 이 단수의 관계를 구성하는 것이 바로 단수 **정관사**he 과정이기 때문이다)의 특징적 요소로서의 잉여가치에 대한 분석은 **형태들**, 즉 이 형태들하에서 '필요노동'의 몫은 최대한으로 제한되고 필요노동 그 자체 **내에서** '잉여노동'의 몫은 정반대의 방향으로 [최대한] 늘어나는 방식으로 직접적 생산과정이 조직되고 변형되는 그러한 **형태들**에 대한 분석이다. 바로 개별 **자본들**(과 이 개별 **자본들**의 '대표자들'로서의 자본가들)이 사회적 자본 전체의 경쟁적 분파들로서 이러한 변형과 조직화를 실현하는 것이다. 즉, 동일한 실질임금을 유지하기 위한 노동기간의 연장, 노동과 그 '리듬'의 강도 증가, 노동분할과 기계화를 통한 노동생산성 향상.

달리 말해, 잉여가치에 대한 분석은 **계급투쟁에 의해 규정되는** 특수한 **형태들 사이의 내적 결합**에 대한 분석이며, 이러한 형태들은 이 형태들의 발전 그 자체에 반응[반작용]하는 노동자계급의 저항을 넘어서기 위한 지속적 강제 속에 놓이게 된다. 이는 생산적 노동이

---

29   던컨 폴리(Duncan Foley)는 『아담의 오류』(김덕민 옮김, 후마니타스, 2011)와 『자본의 이해』(강경덕 옮김, 유비온, 2015) 등을 통해, 마르크스의 의도에 더 적합한 용어는 '불변자본'의 경우 '비확장자본' 혹은 '팽창하지 않는 자본', '가변자본'의 경우 '확장자본' 혹은 '팽창하는 자본'으로 옮겨야 한다고 주장한다.─옮긴이

하나의 임노동으로, 노동력이 하나의 상품으로 남아 있는 한 근대 사회의 특징적이고 불가피한 형태들이다.

여기에서 우리는 잉여가치가 다른 형태들 중 **하나의**, 심지어는 가장 중요한 **하나의** 자본주의적 착취 형태도 아니고 마찬가지로 착취의 여러 형태들의 경제적 '토대'도 아니라는 점을(만일 그렇다면 이 형태들에 대한 기술description은 경제적 정의를 보충하는 하나의 사회학적 경험조사에 속하고 말 것이다) 확인할 수 있다.[30] 잉여가치는 하나의 동일한 과정 내에서 이 착취형태들이 획득하는 유기적 **통일체**다. 이로써 우리는 잉여가치의 정의에서의 경제주의(계급투쟁이 그로부터 **파생되는** 경제적 메커니즘으로서의 정의)뿐만 아니라 착취의 정의에서의 절충주의(불평등, 억압, 소외의 다양한 경험적 형태들에 대한 열거로서의 정의)에서도 벗어날 수 있다.

자본주의적 생산양식의 특징들에 대한 이러한 도식적 분석을 따라가기 이전에, 여기에서는 (이전 정의에 비추어서) 심지어 ('속류적'이지 않은) 그 '고전적' 형태 내에서도 **극복 불가능한 한계**, 정치경제학의 내적 한계이기에 극복할 수 없는 그러한 한계를 구성했던 바를 지시해보기 위해 하나의 괄호를 열고자 한다. 동시에 우리는 자본주의적 생산양식에 대한 마르크스주의적 분석을, 하나의 정치경제학 일반과는 **다른 것**으로 형성하는 바를 해명하기 위해 시도해볼 수도 있다.

---

30 이러한 잘못된 양자택일을 넘어서지 못한다면, 필연적으로 우리는 (경제적) '양적 요구'와 (사회적) '질적 요구'를 대립시키는 부조리한 딜레마에 빠져버리고 말 것이다. 하지만 노동조합적 투쟁은 모든 '질적' 요구(노동의 조건이나 노동분할의 형태 등등에 대한 요구)가 '양적'이라는 점을(왜냐하면 이 '질적' 요구들은 착취의 정도를, 잉여가치율을 문제 삼기 때문이다), 그리고 마찬가지로 모든 '양적' 요구(실질임금의 수준)가 '질적'이라는 점을(왜냐하면 임금은, 노동조건과 '숙련도'의 불균등성을 고려한다면, 노동분할의 조직화 내에서 결정되기 때문이다) 끊임없이 보여준다.

정치경제학에서, 노동생산물의 **가치형태**(생산수단과 소비수단), 즉 모든 생산물의 '일반 형태'—이 모든 생산물과 화폐 사이의 등가성이 교환 내에서 물질화되는 그러한 '일반 형태'—는 초월할 수 없는indépassable 하나의 시초적 **소여**다. 만일 정치경제학이 이러한 형태의 '기원'에 대해 스스로 질문해본다면, 정치경제학은 이 기원이 바로, 필연적으로 허구적이고 '형이상학적'인 방식으로 관념적 발생을 전개시키는(예를 들어 소유자들 간의 상호적 유용성으로부터 출발하는), **교환이라는 영역 그 자체라고 답할 것이다.**[31] 오늘날 대부분의 경우, 실증주의적 관점에서, 경제학자들은 이 문제를 더 이상 공개적으로 제기하지 않는다. 어찌 되었든, 정치경제학의 구성적 문제는 **이미 한 번에 주어진 형태로서의 가치의 양적 변이**(가치의 증가율, 가치의 상대적 수준)라는 문제다.

정치경제학과는 대조적으로, 역사유물론에서, 첫 번째 문제는 (화폐와 상업자본의 발전의 역사 전체를 통한) 과거뿐만 아니라 (**자본주의 그 자체가 창조하는** 새로운 조건 내에서)[32] 특히 현재의 사회적이고 역사

---

31 '관념적 발생'은 genèse idéale을 옮긴 것으로, 이 역시 발리바르가 『마르크스의 철학』에서 물신숭배론을 설명할 때 활용하는 개념이다. 번역어에 대해서만 간단히 지적하자면, genèse를 '발생'으로 옮기는 것에는 큰 이견이 없겠으나, idéal의 경우 이 단어에는 사전적으로는 '관념적'이라는 뜻과 '이상적'이라는 뜻이 모두 들어 있어 어떤 의미를 선택해야 하는지 고민이 필요하다. 그러나 프랑스인들은 일반적으로 이 idéal을 '이상적'이라는 뜻으로 사용하고 idéel을 '관념적'이라는 의미로 사용한다. 옮긴이의 판단에 맥락적으로는 역시 '관념적'이라는 의미가 조금 더 강하다고 보이지만, 발리바르가 genèse idéelle이라고 쓰지 않고 genèse idéale이라고 썼다는 것은 '이상적'이라는 의미를 염두에 두고 있기 때문이라고 판단해, 『마르크스의 철학』에서는 '관념적/이상적'으로 번역했다. 하지만 여기에서는 가독성을 위해 '관념적'이라는 역어만 선택한다. 화폐의 '관념적' 발생 혹은 '이상적' 발생에 대해서는 더욱 많은 흥미로운 이론적 논의가 필요할 것으로 보이며, 여기에서 idéal이라는 단어의 이중의미가 유용한 역할을 할 것으로 보인다.—옮긴이

32 여기에서 나는 다음과 같은 경제학자의 반박을 듣게 된다. '가치-형태가 역사적으로 자본에 **선행**한다는 점은 너무나 명백한 것 아닌가?'(이러한 명백함은, 가치-형태의 구성과 이 가치-형태가 자

적인 과정의 결과로서의 이러한 형태의 구성 그 자체를 설명하는 것이다. 마르크스는 끊임없이 다음과 같이 주장한다. 특히 리카도를 포함한 모든 경제학자들은 '부르주아로서'(왜냐하면 바로 이러한 '부르주아로서'의 관점만이 자본가의 회계적 실천에 대해 의미를 가질 수 있기 때문이다) 가치와 이 가치의 서로 다른 여러 부분들fractions의 **양적** 결정과 **양적** 변이라는 문제에 대해 정신이 혼미해지고 만다고 말이다.

이러한 특징은 ([속류 경제학자들과 달리] 경험적 '모델'에 만족하지 않고 이론적 설명을 탐구하고자 한 유일한 이들로서의) 고전파 정치경제학자들이 자신들의 이론적 발전의 극한점으로서의 '가치법칙'에 대해 제시하는 다음과 같은 언표 내에서 명료하게 나타난다. "상품의 **가치**는 이 상품의 생산에 사회적으로 필요한 **노동시간에 의해 결정된다.**"

경제학자들에게서, (그 적용에서의 직접적 난점들로 우리를 이끌어가는) 이러한 언표는 (교환)가치와 노동시간이라는 두 가지 가변적 크기 사이의 양적 관계를 정의한다. 이러한 언표는 (최소한 이론적으로는) 서로 다른 여러 상품들의 상대적 가치가 이 상품들의 생산에 각각 필요했던 노동시간에 비례해 변화한다varie는 점을 의미한다. 하지만 이

본의 '시초적 형태'와 맺는 관계의 구성에 대한 현실effective 역사를 연구하는 것이 문제가 아닌 한에서는, 경제학자들에게서 일반적으로는 그 자체만으로도 이미 **충분한** 것인데, 바로 이로부터 '단순 상품생산'이라는 신화가 기원하게 된다.) 하지만 경제학자의 이러한 반박에는 완벽한 혼동이 깔려 있다. 왜냐하면 가치-형태를 분석하는 것은 하나의 역사적 기원을 찾는 것이 아니라 이 가치-형태 구성의, 그러니까 이 가치-형태 재생산의 **현재 과정**을 설명하는 것이기 때문이다. 서로 다른 사회적 조건들 내에서의 가치-형태의 점진적 **형성**의 역사는 하나의 변별적 문제이며, 항상-이미 현존하는 하나의 기원의 역할을 수행할 수 없다. 철학자들은 이러한 혼동이 이미 3세기 전에 스피노자라 불리는 이에 의해 밝혀졌다는 점을 알고 있다(혹은 알아야만 할 것이다). ('스피노자라 불리는 이'는 un certain Spinoza를 옮긴 것으로, 이는 직업 철학자들에게 스피노자가 '어떤 스피노자', 즉 '스피노자라 불리는 어떤 이'일 정도로 그들이 스피노자를 잘 모른다는 점을 비꼬기 위해 발리바르가 활용하는 프랑스적 표현이다.—옮긴이)

언표는 어떠한 조건 내에서 이 '노동'(혹은 '노동시간')이 **'측정 가능한'** **하나의 크기가 되는지도**(이를 설명하지 못한다면 이 언표는 결국 '노동은 이 노동의 생산물들이 시장에서 보편적으로 유통되고 서로가 서로에 대해 동일한 형태로 교환될 때 측정된다'라는 하나의 동어반복이 되고 만다), 어떻게 하나의 크기에 의한 다른 하나의 크기의 **결정**이 실행되는지도 (이를 설명하지 못한다면 이 언표에서는 결국 결정이 산술적이고 기능적인 의미밖에는 갖지 못한다), 왜 노동량이 (교환)가치라는 **그 자신 또한 양적인** 이러한 **표상**의 형태하에서 '간접적으로' 표현되는지도 설명하지 못한다.

마르크스가 보여주듯, 정치경제학에 구성적인 관점은 착취의 역사적 형태에서, 자본주의적 생산관계의 본성에 연결되어 있는 다음의 **두 가지 근본 질문**을 항상 회피하고 제거한다.

1) 정치경제학에 구성적인 관점은 가치를 결정하는 '사회적 노동'이란 무엇인지라는 질문을, 그리고 **가치**라는 형태로 생산물의 양적 결정을 함의하는 **사회적 과정의 구조**란 무엇인지라는 질문을 제거한다. 이러한 질문에 대해 정치경제학이 제출하는 유일한 '답변'(명료한 질문조차 제기하지 않고서 제출하는 '답변')은 **노동분할 일반**을 (이 노동분할이 [구체적으로] 실행되는 사회적 형태와는 독립적으로) 원용하는 것에 그 핵심이 놓여 있다.

2) 정치경제학에 구성적인 관점은 노동력(정치경제학은 '노동력'이라고 하지 않고 '노동'이라고 말한다) 그 자체를 규정된 가치를 지니는 하나의 상품으로 만드는, 그래서 이를 통해 우리로 하여금 이 규정된 가치를 생산물의 평가에서 회계화할 수 있게 해주는 조건이란 무엇인지라는 질문을 제거한다. 정치경제학은 노동자들에게 필수적인 소

비수단의 가치와 **노동력의 가치** 그 자체 사이의 평균적 등가성을 완전히 수수께끼 같은 [그러나 이미 주어진] **하나의 사실로** 제시할 수 있을 뿐이다.

하지만 정치경제학이 제거하는 이러한 두 가지 질문은(정치경제학이 이러한 두 가지 질문을 제거하는 이유는, 이 두 가지 질문이 하나의 회계학적 문제설정의 이론적 공간 내에 존재 가능한 정식화를 지니지 못하기 때문인데, 정치경제학이 제시하는 이러한 이론적 공간 내에서 모든 개념은 **이미** 가치의 특수한 양적 결정, 가치의 특수한 양이다) 바로 마르크스가 『자본』에서 행하는 분석이 그 시작에서부터 제기하는, 그리고 새로운 문제들의 장을 열어젖히는 질문이다. 하지만 이 두 질문은 서로가 서로에 대해 독립적인 방식으로 다루어질 수 없으며, (이 두 질문이 그 역사적 형태를 연구하도록 강제하는) 착취의 존재와 독립적으로 다루어질 수도 없다.

소비수단의 가치와 노동력의 가치(그러니까 상품으로서의 노동력의 재생산 과정 내에서 노동력의 가치의 결정) 사이의 등가성은 노동자들의 소비를 이 노동자들의 힘(과 그들의 숙련화)의 단순한 재생산으로 환원하는 계급투쟁의 형태들에 그 토대를 둔다. 따라서 이러한 등가성은 노동자들에 대한 수탈에, 그다음으로는 이 노동자들의 항구적 경쟁의 유지 — '산업예비군'의 발전은 자본주의의 각 국면에 고유한 형태들하에서 이 결정을 보증한다 — 에 그 기초를 두는 것이다.

더욱 근본적으로 나아가보자면, 가치의 원천으로서의 '사회적 노동'에 대한 분석은 직접적으로 착취에 준거한다고 말할 수 있다. 『자본』의 도입부에서 마르크스가 보여주듯, 그 자체로 **가치형태**의 발전은 (마르크스가 애초에 제시했던 용어법을 따르자면) 자본주의가 끊임없이 심화시키고 변형하는 **사회적 노동분할**의 여러 부문들에 따라 분화된 '구체적' 노동과, '**인간의 힘의 단순한 지출**'이라는 이름으로 물질적으로 존재하는 노동으로서의 생산수단에 통합된 '추상적' 노동 모두를 동시에 지시하는 '노동의 이중적 특징'을 전제한다. 우리는 가치의 '원천'을 분석한다는 것이 결국 **이 노동의 두 가지 측면이 나타나고**apparaissent **상호적으로 서로를 조건 짓는 과정**을 연구하는 것이라는 점을 너무나도 자주 망각한다. 그런데 오직 자본주의적 생산양식만이 사회 전체의 수준에서 전개된 보편적인 하나의 형태를 이 과정에 부여한다. 왜냐하면 오직 자본주의적 생산양식만이 (노동력으로부터 **분리된**) 생산수단—이러한 분리는 생산수단을 이 노동에 대한 (생산자에게서의 유용성뿐만 아니라 생산수단의 소유자에게서의 유용성도 포함해) 모든 직접적 유용성으로부터 독립적으로 **인간 노동을 '흡수**pomper'하는 수단으로 사용할 수 있게 해준다—을 특수한 하나의 계급의 '독점물'로 보편적으로 변형하기 때문이다.

이를 통해 마르크스의 분석은 경제학자들의 눈에는 완전히 역설적인 하나의 '전도'에 도달하게 된다. 가치의 일반적 정의의 **결론들**conséquences 혹은 가치(나 가격)의 결정에 대한 양적 원리의 **결론들**을 발전시키는 대신(자본가의 실천의 관점에서는 이 일반적 정의나 양적 원리나 모두 추상적이기는 마찬가지다), 마르크스는 생산물에 (유용한 대상임과 **동시에 가치량이기도 한** 상품들의) 가치형태—항구적이며 화해 불가능한 하나의 적대를 내포하는—를 **보편적으로** 부여하는, 노동의 **사회적 조직화가 취하는 특수한 한 형태**를 드러낸다. 이로부터 마르크스는 (개별적이고 경쟁적인 자본들[경쟁하는 개별 자본들]로 재분할된) 사회적 **노동**의 축적, 유통 그리고 배분이 종속된 역사적 조건을 도출해낸다. 동시에 그는 이 조건의 **역사적 변형**이라는 문제를 **열어젖힌다.**

결국 우리가 이미 확인했듯, 마르크스의 관점에서는 '잉여가치' 생산의 과정 그 자체(그러니까 자본의 축적, 생산수단의 집적과 독점화의 과정 그 자체)가 모든 생산물과 노동력의 **가치형태를 항구적으로 재생산하는** 것이다(물론 가끔 폭력적으로 혹은 점진적으로 다소간 상당한 규모의 양적 '탈가치화dévalorisation'[가치잠식 혹은 가치저하]가 개입하기도 하는데, 그럼에도 이러한 탈가치화 자체는 가치의 일반 형태가 여전히 유지되고 있다는 점을 정확히 의미한다).

착취를 **경제적** 메커니즘의 **결과**로 정의하는 대신에(유토피아적이고 개량주의적인 사회주의가 그러했듯 이러한 경제적 메커니즘들이 필연적 계급적대를 생산해내는지 아닌지의 문제에 대한 논쟁으로 들어가는 대신에), 오히려 마르크스는 경제적 형태들을 착취의 계기와 효과로 정의하고, (이 경제적 형태들의 다양한 경험적 측면들을 기술하고 유토피아적 방식으로 이 측면들의 폐지를 요구하는 데에 만족하지 않으면서) **최초로** 이 착취에 대한 객관적 개념을 제시한다.

이제 우리는 왜 **가치**라는 범주가 그 자체로 핵심적이고 변별적인 이론적 범주인지를(그리고 자본주의의 역사 내내 그러한 범주로 남아 있는지를) 이해할 수 있다. **가치**라는 범주는 정치경제학과 역사유물론 사이의 '마주침'의 지점, 다시 말해 항구적이고 화해 불가능한 **분기**의 지점이다. 이러한 분기의 지점이 명료히 지각되는지 지각되지 않는지에 따라, 마르크스의 비판의 대상 자체가 인지되거나 인지되지 않는지가 결정된다. 우리에게 '가치'라는 용어는 한편으로는 경제(학)적 논증raisonnement의 토대 위에서 명시적으로 혹은 암묵적으로 등장하는 **하나의 경제학적 범주**를, 다른 한편으로는(역사유물론에서는) 잉여가치 생산의 사회적 과정의, 착취의 사회적 과정의 **형태의** 결정을 동시에 포함한다. 바로 그렇기 때문에 마르크스에게서 가치와 관련해 '정치경제학 비판'이라는 문제가 항상 새롭게 제기되는 것이다. 정치경제학은 역사유물론을 설명할 수 없다. 하지만 역사유물론은 자본주의적 착취의 객관적 기술들techniques에 함축되어 있는 이데올로기적 표상들의 체계로 정치경제학을 설명하고 해명할 수 있다. 물론 이러한 상황은 마르크스주의적인 이론적 전통 내에서 끊임없이 지각되고 인지되어왔다. 하지만 너무나도 자주, 마르크스주의를 '경제 독트린들의 역사'의 흐름 속에서 제시하는 것을 목표로 하는 학술적 맥락 내에서, 이러한 상황은 **여전히** 하나의 경제학적 지형인 또 하나의 지형으로, 즉 가치에 대한 '객관적 이론들'과 '주관적 이론들' 사이의 대립('객관적 이론들'에는 스미스와 리카도 같은 고전파 **경제학자들과** 마르크스가 **동시에** 포함된다)이라는 지형으로 **전치되었다.** 하지만 이러한 대립은 부차적인 것이며, 문자 그대로 보자면 이러한 대립은 잘못된 것이다. 마르크스는 경제학자들이 취하는 의미에서의 '가치에 대한 하나의 이론'을 **만들지 않는다.** 바로 그렇기 때문에 마르크스가 하나의 현실적인 사회적 과정의 효과와 계기로서의 가치-형태에 대한 **객관적이고 역사적인** 이론을 만들 수 있는 것이다.

자본주의적 생산양식: 토대와 상부구조

이제 우리는 자본주의적 생산양식의 역사로부터 도출되는 특징들로서의 이 자본주의적 생산양식의 일반적 특징들에 대한 언표로 되돌아올 수 있다.

파생적인[이차적인] 방식으로(하지만 물론 절대적으로 필수적인 방식으로), 우리는 자본주의적 생산양식이 노동력을 부분적으로는 자동화된 **기계 체계**에 통합시킴으로써, 그리고 생산 내에서 육체노동과 지식노동 사이의 분할을 심화시킴으로써, 생산력에서의 **끊임없는 산업혁명**의 과정을 포함한다고 주장했다. 육체노동과 지식노동 사이의 분할(조금 뒤에서 우리는 이 문제로 다시 돌아올 것이다)은 (기계화를 통한) **노동생산성**의 발전과 **노동강도**의 발전—이 두 가지 발전은 서로가 서로에게 독립적인 방식으로는 절대로 존재할 수 없다—사이의 복잡한[복합적인] 현실적 **통일체**다.

지나치는 김에 지적하자면, 일반적으로 역사가들은 '산업혁명'이 ('두 번째' 그리고 '세 번째' 산업혁명을 발견하는 한이 있더라도) 이러한 과정의 **첫 번째 국면**의 한 측면에 불과하다고 주장하며, 이 과정 내에서 노동과정의 수공업적artisanale 구조(전문화된 개별 작업도구의 적용에 조응하는 직능적 숙련성habileté de métier)가 (폭력적인 저항을 어느 정도는 초래하면서도) 파괴되고, 또한 이 과정 내에서 (공장에서의) 집합적이고 지속적인 노동과정의 물질적 조건이 처음으로 창조된다고 주장한다. 하지만 이러한 기술적 토대는 노동수단의 본성에 관해서뿐만 아니라 노동력에 조응하는 숙련성qualités과 노동분할에 관해서도 자본주의의 전 역사에 걸쳐 혁명화된다.

결국 자본주의적 생산양식은 우선은 '경쟁적'이며 그다음으로는 (금융자본의 집적 덕택에) 상대적으로 '계획화된' **시장**에 의해 특징지어진다. 이 시장에서 노동력 같은 생산수단은 (자본주의의 전형적인 생산단위인) 기업 내에서 집적되기 위해 상품이라는 이름으로 화폐와 교환되어야 한다.

경제학자들과 심지어는 역사학자들에게도 현재 통용되는 이러한 용어들을 다시 취하면서도, 우리는 다음과 같은 세 가지 이유에서 자본주의 역사에서의 '경쟁적' 시기가 사실은 경쟁이 여전히 **가장 덜** 강력하며 가장 **불균등하게** 발전되어 있는 시기라는 점에 주의를 기울여야만 한다.

1) 세계시장의 피지배적 '주변부'에서와 동시에 지배적 '중심부'에서도, 전前자본주의적 생산양식들이 여전히 지속적으로 잔존해 있다는 사실.

2) 자본 간 경쟁이 금융자본의 상대적으로 허약한 발전으로 인해 지리적으로 제한되고 그 속도 또한 떨어진다는 사실.

3) 마지막으로 세계시장이 (영국이라는) 단 하나의 자본주의 국가의 산업적, 상업적, 금융적 역량에 의해(이 영국이라는 단 하나의 국가가 1820~1870년 사이의 반세기 동안 다른 모든 국가들에 국제무역의 상대적 '자유'를, 다시 말해 자신의 생산물에 대한 자유로운 배출écoulement을 강요하는 데에 성공함으로써) 지배된다는 사실.[33]

---

[33] 에릭 홉스봄이 *Industry and Empire*(산업과 제국), Pelican Economic History of Britain, 1968에서 제시한 탁월한 설명을 참조하라. 마르크스가 보여주듯 경쟁의 근본 형태는 이윤율이 가장 높은 생산 부문에 자신을 투입하고자 하는 **자본들 간의 경쟁**이다. *Le Capital*, 3권, 1편을 참조하라. 하지만 자본 간 경쟁은 최종적으로는 이 자본들의 생산물의 판매를 통해서만 가능하다. 따라서 자본들 간 경쟁은 시장에서의 상품들 간의 경쟁을 포함하는 것이다. 19세기에는 상품수출이 전 세계로까지 확장되었던 반면, **자본수출**(이자 낳는 자본으로서의 화폐)은 빈약했으며, 따라서 일반이윤율 형성의 경향 또한 빈약했다. 물론 현재 시기(즉 발리바르가 이 글을 집필하고 있는 1970년대 '제국주의'의 시기—옮긴이)를 특징짓는, 그리고 다국적 기업과 은행의 집적이 촉진하고 있는 자본수출이 상품수출을 **제거하는 것은 전혀 아니다**. 오히려 자본수출은 상품수출을 강화하며, 특히 **생산수단**과 관련해서는 더욱 그러하다. 우리는 대외무역이 차지하는 양에서의 격차가 '발전된' 국가들과 '저발전된' 국가들 사이에서보다 '발전된' 국가들 사이에서 더욱 크다는 점을 알고 있다. 이는 지불능력이 있는

이와 상관적으로, '독점적'이라고 종종 불리는 그러한 시대는, 이 시대가 경험하는 국민[국가]적 '족쇄'가 정확히 바로 이 극단적 발전 정도로부터 비롯되는 것이기에, 사실은 경쟁이 가장 격렬한 시대다. 뒤에서 이 문제를 다시 다룰 것이지만, 독점주의monopolisme는 경쟁의 폐지가 아니라 경쟁의 악화다.

따라서 이제 우리는 이 지점에 이론적이고 용어법적인 정확성을 도입할 수 있게 된다. 임금제 노동력에 대한 착취의 사회적 과정, 즉 잉여가치의 생산과정은 자본주의적 생산관계들의 **근본적 요소**[(1)]를, 다시 말해 우리가 근본적인 자본주의적 **생산관계**라고 부를 수 있는 바를 구성한다. 화폐-자본의 금융시장과 상품시장에서의 복수의 자본들의 운동, 그러니까 (그 고유한 모순을 수반하는) 이 자본들의 경쟁과 집적의 운동은 이러한 근본적 측면에 **의존**한다. 반면 바로 이 운동을 자본주의적 생산관계들의 재생산 전체에 필연적으로 내포되어 있는, 자본주의적 생산관계들의 **부차적 요소**[(2)]라고 부를 수 있다. 우리가 복수의 자본주의적 생산관계들에 대해 말할 때, 항상 우리는 불균등하고 규정적인 이 두 요소들[(1)과 (2)] 사이의 통일체를 지시하는 것이다.[34]

바로 자본주의적 생산관계들의 발전으로부터 역사적으로 결과

소비시장의 불균등성뿐만 아니라 특히 생산수단의 수출과 관련해 이 '발전된' 국가들이 취하는 매우 불균등한 잠재성 때문이기도 하다. 자본수출이 활성화될수록, 생산수단의 수출 또한 활성화된다. 이미 19세기에 영국은 철도 자재와 철로 건설에 투입된 자본 모두를 여러 국가들에(특히 미국에) 수출하기 시작했다. 오늘날 미국은 주요 자본수출국(미국 거대 독점체들은 세계 전체에서 생산단위들을 소유하고 있다)임과 동시에 주요 생산수단 수출국이기도 하다.

[34] 이 단락과 다음 단락, 그리고 그다음 단락에서는 발리바르가 의도적으로 단수의 '생산관계'와 복수의 '생산관계들'을 구분해주고 있기 때문에 이 부분에서만 단수와 복수를 구분해서 옮겨주었다.─옮긴이

하는 유통과 분배의 형태가, 이번에는 역으로, **개인적인**('사적인') **법률적 소유**의 일반화를 그것이 무엇이든지 간에(무엇보다도 특히 개인 소비에 **들어가지 않는** 물질적 재화들, 즉 생산수단을 포함하여) 물질적 재화에 대한 소유와 활용의 조건으로 내포하는 것이다. 이로부터, 만일 화폐를 갖고 있다는 것possession이 소유에 접근할 수 있는 유일한 수단이라면, 이 법률적 소유는 (자신의 편에서) 상품들의 '일반적 등가물'로서의 화폐를 소유하고 활용할 수 있는 본질적 수단이 된다는 점이 경향적으로 도출된다.

결국 바로 근본적 생산관계의 형태 그 자체가 (형식적 평등에 기초한) 생산자와 비-생산자의 (최소한 시민으로서의) **개인적 자유**의 경향적 발전을 내포한다.[35] 따라서 이러한 토대 전체 위에서 생산관계들을 자본주의적 생산양식에 의해 발전된 '상부구조적' 형태들—특히 그중에서도 (역사에서 최초로 '전인민'의 국가로, 다시 말해 이 국가가 그 '대표자'로 나타나야만 하는 모든 개인들의 국가로 제시되는) 자본주의 국가의 정치적이고 이데올로기적인 형태들—과 절합하는 것이 가능해진다.

자본주의적 생산양식에 대한 이론은 그 안에서 이러한 서로 다른 여러 측면들이 결합combinés되며 규정된 형태의 계급투쟁을 통해 이 서로 다른 여러 측면들이 '작용agissent'하는 과정에 대한 이론이다. 하지만 이러한 이론을 발전시키기 위해서는, 생산양식 그 자체에 대한 (추상적) 개념을 고려하는 것만으로는 충분하지 않으며, 이를 넘어서 (구체적인) 사회구성체들 **내에서의** 생산양식을 분석해야만 한다.

---

35   앞서 다루었듯 '생산자'는 '직접생산자', 즉 '노동자'를 의미하며 '비-생산자'는 '자본가'를 의미한다.—옮긴이

이로부터 한 걸음 더 나아가 새로운 개념들을 도입할 필요성이 생겨난다.

사회구성체

그렇다면 사회구성체란 무엇인가? 이 질문은 다음과 같은 또 하나의 질문을 포함하고 있다. 하나의 사회구성체, 예를 들어 현재의 프랑스 사회구성체 같은 하나의 사회구성체를 어떻게 정의해야만 하는가?

추상적으로 말해, 우리는 분석 속에서 등장하는 서로 다른 여러 문제들에 서로 조응하는, 사회구성체에 대한 정의의 다음과 같은 여러 요소들을 제시할 수 있다.

1) 사회구성체는 역사적으로 구성된 사회계급들의 집합ensemble이다. 혹은, 더욱 엄밀히 말해, 사회구성체는 역사적 계급투쟁의 구조를 구성하는 사회계급들 사이의 **계급관계의 앙상블**ensemble이다.

2) 이러한 계급관계는 이 계급관계 모두가 물질적(즉 **실천적**)이라고 하더라도 모두가 동일한 차원 위에 놓여 있는 것은 아니다. 이 계급관계는 최종심급에서 불균등한 정도로 결정적 역할을 수행한다. 바로 그렇기 때문에 우리는 하나의 사회구성체가 생산관계와 생산물 유통의 물질적인 하나의 **토대**(그 자체로 '경제적'이지는 않지만 경제적 **효과들을 생산해내는 관계**)와 법률적, 정치적 그리고 이데올로기적인 관계의 하나의 **상부구조**로 구성된 앙상블ensemble이라고 도식적으로 말하는 것이다.

3) 하지만 이러한 경우 계급관계의 '앙상블ensemble'이란 무엇을 의미하는 것인가? 최종적인 수준에서, 이는 하나의 사회구성체 내에서의 사회적 관계의 모순적 통일체가 우리로 하여금 생산관계 그 자체의 **재생산의 총과정**[36] —이는 토대와 사회적 상부구조 사이의 역사적 '조응'의 열쇠이며 생산관계의 결정적 역할을 표현해주는 것이다—에 준거하도록 만든다는 점을 의미한다.

그러나 이러한 통일체는 역사적으로 지배적인 특수한 한 생산양식의 (사회구성체의 중심에서의) 발전으로부터, 그리고 이 특수한 생산양식이 내포하는 계급투쟁으로부터 유래하는 **하나의 구체적 형태** 하에서만 역사적으로 존재한다. 자본주의적 생산양식에 의해 지배된 사회구성체들과 관련해, 이러한 구체적 형태는 경향적으로 **국민적 형태**forme nationale를 취한다.[37]

이 지점에서 잠시 멈춰보자. 이러한 분석된 정식화들 각각은 추상적인 것으로 남아 있으며 그 자체로 정의될 필요가 있는 용어들을 포함하고 있다. 하지만 이러한 정의의 요소들의 도움을 빌려 하나의 유일한 정식화를(즉 '사회구성체'에 대한 하나의 '일반적' 정의를) 형식적으로 구축해내려는 시도도, 또한 동일한 추상 수준에서 이 정식화들이 지니는 모호성을 제거하려는 시도도 벌이지 말자. 역사유물론의 추상적인 과학적 개념들이 현실적effective 분석 내에 투입되는 한에

---

[36] 생산관계의, 그리고 무엇보다도 우선 (자본과 임노동자 사이의) **하나의** 근본적 **생산관계의** 재생산의 총과정이라는 개념은 마르크스가 *Le Capital*, 2권, 1885, Éditions sociales, Paris, 1960에서 최초로 언표했다.

[37] 발리바르가 이 책의 집필 이후에 발전시키는 '구체적인 이데올로기적 형태'로서의 '국민 형태'(forme nation)에 대해서는, 발리바르의 논문 「민족 형태: 그 역사와 이데올로기」, 에티엔 발리바르 지음, 서관모 옮김, 『이론』 제6호, 1993을 참조하라. —옮긴이

서만 우리는 이러한 과학적 개념들에 대한 정의를 명확히 할 수 있기 때문이다. 이 정식화들은 분석의 방향을 올바르게 잡는 일을 도울 수 있을 뿐이다.

그렇지만 우리가 (아무리 도식적으로라고 할지라도) 이 자리에서 단 하나의 사회구성체에 대한 완전한 분석조차 전혀 생산할 수 없다는 점은 명백하다. 아마도 지면의 부족 때문에 그러할 것이다. 그러나 여기에는 더욱 근본적인 이유가 있다. 이는 하나의 사회구성체에 대한 **분석**(마르크스주의의 최고의 이론가들이 유효하게 실행했던 바와 같은 분석)이 **하나의 총체성에 대한 표상이 전혀 아니며**, 유일한 하나의 과정의(혹은 하나의 과정에 대한 모델의) 정의 내에서 (마치 사회구성체의 '진정한' 구조와 이 구조의 역사적 변형의 '최종' 원인들을 인식하기 위해 이러한 총체적 인식의 신화적 실현을 기다려야만 한다는 듯이) '예외 없는' 사회적 실천의 '모든' 측면들을 고려하는 것이 아니라는 이유다. 통일적 총체성을 향한 이러한 열망은 자신의 분과학문의 '추상성'에 불만족하는 경제학자의 정신을 혼미하게 만들 수 있는, 하지만 과학적 객관성의 기준들에도 실천의 요구들에도 조응하지 않는 (그렇지만 사회과학에만 고유한 것은 아닌) 이론적 환상fantasme이다.[38]

---

[38] '철학자들'을 위해 다음의 논의를 추가하도록 하자. *Pour Marx*(마르크스를 위하여), Maspero, Paris, 1965에 실은 「유물변증법에 관하여」라는 논문에서, 알튀세르는 **총체성**(totalité)에 관한 이론을, 특히 마르크스주의가 개념화하는 '사회적 전체'(tout social)에 대한 이론을 개진했던 것처럼 보인다. 그는 마르크스주의적 전체(tout)라는 범주를 헤겔적 전체(tout)라는 범주와 대립시켰다. 하지만 그의 논증의 세부지점들 속에서 그를 따라가보자면, 우리는 마르크스주의적 관점에서 변증법이 총체성에 의해서도 총체화(totalisation)에 의해서도 정의되지 않는다는 점에 주의해야 한다. 정확히 바로 다음이 알튀세르가 증명하는 것이다. 마르크스주의적(즉 유물론적) 변증법이 헤겔적(즉 관념론적) 변증법과는 다른 전체(tout)에 대한 또 다른 개념화를, 그리고 모순에 대한 또 다른 개념화를 내포할 뿐만 아니라, 이러한 내적 변형이라는 사실로 인해 이 마르크스주의적 변증법이 앞에서 언급했던 두 범주들(즉 마르크스주의적 전체라는 범주와 헤겔적 전체라는 범주—옮긴이) 사이의 관계를

사실 과학적 분석의 목표는, 계급투쟁이 취하는 특수한 측면들로서의 각각의 과정들과 관련해, 다른 모든 관계들과 함께 불균등하게 작용하는 이 계급투쟁의 관계들 내에서 계급투쟁을 규정하는 것

전치시킨다는 점을 말이다. 마르크스주의적 변증법은 총체성에 의해서 정의되는 것이 아니라 **모순**에 의해서, 그리고 심지어는 (단순한 통일체로 환원 가능하지 않다는 점에서) 그 원리에서는 절대적으로 **총체화 가능하지 않은** 하나의 모순에 의해서 정의된다. 그리고 이는 총체화의 **부족**défaut(절대로 총체화되지 않을, 항상 총체화 과정 내에 존재할 하나의 모순—이는 헤겔적 관념론으로부터 초월론적transcendantal 관념론으로 우리를 **퇴보**하게 만드는, 사르트르가 개진했던 개념화) 때문이 아니라, 이 유물론적 변증법이 **항상-이미** (알튀세르가 과잉결정이라 불렀던) 결정의 '과잉'(excès)을 포함하고 있기 때문이다. 유물론적 변증법의 모순은, 우리가 다음과 같이 말할 수 있다면, 하나의 총체성 **이상의 것**(하나의 총체성보다 더욱 복잡한 것)이다. 반면 변증법에 대한 (헤겔적인) 관념론적 개념화 내에서, 모순은 (현실적인 것이 사고와 표상 내에서 그리고 사고와 표상하에서 사고되는 것과 마찬가지로) 항상 총체성이라는 범주 **내에서 그리고 표상하에서** 사고된다. 이를 다른 식으로 말해보자. 유물론적 변증법을 다른 것들과 구별해주는 것은 이 유물론적 변증법이 총체성을 하나의 구체적 전체(tout)와 그 역사에 대한 **개념**(즉 과학적 설명)으로 만들 수 있는 가능성 전체를 배제한다는 점이다. 총체성은 현실적 전체(tout)의 개념이 아니며, 총체성은 이 현실적 전체의 **이미지**(모방)일 뿐이다. 전체(tout)라는 개념은 이 전체의 모순들과 이 모순들의 결정이라는 개념과 다르지 않다. 따라서 제국주의의 시기인 현 시기의 자본주의적(또한 사회주의적) 사회구성체들은 이 사회구성체들의 **내적** 모순들 내에 제국주의의 세계적 체계의 모순들의 집합(ensemble)과 이 모순들이 여기에서 점하는 자리를 반영한다. 그러나 물론 이 결정들이 하나의 동일한 총체성의 보완적 측면들로 나타날 수 있는 그러한 '세계적 사회구성체'란 존재하지 않는다. (사실 totalité는 관용적으로 '총체성'으로 대부분 옮기기에 큰 고민이 필요 없지만, ensemble은 생각보다 번역어를 선정하기가 쉽지 않다. 기본적으로 '전체'나 '집합'을 의미하는 단어이기는 하지만, 「포이어바흐에 관한 테제」의 여타 한국어 번역본에서는 관용적으로 이를 음차해 '앙상블'이라고 하는 것에서 알 수 있듯, 이 단어는 전부를 다 모은 것으로서의 집합, 즉 한국어 '전체'라는 단어로 뉘앙스를 남김없이 설명할 수 없다. 이는 묶음으로서의 전체를 구성하고 있는 요소들의 결합이 생산하는 효과에 의해 이 요소들의 묶음으로서의 전체를 초과하는 전체이다. 그래서 단순히 '전체', 즉 집합을 의미할 때에는 원어를 병기하지 않고, 이것이 '전체'와는 다른 '앙상블'의 뉘앙스를 지닐 때에는 정말 필요한 경우에는 '앙상블'로 음차하고 나머지 경우에는 원어를 병기하는 방식을 택했음을 밝힌다. 여기에서는 ensemble은 '집합'으로, tout는 '전체'로 번역하면서도 모두 원어를 병기해주었다. 이와 관련해서는 『마르크스의 철학』, 에티엔 발리바르 지음, 배세진 옮김, 오월의봄, 2018의 재판 후기인 「철학적 인간학인가 관계의 존재론인가: 포이어바흐에 관한 여섯 번째 테제로 우리는 무엇을 할 것인가?」를 참조하라. 또한 여기에서 헤겔적 '전체' 혹은 '총체성'과 마르크스적 '전체' 사이의 대립은 『자본』을 읽자』에 실린 알튀세르의 논문 『『자본』의 대상」에서 더욱 자세히 설명된다. 『자본』의 대상」, 루이 알튀세르 지음, 배세진 옮김, 『자본』을 읽자』, 루이 알튀세르 외 지음, 진태원 외 옮김, 그린비, 2020[근간] 참조.—옮긴이)

이다. 따라서 중요한 것은 총체성을 **표상**(혹은 **형상화**)하는 것이 아니라 경향적 **결정**을, 결정요소들의 불균등성(다시 말해 복잡성)을, 그러므로 또한 (주어진 정세 내에서) 이 결정요소들이 결합되는 장소로서의 구체적 형태를 **포착**하는 것이다.[39]

이러한 사실로 인해, 마르크스주의 이론 내에서 '사회구성체'는 (프롤레타리아의 국가권력의 쟁취에 도달하기 위한 혁명적 투쟁의 통합된 전술과 전략에 대한 정의와 항구적 정정을 전제하는) **정치적** 실천의 탁월한 목표인 것이다. 그리고 바로 이러한 의미에서 레닌은 '정치'를 '경제의 집중체le concentré de l'économie'로 정의했던 것이다. 따라서 '정치'는 프롤레타리아 자신에 대해서par rapport à, 그리고 우선 투쟁 중인 **모든 사회계급들**의 특수한 정세 내에서의 물질적 이해관계와 세력관계의 관점에서, 이 투쟁 중인 **모든 사회계급들**을 '위치'시킬 수 있는 가능성을 전제한다. 따라서 이는 어떻게 (자본과 프롤레타리아 사이의) 근본 적대가 다른 모든 적대들에 의해 '과잉결정'되며 역으로 이 다른 적대들을 결정하는지를 보여주기 위해 서로 다른 여러 계급적대의 형태들을 위계화하고 절합할 필요성을 전제하는 것이다.

이러한 설명 이후, 이어지는 절에서 우리는 이 문제의 **첫 번째 측면**만을 다룰 것이다. 우리는 (프랑스 사회구성체에 관한 몇몇 예증들을 활용함으로써) 프롤레타리아와 부르주아지 사이의 계급적대라는 개념을 더욱 자세히 분석할 것이다.

다음 절로 넘어가기 전에, 더욱 발전시킬 필요가 있어 보이는 몇몇 테제들을 추상적인 형태로 이 자리에서 언표해보도록 하자.

---

[39] '표상하다'는 représenter를 옮긴 것이고 '형상화하다'는 figurer를 옮긴 것이다. 그리고 '결정'과 '결정요소'로 구분해 옮겼으나 원어는 모두 동일하게 détermination이다.—옮긴이

우선 첫 번째로, 마르크스주의적 계급분석은 계급에 대한 역사적, 통계적, 사회학적인 단순한 **기술**description이 아니다. 마르크스주의적 계급분석은 이 계급들의 분할과 그 분할의 연속적 형태들이라는 항구적 과정에 대한 설명이다. 따라서 마르크스주의적 계급분석은 자본주의적인 **사회적 관계** 그 **자체에 대한** 분석, 용어의 엄밀한 의미에서의 '자본'에 대한 분석에 기초해 있다. 마르크스주의적 계급분석은 끊임없이 이 지점으로부터 출발하며 끊임없이 이 지점으로 되돌아온다.

두 번째로, 마르크스주의적 계급분석은 이 계급들을 하나로 통합하는, 다시 말해 서로를 대립시키는 그러한 관계의 내부 그 자체에 존재하는 이 계급들의 본질적 **비대칭성**을 드러낸다. 따라서 부르주아지와 프롤레타리아 사이의 관계는 연속적 차원 내에서의 하나의 **위계질서**로서도, 심지어는 서로 대립하고 있는 유사한 항들이 형성하는 하나의 **쌍**으로도 표상 가능하지 않다. 하나의 계급은, 그 구성 과정 내에서, 다른 계급의 전도된 이미지가 아니다. 적대관계라는 것은 한 항과 다른 항 사이의 조응을 뜻하는 것이 아니다.

결론적으로(세 번째 특징으로), **계급** 개념(즉 계급적대 개념)을 **사회집단**이라는 (기술적descriptives 목적으로 우리가 사용하게 되는) 사회학적 개념과 세심하게 구분하는 것이 옳다. 생산과 유통, 그리고 국가 내에서 수행하는 기능에 의해 구별되는 모든 사회집단이 그 자체로는 하나의 계급이 아닐 뿐만 아니라, 특히 (프롤레타리아와 부르주아지 같은) 계급들 그 자체는 지배적인 집단 혹은 주요한 집단이라고 할지라도 단순한 집단들로 정의되지 않는다.

그 어떠한 사회집단도 하나의 계급이 아니다. (제국주의 사회구성체들 같은) 현재의 모든 자본주의적 사회구성체들 내에서는, 심지어 지배적인 자본주의적 생산 곁에 다른 착취 형태들이, 그러니까 다른 생산의 조직화 양식들이, 그러니까 근본 적대와는 다른 모순들이 잔존하고 있다고 할지라도, 경향적으로는 **두 개의** 현실적 계급밖에는 존재하지 않는다. 왜냐하면 이 착취형태들은 자율적 계급들로서의 이전 계급들을 경향적으로 파괴하는, 그리고 역사가 남겨준 계급적 대들을 '단순화', 다시 말해 근본화하고 급진화하는 자본에 의해 지배되기 때문이다.

자본주의의 발전은 그 스스로 새로운 사회적 기능들을, (그 유명한 '중간계층' 같은) 새로운 사회학적 집단들을 출현시키는 사회적 기능들을 창조해낸다. 하지만 이 집단들이 계급을 구성하는 것은 아니다. 근본적대의 형태를 변경하기는커녕, 이 집단들은 이 근본적대의 형태의 발전이 생성하는 효과들이며 이 형태의 재생산 과정 내에 관여되어 있다.

따라서 만일 그 어떠한 사회집단도 하나의 계급인 것이 아니라면(만일 이러한 의미에서 개인들과 집단들을 하나의 사회적 분류화 내에 남김없이 **배분**하기를 원하는 것이 부조리한 것이라면), 계급적대와 그 효과 **바깥에는 그 무엇도** 위치해 있지 않은 것이다.

결국 계급들 그 자체는, 자신들의 역사적 존재 내에서, 다양한 사회학적 집단들을 항상 결합하거나 분리시키며, 이로 인해 이 사회학적 집단들은 변하지 않은 상태로는 남아 있을 수 없게 된다. (프롤레타리아 혹은 부르주아지 같은) 어느 한 사회계급의 **역사**는 유일한 하나의 사회집단과 이 사회집단의 내적이고 지속적인 변형의 역사가 아니다. 이는 착취의 발전에 의해 창조된 조건들의 집합ensemble으로부터 출발하는, 새로운 형태들하에서의 이 사회집단의 재생산의 역사다.

따라서 우리는 뒤이어서 프롤레타리아에 대한 정의가 제기하는 문제, 그리고 부르주아지에 대한 정의가 제기하는 문제를 이 프롤레타리아와 부르주아지가 (우리가 방금 정의했던 의미에서의) **자본과 맺는 관계**로부터 출발해 검토할 것이다. 우선 이 정의들 각각은 자본이라는 개념과는 다른 하나의 개념적 발전으로 나타날 것이다. 만일 방금 전 우리가 개진했던 **비대칭성**이라는 관념이 정확한 것이라면, 우리는 이 비대칭성이라는 관념을 사회적 관계로서의 자본 그 자체에 대한 분석 내에 정초해야만 한다. 이로부터, 우리는 우리가 자본의 발전의 실천적으로 분리 불가능한, 하지만 이론적으로는 서로 다른 다음과 같은 **두 가지 측면들**을 사고해야만 한다는 점을 보게될 것이다. 첫 번째로, 계급으로서의 프롤레타리아의 토대가 되는, 생산 그 자체 내에서의 착취의 조직화라는 측면. 그리고 두 번째로, 계급으로서의 부르주아지의 토대가 되는, 개별 자본들의 유통과 축적의 과정―이 과정이 내포하는 특수한 모순들을 수반하는 그러한 과정―이라는 측면.

2. 계급적대의 첫 번째 측면: 프롤레타리아와 자본

    마르크스주의의 위대한 이론가들이 사회학자들과는 달리 사회 계급들에 대한 **분류표**를 제시하는 작업에 사실상 관심을 전혀 기울이지 않았다는 점은 지적할 만한 사실이다.[40] 비록 이 위대한 이론가들의 주석가들은 이 이론가들의 분석 내에 산발적으로 흩어져 있는 지표들을 한 곳으로 모음으로써 자신들의 분석을 위해 이 [분류표] 작업을 수행하고자 계속 노력했지만 말이다.

    노동자계급과 자본을 대립시키면서 잉여가치의 생산과 배분 répartition의 메커니즘에 대한 분석에 그 전체가 온전히 기초하고 있는 『자본』 그 자체는 결론에서야(『자본』 3권의 마지막 장인 '계급'이라는 미완성된 장에서야) 이러한 작업에 겨우 도달하는 것처럼 보인다. 이러한 사실로부터, 우리는 [성급하게도] 계급에 대한 분석이 『자본』에서는 사실상 '부재'하고 있다고 종종 주장하려 한다. 사실 이 '계급'이라는

---

[40]   그 주요한 예외 중 하나는 청년기 마오의 유명한 텍스트 Analyse des classes de la société chinoise(중국사회에 대한 계급분석, 1926), Œuvres choisies(마오 선집), 프랑스어 번역본, Pékin, s.d., 1권이다. 이러한 맥락에서 자주 인용되곤 하는 마르크스의 텍스트 『루이 보나파르트의 브뤼메르 18일』은 사회계급들에 대한 분류표를 제시하는 텍스트는 아니다.

마지막 장에서 다루는 것은 수입의 사회적 분배distribution에 대한 분석에 불과하다. 그런데 마르크스가 보여주듯 이러한 분배는 잉여가치의 생산 내 계급관계의 결과들 중 하나에 불과한 것이다.[41]

또한 우리는 항상 다음과 같은 레닌의 정의를 인용한다(하지만 레닌이 제시한 이 정의의 맥락을 상기시킬 필요가 있는데, 이 정의는 사회주의 혁명 이후의 계급 폐지 과정의 본성을 해명하기 위해 정식화된 것이다).

"우리는 역사적으로 정의된 어느 하나의 사회적 생산체계 내에서 자신들이 점하고 있는 자리를 통해, 생산수단에 대한 자신들의 관계(대부분의 경우 법칙에 의해 고정되고 자연화된consacré)를 통해, 노동의 사회적 조직화 내에서의 자신들의 역할을 통해, 그러니까 획득 양식과 (자신들이 소유하고 활용하는) 사회적 부의 중요성을 통해 서로가 서로에 대해 구분되는 인간들의 광범위한 집단을 계급이라고 부른다. **계급은 규정된 하나의 구조 즉 사회적 경제 내에서 한편이 점하는 자리로 인해 이 한편이 다른 한편의 부를 전유할 수 있는 그러한 양편, 즉 인간들의 집단이다.**"[42]

여기에서는 순서가 명백히 전도되어 있다. 우선 레닌의 이 글은 경제학적이고 사회학적인 기준들에 따라 하나의 분류표를, 그러니까 하나의 통계학적 분류화classification를 전제하고 그다음 계급투쟁의 구조에 도달하는 것처럼 보인다. 그러나 사실 레닌의 '정의'의 실제 내용은 우리의 처음 판단constatation initiale이 옳은 것이었음을 보여준다. 계급관계에 대한 마르크스주의적 분석의 대상을 직접적으로 구성하

---

41   *Le Capital*, op. cit., 3권, 8분책. (이 책에서 거의 대부분 distribution 즉 '분배'와 répartition 즉 '배분'은 구분해서 번역해주었다.—옮긴이)

42   Lénine, *La Grande Initiative*(위대한 시작) (1919), *Œuvres complètes*, 29권.

는 것은 이 계급관계의 적대 구조와 이 적대 구조의 변형과정이지 선차적으로 행해지는 분류화classification préalable가 아니다. 이로부터 표면적으로en apparence 보기에는 역설적인, 마르크스에게서 분류표가 부재한다는 사실이 유래하는 것이다. 우리로 하여금 최소한 오늘날의 사회계급의 분류표를 구성할 수 있게 해주는 것은 본질적으로 법률적인 혹은 사회학적인 기준들과 수입의 (선형적) 층위들échelles이다. 하지만 결정적인 것은 생산수단과의 관계, 노동의 사회적 조직화 내에서의 역할, 비-생산자 계급에 의한 잉여노동의 전유 메커니즘이며, 일반적으로 이는 그러한 하나의 단순한 형태를 지니지는 않는다.

이러한 난점들을 명확히 해명하기 위해, 현재의 프랑스 사회구성체에 대한 분석으로부터 몇 가지 요소들을 빌려와보도록 하자. 또한 논의를 더욱 단순화시키기 위해, 여기에서는 농업에서의 생산관계와 농촌에서의 사회적 관계 전체ensemble에 대한 분석은 생략하도록 하자. 이를 통해 우리는 농촌 프롤레타리아의 문제나 가난한 농민들의 '프롤레타리아화'의 문제, 그리고 산업 프롤레타리아의 무시할 수 없는 한 분파를 최근 농촌과 결부시켰던(혹은 오늘날까지도 결부시키고 있는) 의존관계의 문제 같은 중요한 문제들을 누락하게 된다. 따라서 여기에서 우리가 제시하는 프랑스 사회구성체의 윤곽은 산업 프롤레타리아, 즉 프롤레타리아로서의 노동자계급과만 불완전한 방식으로 관계된 것이다.

동시대 문헌들에서 노동자계급을 분석한다는 것은 **무엇보다도 우선** 노동자계급에 대한 통계조사를 제시한다는 것과 같은 의미다. 그런데 현재의 노동자계급의 수적 비율을 측정하고자 하는 순간, 우리는 현재의 통계 내에서 '노동자'라는 용어가 취하는 제한적 의미로 인해, 그리고 실업 통계 등이 지니는 부정확성으로 인해 일련의 난점들과 맞닥뜨리게 된다. 그럼에도 통계자료들은 앞으로의 논의를 전개하기 전에 우선 제시해야만 하는 다음과 같은 **세 가지 본질적 사실들**의 지표를 우리에게 제공해준다.

　　─첫 번째 사실: '경제활동 인구population active' 중 끊임없이 늘고 있는 임노동자 부분. 이로부터 우리는 ('임노동화'라는 용어의 순수하게 법률적인 의미에서) **일반화된 임노동화 경향**의 지표를 발견할 수 있다.

　　─두 번째 사실: 물질적 재화와 서비스의 생산에 직접적으로 고용된 모든 노동자들을 포함한 **노동자계급의 절대적인 수적 중요성**. 여기에서 노동자들이란 사회 전체의 수준에서 잉여가치의 담지물로서의 상품을 생산하는, 생산수단(당연히 이 생산수단에는 교통, 텔레커뮤니케이션, 심지어는 산업적 차원에서 조직되는 과학적 연구를 위한 몇몇 기관들 또한 포함해야 한다)이 이미 표상하는 가치[즉 불변자본]에 새로운 가치를 추가하는 노동자들을 뜻한다. 하지만 이러한 경향은 임노동화 일반의 경향에 비하면 **상대적으로 덜 가속화**되고 있다.[43]

　　─세 번째 사실: 노동자계급의 규모 그 자체의 증가보다 훨씬 더 **빠른 노동생산성의 증가**.

　　이 세 가지 사실은 상관적이다. 이 사실 모두는 프랑스 사회구

---

[43]　프랑스 통계청 '인세'(INSEE)의 조사에 따르면, 1954년 임노동자는 전체 경제활동인구의 62%이며 1968년에는 76%다. 1968년의 조사에 따르면, (작업인부와 광부를 포함한) 노동자, 감독관 그리고 기술자는 전체 경제활동인구의 40.3%를 차지한다. (여기에서 '임노동자'는 salariés를, '임노동자'의 하위 범주인 '노동자'는 ouvrier를 옮긴 것이다.─옮긴이)

성체 내에서의 자본주의적 생산양식의 발전을 표현한다. 자본주의적 생산양식의 발전과 함께, 생산적인 것이든 아니든 모든 사회적 활동은 (국가 서비스[공공서비스]나 [관리자계층의] 기업 경영을 포함하여) 임금제라는 법률적 형태하에서 '노동' 일반으로 제시되는 경향을 취하게 된다.[44] 분명히 이러한 경향과 함께, 생산과 분배의 집적 경향과 개인 생산자와 개인 상인[전통적 의미의 자영업자]의 제거 경향이 경쟁한다. 자본주의적 대공업은 (불균등성과 예외에도 불구하고) 끊임없이 직접노동자를 '전통적' 생산양식으로부터 빼내고 있다. 하지만 특수하게 자본주의적인 생산양식은 또한, 역사적으로, **직접생산자의 수가 비율상 가장 적은** 그러한 생산양식이기도 하다.[45] 왜냐하면 [직접생산자의 절대적 수가 아니라] 이 직접생산자의 노동강도와 노동생산성이 끊임없이 증가하기 때문이다. 자본주의적 생산양식은 그 안에서 우리가 생산적 노동자의 가장 큰 규모로의 집적과 비생산적 인구의 가장 높은 비율 모두를, 역사상 **가장 강력한 생산성과 가장 강력한 비생산성** 모두를 관찰할 수 있는 생산양식이다. 일반화된 통념과는 반대로, 자본주의적 사회구성체들 내에서 착취받는 노동자들의 점점 더 중요해지는 역사적 역할(그러니까 점점 더 중요해지는 정치적 역할)은 점점 더 많아지는 그들의 수에 기초한 것이 아니라 점점 더 거대해지는 그들의 **집적**에, 그리고 이 노동자들에 대한 착취의 근본 형태에 기초해 있는 것이다.

---

[44] 이 주제에 대해서는, 이자 낳는 자본과 산업자본(기업가 이윤) 사이의 구분과 관련해서 자본가의 '경영 임금'에 대해 마르크스가 발전시킨 이론적 전개들을 참조하라.

[45] 이는 특히 영국에서 1861년 행해진 조사를 통해 마르크스가 이미 지적했고 분석했던 경향이다. *Le Capital*, op. cit., 1권, pp. 320~321.

따라서 노동자계급의 수적 중요성은 항상 산업적 집적과 노동생산성의 지속적 향상 사이의 결합 효과를 고려하면서 평가되어야 한다.

노동자계급의 '분파들'과 경향적 분할

이제 한 걸음 더 나아가도록 하자. 알다시피 위에서 주어진 이러한 정확한 설명들은 우리가 이 설명들을 '노동사회학'의 특권화된 대상인 노동자계급의 '분파들'에 대한 분석으로 보충할 때에만 의미를 갖게 된다. 우리가 기존 생산수단에 대한 활용의 조건인 이러한 분파들의 필연적 관계를, 그리고 이와 동시에 이 분파들의 역사적 변형의 필연적 관계를 분석할 때에만 말이다. 그런데 바로 이 지점에서 여러 난점들이 출현한다. 왜냐하면, 한편으로, 노동자계급은 그 전체적인 수적 중요성에 의해 **사회계급**으로서(우리는 '프롤레타리아로서'라고 말할 것이다), 다시 말해 단수 혹은 복수의 분류화 기준과 대비한par rapport à 동질적인 단순한 하나의 인구로서 정의되지 않기 때문이다(이러한 기준들을 언표하기 위해서는, 우리는 매우 일반적인 추상들에만 만족해야 할 것이다). 다른 한편으로, '분파들'에 대한 전통적 분석들은 항상 (노동조건, 보상, 생활조건의 차이와 일치한다고 간주되는) 기업 내에서의 지위와 '직업적 숙련화'의 차이에 기초해 있다. 하지만 이러한 구체적 특징들은 그 정의에 따라 가변적이며, 특히 이 특징들은 왜곡이나 신비화 없이는 공식적 분류를 통해서는 **절대로** 포착될 수 없는데, 왜냐하면 임금 위계제의 확립을 본질적 목표로 지니고 있는 이러한 분류는, 이 임금 위계제가 내포하고 있는 항구적 압력과 함께, 실제로 수행되는 노동의 본성과 생활조건 내에서의 객관적 차이들과 절대로 정확히 조응하지 않기 때문이다. 게다가 실제로 어떠한 특정 숙련화에 대한 개인적 소유는 생산 내에서 이에 조응하는 자리poste의 획득을 전혀 함의하지 않는다(특히 '너무 젊'거나 '너무 늙'은 노동자들, 다시 말해 상당수의 대중들에게 그러하다).

따라서 실제로는 기존 분파화fractionnements reçus는 우선은 직접적 생산과정 내에서의, 그다음으로는 (이러한 토대 위에서) 노동력 재생산의 총과정 내에서의 **노동분할**의 역사적으로 변형된 사회적 형태의 간접적 지표로서만 활용되어야 한다. 하지만 우리는 여기에서 더 멀리 나아가야 한다. 우리는 프롤레타리아로서의 노동자계급을 그 역사적 통일체로 정의해야만 한다. 그런데 이 노동자계급의 역사적 통일체는 한순간에 영원히une fois pour toutes[46] 주어지는 것이 아니다. 이 노동자계급의 역사적 통일체는 하나의 경향적 과정의 **결과**일 뿐이다. 처음부터 프롤레타리아는 (자신의 통일체 그 자체 **내에서** 착취형태들의 발전을 반영하는) **분할**divisions로, 게다가 모순으로 정의된다. 프롤레타리아는 직접적 생산과정 내에서의, 그리고 노동력의 재생산과정 내에서의 경향적 통일체로서 이 분할의 작용jeu을 통해 구성된다.

곧이어 다시 강조하건대, 비록 직접적 생산과정이 우리 분석의 **토대**라고 할지라도 이러한 직접적 생산과정에 우리의 논의를 제한해서는 안 된다. 왜냐하면 이러한 제한은 현재의 노동사회학에 심원한 영향을 미치는 '기술주의technologisme'로 곧장 이어지기 때문이다. 직접

---

[46] '한순간에 영원히'로 번역한 une fois pour toutes는 프랑스어에서 많이 쓰이는 표현으로, '단번에 항구적으로'라는 의미다.—옮긴이

적 생산과정의 경향들과 노동력의 재생산 조건들 사이에서는, 간극과 부적합성이 존재할 수 있을 뿐만 아니라, 노동자계급에 대한 분석의 중심에 위치해야만 하는, 그리고 학교교육, 직업교육, 이주 같은 문제들이 프랑스 같은 나라에서 오늘날 왜 이론적이고 실천적으로 핵심적인 지점들인지를 우리로 하여금 이해할 수 있게 해주는 **모순들** 또한 존재할 수 있다.

따라서, 이 핵심 지점들을 비판적인 방식으로 검토하기 위해, 현재의 분포상태répartition 내에서 노동자계급의 분파화fractionnement와 관련된 매우 잘 알려진 몇몇 데이터들을 다시 살펴보도록 하자.

오늘날 노동자계급의 **다수 대중**masse은 **비-숙련** 노동자들로 공식적으로 분류된 노동자들(단순노동자들manœuvres과 'O. S.', 즉 파편화된 노동자들)과 탈숙련 노동자들로 구성되어 있다.[47] 이러한 노동자계급 분파의 수가 가장 많다. 하지만 알다시피 특히 이 노동자계급 분파는 생산의 기술적technologiques 변형의 효과하에서, 본질적으로 (이 생산의 기술적 변형의 새롭고 특징적인 요소인) **파편화된 노동자들(O. S.) 수의 증가**를 통해, 규칙적으로 늘어나는 추세다(반면 상품취급 노동manutention은 부분적으로 기계화되는 경향을 보인다).

[47] '비-숙련'은 non qualifiés를 옮긴 것이고, '탈숙련'은 déqualifiés를, 뒤에 등장하는 '숙련'은 qualifié를 옮긴 것이다(이미 지적했듯 qualité의 경우 대부분 '질'로 옮기면서 가능하면 '숙련성' 또한 병기해주도록 하겠다). O. S.는 프랑스에서 지금은 잘 쓰이지 않는 말로, Ouvriers Spécialisés, 즉 '파편화된 노동자들'의 약자다. 발리바르는 이 O. S.를 '숙련 노동자'와는 대립되는 '비-숙련 노동자들'의 의미로 쓰므로, 이는 '전문화된 노동자'와는 정반대의 의미를 지닌다고 보아야 한다. 그래서 '파편화된 노동자'라는 역어를 채택했다. 참고로, 3장 부록의 영어 번역본 옮긴이 주에 따르면, '파편화된 노동자'는 '숙련 노동자'에 대립되는 '반(semi)숙련' 혹은 '비숙련' 노동자를 뜻하는 것으로, 1970년대 프랑스 좌파 담론 내에서 이주 노동자, 그중에서도 특히 육체 노동자를 지시하는 용어로 광범위하게 사용되었다. 이 용어를 '반숙련'으로 번역하는 경우를 확인한 바 있으나, 의미상 '비숙련' 또한 포함한다는 점에서 '반숙련'으로만 옮기기는 힘들다.—옮긴이

1968년도 프랑스 통계청의 수치에 따르면, 파편화된 노동자들(O. S.)은 265만 380명이며, 이는 경제활동 '노동'인구의 39.5%를 차지한다. 이러한 비율은 각 부문 별로 상당히 크게 다른데, 직물업과 전기공업에서는 50% 이상이며, 석유공업에서는 34%이고, 인쇄업에서는 28.3%다. 동일한 시기에, 단순노동자는 148만 9,140명인데, 이는 경제활동 '노동'인구의 22.4%다. 부문 간 차이도 마찬가지로 상당한데, 유리공업에서는 33.7%, 전기와 기계공업에서는 11%다. 따라서 [탈숙련 노동자를 포함한] 비-숙련 노동자 전체total de la main d'œuvres는 경제활동 '노동'인구의 62.3%다(1954년에는 51.1%였다).

이 비-숙련 노동자 전체는 '유동성mobilité', 다시 말해 극대화된 고용 불안정성을, 그러니까 사실상 상호교환 가능해진 노동자들 사이의 극대화된 직접적 경쟁을 경험하고 있다. 특히 이 비-숙련 노동자 전체와 관계하여par rapport à 노동력 시장이 있는 그대로의 모습으로, 즉 '구매자 시장'으로, 다시 말해 개인 판매자들을 지배하는 구매독점으로 명확히 나타나게 된다.[48]

이러한 노동자계급 분파의 **재생산** 조건이 매우 특수하며 현재의 역사적 국면에 특징적이라는 점을 지적하자. 여기에서 우리는 청년노동자의 비율이 상당히 높다는 사실을 발견할 수 있다(왜냐하면 파편화된 노동자들O. S.의 노동은 노동력을 매우 빨리 '소진'시키기 때문이다). 특히 이 노동자계급 분파는 이민 노동자 다수(1971년 한 해 동안 총계 200만 명 이상)를 포함하고 있으며, 그 수가 최근 현저히 증가했다(이 문제에 대해서는 뒤에서 다시 다룰 것이다).

[48] 이 점에 대해서는 Jean Benard, *La Conception marxiste du capital*(자본에 대한 마르크스주의적 개념화), op. cit., p. 72 이하를 참조하라.

(이민노동자를 포함한) 이 노동자계급 분파를 '하위-프롤레타리아'와 혼동하지 않는 것이 중요하다. 이 '하위-프롤레타리아'의 생활조건과 상대적으로 큰 규모의 주기적 실업(심지어 '호황기'와 '완전고용기'에도 그러한데, 왜냐하면 자본에게 중요한 것은 노동력의 마모로 인해, 그리고 노동조합운동에 대항하는 투쟁의 수단으로서도, 피고용자의 빠른 회전[율]을 유지하는 것이기 때문이다)에도, 또한 이 노동자계급 분파가 고유한 의미에서의 궁핍화paupérisation에 한 발을 담그고 있음에도 불구하고 말이다.[49]

　마찬가지로 (이 노동자들이 임금 층위의 아래에 위치해 있다는 이유

49　최근 어느 대학 내 연구자는 이 점을 강조했다. "프랑스에만 특수한 현상은 아닌 이러한 궁핍화 현상은 일반적으로 잘못 인식되어 있다. (…) 통계수치는 이상할 정도로 신중하다. 제대로 된 정보를 획득하기 위해서는 1962년의 연구로 거슬러 올라가야만 한다. 이 1962년의 연구는 27%의 가구가 그 당시 4000프랑 이하의 연간 수입을 획득한다는 점을, 다시 말해 (국가가 복지 차원에서 제공하는—옮긴이) 가족수당을 포함하더라도 기초적인 의식주에서의 필요를 겨우 충당할 정도의 수입을 획득한다는 점을 보여준다. (…) 오늘날 이러한 가계의 수는 어느 정도나 될까? 궁핍의 기준이 조사마다 서로 다르기 때문에 매우 상이한 조사결과가 나올 수밖에 없었다. 확실히 우리가 주장할 수 있는 것은 '기본적' 빈민, 다시 말해 최저생계 기준에 겨우 부합하거나 그보다도 못한 가계의 수가 최소 500만은 될 것이라는 점이다. 하지만 '최하위 생계수준'을 기존 수준으로부터 20% 혹은 30%까지 높게 정의할 경우, 이러한 '빈민 범위'가 아마도 1,000만 명의 사람들을, 다시 말해 인구의 20%까지도 포함할 가능성이 매우 높아 보인다"(Maurice Parodi, "Histoire récente de l'économie et de la société française"[프랑스 사회와 경제의 최근 역사], 1945-1970, *Histoire de la France*[프랑스의 역사], 조르주 뒤비 책임지도, Paris, Larousse, 1972, 3권, pp. 359~360) 여기에서 우리는 이전에 몇몇 마르크스주의자들이 주장했던 '궁핍화 이론'이 하나의 근본적 사실을 강조하는 데에서는 최소한 자신의 이점을 지니고 있다는 점을 확인하게 된다. 물론 앞의 수치는 (부르주아 통계학이 **비경제활동인구**라는 이름으로 통계에서 빼버리는 실업자, 노인, 병자를 포함한) 노동자계급과 소농민, 소상인, 사무직, 하인, 농업 임노동자 등등으로 구성된 매우 상당한 규모의 계층을 모두 포함한다. 노동자계급과 관련해, 궁핍화라는 현상의 현실과 규모는 한 달 1000프랑 이하의 월급을 받는 650만 명 노동자들의 존재와 관련해 프랑스 노동총동맹(CGT)과 프랑스 민주노동동맹(CFDT) 노동조합이 벌인 캠페인을 통해 1972년 확실히 밝혀졌다(Documents du 38e Congrès national de la CGT[노동총동맹의 38번째 국민대회 문서], *Le Peuple*(인민), n. 1972년 5월 1~31일을 참조). 물가 상승이 너무나도 가파르기 때문에, 동일한 구매력을 가정한다면 이 기준치는 1974년 초의 경우에는 한 달에 1500프랑으로 조정되어야만 했다.

로) 노동자계급의 '하위분파fraction inférieure'에 대해 말하는 것 또한 오류를 낳을 수 있다. 왜냐하면, 노동분할의 최전선에서 기계 체계에 완전히 통합되고 종속된 이 노동자들의 역할로 인해, **대공업의 파편화된 노동자들(O. S.)**은 점점 더 자본주의적 형태의 생산과정의 **중심**에 자리하게 되기 때문이다. 대공업 생산은 파편화된 노동자들(O. S.)이 (탈숙련화를 상쇄하고 노동강도를 유지하기 위해) 조금씩 조금씩 발전시켜왔던 노동력의 새로운 질들[숙련성들]에 점차 기초하게 된다. 이것이 매우 중요한 첫 번째 지점이다.

하지만 노동자계급 중 상당한 규모의 한 분파가 여전히 **'숙련'**('전문professionnels') **노동자들**로 구성되어 있다. 비-숙련 노동자계급의 분파보다 수는 적지만, 이 숙련 노동자계급 분파는 산업노동자 전체 인원의 거의 1/3을 구성하고 있다. 한 세기에 걸친, 중요한 생산 부문들 전체를 그 최초 형태로 기계화시켰던 산업혁명 과정으로부터 생겨난 이 숙련 노동자계급 분파는 (그 상대적인 고용 안정성으로 인해) 노동자계급의 노동조합적이고 정치적인 조직화의 역사적 토대를 형성했다.

이 숙련 노동자계급 분파를 19세기에 존재했던 특정 직능métiers이 지녔던 의미에서의 '노동 귀족aristocratie ouvrière'과 혼동하지 않는 것이 중요하다.[50] 여기에서 중요한 것은 분류상 표준화된standardisé 노동

---

50 Engels, *La Question du logement*(주택문제, 1872)를 참조하라. "(⋯) 기계조립공 또는 그 외의 모든 노동자는 그 계급의 귀족층에 속한다. (⋯)", Éditions sociales, Paris, 1957, p. 68. 엥겔스는 특정한 저축과 투자 활동 내에서 프티-부르주아지와 결합된 이러한 노동 '귀족'을 기술하고 있다. 하지만 조금 뒤에서는 '일반 노동자보다 더 나은 보수를 받는' 소수의 '노동자들'과 '감독관들'에 대해, 그러니까 19세기에 (가장 좋은 경우에 기껏해야) 동일한 수입을 유지하거나 아니면 가족의 수와 그 필요의 증가에 따라 수입이 하락하는 노동자와, 일반적으로 수입이 점진적으로 증가하는 프티-부르주아 혹은 사무직 사이를 구분하는 차이를 여전히 언급하고 있다. '노동 귀족'이라는 문제는 가장 중요한 문제들 중 하나임과 동시에 (다음을 반드시 지적해야만 하는데) 마르크스주의 이론 내에서 프

의 상위에 위치한 직업군에 속해 있는 산업 노동자들이 아니라, (특히 대공업에서) 업무의 세분화에 통합된, **그 자체 파편화된** 노동자[즉 O. S.]다. 이 노동자들의 노동은 특정 시기에 외부에서 보면 '완성'된 노동처럼 보이지만, 실제로는 노동의 탈숙련화와 과잉숙련화라는 **두 가지 경향 사이**에서 경향적으로 관여되어 있는 그러한 노동이다. 이 노동자들의 분포répartition는 불균등하다. 오늘날 많은 수의 노동자들이 야금업과 기계공업에 속해 있으며, 여전히 봉제업에도 속해 있다. 자동차, 석유, 화학, 전기공업 등에서는 그 수가 점점 감소하고 있다.[51]

따라서 이러한 노동자계급 분파는 안정적이지도 고립되어 있지도 않다. 영역들마다 불균등한 산업혁명의 발전은 새로운 '숙련화'를 창조하지만, 동시에 기존 숙련화를 소멸시키거나 소득조건과 노동조건을 파편화된 노동자들(O. S.)의 조건과 유사해지도록 만든다. 상세

롤레타리아에 관해 가장 덜 인식되어 있는 문제들 중 하나기도 하다. (『영국 노동자계급의 상황』의 1892년 독일어판 서문에서 '노동 귀족'에 대해 자세히 다루는) 엥겔스에게서, 그다음으로는 (1914년부터 '제2인터내셔널의 붕괴'와 제국주의를 다루는 모든 텍스트들에서 엥겔스의 이 서문을 체계적으로 참조하는) 레닌에게서, 이 '노동 귀족'이라는 표현이 언제나 '선진' 자본주의 국가들의 노동자계급의 동일한 분파를 지시하는 것은 아니다. 이 표현은 때로는 상대적으로 특권을 얻고 있는 '소수'를 지시하기도 하고, 때로는 '거대 다수'의 노동자들을 지시하기도 한다. 이 표현은 노동분할의 변형들, 노동조합의 역할(무엇보다도 영국 '노동조합trade-unions') 그리고 세계시장 내 국민 자본의 지배적 위치('산업독점')가 노동자계급에게 미치는 효과 모두에 의해 과잉결정된 방식으로 항상 사고된다. 사실 이는 본질적으로 **노골적으로 드러나 있는** 다음과 같은 하나의 문제에 대한 지표다. 프롤레타리아의 구조에 미치는, 그러니까 생산과 착취의 근본적 관계라는 형태에 미치는 자본주의적(이고 제국주의적)인 사회구성체들의 역사의 효과라는 문제.

51   산업 부문들 내에서 (공식 분류화에 따른) 서로 다른 여러 범주의 노동자들 사이의 분포에 관해서는, M. M. Krust & J. Begue, *Structure des emplois au 1er janvier 1968*(1968년 1월 1일자 고용구조), Collections de l'INSEE를 참조하라. 하지만 불행히도 이 연구가 다루지 않는 것은 노동과정의 '기술적' 조직화에 따른, 서로 다른 범주의 노동자들 사이의 '이동'(ventilation)이다. 이 연구는 유용하기는 하지만, 투렌(Touraine)과 나빌(Naville), 그리고 그들 연구팀의 작업들에서 발견할 수 있는 '기술주의적'(technologique) 접근법으로부터 여전히 영향 받고 있다.

한 조사에 의해서만 밝혀질 수 있는 것이겠지만, 많은 경우 명목적 구별은 인위적인 것에 불과하다. 대공업 내에서 노동과 착취의 조직화의 서로 다른 여러 **형태들**이 존재하는 반면, 대다수의 경우에서 불균등한 착취 **정도**라는 것은 존재하지 않는다. [오히려] 특히, 한 형태에서 다른 형태로의 끊임없는 **이동**이, 동일한 과정의 보충적 측면들로서의 새로운 형태들의 등장이 이루어진다.[52]

하지만 이러한 열거[제시]가 여기에서 멈출 수 있을까? 높은 수준으로 숙련화된 노동자들과 여러 범주의 기술자들로 구성된 노동자계급의 '**상위 분파**'를, 그리고 이 '**상위 분파**'의 통제 혹은 조정을 이와 마찬가지로 동일하게 고려해야 하는 것 아닐까? 제국주의 시기에 특징적인, 즉 생산과정 그 자체의 중심에 존재하는 이 제국주의적 시기의 경향에 특징적인 새로운 유형의(혹은 '낡은' 노동자계급과 함께 이 '낡은' 노동자계급이 쌓아온 투쟁의 경험과 전통을 매장하고 싶어 안달이 난 일부 노동사회학의 모호한 표현을 따르자면, 이러한 '신新-노동자계급'의) '노동 귀족'이 중요한 것은 아닐까?

이 노동자계층이 전체적으로 보면 매우 소수라는 점을 즉시 지적하도록 하자. 이 노동자계층은 (프랑스 사회구성체와 같은 사회구성체 내에서) 물론 수적으로는 현재 **증가**하고 있다. 하지만 이러한 증가는 **단지 특정한 생산 부문들 내에서만** 그러한데, 이것이 중요한 점이다.

---

[52] 기술적(descriptif) 성격만을 지니지만 풍부한 문헌자료가 담겨 있는 저작으로는(하나의 좋은 기술적 작업이 수십여 개의 나쁜 이론적 작업들만큼의 가치를 지닌다), Jacques Frémontier, *La Forteresse ouvrière, Renault*(노동자 요새: 르노), Fayard, Paris, 1971을 참조하라. 우리는 이를 Louis Oury, *Les Prolos*(프롤로스), Denoël, Paris, 1973에 담겨 있는 열정적 증언들, 그리고 1970년 10월과 1971년 11월, 1972년 6월, 1972년 10월, 1973년 4~5월 《뤼마니테》에 공개된 조사결과들과 비교해볼 수도 있을 것이다.

따라서 이 노동자계층은 (석유, 전기, 항공기, 원자력 내에서와 같은) 기업들의 임노동자 **전체** 중 10% **남짓**을 대표할 뿐이다.

그렇지만 이러한 예시들로부터 출발해 (자본주의적 생산관계의 틀 **내에서**든, 생산력 발전을 옭아매는, 자본주의적 생산관계가 구성하는 상대적 지체 요인으로서의 '질곡'을 일단 제거하고 난 뒤에 가능할 이 자본주의적 생산관계의 혁명적 변형을 **넘어서**든) 생산적 노동 전체의 미래를 예상함으로써 미래학적 투영을 시도하는 것보다 더 잘못된 일은 없을 것이다. 역사적 경향은 그렇게 단순하게 기술될 수 없다. 왜냐하면 이 역사적 경향의 근본 측면이 사회적 생산 **전체**ensemble—이 사회적 생산 **전체**에 서로 다른 여러 부문들이, 특히 자재 선제작préfabrication(우리가 20년 전부터 보아왔듯, 이 자재 선제작은 노동력을 최대한으로 활용하기 위해 노동과정의 **연속성**을 획득하고 '생산기간'과 실제 '노동기간'을 일치시키는, 자동화를 뛰어넘는 수단이다[53])의 영향하에 점점 더 긴밀히 의존하게 된다—내부에서의 **불균등 발전**이기 때문이다.

조립생산fabrication의 몇몇 특정 부문들 혹은 공정들의 상대적 전문기술화intellectualisation는 (이 부문들 혹은 공정들을 보완하거나 이 부문들 혹은 공정들의 생산물을 활용하는) 다른 부문들 혹은 공정들에서의 단순화와 탈숙련화를 직접적으로 포함한다.

다음은 도식적이긴 하지만 특별한 중요성을 지니는 하나의 예시다. 최근 20년 동안 (처음에는 트렌지스터를 통해, 그다음으로는 집적회로를 통해) **전자산업**은 기술혁명을 경험했다. 그런데 '전문재' 부문에서 임노동자 전체에 대한 '관리직과 사무직'(이 안에서 높은 비율을 차지하

---

53   이 개념들에 관해서는 *Le Capital*, 2권 2편 12~13장을 참조하라.

고 있는 순수 기술자로서의 관리직들과 기술자들 그리고 설계자들을 포함한)의 비율은 62%로, 이는 상당히 큰 수치다. 하지만 생산의 상당 부분이 생산요소composants의 조립생산자fabricants에 의해 사전에 이루어지는 '보편재' 부문에서는 이 비율이 30% 이하로 떨어지고, 반대로 ['관리직과 사무직'이 아닌] 노동자(여기에 높은 비율의 파편화된 노동자들O. S.이, 그리고 특히 여성 노동력main-d'œuvre이 포함된다)의 비율은 70%로 상승한다.[54] 우리는 ['관리직과 사무직', 그리고 그 밖의 나머지 노동자 사이의] 이러한 특징적인 상호보완성을 다른 예들(공공사업 자재와 결합된 건설업)에서도 발견할 수 있을 것이다.

비록 매우 개략적이라고는 해도 이러한 분석이 우리에게 보여주는 것은 무엇인가? 노동자계급의 사회-기술적socio-techniques 분할들이 [항상] 변화하긴 하지만 [절대로] 완화되지는 않는 현실이라는 점이다. 특히 이 사회-기술적 분할들이 상호독립적이지 않다는 현실인데, 왜냐하면 각각의 '분파'는 자본주의적 형태를 취하는 노동분할이라는 **동일한 경향들**의 효과에 종속되어 있기 때문이다. 이는 '비-숙련' 노동자에 대해서도 마찬가지며, 또한 '숙련' 노동자에 대해서도 마찬가지다. 물론 이는 '고숙련' 노동자의 '상위' 계층에 대해서도 **동일**하다. '엔지니어, 관리직 그리고 기술자'로 이루어진 독립적 범주를 구성하는 것은 현실적이고 역사적으로 아무런 의미를 지니지 못하며, 노동자계급에 대한 분석을 혼란스럽게 만들 뿐이다. 만일 모든 노동자들이 임노동제 일반의 (매우 불균등한) 효과를 경험하는 것이 사

---

[54]   Kuhn De Chizelle, "Situation de l'industrie électronique française"(프랑스 전기산업 현황), *Rapport au Conseil économique et social*(경제사회 위원회 보고서), *Journal officiel*(《주르날 오피시엘》), 1966년 4월이 제시하는 1964년도 수치.

실이라고 할지라도(물가와 실질임금 사이의 괴리, 그리고 실업과 계층 하락déclassement의 위험을 내포하는 임노동자 간 경쟁), 이 모든 노동자들이 노동력의 착취과정과 재생산과정 내에서 동일한 위치/입장을 점하는 것은 전혀 아니다. 한편의 노동자들은 **프롤레타리아화** 과정의 **바깥에** 항상 위치해 있다. 이들의 수입 수준이 (단순노동이든 복잡노동이든 이러한 노동을 수행하는) 그들의 노동력에 대한 재생산의 평균을 넘어서기 때문에, 또한 이 노동자들이 자신의 생산기능에 노동의 조직 및 관리 기능을 결합시키기 때문에 그러하다. 이 점에 대해서는 부르주아지와 관련해서 다시 언급하도록 하겠다. 다른 한편의 노동자들은 (이데올로기적이고 정치적인 중요한 효과들을 미칠 수 있는) 일시적인 역사적 조건들 내에서 **경향적으로만** 이로부터 벗어난다. 왜냐하면 이 노동자들은 (숙련화된 노동력의 경우도 포함하여) 기계 체계에 통합된 단순한 노동력으로서 노동과정 내에 등장하는 것이 아니기 때문이며, 또한 이들의 노동력 재생산(그러니까 이 노동력의 '노동시장' 내에서의 유통)이 프롤레타리아 다수 대중의 과정과는 변별적인 분리된 하나의 과정에 항상 속하기 때문이다. 하지만 이러한 '상층'의 상황이 기계화의 한계를 뛰어넘는 그 발전과 확장이라는 위협에 의해(정보공학이라는 가장 최근의 예를 보라) 그 정의상 불안정하다는 점을 잊어서는 안 된다.

재생산과정과 프롤레타리아의 역사

이제 우리는 프롤레타리아의 구성이라는 문제가 일반적으로 어떻게 제기될 수 있는지 이해할 수 있다. 분류화classifications를 넘어서, 단순한 기술적 묘사description technologique를 넘어서, 우선 강조하건대 노동자계급은 **노동자계급 자신의 역사적 변형**과 독립적인 방식으로 는 계급으로 정의될 수 없다. '즉자적 프롤레타리아'는 존재하지 않는 다.[55]

특히 이러한 변형에서 일반적으로 우리가 취하는 것은 이전 생 산양식들을 제거함으로써 얻게 되는 특수하게 자본주의적인 생산양 식의 구성이다. 따라서 1860~1870년대 프랑스 사회구성체 내에서, 산업혁명과 생산수단 집적의 최초 국면들 이후에, 생산 부문에 따 라 우리는 노동의 생산과 착취의 현저하게 상이한 최소 **네 가지 형태 들**—이중 마지막 두 가지 형태만이, 비록 이 두 형태 모두가 자본주 의적 생산양식의 전체적d'ensemble 지배에 의존하더라도, 특수하게 자 본주의적인 생산양식에 속하며 임노동에 기초한다—을 발견하게 된 다. 1) 농업 노동과 결합된 가족적 생산, 2) 수공업artisanat, 3) (도시에 서의 혹은 농촌에서의) 원료공급 상인을 납품 대상으로 하는 가내 노 동, 4) 고유한 의미의 조립공장fabriques과 [대공업적 성격의] 공장usines.[56]

하지만 이러한 역사적 과정이 근대 노동자계급을 '창조'하는 새 로운 생산양식의 발전, 이전 생산양식의 다소간 빠른 소멸, 그리고

---

55 '즉자적 프롤레타리아'는 prolétariat en soi를 옮긴 것으로, 조금 덜 철학적인 용어로 번역한다 면 '프롤레타리아 그 자체'다. 프랑스어에서 en soi는 '즉자', pour soi는 '대자'인데, 이 중 en soi는 '그 자체'라는 뜻을 포함하고 있다.—옮긴이

56 Jean Bouvier, "Le mouvement d'une civilisation nouvelle"(새로운 문명의 운동), *Histoire de la France*(프랑스의 역사), op. cit., pp. 13~14를 참조하라. 마찬가지로, *Histoires du travail en France*(프랑스에서 노동의 역사), Librairie générale de droit et de jurisprudence, Paris, 1969에 실린 글들 중 몇몇 글들을 참조하라. 이 글들 중에 Bouvier-Ajam의 글이 들어 있다.

이러한 변형이 촉발하는 이행 형태들만을 포함하는 것은 아니다. 이는 특히 자본주의적 생산양식의 중심에서 노동자계급에게 그 통일체를, 그리고 이와 상관적으로 그 현재적 분할을 부여하는 **일차적 요소인 노동의 사회-기술적 분할의 역사**를 포함한다. 19세기 대공업의 전형적 부문들(즉 처음에는 직물업, 그 이후로는 야금업) 내에서, 노동자계급은 마르크스가 '상대적 잉여가치' 발전의 효과들을 예증하기 위해 그가 기술했던 바 그대로 여전히 남아 있었다.

"근본적 계급화/분류화classification는 **도구-기계로서의 노동자**travailleurs aux machines-outils(증기기관을 데우는 일을 담당하는 몇몇 노동자들까지도 포함하여)와 **단순노동자**manœuvres(이 **도구-기계로서의 노동자**에 종속된, 거의 대부분이 아동들인) 사이의 계급화/분류다. 이 단순노동자들 가운데에, 기계에 원료를 공급하는 원료공급 노동자feeders, alimenteurs 거의 대부분이 속한다. 이 주요 계급들 옆에, 수적으로는 많지 않은, 하지만 이 메커니즘 전반을 감시하고 필요할 경우 기계를 수리해주는 엔지니어들, 기계를 조작하는 이들, 목수들 같은 이들이 자리 잡는다. 이는 노동자들 중 상위 분파 계층classe으로, 그중 일부는 과학적 교육을 받으며, 다른 일부는 공장 노동자들(그러나 사실 이 다른 일부는 이 공장노동자들 없이는 노동할 수 없다)이 수행할 수 없는 직능métier을 맡고 있다."[57]

따라서 노동의 사회-기술적 분할은 이전 잔존 형태들을 항상 포함하면서도 자본주의적 생산양식 역사의 각 단계마다 전형적인 하나의 형태를 취한다. 오늘날 우리는 역사적 발전이 고유하게 자본주의

---

57   *Le Capital*, 1권, Garnier-Flammarion, p. 303.

적인 영역으로서의 대공업과 수공업적이고 매뉴팩처적인 영역 사이의 구분을 사실상 파괴하면서도, 이와 동시에 이 역사적 발전이 내적 분할을 대공업으로 이동시켰다는 점을 확인하게 된다.[58]

따라서 노동자계급의 변형과정 그 자체 내에서 노동자계급을 구성하는 것은, 우선 사회적 차원에서의 동일한 '집합노동자'의 중심에서 (동일한 기업 내부에서든 서로 다른 기업들 내에서든 최대치의 **잉여가치의** 생산성을 목적으로) 그 기술적technique 역할과 사회적 위치가 서로 다른 분파들을 결합시키는 그러한 기능적 관계다. 바로 이러한 기능적 통일성이 노동수단의 주어진 토대 위에서 **각자의** 노동을 **모든 다른 이들의** 노동을 최대치로 착취하는 수단으로 만드는 것이다.[59] 그러므로 **경향들 간의 모순적 통일체**가 이 분파들의 구성에 조응하는 것이며, 이 통일체는 그 전체를 사고할 때에만 이해 가능한 것이다. 더욱 정확히는 노동의 세분화parcellisation, **탈숙련화**déqualification 그리고 극대화된 단순화simplification — 이 단순화의 결과가 바로 현재의 파편화된 노동자들(O. S.)이다 — 로의 경향과 '**과잉숙련화**surqualification' — 물론 평균과 비교해서의 — 로의 경향 사이의 모순적 통일체가 (집합노동자의 또 다른 극단에서, 그리고 다른 편에서는 노동수단과 관련해서) 기계 체계의 기능작용에 종속되는 대신 이 기계 체계를 관리/통제contrôlant

---

58 비할 바 없이 풍부한 내용을 지닌, 노동자계급의 역사에 관한 매우 중요한 저작으로는, Jürgen Kuczinsky, *Die Geschichte der Lage der Arbeiter unter dem Kapitalismus*⋯(자본주의하에서 노동자 상태의 역사), Berlin, Dietz Verlag, 신판, 1961, 또한 이 책의 대중화를 위해 만든 탁월한 소책자 *Les Origines de la classe ouvrière*(노동자계급의 기원들), 불역, Hachette, Paris, 1967이 있다.
59 산업적 '경영'(management, Babbage)의 최초 형태들에 대한 마르크스의 분석으로는, *Le Capital*, 1권 5편 15장, p. 271 이하를 참조하라. (여기에서 '통일성'은 unité를 옮긴 것으로, 이는 '단위'로 번역할 수도 있다.—옮긴이)

하는 (상대적으로 그 수가 많은) 기술직 노동자들의 분파를 구성하는 것이다. 따라서 이러한 모순적 통일체의 핵심은 무엇보다도 **육체노동과 지식노동 사이의 분할**과 이 분할의 연속적 형태들이다.[60]

사실 육체노동과 지식노동 사이의 이러한 분할은 역사적 형태 즉, 이 형태하에서 경제적 '성장'이, 생산의 성장과 특히 (이 분할이 직접적으로 설명하는) **생산성**의 성장(자본주의적 생산양식 내에서 '생산'은 항상 잉여가치의 생산을 의미한다는 점을 잊지 말자)이 실행되는 그러한 역사적 형태다. 이 분할은 이러한 역사적 형태의 유의미하면서도 분리 불가능한 두 측면을 이해할 수 있게 해준다. 한편으로, 자본주의적 생산양식의 구성 이래로 중단 없이 진행되는 과학적 인식[지식]의 적용과 '과학-기술 혁명', 다른 한편으로, 실행 노동의 (이 또한 역시) 중단 없이 진행되는 노동강도의 증가intensification. 여기에서 문제가 되는 것은 기술의 자연적 발전과 단순한 효과가 아니다. 그보다 물질적

---

60   육체노동과 지식노동 사이의 분할이라는 문제는 자본주의적 생산양식의 분석에서 하나의 역사적이고 정치적인 근본문제다. 이 문제 자체에 대해서는 다른 곳에서 논의하도록 하자. 육체노동과 지식노동 사이의 분할에는 **여러** 역사적 형태들이 존재한다(비록 이 역사적 형태들이 자본주의 내에서, 특히 이 자본주의가 학교교육에 부여하는 역할로 인해 '융합'된다고 할지라도, 이 역사적 형태들은 서로 혼동될 수 없다). 자본주의적 생산양식에 이르기까지, 착취 조건의 재생산 내에서 근본적 역할을 **항상** 수행하는 육체노동과 지식노동 사이의 분할은 생산의 조직화 **내에서** 본질적인 것으로 출현하지 않거나, 혹은 최소한 여기에서 부차적 역할만을 수행한다. 이 육체노동과 지식노동 사이의 분할은 (노동자와 이 노동자의 생산수단 사이의 근본적 분리를 여전히 포함하지 않는) 생산과 (우리가 '상부구조'라 지시할 수 있을) 다른 사회적 실천들 **사이에서** 본질적으로 출현한다. 자본주의적 생산양식과 함께 육체노동과 지식노동 사이의 분할은 **또한** 무엇보다도 생산과정 **내에서** 출현하기 시작한다. 마르크스가 강조하듯, 육체노동과 지식노동 사이의 분할은 여기에서 여러 형태들—실행 노동과 조직 기능 사이의 분할이라는 형태, 기술적 연구와 제조 사이의 분할이라는 형태, 또한 여러 '실행'(exécution) 유형들 사이의 분할이라는 형태까지도—을 취하게 되며, 이 여러 형태들이 복잡한 결합 형태들(combinaisons)을 산출하게 된다. 따라서 점진적으로 심화되는 육체노동과 지식노동 사이의 분할 **없는** 착취과정이란 존재하지 않는다. 하지만 그렇다고 해서 계급 분할과 노동 분할 사이의 기계적 조응이 존재하는 것은 아니라는 점은 두말할 필요도 없다.

생산의 변형은 자신의 조건, 즉 자본이 자신에게 필수적인 노동력을 발견하고 집적할 수 있는 그러한 [사회적] 조건에 의존한다. 혹은, 더욱 추상적으로 말하자면 다음과 같다. '경제적 토대'의 중심 그 자체에서, **생산력의 발전은** 이 생산력이 그 실현을 가능케 하는 **생산의 사회적 관계의 역사에 의해 통제**commandé**되고 지배**dominé**된다.**

하지만 이 첫 번째 요소 하나만으로는 충분하지 않다. 직접적 생산과정 내 노동자계급에 대한 분석은 **노동력의 재생산 과정에** 대한 역사적 분석과 결합되어야만 한다. 생산력에 대한 생산관계의 지배 domination는 (그 자체로 노동력의 재생산이 하나의 규정된 사회적 형태를 취하는 한에서만, 그리고 이 사회적 형태가 혁명적 방식으로 전복되는 한에서만) 주어진 역사적 조건 내에서 실행될 수 있고 지속될 수 있으며 강한 의미에서 **실현될** 수 있다.

(직접적 생산과정 내에서 관찰 가능한) 노동분할의 특징들은 노동력 시장의 특징들과 분리 불가능하다. **프롤레타리아**라는 존재의 물질적 토대는 노동자라는 기계 체계로의 통합뿐만 아니라, 그리고 이 노동자들의 자신들의 노동력에 대한 '생산적 소비'뿐만 아니라 노동자 사이의 **경쟁**을 보증하는 조건 전체이기도 하다. 그런데 서로가 서로에 대해 대체 가능한 유사한 노동자들 사이의 직접적 경쟁은 산업혁명의 현재 국면과 함께 소멸하지 않으며,[61] 그 대신 이 경쟁은 더욱 확장되고 더욱 복잡해진 **일반화된 경쟁** 내에 기입된다. 이는 생산수단

---

[61] 우리는 산업혁명의 하나의 새로운 역사적 국면이 '포디즘'(대량생산, '규격화된standardisé' 조립라인 노동), 테일러주의적인 혹은 포스트-테일러주의적인 노동의 '과학적' 조직화의 기술, 그리고 자동화와 함께 20세기 초반부에 시작되었다고 간주할 수 있다. 이 세 가지 현상은 **함께** 연구되어야만 한다.

과의 연관성 속에서par rapport aux 서로 다른 자리postes를 점하는, 서로 다른 숙련성qualification을 지니는 노동자들 사이의 경쟁이다. '노동자와 기계 사이의 경쟁'보다, 오히려 여기에서 우리는 (이 생산 기술들이 활용하고 형성하도록 강제하는 노동력main-d'œuvre의 유형에 따른) 생산 기술들 사이의 경쟁과 (노동자들이 형성하는 기계화의 유형에 따른) 노동자들 사이의 경쟁에 대해 말해야만 한다.[62] 기존 조건에 따라 잉여가치의 생산을 극대화하는 결합을 선택하는 것이 바로 생산 요인들에 대한 관리, 즉 자본주의적 '경영management'이 요구하는 바다.

(무엇보다도 위에서 이미 언급했던 노동자계급의 '하위' 분파 내에서의) '이주' 노동력main-d'œuvre에 대한 고용 증가와 선택적 배분이라는 역사적 현상이 바로 이 지점에서 자신의 모든 의미를 취하게 된다. 프랑스 사회구성체 내에서 노동자계급의 현재 구조는 단순히 새로운 산업화 국면으로만 특징지어지는 것은 아니며, 또한 이 현재 구조는 자본주의 역사 내에서의 새로운 단계, 즉 제국주의라는 단계, 소수의 '선진' 국민국가들 내 자본들 사이에서 이루어지는 세계에 대한 경제적 분할의 단계로부터 비롯되는 것이기도 하다. 자본 수출과 노동력main-d'œuvre 수입이라는 이러한 두 가지 현상은 상관적이다.[63]

다른 몇몇 이들과 함께 레닌이 최초로 보여준 것처럼, "독점체들이 지배하는 현재의 자본주의를 특징짓는 것은 **자본** 수출"이기 때문

---

62 이러한 경쟁이 단순하고 직접적인 경쟁과 맺는 관계는, 생산의 사회적 관계의 다른 측면에서, 자본 수출이 상품들 사이의 단순 경쟁과 맺는 관계와 동일하다.

63 더 완전한 연구들이 생산되기를 기다리면서, 우리는 노동력(main-d'œuvre) 시장을 '재분할' 하기 위해 독점체들 간에 행해지는 격렬한 투쟁을 강조하는 연구인 E. Pletnev, "Migrations de travailleurs en Europe"(유럽에서 노동자들의 이주), *Recherches internationales*(국제연구지), n. 52, 1966년 3-4월, pp. 64~72를 유용하게 참조할 수 있을 것이다.

이다. 이는 제국주의 단계에서 세계시장에서 가장 강력한 힘을 지니고 있는 자본주의 국가들의 지배가 공업제품의 생산을 위한 길을 개척하는 방식으로(19세기 이래로 이에 대한 고전적인 예는 인도 수공업과 영국 직물대공업 사이의 경쟁이다) '주변부'의 수공업을 파괴할 뿐만 아니라, 이제는 이러한 지배가 자본주의 그 자체를 이 지배가 맞닥뜨리는 저항과 수익성 조건에 따라 불균등한 방식으로 '주변부' 지역들 내에서 발전시키기도 한다는 점을 의미한다. 그런데 이 발전의 과정 내에서, '전통적' 생산양식들에 대한 파괴는 투자 그 자체보다 항상 훨씬 더 빠르다. 이로 인해 제국주의 국가들이 끌어낼 수 있는, 그리고 이 제국주의 국가들이 이를 끌어내기 위해 서로 간에 경쟁할 수 있는 대상인 상당한 규모의 상대적 과잉인구, 즉 '산업예비군'이 창조된다.

1916년에 이미 레닌은 제국주의에 관한 자신의 분석을 이렇게 결론 내렸다. "[자본 수출과—발리바르] 결부되어 있는 제국주의의 특징들 가운데, 제국주의 국가들로부터 이주가 감소하고 제국주의 국가들로 (임금이 가장 낮은 국가들인 가장 지체된 국가들 출신 노동자들의) 이주가 증가한 점을 지적해야만 한다. (…) 프랑스에서 광산업 노동자들은 상당 부분 외국인들(폴란드인, 이탈리아인, 스페인인)로 구성되어 있다. 미국에서 동유럽과 남부 유럽에서 온 이주자들은 가장 임금을 적게 받는 일자리를 차지하고 있고, 이와는 반대로 미국 노동자들은 임금을 가장 많이 받는 노동을 수행하는 노동자들과 감독관들의 가장 큰 비율을 차지하고 있다. 제국주의는 [자본 사이에서 그러했던 것과] 마찬가지로 노동자들 사이에서도 특권화된 범주[분파]를 만드는 경향을 지니며 또한 이 특권화된 범주에 속하는 노동자들을 프롤레타리아 다수 대중으로부터 분리시키려는 경향을 지닌다."[64]

제국주의의 50년 역사 이후, 우리는 이러한 경향의 발전을 평가할 수 있을 뿐만 아니라, 생산과정 그 자체의 변형—"전체적으로 보아, 자본주의가 이전보다 무한히 더욱 빠른 속도로 발전하는, 하지만 이러한 발전이 일반적으로 더욱 불균등해지는" 그러한 결과로 이어지는[65]—에서 이러한 경향이 수행하는 근본적 역할에 대한 분석에 착수할 수도 있다. 각각의 제국주의적 사회구성체에서, 노동자계급의 항구적 재생산 과정은 자본에서와 마찬가지로 경향적으로 세계적 과정이 되었다. 제국주의로 인해 역사상 처음으로 노동력의 세계시장(이 세계시장이 내적으로 균질적이지는 않다고 해도)이 실제적으로 존재하기 시작한다.[66]

하지만 직접적 생산과정에 대한 분석에 더해 노동력의 재생산 과정을 분석하는 것은 프롤레타리아에 대한 정의를 대상으로 하는 종종 혼란스럽게 진행되는 현재의 일련의 논쟁들을 명확히 조명해주는 역할을 수행하기도 한다는 보충적 결과 또한 산출한다. 정확히 바로 이 재생산 과정에 대한 분석이 노동자계급과 비교해par rapport à 다른 노동자 범주들(자본주의의 발전에 의해 노동자계급과 마찬가지로 동일하게 구성되고 변형된)이 점하고 있는 자리를 이해할 수 있게 해준다. 따라서 우리는 주어진 시기의 '프롤레타리아'뿐만 아니라 자본주의적 사회구성체들이 포함하고 있는 **프롤레타리아화** 과정 전체 또한 정의

---

64 Lénine, *L'impérialisme, stade suprême du capitalisme*(제국주의, 자본주의의 최고 단계), *Œuvres complètes*, 22권.

65 Ibid.

66 또한 그 반작용으로 이 과정은 국민 간 잉여가치율 즉 국민 간 이윤율의 균등화 경향, 다시 말해 자본 간 경쟁을 강력히 추동한다.

할 수 있다.

프롤레타리아화는 **무엇보다도 먼저** 노동자계급과, 하지만 또한 상업자본과 금융자본에서든 국가[적 영역]에서든 '사무직employés'으로 분류되는 노동자들—이들의 노동력은 잉여가치 생산의 직접적 과정 내에서 착취되는 것이 아니라 그들의 노동이 ('사적' 자본이든 '공적' 자본이든 상관없이) 상업자본과 금융자본으로 하여금 이 잉여가치의 한 분파[부분]를 재전유할 수 있게 해주는 역할을 수행하는 노동으로서 착취된다—과도 연관된다.[67] 따라서 노동자계급과는 대조적으로, 이 노동자들은 자신들 **고유의** 생산적 기능 내에서 이 노동자들의 수입 혹은 이 노동자들의 위계적 위치로 인해 불균등한 분파들을 경향적으로 하나로 결합시키는 자신들의 **계급 통합의 원리**(혹은 **하나의 통합 원리**)를 **발견하지 못한다.** 사실 이러한 경향은, 이 노동자들의 한 부분partie 전체에서, 이 노동자들이 노동자계급과 맺는 관계로부터 역사적으로 유래하는 것이다. 산업자본의 집적을 따르는 자본의 집적은 상업자본과 은행자본으로까지 확장되며, 상품유통의 작동 내에 협업, 노동분할, 게다가 기계화의 형태들—이 형태들은 이미 생산과정을 특징짓고 있는 것이다—을 도입할 수 있게 해준다. 결과적으로, 사무직employés의 상당한 비율을 차지하는 한 분파가 자신과 노동자 사이에서 노동력 재생산의 조건이 부분적으로 동일시되는 것과 마찬가지로, 사무직employés과 노동자 모두는 이 둘이 공통적으로 속해 있는 **단일 노동시장** 위에서 함께 등장하는 경향을 지니게 된다(여기에서는, 제국주의적 '중심'의 사회구성체들 내에서 일반화된 학교교육의 결정적

---

[67] 상업이윤과 은행이윤의 메커니즘, 그리고 유통영역 내에서의 '비생산적' 노동자들에 대한 착취에 대해서는 *Le Capital*, 3권, 4분책을 참조하라.

역할을 강조하는 것이 적절할 것이다[68]).

바로 이러한 과정의 객관적 존재가 노동자계급이 피착취 노동 전체의 역사적 중핵을 구성한다는 점을 확인할 수 있게, 그리고 이 피착취 노동의 새로운 형태들 또한 분석할 수 있게 해주는 것이다.

따라서, 추상적으로 말하자면, 불균등한 **프롤레타리아화** 과정의 효과 아래에서만 역사적 **프롤레타리아**가 존재하는 것이며, 프롤레타리아의 구조는 어느 하나의 주어진 사회구성체의 역사적으로 규정된 조건 내 프롤레타리아화 경향에 대한 지표 이외의 그 무엇도 아니다 (우리는 형식적 범주들을 이 경향 그리고 이 경향의 역사와 연결시키지 않고서는, 하나의 사회구성체에 대한 분석에서 다른 하나의 사회구성체에 대한 분석으로 기계적으로 **이동**transposer할 수 없다). 바로 그렇기 때문에 여기에서 노동력의 **재생산**에 대한 관점과 분석을 개입시키는 것이 필수적인 것이다. 프롤레타리아는 **자기 자신으로부터 출발하여** 직접적이고 연속적인 하나의 계보에 의해 재생산되는 것이 아니다. 프롤레타리아는 생산과정의 주어진 하나의 상태가 규정하는, 하지만 또한 (노동력 재생산의 일반화된 위기의 증상으로서 학교의 위기, 가족의 위기, '청년'의 위기에서 볼 수 있듯) 오늘날 대부분의 자본주의 국가들에서

---

68   노동력 시장이 하나의 '구매자 시장'이라는 점을 잊어서는 안 된다. 이 '구매자 시장'을 규제하는 것은 심지어 사회적으로 인정 받았다고 할지라도 노동자들의 개별 숙련화가 아니라 고용주들의 요구다. 지배 이데올로기는 노동력(main-d'œuvre)을 찾는 자본가-고용주가 아니라 '일자리를 찾는 인구'를 항상 언급함으로써 이러한 결정작용을 **전도**시킨다. 이를 통해 지배 이데올로기는 자본가가 노동자에게 '일을 제공'함으로써 '노동자를 먹여 살린다'는 신화를 강화시키는 경향을 지닌다. 마르크스는 『자본』 1권에서 자본이 노동자에게 이 노동자의 임금에 대한 **투입**(avance)을 행하는 것이 아니라 노동자가 끊임없이 자본에 노동에 대한 투입(노동자는 자신이 투입한 노동 중 일부분만을 돌려받는다)을 행하는 것이라는 점을 보여주었다. 이것이 문제의 본질이다. 또한 엥겔스의 1883년 『자본』 독일어 3판 서문, Éditions sociales, 1분책, p. 32를 참조하라.

그러하듯 프롤레타리아와의 **모순** 속으로 진입할 수도 있는 사회적 조건 전체(학교교육과 직업교육, 가족의 구성, 노동자 간 경쟁과 이주)로부터 출발해 재생산된다.

어떠한 점에서 노동자계급에 대한 이러한 분석 요소들은 사회계급에 대한, 그리고 무엇보다도 우선 프롤레타리아에 대한 '정의'라는 일반적 문제를 우리로 하여금 해명할 수 있도록 해주는가? [이 질문에 답하자면,] 이 노동자계급에 대한 분석 요소들은 각각의 구체적 경우에 대한 역사적 취급 내에서 이러한 개념의 이론적 '원환'이 어떻게 해소되는지를 우리로 하여금 이해할 수 있게 해준다. 계급에 대해 말하기 위해, 우리는 이 계급들이 어떤 의미에서는 사회적 과정의 '표면에서à la surface' 인구로서, 다소간 '서로 유사한' 개인들의 집단으로서, 계급화/분류화로서 발현되는 방식을 반드시 관찰해야만 한다. 하지만 이러한 관찰은 순수하게 경험적일 수 없다. 그 어떠한 역사적 시기에서도 사회계급은 자신의 이름을 이마에 써놓고서 혹은 자신의 정체성을 자신의 통합된 '계급의식'으로 표현함으로써 (어떤 의미에서 보자면) 그 자체로서 제시되지는 않는다. 이 사회계급을 인지할 수 있게 해주는 것은 이 사회계급이 주어진 물질적 조건 내에서 서로가 서로에 대해 작용하는 방식이며, 이 사회계급 사이에서 확립되는 것은 바로 이러한 서로에 대한 작용의 관계다. 그런데 이러한 관계로부터 정확히 이 사회계급에 대한 변형이 뒤따른다. 따라서 사회계급이 한순간에 영원히 규정되는 그러한 구성composition도 자리도 전혀 존재하지 않는다. 다른 용어를 활용해, 우리는 자연적(이고 기계적이기만 한 것)으로 보이는 순서를 전도시켜야만 한다고 말해두도록 하자. 사회계급은 그 관계에 **선행**하는 것이 아니라 오히려 이 관계로부터 **결과**하는 것이다. 사회의 사회계급으로의 분할은 이 사회계급의 역사적 투쟁 이전에 존재하는 것이 아니라 그 자체 계급투쟁의 효과다.

만일 우리가 사회계급에 대한 경제적인 혹은 사회학적인 단순한 기술description로부터 이 사회계급의 역사에 대한 유물론적 이론으로 이행하고자 한다면, 이러한 '전도'는 필수적이다.

그러나 오늘날 사회계급이라는 개념을 활용하는 대부분의 사회학자들은 마르크스 100년 이후에도 여전히 경제적, 법률적, 문화적 기준들—개인들을 서로 다른 분할들로 배타적으로 **분류**classer하고 배분répartir하기 위해 활용하는—을 정의하고자 노력한다. 다시 말해, 이 사회학자들은 사회계급을 개인들의 공통된 '사회적 속성들'에 따라 한 곳으로 집결한 개인들의 모음collections으로만, 사회학적 **집단들**groupes로만 항상 사고한다. 그런데 바로 이것이 사회계급에 대한 하나의 과학적 이론을, 그러니까 사회구성체들의 역사에 대한 하나의 과학적 이론을 구성하기 위해서는 [반드시] 제거해야만 하는 주요 장애물이다. 분류화라는 관념으로부터 출발하는 것이 사실상 불가피하다고 할지라도, 이 분류화라는 관념 그 자체를 넘어서는 데에 성공하는 것은 우리에게 필수적인 과업이다.

경제학자들(과 사회학자들)은 철학적 **경험론**의 논리적 전통으로부터 '계급'이라는 개념을 다시 취했다. 이 '계급' 개념은 경제학자들(과 사회학자들)로부터 하나의 추상적 표상, 개인들의 집합ensemble에 '공통된 특징'의 표상 혹은 '공통된 본질'의 표상을 지시한다. 마르크스주의 이론은 이 '계급' 개념으로 하여금 심원한 변형을 겪도록 만든다. 마르크스주의 이론에서, 이 '계급'이라는 개념은 하나의 집합ensemble을 구성하는 요소들 사이의 **유사성**ressemblance을 지시하는 것이 아니라, 그 대신 (물질적으로 규정된 하나의 근본 적대의 효과 아래에서 발전되고 변형되는) **차이들** 혹은 분할들의 체계를 지시하는 것이다. 마르크스주의 이론의 이러한 이론적 혁명은 사회학이 노동자계급 일부의 생활조건, 행동, 소비형태 혹은 이데올로기적 태도, 그리고 부르주아지 혹은 '프티-부르주아지'의 생활조건, 행동, 소비 형태 혹은 이데올로기적 태도 사이에서 관찰하는 '유사성들'로부터 끌어내고자 하는 피상적 결론들을 우선적으로 반박한다(게다가 사회학이 제시하는 이 기준들 사이에는 그 수렴점조차 존재하지 않는다). 특히 이러한 이론적 혁명은 마르크스와 레닌이 발전시킨 **정치** 이론을 설명하고 지지해준다. 노동자계급의 여러 분파들이 착취에 대항해 이끄는 요구 투쟁들은 **단일한**unique 하나의 혁명적 실천으로 '자생적으로' 나아가지 않으며, 그 대신 이 요구 투쟁들은, 그 도구가 프롤레타리아 **당파**이며 그 조건은 프롤레타리아의 중심에 존재하는 모순들의 '해결'인, 그러한 또 다른 투쟁 형태로의 이행을 요구한다. 이는 또한 오래전부터 프랑스 노동총동맹 같은 노동조합 조직이 (자신의 **경제적** 계급투쟁 내에서의 노동자들의 통일을 이 조직이 자신의 목표로 지니는 한에서) '비-정치주의apolitisme'라는 신화를 거부할 수 있도록 이끌었던 것이기도 하다.[69]

---

[69] 여러 차례에 걸쳐 레닌이 보여주었듯, 사회학의 경험주의는 아나코-생디칼리즘적인 경제주의뿐만 아니라 정치적 **선거주의**와도 직접적인 역사적 관계를 맺고 있다. **개인들**을 중복과 누락 없이 (자신들 간의 차이로 인해 **내부에서부터** 영향받지 않는) 계급들로(혹은 범주들로) 배타적으로 배분하고자 시도하는 것은 사회학적으로, 다시 말해 자연적으로, 좌익정당, 우익정당, 중도정당 등으로 향할 것이거나 [본성상] 향해야만 하는 '유권자', 즉 '표'의 명세서에 정확히 이론적으로 대응되는 그 상관항이다. 이는 반동 정치인들이 필요할 때마다 즐겨 사용하는 문제설정이다. "다른 후보(지스카르 데스탱—발리바르)의 재능이 어떠하든 간에, 그는 사회학에 반하는 그 어떠한 것도 행할 수 없다. (…) 유권자로 하여금 변화에 저항하도록 만드는 사회학적 중력, 사회학적 점착성이 존재하기 때

바로 그렇기 때문에 우리는 하나의 테제의 형태로 다음과 같이 말해야만 한다. **사회계급에 대한 마르크스주의적 분석은 하나의 분류화가 아니다. 사회계급에 대한 분석은 사실 계급투쟁에 대한 분석이다.**

마르크스주의적 분석은 계급들을 그들 사이에서 대립시키는, 그리고 이로 인해 이 계급들을 모순적이고 변화적인évolutives 형태하에서 생산하고 재생산하는 사회적 관계를 자신의 진정한 대상으로 삼는다. 현재의 자본주의적 사회구성체들 내에서, 프롤레타리아의 구조와 변형을 연구할 수 있으려면, 그리고 이 구조와 변형의 역사적 유효범위를 이해할 수 있으려면, 동일하게 근본적 착취관계로부터 유래하는, 하지만 순수하고 단순하게 서로가 혼동될[동일시될] 수는 없는 그러한 **두 가지** 과정을 고려해야만 한다. 첫 번째 과정은 생산 내에서의 노동분할의 경향적 발전이고, 두 번째 과정은 상품으로서의 사회적 노동력의 재생산 내에서의 모순의 발전이다.

하나의 직접적 적대 내에서의 프롤레타리아와의 관계 속에서par rapport au 위치하는 계급으로서의 부르주아지에 대한 정의가 내포하는 몇몇 문제들을 간단히 검토함으로써 방금 제시한 프롤레타리아에 관한 이 지표들을 보완하고 검증해보도록 하자. 여기에서도 여전히, 사회적 관계, 그러니까 계급투쟁의 형태와 효과가 쟁점이 되어야 하는 것이 필수적이며, 또한 서로 혼동될[동일시될] 수 없는 여러 경향들 사이의 '합력résultante'을 사고하는 것이 필수적이다. 하지만 이 경향들은 우리를 생산관계의 또 하나의 다른 측면에 준거하게 만드는데, 한편으로 이는 **착취**의 조건을 재생산하는 형태들로서 자본의 집중과

문이다. (…)"(1974년 4월 26일 라디오 방송토론에서 민주공화당UDR 총수 알랭 페이르피트Alain Peyrefitte가 한 발언. 하지만 불과 며칠 뒤 이 '사회학적 중력'은 다른 방향으로 작용했다.)

배분의 형태들이며, 다른 한편으로 이는 (착취를 위해 정치적인 **계급지배**의 조건을 재생산하는 것으로서) 국가장치의 발전, 그리고 이 국가장치와 사회적 생산과정 사이의 절합의 발전이다.

3. 계급적대의 두 번째 측면: 자본과 부르주아지

부르주아지란 무엇인가?

우리는 부르주아지의 생활 수준이나 양식에 대한 기술description 을 통해서도, 심지어는 부르주아지의 단일한 사회적 기능에 대한 정의를 통해서도 이 질문에 직접 대답할 수 없으며, 그 대신 오직 다음과 같은 또 하나의 **다른** 질문에 대한 우회를 통해서만 이 질문에 직접 대답할 수 있다. (현재의 프랑스 사회구성체 같은) 규정된 하나의 사회구성체 내에서 자본의 분할과 집적의 형태들은 어떠한가?

왜 이러한 우회가 필요한 것일까?

왜냐하면 프롤레타리아와 부르주아지는 사회적 생산의 총과정 내에서 **대칭적 위치/입장을 점하고 있지 않기** 때문이다. 노동력으로서의 노동자계급은 주기적으로[끊임없이] 생산과정 내에 물질적으로 **통합**된다. 생산과정 내에서 맨 처음 노동자계급과 대립하는 것은 자본가가 아니라 바로 자본이며, 노동자계급은 ('가변자본'이라는 이름으로) 이 자본의 일부가 되고, 또한 이를 통해 이 자본은 노동자계급이 채택하는[활용하는] 생산수단에 의해 이 노동자계급과 마주해 물질화된다. 바로 그렇기 때문에 노동자계급에 대한 정의는 직접적 생산과정 내에서의 서로 다른 임노동자 범주들에 대한 기술description에 기반해야만 하는 것이다. 노동은 노동자들의 직접적 활동과 다른 것이 전혀 아니기 때문이다.

하지만 부르주아지가 자본과 맺는, 그리고 자신의 법률적 소유propriété와 맺는 관계는 이와 동일한 방식으로 정의되지 않는다. 이 관계에서 일차적인 것은 서로 변별적이며 다소간 독립적인 자본들(상품의 생산과 상업화commercialisation, 생산의 자금조달financement, 그리고 이러한 토대 위에서 발전되는 부수적 활동들)로 분할된 사회적 자본의 유통과 축적 과정이며, '자본가'는 이 과정을 지배하는 사회적 관계가 경제적이고 사회적인 규정된 실천들을 통해 실현되어야 하기 때문에 존재하는 것이다. 근본적으로, 그리고 그 기원에서부터dès l'origine, 자본가는 행위자에 불과하다. 하지만 이 행위자는 사회적 관계 그 자체와 함께 역사적으로 변화하는évoluent 형태들하에서 **자본의 '대표자'**로서 자본 실천의 필수적 행위자다(반면 우리가 이와 대칭적으로 노동자가 '노동의 대표자'라고 말할 수는 없다!). 다른 용어로 말하자면, 부르주아 계급은 그들 자신이 **자신의 생산수단에 대한 사회적 '독점'**을 실현하는 자본 재생산의 조직화organisation, 관리gestion, 통제contrôle의 기능들을 동시에 수행하는(혹은 자신의 분파들 중 하나에게 이 기능들을 위임하는) 한에서만 자본 수입에 대한 자신의 **소유**propriété**의 권리**를 보존 혹은 오히려 **재생산**하게 된다. 바로 이것이 부르주아 계급이 존재하는 한에서 이 계급을 근본적으로 모든 이전 소유자 계급들로부터 구분해주는 것이다. 봉건영주는 하인intendants을(이후에는 소작인을) 소유할 수 있으며, 이 봉건영주 자신은 공물 혹은 지대의 수취인에 불과하며, 이 공물 혹은 지대의 지속적 존재가능성은 생산과정에(이 봉건영주가 그 어떠한 역할도 수행하지 않는 조직화에) 외적인 강제 수단에 의해 보장된다. 이와 대조적으로 자본가는 무엇보다도 우선 규정된 하나의 형태(자본 그 자신에게 최대치의 이윤을, 그러니까 축적을 보장하기 위해 이 자본가가 종속되어야만 하는 형태) 내에서의 생산과 유통의 조직자('관리자manager')다.[70]

더욱이, 계급으로서의 부르주아지는 자신의 '경제적' 위치/입장이라는(혹은 생산과 유통에서의 이 부르주아지의 법률적 위치/입장이라는) 토대 위에서만 구성되는 것이 절대로 아니다. 『공산주의자 선언』에서 이미 마르크스가 지적했듯, 부르주아지는 **국가**라는 매개를 통해 (지배적) 계급으로 구성된다. 따라서 자본의 재생산에 의해 내포된, 그리고 이 자본의 재생산과 함께 변화évoluant하는 그러한 소유, 조직화, 대표의 기능들에 대한 분석은 계급으로서의 부르주아지에 대한 분석의 일부분(물론 이것이 제1의 부분이라는 것은 사실이지만)에 불과하다.[71] 왜냐하면, 자본주의적 생산양식 구성의 **시작점에서부터**, 국

---

70 만일 『공산주의자 선언』에서 마르크스가 주장하듯 자본주의가 **최종적인** 계급적 착취형태, 그 어떠한 **새로운** 계급적 착취형태도 이 뒤에 이어질 수 없는 **최종적인** 계급적 착취형태라면, 이는 사회적 생산 내에서 자본가의 역할이 노예 소유자 혹은 부역과 지대의 수취인으로서의 영주의 역할이 그렇게 **되었듯이** 언젠가는 필연적으로 **잉여적인 것이** 될 것이라는 점 때문이 아니다. 오히려 이는 이전의 모든 착취자들과는 **달리** 자본가의 역할이 생산 '외부'의 잉여적인 것이 (**절대** 자생적인 방식으로는) 되지 않는다는 점 때문이다. 정확히 바로 이것이 프롤레타리아로 하여금 생산관계 **내에서**, 그리고 이 생산관계가 지배하는 생산력의 조직화 내에서 혁명을 직접 감수하도록 강제하는 것이다. 그러니 마르크스를 읽는 자본가여, 마르크스의 주장으로부터 자신이 영원히 존재할 것이란 근거를 너무 성급하게 찾아내지는 마시길. 자본가의 역할이 자본주의의 발전과 함께 사라지지 않는다고 말하는 것은 자본주의가 내포하고 있는 모순들을 과소평가하는 것이 전혀 아니다. 오히려 이는 이 모순의 불가피하며 근본적인 특징을 강조하는 것이다. 하지만 그렇다면 이 자본가가 굳이 마르크스를 읽을 필요가 있었던 것일까? 자신의 조립라인으로부터 들려오는 중얼거림을, 그다음으로는 노동자가 점령한 자신의 공장에 울려퍼지는 투쟁가를 조금만 귀 기울여 듣는 것만으로도 충분하다. 이와 대조적으로 봉기하는 농노들은 영주의 성을 '점거'하지 않았고 그 대신 거기에 불을 질렀을 뿐이다.

가, 다시 말해 국가의 여러 **장치들**appareils은 자본의 재생산 과정 내에서 하나의 필수적 기능을 수행하기 때문이다. 이러한 기능의 양태들은 재생산 조건 전체와 함께 역사적으로 변형되지만, 일반적으로 이 재생산이 최근에 생겨난 특징인 것은 전혀 아니다(경제학자들이 부여하는 의미에서의 [재생산을 외부에서 보증해주는] '야경국가'라는 것은 존재한 적이 없다). 조금 더 뒤에서 우리는 이 지점을 다시 다룰 것이다.

바로 그렇기 때문에 [20세기 법인자본주의에서의] 관리direction 기능과 소유propriété des titres 기능 사이의 상대적인 법률적 분리는, 비록 이러한 분리가 새로운 역사적 시기를 특징짓는다고 할지라도(게다가 우리는 이러한 분리가 **어느 지점으로까지** 확장되는지를 세심하게 특정해야만 한다), 이 분리가 폐지하기는커녕 오히려 보증하고 확장하는 생산관계의 이러한 근본 측면의 영원성에 비해par rapport à 부차적인 것으로 남아 있다.

또한 이는 1917년 이래로 사회주의가 시작되었던 곳에서 '사회주의 건설' 과정의 역사적 복잡성을 구성하는 것이기도 하다는 점을 즉시 지적하도록 하자. 길고 모순적이며 불균등한 이 과정 속에서, 자본주의적 생산관계가 단 한 번의 선언을 통해 단숨에 '폐지'될 수 없는 것과 마찬가지로 '부르주아' 계급은 단번에 소멸하지 않는다. '부르주아' 계급과 자본주의적 생산관계는 새롭고 모순적인 형태들, 그 안에서 서로 다른 여러 측면들이 불안정하다고는 할지라도 새로운 관

---

71   '대표'는 représentation을 옮긴 것으로, 이 단어에는 '표상' '대표' '대의' '상연' '재현'이라는 의미가 모두 들어 있다.—옮긴이

계를 발견해내는 그러한 형태들을 통과해야만 한다.[72] 특히, 자본의 법률적 소유가 생산의 조직화라는 실천적 기능에 선행하고 이를 지배하는commande 대신, (중심적으로 국가 소유로 변형되자마자) 바로 이 실천적 기능이 공공연히 전면에 나서서 법률적 소유를 지배commander해야만 한다.

사태를 다르게 표현하자면, 지금까지의 모든 프롤레타리아 혁명들은, 역사적으로 불가피했던 혁명적 투쟁이 취했던 형태들 그 자체를 통해 과거로부터 상속받은 사회'집단'으로서의 **부르주아지**를 다소간 빠르고 완벽히 **제거**해야만 했다. 하지만 분명 이 프롤레타리아 혁명들은 이 '집단'이 생산과 재생산 내에서 수행했던, 그리고 이 '집단'을 그 용어의 마르크스주의적 의미에서 **계급**으로 정의하는 그러한 사회적 **기능**을 **이와 동시에** 제거할 수는 없었다. 따라서 우리는 다음과 같은 하나의 역설적 상황과 마주하게 되었다. **부르주아지를 대신하여** 이러한 기능을 떠맡아야만 했던 것은 바로 **프롤레타리아 자신**─정확히는 이 프롤레타리아 중 일부분─이며, 이와 동시에 이 프롤레타리아는 이 기능의 변형과 폐지를 위한 투쟁을 이끌어나가야 했다는 역설적 상황. 하지만 여기에서 우리는 이러한 상황의 '이로운 점들' 또한 발견하게 되는데, 왜냐하면 이 상황은 프롤레타리아로 하여금 자본주의적 생산과정의 존재 조건 **전체**에 직접적으로 작용을 가할 수 있게 해주기 때문이다. 하지만 또한 우리는 이러한 상황의 '불리한 점들' 또한 발견하게 되는데, 왜냐하면 이 상황은 (이때부터 새

---

[72] 사회주의의 과정 내부에서 **각각의** 계급이 변형되며 이 계급의 **관계** 또한 변형되는, 그러한 계급적 지속성에 관해서는, Lénine, *L'Économie et la Politique à l'époque de la dictature du prolétariat*(프롤레타리아 독재 시기의 정치와 경제, 1919), *Œuvres complètes*, 30권을 참조하라.

롭고 가공할 만한 모순들이 전개되는 장소로서의) 프롤레타리아적 실천의 **중심** 그 자체 내에서 해소해야 할 적대를 새로운 형태로 설정하기 때문이다. 바로 이것이 '프롤레타리아 독재'라는 역사적 국면이 지니는 문제 전체인데, 이 '프롤레타리아 독재'의 쟁점은 착취의 조건에 대한 유효하며 완전한 제거이며, 올바른 혁명정치가 통제maîtriser하고자 노력하는 것이 바로 이것이다.

대부분의 사회주의 국가들, 특히 소련에서, 임노동은 무엇보다도 장기적 학교교육의 실질적 일반화와 민주화를 통해, 그리고 (일시적이고 주변적이라고 하더라도) 실업의 제거를 통해(이 실업의 제거는 노동착취의 조건을 직접적으로 변형하는 것이다) 심원한 혁명적 변형을 겪었는데, 무엇보다도 이 변형은 노동력의 **재생산 조건**에 관한 것이었다. 이러한 변형의 중요성은 이 변형이 자극하는 다음과 같은 투쟁들 그 자체에 의해 입증된다. (노동조합의 통제하에서) 해고에 대한 법률적 금지, 그리고 이와는 정반대로, 노동강도의 증가에 장애물이 되는 임노동자들의 '숨겨진 실업' 즉 실질적 '과잉노동력surnombre'을 제거하기 위한 기업들의 시도.[73] 계급의 변형은 또한 계급투쟁 형태의 변형이기도 하다.

따라서 우리는 다음의 세 가지 지점을 연속적으로 검토해보아야만 한다.

1) 자본과 소유관계의 역사적 변형, 달리 말해 법률적 소유의 활용을 통해 사회적 생산수단의 계급독점이 그 안에서 실현되는 그러한 형태들.

---

[73] Francis Cohen, "L'entreprise en URSS"(소련에서의 기업들), *La Nouvelle Critique*(신비평), n. 71, 1974년 2월의 계발적 설명을 참조하라.

2) 제국주의 시기에 **지배적인** 자본 분파의 본성.

3) 내적 모순의 본성, 그리고 계급으로서의 부르주아지의 경향적 통일체의 형태들(이 부르주아지가 계급으로 구성되는 데에서 국가가 수행하는 역할을 포함하는).

자본주의적 소유의 역사적 변형

자본주의의 역사적 발전은 필연적으로(하지만 동일한 형태로 그렇지는 않은) 자본 **집적**이라는 근본 결과로 나아간다.[74]

생산의 규모를 증가시키는 자본 집적은 시장의 지배를, 그러니까 생산의 합리화(대량생산)를, 그리고 새로운 기술의 적용을 통한 **잉여가치의 증가**를 보증한다.

최종적 수준에서 자본 집적은 때로는 서로 다른 개별 자본들 사이로 분할되고 배분되는, 때로는 산업적이고 금융적인 동일한 집단들 내부에서 자본 재생산의 서로 다른 '기능들'(물질적 생산, 상품유통 즉 상업화commercialisation, 화폐유통 즉 신용)을 결합시키는, 그러한 복잡한 역사적 운동을 지배한다. 어떠한 경우이든, 여기에서 중요한 것은 **이윤율**을 상승시키기 위해 (생산력 발전의 정도를 고려하면서) 자본의 회전[율]rotation을 가속화하는 것,[75] 그리고 신용의 가능성—이 신용

---

74   Marx, *Le Capital*, 1권 7편 24장과 3권, 6분책과 7분책, 그리고 Lénine, *L'impérialisme, stade suprême du capitalisme*(제국주의, 자본주의의 최고 단계), 1장과 2장, *Œuvres complètes*, 22권을 참조하라.

75   사회적 생산 전체의 규모에서 고려한 이윤율은 자본화 가능한 잉여가치와 자본 **전체**(즉 불변자본과 가변자본) 사이의 비율이다. 이윤율은 자본주의적 **수익성**을 표현한다. 오직 가변자본 하나와의

이 없다면 대규모의 생산 자금조달과 자본 간 경쟁이란 불가능할 것이다—을 예비하는 것이다. 집적의 역사에서 우리는 마르크스가 그렇게 했듯 고유한 의미의 집적—잉여가치의 자본화를 통한 새로운 생산수단의 축적—과 단순 '집중centralisation'—서로 다른 개별 자본들에 대한 동일 소유하에서의 법적 결합(기업의 인수와 합병[M&A] 등등)—을 모두 고려해야만 한다.

이러한 의미로 이해된 집적의 발전[76]은 이제 자신의 편에서 변형들을 만들어낸다. 그 변형들은 19세기 말 엥겔스가 이미 지적했던 것으로, 당시 그는 자본의 **소유형태들**의 근본적 변형들, '자본주의적 사적 생산production capitaliste privée'이 생산과 유통의 모든 조직화 혹은 모든 '계획화'와 양립 불가능할 것이라는 혼동을 초래하는 관념을 비판했다.

엥겔스는 다음과 같이 주장했다. "나는 사회형태로서의, 경제적 국면으로서의 자본주의적 생산을 알고 있으며, 또한 이 국면이 지속되는 동안 여러 방식으로 나타나는 현상으로서의 자본주의적 **사적** 생산을 알고 있다. 그렇다면 '자본주의적 사적 생산'은 무엇을 의미하는 것일까? 고립된 개별 기업가에 의한 생산을 의미하는 것일까? 하

비율로 정의된(바로 이 가변자본이 모든 자본주의적 수익성의 원천이다) 잉여가치율은 우리에게 **착취**율의 경제적 '척도'(mesure)를 사후적으로 제공해준다(앞에서 이미 행한 논의를 참조하라).

[76] *La Politique monétaire*(화폐정책), PUF, Paris, 1973이라는 저서에서 수행된 연구의 흥미로운 한 구절에서, 쉬잔 드 브뤼노프는 지주회사의 설립, 상호관리와 상호출자 등에 의해 독점그룹 내로 은행자본과 산업자본의 소유가 집적됨으로써 행해지는 '금융자본'의 구성을 자본 재생산의 서로 다른 '기능들'(과 이 '기능들'에 조응하는 자본 운동들) 사이에 존재하는 모순들의 결합(confusion) 및 부재(absence)와 동일시해서는 안 된다는 점을 지적한다. "레닌이 자본주의의 제국주의적 단계라고 부르는 시기에, **은행**자본과 산업자본 사이의 '융합'(fusion)과 **화폐-자본**과 생산자본 사이의 '분리'(séparation), 그러니까 **자본주의와 항상 동시대적인**(하지만 제국주의 단계에서는 훨씬 대규모적인) '분리', 이 '융합'과 분리 모두가 동시에 발생한다."(op. cit., p. 103)

지만 이러한 종류의 생산은 점점 더 하나의 예외가 되고 있는 것 아닐까? **주식회사**에 의한 자본주의적 생산은 이미 더 이상 **사적** 생산이 아니라 거대한 수의 주주들associés을 위한 생산이다. 그리고 만일 우리가 주식회사로부터 (산업부문 전체를 지배하고 독점하는) **트러스트**로 이행하게 된다고 하더라도, 이는 사적 생산의 종말일 뿐만 아니라 동시에 **계획의 부재**의 종언이기도 한 것이다."[77]

그리고 레닌은 『제국주의, 자본주의의 최고 단계』에서 다음과 같이 덧붙였다.

"자본주의에 그 일반 규칙으로서 고유한 것은 자본의 소유를 그 생산에 대한 적용으로부터 분리하는 것, 다시 말해 자본주의가 화폐-자본으로부터 끌어내는 수입으로부터만 존재 가능한 지대[이자]를 산업가들(자본에 대한 관리에 직접적으로 참여하는 모든 이들[즉 생산적 기업가들])로부터 분리하는 것이다. 제국주의, 혹은 금융자본의 지배는 이러한 분리가 매우 높은 비율에 도달하는 그러한 자본주의의 최고 단계다."[78]

요약하자면, 자본주의적 생산양식은 임노동자와 마주하여en face du 자본이 **소유의 법률적 형태**로 집적된다는 사실을 필연적으로 함의한다. 하지만 자본주의적 생산양식의 역사 중에서 몇몇 기간들을 제외한다면, 이 생산양식은 자신들을 서로 대립하도록 만드는 경쟁과는 다른 관계들liens을 갖지 않는, 그리고 사회적 자본의 한 몫part을 **개인적으로** 전유하는, 그러한 **하나의 사적 소유자 계급**으로 동질적으

---

[77] Engels, *Critique du Programme d'Erfurt*(에어푸르트 강령 비판, 1891), op. cit., pp. 81~82.

[78] Lénine, *Œuvres complètes*, 22권, p. 250.

로uniformément 나타나는, 자본의 재생산과 축적을 실제적으로 조직함으로써 이를 대표하는 부르주아지라는 형태[모습]는 전혀 아니다. 근본적으로, 이러한 상황은 생산수단 전유의 **전前자본주의적 형태들의 파괴**를 보증하는 (일시적이지만 결정적인) 역사적 기능만을 지닌다. 이러한 사실로 인해, 계급으로서의 부르주아지의 역사는 지배적 자본의 연속적 형태들을 '대표représentent'하는, 그리고 이전 부르주아지 분파들을 대체하거나 그 이전의 분파들에 추가되는, 게다가 그 분파들과 결합되는 새로운 부르주아 분파들의 연속적 출현 그 자체인 것이다.[79]

도식적으로 말해, 현재 부르주아지의 존재의 토대를 구성하는 자본 소유의 형태들은 (법률적 범주의 관점에서는 부정확할 수 있겠지만) 다음과 같이 분류할 수 있다.

1) **개인적-사적 (소小)자본.**

2) **익명적 기업 형태의 자본**, 혹은 이와는 다른 지위를 가진 주식회사 형태의 **자본**. 프랑스에서 [1)과 2)라는] 자본 소유의 이러한 두 가지 형태는 (자본의 지역화와 이 자본의 시장확대로 인해) 일반적으로는 순수하게 '국민적'이다.[80]

3) (자본의 상호출자로 인해 그 자체로 서로가 서로에 대해 밀접하게 연결된) 산업, 상업, 은행 거대기업들의 **독점자본.**

4) 국유기업들 그리고 국가저축과 국가신용을 담당하는 (은행 조

---

[79] 이러한 과정의 최초 단계들에 대한 최고의 지표들은 앞서 이미 언급했던 저서인 에릭 홉스봄의 『산업과 제국』에서 발견할 수 있다.

[80] '익명적 기업'은 société anonyme을 옮긴 것으로, 주식회사와 거의 동의어인 이 단어는 프랑스에서 S.A.로도 많이 표기된다.―옮긴이

직들까지도 포함한) '공적 영역'[공공 부문] 전체ensemble로 구성된 **국가 자본.**

특히 마지막 두 가지 형태인 3)과 4)의 정의에 대해서는 몇 가지 간단한 설명이 필요하다. 비록 독점자본과 주식회사 형태의 자본 사이에 근본적인 **법률적** 차이는 전혀 없지만, 단순한 주식회사의 자본과 독점자본 사이의 구분은 그럼에도 본질적이다.

어느 한 기업의 '독점적' 성격은 이 기업이 속한 국내적인 혹은 국제적인 시장의 몫에서, 혹은 자기 자본의 (또는 수익의) 총계에서, (비록 그 수치가 중요한 지표이기는 하지만) 이미 규정된 한계를 초과하는지 그렇지 않은지로 측정되지 않는다. 오히려 그것은 자신의 생산수단을 제공하거나 자신의 생산물을 활용하는 부문들 내의 기업들을 종속시킴으로써(그리고 이를 통해 상대적으로 **항구적인** 방식으로 종속된 기업들이 생산하는 잉여가치의 일부분을 전유함으로써) 시장과 생산의 영역을, 심지어는 여러 영역들을 동시에 지배하는 실천적 가능성으로 측정된다.

특히 독점자본주의는 처음에는 힐퍼딩이 정의했던 그리고 힐퍼딩 이후로는 레닌이 정정하고 발전시켰던 다음과 같은 의미에서의 **금융자본**에 의존하는 경제적 관계들의 체계다.[81]

—생산의 (수평적이고 수직적인) 집적.

—다양한 법률적 형태들에 의한 은행자본과 산업자본의 융합.

---

[81]   R. Hilferding, *Le Capital financier*(금융자본, 1910), 불역 Éditions de Minuit, Paris, 1970과 Lénine, *L'impérialisme*…(제국주의, 자본주의의 최고 단계), op. cit., 3장. (힐퍼딩 저서의 국역본으로는 『금융자본론』, 루돌프 힐퍼딩 지음, 김수행·김진엽 옮김, 비르투출판사, 2011을 참조하라.—옮긴이)

따라서 비-독점적인 주식회사들에 대해par rapport au 그러한 것과 달리, 은행은 더 이상 산업 영역에 대출을 공급하는 단순한 외부적 '매개자'가 아니다. 오히려 은행은 각 자본의 수익성에 따라 여러 영역들 사이에서 이루어지는 이 자본들의 배분을 통제하며, 그 스스로가 산업 정책의 방향을 설정한다.[82]

마지막으로, 독점자본의 존재 자체가 자본 수출에 본질적으로 연결되어 있기 때문에, 우리는 독점자본이 경향적으로 더 이상 하나의 순수한 '국민' 자본이 아니게 된다는 점을 덧붙여야만 한다. 애초에 '프랑스적'인 독점체들이 외국으로(예를 들어 페시니Péchiney, 생고뱅 퐁아무송Saint-Gobain Pont-à-Mousson 등등) 이주했거나, '프랑스' 기업들이 '외국' 그룹에(예를 들어 크뢰조루아르Creusot-Loire, 라디오테크닉Radio-technique, 르 마테리엘 텔레포닉Le Matériel téléphonique 등등) 속하게 되었기 때문이다. 산업적이고 금융적인 독점체들의 필연적 행동 영역은 '다국적'이며, 이 영역이 바로 생산수단, 화폐, 노동력 그리고 대중소비의 세계시장이다.

물론 이 서로 다른 여러 유형들 사이의 이행이 취하는 서로 다른 여러 형태들이 존재한다. 이는 국가자본의 참여와 관련해서 그러하다. 독일 점령으로부터의 해방 이후 프랑스에서 우리는 '혼합' 경제를 채택한 매우 많은 수의 기업들이 탄생하는 것을 목격했다. '사적' 독점자본과 국가자본은 두 가지 변별적 형태들이기는 하지만 이 두

---

[82] 프랑스에서의 산업적이고 금융적인 집적에 대해서는, Henri Claude, *La Concentration capitaliste en France*(프랑스에서의 자본주의적 집적), Paris, Éditions sociales과 F. Lagandre, "Problèmes posés par la concentration des entreprises"(기업 집적이 제기하는 문제들), Rapport au Conseil économique et social(경제와 사회 위원회 보고서), *Journal officiel*, 1967년 1월을 참조하라.

가지 변별적 형태들은 종종 서로에 대해 개입하며 둘 모두 자본 집적이 역사적으로 취해왔던 형태들이다.

사실, 현재의 자본주의 내에서 공존하고 있는 자본의 여러 형태들에 대한 분석은 기업들의 서로 다른 여러 범주들에 대한 단순한 열거가 아니라 이 기업들의 기능작용이 취하는 사회적 조건에 대한 연구다. 그래서 공적 신용과 자금조달financement의 활용뿐만 아니라 이와 마찬가지로 국가 명령의 중요성 혹은 국민회계와 자본주의적 계획화의 존재 또한 **모든** 개별 자본들의 재생산 조건을 변형시키는 '국가자본주의' 발전의 지표들이다. 우리가 도식적으로 열거하는 형태들은 각 자본주의적 사회구성체 내에서 불균등하게 발전된, 하나의 **동일한** 생산이 지니는 사회적 관계의 [여러] 역사적 형태들이다. 이 형태들은 서로가 서로에 대해 독립적이지는 않지만 변형 중에 있는 불안정한 하나의 유일한 체계를 구성한다. 하지만 예를 들어 사적 자본으로부터 독점 자본으로의, **그리고 독점 자본으로부터 국가자본으로의** 소멸 같은, '우월한' 형태들을 위한 '열등한' 형태들의 소멸과 동일한uniforme 경향을 상상하는 것은 완전한 오류일 것이다. 현실의 실천은 이것이 아무 것도 아니라는 점을, 그리고 이 마지막 두 가지 형태들이 (우리가 이 두 가지 형태들을 법률적 소유형태들의 변화évolution라는 관점에서 사고하는지 아니면 생산의 국제화라는 관점에서 사고하는지에 따라) 서로가 서로에 대해 '우월'하다는 점을 보여준다. 바로 이 전체 체계가 하나의 구체적인 역사적 분석에 속하는 것이다.

따라서 역사유물론의 관점에서 우리는 자본주의적 소유의 **법률적** 형태들에 대한 모든 실천적 중요성 **또한 동시에** 인정해야만 한다. 왜냐하면 이 법률적 형태들의 작용 그 자체가, 생산수단의 축적과정과 독점화과정의 결정요소들 **전체**ensemble와 그 변형들 서로를 혼동하지 않는 한에서, 자본의 집적을 가능케 하기 때문이다. 또한 이와 동시에 우리는 부르주아적인 **법률적 이데올로기**의 하나의 표상인 국가에 대한 지배적 표상을 심원하게 변형해야만 한다. 지배 이데올로기 내에서 국가에 대한 모든 정의들은 '공적인 것'(공적 [영역에서 발생하는] 이자, 공적 제도, 공적 소유)과 '사적인 것' 사이의 구분에 기초해 있다. 하지만 부르주아 [시민]사회의 조직된 '상부구조'로서의 국가의 기능작용에 법률적으로 '사적인'(가족적, 종교적, 학교교육적, 노동조합적[83]) 제도들을 포함해야 하는 것과 마찬가지로, 순수하게 '사적인' 기능을 수행하는 공적 조직체들의 기능작용의 측면들이 분명히 존재한다. 따라서 이 기능작용의 측면들은 상부구조에 대한 이론으로서의 마르크스주의적 국가론에 직접적으로 속하지 않는다. 그래서, 사회적 자본[즉 총자본]의 분파들로서, 이 '공적' 자본들은 '사적' 자본들의 운동과 다르지 않은 운동을 행한다.[84]

---

[83] L. Althusser, "Idéologie et appareils idéologiques d'État"(이데올로기와 이데올로기적 국가장치들), *La Pensée*, 1970년 6월을 참조하라.

[84] 은행, 저축은행, 프랑스 우편전신전화국의 공통 기능과 관련해서는, *L'Imperialisme, stade suprême du capitalisme*, p. 235에서의 레닌의 언급들을 참조하라. 그리고 조금 더 뒤에서 등장하는, 독일 전기 생산의 국유화에 대한 《디 방크》(*Die Bank*)지의 의견에 관한 미국 기업 스탠더드 오일(Standard Oil)의 답변 또한 참조하라. "이것이 바로 독일의 부르주아 경제학자들이 할 수밖에 없도록 강제된 귀중한 고백이다. 이 고백은 사적 독점체와 국가 독점체가, 서로서로가 세계분할을 위한 거대 독점체들 사이의 제국주의적 투쟁의 고리로서, 금융자본주의의 시기에 상호 침투한다는 점을 분명히 보여준다."(p. 271) 내가 보기에, 레닌의 분석을 활용하면서 우리는 다음과 같은 두드러진 이중적 특징을 항상 충분히 고려하지는 못했던 것 같다. 한편으로 레닌은 제국주의 시기의 **시작점에서부터** 국가 소유와 국가자본주의적 독점의 역할을 강조한다. 다른 한편으로, 레닌은 마르크스주의 이론 내에서 **토대**와 **상부구조** 사이의 구분이라는 **근본** 특징을, 그리고 토대의 '경제적' 변형과 상부구조의 '정치적' 변형 서로서로를 혼동하거나 하나를 다른 하나로부터 기계적으로 연역하는 것의 **불가능성**을 끊임없이 강조한다. 이 점에 대해서 레닌은 특히 '제국주의적 경제주의'의 '좌익적' 경향 전체에 반대한다. Lénine, *Œuvres complètes*, 23권을 참조하라.

마르크스가 생산의 총과정 내에서의 사회적 자본의 분파화 fractionnement에 대한 분석에, 그러니까 개별 자본들의 운동의 일반적인 역사적 조건에 대한 분석에 착수할 때, 그는 절대로 하나의 자본 분파의 법률적 지위의 관점에서 이 자본 분파를 연구하지 않으며 그 대신 유일하게 재생산 전체(화폐-자본, 상품-자본, 생산자본[85])의 주기가 내포하는 연속적 형태변화들métamorphoses의 실현 내에서의 이 자본 분파의 기능이라는 관점에서만 이 자본 분파를 연구한다는 점을 지적하자. 공적 소유는 경제적 과정[일반]의 **기능**이 아니라 그 개별 **조건들**을 변형하는 것이다.

따라서 '공적' 자본이 (역사유물론의 관점에서, 즉 **계급**독점의 관점에서) **사적 전유**의(즉 독점화의) 대상이 아니라고 생각하는 것은 법률적 이데올로기의 완전한 수인囚人으로 남아 있는 것이다. 결국 '공적' 자본과 '사적' 자본이 서로 다른 법률적 지위를 가진다는 단 하나의 사실만으로부터, '사적' 자본의 재생산과 '공적' 자본의 재생산 **사이에서** 모순이 존재한다는 결론을 도출할 수는 없다. 제국주의 시기에 이 '공적' 자본은 부르주아지라는 **하나의** 계급에 의한 사적 전유, 생산수단 전유의 형태들 중 하나이며, 부르주아지라는 이 **하나의** 계급은 이러한 전유 자체 내에서 구성되는 것이다. 전유의 총과정 내에서만 모순이 존재할 수 있는 것이다.[86]

---

[85]   *Le Capital*, 3권을 참조하라.

[86]   여기에서 지나치는 김에 언급하자면, 샤를 베틀렘(Charles Bettelheim)이 자신의 최근 저서들, 그중에서도 특히 *Calcul économique et Formes de propriété*(경제학적 계산과 소유의 형태들), Maspero, 1970에서 도입했던 ('이데올로기적 소유'에 대해서는 논외로 하더라도) '법률적 소유'(propriété juridique)와 '경제적 소유'(propriété économique) 사이의 구별이 왜 나에게는 부적절해 보이는지 지적하는 것이 필요할 것 같다. 나는 베틀렘의 의도가 특히나 사회주의 혁명에 대한

제국주의와 독점자본의 지배

그렇지만 프랑스 같은 자본주의 국가에서의 부르주아 계급의 현재 형세configuration를 이해하기 위해서는, 여기에서 한 걸음 더 나아가 경제적이면서 동시에 정치적인 중요성을 명백히 지니는 다음과 같은 질문을 제기해야 한다. 어떠한 형태의 자본이 현재 지배적인가? 이 자본은 독점적인가? 그도 아니라면 이는 이전의 두 형태들로부터 유래하는, 경향적으로 유일한/독특한unique 하나의 형태('국가독점자본주의')를 지니는가?

연구들에서 너무나 자주 행해졌던, **생산관계**와 법률적 소유형태 사이의 혼동을 정정하려는 것이라는 점은 잘 이해하겠다. 하지만 이러한 용어법은 또 다른 혼동을 만들어내며, 기계적 전도를 통해 법률적 소유의 역사적이고 실천적인 역할에 대한 오인을 초래할 위험성이 있다. 한편으로, '경제적 소유'라는 표현은 그 용어에서 모순적이다. 어찌 되었든 '소유'는 법권리(droit)를 지시하는 하나의 법률적 범주이며, '소유'(propriété)와 '점유'(possession)(혹은 처분disposition) 이 두 가지는 소유권의 실천에서 근본적 역할을 수행하는 법률적 범주들의 한 쌍이다. 사실 이 '소유'와 '점유'라는 쌍은 잉여노동에 대한 **전유 과정**과 생산수단에 대한 **계급적** 독점에 관한 것이다. 다른 한편으로, '소유'와 '점유'라는 이러한 이중화는 법률적 소유가 그 자체로서는 전유 과정에, 생산관계의 기능작용('기능작용'은 fonctionnement을 옮긴 것으로, 프랑스어 fonction에는 '기능'과 '작용'이라는 의미가 동시에 들어 있다.—옮긴이)에 **무용**하다고, 그리고 이 법률적 형태는 자본주의적 전유를 **사후적으로** '표현'하고 '승인'할 뿐이라고 믿어버리게끔 만든다. 하지만 이는 전혀 사실이 아니다. 비록 전유 과정이 단순한 법률적 형태와 혼동되어서는 안 된다고 할지라도, 그럼에도 이 법률적 형태는 마르크스가 특히 『자본』 1권 7편 24장에서 보여주듯 이 전유 과정의 필요불가결한 하나의 **계기**다. 이 근본 텍스트로부터 출발해, 우리는 자본주의적 생산양식의 발전, 즉 자본의 축적과 집적의 과정이 소유권이라는 수단들—특히 매우 많은 수의 '예금자들'과 '주주들'의 화폐-자본에 대한 '익명적'(즉 주식회사적—옮긴이) 소유의 제도화에 의한 '점유'를 보증할 수 있는 가능성—에 대한 체계적 활용 없이는 완수될 수 없다는 점을 이해할 수 있게 된다. *L'Imperialisme, stade supreme du capitalisme*에서 레닌이 지적하듯, 그리고 장 부비에가 *Naissance d'une banque: le Crédit lyonnais*(은행의 탄생: 리옹 크레딧), Flammarion, Paris, 1969에서 자세히 예증했듯, 금융자본의 독점구조는 익명적 기업들의 회계에 관한 법률적 테크닉에 전적으로 기반해 있다(참고로 '전유'는 appropriation을, '점유'는 détention을, '소유'는 propriété 혹은 possession을, '처분'은 disposition을 옮긴 것이다. 물론 모두 일관되게 옮긴 것은 아니고 최대한 맥락에 맞게 변형해 옮겨주었다.—옮긴이)

알다시피 이 마지막 테제는 특히 최근에 출간된 저서 『마르크스주의 정치경제학 개론』의 저자들이 발전시켰던 테제다.[87] 물론 이 저자들은 "독점체와 국가 사이에는 융합도 분리도 존재하지 않으며, 그 대신 각자가 고유한 역할과 동일한 목표를 동시에 지니고 있는, 밀접한 상호작용이 존재한다"고 명확히 주장한다. 하지만 이 저서의 핵심은 본질적으로 소유형태 내에서 법률적 차이들이 지니는 배타적 중요성을 주장하는 데에 있는 것으로 보이며, 특히 이 저자들에 따르면 상황의 강제에 의해 더 이상 **엄밀한 의미의** 자본, 즉 최대치의 이윤율로 자신을 가치화mettre en valeur하고자 하는([일반적으로는] 이러한 시도로부터 사회적 자본의 분파들 간 내적 모순이 유래한다) 자본이 아닌 그러한 '공적' 자본의 독특성originalité을 주장하는 데에 있는 것으로 보인다. 하지만 그럼에도 저자들은 "국가독점자본주의"가 "집합적 착취자로서" 기능하는 "유일한/독특한 하나의 메커니즘"을 구성하며, "이러한 의미에서", "단순독점"을 넘어 "제국주의적 단계의 중심에서 실제적으로 변별적인 하나의 국면을 구성한다"는 사실을 강조한다. 따라서 원하든 원하지 않든 이 저자들에게 "국가독점자본주의"는 하나의 "신-제국주의néo-impérialisme"인 것이다.

《경제와 정치Économie et Politique》 학술지 '학파'라고 부를 수 있는 집단의 구성원들이 지난 몇 년간 정교하게 구성해왔던 '국가독점자본주의론'을 (이 이론이 아무리 진지한 것이라고 해도) 이 자리에서 그 세부지점에서까지 검토하는 것은 불가능하다. '국가독점자본주의론'은 프랑스 같은 한 국가 내에서 '잉여이윤surprofit' 독점화가 취하는 제

---

[87]   *Traité marxiste d'économie politique*(정치경제학에 대한 마르크스주의 교과서), Éditions sociales, 1971.

도적 형태들을 그 세부지점에서까지 기술décrire한다는 매우 커다란 이점을 지닌다. 또한 '국가독점자본주의론'은, 만일 우리가 다음과 같이 말할 수 있다면, **정치경제학으로서의 마르크스주의**라는 개념화에 대한 개방적이면서도 엄밀한 개념화를 제시할 수 있다는 이점이 있다. '국가독점자본주의론'에서 우리는 이 장의 서론에서 우리가 지적한 바 있던 경향을 명료히 발견하게 된다. 즉, **잉여가치**에 대한 분석에 기반해 **이윤**에 대한 분석을 확립하는 대신, **잉여가치**에 대한 분석을 **이윤**에 대한 분석으로 **대체**하려는 경향, 착취의 사회적 관계로서(즉 잉여가치의 생산과정으로서)가 아니라 회계화 가능한 크기로서(즉 이윤의 원천으로서) 자본을 정의하려는 경향, 자본주의적 생산관계의 역사를 이 자본주의적 생산양식을 **규정하는**déterminent 계급투쟁의 결과로서가 아니라 '이윤의 논리'의 결과로서 분석하려는 경향.

하지만 독점자본의 경제적이고 정치적인 위치가 이 독점자본으로 하여금 끊임없이 **잉여이윤**을 뽑아낼drainer 수 있게(사적이든 공적이든 다른 자본들이 열등한 이윤율에 만족할 수밖에 없도록 강제되는 반면) 해준다는 사실로부터 공적 자본이 '탈가치화'되거나 더 이상 **사회적 차원에서는** 축적에 기여하지 못한다는 사실은 전혀 도출되지 않는다.[88] [독점자본과 다른 자본들 사이의] 이러한 차이는 잉여가치의 **생산**이라는 수준에서가 전혀 아니라 서로 다른 자본들 사이에서 사회적으로 생산된 잉여가치의 **배분**이라는 수준에서만 개입해 들어온다. 반면, 잉여이윤의 증가는 잉여가치율이 공적 기업들 혹은 독점자본

---

[88] 앞에서 이미 한 번 등장했던 '탈가치화'는 dévalorisés를 옮긴 것으로, valorisation 즉 '가치화/가치증식'과 평행하게 이를 직역해 '탈가치화'로 옮기긴 했으나 이는 관행적으로 '가치저하' 혹은 '가치잠식'으로 번역되기도 한다.―옮긴이

이 지배하는 소기업들 **내에서도** 증가한다는 점을 전제한다.[89] 따라서 이 기업들 내에서도 노동착취는 독점 기업들에 직접 속하는 기업들 내에서보다 더는 아니라고 해도 이와 마찬가지로 강력하며, (마르크스의 표현을 그대로 따르자면) '가치의 가치화/가치증식mise en valeur de la valeur' 또한 적지않게 이루어진다. 바로 이것이 이 기업들 내에서 진행되고 있는 요구적 계급투쟁의 영향력이 일상적으로 보여주는 바다.[90]

따라서, 제국주의에 대한 레닌주의적 분석을 따라 완전한 의미에서의 진정한 **국가자본주의**에 대한 존재와 동시에 (국가자본 그 자체를 포함하여) 다른 자본 형태들 **전체**에 대한 독점자본의 지속적 지배 모두를 인식하는 것이 더 적절해 보인다. 분명 이러한 지배는 현재 시기에 서로 다른 사회구성체들 내에서 서로 다른 형태들을 취하며, 이 사회구성체들이 세계 자본주의 내에서 점하는 불균등한 자리를 반영하는 이 형태들이 정확히 이 사회구성체들을 서로 다르고 독특한 것으로 만드는 것이다. **독점자본의 일반화된 지배만이 오늘날**(즉 제국주의의 시기에) **자본주의적인 사회구성체들**(지배적이고 피지배적인) **간의**

---

89 '공적 기업들'은 entreprises publiques을, '소기업들'은 petites entreprises를 옮긴 것으로, 자연스럽게 옮기자면 '공기업'과 '중소기업'으로 옮기는 것이 적절하겠지만, 이 용어들이 이 글을 발리바르가 집필한 시기인 1970년대 프랑스의 맥락에서 논의되는 것이기 때문에 다소 부자연스럽더라도 굳이 한국의 맥락에 맞는 역어로 바꿔주지 않고 직역해주었다.—옮긴이

90 따라서 우리는, 자본의 '과잉축적-탈가치화'의 경제이론이 우리에게 보여지는 바와는 반대로, 여기에서 자본주의의 '단계들'(stades)—즉 처음에는 독점적이고 **그다음에는** 국가독점적인 단계들—의 시기구분(périodisation)을 정초하고 이를 필연적인 것으로 만드는 것이 이 자본의 '과잉축적-탈가치화'의 경제이론의 핵심은 아니라는 점을 전제할 수 있게 된다. 이 경제이론의 현실적 발생(genèse réelle)에서도, 그리고 동시에 이 경제이론의 이론 내적 배치(agencement)에서도, 사실은 이와 **정확히 반대**다. 단계들에 대한 이론, 즉 **제국주의** 내의 하나의 **새로운 단계**인 신-제국주의에 대한 이론이 그 토대에 존재하는 것이며, 바로 이 이론을 우리가 우선 역사유물론의 관점에서 검토해야만 하는 것이다. '과잉축적-탈가치화'의 경제이론은 이에 대한 **사후적** 정당화에 불과했으며 여전히 그러할 뿐이다.

차이화를, 하나의 동일한 근본적 계급적대에 의해 지배되는commandée 이 사회구성체들의 구체적 역사의 서로 다른 심원한 특징들을 **이해할 수 있게 해준다.**

국가자본주의의 존재는, 비록 이 국가자본주의의 중요성과 기능이 다양하기는 하지만, 최근의 현상도 아니고 '선진' 자본주의 국가들만의 배타적 특징도 아니며 오히려 그 반대다. 국가자본주의의 최초의 요소들은, 그것이 국가 소유(즉 국유화)이든 공적 자금조달 financement과 공공시장이든, 특정한 금융계획화를 포함하는 생산의 국민적 조직화이든, 제국주의 시기의 특징적 현상들(즉 전시경제, 통화위기, 고용정책, 임금정책 그리고 전문교육 정책의 발전에서 직접적 역할을 수행하는 노동자계급의 노동조합적이고 정치적인 투쟁의 고조)의 효과 아래에서 제국주의적 '중심'(미국, 서유럽과 중유럽, 일본)의 서로 다른 사회구성체들 내에서 불균등하게 중요해짐에 따라 개별적으로 나타나며 20세기 내내 발전한다. 한편으로, 오늘날 이 요소들은 특정한 몇몇 제국주의 열강들에서 가장 체계적으로 결합되고 있으며 가장 명확하게 나타난다. 이 특정한 몇몇 제국주의 열강들은 상대적으로 가장 '허약한 열강들' 혹은 오히려 (프랑스와 이탈리아같이) 그 **내적** 발전이 가장 불균등한 열강들, 또한 노동자운동이 개량주의의 발전에 가장 잘 저항해온, 노동자계급의 혁명적 조직화가 가장 강력한 그러한 열강들이기도 하다. 다른 한편으로, 오늘날 이 요소들은 '저발전된' 몇몇 국가들에서 가장 체계적으로 결합되고 있으며 가장 명확하게 나타난다. 이 '저발전된' 몇몇 국가들은 지속적으로 이어지는 독립투쟁이라는 대가를 치르고서 정치적이고 경제적인 상대적 자율성을 획득하는 데에 성공한 (알제리 같은) 국가들이다.

알다시피 제국주의에 대한 레닌주의적 분석은 '국가자본주의'를 사회적이고 경제적인 조건—이 조건 내에서 제국주의 시기 국가들은 경쟁과 전쟁을 과거에 겪었으며 지금도 겪고 있다—의 결과로 간주한다.[91] 그런데 1914년 1차대전에서부터 시작되는 제국주의 시기의 전쟁들은 제국주의 열강들 사이에서 행해지는 경제적이고 정치적인 지배의 영역들로의 '세계분할'의 필연적 효과다. 고유한 의미에서의 팽창과 식민화라는 이전 시기가 제국주의로의 **이행**의 시기로만 나타나는 반면, 자본주의 역사의 제국주의적 국면은 20세기의 첫 몇 년간의 **최초의 '세계분할'의 완수와 함께 시작된다**. 하지만 서로 다른 산업 열강들 내에서 생산능력의 불균등 발전은 이러한 분할[형태]의 변형을 위한 투쟁을 필연적으로 이끌어낸다(그래서 20세기 초에 가장 빠른 산업발전을 경험했던 독일과 미국은 이와 동시에 식민 분할 내에서 가장 덜 분할된 국가들이기도 하다).

그렇기 때문에 사실 국가자본주의는 제국주의 그 자체의 직접적인 필연적 특징이며, 이 국가자본주의의 토대인 독점자본주의의 지양이 전혀 아니다. 1914년에서부터 오늘날에까지 이르는 ('지역적' 혹은 '세계적') 제국주의 전쟁들의 거의 중단 없는 전개déroulement는 레닌의 분석의 정당성을 입증해주었다.

이러한 관점에서 보자면 프랑스 사회구성체가 자신만의 개별적 특징들을 지닌다는 점은 사실이다. 이 특징들 중 일부분은 이전의

---

[91] 레닌은 '국가독점자본주의' '국가자본주의적 독점' '국가자본주의'라는 용어들 모두를 활용한다. Lénine, *Œuvres complètes*, 24~25권의 이곳저곳, 특히 *La Catastrophe imminente*(임박한 파국, 1917)와 *L'Etat et la Revolution*(국가와 혁명, 1917)을 보라. ("임박한 파국"의 국역본으로는 『혁명의 기술에 관하여』, 블라디미르 일리치 레닌 지음, 슬라보예 지젝 엮음, 정영목 옮김, 생각의힘, 2017을 참조하라.—옮긴이)

역사적 시기(직접적으로 1914~1918년의 1차대전 이전의 시기와 그에 이어지는 시기를 합친)로 거슬러 올라간다. 따라서 프랑스는 거대 산업 국가들 중 가장 덜 산업화된 국가이며, 프랑스 자본주의는 가장 '채무적usuraire'이고(프랑스 자본주의는 단순한 자본 차관, 특히 외국 정부에 대한 차관에 상대적으로 가장 커다란 비중을 할애한다), 프랑스 식민화는 가장 의고적인 생산양식들을 유지하는 그러한 식민화다. 이 특징들 중 일부는, 1936년과 이에 이어지는 몇 년간의 계급투쟁 이후, 그 다음으로는 1939~1944년 2차대전에서의 패배와 민족해방 이후, 특히 미국과 독일에 맞서는 경제적 경쟁이라는 문제가 제기되는 그러한 조건으로 동일하게 거슬러 올라간다. 매우 오랜 기간 동안 프랑스에서는 독점적 집적의 상대적 '지체'가, 1945년 이후에서야 그리고 또한 1958년 이후에서야 빠르게 만회되기 시작한 그러한 '지체'가 존재했다. 이 지체는 독점자본주의의 발전 내에서 프랑스라는 국가가 수행했던 결정적 역할을 이해할 수 있게 해주는 것인데, 왜냐하면 이는 국가자본주의의 몇몇 요소들이 독점적 집적 그 자체 **이전에** 그리고 이 집적의 가능조건으로서 발전되었음을 뜻하기 때문이다. 따라서 우리는 ('국가독점자본주의'라는) 하나의 새로운 개념으로 이 요소들의 결합을 지시하고자 하는 유혹을 어느 정도 설명할 수 있다. 하지만 오히려 이 독점적 집적은 상대적으로 독립적인 프랑스 독점자본주의가 국제적 경쟁 내에서 발전되고 유지될 수 있었던 독특한 형태를 표상하는 것이다.[92]

92   마르크스주의적 관점에서는 이제서야 연구가 시작되었을 뿐인 프랑스 제국주의의 역사적 특징들에 관해서는 Jean Bouvier, *Les Origines et les Traits particuliers de l'impérialisme français*(프랑스 제국주의의 기원들과 개별 특징들), Centre d'études et de recherches marxi-

하지만 우리가 이미 지적했듯, 독점자본은 그 자체로 점점 덜 순수한 '국민적' 자본[즉 '민족자본']이 되어가고 있으며, 이 독점자본은 자본의 국제화에 점점 더 심원하게 포섭되고 있다. 따라서 국가자본에 대한 독점자본의 지배는 프랑스 사회구성체 내에서 국제 경제적 관계에 의한 '국내' 경제적 관계의 경향적 지배를, 그리고 최종적 수준에서는 프랑스 자본주의에 대한 국제 자본주의의 지배를 반영한다.

부르주아지의 계급으로서의 통일성과 그 모순들

이제 부르주아 계급이라는 문제로 돌아오도록 하자. 하나의 동일한 사회구성체 내에서 공존하는 자본 형태들의 (이 자본 형태들의 기능과 집적이라는 이중적 관점에 따른) 다양성에, 그리고 이 자본 형태들의 관계의 복잡성에, 사회계급으로서의 부르주아지가 취하는 동등한 복잡성이 조응한다.

프랑스 사회구성체의 예를 다시 취해보자면, 우리는 다음과 같은 여러 사실들을 설명해야만 한다.

첫 번째로, 프랑스 부르주아지가 사회'집단'으로서 상대적으로 많은 수로 항상 존재해왔으며 지금도 존재하고 있다는 사실. 만일 자본 집적의 운동이 프랑스 부르주아지를 한 편으로(그러니까 자본의 명

---

stes(CERM), Paris, 1970, Éditions sociales를 참조하라. 1945년 이후 프랑스 경제 내에서의 집적 과정과 이 집적과정에서의 국가의 역할에 대해서는 Maurice Parodi, "Histoire récente de l'économie et de la société française", *Histoire de la France*(프랑스의 역사), op. cit., 3권에서 명료한 설명과 문헌자료가 제시되고 있다.

목적 **소유자의 편으로**) 환원하는 경향을 지닌다면, 이와 상관적으로 자본의 집적 운동은 다소간 세분화된parcellaires 감독, 지도, 유통 기능들을 늘리는 경향 또한 지닌다. 만일 자본의 집적 운동이 ('소액' 주주 분파까지도 포함하여) 몇몇 자본 분파들의 부를 줄이는 경향을 지닌다고 해도, 반면 이 경향의 효과들은 프랑스 부르주아지가 제국주의 열강들의 집단 내에서 그럭저럭 잘 유지하고 있는 자신들의 위치로부터 끌어내는 이점에 의해 약화된다. 따라서 이러한 특징은 사회구조의 심원한 변형에도 불구하고 계속 존재하게 된다.

　두 번째로, 부르주아지는 노동자계급과 마찬가지로 항상 여러 '분파들'로 분화되는(하지만 이 '분파들'의 통일성은 유물론적 분석의 대상 그 자체다) 하나의 계급이라는 사실. 그러나 이러한 분화의 원리는 노동자계급 분화의 원리와는 완전히 다른 것인데, 이는 부르주아지와 노동자계급에게서 분화의 원리가 서로 완전히 다른 것과 마찬가지로 그 두 계급의 서로 다른 정치적 효과들 속에서 발현된다. 부르주아지의 서로 다른 분파들은 사회 내에서 생산된 잉여가치의 배분을 위한 **경쟁상태 내에** 있다. (산업자본가들 그 자체의 분파를 포함해) 부르주아지의 각 분파는 자신의 몫을 늘리려는 경향을 지니며, 이 분파들 사이의 악착같은 경쟁의 형태들 내에서 간접적인 방식으로만 자본의 서로 다른 대표자들이 다음과 같은 하나의 공동 목표를 위해 함께 노동하는 것이다. 최종적인 수준에서는 자신들의 수입과 축적자본 fonds d'accumulation 전체가 유래하는 곳인 사회적 잉여가치의 증가라는 공동 목표.

　세 번째로, 자본 형태들의 변화évolution 그 자체가 부르주아지 내 분파들 사이의 경쟁뿐만 아니라 법률적이고 경제적인 지위들의 분화

differenciation 또한 도입한다는 사실. 부르주아지의 모든 분파들이 동일한 방식으로 자본을 '대표'하는 것은 아니다. 자본주의의 발전은 (형식적으로 '임금제'적인 일련의 활동들 전체를 포함해) '직업적' 활동의 (통계조사가 각기 따로 분류하는) 서로 다른 여러 유형들로 나뉜다. 이 '직업적' 활동의 서로 다른 여러 유형들은 소小산업기업들의 소유자들부터 국가자본주의의 '관리자들'과 '공무원들'을 거쳐 독점 그룹의 주요 주주들과 경영자들에 이르는 이들의 권력 간 위계에도 개인적 부의 순위에도 직접적으로 조응하지 않는다.[93] 계급으로서의 부르주아지는 소유자들의 하나의 집합réunion이 아닐 뿐만 아니라, '자본가들'의 단순한 하나의 집합도 아니다. 비록 이 계급으로서의 부르주아지가 자본가들, 특히 이 자본가들 중에서도 가장 강력한 자본가들에 의해 항상 지배되기는 하지만 말이다.

따라서 계급으로서의 부르주아지는 법률적 차이와 경제적 불균등성이 상당히 큰 집단들 간의 통일을 함의한다. 바로 그렇기 때문에 계급으로서의 부르주아지를 이들 사이의 하나의 공통된 기술적descriptif 특징을 찾아 정의내리는 것이 불가능한 것이다. 또한 바로

[93] '관리자'는 cadre를 옮긴 것이고, '경영자'는 dirigeant을 옮긴 것이다. 프랑스에는 cadre, 즉 (영어의 manager와는 조금 다른) '관리자'라는 계층이 따로 존재하는데, 이들이 ('전문경영인'과 함께) 기업 내의 주요 행위자로 기업의 운영을 책임지는 주체들이다. 이와 달리 dirigeant, 즉 '경영자'는 말 그대로 '전문경영인' 혹은 '오너' 같은 기업의 '대표'를 말하는 것으로, 이를 '관리자'에 속하는 것으로 보아야 할지는 다소 애매하다(물론 '오너'의 경우는 당연히 '관리자'보다는 '자본가' 혹은 '소유자'에 속하는 것으로 보는 게 자연스럽지만). 프랑스에서도 요즘에는 '마나제'(manager)라고 영어식 표현을 음차하면서 이를 '관리자'와 상호 교환 가능한 어휘로 쓰기도 하지만 엄밀히 말하자면 이 둘은 프랑스와 미국에서 쓰이는 맥락이 서로 다르기 때문에 동의어로 보기는 힘들다. 참고로 여기에서 말하는 '공무원'은 한국으로 치자면 5급 이상의 '고위 공직자'(물론 공기업의 '고위급 관리'를 포함하여)를 의미하는 것이고, '관리자'라는 계급을 넓게 이해한다면 '고위 공직자' 또한 '전문직'과 함께 '관리자'에 포함될 수 있다.—옮긴이

그렇기 때문에 자본 그 자체의 역사적 변형과 대비하여par rapport aux 계급으로서의 부르주아지를 연구하는 것이 필요불가결한 것이다. 결국 계급으로서의 부르주아지의 구성 그 자체가 우선 **하나의 문제**인 것이다.

프랑스 사회구성체 같은 하나의 사회구성체 내에서, 부르주아지는 자본주의적 생산 그 자체가 그러했듯 19세기보다 오늘날 훨씬 더 **이질적**임과 동시에 훨씬 더 **집중화**되어 있는 것으로 보인다. 제국주의는 세계경제의 불균등성[불평등]과 모순을 강화하는 것과 마찬가지로 각 자본주의적 사회구성체 내의 불균등성과 모순 또한 강화한다. 하지만 이와 동시에, 제국주의는 금융자본에 대한par rapport au 모든 부르주아지의 **의존**을 강화하고, 따라서 이를 통해 이 부르주아지의 계급적 '통일'을 강화한다.

계급으로서의 부르주아지에 대한 분석의 주요 난점이자 항상 올바른 방식으로 인지되지는 않았던 이 지점에 대한 논의를 마치기 위해 잠시 멈추어보자.

현재 광범위하게 존재하는 두 가지 이데올로기적 장애물을 여기에서 제거해야만 한다. 첫 번째 장애물은 부르주아지의 내적 모순에 대한 기계론적인 표상인데, 이 표상은 부르주아지로부터 **단 하나의 동일한** 경향적 측면인 이해관계의 대립만을 (대립적 측면과의 내적 관계에 대한 고려 없이) 고립시킨다. 두 번째 장애물은, 우리가 뒤에서 곧 살펴볼 것이지만, 계급으로서의 부르주아지의 구성과 국가의 발전 사이의 역사적 관계에 대한 마찬가지로 기계론적인 표상이다.

우선 부르주아지의 **계급적 통일성**과 그 내적 모순 사이에는 양립 불가능성이 존재하지 않는다는 점을 이해하는 것이 옳다. **계급적 통**

일성과 그 내적 모순은 **함께** 전개되는데, 왜냐하면 부르주아지는 자생적으로 수렴하는 물질적 이해관계들의 하나의 통일체가 아니며 역사적으로도 전혀 하나의 통일체가 아니었으며, 그 대신 부르주아지의 통일성은 (당대의 '대자본'을 대표하는) '대부르주아지'가 잉여노동의 한 몫을 (불균등하게, 그리고 서로 다른 형태들하에서) 전유하는 모든 사회집단들에 대해 행사하는 **지배**(레닌은 헤게모니라고 말한다)의 결과이기 때문이다. 자본주의의 역사의 각 단계에서, 부르주아지의 한 분파가, 정확히 말해 축적의 형태들 내에서의 '진보progrès'를 즉 **노동자계급의 저항과 이 노동자계급의 조직화된 계급투쟁과의 관계 속에서의** 착취 전개의 '진보'를 대표하는 한 분파가 다른 분파들을 지배하고 착취와 축적의 과정 내에서 이 다른 분파들을 예속화시키는 **경향을 지녀왔다.** 우선 이 지배는 매뉴팩처 자본과 수공업적이고 농업적인 소小생산에 대한 상업자본과 토지자본의 지배였으며, 이후에는 산업자본의 상업자본과 토지소유에 대한 지배였다(19세기 당시 세계 전체의 '작업장ateliers'이었던 자본의 '메트로폴리스' 내에서는 최소한 그러했다). 제국주의와 함께 이 지배는 산업자본과 은행자본을 집적하고 융합하는 금융자본이 되었다. 부르주아지의 계급적 통일성은 그 내적 모순들로부터 분리 가능하지 않다. 모든 역사적 현상이 그러하듯 이 지배는 하나의 **경향적** 통일성, 이 경향적 통일성에 반작용하는 원인의 효과에 종속되어 있는 하나의 **경향적** 통일성에 불과하다.

만일 그러하다면, 이는 (리카도의 전통을 포함한 정치경제학의 전통 전체에 대항해) **이해관계의 대립**과 고유한 의미에서의 **적대**라는 사회적 모순의 두 유형을 근본적으로 구분해야만 하기 때문이다. 부르주아지와 프롤레타리아 사이에서는 이해관계의 대립(특히 이윤 수준과 임금 수준의 결정에서의 대립)만이 존재하는 것이 아니라 (문제가 되는 것이 수입의 불균등한 '배분' 뿐만이 아니라 또한 생산 내에서의 착취이기도 하기 때문에) 하나의 적대관계 또한 존재한다. 특정한 시기에 부르주아지(지배계급)를 구성하는 서로 다른 집단들 사이에서, 경제적 이해관계의 **현실적** 대립이, 하지만 **오직** 이해관계의 **대립만이**, 불균등한 배분과 이러한 불균등한 배분에 대한 개선transformation 혹은 강화accentuation를 위한 **투쟁만이** 존재한다. 바로 그렇기 때문에, 한편으로 이러한 대립을 과소평가해서는 절대 안 되며 부르주아지의 계급적 통일이 하나의 동일성uniformité, 균열 없는 하나의 블록bloc이라고 간주해서는 절대 안 된다. 하지만 다른 한편으로, 이러한 대립을, 부르주아지와 프롤레타리아 사이의 적대를 여러 대립 가운데 하나이자 경제적이고 사회적인 이해관계들의 단순한 하나의 대립으로 기술함으로써든, 대부르주아지를 프티-부르주아지의 '착취자'로 제시함으로써든, 화해 불가능한 모순으로서의 적대와 **혼동**해서는 절대 안 된다.

『제국주의』에서 레닌은 어떻게 '금융 과두제'가 자본가들, 소기업주들, '금리생활자들'(주주들과 채권과 국채의 소유자들), 사무직들, 직업적 '이데올로그들' 등등의 전체를 **종속**시키는지를, 그리고 이를 통해 "사회 전체에 독점자들을 위한 공납tribut을 부과"할 수 있는지를 보여줌으로써 이 점을 매우 상세히 그리고 여러 차례에 걸쳐 강조했다 (p. 252). 하지만 레닌의 분석에서 가장 중요한 것은 그의 분석이 **은행의 역할**(이 은행이 사적 은행이든 공적 은행이든, 또한 예금은행, 기업은행, 신용은행, 보험은행, 저축은행 혹은 우편소액환 관리은행의 형태들을 띠든)을 특히 강조함으로써 이러한 지배가 실행되는 **방식**을 정확히 해명한다는 점이다. 은행은 이러한 지배의 가장 커다란 도구인데, 왜냐하면

은행은 사회 전체의 수준에서(그리고 국제적 수준에서) 화폐의 유통과 (이 화폐의 유통을 통해) 신용의 **가능성**—이 신용은 생산과 소비 전체의 물질적 조건이 된다—을 **집중화**하고 **조직화**하기 때문이다.

"은행이 태초에 갖고 있었던 본질적 기능은 지불 매개자로서의 기능이다. 이 기능을 수행함으로써 은행은 유휴 화폐-자본을 활동적 자본으로, 즉 이윤의 생성자로 변형한다. 그리고 **다양한 현금을 거둬들임으로써 은행은 이를 자본가계급이 소유하고 활용할 수 있게 만들어낸다.** 은행이 극소수의 기관들로 발전되고 집적됨에 따라, 은행은 보잘것없는 매개자이기를 멈추고 **자본가들과 소기업주 전체의 화폐-자본의 거의 대부분**presque totalité을, 그리고 주어진 한 국가의 혹은 일군의 국가들 전체의 원료와 생산수단 대부분을 **소유하고 활용하는** 매우 강력한 독점체가 된다. 보잘것없었던 매개자 집단masse이 한 줌의 독점체들로 변형되는 일은 자본주의가 자본주의적 제국주의로 변형하는 본질적 과정들 중 하나다."(p. 228)

"은행자본의 증가에 대해, 즉 거대은행의 지점과 출장소 수와 당좌예금 수 등의 증가에 대해 우리가 위에서 인용했던 수치는 **단순히 자본가들만이 아니라** (은행이 **최소한 일시적으로는 소기업인과 사무직 그리고 적은 수의 상위 노동자계층으로부터 유래하는 화폐형태의 모든 종류의 수입을 자신에게로 모은다는 점에서**) 자본가계급 전체의 이러한 '일반 회계comptabilité générale'(마르크스)를 우리에게 구체적으로 보여준다. 바로 이 '생산수단의 일반적 배분'(마르크스)이 근대 은행 발전에 대한 완전히 형식적인 관점으로부터 **도출**되는 것이다. (…) 하지만 [형식적인 관점과는 대립되도록] 그 **내용**에 관해서 말해보자면, 이러한 생산수단의 배분에는 '일반적인 것'이 전혀 존재하지 않는다. 이러한 배분은 **사적**

이다. 다시 말해 이러한 배분은 대자본의 이해관계에 부합한다. (…)"(pp.
234~235)

그래서 은행의 기능을 변형시키는 금융자본의 발전은 다음과 같
은 삼중의 효과를 **동시적으로** 생산한다. 1) 생산과 유통의 자본주의
적 **'사회화',** 2) 피착취 노동자들을 포함하는(왜냐하면 '소비자 신용'과
'은행화폐'[중앙은행에서 발행하는 불환지폐와 은행권 등]의 놀라운 발전과
함께 레닌이 기술했던 과정은 끊임없이 확대되기 때문이다) 사회 전체에
대한 대자본의 **지배,** 3) 마지막으로 (프티-부르주아 이데올로그들이 진
정한 '테러리즘'으로 비난했던) 금융자본의 지배하에서 자본가계급의 **조
직화.** 프티-부르주아 이데올로그들은 금융자본의 지배를 진정한 '테
러리즘'으로 비난하는데, 왜냐하면 (기업주를 위한 변호론이 주장하듯)
자본이 자기 자신이 착취하는 프롤레타리아로 하여금 '먹고살 수 있
게 해준다'는 것이 사실이 아니라고 해도, 금융자본이 부르주아지 전
체를 지배하고 이 부르주아지 전체에게 압력을 가하며 이 부르주아
지 전체를 파괴하면서도 동시에 (신용을 통해) 이 부르주아지 전체를
유지시킨다는 점은 사실이기 때문이다. 바로 그렇기 때문에 레닌이
다음과 같이 결론 내리는 것이다.

"소수의 수중에 집중된, 그리고 놀라울 만큼 광범위함과 동시에
조밀한 관계들de rapports et de relations의 네트워크를 창조하는 거대한 규
모의 금융자본은 이 네트워크를 통해 중소 규모의 자본가들 집단
masse뿐만 아니라 심지어는 매우 작은 규모의 자본가들과 기업주들
집단 또한 자신의 권력으로 종속시킨다. 이것이 하나이고, 다른 국가
의 금융그룹에 대항한 세계분할과 다른 국가에 대한 지배를 위한 격
렬한 투쟁이 다른 하나다. 이 두 가지 모두는 소유자 계급들이 통째

로 제국주의 진영으로 넘어가도록 만든다."(p. 308)

따라서 금융자본의 부르주아지 전체에 대한 지배는 역사적으로 이 금융자본이 생산조건의 생산과 재생산의 **총과정**에 대해 행사하는 통제contrôle와 연결되어 있는 것으로 나타난다. 따라서 금융자본의 지배는 폐쇄된 하나의 사회집단으로 개념화된 부르주아지에 내적인 고립된 하나의 현상이 아니다. 금융자본의 지배는 근본적 적대의 발전이 부르주아지 내부에 미치는 효과 그리고 부르주아지에 대해 미치는 효과다. 각 시대에 고유한 형태하에서 계급으로서의 부르주아지의 구성은 분명 자본을 생산적 노동과 대립시키는 계급관계의 **하나의 측면**(과 하나의 역사적 효과)이다. 조금 뒤에서 우리는 매우 중요한 이 지점을 다시 다룰 것이다.

따라서, 경향적으로, 그 모순들 자체 **내에서** 부르주아지의 계급적 통일성이 존재하는 것이다. 하지만 우리가 그 물질적 토대를 방금 막 지적했던 이러한 상황은 우리가 이전의 결정요소로 환원 불가능한 또 하나의 다른 결정요소, 즉 **부르주아 국가**의 존재와 활동이라는 결정요소를 고려할 때에만 실제적으로 인지 가능하다.

여기에서도 한 번 더 우리는 전통적으로 모호성의 지점point d'obscurité으로 남겨져왔던 바를 간략히라도 해명해주어야만 한다. '상부구조'라는 통념을 기계론적 의미로 이해하는 마르크스주의 이론가들은 종종 국가와 계급 사이의 관계를 **단 하나의 방향**으로만 연구한다. 이 마르크스주의 이론가들은 한 계급의(혹은 여러 계급들이나 '계급 분파들'의) 이해관계로부터 출발해 국가의 구성(발생)을 기술하고, 또한 하나의 지배계급이 국가가 이미 예비해놓은 '기계machine'를 **활용**하는 방식을 기술한다. 따라서 이 마르크스주의 이론가들은 지배계급을 국가에 대한 분석에서의 예비적 **소여**로 간주한다.

　　하지만 또 하나의 다른 문제를 제기해야만 하는데, 솔직하게 말하자면 우리는 반드시 이 문제를 앞의 문제와 동시에 제기해야만 한다. 이는 **지배계급의 구성**에서 국가의 역할(과 국가의 발전)이라는 문제다. 이 문제를 제기하지 않는다면, 우리는 마르크스와 레닌이 항상 제시하는 질문인 국가의 발생이라는 질문이 취하는 다음의 **두 측면**을 유효하게 절합할 수 없을 것이다. 한편으로, 계급적대의 **화해 불가능한** 특징을 표현하는 전문화된 지배의 장치appareil로서의 국가의 재생산과 역사적 항구성이라는 측면. 다른 한편으로, 착취 형태의 변형에 따른 **국가의 역사적 형태**의 변형이라는 측면.

　　상품의 유통과 자본의 유통, 그리고 생산영역 내에서의 착취과정의 실제적 조직화는 부르주아 계급의 존재의 물질적 **토대들**을 창조한다. 이 토대들은, 이전 지배계급들의 그것과 경향적으로 구별되며 프롤레타리아에 대립되는 그러한 사회집단들의 점진적인 역사적 형성을 포함한다. 따라서 이 토대들은 서로 다른 종류의 '부르주아들'을 창조해낸다. 그러나 이 토대들은 **하나의** 부르주아 **계급**을 창조해내기에는 충분하지 않다. 달리 말해, 그 어떠한 부르주아 계급도 시장의 존재의, **상품**생산으로서의 자본주의적 생산의 단순한 산물일 수는 없다. 그렇기 때문에 **지배계급의 조직화** 내에서 부르주아 국가가 수행하는 역할은 국가가 '경제적 행위자'라는 사실, 그리고 국가가 직접 경제적인 기능들을 수행한다는(즉 공적 [영역의] 경제가 존재한다는) 사실로부터만 도출되지는 않는다. 이와는 정반대로, 이 역할은 부르주아 국가가 (비록 자본, 자본주의적 생산, 자본주의적 유통의 존재를 자신의 역사적 토대로 **항상** 취한다고 할지라도) 우선은 하나의 '경제적' 조직체와는 **다른 것**이라는 사실로부터 도출되는 것이다.

　만일 우리가 여기에서 마르크스와 레닌의 다음과 같은 테제, 즉 '국가의 존재는 (모든 계급사회들 내의) 계급적 모순들이 **화해될 수 없다**는 점을 증명한다'는 테제를 다시 우리의 것으로 취한다면, 우리는 이 테제에 새로운 정확성을 기함으로써 이 테제를 더욱 발전시켜야만 한다는 점을 깨닫게 된다. 부르주아 국가의 존재와 그 특수한 형태, 지배계급의 (통일체로서의, 즉 하나의 부르주아 분파의 다른 모든 분파들에 대한 지배의) 조직인 국가의 역할은 부르주아지 내에서의 **경제적** 이해관계들의 모순과 대립이 **화해될 수 있다**는 점을 증명한다. 이 모순과 대립은 프롤레타리아의 착취와 그 정치적 종속의 조건들을 유지하기 위해서는 **화해**될 수 있고 **화해**되어야만 하는 것이다. 하지만 이 모순과 대립은 '순수하게 경제적인' 방식으로는 절대로 **화해**될 수 없다. 더욱 정확히 말하자면, 대부르주아지의 부르주아 계급 전체에 대한 **경제적** 지배가 전개되는 과정으로서의 역사적 과정은 (억압적이고 이데올로기적인) **국가장치의 존재, 행동, 변형을 항상 전제하고 있다.**

　하지만 이 지점에서 사태를 다른 방식으로 말해보자. 이러한 최초의 언급은 우리가 기계론적 문제설정으로 나아가도록 만들 수 있는데, 이 기계론적 문제설정 안에서 우리는 부르주아 계급의 발전을 이해하기 위해 (마르크스주의의 용어법 내에 정식화된) 두 가지 연속적 '기준들', 즉 ('경제'와 '토대'의) 생산이라는 기준과 ('정치'와 '상부구조'의) 국가라는 기준을 **병치**하려 시도한다. 경제에 의해 설명되지 않을 것은 정치(그리고 이데올로기)에 의해 설명될 것이며, 정치(그리고 이데올로기)에 의해 설명되지 않을 것은 경제에 의해 설명될 것이다. 그러나 역사유물론은 이와 달리 더욱 조직적인 하나의 과정을 해명하는 것이다. 즉, 역사유물론은 더욱 강력한 하나의 테제를 언표하는 것인데, 우리는 이 테제에 대한 여러 접근들을 『공산주의자 선언』 『프랑스에서의 계급투쟁』 『루이 보나파르트의 브뤼메르 18일』에서부터 시작되는 마르크스 자신의 논의 속에서 발견하게 된다. 만일 국가의 발전이 계급으로서의 부르주아지의 발전을 지배한다면, 만일 **부르주아지의 역사가 직접적으로 부르주아 국가의(그리고 국가들의) 역사라면**, 이는 국가의 기능작용과 행동이 자본유통의 과정 그 자체 내에, 그리고 사회적 차원에서의 착취의 조직화의 과정 그 자체 내에 포함되어 있기 때문이며, 이러한 개입 없이는 이 둘 모두[국가의 발전, 계급으로서의 부르주아지의 발전]가 **불가능**하기 때문이다. 이는 시장의 자동적 기능작용(그리고 무엇보다도 우선 시장의 한계와 경계의 자동적 고정fixation)에 대한, 그리고 국가의 존재와는 독립적인 '상품경제'에 대한 표상이 근본적으로 잘못된 것이며 신비화된 것이기 때문이다.[94]

그 함의를 이해하기 위해서는, 기술적descriptif 관점에 머무르는 것으로는 충분치 않으며 생산조건에 대한 역사적 **재생산**의 관점으로까지 나아가야 한다. 즉, 자본주의적 생산관계 **그 자체하에서의** 생산력(생산수단과 노동력)의 재생산. 따라서 우리는 이 재생산이 내포하는 **모순들**의 관점에 우리 스스로를 위치시켜야만 하는 것이다.

그런데 도식적으로 말하자면 이 모순들은, 자본주의적 착취 조건의 재생산 총과정이 **시장** 내에서의 자본의 유통과 경쟁이라는 과정과 시장 바깥에서의 노동력의 재생산 과정이라는 변별적인 **두 가**

---

[94] '자유주의적' 이데올로기에 구성적인 이러한 표상이 목표로 하는 바가 무엇인지를 이해하기는 어렵지 않다. 이 '자유주의적' 이데올로기의 목표는 생산 **너머에** 존재하는, 그리고 (국가 내에서 전개되는) 화해 불가능한 적대들 **너머에** 존재하는 자율적 영역으로서의 국가라는 허상을 강화하는 것이다.

지 운동을 포함하는 것과 마찬가지로, 서로 다른 두 가지 지점 위에서 형성cristallisées된다.

하지만 그럼에도 자본주의의 역사적 시기들에 따라 서로 다른 하나의 형태를 취하는 시장의 모순들은 (모든 화폐는 국가로부터 만들어지는 것이므로) 일반적 등가물에 대한 정의나 국경, 그리고 관세 같은 국가의 개입에 의한 시장의 '조직화'를 항상 전제한다. 특히 생산의 서로 다른 영역들 사이의 상대적 **균형**—바로 이 균형에 잉여가치의 실현이, 그러니까 시장을 매개로 한 자본 재생산이 의존한다—은 **자본 간 경쟁에 의해서만**, 그러니까 몇몇 자본들의 다른 자본들에 대한 **지배**에 의해서만 실현된다. 따라서 각각의 시기에 몇몇 유통 영역들에 의한 다른 유통 영역들의 지배가, 그리고 상업자본, 생산자본, 이자 낳는 자본이라는 형태하에서 이 몇몇 영역들에 스스로가 축적되고 집중되고자 하는 자본의 경향이 이 몇몇 영역들에서 실현되어야 하는 것이다. 동시에 이는 생산 그 자체 내에서 몇몇 특정 부문들 (농업, 매뉴팩처, 직물산업, 그다음으로는 생산재 '중'공업과 광산업, 군수산업 등등)에 투입된 자본의, 장기간에 걸쳐 유지되는 더 높은 이윤율을 통한(이윤율의 균등화는 경향적일 뿐이며 이 이윤율의 균등화에 대한 끊임없는 반작용이 존재한다) 지배이기도 하다. 따라서 우리는 국가개입을 국내 시장의 구성, 규제, '보호'와 연결시키는 것에 만족해서는 안 된다. 우리는 국가개입을 더욱 일반적으로 특정한 몇몇 자본들의 다른 자본들에 대한 지배의 수단과 효과로, 자본축적의 특정한 몇몇 형태들의 다른 형태들에 대한 지배로 분석해야만 한다. 그러므로 '경제정책' 혹은 오히려 (전쟁과 식민화뿐만 아니라 사회적 법체계와 임금정책까지도 포함하는) 정치 **그 자체**가 부르주아지의 몇몇 분파들의 내부

지배와 이 몇몇 분파들의 다른 분파들의 희생을 통한 발전을 보증하는, 자본가들 사이의 특정한 **세력관계**의 항상적 효과이자 수단인 것이다.[95]

바로 이 지점에서 레닌이 『제국주의, 자본주의의 최고 단계』에서 '제국주의의 본질은 독점이다'라고 주장하며 발전시켰던 '독점'이라는 개념이 그 모든 의미를 취하게 된다. 레닌의 이러한 정의는 제국주의의 경제적 토대를 무시하고 제국주의를 대자본이 취하는 하나의 정세적[일시적] 정책으로 환원하는 경제주의, 그리고 생산관계의 변형을 제국주의의 여러 측면들(생산 혹은 소유의 집적, '자유' 경쟁의 제거) 중 **하나**로 환원하는 경제주의라는, 두 가지 경제주의의 변형태[변종]로부터 동시에 벗어난다. 레닌에게서 독점은 하나의 **단순한** 현상이 아니다. 레닌에게 독점은 자본주의의 역사로부터 도출된 서로 다른 경향들(생산의 집적, 원료와 노동력main-d'œuvre의 원천에 대한 독점accaparement, 금융자본의 발전, 식민지적 혹은 신식민지적 정책과 세계분할) 간의 **결합**combinaison이며, 독점은 어느 한 정책의 단순한 산물이 아니라 부르주아 **국가**의 변형을 필연적으로 포함하는 사회적 관계의 변형이다.

하지만 시장의 모순들과 자본 간 경쟁의 모순들은 그 자체 홀로 존재하지 않는다. 이 모순들의 효과는 **노동력 재생산** 과정 내에서의 생산관계의 또 다른 측면에서 전개되는 모순들의 효과에 의해 과잉결정된다. 따라서, 각 시기와 각 자본주의적 사회구성체에 고유한 역

---

[95] 앞서 지적했듯이, 프랑스어에서 '정치'와 '정책'은 모두 politique이라는 한 단어로 표현된다. 옮긴이가 '정책'과 '정치'로 맥락에 맞게 구분해 번역했으나 사실 프랑스어로는 같은 단어이며, 그렇기 때문에 이를 통한 특정한 말놀이가 가능하다. 간단히만 적어보자면, 발리바르가 이 구절에서 의도하는 바는 국가의 '경제정책'이라는 것이 결국에는 부르주아지와 프롤레타리아 사이의 계급투쟁, 즉 '정치'라는 것이다.—옮긴이

사적 조건 내에서, 문제가 되는 것은 노동자의 '숙련화'라는 관점에서 뿐만 아니라 이 노동자의 가족적, 종교적, 정치적, 간단히 말해 이데올로기적 행동의 관점에서도 이 노동자를 자본주의적 착취에 예속화assujettissant하면서도 이 노동자의 '자유'를 보장하는 것이다. 결국 이는 가족, 학교교육, 공공부조, 정치제도 내에서 억압과 지속적인 이데올로기적 행위 두 가지 모두를 통해 프롤레타리아의 조직화와 이데올로기적 자율성의 발전에 맞서 끊임없이 투쟁하는 것이다. 프롤레타리아에 맞서 주어진 시기에 이러한 세력관계를 조직하고 유지할 수 있는 하나의 부르주아 분파만이 부르주아지 내부에서의 자신의 내적 지배 또한 유지할 수 있는 것이다.

그러므로 자본주의의 역사 내에서 국가의 발전 전체는 이 국가가 불균등하게 달성하는 이중의 결과를 목표로 한다. 하나는 프롤레타리아 착취의 조건 전체를 재생산하고 이 조건 전체의 '정상적' 연속성을 보증하는 것이고, 다른 하나는 잠재적 '타협'이라는 대가를 치르고서라도 부르주아지의 바로 그 중심에서 하나의 지도적 분파의 지배, 주어진 역사적 조건 내에서의 가장 효율적인 착취와 축적의 형태를 대표하는 하나의 분파의 지배를 재생산하는 것이다. **이 두 번째 목표는 첫 번째 목표 아래에서 추구되는 것인데, 그렇기 때문에 부르주아지의 계급적 통일성은, 이 부르주아지 고유의 내적 투쟁을 통해, 착취의 유지와 발전에 의존한다.** 하지만 첫 번째 목표는 두 번째 목표가 달성되었을 때에만 달성될 수 있는 것이다. 그렇기 때문에 착취의 발전은 부르주아지의 계급적 통일성이 붕괴되려 하는 순간마다 직접적인 위협을 받는다.

사태를 다음과 같이 다르게 말해보자. 항상 국가라는 매개를 통해서(즉 국가권력의 점유와 이를 통한 억압적이고 이데올로기적인 국가장치들의 발전을 통해서) 부르주아지는 "스스로를 지배계급으로 조직화한다"(마르크스)고. 따라서 이는 계급으로서의 부르주아지의 역사적 특징이라고. 이 계급으로서의 부르주아지가 자신의 통일성을 위해 활용하는 수단은 프롤레타리아와 피착취 노동자 전체에 대한 부르주아지의 지배의 수단과 동일한 것이며, 이 수단은 사회 전체를 **국가 내로**dans l'État 조직화하는 것에 그 토대를 두고 있다(여기에서 국가는 계급들을 넘어서는 하나의 보편적 역량으로 나타나는데, 왜냐하면 국가는 노동분할 전체를 관할하기 때문이다).

이를 통해 우리는 부르주아 국가가 자본주의적 착취의 유지와 그 조건을 보증하는 **특수한 형태**를 이해할 수 있게 된다. 이 형태란 바로 (민주주의적 공화정이라는 형태하에서든, 만일 다음이 가능하다면, 폭력적이고 덜 효율적인 보나파르트주의와 파시즘 같은 형태하에서든) 국가의 기능작용에 전인민이 '참여'하는 형태다. 피착취 노동자계급은, 이러한 참여가 내포하는 모든 위험과 난점과 함께, 부르주아지의 한 분파의 다른 분파들에 대한 지배의 '조작 도구들의 모음masse de manœuvre'이 된다. 대부르주아지는 자신이 이러한 일반적 헤게모니를 발전시키는 데에 더욱 성공하면 할수록 더욱 잘 지배한다. 그렇기 때문에, 공공교육, 식민화, 농업정책이 자신에게 보증해주었던 이데올로기적, 정치적, 군사적 기반의 도움으로, 프랑스 제3공화국의 금융 부르주아지와 산업 부르주아지는 50년 사이에 부르주아지의 통일성이라는 문제를, 부르주아지의 이해관계의 내적 위계라는 문제를 자신에게 유리한 쪽으로 해결해냈던 것이다. 마르크스주의 고전들이 끊임없이 강조해왔듯, **지배계급**으로서의 부르주아지는 노예제적이고 봉건제적인 **카스트**와는 본질적으로 구분되는 것이다.

따라서 우리는 잠정적인 방식으로 다음의 두 가지 가설을 제시하고자 한다.

1) 국가는 부르주아지가 이전의 지배계급들로부터 그대로 **추출해내** 자신의 마음대로 **취할 수 있는** 하나의 부동의 역사적 형태가 아니다. 오히려 자본주의의 발전은 국가의 구조를 (국가의 억압적 장치들의 기능작용 내에서뿐만 아니라 이데올로기적 장치들의 기능작용 내에서도) 변형하며 이러한 변형만이 부르주아 계급으로 하여금 스스로를 구성할 수 있게 해준다.[96] 이러한 의미에서, 국가의 부르주아지에 대한 선행성antériorité도, 부르주아지의 국가—국가는 바로 이 부르주아지의 재생산의 항구적 조건이다—에 대한 선행성도 역사적으로 존재하지 않는다. 다만 국가와 부르주아지 사이의 상호변형의 역사가 존재할 뿐이다.

2) 계급으로서의 부르주아지 전체가 역사적으로 **하나의 '국가 부르주아지'**라고 우리는 말할 수 있다. 부르주아지가 자신의 유일한 물질적 존재조건으로 국가자본, '공적' 자본을 가진다는 의미에서가 아니라, 국가의 존재와 행동이 부르주아지의 지배의 과정과 계급적 통일의 과정에 **내적**이라는 의미에서 그러하다.[97]

---

[96] 알튀세르는 억압적 국가장치는 단수로, 이데올로기적 국가장치는 복수로 표현하지만, 이 구절에서 발리바르는 엄밀하지는 않은 방식으로 억압적 국가장치와 이데올로기적 국가장치 모두를 복수로 표현한다.—옮긴이

[97] 이러한 정식화는 우리로 하여금 ('국가 부르주아지'라고 부를 수 있는) 하나의 '새로운 계급'의 **구성**이라는 관점에서 사회주의 국가들의 역사 내에서의 사회적 모순들을 설명하고자 하는 시도들을 거부할 수 있게 해준다. 이 모순들이 존재하지 않기 때문이 아니라, 우리가 확인할 수 있듯 이러한 설명이 순전히 동어반복적이기 때문이다. 이러한 설명이 순전히 동어반복적이기 때문에, 이 설명은 사회주의 국가들 내에서의 생산관계와 착취관계의 변형과 국가형태의 변형 사이의 **동시적**

필연적으로 새로운 형태를 취하게 되는 이러한 특징은 그럼에도 제국주의 시기에 여전히 유효하다. 따라서 이 특징은 하나의 새로운 모순을 이끌어낸다. 왜냐하면, 이와 동일한 이유에서 모든 부르주아지는 또한 '**국민적 부르주아지**bourgeoisie nationale'[국가 부르주아지]이기도 하기 때문이다. 자본주의의 역사 내에서, 국가의 필연적 형태는 국민적 형태forme nationale다(오직 이 국민적 형태하에서만이 국가의 **억압적** 측면과 **이데올로기적** 측면이 절합될 수 있으며, 이런 표현이 가능하다면, 마르크스가 말했던 국가의 '독재'라는 측면과 그람시가 말했던 국가의 '헤게모니'라는 측면이 절합될 수 있다).[98] 하지만 제국주의의 시기에 자본은 더 이상 완전한 국민적 자본이지 못하게 되며, 그 대신 자본은 점점 덜 '국민적인' 자본이 되어간다. 오히려 자본은 금융자본으로서의 다국적multinational 자본이 되는데, 이 다국적 자본의 재생산은 수출과 재수출을 거침으로써 행해진다. 따라서 부르주아지의 역사는 각 자본주의적 사회구성체 내에서 자신의 지배의 '경제적' 조건과 '정치적' 조건 사이의 **내적** 모순의 역사가 된다. 부르주아지에게는 실현 가능한 진정한 **국제주의**란 존재하지 않는다. 그 대신 가장 강력한 제국주의 국가들의 헤게모니하에서의 국민적 동맹만이 존재하는데, 그러나 이 동맹은 자신의 모순을 제거하는 데에는 절대로 성공하지 못한다. 초-제국주의ultra-impérialisme란 존재하지 않는다. 자본의 국제화를 가

(simultanée) 역사라는 문제를 은폐한다.

[98] 착취 조건의 재생산과 개별 자본의 축적이 이러한 조건에서만 가능해지면서부터 '국민적' 부르주아지가 또 다른 부르주아지인 외국 자본의 이해관계에 복종하는 **반국민적**(antinationale) 부르주아지가 된다는 점은 전혀 말장난이 아니며 완전히 자명한 것이다. 페탱(Pétain), 수하르토(Soeharto) 혹은 응우옌 반 티에우(Thieu)나 피노체트(Pinochet)는 제국주의에 의해 일반화된 이러한 역사적 상황을, 그리고 이러한 역사적 상황이 내포하는 모순들의 폭력을 충분히 상징하는 인물들이다.

능케 하는 유일한 국제주의는 프롤레타리아 국제주의다(하지만 이는 이 자본의 국제화가 프롤레타리아 국제주의를 자동적으로 생산한다는 점을 의미하지는 않는다).

4. "… 결론은 바로, 이 모든 빌어먹을 똥을 치워버릴 운동과 해결책으로서의 계급투쟁이야."[99]

앞선 절들에서 우리는 서로 다른 여러 원천들로부터 그 자원을 얻어냄으로써 역사유물론의 몇몇 고전적 문제들을 해명하고자 노력했다. 그러니까 우리의 의도가 역사유물론에 대한 하나의 새로운 이론을 만들고자 하는 것은 전혀 아닌 것이다. 오히려 우리의 목표는, 현재의 조건 내에서 마르크스주의자들 자신들에게 정치경제학적 관점에 대한 비판에 기여하는 것으로서 필연적으로 제시되어야만 하는 바를 통해, 역사유물론에 관한 연구에 기여하는 것이다.

결론을 내리겠다고 만용을 부리지는 않으면서, 우리에게 점진적으로 드러나게 되었던 가장 중요한 테제들을 전체적으로 다시 취해보도록 노력해보자.

이 테제들은 하나의 동일한 핵심 원리fil conducteur를 취하고 있는데, 바로 다음과 같은 점에서 이 테제들은 정치경제학의 관점과 양립 불가능하다. 이 테제들은 마르크스주의적 분석 내에서 **계급투쟁**의 근본 특징을 발전시키고 설명해준다. 이 테제들은 마르크스주의

---

[99] 마르크스가 엥겔스에게 보내는 1868년 4월 30일자 편지.

적 분석이 계급투쟁과 다른 대상을 전혀 갖지 않는다는 점을, 그리고 이와 상관적으로, 자본주의 사회의 역사에서 **그 무엇도** 계급투쟁에 의한 결정에서 벗어나 있지 **않다**는 점을 보여준다. 계급투쟁의 **이편에** 혹은 **저편에**[계급투쟁에 미달하거나 초과하여] 위치해 있는 사회적 과정이란 것은 존재하지 않는다. 결과적으로 계급투쟁은 **자기 자신과는 다른 것**을 통해, 선재하는 자연적 혹은 이상적 필연성을 통해 설명될 수 없으며, 단지 이 계급투쟁의 다양한 형태들과 이 계급투쟁의 상호작용의 구체적 변증법에 의해서만 설명될 수 있는 것이다.

이 지점에서 잠시 멈추어 한 가지 주의점을 언표하는 것이 적절해 보인다. 만일 계급투쟁 **바깥의** 사회적 과정이란 것이 존재하지 않는다면, 이는 계급투쟁이 '도처에 존재해 있기partout' 때문이다. 여기에서 우리는 형식주의의 위험, 이 형식주의가 마르크스주의적 사유의 역사 내에서 큰 폐해를 일으켰다는 점을 우리 스스로도 이미 알고 있는 그러한 형식주의의 위험의 윤곽이 소묘되는 것을 확인할 수 있다. 계급투쟁은 보편적 열쇠로, 모든 질문들에 대한 **해답**으로, 모든 분석들의 첫 단어와 마지막 단어로, 그러니까 결국 모든 현실적 분석의 주요 장애물로 기능하게 되었다. 점점 더 객관적인 것이 되어가는 유효한 인식connaissance effective을 위한 핵심 원리를 표상하는 대신, 계급투쟁은 헤겔처럼 말하자면 '모든 소가 까만 밤'에, 혹은 스피노자처럼 말하자면 '무지의 도피처'에 불과한 것이 되었다. 이렇게 된 이유는 이와 동시에 계급투쟁이 직접적으로 주어진, 그러니까 절대적으로 **단순한** 하나의 본질로 정립되었기 때문이다. **계급투쟁을 설명**하려고 시도하는 대신, 우리는 명백한 것으로 이미 간주되어버린 계급투쟁 개념을 발전시키는 작업에 착수하지 않고서 모든 것을 계급투쟁에 대한 원용invocation을 **통해** 설명하고자 했다. 만일 우리가 언표했던 이 테제들이 어떠한 의미를 가진다면, 오히려 이는 이 테제들이 계급투쟁의 복잡성 속에서 이 계급투쟁 그 자체에 대한 분석과 관련되기 때문이며, 또한 이 테제들이 계급투쟁 개념을 **결정**하고 이를 통해 이 계급투쟁 개념을 차이화하고자 하는 경향을 지니기 때문이다. 달리 말해, 마르크스주의는 계급투쟁을 하나의 해답으로, 하나의 해결책으로 절대로 원용invoque하지 않으며, 그 대신 항상 우선적인 하나의 문제로 원용한다. 구체적인 역사적 과정에 대한 구체적 분석을 행한다는 것은 그 자체로 계급투쟁의 또 다른 계기들의 산물인 주어진 조건 내에서의 계급투쟁의 (사전적으로 예측하지 않은) **형태들**을 추구해 발견한다는 것을 의미한다.

하지만 지적해야 할 것이 하나 더 있다. 만일 역사유물론이 모든 사회적 과정이 계급투쟁에 **내적**이며 이 계급투쟁의 한 측면을 표상한다고 주장한다면, 이와 동시에 역사유물론은 그 즉시 계급투쟁이 (기껏해야 교육적 가치만을 지니는 것에 불과한 비유에 따르자면 한 구조물의 겹쳐진 층들과 같이) 서로가 서로에 대해 분리되거나 독립된 것이 아니라 사실상 결합된, 그리고 바로 이 이유로 인해 (이 형태들 중 그 무엇도 다른 형태를 **대체**할 수 없기에) **구별되는** 여러 형태들하에서 여러 수준들로 전개된다는 점 또한 보여준다(마르크스주의 전통은 '경제적' 계급투쟁, '정치적' 계급투쟁, '이데올로기적' 계급투쟁을 구별함으로써 이를 스스로 인정했다). 따라서 **정관사**la 계급투쟁에 대해 말하는 것은 계급투쟁의 서로 다른 [부정관사] **복수의**des 형태들에 대해, 그리고 주어진 정세 내에서의 이 형태들 사이의 절합에 대해 말하는 것일 수밖에 없다. 결국 이는 계급투쟁 형태들의 다양성에 대한 단순한 확인을 넘어서는 방식으로, 이 계급투쟁 형태들의 극단적 다양성을 설명하는 내적 절합을 이해하는 방식으로, 이 형태들 중 하나에 의한 다른 형태들의 **결정**을 연구하는 것이다. 유물론적 관점에서, 최종심급에서 이러한 결정은, 생산관계의 항구적 유지 혹은 변형을 위한 생산관계의 효과하에서, **물질적 생산 내** 계급투쟁의 결정일 수밖에 없다. 게다가 실천은 이 결정의 그 구체적 형태들하에서 이 결정을 발견하고 분석함으로써만이 우리가 다른 수준들에서의(그것이 정치이든, 법이든, 문학이든, 예술이든, 철학이든 등등) 계급투쟁의 존재를 **인지**할 수 있다는 점을 보여준다.

하지만 여전히 이러한 결정 개념은 그 자체로 명료해야만 하며, 생산과정은 계급투쟁의 관점에서 **이미** 올바르게 분석되어 있어야만 한다. 알다시피 바로 이 지점에서 마르크스주의 전통 자체 내에서 모호성과 논쟁들이 지속되고 있다. 조금 뒤에 나는 이전에 제시된 명제들의 토대 위에서 이 문제를 다시 다루어 보고자 한다.

방금 읽었던 텍스트에서, 나는 생산관계와 생산력 사이의 역사적 결합 **내에서** 근본적 **생산관계의** '우위'라 부를 수 있는 바를 역사유물론의 본질적 위치/입장으로 상기시켰다. 각각의 생산양식을, **우선** 그리고 본질적으로, 근본적인 생산(과 착취) 관계의 본성으로, 그다음으로는 파생적인[이차적인] 방식으로 생산력의 경향적 변형 과정의 본성으로 특징지어야 한다는 점을 지적했다.

이러한 정의로부터, **생산양식 분석과 계급 분석**(혹은 계급에 대한 '정의')이 변별적인 두 가지 이론적 문제가 아니라 유일한 하나의 문제라는 결론이 도출된다. 오직 계급 **분화**의, 그러니까 계급 관계의 역사적 과정에 대한 분석인 계급 분석을 수행해야만 생산양식의 내적 절합과 경향적인 역사적 운동을 이해할 수 있다. 바로 그렇기 때문에 우리는 각 계급이 **각 계급 자신의 변형**의 역사적 과정으로부터 독립적으로 정의될 수 없다고 전제해야 하는 것이다.

최종심급에서[결국에는] 이러한 정의에서 본질적인 것은 무엇인가? 이는 이 정의가 **계급투쟁**을 생산양식과 착취의 단순한 하나의 결론으로서가 아니라 생산양식의 정의 그 자체 **내에** 기입한다는 사실이다. 달리 말해, 자본주의적 생산양식은 (이 자본주의적 생산양식이 그 뒤를 이어나가는 '전前자본주의적' 양식들에서 이미 그러했듯) 착취양식과 **다르지** 않을 뿐만 아니라, 착취 그 자체는 계급투쟁의 근본적인 역사적 형태와 **다르지** 않다.

그러나 우리의 경험은 경제주의적이고 진화주의적인 끈질긴 전통으로부터 교육받은 우리의 많은 동시대 '마르크스주의자들'로 하여금 절충주의를 변증법으로, 변증법을 절충주의로 이중적으로 대체하도록 만드는 것이 극도로 어려운 일이라는 점을 증명한다. 특히, 이 '마르크스주의자들'로 하여금 직접적 생산 내에서 계급투쟁이 착취의 다양한 형태들(노동기간의 연장, 노동리듬의 강도 심화, 탈숙련화, 노동조건의 악화, 실질임금의 하락 등등)하에서 이 착취에 대한 노동자계급의 '저항'과 함께 **시작되지 않으며** 그 대신 이 형태들 그 자체와 함께 이미 시작된다는 점을 인정하게 만드는 것은 극도로 어려운 일이다. 달리 말해, 프롤레타리아의 집합적 '필요'[욕구]의 충족과 이 프롤레타리아의 노동조건과 존재조건 등의 개선을 위한 **프롤레타리아 계급투쟁**에 대해 '대응'하는 것이 프롤레타리아에 대항하는 **자본**(과 부르주아지)의 **계급투쟁**인 것이 아니라 **완전히 그 역**이 사실이다.[100] 항상-이미, 항상 **먼저** 프롤레타리아에 대항하는 자본의 체계적 계급투쟁이 자본주의적 생산관계의 발전의, 그리고 이러한 **발전하에서** 이 발전을 가능케 하기 **위한** 생산력의, 그러니까 더욱 진전된 노동 도구와 노동 조직형태의 발전의 항구적 동력으로 존재한다.

이러한 사실은 기술techniques과 산업적 조직형태들 등의 '중립성'이라는 관념과 함께 학교에서부터 배우기 시작했던 부르주아 이데올로기의 교훈에 흠뻑 젖어든 많은 수의 '마르크스주의' 이론가들의 '상식bon sens'과는 아마도 반대되는 것일 것이다. 이러한 '중립성'이라는 관념은 이 기술과 산업적 조직형태들의 좋은 혹은 나쁜 활용, 비용과 산물 등에 대한 공정한 혹은 그렇지 못한 배분 **이전의** 지식과 인류 문화의 진보로 우리를 회귀시킬 뿐이다. 하지만 이 사실—이 사실에 대한 이론적 인정reconnaissance théorique은 프롤레타리아의 계급적 관점(즉 계급투쟁의 관점)을 생산구조 그 자체에 적용한다는 점을 아주 단순히[직접적으로] 대표한다—은 그럼에도 마르크스의 이론에서와 마찬가지로 경험에도 부합하는 것이다.

1) 이 사실은, 노동자계급의 직접적이고 일상적인 경험 없이는 자본에 의해 도입된 더욱 '진전된' 각각의 새로운 생산 '방법'에 조금씩 조금씩 저항해나가도록—이러한 저항 그 자체를 통해서가 아니라면, 그리고 이 저항의 부분적 성공의 범위 내에서가 아니라면, '기계에 대한 자본주의적 활용'을 '기계'와 사실상 절대로 분리할 수 없다—**강제**되지 않을, 그러한 노동자계급의 직접적이고 일상적인 경험에 부합한다(결국 이러한 저항에는 현재의 노동분할 전체에 대한 전복이 필요할 것이다). 그런데 이러한 저항이 없다면 노동자계급은 자신의 존

---

100 프랑스어 besoin에는 '필요'와 '욕구'라는 의미가 동시에 들어 있다.—옮긴이

재조건들을 아주 단순히 **유지**조차 할 수 없을 것이다. 이러한 저항을 통해 근대 노동자계급의 노동일과 투쟁일 모두는 산업적 기계화와 기술technique의 역사적 획득물의 생산자와 이 생산자들의 필요[욕구]의 충족을 **위한** 활용이 이 산업적 기계화와 기술의 역사적 획득물에 대한 자본주의적인 나쁜 활용을 넘어서 **되찾아야** 하는 것이 아니라 (프롤레타리아에 의한 생산수단의 점유가 가능케 하는 노동분할의 새로운 형태들의 도움으로) 조금씩 조금씩 **발견**하고 **발명**하며 **생산**해야 하는 것이라는 점을 (모호하게라고 할지언정) 노동자계급이 이해할 수 있도록 해준다.

2) 이 사실은 마르크스주의의 근본 테제에 부합한다. 이 테제에 따르면 프롤레타리아의 **경제적** 계급투쟁(이 프롤레타리아의 **경제적** 계급투쟁의 가장 탁월한 기관은 대중적 노동조합이다)은 **방어적** 투쟁이다. 분명히 이는 **오직** 방어적이기만 한 투쟁(방구석의 프티-부르주아 혁명가들만이 이러한 '오직'을 경멸할 것이다)이라는 점을, 하지만 반면 이러한 토대 위에서 고조되는 정치투쟁 또한 공격적일 수 있으며 생산관계 그 자체의 변형으로 나아갈 수도 있다는 점을 의미한다. 하지만 어쨌든 이는 최초 형태, 즉 그 안에서 프롤레타리아가 계급투쟁을 마주하며 이 계급투쟁을 실천하는 그러한 최초 형태가 자본의 항구적 공격에 **대응**하는 하나의 방어적 형태라는 점을 의미한다. '경제성장'의 정세든 '경기지체'의 정세든,[101] 사적이든 공적이든, 규모가 크든 작든 그 어떠한 자본도 자신들의 이러한 공격을 개진하지 아니할 힘을 지니지는 않는다. 왜냐하면 자본에게는 자신의 존재를 지속시키

---

101 이미 지적했듯, '정세'는 conjoncture를 옮긴 것으로, 쉽게 말해 '경기순환'을 뜻한다. —옮긴이

고 자신을 재생산하기 위해서 노동을 **착취**하는 것만으로는 전혀 충분하지 않기 때문이다. 알다시피(그리고 마르크스가 증명했듯이), 자본은 노동을 **과잉착취**하고 항상 더욱 착취하는 것이 자신의 내재적 필연성으로서 요구된다. 그렇지 않다면 자본은 자신의 자본화 가능한 이윤이 자본주의적 경쟁 내에서 사라져버리는 것을 목도하게 된다. **축적**은 이러한 대가를 치르고서 가능한 것이며, 자본의 존재 그 자체는 바로 이 축적이라는 대가를 치르고서 가능한 것이다.

3) 마지막으로, 이 사실은 『자본』 1권에서 마르크스가 행했던 자세한 분석, 그가 **상대적 잉여가치** 생산의 (기술적technologiques 단계들—그에 **기반해** 자본이 일종의 강제를 통한 외적 '폭력'을, 잉여가치의 착출extraction을 행하는 그러한 기술적 단계들—로서가 아니라) 연속적successives **형태들**로 제시하는 매뉴팩처와 대공업에 대한 **역사적** 분석에 부합한다.

하지만 일단 이 지점을 잘 이해하고 난다면, 그다음으로는 생산관계의 우위에 대한 **주관주의적**(이고 상대주의적)인 개념화에 빠지지 않도록 주의해야 한다. 이러한 관점에서, 생산력(혹은 오히려 이 생산력의 경향적 변형 과정)의 본성을 자본주의적 생산양식의 '파생적인'[이차적인] 하나의 특징으로 지시하면서 내가 앞에서 활용했던 표현을 이 표현 자신의 방향으로부터 벗어나게끔 해서는 안 된다. 이것이 여전히 추상적인 하나의 **정의**, 그 안에서 (아주 단순히[직접적인 방식으로]) 생산관계의 **우위**가 형식적으로 점하는 제1의 자리를 통해 이 **우위**가 반영되어야만 하는 그러한 정의에 대한 것이었다는 점을 잊지 말자. 이러한 의미에서, 나는 이러한 우위에 엄밀하게 조응하는, 그리고 현대 마르크스주의자들의 경제적 '상식'에 너무나도 반대되는(하지만 역사적 현실에는 너무나도 부합하는), 『자본』에서 마르크스가 행했던 분석의 설명/서술 **순서** 그 자체를 드러내는 것과는 다른 일을 한 것이 전혀 아니었다.[102] 마르크스는 **우선** 생산력의 상태에 대한 기술 description을 제시하고, **그 뒤에** '결론적으로' 자본주의적 생산관계의 발전을 제시한 것이 아니다. 그것이 아니라, 마르크스는 **우선** 근본적인 자본주의적 생산관계에 대한 정의(노동력의 구매와 판매, 노동력의 생산적 소비를 통한 잉여가치의 생산—이는 착취의 일반 형태이며 이 일반 형태가 내포하는 생산관계다)를, 자본주의의 역사에서 생산력의 발전 정도가 **어떠하든** 언표 가능한 정의를 정식화한다. **그 뒤에** 그는 절대적 잉여가치와 특히 (협업, 매뉴팩처, 대공업으로 이어지는 생산력 발전을 지배하고 설명하는) 상대적 잉여가치의 형태들에 대한 '파생적'[이차적] 분석을 정식화한다.

물론 이는,

—자본주의적 생산관계가 생산력의 물질적 토대 **없이**(그러니까… 생산 없이!) 존재한다는 점을 의미하지 않으며,

—자본주의적 생산관계의 출현이 생산력(과 노동생산성) 발전의 **어떠한 단계에서든** 가능하다는 점을 의미하지 않는다. 비록 자본주의로부터 **결과하는** 노동생산성의 발전이 과거에 이러한 노동생산성의 발전을 **가능케 했던**(하지만 그렇다고 필연적이라는 의미는 아닌데, 여기에는 다른 원인들 또한 필요했기 때문이다) 바[즉 자본주의]와 **그 어떠한 공**

---

[102] '설명/서술 순서'는 ordre d'exposition을 옮긴 것으로, '설명 순서' 혹은 '서술 순서'로 간단히 옮길 수도 있는 이 용어는 '연구 순서' 혹은 '탐구 순서'를 뜻하는 ordre de recherche와 짝이 되는 단어다. 이와 관련해서는 「제라르 뒤메닐의 저서 『자본의 경제법칙 개념』의 서문」, 루이 알튀세르 지음, 배세진 옮김, 웹진 인무브를 참조하라. www.en-movement.net —옮긴이

통점도 갖고 있지 **않다**고 하더라도 말이다.

　—마지막으로 순수하고 단순한 **수공업적 기능**métier artisanal[단순
협업, 가내 노동]의 토대 위에서 그 특수한 생산력을 발전시키기 **이전
에** 필연적으로 나타나는 자본주의적 생산관계가 생산력을 발전시키
지 **않고서** 존속할 수 있다는 점을 의미하지도 않는다. 이는 그 용어
내에서의 모순인데, 왜냐하면 잉여가치가 **바로 잉여노동이기** 때문이
다!

　생산관계의 존재가 이 생산관계의 물질적 효과, 이 생산관계의
노동과정 내에서의 유효한 실현이라는 점을 **절대로** 망각하지 않는다
고 전제한다면, 이러한 정의는 주관주의, 즉 관념론에 빠질 수 없다.

　사실, 만일 많은 마르크스주의자들이 『자본』 출간 100년 이후에
도 이러한 거짓된 딜레마(생산력의 기계론적 '우위'**인가**, 기존 생산력이라
는 토대 위에서의 생산관계의 물질적 실현과는 **독립적인**, 그리고 이 생산관
계의 경향적 변형으로부터 **독립적인** 생산관계의 발전이라는 주관주의적이
고 의지주의적인 **관념론인가**)로부터 여전히 빠져나오지 못하고 있다면,
이는 아주 단순하게도 이 마르크스주의자들이, (내가 여기에서 검토하
지는 않을 원인들의 효과로 인한) 레닌이 끊임없이 조명했던 비일관성
inconséquence에 따라, **변증론자가 되기 위해 충분한 정도로까지 유물론
자가 되는 데에** 성공하지 못했기 때문이다.

　이러한 관점에서 마르크스가 처음으로 이 거짓된 이데올로기적
딜레마를 명시적으로 극복했던 텍스트들을 새롭게 연구하는(그리고
연구하도록 만드는) 것이 적절하다. 특히 『자본』 1권 3편의 7장 「노동과
정과 가치화/가치증식 과정Arbeitsprozess und Verwertungsprozess」, 다시 말해

가치의 가치화_{mise en valeur de la valeur}에 대해 언급해보도록 하자.[103]

변증법에 대한 진정한 가르침_{leçon}이라 할 수 있는 이 장에서 마르크스가 어떻게 자신의 사고를 진행시켜나가는지를 우리가 관심을 기울이는 문제의 관점에서 상기해보도록 하자. 마르크스는 노동과정의 **가장 추상적인** 형태—이 형태 안에서 '인간'은 '자연'을 물질적으로 변형함으로써 그 스스로가 '하나의 자연적 힘'이 되며 자기 자신 또한 변형한다(인간은 자연을 변형하지 않는다면 스스로를 변형할 수 없는데, 조금 뒤에 우리는 또 다른 관점에서 보자면 역으로 인간이 스스로를 변형하지 않고서는 자연을 변형할 수 없다는 점을 확인하게 될 것이다)—를 분석하는 것으로 자신의 사고를 개시한다. 따라서 노동은 완전히 '자연적'인 생산과정 내에서 이루어지는(인공적인 것_{artifice}이라는 낡은 철학적 관념의 자리는 마르크스에게서 존재하지 않는다) 물질적 힘들 사이의 결합_{combinaison}이다. 우리는 이를 '인간'은 자연에 **자신의 표시**를 각인하는, 자연을 **자신의** 목적과 **자신의** 기획과 **자신의** 인간화_{humanisation} 기획(혹은 부르주아 역사 이데올로기에 부합하는, 신의 섭리의 세속적 변종으로서의 인류화_{hominisation})에 종속시키는 조물주, [대문자] 주권자 주체_{Sujet souverain}의 역할을 여기에서 전혀 수행하지 않는다는, 그리고 절대로 수행하지 않을 것이라는 주장으로 이해하도록 하자. 이러한 **최초의** 유물론적 테제로부터, 생산관계의 **그 어떠한** 사회적 형태도 기존 생산력—기존 생산력의 중심에서 인간 노동력의 질_{qualité}[숙련성]은 이 인간이 활용하는 생산수단의 본성에 의존한다—에 의한 **결정**의 바깥에서는 존재할 수 없다는 점이 즉시 도출

103　Éditions sociales, 1분책, p. 180 이하.

된다.

하지만 이 최초의 유물론적 테제는 여전히, 마르크스가 그 즉시 보여주듯, 완전히 **추상적**이다. 이 지점에서 우리는 생산수단(생산수단의 본성과 '발전 정도')이 노동력의 질과 발전을 지배한다commandent는 점을 **확인**하게 된다. 하지만 이 최초의 유물론적 테제에서는 어떻게 그리고 왜 그러한지는 **설명되지 않는다**. 이 첫 번째 유물론적 테제가 무대 위로 등장시키는 용어들인 '인간'과 '자연'은 이러한 형태하에서 그 어떠한 현실적 존재도 취하지 않는다. 특히, 우리가 말했던 '인간'이란 강한 의미에서 **존재하지 않는다**. 바로 그렇기 때문에 이 유물론적 테제가 본질적으로 **부정적**인 것이다. 이 테제가 실정적 내용을 지니기 위해서는, 두 번째 테제를 추가해야 한다. 혹은 오히려 이 첫 번째 테제 그 자체를 '인간'이 사실은 규정된 **하나의 사회**, 역사적으로 주어진 하나의 사회적 형태라고 말함으로써 두 번째 테제로 규정해야만 한다. 또한 우리는 (그 안에서 이전 결정요소들이 실현되는 과정으로서의) **생산과정**의 사회적 구조라는 문제를 제기해야 한다. 이는 단 하나의 동일한 문제인데, 왜냐하면 하나의 사회는 '구체적'이라고 할지라도, 그리고 역사적으로 규정되었다고 할지라도, 제도들 혹은 개인들의 하나의 총합이 아니며, 그 대신 근본적으로 사회는 (그 안에서 개인들이, 이 과정 자체가 재생산하고 변형하는 주어진 사회적 관계의 효과하에서, 서로가 서로에 대해 물질적으로 작용함으로써만 자연에 작용을 가할 수 있는 과정으로서의) 노동분할의 **한 과정**이기 때문이다. 따라서 이 추상적인 첫 번째 정의 내에서 우리가 이 노동과정의 현실적 조건들의 집합에 의해서가 전혀 아니라, 그리고 아무리 이 과정이 이미 전제되어 있었다 하더라도 **과정으로서**가 전혀 아니라, 이 노동과정의 요소들(노동 대상, 노동수단, 노동력)과 이 노동과정의 **결과**를 통해서만 이 노동과정과 관계 맺었다는 점을 인지하게 된다. 이제 중요한 것은 이 과정의 사회적 형태를 정의함으로써, 이 과정의 국면들과 이 국면들의 실행의 필연적 **연쇄**를 지배하는 생산관계의 본성을 결정함으로써, 과정 그 자체를 분석하는 것이다.

따라서 우리는 노동과정 '일반'이란 존재하지 않는다는, 혹은 오히려 노동과정 '일반'이란 (물질적 변형에 적용된 인간 노동력의 지출로서) 특수한 역사적 형태들 내에서 그리고 그 아래에서만(이 특수한 역사적 형태들은 스스로 변형되며, 노동과정 '일반'은 이 형태들에 **선재**하지 않는다) 존재한다는 점을 이해하게 된다. 이는 기계론(진화주의, 경제주의 등)과 주관주의(역사주의, 상대주의 등) **모두**를 넘어설 수 있는 가능성이 작동하는 민감한 지점이다. 모든 실천은, 그리고 이 실천 중에서도 특히 사회적 노동은 이 사회적 노동의 원료와 물질적 노동수단(이 원료와 물질적 노동수단은 개인들에, 그리고 이 개인들의 활동에 선재한다)의 객관적 존재에 의해 결정된다. 하지만 이러한 결정작용은 **어떻게** 이루어지는가? **유일하게 바로** 이 개인들 자체가 규정된 하나의 사회적 관계—이편[즉 자본가]이 저편[즉 직접생산자]에 대하여par rapport aux 이 저편을 자신들에게 종속시킴으로써 생산수단과 노동력을 소유하고 활용하는(분배하는) 그러한 사회적 관계—를 실현하는 한에서 그러하다.

따라서 마르크스는 자본주의적 생산양식 내에서 ('불변'자본의 자격으로) 생산수단이, 이 생산수단이 항상-이미 **자본에 의한 노동력의 전유** 수단이 된다는 조건에서만, 즉 지출된 노동력을 흡수pomper하고 이 지출된 노동력에 추가적additionnelle '가치'의 형태를 부여하는 수단이 된다는 조건에서만, 그 자체로서 실제적으로 존재한다(생산적으로 **활용**된다, 노동력에 의해 **전유**된다)는 점을 보여준다. 그렇기 때문에 노동력은, 이 노동력 자신에게 [임금의 형태로] 양도된 생산된 가치의 일부분을 교환을 통해 (개인들에게) 소비 가능한 상품(유용성을 지닌 대상)으로 다시 한 번 새롭게 형태변화시켜 가치의 사회적 형태를 **통과함으로써**만이 과정의 끝에서 자신을 되찾고 자신을 재구성[즉 노동력을 재생산]할 수 있게 된다. 따라서, 노동력 그 자체는(물론 우리는 생산수단에 대해서도 이와 유사한 추론을 할 수 있을 것인데) 근본적 생산관계의 인과성과 유효성의 **산물**로서만 그 상대적 지속성 내에서 노동과정의 항상[-이미] 주어진 요소로 존재하게 된다. 그러므로 하나의 (자연적) 노동과정이, **그다음으로** 사후적인 방식으로 이 (자연적) 노동과정과 **중첩**되는 하나의 사회적 과정(예를 들어 착취과정)이, 이렇게 **두 가지** 과정이 존재하는 것이 아니다. 도리어 그 안에서 생산의 사회적 관계의 형태(지금까지는 이것이 착취라는 사회적 관계의 형태였다)가 노동력과 생산수단의 소유와 활용 내에서 그리고 노동력과 생산수단의 상호작용의 양식 내에서 물질적으로 실현되는 노동과정의 **내적 조건**인, 그러한 단 하나의 동일한 복잡한[복합적인] 사회적 과정이 존재하는 것이다. 바로 이러한 **내적** 조건을 '생산관계의 우위'라는 테제가 표현하는 것이며, 따라서 우리는 이 테제를 다음과 같이 발전시킬 수 있다. **생산력 내에서**(그리고 노동과정 내에서) 노동력에 대한 **생산수단의 우위**는 각각의 역사적 생산양식에 고유한 하나의 형태하에서 **생산력 그 자체에 대한 생산관계의 우위**를 반영한다. 왜냐하면, 무엇보다도 생산관계는 인간들(인격들) 사이에서 형성되는 하나의 사회적 관계가 아니라 인간들(즉 계급들)과 물질적 생산수단 사이의 하나의 관

계이기 때문이다.[104]

따라서 '생산관계의 우위'라는 변증법적 테제가 누군가는 오해할 수 있듯이 '생산력의 우위'라는 기계론적 테제의 전도 혹은 역의 형상이 **아니라는** 점이 명료하게 드러난다. 혹은 오히려, 어떠한 조건에서 이 테제가 노동자운동의 특정한 '좌익적' 전통에서 그러하듯 관념론 혹은 의지주의와 혼동될 수 없는 것인지를 이해하게 된다. 즉, 이 조건이란 생산관계의 우위가 '인간'의 우위, '인간이라는 요인'의 우위 그리고 특히 **생산수단**(및 그 사회적 분배)**에 대한 노동력의** 우위(이는 터무니 없는 생각이다)와 혼동되어 동일시되지는 않는다는 조건이다. 만일 이러한 동일시를 행한다면 우리는 기계론에 대한 비판이라는 미명하에 이 기계론이 기거하고 있는 혼란 그 자체로 되돌아가 버리게 된다. 또한 이 조건이란 역사적으로 발전된 생산관계의 집합 ensemble이 올바르게 분석된다는 조건에서, 즉 근본적인 **정관사**(le) 생산관계(여기에선 자본과 임노동 사이의 관계)를 (이 근본적인 **정관사** 생산관계로부터 유래하는) '이차적' 생산관계들(자본 운동, 자본 간 관계)과 혼동하지 않는다는 조건이다. 만일 이를 혼동한다면 우리는 주관주의뿐만 아니라 경제주의의 또 다른 변종 속으로도 굴러 떨어지고 말 것이다.

마르크스는 『자본』 전체에 걸쳐 이러한 변증법적 테제를 언표했고 증명했을 뿐만 아니라, 이 마르크스의 뒤를 이어 레닌은 이 변증법적 테제에 대한 매우 명료한 예증들을 제시했으며 결국 이 테제를 자본주의의 역사에 관한 더욱 완벽한 하나의 이론 위에 정초했다.

---

104 알튀세르가 *Lire Le Capital*('자본'을 읽자), 2판, Maspero, 1968, 2분책, p. 39 이하에서 다시 한 번 지적했듯이 말이다.

『러시아에서의 자본주의 발전』에서 레닌은 다음과 같이 말했다.

"소비에 조응하는 확장 없는 이러한 생산의 확장은 자본주의의 역사적 역할과 이 자본주의의 특수한 사회적 구조에 정확히 조응한다. 자본주의의 역사적 역할은 사회의 생산력을 발전시키는 것이며, 자본주의의 특수한 사회적 구조는 다수masse 인구를 이러한 기술적 발전의 활용으로부터 배제한다."

우리는 레닌을, 자본주의의 좋은 점과 나쁜 점을 **이쪽 측면과 저쪽 측면으로** 서로 나누는 프루동의 일종으로 만들어버려야만 할까? 그것이 아니라면, 변증법에 대해(절충주의는 이 변증법에 대한 희화화[왜곡]다) 레닌 스스로가 우리에게 가르쳐주는 바를 따라, 이 두 측면 사이의 **모순** 그 자체가 이 두 측면 간의 분리 불가능한 **통일체**라는 점을 인정해야만 할까? 어떻게 자본주의의 **역사적 역할**이 이 자본주의의 특수한 **사회**구조 **바깥**에서 사고될 수 있는지를 과연 도대체 누가 유물론적인 방식으로 설명할 수 있을까?

하지만 아마도 이러한 정식화는 여전히 추상적일 것이다. 이는 그 당시 레닌이 여전히 자본주의의 연속적인 역사적 국면들에 대한 이론을, 특히 **제국주의**에 대한 이론을 발전시키지 않았기 때문이다. 하지만 이후 제국주의에 대한 분석에 할애했던 저서에서 레닌은 다음과 같이 주장했다.

"독점체, 과두제, 자유에 대한 경향을 대신하는 지배에 대한 경향, 극도로 부유하거나 강력한 한 줌의 국민국가들에 의한 (점점 그 수가 꾸준히 늘어나는) 작거나 허약한 국민국가들에 대한 착취. 이 모든 것은 제국주의를 기생적 자본주의 혹은 부패한 자본주의로 규정할 수 있게 만드는 제국주의의 변별적 특징들을 야기했다. (…) 하지

만 이러한 부패로의 경향이 자본주의의 빠른 성장을 배제한다고 생
각하는 것은 오류일 것이다. 전혀 그렇지 않다. 이러저러한 산업 부문
들, 이러저러한 부르주아지 계층들, 이러저러한 국가들은 제국주의의
시기에 다소간 거대한 위력을 지니고서 때로는 이 경향들 중 하나를,
때로는 이 경향들 중 다른 하나를 나타낸다. 전체적으로, 자본주의는
이전보다 무한히 더욱 빠른 속도로 발전한다. 하지만 일반적으로 이
발전은 더욱 불균등해진다."[105]

　　이전과는 달리 이 텍스트에는 그 어떠한 모호함도 존재하지 않
는다. 제국주의의 시기에 생산력의 빠른 발전은 바로 제국주의가 자
본주의적 생산관계에 부여하는 새로운 형태들하에서의 자본주의적
생산관계의 발전의 효과다. 우리는 자본주의가 이전의 생산양식들과
는 비교도 할 수 없을 정도로 생산력을 발전시키는 것과 마찬가지로,
제국주의가 자본주의의 이전의 모든 역사적 국면들과는 비교도 할
수 없을 정도로 생산력을 발전시킨다고(우리는 그 효과를 매일매일 관
찰할 수 있다) 말할 수 있다. 아마도 이러한 생산력 발전은 점점 더 **모
순적**이고 점점 더 **불균등한** 것이 될 것이다. 이는 생산력 발전 **내에서
의** 생산관계의 우위를 반영하는 것이다. 그렇지만 (생산력 발전이 생산
관계의 결정으로부터 **벗어나지는 않으면서도**) 생산력 발전이 생산관계 일
반이라는 장애물에 의해 점점 더 느려지고 제약되는 것은 아니다. 레
닌이 제국주의를 특징짓는 '생산의 사회화'를 분석할 때, 그는 이 '생
산의 사회화'가 다름 아닌 바로… 은행 발전의 효과라는 점을 보여준
다! 나는 감히 다음과 같이 제안하고 싶다. 오늘날의 '과학-기술 혁

105　Lénine, *Œuvres complètes*, 22권, pp. 323~324.

명' 앞에서 감탄하여(자본주의가 존재했던 이래로 거의 삼십여 년마다 그러했던 것처럼) 이 '과학-기술 혁명'에서 장기적으로 혹은 심지어 단기적으로도 제국주의 및 독점자본주의와는 **양립 불가능한** 하나의 현상을 발견하는 우리들 중 몇몇은, 만일 이들이 이 고전적 텍스트들을 다시 읽어본다면, 자신들의 사고를 더욱더 멀리 진전시킬 수 있을 것이다.

따라서 우리는 다음과 같은 마지막 지점을 원리적으로 해명할 수 있게 된다. 마르크스와 레닌의 구체적 분석들은 생산양식의 변형의 '동력'이 무엇인지를 명료하게 보여준다. 1847~1848년의 **경제위기**를 사고할 수 있게 해주었던 정식화를 우선 다시 취함으로써, 마르크스는 『정치경제학 비판을 위하여: 1분책』의 그 유명한 1859년 서문에서 "생산력의 발전과 **생산관계의 본성 사이의 모순**"에 대해 언급했다. 하지만 이어지는 설명이 충분히 증명하듯 이는 이중적으로 부정확한 해석을 제시한다는 문제점을 지니고 있다. 한편으로, 계급투쟁 외부에 존재하는, 그렇기 때문에 설명 불가능한 생산력의 자율적 운동이라는 해석. 다른 한편으로, '혁명'이 개입하지 않는 한에서는 계속 불변의 것으로 남아 있는, 생산관계의 고정성fixité이라는 해석. 특히 『자본』과 『제국주의, 자본주의의 최고 단계』라는 두 저서를 활용해 이러한 정식화를 정정하는 것이 옳다. 『자본』과 『제국주의, 자본주의의 최고 단계』가 분석하는 것은 생산력의 모순적 발전, (이 생산력 발전 내에서 역사적으로 실현되는 생산과 착취의 근본적 관계의 효과하에서) **생산력 발전 내에서의 모순**, 따라서 [각각의] 특수한spécifiques 계급투쟁과 사실상 분리 불가능한 모순이다. 이미 널리 알려진 정식화를 다시 취하자면, 역사적으로 '조응'시켜야 하는 것은 물레방아와 봉건

영주, 증기기관과 자본가, **심지어** 전자계산기와 사회주의 혹은 공산주의는 더더욱 아니며, 바로 한편으로는 자본주의적 대공업 내에서의 기계화와 **노동분할**, 다른 한편으로는 갑작스럽게라고는 아니라 해도 불가피하게 이 자본주의가 그 조건을 생산하는 프롤레타리아 혁명 간의 **모순들**이다.

따라서 우리는 여기에서 우리의 출발점, 즉 생산관계의 운동에 대한 일반 개념으로서의 계급투쟁이라는 우리의 출발점으로 되돌아오게 된다. 이제 우리는 이 생산관계의 운동 혹은 계급투쟁의 구조를 추상적으로 규정할 수 있게 된다.

프롤레타리아와 부르주아지는 그들 사이의 적대를 통해 구성되며, 이 적대는 잠재적 혹은 표면적 형태로 사회를 항구적으로 분할한다. 이 적대의 토대 위에서, 지배적 생산양식에 특징적인 **생산관계**는 자본, 다시 말해 잉여가치의 착출이다. 생산관계의 **역사**, 그러니까 착취의 형태들과 이 착취의 재생산 조건들의 역사가 계급구조를 지배한다.

하지만 우리가 이미 지적했듯, 만일 프롤레타리아와 부르주아지가 자신들이 자본과 맺는 관계에 의해 (이 관계의 발전의 효과로서) 서로가 서로에 대해 정의되는 것이라면, 이 관계는 직접적으로 비대칭적일 것이다. 우리는 심지어 다음과 같이 주장할 수도 있다. 프롤레타리아와 부르주아지는 그 용어의 동일한 의미에서 '계급들', 하나의 동일한 일반 유형의 특수한 두 경우들이 아니다. **계급 일반**이란 존재하지 않으며, 착취의, 그러니까 사회의 계급들로의 분할—이러한 분할은 각각의 경우마다 모두 독특하다—의 하나의 일반적 문제설정만이 존재한다.[106] 그 어떠한 경험적 혹은 형식주의적 사회학으로도 환원 불가능한 마르크스주의적 계급 개념의 과학적 특징은 정확히 바로 이러한 비대칭성에서 나타난다. 이때부터 계급 개념은 분류classements와 분류화classifications라는 추상으로부터 벗어나게 되며, 이 계급 개념은 착취로부터 유래하면서 이 착취를 발전시키는 모순에 대한 역사적 분석 속에 투여될 수 있다.

이러한 비대칭성의 원리를 다음과 같이 요약해보도록 하자.

프롤레타리아는 생산의 영역 내에서 **그리고** (노동과정에 직접적으로 통합된) 노동력의 재생산과정 내에서 **동시에** 구성된다. 가치의 '실체'(자본은 축적된 가치에 불과하다)는 사회 전체의 생존[재생산]을 가능케 하는 **프롤레타리아**의 노동시간이다. 따라서 프롤레타리아에 관한 역사적 이론을 형성하기 위해, 우리는 다음과 같은 사실에 준거해야만 한다. 프롤레타리아가 개별 **자본들과 맺는**(그리고 이 개별 자본들의 부르주아 '대표자들'과 맺는) 관계는 이 개별 자본들(그리고 그 부르주아 '대표자들')이 사회적 **자본** 전체와 맺는 관계의 표현과 수단에 지나지 않는다.[107]

---

106 예를 들어, 『루이 보나파르트의 브뤼메르 18일』이래로 마르크스가 **농민계층**을 농민계층으로 구성하는 것이 이 농민계층의 구성과정을 프롤레타리아의 구성과정(즉 서로 경쟁하는 개인 생산자들의 이동dispersion이라는 과정)과 **대립**시키는 것이기도 하다는 점을 보여주었음에도, 여전히 프롤레타리아라는 **모델 위에서 농민계층**을 계급으로 정의하려는 이들 사이의 논쟁들은 얼마나 부질없는가! 하지만 이와 마찬가지로 프롤레타리아를 다루는 이론가들이 이와 대칭적인 도식, 즉 ('200가지 가족'으로 환원된) 현재의 부르주아지(혹은 대부르주아지)가 쇠퇴하고 소멸하고 있다는 도식으로부터 벗어나는 것은 얼마나 어려운가! 이는 부르주아지의 이해관계에만 너무나도 많은 도움을 줄 뿐인 그러한 허상인데, 왜냐하면 부르주아지는 절대로 자기 자신을 **계급으로** 보이도록 노력하지 않기 때문이다. ('200가지 가족'이란 프랑스에서 내려오던 오래된 통념인데, 200가지 가족 또는 가문이라는 한 줌의 지배자들이 프랑스라는 국가의 특히 경제적 측면에서의 운명을 결정한다는 일종의 음모론을 지시하는 표현이다. ─옮긴이)

107 *Le Capital*, 1권 7편 23장과 24장을 보라. 모든 모호성을 제거하기 위해, '개별 자본'이 유일한 **한 명의 개인**의 소유물로서의 자본을 지시하는 것이 아니라 (그 어떠한 분파이든 상관없이) 독립적으

반면 부르주아지는 유통 영역으로부터 구성되는데, 이 부르주아지의 입장에서 **생산은 유통의 한 계기에 불과하다.** 자본가는 자본가 자신이 유통하게 만드는 자본들의 대표자로서 생산의 조직자가 된다(그리고 자신의 하위 조직자들을 모집한다). 따라서 ('본원적 축적'이라는 조건에서의 부르주아지의 전前자본주의적 **기원들**에 대한 이론이 아니라 무엇보다도 부르주지의 변형과 이 부르주아지의 지배의 형태들에 대한 이론인) 계급으로서의 부르주아지에 관한 역사적 이론을 만들기 위해서는, 우리에게 다음의 두 가지가 필요하다.

　　— 한편으로, 각 시기 고유한 조건 내에서의 잉여가치 생산과 이 생산에서 프롤레타리아가 행하는 역할을 **이미** 분석했어야 한다.
　　— 다른 한편으로, (자본가들을 포함한) 부르주아지 계급 전체가 사회적 **자본과** 맺는 관계가, 이 부르주아지 계급 전체가 **개별 자본들을 비롯하여** 이 개별 자본들의 재생산의 '전개된' 형태(마르크스)와 맺는 관계 내에서만 실현된다는 사실에 준거해야만 한다.

　　바로 그렇기 때문에 계급으로서의 부르주아지에 대한 이론은 **부르주아지 그 자체의 관점으로부터는** 절대로 성립 불가능한 것이다. 계급으로서의 부르주아지에 대한 이론은 프롤레타리아의 관점에서만 존재 가능하다.

로 유통되고 있는 자본의 자율적 **분파** 모두를(하나의 분파가 홀로 상당히 큰 규모를 지닐 수도 있다) 지시하는 것이라는 점을 상기하자. 정확히 바로 이러한 독립적 유통을 보증하기 위해 사회적 자본의 각 분파는 한정된 소유권에 속해야만 한다. 하지만 이러한 관점에서 보자면 '공적 자본'은 '개별적'일 뿐만 아니라 또한 '사적'이기도 한 '자본'이다. 이러한 소유권은 항상 자본의 **화폐형태**로부터 정의된다.

프롤레타리아의 관점에서 자본주의적인 사회적 관계(와 생산관계 전체ensemble)를 연구한다는 것은 개별 자본의 운동에 대한 분석을 (착취의 구체적 형태들이 전개되는 각 생산과정 내에서, 그리고 그다음으로는 생산조건의 재생산의 총과정 내에서 반영되는 것으로서의) **자본** 일반의 운동에 대한 분석에 **종속**시키는 것이다. 따라서 이는 **이윤**에 대한 분석을 **잉여가치**에 대한 분석에 **종속**시키는 것이다.[108] 이는 이윤에 대한 추구와 개별 자본들 간 경쟁이, 심지어 세계시장에서 서로 대립하는 거대 독점 기업들의 차원에서라고 할지라도, 최종적인 수준에서는 착취의 역사적 전개의 동력이 아니라는 점을 인정하는 것이다. 이윤에 대한 추구와 개별 자본들 간 경쟁은 마르크스가 지적하듯 "자본주의적 생산의 내재적 경향들이 개별 자본들의 운동 내에서 반영되는, 경쟁의 강제적 법칙들로서 인정되는, 그리고 이를 통해 자본가들에게 그들의 운동opérations의 동기로 부과되는" 방식일 뿐이다.[109] 이는 '외적' 법칙이라는 점에서 불가피한 법칙들이면서도 이 법칙들 고유의 수준에서는 설명 불가능한 법칙들이다. 새로운 착출을 위한 잉여가치의 착출과 그 축적이 바로 이윤추구를 지배commandent하는 것이다. 바로 착취의 역사적 조건이 형태를, 그 속에서 이윤이 실현되는 형태를 규정하는 것이다. 이 착취의 역사적 조건은 자본주의 역사의 연속적 국면들에 따라 변형된다.

---

108 그러므로 이는 개별 자본들의 **총합**(somme)에 대한 표상을, 그러니까 자본주의적 집적이 '국민회계'의 테크닉들을 탄생시켰던 이래로 정치경제학이 개진해왔던 분석과 같은 유형의 '거시-경제적' 분석을 원리화하는 것의 문제일 수는 없다. 개별 자본들의 총합은 **과정**으로서의 사회적 자본이 아니라 그저 하나의 총합일 뿐이다. 이윤의 총합이 잉여가치가 아닌 것과 마찬가지로, 일반이윤율은 잉여가치율이 아니다. 마르크스는 『자본』 3권에서 이 점을 보여준다.

109 *Le Capital*, 1권 4편 12장.

자본의 운동에 대한 '과학'으로서의(그러니까 **자본의 생산물**로서의 화폐와 상품의 운동에 대한 '과학'으로서의, 그리고 생산 내에서 다소간 장기적으로 '고정된' 개별 자본 분파들의 차이적differentiel 운동에 대한 '과학'으로서의[110]) **정치경제학**은 원리상 **부르주아지의** (이론적) **관점**을 실현한다. 부르주아지의 관점에서 잉여가치의 운동은 잉여가치의 이윤으로의 변형(그리고 이 변형운동의 메커니즘은 항상-이미 이윤 변동의 요인으로서의 생산 요인들에 대한 회계적 표상에 의해 은폐된다)이 항상-이미 실현되는 조건 내에서 간접적으로만 반영될 수 있을 뿐이다. 이러한 의미에서 정치경제학은 자기 고유의 이론적 역사를 갖지 않는다. 정치경제학은 이윤 변형의 효과와 이 효과의 표상의 역사—특히 자본주의적 회계를 개별 자본이 재생산되는 새로운 역사적 차원으로 변형하는 것adaptation 자체가 제기하는 기술적techniques이고 이론적인 문제들의 역사—만을 가진다.

오직 잉여가치에 대한 올바른 정의와 사회계급에 대한 개념화, 이 개념화의 역사에 직접적으로 결부된 자본주의적 생산의 양식 내 개념화의 초석 위에서만 역사유물론은 발전할 수 있을 것이며, 또한 우리에게 현재의 사회구성체들에 대한 분석 수단을 제공해줄 수 있을 것이다.

---

[110] 고전파 경제학의 토대인 '고정자본'과 '유동자본' 사이의 구분에 대한 마르크스의 『자본』 2권에서의 비판적 분석을 참조하라. 동시대 경제학자들은 이러한 구분의 문제설정은 보존하면서도 이 구분을 정교화했다. J. Mairesse, *L'Evaluation du capital fixe productif, méthodes et résultats*(생산적 고정자본에 대한 평가: 방법과 결과), Collections de l'INSEE, Paris, 1972를 보라.

프롤레타리아와 부르주아지를 각각의 역사적 정세의 중심에서 대립시키는 투쟁 속에서, 그 둘은 동일한 출발 '토대'를, 동일한 '준거 토대'를 지녔던 적이 없다. 이것은 그 원리에서 (투쟁 그 자체가 변형하는) 계급들 간의 불균등한 발전과 이 계급들의 세력관계의 불균등성이라는 이중적 의미에서 계급투쟁에 특징적인 **불균등성**—오늘날에는 마오가 이러한 불균등성을 이론화하고 있다—을 우리로 하여금 이해할 수 있도록 해준다. 프롤레타리아와 부르주아지의 계급투쟁은 두 개의 '적수들'을, 다시 말해 두 개의 세력체계들—하지만 분명 이둘은 (노동리듬 혹은 탈숙련화에 대항하는, 그리고 실질임금의 하락이나 해고 등에 맞서는 투쟁 같은 요구적 성격의 파업이라는 특수한 쟁점에서부터 시작해 모든 것을 결정하는 상위의 쟁점, 즉 정치권력이라는 쟁점에 이르기까지) 하나의 동일한 쟁점을 갖고 서로 맞선다—을 대립시킨다. 하지만 이 두 개의 적수들은, 은유적으로 말하자면, 서로를 마주보고 있는 것이 아니며 전혀 대립한 적도 없다. 왜냐하면 이 두 적수들의 목표와 무기는 동일한 조건에도 동일한 '논리'에도 속하지 않기 때문이다. 여기에서 이 적수들은, 각자가 유사한 창과 방패를 갖추고서 각자가 다른 이에 대해 독립적인, 결투duel에서의 두 참가자—이 두 참가자 사이의 차이는 단지 그들의 불균등한 힘과 이 힘관계[세력관계]의 변화(역사가 진행되는 동안 약한 이는 강해지며, 강한 이는 약해지는 변화)에 불과할 것이다—같은 것이 아니다.[111]

---

111 혹은 **창과 방패** 사이의 결투. 이 **창과 방패** 사이의 대결은 표면적으로만, 즉 피상적으로만 비대칭적이다. 왜냐하면 하나는 다른 하나의 전도된 이미지이며, 방어 무기와 공격 무기는 서로가 서로에

복수의 계급들은 부동의 **개인들**과 같이 서로가 서로에 맞서 있는 것이 아니다. 각각의 계급은 투쟁 속에서 스스로를 변형한다. 역사적으로 이러한 변형은 (각각의 국민적 정세에 고유한 변형태들과 함께) 특권화된 하나의 형상을 취해왔다. 프롤레타리아를 **통합하는 것**, 이는 부르주아지를 **분열시키는 것**이다(정확히 바로 이것이 몇몇 공산당들이 1920년대에, 즉 '계급에 대항하는 계급'이라는 전략의 시기에 오해했던 지점이다).

바로 그렇기 때문에 또한, **군사 기술**의 이론적 교훈을 받아들이는 것이 마르크스주의에 어떠한 유용성을 지니든 간에, 계급투쟁에 대한 마르크스주의 이론이 근본적으로 고전적인 군사 전략, 군사 전술과는 구분되는 것이다. 이 고전적인 군사 전략과 전술은 (봉건 전쟁과 관련해, 그리고 특히 부르주아 전쟁과 관련해) 조직화의 정도를 논의에서 제외한다면(심지어 하나의 정복적 국민국가를 인민적 국민저항과 대립시키는 전쟁의 극단적 형태하에서도—비록 이 상황이 이미 또 하나의 다른 투쟁 유형의 **요소들**을, 그러니까 생산자와 착취자 사이에서 벌어지는 적대적 **계급들** 간의 투쟁이라는 또 하나의 다른 투쟁 유형의 **요소들**을 이미 포함하고 있다고 하더라도), 유사한 적수들 사이의 대립만을 사고해야만 하게끔 만들었다. 전략을 지배하는 것은 계급투쟁이지 그 역

대해 **정확히 대응되기** 때문이다. 얼마 전부터 우리 파리의 지식인들이 드디어 중국어를 발견했다. 브라보! 우리의 파리 지식인들은 중국어에서 '모순(矛盾)'을 의미하는 단어가 '창(矛)'과 '방패(盾)'라는 두 글자 사이의 결합이라는 점을 알아냈고, 이 지식인들은 중국 언어와 전통에서 변증법이 태생적으로 존재하고 있다는 점에 놀라워했다. 그 어떠한 오만함 없이, 우리는 이 지식인들에게 어원학적 놀이는 그만두고 마르크스와 레닌의 모순에 대한 개념화를 발전시키는 마오의 개념화가 어떻게 모순에 대한 이러한 관념론적 이미지와 **스스로를 단절하며** 이 관념론적 이미지를 하나의 유물론적 개념으로 대체하는지를 확인하기 위해 마오를 조금이라도 읽어보라고 권해줄 수 있을 것이다.

이 아니다. 부르주아지와 프롤레타리아 사이의 계급투쟁의 **역사**는 세력관계의 변화^{évolution}일 뿐만 아니라, 투쟁 장소 그 자체의 **위치변경**^{déplacement}, (생산 내에서의 '피지배' 계급의 자리로부터 출발하는) '지배적' 계급의 (경제적이고 정치적인, 그러니까 이데올로기적인) 지형으로부터 '피지배' 계급의 지형으로의 **위치변경**이기도 하다. 프롤레타리아는 국가권력이라는 형태 내에 스스로를 위치 짓고 이 국가권력을 신성화^{consacrer}하기 위해서가 아니라 이 정치권력을 폐지하기 위해 (**정치적 투쟁**이라는, 계급투쟁의 이러한 상위 형태 내에서) 국가권력을 자신의 목표로 삼는다.

부록: 레닌, 공산주의자 그리고 이주

《뤼마니테》 편집장님께[112]

친애하는 편집장 동지여,

《뤼마니테》의 모든 독자들과 마찬가지로, 최근 저는 장 브뤼아 Jean Bruhat의 「이주 노동자에 관하여」[113]라는 역사적 연대기를 읽었습니다. 이 역사적 연대기는 그 현재성으로 인해 모든 공산주의자들의 관심을 촉구했던 하나의 질문에 대한 집단적 성찰을 수행하도록 우리를 이끌지요. 바로 그렇기 때문에 저는 이 동일한 주제에 대해 몇 가지 언급을 하고자 당신에게 우리 신문[즉《뤼마니테》]의 한 지면을 저에게 할애해주시기를 요청하는 바입니다.

하지만 그전에, 장 브뤼아의 연대기의 높은 수준과 그 정치적 의

---

112 《뤼마니테》, 즉 *L'Humanité*는 프랑스 공산당의 공식 일간지다. 참고로 이 글의 영어 번역본이 2019년 《뷰포인트 매거진》(*Viewpoint Magazine*)에 Lenin, communists, and immigration이라는 제목으로 온라인으로 출간되었다. 이 글은 웹상에서 무료로 검색 가능하다. ─옮긴이

113 Sur les travailleurs immigrés, 1973년 5월 15일자 《뤼마니테》에 실림.

미에 대해 (우리 모두가 저와 마찬가지로 그러할 것이라고 확신하는데) 경의를 표하고자 합니다. 투쟁의 관점에서 노동자운동의 과거를 인식하면서, 하지만 동시에 노동자운동에 대한 모든 변호론은 지양하면서, 장 브뤄아의 연대기는 우리에게 현재에 대한 인식 전체를 위해 필요 불가결한 정보들을 제공하며, 또한 우리에게 노동자운동의 역사가 취하는 현재적 경향들에 대한 마르크스주의적이고 레닌주의적인 비판적 분석의 길을 보여주고, 이를 통해 우리의 항구적인 정치적 교육에 탁월한 방식으로 기여합니다.

저는 다시 이주노동자의 문제로 돌아오고자 합니다. 장 브뤄아는 국제 노동자운동의 구성과 동시대적인 산업자본주의 역사의 **최초 기간**의 사실들에 대한 검토에 의도적으로 자신의 논의를 한정합니다. 그렇다면 이 이후에 이 문제는 어떠한 새로운 형태들로 전개되었을까요? 장 브뤄아가 인용한 텍스트들에 우리는 다른 텍스트들을, 특히 레닌의 텍스트를 추가할 수 있을 것입니다.

레닌과 이주

1913년 10월, 레닌은 '자본주의와 노동자들의 이주'에 관한 거의 알려지지 않은 하나의 글을 공개합니다.[114] 이 텍스트에서 레닌은 다음과 같이 주장합니다. 자본주의는 "특수한 한 종류의 인민 이주 transmigration des peuples를 창조했다. 산업이 빠른 속도로 발전하는 국가

---

114 *Za Pravdou*에 실림. Lénine, *Œuvres complètes*, 19권, pp. 488~491을 참조하라.

들은 더 많은 기계를 활용하고 저발전된 국가들을 세계시장으로부터 축출하며, 자신들의 국가에서 평균 이상으로 임금을 높여 저발전된 국가들의 임금 노동자들을 끌어당긴다. 이로 인해 수십만 명의 노동자들이 수백, 수천 노리verstes[115] 떨어진 곳으로 이주하게 된다. 선진 자본주의는 이 이주한 노동자들을 자신의 소용돌이 속으로 강제 진입하게 만들며, 이들을 저발전된 자신들의 나라로부터 떨어져 나오도록 만들고, 이들을 세계적인 역사적 운동에 참여하도록 만들어 이들을 산업자본가들이 형성하고 있는 강력히 단결된 국제적 차원의 계급에 맞서도록 만든다".

이러한 주장은 레닌으로 하여금 즉시 다음과 같이 언급하도록 만듭니다. "극도의 비참[빈곤]만이 사람들로 하여금 그들의 나라를 떠나도록 강제한다는 것은, 또한 자본가들이 이주해온 노동자들을 가장 파렴치한 방식으로 착취한다는 것은 의심의 여지 없는 사실이다. 하지만 반동적인 이들만이 인민의 이러한 근대적 이주가 취하는 **점진적**[강조는 레닌—발리바르] 의미 앞에서 눈을 감을 수 있다. 자본주의의 지속적인 발전 없이, 자본주의라는 지형 위에서의 계급투쟁 없이, 자본의 굴레로부터의 해방이란 존재하지 않으며 존재할 수 없다. 그런데 정확히 바로 이 투쟁에 자본주의는 세계 **전역**의 노동laborieuses 대중을 끌어들이는 것이다. 자신의 조국이라는 존재의 쉬어빠진 일상을 깨부수면서, 국민적 경계와 편견을 파괴하면서, 미국과 독일 등의 가장 거대한 공장과 광산에 모든 국가의 노동자들을 집결시킴으로써."

---

115 '노리'(露里)는 러시아의 옛 거리 단위로 1노리는 1,068m이다.—옮긴이

그다음 레닌은 자본주의의 불균등한 발전을 통해 구성된 이주의 **경제적** 기반에 대해 검토합니다. 미국과 독일로의 노동자 이주에 관한 통계자료들을 인용하면서, 레닌은 노동자들의 점진적 이주가 끊임없이 증가하지만, 반면 **이 점진적 이주의 구조가 1880~1890년대부터 변화하기 시작했다**는 점을 보여줍니다. 이전 시기에는 본질적으로 유럽으로부터의 이주라는 것이 자본주의가 가장 빠른 속도로 발전했던 영국이나 독일 같은 '문명화된 노쇠한 국가들'로부터 행해졌던 것과는 대조적으로 말이죠. 이제 미국과 다른 '선진' 자본주의 국가들에 숙련도가 점점 더 떨어지는 노동자들을 공급하는 국가들은 (동유럽부터 시작해) 바로 '저발전된' 국가들입니다. 이러한 조건하에서, 한편으로 "노쇠한 세계의 가장 저발전된 국가들, 자신들의 생활체계 전체 내에 농노제의 흔적을 가장 많이 남겨놓고 있는 이 국가들은 말하자면 문명화 학교[즉 자본주의―발리바르]에 강제로 입학하게 되"며, 다른 한편으로는 동시에 이 과정은 이미 가장 저발전된, 노동력main-d'œuvre의 대량 공급자로 변형된 국가들의 **'저발전성'**을 **가속화**하기도 합니다.

　　하지만 경제계획에서 정치계획으로 논의의 지반을 옮기면서, 레닌은 만일 러시아 노동자들이 이러한 의미에서 가장 지체되어 있다면, 반면 이 그들은 부르주아지의 인종주의적 분할 시도들에 대항하는 투쟁에서 [다른 국가의 노동자들보다] **앞서 있다**는 점을 지적합니다. "러시아의 노동자들은, 인구의 나머지와 비교해, 이러한 지체와 야만으로부터 벗어나고자 가장 많이 노력하는 (…) 그리고 해방을 목표로 하는 세계적 차원의 유일한 세력을 형성하기 위해 모든 국가의 노동자들과 가장 긴밀하게 연합하는 요소다."

이주와 제국주의

이주가 직접적으로 제기하는 이중의 문제를 명확히 밝히기 위해 레닌의 글을 꽤 길게 인용했습니다. 이 이중의 문제란 바로 이주의 경제적 원인과 자본주의의 역사 내에서의 그 **변형**이라는 문제, 그리고 프롤레타리아 투쟁에 미치는 그 **정치적** 효과들이라는 문제입니다.

이 이중의 문제가 지니는 극도의 중요성을 확실히 이해하기 위해서는, 『제국주의, 자본주의의 최고 단계』를 다시 읽어보는 것만으로도 충분합니다.[116] 이 저서에서 레닌은 "자본주의의 기생성과 부패"의 단계인 제국주의가 지니는 **근본적** 측면으로서의 노동자 이주émigration 의 **경향의 전도**를, 그리고 동시에 생산력 발전의 모순들과 제국주의 국가들의 계급 구조의 ('노동자 귀족제'와 [직접]생산자 수의 상대적 하락으로 특징지어지는) 변형을 훨씬 더 폭넓게 분석합니다. 이 특징들은 서로 유기적인 방식으로 결합되어 있으며, 또한 레닌으로 하여금 (**부정적** 결과들─"노동자들을 분할하고 이들 사이에 기회주의를 강화하며 노동자운동의 일시적 해체를 야기하고자 하는 제국주의의 경향"─을 포함해) 그 **정치적** 결과들을 새롭게 강조하도록 이끕니다.

레닌의 분석은 그의 분석이 이론적이고 실천적인 일련의 문제들을 확정적으로 해결하지는 않지만 이 일련의 문제들을 열어젖힌다는 점에서 그만큼 현재성을 띠고 있습니다. 레닌의 분석은 우리로 하여금 **제국주의** 이론으로부터 이주를, 이주해온 노동자들의 삶과 노동의 조건을 사고하도록 강제합니다. 레닌의 관점에서, 이 **제국주의** 이

---

116 Lénine, *Œuvres complètes*, 22권, p. 305.

론 바깥에서는 이주의 현재 형태들이 인식 불가능한 것으로 남아 있을 것입니다. 이주의 원인과 결과에 대한 구체적 인식은 역으로 제국주의, 즉 자본주의의 현재 단계에 대한 인식을 위한 핵심 원리가 되어줍니다.

마르크스를 인용하면서 장 브뤼아는 산업자본주의의 시작점에서부터 노동자들 사이의 **경쟁**이 지니는 중요성을 보여줍니다. 그런데 이러한 경쟁은 일시적이거나 부차적인 하나의 현상이 아니며, 산업 노동자 집단, 즉 자신의 노동력에 대한 '자유로운' 판매자 집단을 (점점 더 집적을 이루어내는) 생산수단의 소유자로서의 자본에 대립시키는 자본주의적 **생산관계의 기초** 그 자체입니다. 이러한 경쟁은 노동력의 착취 양식으로서의 임금제의 **기초**이며, 새로운 생산관계, 공산주의적 생산관계의 혁명적인 발전에 따라서만 임금제와 함께 소멸할 수 있을 것입니다.

이러한 경쟁의 **형태들**이 역사적으로 변형된다는 것은 사실입니다. 하지만 이러한 변형은 가장 낮은 '국민 임금률'을 보이는 주변부 국가들의 주기적인 단순 고용 실천들을, 이 노동자 대중 옆에 다른 노동자 대중을 배치하고 동시에 **이 노동자 대중에 대립해 다른 노동자 대중을** 배치함으로써, 서로 다른 불균등한 '숙련도'를 지니는 거대한 노동자 대중이 구성하는 진정으로 국제적인 노동시장에서의 더욱 복잡한 '조직화'로 대체할 뿐입니다.[117] 이러한 변형은 자본주의적 생산관계의 발전 그 자체와 다른 것이 전혀 아닙니다.

[117] *Le Capital*, 1권 7편 22장을 참조하라.

또한 노동자 계급투쟁과 그 조직화의 발전이 경쟁의 효과들에 반작용하는 경향을 지닌다는 점, 그리고 자본(부르주아지는 이 자본의 도구일 뿐이죠)으로 하여금 노동자의 고용과 선택, 활용의 새로운 방법들을, 노동력의 새로운 원천들을 끊임없이 찾도록 강제한다는 점은 사실입니다. 정확히 이는 자본주의적 생산관계의 발전이 일상적이며 중단 없는ininterrompue **계급투쟁**으로부터 비롯되기 때문입니다.

이주와 기술혁명

하지만 여기에서 우리는 한걸음 더 나아가야 합니다. 장 브뤼아가 지적하듯, **임금**을 둘러싼 투쟁(한편에서는 임금을 줄이려는 투쟁, 다른 한편에서는 자신들의 임금을 지키려는 투쟁)은 원초적 소여[처음부터 이미 주어진 바]입니다. 하지만 이것이 다는 아닙니다. 왜냐하면 자본주의적 착취의 전개는 임금에 대한 압박, 노동일의 연장 **그리고** (노동생산성과 **노동강도**intensité 모두를 높이는) 생산양식 그 자체의 (기술적) 변형을 긴밀히 결합하기 때문입니다. 이를 통해 우리는 오늘날 매우 시의적인, 자본주의의 끊임없는 '산업혁명'의 효과들 전체와 관련된 문제들을 건드리게 됩니다. 특히 기계화된, 전자화된 대공업의 O. S. 노동['파편화된 노동자의 노동']의 문제를요.

이것이 바로 중요한 지점입니다. 절충주의적인 방식으로, 기계화와 세분화, 그리고 노동의 강도 증가intensification에 연결된 착취의 현재적 측면들과 노동자들 사이의 국제적 경쟁과 이주에 연결된 현재적 측면들을 **개별적으로** 분석해서는 안 됩니다. 이 측면들은 서로가 서

로를 조건 짓기 때문입니다. 따라서 최근의 수많은 투쟁들이 증거하
듯, 여기에서 우리는 과잉결정된 **동일한** 한 과정의 복수적 측면들을
인지해야만 합니다. 거대 제국주의 국가들 대부분에서 이주노동자들
의 비율이 (노동력이 이 노동력을 끔찍한 속도로 **마모**시키고 이 노동력의
가속화된 재생을 요구하는 강도 높은 착취에 종속된 영역들인) 공장 조립
라인과 건설 작업장, 그리고 공공 사업장에서 최대치에 이른 것은 전
혀 우연이 아닙니다. 자신의 탁월한 조사연구에서, 자크 프레몽티에
[118]는 '숙련화된' 노동자들과 파편화된 노동자들(O. S.) 사이의 분할(실
질적인 직업적 숙련성의 차원에서, 혹은 심지어는 노동 조건에서 취약하며
자의적으로 쪼개진)이, '국민' 노동자들과 '외국인' 노동자들 사이의 분
할(이 분할을 강화하고 영속화하는 정치적이고 문화적인 절단을 포함해)과
상당 정도로 일치한다는 사실로부터 자신의 지속성을 끌어온다는
점을 웅변적으로 보여주었습니다(혹은 오히려 그는 노동자들 스스로가
이를 보여주도록 했습니다).

따라서 이는, 이 지점으로부터 출발하여, 어떻게 제국주의의 특
징들이 생산의 국제적 관계라는 수준에서의 직접적인 생산과정 **내에**
서, 그리고 자본주의가 현존하는 생산력들을 그 안에서 끊임없이 변
형하는 형태들 내에서, 생산의 한가운데에 기입되어 있는 계급투쟁
의 복잡한 형태 내에서 필연적으로 반영되는지를 이해하는 것의 문
제입니다.

---

[118] Jacques Frémontier, *La Forteresse ouvrière, Renault*(노동자 요새: 르노), Fayard, 1971.

공산주의자와 이주

앞서 제시한 이러한 지표들이 간략한 것이기는 하지만, 이제 우리는 프롤레타리아와 그 조직화에서 이주의 문제가 차지하는 극도의 **정치적** 중요성을 이해할 수 있게 됩니다.

우리 시대의 새로운 조건들 내에서, 마르크스와 레닌이 항상 주장하고 설명했듯, 이주노동자들의 존재와 그들의 투쟁은 **국제주의**를 그 어느 때보다도 더 노동자들의 해방투쟁의 조건 그 자체로 확립하고 있습니다. 이 새로운 조건들은 이 국제주의가 스스로를 확립하기 위한 더욱더 구체적이고 더욱더 유기적인 수단들을 발견하기를 요구하고 있습니다. 각 국가 노동자들의 미래 자체는, 이 노동자들이 각자를 위해 동일한 적과 **나란히 서서** 투쟁해야 할 뿐만 아니라 또한 결합되고 응집된 **유일한 하나의** 힘을 지닌 '분견대détachements'를 곳곳에서 구성해야 하기도 하는 그 순간, 바로 이 수단들에 달려 있는 것입니다. 그래서 제국주의의 발전 그 자체는 국제주의의 더 우월한 새로운 형태로, 노동자운동의 역사의 새로운 단계로 이어집니다.

게다가, 노동자 투쟁에도 불구하고 자본으로 하여금 노동자들 사이의 **경쟁**—이 **경쟁**은 노동자들에 대한 착취의 토대입니다—을 발전시킬 수 있게 해주는 연속적 형태들에 우리의 관심을 촉구하면서, 이주 문제는 우리에게 왜 노동자운동이 **경제주의**의 함정에 빠지지 않기 위한 지속적 투쟁을 이끌어가야만 하는지를 구체적으로 새롭게 보여줍니다. 노동조합적 투쟁을 대체 불가능한 완전히 정당한 그 자리 위에 그대로 놓아두면서도, 이와 동시에 이주 문제는 착취의 토대 전체를 파괴할 수 있게 해주는 유일한 것인 사회주의 혁명을 위해, '국민' 노동자들과 '이민' 노동자들 사이의 통일된 **정치적 투쟁**의 절대적 필연성을 보여줍니다.

마지막으로 1917년 10월에 볼셰비키 당 강령의 수정révision에 대해 레닌이 집필했던 글을 인용하고자 합니다.

> 소콜니코프Sokolnikov의 제안을 채택하기. 여성노동과 아동노동의 증가와 **기술진보**의 문제를 다루는 단락에서 다음을 추가하기. "마찬가지로, **전문화되지 않은, 저발전된 국가들로부터 수입된 외국인 노동력**main-d'œuvre." 이는 필수적으로 추가해야 하는 소중한 사항이다. 저발전된 국가들로부터 온, **가장 낮은 임금을 받는** 노동자들에 대한 이러한 착취가 정확히 제국주의의 특징이기 때문이다. 특히 바로 이러한 착취 위에, 가차 없이 그리고 파렴치하게 외국인 노동력main-d'œuvre을 '헐값에' 착취하고 그에 반해 더 높은 임금이라는 수단을 통해 자국 노동자 중 일부를 부패하게 만드는, 부유한 제국주의 국가들의 **기생성**parasitisme이 부분적으로는 기반해 있는 것이다. '**가장 낮은 임금을 받는**'과 '**종종 자신들의 권리를 빼앗기는**'이라는 표현을 추가하기. 이는 '문명화된' 국가들의 착취자들이 수입된 외국인 노동력main-d'œuvre의 권리를 빼앗음으로써 항상 자신의 이득을 취하기 때문이다. 이는 우리가 러시아 노동자들(더욱 정확히 말해 러시아로부터 이주해온 노동자들)에 관해 독일에서뿐만 아니라, 이탈리아 노동자들에 관해 스위스에서, 스페인과 이탈리아 노동자들에 관해 프랑스에서 등등 우리가 끊임없이 관찰하는 바다.(강조는 레닌)[119]

---

[119] Lénine, *Œuvres complètes*, 26권, p. 170.

레닌의 관점에서는, 결국 **정치적** 투쟁과 조직의 지형 위에서 모든 국적의 노동자들이 그들의 필연적 통일성을 형성할 수 있다는 점을 우리는 확인하게 됩니다. 하지만 이러한 통일성은 자생적으로 획득되는 것은 아니며, 그 대신 이는 정치적이고 이데올로기적인 힘겨운 투쟁이라는 대가를 치르고서, 제국주의에 의해 발전된 착취관계에 대항해 **획득해**내야만 하는 것입니다. 이는 그 어느 때보다도 더 공산주의자들의 제1의 목표인 것인데, 마르크스의 구호에 따르면, "프롤레타리아들의 서로 다른 국민 투쟁들 속에서 국적으로부터 독립적인, 그리고 모든 프롤레타리아에게 공통된 이해관계가 제시되어 그 가치를 부여받게 됩니다". 그리고 "프롤레타리아와 부르주아지 사이의 투쟁이 관통하는 서로 다른 국면들 내에서, 운동의 이해관계가 그 전체성totalité의 모습으로 항상 대표됩니다".[120]

이주노동자들이 이끄는 투쟁의 발전, 그리고 이 투쟁의 본래적 형태들과 그 난점들에 마주해, '좌파' 기회주의는 이주 속에서 '진정한' 프롤레타리아를, 프롤레타리아에 대한 신화적 관념의 실현을 보려 합니다. 그리고 이 '좌파' 기회주의는 자본에 가장 큰 이익을 주기 위해 **이러한 분할을 유발**하고 이를 강화합니다. 반면 '우파' 기회주의의 경우, 이는 이러한 분할의 현실을, 노동자계급 그 자체 **내에서** 제국주의가 발전시킨 **모순들**의 현실을 **부정**합니다. 이는 이주 노동자들을 자신들의 운명 속에 버려두는 것이든, 이 이주노동자들이 경제적, 법률적 그리고 사회적인 **불평등**이라는 단순한 하나의 문제를 제기할 뿐이라고 간주하는 것이든, 가장 '불우한 이들'의 처지에 대한 개선만

---

120 *Manifeste communiste.*

을 요청하는 것에 그치는 결과를 낳습니다. 우리 공산주의자들은 이 모순들을, 우리의 투쟁action 전체가 이 모순들을 더욱 잘 극복하는 것을 목표로 하는 만큼, 가능한 한 가장 정확히 정면에서 마주해야만 합니다. 이 모순들의 객관적 원인들과 한계들을 인지하기 위해서 말입니다. 우리는 노동자계급 전체가 이를 통해 혁명적 에너지의 놀라운 표출을, 해방을 향한 크나큰 한걸음을 희망할 수 있다는 점을 알고 있습니다.[121]

---

121   이 글은 1973년 6월 8일자 《뤼마니테》에 실렸다.

4장

역사변증법에 관하여
: 『'자본'을 읽자』에 관한 몇 가지 비판적 소견

* 이 4장에서 발리바르가 논의의 대상으로 삼는 「역사유물론의 근본 개념들에 관하여」의 한국어 번역으로는 「역사유물론의 근본 개념들에 관하여」(안준범 옮김), 『'자본'을 읽자』, 루이 알튀세르, 에티엔 발리바르, 피에르 마슈레, 로제 에스타블레, 자크 랑시에르 지음, 진태원, 안준범, 김은주, 배세진 옮김, 그린비, 2020(근간)을 참조하라. 역사변증법에 관한 발리바르의 또 다른 논의로는, 『마르크스의 철학』, 에티엔 발리바르 지음, 배세진 옮김, 오월의봄, 2018의 4장 「시간과 진보: 또 다시 역사철학인가?」를 참조하라. 『마르크스의 철학』의 4장에서 발리바르는 역사변증법과 관련된 마르크스주의 내의 여러 논점들을 교과서적으로 명료히 정리하고 있다. 또한 이 장에서 발리바르가 전개하는 '마르크스주의적 생산양식론'에 대한 알튀세르의 더욱 명료한 설명으로는 『역사에 관하여』, 루이 알튀세르 지음, 이찬선, 배세진 옮김, 오월의봄, 2020(근간)에 실린 책 속의 책 『제국주의에 관하여』를 참조하라. ―옮긴이

『'자본'을 읽자』에서 개진된 테제들과 정식화들에 대해 많은 수의 비판이 제기되었다. 이와 동시에, 프랑스와 프랑스 밖 외국에서는 『'자본'을 읽자』에서 개진된 테제들과 정식화들이 역사유물론이라는 지형 위에서 사회에 대한 과학이라 불리는 종류의 과학[즉 사회과학]이 내포하는 이론적 문제들을 제기하고 해결하려는 이들 사이에서 광범위하게 원용되고 활용되었다. 이러한 상황적 조건 내에서는, 집단작업이 필연적으로 초래할 수밖에 없는 일련의 정정에 대한 필요성을 그 역시 요청하고 있는, 명시적으로 일차적인 이론적 정교화 시도에 불과했던 이 『'자본'을 읽자』라는 집단작업에 대해 조금은 거리를 두고 바라보는 것이 가능해진다. 게다가 나는 이러한 거리두기가 무용하지는 않을 거라 믿는다.

여기에서 나는, 『'자본'을 읽자』의 공저자로서의 그 어떠한 특권 없이, 이 저서에서 내가 집필한 텍스트 「역사유물론의 근본 개념들에 관하여」와 관련한 몇몇 지점들에 대한 정정을 행하고자 한다.[1] 그

---

[1] *Lire Le Capital*, Maspero, 1965, 2분책, pp. 187~332. 몇몇 오류를 수정하고 몇몇 부분을 추가한 재판을 기준으로 하면, la Petite Collection Maspero, 1968, 2분책, pp. 79~226이다. 앞으로

들의 타협 없는 독해에 내가 깊은 감사를 표하고 싶은, 영국의 젊은 철학자들로 구성된 어느 한 연구집단이 이 텍스트에 대한 세밀한 질문들을 제기해준 덕분에 나는 이렇게 정정할 기회를 얻을 수 있었다.[2]

이 질문들을 차례로 검토해보자.

—사회구성체들의 역사에서의 '최종심급에서의 결정'이라는 유물론적 범주를 정교하게 구성하기 위해 『'자본'을 읽자』에서 내가 취했던 논거인 '상품물신숭배'와 관련한 몇몇 정식화들.

—최종심급에서의 결정이라는 범주 그 자체. 이 범주는 역사유물론을 '생산양식들에 대한 하나의 일반이론'으로 환원하는 수단처럼 보일 수 있다.

—'생산양식'이라는 개념에 대한 올바른 정의와, 역사적 **시기구분**périodisation 즉 혁명적 **이행**transition에 관한 (부르주아적인) 이데올로기적 문제설정 전체와 실제적으로 완전히 단절하기 위해 이 '생산양식' 개념에 대한 올바른 정의를 통해 행해야만 하는 활용.

이러한 제한적이면서도 매우 중요한 지점들을 다시 다룸으로써, 다음과 같은 세 가지 목표를 달성하고자 한다. 1) 마르크스의 구체적 분석들에 투여되어 있는 일반 개념들이 지니는 **과학적** 엄밀성을 새롭게 강조하기, 2) 이 일반 개념들의 적용 내에서 발생할 수 있는 모든 **형식주의적** 편향을 경계하기, 3) 그리고 특히 유효한effective[실제적

나는 이 2판으로부터 인용할 것이다. (한국어 번역본은 한 권으로 구성되어 있기 때문에 한국어 독자들에게는 불필요한 각주다.—옮긴이)

2   *Theoretical Practice*, 13 Grosvenor Avenue, London N 5, nos 7과 8, 1973년 1월을 참조하라.

인] 구체적 분석 내에서 이 일반 개념들을 발전시키는 과업을 이 일반 개념들의 존재 자체로 [가볍게] **대체**해버리고자 하는 모든 유혹을 경계하기. 이러한 세 가지 방향은, 최근에 이루어진 [여러 마르크스주의 연구자들의] 작업들로 인해, 그 어느 때보다도 더 현재에 매우 큰 중요성을 지니고 있다.

1. '물신숭배론'에 대하여[3]

　　내가 다시금 다루고자 하는 첫 번째 논점은 내가 「역사유물론의 근본 개념들에 관하여」에서 '상품물신숭배'에 관한 마르크스의 정식화들을 활용했던 방식에 대한 것이다.[4]

　　역사유물론에, 더 나아가서는 '마르크스주의적 인식론'에 본질적이라고 간주된 **물신숭배론**의 출발점으로 삼을 수 있을 거라 우리가 믿어왔던 이 유명한 텍스트는 마르크스 이후 오랜 시간 동안 변증법을 대상으로 하는 여러 탐구와 논쟁의 역사에서 상당히 중요한 역할을 수행해왔다. 분명 이는 전혀 우연이 아니다. 가까운 시일 내에 언젠가는, 이러한 활용에 **비판적임**과 동시에 **완전한**, 특수한 역사적 분

3　　2000년대 이후 발리바르가 집중적으로 개진하는 자신의 물신숭배에 대한 성찰의 맹아를 보여주는 이 텍스트에서도 『마르크스의 철학』의 3장 「이데올로기 또는 물신숭배: 권력과 주체화/복종」, 그리고 『마르크스의 철학』의 부록 2번과 3번 「마르크스의 '두 가지 발견'과 「상품의 사회계약과 화폐의 마르크스적 구성: 화폐의 보편성이라는 문제에 관하여」에서와 마찬가지로 objectivité와 personne의 번역어로 '객체성'(위 세 텍스트에서는 더욱 엄밀하게 '대상성' '객관성' '객체성'이라는 번역어를 모두 활용했다)과 '인격'이라는 번역어를 광범위하게 채택하겠다(이러한 번역어 선정에 대해서 독자들은 위의 세 텍스트를 참조할 수 있다). 독자들은 발리바르가 이 글에서 발전시키는 물신숭배에 대한 성찰을 위의 세 텍스트에 대한 독해를 통해 보충할 수 있을 것이다.─옮긴이

4　　*Le Capital*, 1권 1편 1장의 4절 '상품의 물신적 성격과 그 비밀'. ('상품의 물신적 성격과 그 비밀'의 국역본으로는 『자본』 1-1, 카를 마르크스 지음, 강신준 옮김, 길, 2008을 참조하라.─옮긴이)

석을 할애해야만 할 것인데, 이를 통해 우리는 무엇보다도 마르크스주의 전통 내에서 그 출발점과 목표에서 완전히 대립적인 다음의 두 경향을 명료히 구분할 수 있을 것이다. 한편에는, 자신[레닌]의 미완성 텍스트 '변증법에 관하여'에서, 마르크스가 『자본』의 도입부에서 설명했던 상품의 변증법을 (하지만 물신숭배를 언급하지는 **않으면서**) 모순의 객관적 **보편성**이라는 자신의 근본 테제를 예증하기 위해 원용하는 레닌으로 대표되는 경향이 존재한다.[5] 다른 한편에는, 레닌과는 정반대의 위치에서, 본래적인 것authentiques이든 소외된 것aliénés이든 **의식**과 그 형태들이라는 철학적 문제의 영역juridiction하에 모순(그리고 역사적 **모순들**)의 문제를 더욱 정확한 장소에 다시 위치 짓기 위해 물신숭배를 강조하는(이로부터 상품사회 내에서의 인간적 관계rapports humains의 '사물화'라는 주제가 유래하는 것이다) 루카치가 대표하는, 그리고 이 루카치와 동일하게 사고하는 이들 혹은 이 루카치를 따르는 이들이 대표하는 경향이 존재한다. 도식적으로 말하자면, 여기에서 우리는 마르크스주의의 역사에서 헤겔과 '헤겔주의'가 취하는 서로 대립되는 두 측면을 발견하게 된다.

　여기에서 이 두 경향 각각에 대한 분석을 전개할 수는 없다. 하지만 나는 [최소한] 이 두 경향 각각에 대한 분석의 지표들을 제시하기 위해 『'자본'을 읽자』에서 내가 행했던 활용을 준거로 삼으면서 마르크스의 정식화들이 제기하는 몇몇 문제들을 검토해보고자 한다. 『'자본'을 읽자』에서 내가 행했던 물신숭배에 대한 준거는 그 또한 고전적인 또 하나의 일반적 문제, 즉 사회구성체들의 역사 내에서의 '최

5　Lénine, *À propos de la dialectique, Œuvres complètes*, 36권, pp. 367~372.

종심급에서의 결정'이라는 문제, 그러니까 역사적 생산양식들의 구조라는 문제에 대해 내가 수행했던 검토 속에서 행해졌던 것이다.

『'자본'을 읽자』에서 나는 다음과 같이 주장했다.

"이중의 필연성으로 인해, 자본주의적 생산양식은 그 안에서 경제가 역사의 '동력'으로 가장 손쉽게 인정되는reconnue 그러한 생산양식이자 동시에 그 안에서 이러한 '경제'의 본질이 (마르크스가 '물신숭배'라 부르는 바 내에서) 원리적으로 오인méconnue되는 그러한 생산양식이다. (…) 마르크스는 사물들 사이의 관계로서의 이러한 '경제'에 대한 잘못된/거짓된fausse 개념화를 사회적 관계의 체계로서의 경제라는 그 진정한 정의로 대체한다. 여기에서 마르크스는 자본주의적 생산양식이 그 안에서 착취(잉여노동의 강탈extorsion)가, 다시 말해 계급들을 생산에 연결시키는 사회적 관계의 특수한 형태가 사물들 그 자체 사이에서의 하나의 관계의 형태하에서 '신비화'되고 '물신화'되는 그러한 유일한 생산양식이라는 관념 또한 동시에 제시하고 있다. 이러한 테제는 **상품**을 대상으로 한 증명의 직접적 결과다… [하지만—발리바르] 마르크스의 테제는 자본주의와는 다른 생산양식들 내에서 사회적 관계의 구조가 **행위자들에게 투명하다**는 점을 의미하지는 않는다. 자본주의와는 다른 생산양식들 내에서 물신숭배는 부재하지 않으며, 그 대신 (가톨릭이나 정치 등으로) **전치**déplacé되어 있다. (…) 이 지점은 (…) 그 원리에서 최종심급에서의 결정이라는 문제에 매우 명확히 연결되어 있다. 실제로, 정확히 말하자면, '신비화'는 경제 그 자체(즉 물질적 생산양식)를 대상으로 하는 것이 아니라, (생산양식의 본성에 따라) 결정의 자리를 그러니까 최종심급의 자리를 점하도록 결정된 사회적 생산의 심급들의 경제를 대상으로 하는 것으로 나타난다."[6]

우리가 확인할 수 있듯, 나의 이 텍스트에서 물신숭배라는 질문은 간접적인 방식으로 개입해 들어왔다. 나는 (결론적으로는 경험적인 방식으로) '상품물신숭배'를 대상으로 하는 『자본』의 한 부분[즉 『자본』 1권 1편 1장 4절]에서 마르크스가 실재하는 혹은 ('공산주의'나 심지어는 로빈슨 크루소의 상상적 경제같이) 단순히 잠재적으로만 존재하는 서로 다른 여러 생산양식들 내의 사회적 관계의 발현에 대한, 노동생산물이 상품의 형태를 취하는지 아닌지에 따른 **비교표**를 소묘한다는 **사실**을 활용했다. 따라서 이 비교표(조금 뒤에 이 비교표를 구성하는 항목들을 보여줄 것이다)는 우리로 하여금 잠재적인 다른 역사적 구조들과 비교되는 자본주의적 생산양식의 구조적 특징들로까지 거슬러 올라갈 수 있게 해주는 일종의 유형학으로 나타난다. 그래서 이데올로기적 '신비화'의 다른 효과들과 **비교 가능함**과 동시에 이 효과들과는 **또 다른** 상품물신숭배(자본주의적 생산양식에서 지배적인)는 '결정$_{détermination}$'의, 그러니까 역사적 인과성의 서로 다른 여러 형태들 사이의 변별적 **지표**로 등장할 수 있었던 것이다.

마르크스의 몇몇 정식화들이 그 근거로서 뒷받침해주는, 내가 행한 이러한 ['최종심급에서의 결정'과 '물신숭배' 사이의] 상호접근 $_{rapprochement}$은 그럼에도 '최종심급에서의 결정'에 관한 이론이 물신숭배론을 반드시 경유해야만 한다는 점을 의미했는가? 이는 '최종심급에서의 결정'의 메커니즘 그 자체 내에 '물신숭배'라는 현상$_{phénomène}$을 **포함**해야만 한다는 점을 의미했는가? 하지만 이러한 유형의 질문에 대한 답변 전체(혹은 오히려 이 질문 자체에 대한 정정된 새로운 정식

---

6   *Lire Le Capital*, pp. 100~103.

화 전체)는 마르크스의 이론 내에서 '상품물신숭배'가 표상하는 바에 대한 명확한 개념화를, 그리고 이 '상품물신숭배'의 정의에 대한 비판적 분석을 **전제**할 수밖에 없다.

따라서 우선 마르크스의 텍스트로 되돌아와 『자본』의 설명/서술 순서ordre d'exposition 내에서 이 텍스트가 차지하는 위치에 대해 사고해보자.

물신숭배에 대한 분석과 이 분석이 『자본』에서 차지하는 자리

『자본』 1권의 1편은 '상품과 화폐', 다시 말해 그 가장 일반적인 사회적 형태하에서의 상품의 **유통**과정을 연구한다. 『자본』 1편은 [2편에서부터 제시되는] 자본에 대한 정의 전체, 자본주의적 생산과정에 대한 분석 전체 **이전에** 위치한다. 그래서 자본주의적 생산양식은 노동생산물에 대한 직접적 소비가 아니라 그에 대한 교환을 목표로 하는 상품생산양식으로, 그리고 모든 요인들(생산수단과 노동력)이 그 자체 이미 상품인 그러한 상품생산양식으로 나타난다.[7] 따라서 『자본』 1편에서 자본주의적 생산은, 자본주의적 생산의 생산물들에 대한 유통이라는 관점에서, 그리고 이 자본주의적 생산이 이 상품들에 부여하는 **사회적 형태**의 관점에서, ['자본주의적 상품생산'이 아니라] 여전히 '상품생산'으로서만 나타난다.

1장에서 마르크스는 **상품에 대한 분석**을, 혹은 더욱 정확히 말

---

7   이 책에서, 그리고 특히 4장에서는, 거의 동일한 의미로 쓰이긴 했으나 facteur는 '요인'으로, élément은 '요소'로 일관되게 구분해서 번역했다. ―옮긴이

해 **상품형태**die Warenform에 대한 분석을 구성하는 다음의 세 가지 지점을 연이어 발전시켰다. [1)] 유용성을 지니는 대상과 가치(그러니까 가치의 규정된 양)라는 상품의 **무매개적인 이중적 측면**, [2)] 이 이중적 측면을 설명하기 위한, '구체적' 노동과 '추상적' 노동이라는 사회적 노동의 '이중적 특징', 다시 말해 질적으로 변별적인 서로 다른 여러 부문들 간 **노동분할**과, 그다음으로 이 노동분할을 지배하는 commandent 규정된 **사회적 관계**하 인간 **노동력의 지출**로서의 서로 다른 여러 노동들 간의 양적 **등가성**이라는 사회적 노동의 '이중적 특징', [3)] 마지막으로, [1)과 2)라는] 이러한 토대 위에서 마르크스가 설명하는, 단순한 가치형태로부터 그 일반 형태—이 일반 형태 내에서 특수한 하나의 상품(즉 화폐)은 모든 다른 상품들의 보편적[일반적] 등가물로 나타난다—에 이르는 사회적 형태—이 사회적 형태하에서, 변별되는 상품들 내에서 물질화되는 노동들 간의 등가성이 교환 내에서 이 상품들 그 자체의 속성으로 발현된다—로서의 **가치형태의 전개**.

이러한 분석은 유통에 관한 설명 전체가 그 위에 기초하는 그러한 이론적 토대다. 이 유통에 관한 설명의 본질적 지점은 사회적 노동의 '이중적 특징'에 대한 설명으로, 이는 마르크스가 뒤에서 더욱 자세히 분석할 사회적 **생산**의 구조에 의한 교환관계의 결정을 명료히 밝혀준다. 마르크스는 다음과 같이 말한다.[8] "제 책에서 가장 뛰어난 점은 다음과 같습니다. 1) **첫 번째** 장[즉 『자본』 1권 1편 1장]에서부터(그리고 이 첫 번째 장 위에 사실들facts에 대한 **모든** 이해intelligence가 기

---

8   엥겔스에게 보내는 마르크스의 1867년 8월 24일자 편지.

초해 있죠) 한편으로는 사용가치로, 다른 한편으로는 교환가치로 표현되는 **노동의 이중적 성격**을 명확히 한다는 사실. 2) 이윤, 이자, 지대 등등으로서의 **개별 형태들과는 독립적으로 잉여가치**를 취급한다는 점. 『자본』 2권은 이에 대한 증명을 제시할 것입니다. 이 개별 형태들을 끊임없이 그 일반 형태와 혼동하는 고전파 경제학에서 이 개별 형태들을 취급하는 방식은 정말 **잡탕 만들기**olla potrida에 불과합니다.”[9] 그리고 마르크스는 다음과 같이 말한다.[10] “(…) **노동시간에 의한 가치의 결정이 리카도 자신에게서 '결정되지' 않은 것으로 남아 있는 한, 이러한 노동시간에 의한 가치의 결정은 사람들을 [그다지] 곤란하게 만들지 않습니다.** 반면, 이 노동시간에 의한 가치의 결정이 **노동일과 그 변이**와 정확한 상관관계를 맺게 되자마자, 사람들은 자신들을 매우 불편하게 만드는 것들을 밝혀주는 하나의 빛이 비치는 것을 확인하게 됩니다. (…) 모든 경제학자들이 그 어떠한 예외도 없이 꽤나 단순한 다음과 같은 하나의 사실을 인지하지 못했는데, 이는 만일 상품이 사용가치와 교환가치라는 이중적 특징을 지닌다면 이 상품 내에 표상된 노동 또한 자신의 이중적 특징을 지닌다는 점입니다. 반면 우리가 스미스나 리카도 등등에게서 발견하는 노동에 대한 간단한 분석만으로는 결국 도처에서 해결 불가능한 문제들에 부딪치고 맙니다. 이것이 사실 제가 제시한 비판적 개념화[인식]의 비밀 전체죠.” 특히 이것이 바로 마르크스로 하여금 정치경제학이 절대로 해결할 수 없었던 문제를, 그리고 정치경제학을 자연nature의 철학들 혹은 규약

---

9   『마르크스의 철학』, 에티엔 발리바르 지음, 배세진 옮김, 오월의봄, 2018의 부록 2번 「마르크스의 '두 가지 발견'」을 참조해 발리바르가 생략한 부분까지 모두 옮겼다.―옮긴이
10   엥겔스에게 보내는 마르크스의 1868년 1월 8일자 편지.

convention의 철학들의 출구 없는 길에 들어서도록 했던 문제를 직접 '해결'할 수 있게 해주는 것이다.[11] 이 문제란 가치의 '원천'으로서의 노동에 대한 정의로부터 **출발하는** 가치형태(교환가치)의 전개, 그리고 (사회적 관계로서의 화폐monnaie라는) **화폐형태**forme argent의 발생이라는 문제다.

바로 이 지점에서 마르크스의 설명 안으로 물신숭배 분석이 개입해 들어온다. 마르크스의 물신숭배 분석은 다음과 같은 순서로 간단히 나열할 수 있는 세 가지 거대한 주제를 하나로 엮어낸다.

1) **사물**Dinge로서의 상품은 가치라는 무매개적 속성을 부여받은 것으로 나타난다apparaissent. 상품은 규정된 하나의 교환가치를 **지닌 다.** 따라서 상품은, 인격들personnes 그리고 사람들hommes과의 관계 전체와 독립적으로, 상품에 **자연적으로** 속해 있는 것처럼 보이는 하나의 **사회적** 속성을 지닌다. 이러한 속성으로 인해, 상품은 이 상품들 사이의 **관계 속으로 진입**하며(이 관계로 인해 이 상품들 서로서로는 규정된 비율로 교환된다), 여기에서 인간은 이 관계의 도구에 불과하다. 따라서 상품은 그 안에서 인간이 영향력을 발휘하지 못하는, 오히려 그 밑으로 인간들이 종속되기까지 하는, 그러한 하나의 자율적 운동(가치의 변동)을 취하게 된다. 이것이 바로 상품형태의 '신비mystère'다.

반면 이러한 형태에 대한 분석은 교환가치(특히 **가격**)가 가치의 **내용**(사회적 필요노동)으로부터 출발하는 가치형태의 **전개**라는 점을

---

[11] 간단히 '자연의 철학'으로 번역했으나 이는 조금 더 엄밀히 말하면 '자연/본성의 철학'을 의미한다. 영어와 마찬가지로 프랑스어 nature에도 '자연'과 '본성'이라는 의미가 모두 들어 있다. 앞으로 등장하는 '자연'이든 '본성'이든 이 두 가지 의미를 모두 갖고 있다는 점을 독자들은 인지하기를 바란다.—옮긴이

보여주었다. "노동생산물이 **상품(의) 형태**를 취하는 순간 내포하게 되는, 이 노동생산물의 수수께끼 같은 특징은 도대체 어디에서부터 유래하는 것인가? 분명히 이는 이 형태 그 자체로부터 유래하는 것이다." 신비를 생산하는 것은 가치형태의 전개가 다음과 같은 하나의 **전도**로 이어진다는 사실 그 자체다. 여러 다양한 형태로 지출된 인간 노동 사이의 등가성이 이 지출된 인간 노동의 생산물 그 자체 사이의 등가성으로 나타난다는apparaît 전도. "따라서 상품형태의 신비적 특징은 이 상품형태가 인간들의 눈에[인간들의 관점에서] 그들 자신들 노동의 생산물 그 자체의 객체적gegenständliche 특징들의 형태하에서의, 이 사물들의 본성적인 사회적 속성들의 형태하에서의 사회적 특징을, 그리고 이 생산자들 바깥에서 대상들[객체들] 사이에 하나의 현존하는 사회적 관계로서 존재하는 (이 생산자들의 노동 전체와 이 생산자들이 맺는) 사회적 관계를 반영한다는 사실에 단순히 존재한다." 이는 인간 두뇌의 생산물이 인간과의 관계 속에서 자율적 존재들로 나타나는apparaissent **종교적** 전도와 유사한 전도다. 바로 이 점으로부터 상품의 **물신숭배**라는 용어가 유래하는 것이다.[12]

　하지만 이러한 전도 그 자체는 이 전도의 '실천적' 기원을 통해 설명된다. 상품들은 서로가 서로에 대해 독립적인 **사적 노동들**의 생산물이다(바로 그렇기 때문에 상품들은 사적 소유물로 나타나는 것이다).

12　'나타나다'에 원어를 병기한 이유는 위에서 이미 지적했듯 이 단어가 물신숭배론에서는 단순한 의미로 쓰이지 않기 때문이다. 동사 apparaître의 두 가지 명사형인 apparition과 apparence 중 하나인 apparence는 물신숭배론과 관련해서는 '외양'으로 번역되는데, 여기에서는 이 '외양'이라는 의미의 맥락에서 쓰인 '나타남'이라고 보면 된다. 이에 대한 더 자세한 논의로는 이 장 표제지에서 옮긴이가 제시한 참고문헌들을 참조하면 된다. 앞으로도 이 '나타남'이 특수한 물신숭배론적 의미를 지닌다고 판단될 경우에는 원어를 병기하도록 하겠다.—옮긴이

사회적 노동은 **교환을 통해서만**, 그러니까 **사후적으로만** 관계 속으로 진입하는 사적 노동들의 집합ensemble이다. **생산물들의 교환형태** 내에서만 노동의 사회적 특징(즉 노동 간 등가성)이 생산자들의 두뇌 속에서 구성될 수 있고 이를 통해 반영될 수 있는 것이다. 그래서 만일 한편으로 "가치가 **자신이 무엇인지**에 대해 자신의 이마에 써놓고 다니지 않는다면", 다른 한편으로 동일하게 우리는 "생산자들에게 그들의 사적 노동들 간의 사회적 관계는 **그러한 대로**pour ce qu'ils sont **나타난다.** 다시 말해 자신들의 노동 속에서 인격들 그 자체의 무매개적으로 사회적인 관계로서가 아니라, 인격들의 **물질적**sachliche[사물적] **관계**로 그리고 **사물들의 사회적 관계**로 **나타난다**apparaissent"고도 주장해야 한다.[13]

2) 마르크스의 분석의 두 번째 주제는 (고전파) **정치경제학**과 관련된다.[14] 정치경제학은 가치를 분석하려 시도하며, 이 가치를 통해,

---

[13] 여기에서 '그러한 대로'로 옮긴 pour ce qu'ils sont의 번역이 상당히 까다로운데, 강신준판 『자본』과 달리 의역하여 '그러한 대로'로 옮긴 이유는, 옮긴이의 판단에 pour ce qu'ils sont이 의미하는 것이 우리 눈에 '그렇게 보이는 대로' 즉 '그러한 대로' 사적 노동들 간의 사회적 관계가 '인격들의 물질적 관계'와 '사물들의 사회적 관계'로 나타난다는 점이기 때문이다. 참고로 『마르크스의 철학』 부록 3번 「상품의 사회계약」이라는 논문에서 이 인용문의 번역은 조금 다른데, 이는 발리바르가 인용하는 마르크스 『자본』의 불역본이 서로 다르기 때문이고, 특히 옮긴이는 『마르크스의 철학』 번역 당시 불어로부터 번역한 것을 강신준판 『자본』 번역까지 참고해서 한 번 더 수정했기 때문이다. 사실 발리바르의 「상품의 사회계약」이라는 논문의 논의를 반영한다면 여기에서 '물질적' 혹은 '사물적'은 '비인격적'으로도 옮길 수 있는데, 이는 프랑스에서 장피에르 르페브르(Jean-Pierre Lefebvre)가 이 책 『역사유물론 연구』의 집필 한참 뒤에 『자본』 1권의 새로운 번역본을 내놓았을 때 이를 '비인격적'으로 번역한 것에 발리바르가 영향받은 것이다. 이에 대해서는 별도의 심도 깊은 논의가 필요하기에 여기에서는 이 책 『역사유물론 연구』에서 발리바르가 인용하는 불역본에 따라서 옮기는 것으로 만족했다.—옮긴이

[14] 지속적으로 등장하는 '정치경제학' 혹은 '경제학'이라는 표현은 모두 애덤 스미스와 데이비드 리카도가 대표하는 '고전파 정치경제학'을 의미하는 것이다. '고전파'라는, 혹은 '정치'라는 말이 없더라도 여기에서는 모두 '고전파 정치경제학'을 의미한다는 점을 독자들은 인지하기를 바란다.—옮긴이

사회적 노동시간에 의해 가치가 결정된다는 점을 발견해낸다. **하지만 고전파 정치경제학의 이러한 발견은** 교환자-생산자가 사로잡혀 있는 **객체적 허상을 전혀 제거하지 못한다.** 오히려 정치경제학의 발견은 이러한 객체적 허상을 **강화한다.** 가치의 크기에만 배타적으로 관심을 기울이는 생산자들의 눈에, 이 가치는 예측 불가능한 하나의 자연적 운동을 부여 받은 것처럼 보인다. 발전되고 일반화된 하나의 상품생산에 대해 성찰하는 경제학자들은 **가격**에 대한 하나의 이론을 형성한다. 이 경제학자들은 교환의 '우연성'이 필요[욕구]에 비례해 사회적 노동의 지출에 대한 **조절**régulation을 실현한다는 점을 발견하고, 이를 통해 '가치법칙'을 하나의 **자연적 법칙**으로 형성한다.

상품생산의 관계 내에 사로잡힌 경제학자들은 **가치의 형태**forme de la valeur를 역사적으로 규정된 하나의 사회적 형태로 분석할 수 없다(이로 인해 경제학자들의 화폐론은 자연이라는 이데올로기적 주제와 규약이라는 이데올로기적 주제 사이에서 끊임없이 동요하게 된다). 마르크스는 "만일 상품들이 말을 할 수 있다면…", **이 상품들은 경제학자의 언어 그 자체로**, 그러니까 다음과 같은 전도의 언어로 **말할 것**이라고 주장한다. "물질적 부(사용가치)는 **인간이 지니는** 하나의 **속성/소유**propriété이며, 가치는 **상품들**(즉 사물들)이 **지니는** 하나의 **속성/소유다.**" 사실 자신의 담론 전체 속에서 **상품들의 목소리**에 불과한 이는 바로 경제학자다. 그리고 이를 통해 정치경제학의 **범주들**이, 그 내적 허상-전도의 전개를 통해 만들어진 생산물로서, 상품생산의 역사적 조건 내에서 **객체적으로** 정초지어지는objektive Gedankenformen[객체적으로 형성되는] 것이다.

3) 따라서 우리는 상품의 신비를 제거하기 위해, 상품의 신비를

탈신비화하기 위해, 상품적 관계로부터 '탈출'해야 하며 (사고를 통해) '다른 곳'으로 스스로를 이동transporter시키고 **전치**déplacer시켜야만 한다. 이것이 바로 마르크스가 행하는 것이다.

"부르주아 정치경제학의 범주들은 **역사적으로 규정된 이** 사회적 생산양식, 즉 상품생산양식이 취하는 생산관계 내에서의 하나의 사회적 유효성을, 그러니까 하나의 객체성을 지니는 사고형태들이다. 따라서 만일 우리가 상품생산으로부터 생산의 다른 형태들로 옮겨간다면, 우리는 상품세계의 이러한 신비함mysticisme 전체가, (상품생산이라는 토대 위에서 노동생산물을 에워싸는) 이러한 마법과 요술의 안개 전체가 즉시 사라져버리는 것을 보게 된다.

정치경제학이 로빈슨 크루소의 신화를 좋아하므로, 우선 로빈슨 크루소를 자신의 섬에 등장시켜보자. 태어날 때부터 그러했듯 겸손하기 그지없는 로빈슨 크루소는 그럼에도 만족시켜야 할 다양한 필요[욕구]를 지니며, 그렇기에 그는 **여러 종류의 유용한 노동**을 실행해야만 한다. (…) 로빈슨 크루소 스스로가 창조해낸 부를 구현하는 사물들과 이 로빈슨 크루소 사이의 모든 관계는 단순하고 투명하다. (…) 그렇지만 **가치**의 모든 본질적 결정이 이 관계 안에 포함되어 있다.

이제 로빈슨 크루소의 빛나는 섬으로부터 암울한 중세시대의 유럽으로 이동해보자. 독립적인 인간 대신, 여기에서 우리는 다음과 같은 일반화된 의존관계를 발견하게 된다. 농노와 영주, 가신과 봉건군주, 속인과 성직자. 이러한 인격적 의존성은 물질적 생산의 사회적 관계와 마찬가지로 이러한 물질적 생산의 토대 위에서 세워지는 삶의 다른 영역들 또한 특징짓는다. (…) 따라서 여기에서 인간들이 서로를 마주할 때 쓰는 가면들을 어떻게 판단하든지 간에, 인격들이 그들 각각의 노동과 맺는 사회적 관계는 그럼에도 사물들의, 그러니까 노동생산물들의 사회적 관계로 위장되기는커녕 이들의 고유한 인격적 관계로 나타나게 된다.

공동노동을, 다시 말해 무매개적으로 사회화된 공동노동을 사고하기 위해, 우리는 이 공동노동의 원시적인 자연적 형태로까지 거슬러 올라갈 필요는 없다. (…) 이미 우리는 이러한 공동노동의 하나의 예시를, 즉 자기 자신의 필요[욕구]를 충족시키기 위해 생산하는 농부 집안의 소박하고 가부장제적인 농업industrie이라는 예시를 우리들 매우 가까이에서 찾을 수 있다. (…) 이 예시에서 노동시간에 따른 개별적 힘들[즉 개별 노동력들]의 지출의 척도는 노동 그 자체의 사회적 결정으로 즉각적으로 나타나게 되는데, 왜냐하면 개별 노동력들은 가족의 공동 노동력의 기관organes으로서만 기능하기 때문이다.

마지막으로 기분전환을 위해 공동 생산수단을 갖고 노동하는, 그리고 자신들의 수많은 개별적 힘들을 사회적 노동의 **단 하나의** 동일한 힘으로 (이를 모든 이가 온전히 지각하면서) 지출하는 자유로운 인간들의 공동체réunion를 상상해보자. 로빈슨 크루소의 노동의 모든 결정작용들이 여기에서도 반복되지만, 그러나 여기에서는 이 결정작용들이 **개별적 방식**이 아니라 **사회적 방식**으로 반복된다. (…) 하지만 상품생산에서 일어나는 바와 평행하게, 우리는 각 생산자에게 되돌아오는 생존수단moyens de subsistance의 몫이 이 생산자의 **노동시간**에 의해 결정된다고 전제한다. 따라서 여기에서 노동시간은 다음과 같은 이중의 역할을 수행한다. 한편으로, 노동시간의 사회적으로 계획된 배분은 서로 다른 여러 필요[욕구]와 서로 다른 여러 기능들 사이의 적절한juste 비율을 규제[조절해 확립]한다. 다른 한편으로, 노동시간은 공동노동에서의 각 생산자의 개별 몫part individuelle을 측정하며, 동시에 개인들에게 분배될 수 있는 공동 생산물의 부분portion 속에서 이 각 생산자에게 돌아오는 개별 몫을 측정한다. 여기에서 인간들이 자신들의 노동과, 그리고 자신들의 노동의 생산물과 맺는 사회적 관계는 분배에서와 마찬가지로 생산에서도 단순하고 투명한 것으로 남아 있다."[15]

따라서 상품생산만이 물신숭배에 의해 영향받는다. 상품생산 이외의 다른 나머지 영역에서, 노동분할[즉 분업]의 사회적 관계는 '투명'한 것으로 남아 있다. 하지만 마르크스가 즉시 지적하듯 이러한 투명성은, 역사적으로 존재하는 비-상품적 사회들 내에서, 우리를 생산의 빈약한 발전과 의식적 인간 **개인성**의 부재로 이끄는 **종교적 허상**의 지배를 자신의 상관항으로 지니게 된다. 전통적 생산양식들을 조금씩 조금씩 파괴함으로써, 교환의 발전은 또한 종교적 허상들도 파괴하는데, 그러나 교환의 발전은 이를 대신해 상품형태의 허상, 즉 인간 일반의, 추상적 인간의 근대적 종교로서의 물신숭배를 창조한다.

변증법의 모순들

앞에서 나는 우리의 논의에 그 견고한 토대를 제공하기 위해 '물신숭배' 분석에 관한 마르크스의 텍스트를 문자 그대로 인용했다. 이제 우리는 다음과 같은 이중의 질문을 제시할 수 있다. 1) 어떠한 점

---

[15]   *Le Capital*, 1권, 1장, 4절. (프랑스어 원본에서 번역한 뒤 강신준판 『자본』 1-1의 139~143쪽을 참고하여 조금 수정했으며, 강조는 발리바르의 것이다.―옮긴이)

에서 '물신숭배'에 관한 분석은 마르크스가 『자본』에서 제시한 분석에서 핵심적인가? 2) 또한 마르크스에게서 물신숭배에 관한 고유한 의미에서의 하나의 이론이라는 것이 존재하는가? 만일 존재한다면, 우리는 역사유물론과 그 발전의 관점에서 이 이론에 어떠한 유효범위를 부여해야 하는가?

첫 번째 질문에 대한 답변은 원리적으로 명확하다. 물신숭배에 대한 분석은 '상품형태forme marchandise'와 맺는 그 관계에서 '경제적인 것l'économique'에 대한 정의에 본질적이다. 경제적인 것은 '상품 범주들'과 그 발전의 실천적-이데올로기적 체계로 나타난다apparaît. 하지만 이러한 의미에서 경제적인 것은 마르크스의 '비판'의 대상 그 자체다. 경제적인 것은 현실적인 사회적 관계의 (필연적이면서 동시에 허구적인illusoire) 하나의 표상이다. 근본적으로, 오직 이러한 **표상**이라는 사실로부터만이(하지만 이 **표상**은 필연적으로 이미 상품의 교환자-소유자들 사이에서 **실천적으로** 공유[보편화]되어 있을 것이다[16]) 경제학자들은 '경제적' 관계가 표면적인 자연적 자율성 내에서 그 자체로 나타난다apparaissent는 논점을 추상적으로 정교하게 구성할 수 있다.[17] 따라서 이 표상은 사회적 관계의 **발현**manifestation의 형태 그 자체 내에 포함되어 있을 것이다. 정확히 바로 이것이 (경제학자들이 교환자-생산자

---

16 '실천적으로'는 pratiquement을 번역한 것으로, 프랑스어 단어 pratique를 '실천'으로 옮기는 것은 불가피하면서도 동시에 문제적인데, 이 단어는 한국어의 '실천'이 지니는 뉘앙스보다는 '실제 행해지는 바' 혹은 '행함'이라는 뉘앙스를 더 많이 지니고 있기 때문이다. 여기에서도 이 '실천적으로'는 '실제 이루어지는 방식에서'로 보는 게 더 정확하다.—옮긴이

17 여기에서 '표면적인'은 apparente를 옮긴 것으로, 형용사 apparent에는 '표면적'이라는 의미와 '명백한'이라는 의미가 모두 들어 있다. 물론 이 apparent이 바로 앞에서 설명했던 apparence, 즉 '외양'의 형용사형이라는 것도 염두에 두어야 한다. 또한 이미 지적했듯 여기에서 '자연적'은 '본성적'이라는 의미를 동시에 지니고 있다.—옮긴이

들에게 제시하는 이미지 속에서) 이 교환자-생산자들이 **자기 스스로를/서로서로를 인지할 수 있게 해주는 것이다.**[18] **따라서 마르크스에 따르면 경제적인 것에 대한 이러한 '표상'은 경제적인 것 그 자체에 본질적이며**, 경제적인 것의 현실적 기능작용에도, 그래서 경제적인 것에 대한 개념적 정의에도 **본질적**이다.

따라서 '물신숭배'에 대한 분석(그리고 이 '물신숭배' 분석과 함께 '표상'으로서의 가치형태에 대한 『자본』 1편의 이론 전체)은 하나의 근본 문제가 취하는 지표다. 하지만 (시야에서 절대 놓쳐서는 안 되는 다음 지점에 대해 나는 독자들의 주의를 상기시키고자 하는데) 이 문제는 마르크스가 따랐던 설명/서술 순서 내에서 우리가 이 문제와 맞닥뜨리는 **그 순간에** 완전히 해결될 수 있는 것인가? 전혀 그렇지 않은데, 왜냐하면 우리는 바로 이 순간에[그러니까 아직 1편에서는] 마르크스가 **자본**에 대한 정의를, 다시 말해 '표면'에서는à la surface 상품의 생산으로, 배타적 상품생산으로 발현되는 특수한 **생산양식**에 대한 정의를 여전히 아직 제시하지도 않았고 발전시키지도 않았다는 점을 기억하고 있기 때문이다. **심지어** 마르크스는 경제적 범주들과 자본주의적 생산 사이의 관계가 그 안에서 구성되고 결정되는 장소로서의 총과정 procès d'ensemble에 대한 분석 또한 아직 발전시키지 않았다. 바로 그렇

---

18 '자기 스스로를/서로서로를 인지하다'는 se reconnaître를 옮긴 것으로, 여기에서의 프랑스어 대명동사의 쓰임을 고려한다면 이 교환자-생산자들이 이미지 속에서 자기 스스로를 인지하는 것을 포함해 교환자-생산자들 서로가 서로를 인지하는 것 또한 의미한다고 볼 수 있다. 이를 단순히 '자기 스스로를 인지하다'로 번역해서는 안 되며 조금 더 정확히는 '자기 스스로를/서로서로를 인지하다'로 번역해야 하기에 어쩔 수 없이 가독성을 해치는 방식을 선택했음을 독자들은 염두에 두기를 바란다. 참고로 이러한 '간개인성'(더 나아가 발리바르가 자신의 물신숭배론을 요약하는 핵심어인 '관개체성'으로서의 '상호-대상성')은 물신숭배론의 핵심이기도 하다.―옮긴이

기 때문에 사실 우리에게 나타난 문제는 (바로 이 마르크스의 도움으로) 자본주의적 생산관계의 **재생산**이 취하는 서로 다른 여러 측면들에 대한 연구 속으로 진입할 때에만 명확히 해명될 수 있는 것이다. 왜냐하면 상품형태는 노동생산물의 **유통**이라는 ['토대'의] 수준과 **교환과정**의 형태 그 자체 내에 포함되어 있는 법률적이고 이데올로기적인 '상부구조'의 기능작용이라는 수준에서만 실현되는 것이기 때문이다. 하나의 '사물'의 형태 내에서의 이러한 사회적 관계의 발현—바로 이 관계하에서 사회적 노동이 지출된다—은 **법률적** '인격'으로서의 교환자 그 자체의 발현과 엄격한 상관관계를 맺고 있다. (방금 전에 인용했던 마르크스의 텍스트가 때로는 '직접적'인 형태로, 때로는 '전도된' 형태로 보여주었던) '인격'과 '사물'이라는 반정립적 쌍은 법권리droit와 부르주아 이데올로기의 중핵 그 자체다. 조금 뒤에 우리는 매우 중요한 이 지점을 다시 다루어볼 것이다.

따라서 우리는 물신숭배 분석과 관련된, 그리고 특히 마르크스가 물신숭배의 허상을 제거할 수 있게 해주는 '전치déplacement'의 작동opération과 관련된 첫 번째 사실확인constatation을 제시할 수 있게 된다. 우리가 확인할 수 있듯, 이 구절 전체는 **부르주아 정치경제학이 취하는 범주들**의 형태 그 자체에 의거하는 **상상적 변형**[즉 로빈슨 크루소를 경유한 '사고실험']을 자신의 특징으로 취하고 있다. 특히 마르크스가 의존과 자유, 자생적 교환과 협력적 계획, 인격과 사물, 자연과 사회라는 서로 대립적인 통념쌍을 발전시킬 때 그러하다.[19] 마찬가지로 자신의 생산물 속에서 체현되는 주체의 창조적 행위로서의 인간 노

---

19   이미 지적했듯 여기에서 '자연' 또한 '본성'이라는 의미 역시 지니고 있다.—옮긴이

동이라는 표상의 경우에 그러하다(하지만 다른 곳에서 마르크스는 이 표상을 완전히 거부한다). 로빈슨 크루소에서부터 공산주의 사회의 '자유로운 인간들의 연합'에 이르기까지, 만일 나의 생산물이 나에게(그리고 우리의 생산물이 우리에게) 투명하고 단순하며 신비화되어 있지 않다면, 이는 **내가 스스로 행하는 것** 안에서 나 자신 이외의 다른 것은 전혀 발견하지 않기 때문이다.[20] 그리고 무엇보다도 **척도**mesure라는 통념에 대해 여기에서 마르크스가 행하는 활용에서 그러하다. 이러한 모든 상상적 변형은 '노동 일반'—이 '노동 일반'이 분할된 장소로서의 여러 부문들은 이 '노동 일반'의 특수한 형태들을 실현할 뿐이다—의 자연적이고 명백한 존재로서의 **추상노동**에 대한 표상을 (이 표상의 형성을 설명하기보다는) **전제**한다. 정확히 이것이 몇 줄 뒤에서, 프랭클린과 리카도에 관하여,[21] 마르크스 자신이 정치경제학의 넘어설 수 없는 이데올로기적 **한계**로 한 번 더 지적하고 강조했던 바다.

따라서 이 지점에서 우리는 우리로 하여금 상품형태의 발전을 과학적으로 정초할 수 있게 해주는(마르크스는 과학적 정초라는 이 지점을 끊임없이 강조한다) 분석, 그리고 **노동의 이중적 특징**이라는 개념이 열어젖힌 분석보다 **미달**해 있는 것이다. 하지만 이러한 상상적 변형에서 [앞에서 언급된] 표상들의 단순한 **내적** 작용에 의해 어느 정도는 나타날 수 있는 것은, 그리고 조금이라도 우리가 이 표상들을 마

---

20   물신숭배에 관한 마르크스의 텍스트를 다루었던 그토록 많은 주석가들이, 마르크스가 우리에게 제시하는, 그리고 **그 안에서** (위에서 언급했던) 공산주의적 생산의 '정의' 그 자체가 제시되는 아주 짧고 사소한 '로빈슨 크루소 신화'를 **액면 그대로** 받아들여서는 **안 된다**는 점을 인지하지 못했거나 인지하고 싶어 하지 않았다는 점은 당황스럽다. 그러나 우리의 마르크스 전문가들의 '진지함'은 마르크스의 텍스트에 대한 그들의 너무도 성급한 독해를 통해서만 빛을 발하지 않는가.

21   *Le Capital*, Éditions sociales, 1분책, p. 91, 각주 1.

르크스의 이전 설명과 대면하도록 만든다면 파악할 수 있는 것은, 우리로 하여금 (실정적인) 또 다른 관점으로 나아가도록 요구하는 정치경제학의 부정적 한계들이다. 여기에서 작동하고 있는 '변증법'은 본질적으로 **비판적**이며 **예비적**propédeutique[예비교육적]이다.

하지만 이러한 첫 번째 사실확인constatation은 마르크스의 텍스트가 지니는 난점들 전체를 해명하는 데에도, 마르크스의 이 텍스트가 마르크스주의의 역사 내에서 생산했던 모순적인 이론적 효과들을 설명하는 데에도 전혀 충분하지 않다. 이는 사실이다. 마르크스주의자들은 (노동자운동과 혁명운동에 거대한 손상을 입히면서) **관념론적인** 인식의 철학들 혹은 인류학들로부터만 물신숭배에 대한 분석을 뒷받침할 수 있는 이론적 자원을 취할 수 있었기 때문이다. 역으로, 변증법적 **유물론**의 발전(특히 레닌에게서)은 물신숭배를 '무시'해야만 했다. 이는 사람들을 꽤나 당황케 하는 사실확인이다. 이를 이해하기 위해, 우리는 '물신숭배' 분석의 **맥락**을 고려해야만 하며, 또한 『자본』 1편의 설명 그 자체에 비판적 시선을 던져야만 한다. 따라서 우리는 이 『자본』 1편에서 이 난점에 깊숙이 뿌리박혀 있는 그 근원을 찾아내야만 한다. 하지만 이러한 난점은 마르크스주의의 이론적 발전의 측면에서 계발적이며 비옥한 것이다. 이를 도식적으로 설명해보자.

『자본』 1편에서 마르크스는 그 안에서 자본주의적 사회들의 부가 **나타나는**apparaît, erscheint 형태로부터, 즉 '상품들의 거대한 집적'으로부터 출발한다.[22] **부정관사**des 상품들은 **정관사**la 상품이 아니며 심지

---

[22] 이미 설명했듯, 여기에서 '나타나다'는 '외양'이라는 개념과의 관련 속에서 특수한 의미를 지니는 것이다. 물론 apparence 즉 '외양'을 Erscheinung 다시 말해 '현상'이라고 번역할 수도 있지만, 옮긴이의 개인적인 의견으로는, 그리고 논의가 더 필요한 지점이지만, 『마르크스의 철학』 3장 「이데올로

어 **정관사**la 상품 '그 자체'도 아니다(물론 관념론 철학자에게는 그러하겠지만). 하지만 이러한 현상phénomène으로부터 마르크스는 상품형태라는 **기초형태**를 즉각적으로 추출해내고, 이 상품형태를 자신의 분석의 대상으로 삼는다(**정관사**la **상품은**, 무매개적으로, 교환가치이자 동시에 사용'가치'다). 그렇다면 **어떠한 조건에서** 우리는 **정관사**la 상품을 절대적으로 단순하고 보편적인 기초형태로 간주할 수 있는가?

게다가 마르크스 자신이 우리에게 '이중적 과정을 유효하게[현실적으로] **전제한다는**(그렇지만 이와 동시에 우리가 이 이중적 과정을 **추상**한다는) 조건에서'라고 말한다. 우선 이는, 자본주의적 생산양식의 발전을 선행하면서도 동시에 포함하는 서로 다른 여러 사회구성체들의 역사를 통해, 상품을 **모든** 노동생산물의 보편적이면서도 필수적인 형태로 만드는 것이다. 왜냐하면 생산이 **보편적으로** 상품의 생산일 때에만이 상품들 각자가 자신을 위해 **단순한** 동일형태la même forme simple를, 즉 유일형태uniforme를 소유하게 되기 때문이다(이 동일형태는 『자본』의 도입부에서 분석의 대상이 되는 것이며, 바로 이 동일형태가 우리가 단수 정관사la 상품 그 자체라고 말할 수 있는 것이다). 달리 말해, 다른 텍스트들보다도 「『자본』의 미간행된 장」이 매우 명료히 설명하듯,[23] 상품은 자본주의적 생산이라는 토대 위에서만, 그리고 자본주의적 생산의 경향적 발전이라는 범위 내에서만 부의 일반적 **기초형태다**. 물론 이는 **상품**의 존재(즉 상품의 생산과 유통)가 자본에 선행할 수 있으

기 또는 물신숭배: 권력과 주체화/복종」과 부록 2번 「마르크스의 '두 가지 발견'」에서 옮긴이가 그렇게 했듯 (현상학과의 철학적 이단점을 형성하기 위해) 물신숭배론과 관련해서는 이를 '외양'으로 일관되게 번역하는 게 더 적절할 것 같다(phénomène의 경우 '현상'으로 일관되게 번역).—옮긴이

[23] 불역 U. G. E., 10/18 총서, 1971. (최종적으로는 마르크스가 『자본』 1권에 포함시키지 않은 이 텍스트는 『자본』 6장 혹은 '직접적 생산과정의 결과들'로 불리기도 한다.—옮긴이)

며 자본의 형성 조건들 중 하나일 수 있다는 점을 부정하는 것은 아니다. 하지만 그렇기 때문에 상품의 사회적 형태는 단순simple하지도 유일uniforme하지도(결론적으로 기초적이지도) 않으며, 오히려 이 상품의 사회적 형태는 (『정치경제학 비판을 위하여: 1분책』의 1857년 서문이 이미 설명했듯) 필연적으로 더욱 복잡하고 더욱 불균등하다. 이것이 『자본』 1권 1편이 전제하는 첫 번째 조건이며, 『자본』 1권 1편은 이 첫 번째 조건을 암묵적으로 추상한다.

하지만 이러한 첫 번째 조건의 토대 위에 두 번째 조건이 존재한다. 이 두 번째 조건이란 바로 '외양apparence' 그 자체를 생산하는 사회적 **총과정**ensemble du procès social이다. 그 자체 비판적이고 유물론적인 방식으로 마르크스의 최초의 사실확인constatation을 독해할 때(부르주아적 부는 보편적으로 상품으로 **나타나며**apparaît, 상품 그 자체는 사실적 통일체, 즉 어떠한 필요[욕구]에 조응하는 유용한 대상과 특정한 교환가치의 주어진 통일체, 다시 말해 가치 일반의 표현으로 무매개적으로 **나타난다**apparaît, 혹은 **스스로를 제시한다**se présente), 우리는 '도대체 이러한 외양이란 무엇인가? 도대체 **무엇을 위해** 이러한 외양이 존재하는 것인가?'라는 질문을 제기하지 않을 수 없다. 우리가 이미 알다시피 문제가 되는 것은 자본주의 사회 내에서 모두 동일하게 독립적인 '주체들'(즉 '교환자들', 그러니까 소유자들)로 구성되는 경제적 '주체들' 혹은 오히려 개인들(임노동자들 또한 다양한 자격의 자본의 대표자들과 자본 기능의 담지자들, 혹은 개인 소小생산자들 등등)을 **위한**pour 외양이다. 결국 이는 이 외양이 일상적으로 물질화되는 단순한 개인적 표상들 내에서가 아니라 오히려 **법권리**의, 그리고 법률적이고 경제적인 **이데올로기**의 제도화된 **사회적 형태들**—상품들(과 특수한 상품으로서의 노동력) 사이의 교환이라는 일상적 실천들에 투여되는 그러한 **사회적 형태들**—내에 존재하고 있는 외양에 대한 것이다. 우리가 이미 알고 있듯, 서로가 서로에 대해 평등하며 서로가 서로에 대해 정당성légitimes을 지니고 있는 소유자들 사이의 계약 없이 등가적 가치들 사이의 교환은 존재할 수 없다.[24] 하지만 또한, '의지들 사이의 합의accord des volontés', 그러니까 인격과 (이 인격이 사물들을 소유하고 활용할 수 있는) 자유로운 능력에 대한 이데올로기적 표상 없이 계약은 존재할 수 없다.[25] 따라서 여기에서 전제되는 것은 교환과정에, 더욱 일반적으로는 상품의 유통과정에 직접적으로 내포되어 있는 법률적이고 이데올로기적인 **상부구조** 요소들의 존재와 그 유효성이다. 다시 한 번 더, 마르크스는 이 전제를 추상하고 있다. 즉, 마르크스는 이 전제의 특수한 **효과들**만을 고려하는 것이며, '상품'에 대한 자신의 분석과 함께, 특히 **하나의 과정 내에서의**dans un procès 상품형태의 실현—바로 이 과정의 바깥에서는, 강한 의미에서의 상품이란 **존재할 수 없다**—을(하지만 여전히 이 과정을 "이 과정의 현실적 조건 전체 내에서"[26] 고려하지는 **않으면서** 그러한데, 왜냐하면 이 조건은 그 자체로 생산과정의 사회적 형태에 의존하기 때문이다) 정확히 자신의 대상으로 취하는 2장(2장의 제목은 '교환'인데, 그러나 독일어 제목은 더욱 명확하게도 'Der Austauschprozess'[즉 '교환과정']이다)에서부터 이 효과들을 도입한다.

---

[24] '등가적 가치들'은 valeurs équivalentes를 옮긴 것으로, '등가적 가치'라는 것이 동어반복이기는 하지만 équivalent이라는 프랑스어 단어의 의미를 살리기 위해 그 구절을 있는 그대로 옮겼다.—옮긴이

[25] 여기에서 '소유하고 활용하다'로 옮긴 프랑스어는 disposition이다. 이 단어에는 '처분'이라는 의미의 맥락에서 '소유'와 '활용'이라는 의미가 동시에 들어 있다.—옮긴이

[26] *Le Capital*, 1권, 1분책, p. 181.

이때부터 마르크스의 텍스트 그 자체가, 그리고 이 마르크스의 텍스트를 지배하는commande 추상[즉 앞서 언급한, 전제의 추상]의 매우 특수한 양태가 열어젖히는 두 가지 가능성이 우리에게 제시된다.

　—첫 번째 가능성은, 우리가 이러한 추상을 마르크스가 분석하는 **현실적 대상**에 구성적인 하나의 속성으로 취급하고, 이 추상을 어떤 의미에서는 직접적으로 '실현'하며, 교환과정과 심지어는 상품생산 과정의 현실적 조건에 대한 이후의 분석을 (이 추상 자신 안에 이 추상의 고유한 생산을 위한 조건들을 이미 포함하고 있는) **시초 추상**abstraction initiale의 전개로 제시하는 것이다. 따라서 『자본』의 설명/서술exposition 과 연구/탐구analyse의 순서는 (자신의 시작점 내에 이미 존재하고 있는 자신의 종착점의 존재에 의해 질서 지어진) 지속적이고 목적론적인 하나의 질서로, 추상성(상품의 기초적이고 단순한 형태)에서부터 역사적 구체성(화폐, 그리고 심지어는 자본과 이 자본의 역사적 경향들까지도 포함하는 하나의 복잡한 과정 내로의 이 상품의 삽입)에 이르기까지 상품의 '자기-운동auto-mouvement'의 무매개적 반영에 불과한 하나의 질서로 나타난다.[27] 따라서 상품의[상품이라는] **현상**(두 얼굴을 가진 '사물'로서 이 상품이 지니는 특징, 즉 사용'가치'와 교환가치, 그리고 교환가치로부터 전개된 형태들)뿐만 아니라 심지어 '주체들'(사적 교환자로서의 소유자들) — 이 상품이라는 현상은 바로 이 '주체들'에게 표상되는 것이다—또한 (헤겔식으로 말하자면) 이 상품의 분화와 소외의 지속적 과정 내에서 **상**

27　루이 알튀세르의 「제라르 뒤메닐의 『'자본'의 경제법칙 개념』 서문」의 번역에서 옮긴이는 『자본』의 설명/서술 순서와 연구/탐구 순서와 관련해, exposition을 '설명/서술'로, recherche를 '연구/탐구'로 번역했다. 여기에서 analyse는 recherche의 뜻으로 쓰인 것이다. www.en-movement.net에 수록된 옮긴이의 번역을 참조하라.—옮긴이

품의 자기발현manifestations de soi으로 우리에게 나타나게apparaissent 된다. 드디어 '물신숭배'를 위한 **이론**의 문이 열리게 된다.

개략적이고 국지적으로라고 할지라도 진정 마르크스가 이러한 '물신숭배'를 위한 이론을 발전시켰다는 것(하지만 마르크스가 이 '물신숭배'를 위한 이론을 개략적이고 국지적으로 발전시켰음에도 몇몇 다른 이들은 이 '물신숭배'를 위한 이론을 하나의 보편적 이론으로 만들 정도로까지 이 이론에 더욱 넓은 유효범위를 부여했다), 우리에게 이는[이렇게 두 가지 가능성이 모두 등장하는 것은] 마르크스가 '물신숭배'를 위한 이론을 『자본』 1편의 대상으로, 그리고 자신의 설명/서술 순서의 대상으로 삼고자 했다는 사실에 대한 적절한 지표로서의 역할을 수행할 수 있다.

——**두 번째 가능성**은, 우리가 이러한 추상을 현실적인 것le réel의 무매개적인 하나의 속성으로서가 아니라 **현실과 맺는 그 객체적 관계 내에서의 인식**이 지니는 하나의 속성으로(이 후자는 전자와는 전혀 다른 것이다) 취급하는 것이다. 우리는 현실적인 것이 '추상적'이라고 말하지 않으며, 반대로 우리는 『자본』의 도입부에서 인식이 (특히 이 인식이 갖게 되는, 내부에서부터 정치경제학의 범주들——인식은 이 정치경제학의 범주들에 관한 하나의 규정된 변형을 생산한다——을 **비판**하고 탈절합désarticuler해야 할 필요성에 의해) 추상적이라고 말한다. 다시 말해 인식은 **이론적으로 무로부터** 출발하는 것이 아니라 (인식을 위한 절대적 시작점이란 존재하지 않는다는 점에서) 자신의 역사적 필연성을 지니는 하나의 현존하는 이데올로기로부터 출발하는 것이다. 따라서 우리는 더 이상 '상품' 내에서 자기 자신과 항상 동일한, 그리고 (관념의idéel) 지속적인 개념적 자기-전개auto-développement의 '변증법'을 따라 『자본』

1권 1편의 설명/서술의 처음부터 끝까지 존재하는 [대문자] 주체-대상을 보지 않는다. 정반대로 우리는 마르크스의 분석이 하나의 **새로운 분석대상**—이 **새로운 분석대상**은 이전의 분석대상을 대체하거나 이를 보완하는 것으로, 절대로 이 대상의 ('즉자'에서 '대자'로의 이행 같은) 내적 전개로 환원될 수는 없다—의 정의와 도입에 조응하는 일련의 **단절들**을 필연적으로 내포한다는 점을 확인하게 된다.[28]

이는 마르크스가 '상품의 이중적 측면'에 대한 분석을 '노동의 이중적 특징'—상품은 이 '노동의 이중적 특징'의 생산물이다[29]—에 대한 분석으로, 따라서 **생산의** 사회적 관계의 형태에 의한 상품형태의 결정과 생산과정에 의한 교환과정의 결정으로 **대체**할 때에 그러하다. 마찬가지로, 마르크스가 (그 상대적 형태하에서의) 일반적 등가물과 상품들 전체 사이의 **주어진** 단순한 표현관계로서의 **일반적 가치형태**에 대한 분석[30]을 교환과정에 대한 분석[31]—이 **교환과정**의 법률적-경제적 구조(사적 소유자들 사이의 계약관계의 재생산)는 일반적 등가물로서의 화폐(이 일반적 등가물로서의 화폐는 교환과정에 추상적으로 표상 가능한 유일한 하나의 형태를 부여한다)의 역사적 생산과 코드화codification를 전제한다—으로 **대체**할 때에도 그러하다. 하지만 그렇기 때문에, 한편으로 우리는, 부르주아 경제이론과 경제실천 내에서 경제적 범주들이 이 범주들 자신들에 대항하는, 즉 이 범주들 자신

---

28 피에르 마슈레(Pierre Macherey)가 집필해 『'자본'을 읽자』에 수록한 텍스트가 잘 보여주듯이 말이다. *Lire Le Capital*, 1965, 1973년 재판, Petite Collection Maspero. (한국어 번역으로는 「『자본』의 서술 절차에 대하여: 개념의 노동」, 피에르 마슈레 지음, 김은주 옮김을 참조하라.―옮긴이)

29 *Le Capital*, 1편 1장 2절.

30 Ibid., 1장 3절.

31 Ibid., 2장: "상품은 제 발로 시장으로 갈 수도 없고 스스로 서로를 교환할 수도 없다."

들에 대한 '변호론적' 활용에 대항하는 (이 경제적 범주들에 대한) 비판적 전도의 단순한 하나의 계기로서가 아닌 한에서는 '물신숭배'에 관한 **이론**의 가능성과 더욱이 그 유용성이 사라져버리는 것을 보게 된다. 다른 한편으로 우리는, 역사유물론에 속하는 일련의 **새로운 객관적** 문제들—이 문제들 중 일부는 『자본』에서 생산의 자본주의적 사회관계의 형태라는 이름으로 다루어지며, 반면 다른 일부는 『자본』에서 부분적으로는 다루어지지 않은 채로(예를 들어 화폐형태의 구성의 역사와 이 화폐형태의 법률적이고 정치적인 조건의 구성의 역사, 그리고 부르주아-이데올로기적 지배의 전개과정) 남아 있게 된다—이 **열리는** 것을 보게 된다. 이 문제들에 대한 그 어떠한 해결책도 시초 추상으로부터 순수하고 단순하게 **연역**될 수는 없다.[32] 정확히 바로 이 때문에, (서로에 대해 각기 불균등한 정도로 규정적인) 이 문제들 각자의 위치에 인식을 위한 한걸음이, 추상성으로부터 구체성으로의 한걸음이 대응되는 것이다.

자신의 분석의 시작점에서부터 마르크스가 이 문제들을 명시적으로 완연히 **열어젖혔다**는 점, 이는 마르크스가 『자본』 1권 1편의 대상과 이 1편의 비-목적론적인 변증법적 설명/서술 순서를 제대로 이해하고 있다(다시 말해 제대로 실천하고 있다)는 사실로 인해 우리에게 적절한 지표로서의 역할을 수행할 수 있게 된다.

그렇다면 우리는 이로부터 어떠한 결론을 내려야만 할까? 우리는 대립적인 두 가지 결론에, 그러니까 하나의 모순에 도달하게 된다.

---

[32] '순수하고 단순하게'는 purement et simplement을 직역한 것으로, 한국어로는 어색하지만 프랑스어의 문어에서 매우 많이 쓰이는 표현이다. '순전히' 혹은 '완전히' 정도의 의미로 간주하면 된다.—옮긴이

이는 모순적이지만 그럼에도 하나의 사실이다. 나는 이 글이 제시하는 예비적 분석에서 이를 넘어서는 무언가를 주장할 생각은 없다. 하나의 선언을 통해 혹은 하나의 타협적 논평을 통해 이러한 모순을 제거하고자 하는 것은 마르크스를 탁월한 과학적 혁명을 만들어낸 최초의 장인으로서가 아니라 한 명의 허접한 체계제작자로 환원하는 것이다. 이 모순이 취하는 의미 전체를 고려하는 것, 이는 역사유물론 그 자체의 역사가 지니는 문제들을 제기하기 시작하는 것이다.[33]

물신숭배인가 이데올로기인가

이제 우리는 방금 전에 내가 언급했던, 그리고 더 이상은 우리가 피할 수 없는 질문으로 되돌아와 이를 다룰 수 있다. **이론으로서**, 그리고 나는 이 '이론'이라는 용어를 강조하고자 하는데(마르크스가 제기했던 문제들이 의심의 여지없이 확실히 **존재**하고 있으며, 따라서 이 문제들이 적절한 이론적 개념들을 적용하는 증명적démonstrative 해답을 요구한다는 점을 분명히 표시하기 위해서 말이다), '물신숭배'라는 **정의** 그 자체를 포함하는 마르크스의 설명은 진정으로 **유물론적**인가? 우리는 마르크스의 설명을 유물론적인 것으로 **언제나** 간주할 수 있는가? 중대

---

[33] 1883년에 집필한 마르크스의 최후의 텍스트 「아돌프 바그너의 정치경제학 교과서에 대한 난외주석」에서 소묘된 정식화들을 제외한다면, 마르크스는 이 모순을 절대로 완전히 해소할 수는 없었으며, 이는 그로 하여금 『자본』 1권 1편을 (때로는 혼자서, 때로는 엥겔스와의 공동작업을 통해) 끊임없이 수정하도록 강제했다. 바로 이 모순이 존재하기 때문에 『자본』 1권 1편이라는 텍스트가 과학적 이론의 하나의 실험실로서뿐만 아니라 철학적이고 심지어는 문학적인 매우 위대한 하나의 텍스트로서도 존재하는 것이다.

한 모순들을 제기하지 않으면서도, 그리고 진정한 이론적 장애물들을 만들어내지 않으면서도, 마르크스의 설명은 역사유물론의 문제설정과 양립 가능한가? **나는 그렇게 생각하지 않는다.** 자신의 다른 텍스트들로부터 세심하게 분리해 고립시켜놓은 '물신숭배'에 관한 마르크스의 텍스트로부터, 그리고 이 텍스트에 대한 반복된 이용/착취 exploitation를 통해 자신들의 주장의 권위를 끌어내는 인간주의적 철학, 심리사회학[사회심리학] 그리고 인류학으로의 회귀라는 일상적 경험 때문만이 아니라, 이는 또한 무엇보다도 특히 마르크스의 물신숭배론의 이론적 설명 내에서 실현되는 문제설정의 **내적** 특징들 때문이기도 하다. 그런데 이러한 문제설정은 이 문제설정이 불안정하고 모순적인 만큼 더욱 흥미로운, 최종적인 수준에서는 전前마르크스주의적인 하나의 **철학적** 문제설정의 규정된 변형태일 뿐이다.

만일 이러한 주장이 정당한 것이라면, 아주 단순히 이는 이 특수하지만 결정적인 지점에서 마르크스가 자신이 투쟁해온 이데올로기와 여전히 완전하게 단절하지는 못했다는 점을 의미하는 것이다. 우리는 절충주의적인 방식으로 이 상황을 '관념론적' 명제들과 '유물론적' 명제들 사이의 하나의 병치로, 하나의 불완전함으로 사고해서는 안 된다. 이와는 반대로 엄밀한 방식으로 우리는 이 상황을 **하나의 유일한** 문제설정—이 문제설정의 이론적 형태는 이 모순 그 자체로부터, 그리고 이 모순의 전개 '수준degré'으로부터 도출된다—내에 존재하는 유물론적 입장과 관념론적 입장 사이의 필연적으로 불안정하고 일시적인 모순으로 사고해야만 한다. 이 지점에 관한 마르크스의 작업 내에서, 『자본』 내에서조차 이 이데올로기와의 객관적이고 확정적인 단절은 존재하지 않았으며(따라서 이 이데올로기가 포함하고 있는 관념론과의, 그리고 최종적인 수준에서는 이 이데올로기의 효과를 지배하는 관념론과의 단절 또한 존재하지 않았다), 단지 이 이데올로기의 **형태상의 변화**만이, 관념론에 내적인 '비판'의 한 형태에 대한 발견만이 존재했다. 이러한 형태는 역사유물론의 구성 과정 내에서 필수적인 역할을 수행했다. 하지만 이 형태는 (이 형태가 비판하는 이데올로기, 즉 부르주아 이데올로기라는 정확한 의미에서) 이데올로기적인 것으로 남아 있다. 원리적으로[근본적으로], 이러한 상황은 그 자체 놀라운 것도 추문적인 것도 전혀 아니다. 그리고 심지어 만일 우리가 이를 제대로 성찰하고자 한다면, 이러한 상황은 우리의 관점에서 보자면 (모든 과학적 이론이 그러하듯, 하지만 역사유물론만의 고유한 형태하에서의) 역사유물론의 구성 과정의 변증법적 특징을, 다시 말해 모순적이고 불균등하며 항존하는 변증법적 특징을 보여주기까지 한다.

왜 우리는 '물신숭배론'이 하나의 이론으로서 이데올로기적이며 관념론적 효과를 생산한다고 주장할 수 있는 것일까? 이는 사실 '물신숭배론'이 이데올로기에 관한 유물론적 이론과 이데올로기들의 역사에 관한 유물론적 이론의 장애물로서 존재하고 있으며 역사적으로 그러한 장애물로서 존재해왔기 때문에, 그러니까 이데올로기적 효과를 설명하기 위해 이 유물론적 이론이 요구되는 정확히 바로 그 지점에서 이 이론의 장애물로서 존재하고 있기 때문에 그러하다. 이제서야 드디어 우리가 점점 파악하기 시작했듯, 이데올로기적 효과(즉 사회적 실천에 의해 그리고 사회적 실천 내에서 객관적으로 생산되는 암시allusion와 허상illusion의, 인정reconnaissance과 오인méconnaissance의 효과)는 하나의 실정적 **원인**에 의해, (계급투쟁 내에서 역사적으로 구성되는) **이데올로기적인**(법률적·도덕적·종교적·미학적·정치적 등등) 진정한 **사회적 관**

계의 존재와 기능작용에 의해 설명될 수밖에 없다. 이 **이데올로기적인 사회적 관계**는, 비록 '최종심급에서는' 생산관계에 의해 결정된다고 하더라도, 생산관계와는 현실적으로 구별되는 특수한spécifiques 사회적 관계다. '현실적으로 구별된다'는 것은 개별적인particuliers 이데올로기적 장치들 등등에 의존하는 특수한spécifiques 실천들 내에서 실현되고 물질화된다는 점을 의미한다.[34]

　물론 이데올로기적인 사회적 관계에 대한 이러한 이론적 개념화는 실천 속에서 자신에 대한 증명을 획득한다. 이러한 이론적 개념화는 프롤레타리아가 이데올로기적인 사회적 관계(이 이데올로기적인 사회적 관계는 물론 **관계**rapports 그 자체의 자격으로 허상들을 생산해내지만, 그 자체 허구적illusoires이지는 않으며 단순한 '허상들illusions'이 아니라 하나의

---

[34]　이 점에 대해서는, Louis Althusser, "Idéologie et appareils idéologiques d'État"(이데올로기와 이데올로기적 국가장치들), *La Pensée*, n. 151, 1970년 6월을 참조하라. 알튀세르는 p. 26과 그 이하에서 다음과 같이 주장했다. "**이데올로기는 물질적 존재(existence)를 가진다.** 이미 우리는 (이데올로기를 구성하는 것으로 보이는) '관념들' 혹은 '표상들' 등이 이상적·관념적·정신적 존재가 아니라 물질적 존재를 갖고 있다고 주장함으로써 이러한 테제를 간접적으로 다루었다. 심지어 우리는 '관념들의' 이상적·관념적·정신적 존재가 '관념'에 대한 하나의 이데올로기에, 정관사(la) 이데올로기에, 그리고 더 추가하자면 여러 과학들의 출현 이래로 이러한 개념화를 '정초하는 것으로 보이는 바에 대한 하나의 이데올로기에, 즉 여러 과학들에서의 실천가들이 자신들의 자생적 이데올로기 속에서 진실된 혹은 거짓된 '관념들'로 표상하는 바에 대한 하나의 이데올로기에 배타적으로 속한다고 주장하기까지 했다. 물론 하나의 주장의 형태로 제시된 이러한 테제는 그 자체 증명된 것은 아니다. 단지 우리는 사람들이 이 테제에 (말하자면) 유물론이라는 이름으로 순전히 호의적인 판단을 내려주기를 요구할 뿐이다. (…) '관념들' 혹은 다른 '표상들'의 정신적이지 않고 물질적인 존재에 대한 이러한 가설적 테제는 우리의 분석 내에서 이데올로기의 본성을 규정하기 위해 진정 필수적이다. (…) 이데올로기적 국가장치들과 그 실천들에 대해 언급하면서, 우리는 이 장치들 각각이 하나의 이데올로기의 실현이라는 점을 지적했다(종교적·도덕적·법률적·정치적·미학적 등등의 이러한 서로 다른 여러 국지적 이데올로기들 사이의 통일은 이 이데올로기들의 지배이데올로기 아래로의 종속을 통해 보증된다). 따라서 우리는 다음과 같은 테제를 다시 취하고자 한다. 하나의 이데올로기는 항상 하나의 장치, 그리고 이 장치의 실천 혹은 실천들 내에 존재한다. 이러한 존재는 물질적이다." (이미 지적했듯 여기에서도 '실천'은 '행하는 바' 또는 더 나아가 '관행' 등의 의미로 이해하는 것이 뉘앙스를 파악하는 데에 도움이 된다.─옮긴이)

물질적 현실이다)의 존재와 필연성을 발견하는 장소인 계급투쟁의 실천 내에서 증명된다. 이와 동시에 프롤레타리아는 이 관계 속에서 이 이데올로기적인 사회적 관계의 필연성뿐만 아니라 이 관계를 변형할 수단도 발견한다. 더욱이, 이러한 개념화는 이미 **마르크스에게서** 소묘된 바 있는데, 그러나 『자본』 내에서보다는 정치적 투쟁의 특정한 정세들에 따라(즉, 이미 『공산주의자 선언』의 3부에서, 그 이후에는 『프랑스에서의 계급투쟁』 『루이 보나파르트의 브뤼메르 18일』 『프랑스 내전』 등등에서) 소묘되었다. 하지만 이러한 개념화는 프롤레타리아 혁명이 강제하는 **이데올로기적인 사회적 관계의 변형이라는 실천적 경험들**과 함께해야만 (이것이 전제하는 모든 난점들과 암중모색의 과정들을 통해) 마르크스주의의 역사 내에서 자신의 형태와 일관성을 취하게 된다.

완벽히 명료한 방식으로 설명해보자. 역사적으로 프롤레타리아가 스스로를 조직화하기 시작하고 자신들의 계급투쟁 내에서 '의식적인' 프롤레타리아 이데올로기를 발전시키기 시작하자마자, 필연적으로 프롤레타리아는 하나의 물질적인 사회적 투쟁으로서 이데올로기적 투쟁을 실천하게 된다. 하지만 경우에 따라 다소간 이를 수도 있는 사회주의 혁명의 발전이라는 과정 자체 내에서, 그리고 서로 상이할 수 있는 국민적 형태들하에서(하지만 그럼에도 하나의 과정의 전형적인 **내적 모순들**이 생성하는 주요 효과하에서), 생산관계와 경제적 토대전체 내에서의 혁명이 보증되고 전개되기 위해, 사회의 이데올로기적 상부구조의 형태들 또한 '혁명화'하는 **정치적** 필연성이 돌발할 때에, 이데올로기적인 사회적 관계의 본성과 이 관계의 역사는 또한 필연적으로 **이론적** 문제가 되기도 한다. 따라서 유일하게 이러한 특수한 혁명적 변형—이 변형 자신의 대상과 고유한 법칙을 지니고 있는

(물론 이 대상과 법칙이 고립되어 있는 것은 전혀 아니지만)—만이 자신의 명백한 이름dénomination explicite을 획득할 수 있다. 그래서 레닌은 혁명-이후 소련에서의 사회주의 건설을 위한 투쟁의 중심에서, '후진적인' 러시아 프롤레타리아와 모든 생산자들의 기술적이고 정치적인 교육을 위해, 당과 국가의 민주화를 위해, 또한 당과 국가의 관료제적 편향에 대항하기 위해, '문화혁명'이라는 통념을 도입한다. 이는 오늘날 중국에서 사회주의 혁명이 다시 취해 적용하고 체계적으로 개진하고 있는 통념이다. 그 어떠한 마르크스주의자도 현실적인 사회적 관계의 앙상블로서의 이데올로기에 대한 **이론**(오늘날에 이르러서야 이제 겨우 **그 문이 열린** 이론)이 (역사적으로) 이 관계의 유효한 변형을 위한 **실천**에, 그리고 이 이데올로기에 대한 이론이 제기하는 문제들에 의거할 필요가 있다는 점에 놀라지는 않을 것이다.[35]

이데올로기에 대한 그 어떠한 (마르크스주의적인) 유물론적 이론도 생산과 국가에 대한 유물론적 이론이라는, 이 이데올로기에 대한 유물론적 이론에 선행하는 토대 없이는 존재할 수 없다. 하지만 우선 이 생산과 국가에 대한 유물론적 이론은 부르주아적인 경제적(이고 정치적인) 이데올로기들에 대한 비판을 함의하고 있다. 비-마르크스주의적인, 여전히 이데올로기적인 '물신숭배'에 관한 '이론'은 마르크스가 머나먼 곳에서 그 토대를 마련했을 때에도 여전히 불가능했던 이데올로기에 대한 이론의 부재 속에서 경제적 이데올로기를 비판하기 위해 그가 치러야만 했던 대가였다.

'물신숭배'에 관한 이론은 다음과 같은 두 가지 근본 특징에서

---

[35]　거의 대부분 ensemble을 '전체'로 옮겼으나, 이 구절에서는 「포이어바흐에 관한 테제」에서 마르크스가 제시한 표현인 '사회적 관계들의 앙상블'을 고려해 '앙상블'로 음독했다.—옮긴이

이데올로기적인 사회적 관계와 그 역사에 대한 이론[즉 이데올로기론]
과는 구별된다.

　—첫 번째로, 물신숭배론은 오인과 인정을 상품유통의 하나의
'구조의 효과'(혹은 형태의 효과)로, 교환구조 내 **주체로서의** 개인들이
상품에 **대하여**par rapport à 점하는 **자리**로부터 이 개인들에게 미치는
단순한 효과로 만들어버린다.

　—두 번째로, 물신숭배론은 상품 그 자체를 (가치의 '실체'가 사회
적 노동이라는 점에서) 이러한 오인의 '대상'으로, 상품형태의 '자기-전
개auto-développement'로부터 결과하는 **상품 자신의 오인의 기원 혹은** [대
문자] **주체**로 형성한다. 바로 여기에 『자본』 1편 전체에 걸쳐(이 『자본』
1편은 헤겔적 설명/서술 방식에 행한 마르크스의 '불장난'의 거의 유일하면
서도 특권화된 장소다) 마르크스가 **정관사**la 상품을 [대문자] 주체로 표
상했던(처음에는 사회적 노동과 동일한 '즉자'로서 표상하고, 그다음에는 교
환 내에서의 그 '대자'적 본질을 발현하며, 마지막으로는 일반적 등가물로서
의 화폐의 구성 내에서 '즉자-대자'로서 표상하는) 방식의 직접적 결론이
있다. 따라서 이는 마르크스가 **정관사**la 상품의 추상적(보편적)임과
동시에 구체적인, '그 어떠한' 노동생산물의 '그 어떠한' 일상적 교환
내에서도 무매개적으로 존재하고 있는 형태를 '논리적으로' 전개했던
방식의 결론인 것이다.

　따라서 물신숭배에 관한 **이론**은 고전철학 내에서 (하지만 그 당시
의 이론적 정세에서 무매개적인 **유물론적 효과들**을 생산함으로써 결정적인
역사적 역할을 수행했던 그 '비판적' 변형태와 함께) 우리가 발견할 수 있
는 다른 발생들과 비교 가능한, **주체의** (철학적인) 하나의 **발생**genèse으

로 『자본』에서도 여전히 남아 있다. 여기에서 이 발생이란 '소외된' 주체로서의 주체의 발생이다. 결국 이는 오인으로서의 인식의 발생 혹은 그에 대한 이론이다.

바로 그렇기 때문에, 헤겔적-포이어바흐적 문제설정 내에서 마르크스가 이를 언표한 이후로, 이러한 물신숭배에 관한 이론이 인간주의적 문제설정 내에서(항상 의식conscience과 의식화prise de conscience의 철학임과 동시에 '사물화'와 소외의 철학인 이러한 인간주의적 철학들을 보라), 그 이후로는 (매우 기이해 보이기는 하지만) 구조주의적인 혹은 더욱 일반적으로는 형식주의적인 문제설정 내에서 열광적으로 다시 취해지고 발전될 수 있었던 것이다. 결국 그 당시 마르크스의 문제설정은 [「포이어바흐에 대한 테제」와 『독일 이데올로기』의 집필로 대표되는] 역사유물론의 구성(1844~1846)의 시기에 그가 정교하게 발전시켰던, 헤겔과 포이어바흐에 관한 그만의 독창적인 하나의 **결합**이었던 것이다. 더욱 정확히 말해, 알튀세르가 지적하듯, 이는 '포이어바흐 **내에서의** 헤겔'이라는 결합이다. (현실 속에서의 개념의 결정화détermination와 객관화인) 헤겔적 소외는 포이어바흐적 소외 **내에서** 사고된다(이 포이어바흐적 소외는 관념들의 천상 내로 현실적 인간 본질을 투사하는 것인데, 이 관념들의 천상에서 현실적 인간 본질은 낯선[소외된]étrangère 형태로, 전도된 형태로 현실적 인간에게 되돌아온다). 이러한 철학적 결합 내에서, '헤겔주의'는 정확히 **과정**procès을, 심지어는 '역사적' 과정을, 하지만 여기에서는 어느 한 주체(이 경우에는 포이어바흐적 의미에서의 소외된 주체)의 발현 과정—이 과정 내에서 본질과 속성이 맺는 '현실적' 관계는 '전도'된다—을 의미한다.[36] 그런데, 지나치는 김에 지적하자면, '구조주의'는 이러한 결합의 엄격한 이론적 **등가물**이다. 그렇기 때문에 결국

구조주의가 **인간주의와 동등한** 것이다(그리고 현재의 정세에서, 이 구조주의와 인간주의는 사이좋게 양립하고 있으며 서로 결합해 자신의 후예들을 산출하고 있다). 왜냐하면 (구조적) **자리**place라는 질문은 (인간적) **주체**라는 질문과 등가적이기 때문이다. 만일 사회적 관계(특히 교환관계)의 체계 내에서 하나의 자리를 차지한다는 단 하나의 동일한 사실이 이 체계의 하나의 관점, 하나의 표상, 결국에는 하나의 **의식**(심지어 그것이 '잘못된/거짓된fausse' 의식이라고 해도)을 정립하고 이 체계를 이 사실 홀로 설명한다면 말이다.

결과적으로, 상품물신숭배론은 상품유통에 의해(근본적으로는 이 상품유통의 법률적 구조에 의해) 내포된 특수한 이데올로기적 효과들에 대한 과학적 설명을 방해할 뿐만 아니라, 상품물신숭배론은 이 유통 혹은 구조의 혁명적 변형을 진정으로 사고하지 못하도록 방해한다. 상품물신숭배론은 사회적 관계의 '투명성'이 상품적 범주들의 폐지의, 즉 상품 폐지의 **자동적** 효과라고 믿게끔 우리를 오도한다(게

---

36   이 점에 관해서는 1965년의 『마르크스를 위하여』와 1969년 마스페로 출판사에서 증보 2판이 출간된 *Lénine et la philosophie suivi de Marx et Lénine devant Hegel*(레닌과 철학 및 헤겔 앞에 선 마르크스와 레닌)에 실린 알튀세르의 텍스트들을 참조하고자 한다. 또한 1968년 마스페로 출판사에서 출간한, 장피에르 오지에(Jean-Pierre Osier)의 **서문**이 실린 포이어바흐의 *L'Essence du christianisme*(기독교의 본질)이라는 텍스트를 참조하고자 한다. 한 번 더 반복하자면, 마르크스주의자들은, **포이어바흐**를 독해하고 **연구**하기로 결심하지 않는 한, '마르크스의 철학'이 제기하는 질문들이든 이 '마르크스의 철학'의 변형의 단계들이든 그 무엇도 이해할 수 있는 기회를 갖지 못했다. 포이어바흐에 대한 독해와 연구를 통해 마르크스주의자들은 특히 마르크스의 '발견들'을 포이어바흐로부터 유래하는 것으로 오해하는 일을 피할 수 있을 것이며, 마르크스주의자들은 **어떠한 의미에서**, 어떠한 조건들하에서 그리고 어떠한 형태들하에서 변증법적 유물론의 발전이 '주체없는 과정'이라는 중심적 범주를 축으로 하는 '헤겔로의' 비판적 '회귀'라는 길을 취할 수 있었고 취해야만 했는지를 이해할 수 있을 것이다. 물신숭배에 관한 마르크스의 텍스트 내에서 부인할 수 없이 존재하는 포이어바흐의 흔적은 포이어바흐적 **종교**이론에서 직접적으로 차용한 **전도** 혹은 전도된 반영이라는 통념, 우리가 이미 확인했듯 정확히 마르크스로 하여금 '물신숭배'와 종교 사이의 **유비**를 주장하고 그다음 이 '물신숭배'와 종교 사이의 상호적인 역사적 대체의 관계를 주장하도록 해주는 통념의 활용 그 자체다.

다가 이는, 비록 이 효과가 즉각적인 것은 아니라고 해도, 토대에 대한 이데 올로기적 상부구조의 '지체'라는 유명한 문제 같은 해결 불가능한 다른 문제들을 야기하기까지 한다). 문자 그대로 이해한다면, 상품물신숭배론은 이데올로기 **일반**에 관한, 이데올로기 일반의 일시적인 역사적 역할에 관한 철학적 이론이다. 상품물신숭배론을 믿는다면, [갑작스레 도래한] 어느 좋은 날에 계급적 이데올로기가 더 이상 존재하지 않게 될 뿐만 아니라, 생산이 하나의 **직접적인** 사회적 조직화를 **발견**하게 되어 더 이상 상품도 그러니까 교환도 존재하지 않을 것이므로, 더 이상 이데올로기 자체가 존재하지 않게 될 것이다. 소외의 존재 이후 도래하는 소외의 폐지인 것이다.

로자 룩셈부르크는 자신의 강의 『정치경제학 입문』[37]에서 '상품 생산'이란 무엇인가를 설명하고자 할 때 이러한 유토피아의 토대를 이루고 있는 허상의 논리(그런데 이 유토피아에 대해 잘 성찰해본다면 우리는 이것이 '물신숭배'의 논리 그 자체라는 점을 파악할 수 있다!)의 탁월한 하나의 예시를 의도치 않게도 우리에게 제공해준다.

"공동노동 없이, 다시 말해 계획화되고 조직화된 노동 없이는 그 어떠한 사회도 존재할 수 없다. 우리는 각 시대마다 존재하는 가장 다양한 형태의 공동노동의 형태들을 발견했다. (…) 현재 우리 사회에서, 우리는 이 공동노동의 형태들의 흔적을 발견하지는 못한다. 지배도, 법도, 민주주의도, 계획의 흔적도 조직화의 흔적도 발견하지 못한다. 이는 결국 무질서anarchie인 것이다. **그렇다면 도대체 어떻게 자본주의 사회는 존재 가능한 것인가?**

---

[37] U. G. E., 10/18 총서, Paris, 1971, p. 214 이하. (국역본으로는 『정치경제학 입문』, 로자 룩셈부르크 지음, 황선길 옮김, 박종철출판사, 2015를 참조하라.—옮긴이)

자본주의적 바벨탑이 어떻게 구축되었는지를 파악하기 위해, 노동이 계획화되고 조직화된 어느 하나의 사회를 잠시 새롭게 상상해보자. 즉 노동분할이 매우 진전된, 공업과 농업이 분화되어 있을 뿐만 아니라 이 공업과 농업 각각의 내부에서 각 개별 부문이 개별 노동자 집단의 전문 영역이 되는 그러한 사회를 상상해보자. (…) 따라서 이 사회 전체는 모든 종류의 노동과 생산물을 갖추고 있다. 이 생산물은 상당한 정도로 전 사회의 구성원에게 이익을 제공하고 있다. 왜냐하면 노동은 공동의 노동이며, 이 노동은 어떠한 권위에 의해 계획적 방식으로 배분되고 조직되기 때문이다. (…) 이러한 사회의 경제는 우리에게 완전히 투명clair하다(…)(왜냐하면 이 사회의 경제는 이 사회 전 구성원의 '필요'와 이 전 구성원의 '공동 의지'의 조화, 즉 협력작용jeu concerté에만 준거하고 있기 때문이다)."

따라서 로자 룩셈부르크는 '어느 좋은 날에' 공동 소유를, 그러니까 인간들 사이의 공동노동과 공동의지를 사라지게 만들었던 '재앙'의 역사(즉 하나의 아름다운 신화[허구])를 이야기해준다. 이 재앙은 '자연상태'로부터 '사회상태'로의 이행—이 이행 바깥에서는 이 사회상태가 설명 가능하지도 않으며 인지 가능하지도 않은 그러한 이행, 그래서 비록 **실제로는** 발생한 적이 전혀 없지만 우리가 결과적으로는 가정해야만 하는 이행—을 설명하기 위해 『불평등 기원론』에서 루소가 언급했던 재앙과 정확히 동일한 이론적 지위를 점하고 있다. 그 **무엇도 변하지 않은 것**이면서 동시에 **모든 것이 변한 것**으로서의 이러한 재앙이라는 사실로부터 말이다. 그 무엇도 변하지 않은 것인데, 이에 대해서는 다시 한 번 나는 로자 룩셈부르크를 인용하고자 한다. "이처럼 홀로 남아 그 누구로부터도 도움 받을 길 없는 이 모든 인간들은 도대체 무엇을 할 것인가? 이 모든 인간들은 무엇보다도 (⋯) 이 전과 정확히 동일하게 노동할 것이다." 노동분할을 통해 자신들의 필요[욕구]의 다양성을 충족하기 위해서 말이다. 하지만 모든 것이 변한 것인데, 최소한 이 사회적 노동의 **외양**[겉모습](과 이 외양이 자기 자신에게 나타나는 방식)이 변한다.[38] "이제 전체tout는 존재하지 않으며, 각각은 각각을 위해서만 존재한다." 외양은 이 외양이 본질을 반박하는 한에서만 본질을 실현한다. (자신들의 필요에 의해) 인간들 모두는 서로가 서로에게 의존한다. 하지만 인간들은 모두 서로가 서로에 대해 "자유롭게 독립적"이다. 이러한 이상적 '모순'의 해결책, 그것은 바로⋯ 교환─[방금] 우리는 바로 이 교환의 역사적 필연성을 [앞에서와 같이] 연역해냈다─이다.

이렇듯 순수성의 특징을 지니는 로자 룩셈부르크의 예시 속에서 우리는 어떻게 마르크스 자신의 단어들 속에서 관념론의 회귀가 종종 가능했는지를 이해할 수 있게 된다. 노동의 사회적 분할 과정 그 자체가 지배하는commande, 상품교환이 발전되어 보편화règne되어 있는 현실의 자본주의 사회는 그 사변적 모델로부터만이 필연적으로 설명될 수 있는 하나의 이상적 사회의 **전도** 이외에는 그 무엇도 아니다(로자 자신이 '과정이 전도된다'라고 말한다). 하지만 이 이상적 사회는 하나의 사회인가? 그리고 전도된 것의 **되돌림**redressement[다시 전도해 올바르게 교정함]이라는 관점─이를 통해 자본주의 사회는 (자신이 진정으로 상실했던 것은 아닌) 사물들의 본질과 조응하는 자신의 원초적

---

38 이미 지적했듯, 여기에서 '외양'은 apparence를 번역한 것이며, 맥락상 '겉모습' 혹은 '표면'이 변화한 것이라고 독해할 수 있다. 바로 뒤에 등장하는 '나타나는'은 apparaître를 옮긴 것인데, 역시 이미 지적했듯 이는 '외양'의 의미인 apparence의 동사형이다.─옮긴이

투명성(그러니까 자신의 조화)을 **되찾을 것이고** 이를 통해 이데올로기적 '가면'의 존재가능성까지도 제거할 것이다—은 교환이라는 부르주아 이데올로기의 특수한 하나의 형상과는 다른 것인가?(이 형상에서 시장 내에서 발생하는 우연들은 항상 이 시장의 본성에 본질적인 어떠한 하나의 질서, 계획, 균형, 조절, 조화를 실현하기 위한 것으로 이해된다)

우리의 논의를 더욱 멀리 밀어붙여보자. 로자 자신의 설명에서 그가 마르크스가 『자본』의 도입부에서 행했던 것과는 **다른 것을** 행한다는 점은 명확하다. 마르크스가 정확히 말해 부르주아 이데올로기에 어떠한 의미에서는 이 부르주아 이데올로기 자신의 말을 부여함으로써(하지만 부르주아 이데올로기는 인정할 수 없는 다른 토대 위에서 이 말을 다시 취하기 위해서 말이다) 이 부르주아 이데올로기의 한계를 **드러냈던**exhibat 곳에서, 로자는 경제적 범주들이 만들어낸 신화[허구]를 프롤레타리아의 과학적 '정치경제학'에 대한 자신의 설명의 토대로 형성한다. 따라서 로자는 마르크스의 설명의 교육적이고 비판적인 이점을 상실하기까지 하는 것이다. 로자는 그녀가 물신숭배라는 **이름**을 사용하면 할수록 '물신숭배'와 그 이데올로기적 신비화의 **현실**이라는 나락 속으로 더욱더 확실하게 떨어져버리고 만다. 하지만 그는 『자본』 1편을 **독해**해냈으며 그것도 정말 잘 독해해냈다. 이로부터 우리는 로자의 물신숭배론에 대한 이러한 활용이 어떠한 의미에서는 자신의 이론을 정초하는 바를 발견할 수 있었다(그리고 여전히 발견하고 있다)고 결론 내려서는 안 되는 것일까? 혹은 더욱 정확히 말해, 이로부터 우리는 로자의 물신숭배론에 대한 이러한 활용이 물신숭배를 **배제**하고 물신숭배를 확정적으로 금지하는 바를 **문자 그대로** 발견할 수는 **없었다**고(하지만 다른 곳에서는 이 배제되고 확정적으로 금지된 것이 명시적으로 나타나는데, 노동력 착취, 잉여가치의 착출extraction 그리고 이 착출이 취하는 역사적 형태들에 대한 분석을 '갑작스러운 재앙'의 효과를 통해 '공동의지'의 '전도'로 끌어오자! 그렇게 한다면 이번에는 적지 않은 지적 오류와 왜곡이 불가피하게 존재할 것이다) 결론내려서는 안 될까? 실제로 이것이 바로 『자본』 1권의 1편에서 일어나는 바이며 이 『자본』 1권의 1편에 대한 분기하는 여러 해석들이 역사적으로 존재할 수밖에 없다는 점을 설명해준다(그러나 물론 이것이 이 해석들 모두가 객관적으로 정당하다는 것을 의미하는 것은 아니다).

나는 '상품형태'의 구조를 체계적으로 다양한variés 생산양식들로 이루어진 더욱 일반적인 구조로 대체함으로써, 그러니까 상품유통 내에서의 개인들의 '자리place'를 '전체tout'의 구조 내에서의 그리고 이 전체에 대한par rapport à 개인들의 자리로 대체함으로써, 결국 이를 통해 '물신숭배'의 적용점을 **변화시킬**faire varier 수 있는 가능성을 정립함으로써 이 이데올로기적 원환으로부터 근본적으로 탈출할 수 있다고 생각하지 않는다. 왜냐하면 이로 인해 (잉여적이라는[불필요하다는] 이유에서) 인지 불가능한 것으로 남는[버려지고 마는] 것은 이데올로기적 관계의 물질적 변형이라는 (혁명적 실천이라는 하나의 특수한 실천 같은) 하나의 **사회적 실천**, 즉 이 관계의 변별적 현실이기 때문이다. 만일 허상의 효과가 개인을 **주체**로 구성하는 '전체tout' 내에서의 **(이 개인을 위한) 자리의 효과**라면, 허상의 제거는 비록 허상이 전체라는 구조에 의해 사회적으로 조건 지어진다고 하더라도, 그리고 비록 서로 유사한 자리를 점하는 수많은 개인들이 '수만 번' 반복한다고 하더라도, 항상 하나의 주관적/주체적 행위une affaire subjective에 불과할 것이다. 즉, 이는 **또 다른** 자리의 효과 혹은 **자리에 대한** 의식화prise de conscience의 효과에 불과할 것이다.

달리 말해, 물신숭배론은 '주체'라는 통념이 (물신숭배론 이전에 우선은 이미 법률적 이데올로기의 중심에서 정교하게 구성된) **하나의 이데올로기적 통념**이라는 점을 절대로 진정으로 사고할 수 없다. 반면 물신숭배론은 '주체'라는 통념을 **이데올로기적인**de l'idéologie '과학적' 개념으로, (사실은 이데올로기적인 사회적 관계가 '주체'의 이데올로기적 형태를 설명하는 것임에도) 이데올로기적인 사회적 관계를 우리가 설명할 수 있게 해주는 것처럼 보이는 그러한 개념으로 만들어버리는 것 같다.

2. '최종심급에서의' 결정과 '이행'에 관하여

이제 나는 '최종심급에서의 결정'이라는 질문으로 되돌아오고자한다. 『'자본'을 읽자』[39]에서 나는 다음과 같이 주장했다.

"따라서 문제는 (…) 다음과 같다. 주어진 어느 한 시기에서 사회적 구조 내의 결정적 심급은 어떻게 결정되는 것인가? 다시 말해, 생산양식의 구조를 구성하는 복수의 요소들 사이의 **결합**combinaison 의 하나의 특수한 양식은 어떻게 (…) 최종심급에서의 결정의 자리를 결정하는가? 다시 말해, 생산의 하나의 특수한 양식은 어떻게 [사회적—발리바르] 구조의 다양한 심급들이 이 심급들 사이에서 맺는 관계를 결정하는가, 곧 결국 이러한 구조의 **절합**을 어떻게 결정하는가?"

그리고 조금 더 뒤에서, **자본주의적 지대의 발생**에 관한 마르크스의 텍스트[40]에 대해 분석한 뒤 나는 다음과 같이 주장했다.

"마르크스의 이 텍스트에서 우리는 (…) 경제에 의한 최종심급에서의 결정이라는 정의의 원리(마르크스에게서 명시적으로 존재하고 있는

---

[39]   p. 105.
[40]   *Le Capital*, 8분책, pp. 171~172.

원리)를 도출해낼 수 있다. 서로 다른 구조들 내에서, 경제는, 결정하는 자리를 점하는 사회적 구조가 지니는 심급들의 구조를 결정한다는 점에서, 결정적이다."[41]

이러한 정식화들은 알튀세르가 자신의 텍스트 「모순과 과잉결정」에서 역사적 **정세**와 관련해 이미 제시했던 주장을 다시 취하고자 시도하며 또한 이 주장을 일반화하고자 시도한다.[42] 바로 이로부터, 약간의 단순화와 함께, 결정, 지배, 지배의 전치déplacement라는 용어법이 유래하는 것이다. 하지만 이러한 '일반화'는 하나의 중대한 오해가 만들어지는 장소이기도 하다.

'모순과 과잉결정'에 관한 알튀세르의 텍스트는 몇몇 정식화들의 임의적 특징에도 불구하고 다음의 지점을 명확히 보여준다. 역사의 '변증법'은 **발전**의 사이비-변증법(우리가 읊조릴 수 있는 그 모든 부정에도 불구하고 선형적이며 목적론적인, 따라서 우리가 읊조릴 수 있는 모든 '유물론적 전도'에도 불구하고 선-결정적인prédéterminé 사이비-변증법)이 아니며, 그 대신 이 역사의 '변증법'은 '계급투쟁'의 현실적 변증법—이 현실적 변증법의 물질적 구조는 선형적 발전, 진보 그리고 목적의 형태로 환원 가능하지 않다—이다.[43] 따라서 이는 노동자운동의 **실천**이 우리에게 가르쳐주듯, 서로가 서로에 대해 그 통일성에서 현실적으로 구별되는(하지만 분명apparement 하나의 '본질'과 이 본질의 단수 '현

---

41 *Lire Le Capital*, p. 110.

42 *Pour Marx*, op. cit.을 참조하라. (국역본으로는 『마르크스를 위하여』, 루이 알튀세르 지음, 서관모 옮김, 후마니타스, 2017을 참조하라. ―옮긴이)

43 여기에서 '발전'은 développement을 옮긴 것으로, 이미 지적했듯 모순과 관련해서는 '전개'로도 옮길 수 있는 단어다. 참고로 '진보'는 progrès를 옮긴 것으로, 여기에서 '선형적 발전'과 '진보', 그리고 '목적' 모두 '목적론적 의미의 변증법'을 지시하기 위한 단어들이다. ―옮긴이

상' 혹은 복수 '현상들'로 구별되는 것은 아닌), 계급투쟁의 **서로 다른 측면들**의 변증법이다. 경제적 측면(경제적 계급투쟁)은 역사적 정세에 따라 불균등하게 발전된, 불균등하게 결정적인, 하지만 절대로 **자기 혼자만으로는** 혁명적 효과들을 생산할 수 없는, (이 계급투쟁의 서로 다른 여러 측면들 중의) **하나**일 뿐이다. 그러나 이는 **모든** 역사적 시기에서 (지배적 생산양식이 무엇이든 정세가 어떠하든) 계급투쟁 **전체**ensemble 가 그 물질적 조건에 의해 결정된 채로 남아 있지 못하게 하기는커녕 오히려 그렇게 남아 있도록 요구하기까지 하는 것이다. 왜냐하면 사회계급 그 자체는, 혹은 더욱 정확히 말해 계급투쟁—이 계급투쟁 내에서만 그리고 이 계급투쟁에 의해서만 계급들이 존재한다—은 물질적 생산과정의, 그리고 생산의 물질적 조건의 재생산과정의 전제와 결과로서만 역사적 현실성을 지니기 때문이다. ('경제적' '정치적' '이데올로기적') **계급투쟁의 실제적으로 구별되는 각 측면이 자신의 물질적 조건에 의존하는 특수한 방식을 각각의 역사적 시기마다 정의하고 연구하는 것, 정확히 이것이 바로 역사유물론의 대상이다.**

바로 이 알튀세르의 텍스트로부터(그리고 이 텍스트 바로 뒤에 이어지는, 이 텍스트를 보완하는 역할을 수행하는 「유물변증법에 관하여」로부터), 만일 우리가 이 텍스트를 주의깊게 독해한다면, 우리는 완전히 정당한 다음과 같은 하나의 테제를 결론으로 이끌어낼 수 있다. **각각의 구체적인 '사회구성체'의 변형과정, 다양한 사회구성체들의 현실적인 상호의존**[의 관계]을 (각 사회구성체의 변형과정의 **내적** 과잉결정의 형태를 이 상호의존[의 관계]에 부여함으로써) 내포하는 과정만이 현실적 역사변증법을 지닐 수 있다는 테제. 달리 말해, '사회구성체들'은 단순히 '구체적인' 장소(혹은 환경)—그 **내부에서** 하나의 일반적이고 추상적인 변증법이 '실현될' 장소(예를 들어 자본주의 일반으로부터 사회주의 일반으로의 이행, 혹은 자본주의 '발전'의 하나의 일반 단계에서 다른 하나의 일반 단계로의 이행)—이기만 한 것이 아니라, 사실은 (계급투쟁의 역사를 진정으로 포함하고 있는 유일한 대상이라는 이유에서) 스스로를 변형하는 **유일한** 대상이라는 테제. 이 지점은 결정적이다. 나는 알튀세르가 **레닌**의 정치적 실천에 대한 분석으로부터, 그리고 이 **레닌**의 정치적 실천에 대해 성찰하는 텍스트들로부터 출발해 이러한 방향으로 나아갈 수 있었던 것이 전혀 우연이 아니었다는 점을 덧붙이고자 한다. 왜냐하면 레닌은 이 지점에 대해서는 마르크스보다 더욱 명시적일 뿐만 아니라, 심지어는 역사유물론의 몇몇 정식화들에 대한 (시간이 지남에 따라 더욱 의식적으로 행해지는) 진정한 하나의 정정—이 정정으로부터 레닌 이후를 살고 있는 우리는 역사유물론의 이론 전체를 끊임없이 다시 취하고 발전시키며 잠정적으로는 정정까지도 할 수 있는 것이다—을 자신이 직접 수행하기 때문이다. 이에 대해서는 조금 뒤에서 다시 다루도록 하겠다.

　이제는 앞에서 이미 언급했던 『'자본'을 읽자』에서 내가 제출했던 정식화들의 문제로 돌아와보자. 알튀세르의 관념[아이디어]을 '일반화'하고자 하는 이 정식화들의 시도 속에서, 이 정식화들이 이 알튀세르의 관념의 적용점을 변경한다는 점은 명백하다. 알튀세르에게서 역사적 '정세'—실천 속에서 **장악**해야만 하는 것이 바로 이 역사적 '정세'다—를 다루는 역할을 수행했던 것을 나의 정식화들은 **생산양식들 간의 비교**에 적용한다. 이 정식화들은 '지배관계dominante'의 변이variation 혹은 전치déplacement를 생산양식들의 형태들(혹은 유형들)에 대한 하나의 비교분석, 심지어는 하나의 비교이론으로 형성한다.[44]

내가 수행한 이러한 전치는 많은 결과를 산출해낸다. 이 전치는 알튀세르가 도입했던 '토픽'('복잡한' 사회적 '전체'의 심급들의 토픽la topique des instances du tout social complexe)이라는 개념의 활용 전체와 함께하는 하나의 모호성을 도입할 뿐만 아니라,[45] 또한 대상, 즉 이 토픽이 우리가 이 대상의 변증법을 분석할 수 있도록 해주어야만 하는 그러한 대상을 다시 한 번 새롭게 변형시킨다. 따라서 이제 문제가 되는 것은 더 이상 사회구성체들이 아니라, (다시 한 번 새롭게) **오로지** 생산양식들, 다시 말해 여전히 '추상적'인 하나의 일반성 — 현실에서 이 '추상적' 일반성 수준에서의 사회구성체들은 개별적이고 구체적인 '실현'의 자격으로서만 나타난다 — 뿐이다. 이는 우리를 일반적 유효범위를 지니는 다음과 같은 하나의 문제로 인도한다.

---

[44] dominante, 즉 '지배관계'라는 번역어는 알튀세르 연구자 서관모의 선택을 따른 것인데, 이 번역어에 대해서는 『마르크스를 위하여』, 루이 알튀세르 지음, 서관모 옮김, 후마니타스, 2017에 실린 옮긴이 서관모의 번역어에 관한 부록을 참조하라. — 옮긴이

[45] 특히 프로이트가 서구의 철학 전통으로부터 차용해 활용했던 **토픽**(topique)이라는 용어는 개념적으로 조정된 하나의 공간적 은유에 따라 현실의 서로 다른 측면 혹은 정도에 할당된 상대적 **장소**들의 도식을 지시한다는 점을 나는 상기시키고자 한다. 고전철학은 플라톤의 '기하학적 선'이나 데카르트의 '나무'와 같이, 철학(그리고 지배적인 위치를 점하고 있는 철학 그 자체)과의 대비 속에서 (par rapport à) 인식의 '정도들'을 **위치 지으려는** 목적을 특히 지니는 다수의 (관념론적) 토픽들을 갖고 있다. 『정치경제학 비판을 위하여: 1분책』의 서문에서, 마르크스는 사회적 관계의 앙상블이 이 사회적 관계의 경제적 '토대'(즉 '구조')에 의해 '최종심급에서 결정된다'는 점을, 그리고 정치적이고 이데올로기적인 '상부구조'의 반작용이 그 현실과 유효성을 지닌다는 점을 기입하는 장소로서의 최초의 **유물론적** 토픽을 구축했다. 『마르크스를 위하여』와 『'자본'을 읽자』에서, 알튀세르는 이러한 토픽에 의해 표상된(그리고 역사유물론에 의해 발전된) '사회적 전체'라는 개념화가 어떻게 하나의 유일한 원리 혹은 하나의 유일한 관념 위로 중심화된 표현적 총체성(totalité expressive)이라는 헤겔적인 관념론적 개념화와 근본적이고 급진적으로 구별되는지를 보여주었다. 또한 이 『마르크스를 위하여』와 『'자본'을 읽자』에서 알튀세르는 토픽이 함의하는 (사회적 심급들의 현실적 차이, 최종심급에서의 결정, 불균등 발전, 과잉결정된 인과성 같은) 변증법적 범주들을 발전시키려 시도했다. (참고로 한국 인문사회과학계에서 '토픽'은 '장소론'으로도 많이 번역된다. — 옮긴이)

'생산양식들'에 관한 하나의 '일반이론'이 존재하는가?

개별 생산양식들—마르크스는 이 개별 생산양식들 중에서 자본주의적 생산양식을 자세히 분석했다—에 대한 **이론**이 그 자체로 생산양식들에 대한 하나의 **일반이론**, 생산양식 **일반**에 **대한**, 그리고 이 생산양식의 잠재적 '변형태들에 **대한** 하나의 이론일 수밖에 없는 그러한 하나의 **일반이론**에 속한다는 관념이 여기서 갑작스레 출현한다. 그런데 간단히 말하자면, 이 일반이론은 유형학적인 혹은 구조주의적인 영감 속으로 굴러 떨어질 위험을 지니는, 모순이 없지 않은 이론이다.

이 일반이론에는 모순이 없지 않은데, 왜냐하면 (물론, 그리고 구조주의가 자생적으로 내포하게 되는 실증주의적 입장들과는 대립적으로) 이 '일반이론'이라는 관념(혹은 유혹)을 강한 의미로 받아들여야 하기 때문이다. '모델들'에 관한 하나의 단순한 체계로서가 아니라 현실 역사에 대한 진정한 **설명들**을 제시해주는 하나의 이론으로서 말이다. 이러한 관점에서, '요소들'의 작용_jeu_의 변이(즉 다양한 결합combinaison variée)가 **이 변이 그 자체를 통해** 역사적 효과들을 설명할 수 있다는 점을 이해해야만 한다.

하지만 여기에는 더욱 근본적이고 중대한 문제가 존재한다. 이 문제란 이러한 관점 속에서는 사회구성체 내에서의 '심급들'에 대한 명명 그 자체가 (『'자본'을 읽자』에 실은 나의 텍스트의 도입부에서 그 당시 내가 정당하게 가정했던 바와는 반대로) 역사적 분석의 **요소들로서의 불변의 본질**을 새롭게 지시하는 경향을 지닐 수밖에 없다는 점이다.[46] 명료한 용어로 말하자면, 이는 '경제적' 현상들 서로가 **통합된**

하나의 본질이 존재할 것이라는 점을, 또한 그 역사적 변형에 선재하는, 달리 말해 계급투쟁의 효과하에서 그 결정과정에 선재하는 '정치적'이고 '이데올로기적'인 현상들의 본질이 존재할 것이라는 점을 의미한다. 이는 충분한 일반성의 수준에서, 하지만 그럼에도 역사적 인과성과 규정된 **효과들**을 설명할 수는 있는 정도의 일반성의 수준에서, '**경제적**'이라는 용어가 봉건제 생산양식과 자본주의적 생산양식 내에서 **동일한 의미**를 지닐 것이며, 사실은 어떠한 생산양식에서든 상관없이 **동일한 의미**를 지닐 것이라는 점을 의미한다. 간단히 말해, 이는 부르주아 정치경제학과 부르주아 역사기술historiographie의 이데올로기적 전제들로 회귀할 위험을 지닌다. 이러한 유혹이 마르크스에 대한 비판이 취하는 모든 '역사주의적' 해석을 피하기 위한, 그래서 결국에는 (레닌의 은유를 따르자면) '막대를 다른 방향으로 구부리기' 위한 나의 작업으로부터 기인한다는 점에는 의심의 여지가 없다. 그렇지만 막대는 무분별하게 구부러뜨릴 수 있는 것이 아니며, 다음과 같이 표현할 수 있다면, 이 막대 구부리기의 공간은 단순한 하나의 평면이 아니다. 물론 나 스스로가 빠져버린 이러한 오류는 우연에 의한 것이 전혀 아니며, 이 형태 혹은 다른 유사한 형태들하에서 이

46　"결합들(combinaisons)에 대한 이러한 과학은 하나의 **조합**(combinatoire)이 아니다. 이 조합 내에서는 요인들(facteurs)의 자리와 이 요인들 사이의 관계만이 변화하며 이 요인들의 본질은 변하지 않는데, 그래서 이 조합은 전체의 체계에 **종속**될 뿐만 아니라 또한 **무차별적**이다. (…) 생산양식들에 대한 하나의 **선험적**(a priori) 과학은 (…) 결합의 '요인들'이 내가 열거했던 개념들 그 자체(='생산관계'+'생산력'—발리바르)라는 점을, 이 개념들은 하나의 구축물의 요소들(éléments)을, 하나의 역사의 원자들을 **직접적으로** 지시한다는 점을 전제할 것이다. 실제로 (…) 이 개념들은 구축의 요소들을 우리가 역사적 분석의 **적절성들**(pertinences)이라 부를 수 있는 것으로 매개적으로만 지시한다. (…) 역사 일반은 존재할 수 없다고 하더라도, 역사과학의 일반 개념들은 존재한다." *Lire Le Capital*, 2분책, pp. 113~114.

러한 오류가 현실적인 하나의 난점의 지표라고 주장할 수 있을 거라고 생각한다. 아래에서 나는 이 문제로 다시 돌아오고자 한다.

실제로는, 마르크스의 **일반적**(혹은 **형식적**) 개념들(즉 '생산력'과 '생산관계', '토대'와 '상부구조'—이 '상부구조'는 그 자체로 '법률-정치적' 구조와 '이데올로기적' 구조가 절합된 것이다—, 그리고 이것들 간의 통일체를 구성하는 '조응'과 '모순'의 관계들)은 마르크스가 정의한 이론적 분석 내에서 작동하는 '역사유물론'의 **일반적 문제설정**—나는 '이론'이라고 말하지 않고 '문제설정'이라고 말한다—을 지시하게 만들 뿐이며 어떤 의미에서는 이 **일반적 문제설정**을 형식적으로 **방향설정**해 줄 뿐이다. 마르크스의 이러한 **일반적** 개념들은 '역사유물론'의 내용까지 **예상**할 수는 없다. 논리적으로 말해, 이는 우리가 기껏해야 다음을 주장할 수 있을 뿐이라는 점을 의미한다. 좁은 의미에서의 생산양식을 특징짓는 모순적 결합(규정된 '생산관계'와 '생산력'의 결합)의 (사회적) **형태가 변화**할 때, '경제적' 심급 혹은 '정치적' 심급 혹은 '이데올로기적' 심급이 역사적으로 개입해 들어오는 그러한 조건, 다시 말해 '경제적' '정치적' '이데올로기적'으로 특수한 계급투쟁들이 하나의 복잡한 통일체의 형태로 **구성**되고 연결되는 그러한 조건, 그리고 이 계급투쟁들이 **그 스스로 결합된 효과들**을 생산하는 그러한 조건 **또한** 규정된 방식으로 필연적으로 **변화**한다고. 바로 그렇기 때문에, 모든 경제주의가 주장하는 바와는 반대로, 생산양식이라는 개념이 마르크스에게서, 심지어 추상적 수준에서라고 하더라도, **토대와 상부구조 모두**에 속하는 결정요소들의 복잡한 **통일체**를 지시하는 것이다. 그러나 우리는 그 형식적 특징들로 인해 주어진 이러한 결합의 단순한 소여로부터 그 어떠한 방식으로도 이러한 구성의 양식을,

고려된 사회적 관계의 역사적 경향들과 기능작용의 과정을, 계급투쟁의 서로 다른 측면들 간의 결합의 법칙을 **연역**해낼 수 없다. 바로 그렇기 때문에 우리는 '잠재적인'[미래에 존재할 수 있을] 생산양식들을 [추상적인 방식으로 혹은 인위적인 방식으로] **발명**해낼 수는 없는 것이다.

만일 이 지점에서의 이러한 이론적 미끄러짐에 책임이 있는 것이 무엇이냐고 질문해본다면, 우리는 무엇보다도 특히 '**결합**combinaison, Verbindung'**이라는 용어**가 다음과 같은 완전히 서로 다른 두 관점에 따라 이중적 의미[방향]로 취해질 수 있다는 점이라고 말할 수 있을 것이다.

첫 번째 의미에서, 우리는 역사유물론이, 이 역사유물론이 규정된 어느 한 생산양식을 분석할 때, 우선 생산의 사회적 '요인들' 간의 특수한particulière 하나의 결합(더욱 정확히 말하자면, 하나의 결합 과정) — (역사적으로 주어진 하나의 토대 위에서) **생산관계 그 자체의 효과 하에서 그리고 그** (사회적) **형태 내에서** 이러한 결합이 항상 유효화된다는 점을 지시한다는 조건에서 '생산관계와 생산력 사이의 결합'으로 우리가 기술할 수 있는 그러한 결합 — 을 정의하고 설명하는 것을 자신의 대상으로 지닌다고 지적해야만 한다. 달리 말해, '생산력'을 (이 '생산력'이 그 안으로 **환원 가능하지 않은**) 생산관계로부터 **구별**하는 것이 필수적이라고 할지라도, '생산력'이 규정된 생산관계와(혹은 생산관계 내에서) 이 생산력 자신과의 결합의 효과하에서만 그 자체로서 (즉 자연에 대한 물질적 **변형과 전유**의 체계로서) 존재한다는 점을 지적해야만 한다.[47] 이것이 바로, 추상적으로 간단하게 말해, 『자본』, 그중에서도 특히 『자본』 1권의 대상인 것이다.

하지만 이 첫 번째 의미[첫 번째 정식화] 곁에 이와는 완전히 다른 두 번째 의미[두 번째 정식화]가 존재한다. 이는 역사유물론의 **이론**이 서로 다른 상황들에서 생산양식 그 자체에 관해서만큼이나 (사후적인 방식으로) 구체적인 사회구성체들에 관해서도 서로 구별되는 측면들 간의 **결합**combinaison**을 통해**(헤겔을 따라 마르크스는 이를 '다수의 결정요소들 간의 종합synthèse de multiples déterminations'이라고 말했다) 앞으로 나아간다는 관념이다. 솔직히 말하자면, 이 두 번째 정식화는 정확히는 이러한 이론의 형식적 특징이 물질적 대상, 즉 이 이론이 우리로 하여금 이론적으로 '전유'할 수 있게 해주는 물질적 대상의 특징들에 대한 인식을 단순히 예상할 뿐이라는 점에서 잠정적일 수밖에 없다. 어쨌든 이 두 가지 정식화들은 말놀이를 하지 않는 한, 혹은 오히려 역사유물론에 대한 일종의 [초월론적] '메타-역사'로 은밀히 이행하지

---

47 아르장퇴이유(Argenteuil) 중앙위원회 앞에서 행한 발표에서(*Cahiers du communisme*, 1966년 5~6월, p. 69 이하를 참조), 앙리 주르당(Henri Jourdain)은 『자본을 읽자』에 실은 내 텍스트를 이 지점에서 생산력을 생산관계로 **환원**한다고, 그리고 생산관계를 "배타적으로까지는 아니라고 해도 너무 일면적으로 우선시한다"고 비판했다. 그렇지만 주르당의 주장과는 달리 오히려 실제로 혼동을 일으키는 것은 바로 생산적 결합 내에서의 생산관계의 근본적 **우위**를 내가 명료히 사고하지 않았다는 점이다. 우위는 하나의 현실적 구분을 내포한다. 하지만, 이와 상호적으로, 생산력과 생산관계 사이의 현실적 구분은 근본적인 생산관계의 우위 **없이는** 진정으로 사고될 수 없다. 왜냐하면 마르크스주의의 관점에서 이러한 구분은 생산관계와 생산력 사이의 **모순**, 그리고 이 모순의 전개와 다른 것이 전혀 아니기 때문이다. 그런데 강한 의미에서 이러한 모순은 적대적 생산관계(이 모순은 바로 이 적대적 생산관계의 효과다)의 우위 바깥에서는 이해 불가능하다. 따라서 이를 통해 우리는 왜 (**마르크스주의 내부의 경제주의**의 특권화된 형태인) '생산력의 우위'라는 정반대의 테제가 필연적으로 생산관계에 대한, 그리고 이 생산관계를 대상으로 하는 과학적 연구(일반적으로 생산수단에 대한 소유의 법률적 형태들에 대한 단순한 참조로 대체되고 마는 과학적 연구)에 대한 순수하고 단순한 **제거**로 이어지고 마는지를 이해할 수 있게 된다. 최근 필립 에르조그(Philippe Herzog)가 *Politique économique et Planification en régime capitaliste*(자본주의 체제에서의 경제정책과 계획화)의 p. 37에서 행했듯 사람들이 『자본』 1권을 '과대평가'함으로써 초래하게 되는 위험들을 언급할 때, 우리는 이것이 **다른 그 어떤 곳에서도 아니라** 정확히 바로 『자본』 1권에서 그 어떠한 모호함도 없이 자세히 분석된, 생산관계의 근본적 우위에 대한 것이라는 점을 명확히 인지해야 한다.

않는 한, 서로 혼동될 수 없을 것이다. 여기에서도 역시 '좌익적으로' 즉 경험주의로, 혹은 '우익적으로' 즉 형식주의로 빠지지 않고 올바른 노선 위에 서기 위한 외줄타기를 하면서 우리가 분석해야만 하는 것은 바로 **현실 대상**과 **개념**(혹은 **인식의 대상**) 사이의 엄격한 구분이다.

'시기구분'[48]에 대한 이데올로기적 문제설정인가, 과학적 문제설정인가?

하지만 이를 통해 우리는 **마르크스주의**의 **역사** 자체 내에 **존재했던** 이전 난점들의, 게다가 이전의 몇몇 혼동의 근원이 무엇인지 우리에게 깨닫게 해줄 수 있는 훨씬 더 심원한 무언가를 건드리게 된다.

『'자본'을 읽자』에서 나는 마르크스의 '생산양식' 개념의 구축이 어떻게 역사적 '시기구분'에 관한 마르크스주의적이지 않은 기존 문제설정을 **사실상**en fait 근본적으로 **변형**하는지를 보여주기 위해 노력했다. '생산양식' 개념의 구축을 통해 마르크스는 하나의 형식적인 이데올로기적 **선험성**a priori을 하나의 과학적 문제—이 과학적 문제의 해결은 바로 (규정된 사회적 관계의 체계들 그리고 사회적 관계의 **이행** 혹은 변형에 의해 정의된 과정들 그 자체의 체계들 내에 포함되어 있는) **모순적 경향들**에 대한 인식이다—로 변형한다. 따라서 여기에는 '시기구분'에 대한 **두 가지 통념**이, 혹은 오히려 '시기구분'이라는 통념에 대한 두 가지 활용—하나는 (볼테르나 헤겔 등등의) 역사에 대한 부르주아

---

48 '시기구분'은 périodisation을 옮긴 것으로, 조금 직역한다면 '시기화'로 옮길 수도 있다.―옮긴이

이데올로기에 속하는 것이고, 다른 하나는 마르크스주의적이고 과학적인 것이다—이 존재하는 것이다.

하지만 이러한 설명démonstration에서 『'자본'을 읽자』에 실은 나의 텍스트가 하나의 오류 혹은 오히려 하나의 편향을 내포한다는 점 또한 명백하다. 이 편향은 '생산양식'이라는 개념을 '역사유물론'의 하나의 '근본 개념'으로 간주했다는 점에 관한 것이 전혀 아니다. 왜냐하면 우리는 옳았던 것 **이편으로**[즉 미달 혹은 퇴보의 방향으로], (역사유물론의 구축물 전체가 의존하는) 마르크스의 이론적 혁명 이편으로 되돌아가지 않도록 주의해야만 하기 때문이다. 이 이론적 혁명이란 바로 착취라는 **필연적 형태를 취하는** 물질적 생산양식으로서의 자본주의와의 관계 속에서, 그리고 이 자본주의의 역사적 경향들과의 관계 속에서 생산양식 개념을 정의하는 것이다. 이 이론적 혁명이 아니라, 편향은 오히려 내가 행했던 활용으로 인한 것이며, 사태가 변화할 경우 이 편향은 결국 경제주의로 이어질 가능성이 있다.

도식적으로 다음과 같이 말해보자. 우리는 나의 텍스트[49]의 주요 목표가, '이행'(transition 혹은 passage[50])(더욱 명료히 말하자면, 사회혁명)이 하나의 진화évolution를 '부정의 부정'이나 '양질전화' 등의 언어로 번역한다고 할지라도 진화주의적évolutionniste 방식으로는 **설명될 수 없다**는 점을 보여주는 것이라고 말할 수 있다. 이 텍스트의 목표는 이행이 원리적 이유에서 단순한 지양dépassement, 생산양식 그 자체 내부에서 관찰 가능하며 이 생산양식의 특징적 생산관계의 발전을 가

---

[49] Lire Le Capital에 실린 내 글인 4장 '이행 이론을 위한 요소들', p. 178 이하에서 분석했다.

[50] transition과 passage 모두 구분 없이, 그리고 그 구분이 불필요하다고 판단했기 때문에 '이행'으로 옮긴다.—옮긴이

능케 하는 **선형적** '경향들'의 '내적' 결과가 (**비록** 이 발전이 동시에 모순 그리고 **위기**의 발전이라 할지라도) 전혀 아니라는 점을 보여주는 것이었다. 어찌 되었든 '외적' 효과는 여기에서 배제되어 있는데, 왜냐하면 역사적 과정의 **외부란 존재하지 않기** 때문이다. 마오는 레닌을 따라 변증법의 하나의 '법칙'(즉 하나의 원리적 테제)을 제시하면서 이 점을 상기시키고 있다. "사물들과 현상들의 발전의 근본 원인은 외적이지 않고 내적이다."[51] 하지만 우리가 명료히 해야 할 것은 정확히 바로 이러한 **내적** 모순의 구조적 양태modalité, 단순한 선형적 발전으로 환원 불가능하게 되었을 때의 구조적 양태다. 『공산주의자 선언』 이래로 마르크스는 이 구조적 양태의 주요 측면, 즉 자본주의적 생산관계의 구조(하지만 이 자본주의적 생산관계의 단순한 재생산으로 **환원 가능하지 는 않은** 그러한 구조) **내에서** 계급으로서의 **프롤레타리아**가 점하는 모순적 위치 그 자체를 자신의 대상으로 삼았다.

따라서 이론적 관점에서 우리는 [『'자본'을 읽자』에 수록한 나의 텍스트에서] 이행이 생산양식—이 경우에는 자본주의적 생산양식—이라는 (추상적) 개념 안에만 포함되어 있는 형태들과는 **다른** 물질적 조건들과 사회적 형태들에 대한 분석을 요구한다는 점을 보여주어야만 했다. 혹은 심지어는 이행이 자본주의적 생산관계 **단 하나만이** 아니라 **다른 관계하에서도** 자본주의적 생산양식의 발전이 (재)생산하는 물질적 결과들과 사회적 형태들에 대한 분석 또한 요구한다는 점을 보여주어야만 했다.

하지만 역설적이게도 『'자본'을 읽자』에 실은 내 텍스트에서의 이

---

[51] *De la contradiction*(모순론)을 참조하라. (국역본으로는 『마오쩌둥: 실천론·모순론』, 마오쩌둥 지음, 슬라보예 지젝 엮음, 노승영 옮김, 프레시안북, 2009를 참조하라.—옮긴이)

러한 '증명démonstration'은 (생산양식 그 자체에 관해서도, 그리고 감히 다음과 같이 말할 수 있다면, 동시에 '비-이행non-transition'의 기간들에 관해서도) 단순하고 선형적인, 그렇기에 **이미-결정된** '내적' 발전 혹은 운동dynamique의 존재를 인정하는 것을 그 핵심으로 취했다. 그러한 발전은 **기원에서부터**dès l'origine 구성되어 있는 바로서의 자본주의적 생산관계의 순수한 '양적' 증가와 단순한 확대재생산일[확대재생산을 의미하는 것에 불과할] 것이다. 다소간 주기적인 '위기'로 해소되는, 하지만 생산관계의 본성 그 자체를 문제 삼지는 않는, 자본의 축적과 실현의 과정 그 자체에 내재하는 모순들과 함께 말이다. 이로 인해 나는 '혁명적 기간'(이행)과 '비-혁명적 기간'(비-이행) 사이의 기계론적 구분으로 나아가는 경향을 취하게 되었다. 달리 말해, 만일 내가 강한 의미에서의 하나의 '역사'(그 구체적 형태들이 취하는 **필연적** 현실에서 **예상 불가능한** 것으로서의 '역사')의 특징들이 이 '이행'에 존재하고 있다는 점을 인정해야만 했다면, 이는 '비-이행'에 (강한 의미에서의) 하나의 역사의 형태가 존재한다는 점을 거부하고 이를 우리가 원하든 원하지 않든 경제주의의 도식으로 환원한다는 조건에서만 그러했던 것이다.

따라서 이러한 개념화는 불가피하게도 [알튀세르가 『'자본'을 읽자』에서 비판했던] '시기구분'이라는, 많은 이들에게서 현재 통용되는 실천을 뒷받침하는 이데올로기, 우리가 근본적이고 급진적으로 비판해야만 하는 그러한 이데올로기 그 자체의 수인囚人으로 남아 있었다. 실제로 이 개념화는 역사라는 통념과 '이행'이라는 통념을 **'동일시**identifier'하는 것으로 귀결되었다. 간단히 말해, 모든 것이 역사적이기 때문에(이것이 바로 많은 이들에게서 현재 통용되고 있는 역사주의다) 모든 것이 항상 이행transition이며 이행의 과정 내에en transition 있다고 말하는 대신[즉 역사주의와는 달리, 하지만 역사주의와 마찬가지로 오류를 내포하는 방식으로], 나는 (혁명적) 이행이 존재할 때에만이 현실적 역사가 존재하며, 모든 시기가 이행의 시기인 것은 아니라고 주장했던 것이다. 덧붙여 말하자면, 이는 시기구분에 의해 이미 전제된 **선험적** 형태로서의 시간의 선형적-경험적 표상을 적용하는 두드러진 하나의 예이기까지 하다.

'재생산' 개념의 지속적 모호성

하지만 특히 이는 내가 사회적 관계의 '재생산'이라는 통념에 존재하는 모호성으로부터 탈출하는 데에 성공하지 못했다는 점을 의미한다. 나는 이 '재생산'이라는 개념으로 한편으로는 생산 그 자체에 의해 변형되고 부분적으로는 파괴된 **생산조건의 (재)생산**의 사회적 형태를, 다른 한편으로는 주어진 생산관계의 자기 **동일성** 즉 영원성을 **동시에 모두** 지속적으로 사고했다.[52] 결론적으로 나는 다음과 같이 말했다. 마르크스의 분석 내에서 자본축적의 경향—그리고 이윤율의 경향적 저하도 포함하여 이 자본축적의 경향으로부터 결과하는

---

[52]   참고로 *Lire Le Capital*, 2분책에서 나는 다음과 같이 주장했다. "재생산이라는 개념(은—발리바르) 이러한 구조의 영원성에 의한 생산운동의 필연적 결정이라는 개념이다. 이는 체계의 기능작용 그 자체 내에 존재하는 시초적 요소들(éléments initiaux)의 영원성이라는 개념이다."(pp. 176~177) 그리고 조금 더 뒤에서는 다음과 같이 주장했다. "(정역학적statique 그리고 동역학적dynamique이라는—발리바르) 이 개념쌍은 (…) 구조의 내적 관계에만 유일하게 의존하는 것으로서의 운동을, 이 구조의 **효과**로서의 운동을, 다시 말해 **시간 내에서의 이 구조의 존재**를 우리로 하여금 이해할 수 있게 해준다. 이 운동에 대한 인식은 우리가 고려하고 있는 역사적 생산양식에 고유한 형태 내에서의 생산과 재생산이라는 개념 이외의 그 어떠한 다른 개념도 내포하고 있지 않다."(p. 194)

모든 이차적 경향들—이 생산관계의 재생산 과정 그 자체와 동일하기 때문에, 한편으로 이러한 경향은 자본주의적 생산관계가 '변화되지 않은 채로 남아 있'는 만큼 오랫동안 그 자체로서 존재하며, 다른 한편으로 이러한 경향은 자기 존재의 한계 그 자체를 자기 스스로는 초월하고 '파괴'시킬 수 없다고.

그런데 이러한 추론raisonnement 뒤에는 하나의 낡은 **철학적** 표상이 자리하고 있다. 자기-동일성identité à soi, 즉 (하나의 주기적 과정 내에 포함된 **관계들**의 영원성이라는 형태를 포함해) 영원성permanence이 **그 스스로 설명되기에** 설명될 필요가 없으며 **그 스스로가 원인이기에** 야기될(혹은 생산될) 필요가 없다는 관념 말이다. 이러한 낡은 **철학적** 표상에 따르면, '현실적' 변화로서의, 다시 말해 본질의 변형-폐지로서의 '변화'만이 설명과 원인을 필요로 할 것이다. 이를 실체, 존재론적 주장 그리고 '관성의 법칙'을 집요하게 따라다니는 그러한 철학이라고 부르도록 하자.

하지만 이러한 '타락rechute'을 설명하는 것 또한 **경제(학)적인** 하나의 낡은 관념, 경제학자들의 하나의 낡은 관념—이 낡은 관념은 경제학자들로 하여금 (협소하게 '정치적'이고 제도적인 표상들에 대항해) 자신들의 대상을 자연적 법칙들 전체로 정의할 수 있게 해주었으며, 또한 (사회적 실천들과 제도들 같은 '나머지 부분'과 관련하여) '경제적' 과정의 **자율성**에 대한 소위 '마르크스주의적인' 테제를 통해 그 존재가 유지되기까지 한다—이다. 여기에서 내가 의미하는 낡은 관념이란 경제적 과정이 **자동적 메커니즘**에, 즉 '자기-조절self-regulating'적 **메커니즘**에 흡수된다는 관념(물론 이 자동적 메커니즘의 기능작용의 '본성적' 한계들 내부에 머무른다는 조건에서), 다시 말해 시장의 수준에서,

가격 균형이라는 수준에서 등등, 일시적[인 것에 불과한] 성공과 함께 경제학자들이 입증하고자 노력했던 그러한 관념이다. 그러나 마르크스의 몇몇 텍스트들을 **고립적으로** 취해보자면, 비록 마르크스가 자신의 대상, 즉 시장이라는 '표면적' 영역이라는 대상을 **생산조건 전체의 생산과 '재생산'**이라는 영역으로 전치시켰다고 할지라도, 그 또한 이러한 '경제학자들의' 관념으로부터 완전히 벗어나지는 못한 **것처럼 보인다**는 점 또한 지적해야만 한다. 『자본』에서조차, '정치경제학 비판'(그중에서도 특히 중농주의자들과 애덤 스미스에 대한 비판)으로부터 사회적 관계의 재생산이라는 과학적 개념이 **출현하는** 장소인 『자본』 2권의 '경제'이론을 고립적으로 사고한다면, 이러한 관념이 다시 생산될 수 있다. 만일 **마르크스의 경제이론**을 고립적으로 사고한다면(사실 얼마나 많은 경제학자들이, 심지어 마르크스주의자들이, 이렇게 **마르크스의 경제이론을 고립시켜왔는가!**), 이 이론은 생산조건 '전체ensemble'의 재생산에 대한 하나의 **완전한** 이론으로 보일 수도 있다. 그리고 『자본』 2권의 고립된 이론은, 사회적 층위에서 그리고 생산물들의 상품유통이라는 매개를 통해서 서로 다른 여러 직접적immédiats 생산과정들이 어떻게 '서로 간에 엮이게' 되는가를 보여주는 것 이외에 다른 것을 하는 것이 아니다. 그리하여 이 이론은 생산과정이 생산조건 중 **한 부분**(생산수단과 소비수단)을 재생산할 뿐만 아니라 또한 이 생산조건의 **총체성**을 재생산하거나 이 생산조건 전체를 '잠재적으로' 재생산하기도 하는 것으로 우리가 믿도록 만들어버리기도 한다.[53]

---

53 '잠재적으로'는 프랑스어 숙어 en puissance를 옮긴 것으로, 굳이 직역하자면 '역량을 갖고서'로도 옮길 수도 있다. 하지만 일반적으로 이는 숙어로 '잠재적으로'라는 의미를 지닌다. '총체성'은 totalité를 옮긴 것이고, 바로 윗줄에 등장하는 '전체'는 ensemble을 옮긴 것이다.—옮긴이

하지만 이러한 관점은 명백히 잘못된 것이다. (다른 이유들은 다 차치하고 이야기하자면) 소비수단의 재생산만 보더라도, 이 소비수단의 재생산이 이것만으로는 **노동력의 재생산**이 **여전히 아니며** 그 **사회적 형태**를 결정하기에 충분하지 않고 단지 이 재생산의 **사회적 형태**의 예비적인préalable 물질적 토대만을 구성한다는 이유에서 그러하다. (경제주의의 진정한 맹점으로서의) 노동력의 재생산은 자신의 과정 내에 **상부구조**의 실천들을 필연적으로 포함한다.[54]

달리 말하자면, 이러한 잘못된 경향은 직접적 생산과정의 형태를 재생산 과정 전체를 물질적으로 **결정**하는 것으로 오해하는 것뿐만 아니라 이 재생산 과정 전체를 **시장이라는 매개를 통해** 완전히 구성하는 것으로 오해하는 것에 불과하며(이 점은 많은 중요한 결과들을 초래하는데, 우리는 이 결과들을 그 자체로 분석해야만 할 것이다), 이에 따라 결과적으로 ('경제적'이지 않은) 다른 모든 사회적 과정들이 비본질적인 표현들 혹은 현상들—이 비본질적인 표현들 혹은 현상들 내에서는 생산의 '논리', 생산의 '필요'만이 발현될manifesteraient 뿐이다—에 불과할 수밖에 없는 것으로 오해하는 것에 그 핵심이 놓여 있다.

지나치는 김에 지적하자면, 마르크스의 텍스트들을 정밀하게 검토함으로써 우리는, 고립적으로 사고된 마르크스의 몇몇 정식화들에 대한 '경제주의적' 유혹이 마르크스 자신이 『자본』의 **대상**으로 취했던 이러한 관념, 그리고 명백히 경험주의적-형식주의적인 그 특징으로 인해 단숨에 우리에게 몇몇 문제들을 야기하는 이러한 관념(즉 『자

---

54   지금으로서는, 이 점에 대해 앞서 이미 인용한 알튀세르의 논문 「이데올로기와 이데올로기적 국가장치들」의 도입부를 참조하는 것으로 만족하자.

본』이 '그 이상적 평균 속에서의 자본주의 체계'를 연구한다는 관념)과 직접적으로 연결되어 있다는 점을 확신할 수 있게 된다. 정확히 말해, 이는 오늘날 모든 정치경제학 교수들이 '마르크스주의적인' 경제(학)적 '모델'과 다른 '경제(학)적 모델들' 사이의 학술적 비교를 위해 이용하는 관념이다. 이는, 비록 근대라는 시기에 존재하는 사회구성체들의 역사가 근본적으로는 이 사회구성체들의 (우선은 '국지적으로' 구성되지만 이후에는 필연적으로 **세계적으로** 확장되는, **지배적인 하나의 동일한 사회구성체**에 의한) 변형의 발전과 효과의 역사라고 할지라도(이는 뒤에 이어지는 바와는 매우 다른 것이다), 역사유물론의 대상을 구체적인 사회구성체들, 그 자체 **독특**singulières하기에 결과적으로 하나의 동일한 '모델'의 변형태들로 나타날 수 없는 사회구성체들의 변형 과정으로 사고하기 위해서는 우리가 심원하게 변형해야만 하는 관념이다.[55]

---

55 자본주의의 '이상적 평균'이라는 관념이, 마르크스가 『자본』에서 영국이라는 예시를 선택함으로써 부분적으로 수행했던 것과 같이, 하나의 특권적인 역사적 예시가 취하는 자본주의적 생산양식의 경향적 효과를 연구한다는 사실 내에 기계론적 방식으로 포함되어 있는 것은 전혀 아니라는 점을 명확히 지적하도록 하자. 왜냐하면 하나의 역사적 예시에 대한 이러한 특권화는 (이 특권화가 지니는 한계와 함께) 그 자체 자본주의적 생산양식의 발전에 의해 역사적으로 결정되기 때문이다. 19세기 영국을 자본주의적 생산이 가장 전형적인 형태를 취하는 국가로 만드는 것은 세계시장에서 영국이 차지하는 위치, 이 영국의 '산업적 독점'(과 금융적 독점) 그리고 이 영국의 제국주의적 지배, 즉 이후에 도래하는 제국주의 **시기**를 훌쩍 앞서 있는, 그리고 이 제국주의가 도래하기 위한 예비적 조건들 중 하나를 구성하는 지배. 영국이 모든 다른 국가들의 이상적 이미지라는 사실이 아니라 오히려 "영국이 다른 국가들과 동일한 하나의 국가로 다루어져서는 안 되며, 이 영국이 자본의 메트로폴리스(자본의 주요 대도시—옮긴이)로 사고되어야만 한다"는 사실이 문제이며(스위스의 프랑스어 사용 지방의 연방위원회 앞으로 보내는 국제노동자연합 총평의회의 편지, 1870년 1월, *Marx-Engels-Werke*, 16권, p. 387), 따라서 실제로 이는 **그 기원에서부터** 불균등한 역사적 발전의 효과로 인한 것이다. 엥겔스는 『영국 노동자계급의 상황』에 붙이는 1892년 독일어판 서문이라는 핵심 텍스트에서 이러한 관념을 개진했다. 오늘날, 한 명의 마르크스주의 역사학자가 이 문제를 탁월하게 이해해낸 뒤 이를 자신의 분석의 대상 자체로 삼았다. 이는 *Industry and Empire*(산업과 제국), The Pelican Economic History of Britain, 3권, Penguin Books를 쓴 에릭 홉스봄이다.

역사적 이행의 '일반이론'이란 존재하지 않는다

이제 우리는 『'자본'을 읽자』에 수록한 나의 텍스트로 돌아올 수 있다. 제대로 된 성찰을 수행한다면 이 텍스트에서 우리는, 강력히 교육적인 방식으로, 어떻게 '재생산'이라는 개념의 모호성—마르크스의 몇몇 텍스트들에 대한 **고립적** 독해가 이 '재생산' 개념이 모호성을 지니게 되는 데에 어느 정도 기여하고 있다—이 '이행이론'과 관련해 하나의 결과를 충분히 논리적으로 도출해낼 수 있었는지를 파악할 수 있게 된다.

문제를 이러한 방식으로 제기한 뒤, 우리는 [후대의 마르크스 해석가들이 아니라] 마르크스 스스로가 『자본』에서 '이행'이라는 문제에 접근했는지 아닌지를 질문할 수밖에 없게 되었다. 이와 관련해 우리에게 상당히 당연한 것으로 제시되었던 바는 본원적 축적, 지대의 발생 그리고 상업자본의 기원들 등등에 관한 텍스트들 전체였다. 내가 볼 때 이러한 분석의 방향설정에서 본질적으로 수정해야 할 것은 존재하지 않는다. 그 대신 이 서로 다른 텍스트들을 상호접근rapprocher 케 하고 이 상호접근으로부터 결론들을 이끌어내는 것이 근본적으로 중요하다. 이 점에 대해 간단히 한 가지 사항을 명확히 하도록 하자. 내가 마르크스의 분석들 내에서 "자본주의적 생산양식의 구조를 구성하는 요소들"[56](즉 화폐-자본과 '자유로운' 노동력)에 대한 하나의 "계보학"을 제시할 때, 분명 여기에서 문제는 이행의 과정이 **그 자체** 하나의 '발생genèse' 혹은 하나의 '계보학généalogie'**이라는** 점을 지적하

---

56   *Lire Le Capital*, 2분책, p. 186.

는 것이 아니다(사실 이러한 지적이 그 자체로 그렇게 큰 의미를 갖지는 못할 것이다). 문제는 그 대신 마르크스가 이 문제를 하나씩 하나씩 사고된 자본주의적 생산양식의 요소들로부터 출발해 하나의 계보학의, 다시 말해 회고적이고 역사적인 일련의 '연구들sondages'의 (가설적인) 이론적 **형태하에서** 다루어야만 했으며 다룰 수밖에 없었다는 점을 지적하는 것이다. 이는 우리로 하여금 다음의 두 가지 사실을 동시에 인정하도록 이끈다.

—첫 번째로, 바로 이 이론적 형태 그 자체가 마르크스로 하여금 자본주의적 생산관계의 요소들(한편으로는 노동력 상품, 다른 한편으로는 상업 부르주아지의 수중에 있는 화폐-자본)이 구성되는 역사적 과정의 상대적 독립성과 현실적 구별을, 그러니까 자본주의적 생산관계의 구성이 이미 결정되어 있는 것이 아니라는 사실, 다시 말해 구성의 과정이 목적론적이지 않다는 사실을 우리로 하여금 발견하고 설명할 수 있게 해주는 것이라는 점.

—두 번째로, 이 첫 번째와 동시에, 바로 이 형태 그 자체—혹은 오히려 마르크스에게 이 형태를 강제했던 조건으로서의, 자본의 재생산에 관한 여전히 불완전한 이론—가 사실은 마르크스로 하여금 동일한 양식 위에서 자본주의에서 사회주의로의 이행을 다루지 못하게 **가로막았던** 것이라는 점. 따라서 바로 이 형태 그 자체가 마르크스로 하여금 하나의 '역사적' 방식으로 (불완전하게나마) 봉건제에서 자본주의로의 이행을, 하나의 '논리적' 방식으로 자본주의에서 공산주의로의 이행을 [각각 고립적으로] 다루도록(즉 사실상 다루지 못하

도록) 만들었던 것이다(나는 『자본』에서 이 점이 명확히 드러난다는 점을 강조하고자 한다). 더욱이 이는 **자본주의의 발전과** (사회주의와 공산주의로 나아가는) **프롤레타리아 혁명** 사이의 **필연적인 역사적 결합**이 그 시작부터 끝까지 **마르크스주의 이론의 대상 그 자체**라고 할지라도 그러하다.

이러한 사태를 교정하기 위해, 『'자본'을 읽자』에 기고한 텍스트에서 나는 이 두 문제가 형식적으로 동일한 본성을 지니는 문제이며 그러해야만 한다고 가정했다. 그리고 '계보학'이 하나의 가설적인 이론적 형태일 수밖에 없기에, 나는 이를 개념화하고자 시도했다. 하지만 하나의 역사적 과정의 필연성과 인과성을 설명하고자 내가 활용했던 **유일한** 개념은 '생산양식'이라는 개념이다. 따라서 나는 이행에 대한 분석이 자본주의적 생산양식 그 자체와는 다른, (비록 생산관계와 생산력 사이의 근본적 '비-조응'으로 특징지어진다는 점으로 인해 '복잡'하거나 '모순적'이어서 '불안정'하다고 할지라도) 하나의 **새로운** 생산양식에 대한 정의에 달려 있다는 주장을 개진했다. 이로부터 나는 이전의 전제들 중 일부분을 **폐기**했는데, 왜냐하면 논리적으로 하나의 새로운 '생산양식'은 자본주의적 생산양식 그 *자체가 그러하듯*, 하나의 새로운 경향적 재생산 과정과는 다른 것일 수 없기 때문이다. 나는 특히 다음 세 가지 지점에 대해 독자들의 주의를 환기하고자 한다.

1) 나는 "어느 하나의 '생산양식'을 정의하는 **생산관계의 특수성**이란 무엇인가?"라는 하나의 해결되지 않은 질문의 맹아를 도입했다. 이 문제는 우리가 생산력에 대한 생산관계의 (이 생산력과 생산관계 사

이의 '결합' 내에서의) 근본적 우위를 더욱 정확히 인지하면 할수록 더욱더 빠져나올 수 없게 되는 그러한 문제다.[57]

2) 나는 이 새로운 생산양식의 **형성**에 관한, 혹은 다음과 같은 표현이 가능하다면, 이 '이행적 생산양식'으로의 '이행'에 관한 끊임없이 재생성되는 하나의 아포리아를 도입했다.

3) 특히, 나는 그 자체 '생산양식들의 결합combinaison 혹은 절합 articulation'에 대한 하나의 '일반이론'의 한 측면으로 개념화된 '이행의 일반이론' 혹은 '이행들의 일반이론'이라는 관념을 도입했다. 사실 이러한 이론은, 알튀세르가 「모순과 과잉결정」이라는 텍스트에서부터 소묘했던 변증법의 의미에서, 사회구성체들의 역사를 대상으로 하는 **변증법의 현실적 정교구성물을 대체해버리는 그러한 대체물**이다.

하지만 이 모든 것은 우리가 한편으로는 '사회구성체'를, 다른 한편으로는 '생산양식'을 **두 가지** 개념으로서 구분해 사고하지 않는 한은, 또한 이 두 가지 개념 사이의 관계의 본성을 사고하지 않는 한은 ('구체적인 것'이 '추상적인 것'과 맺는 **단순한** 관계—이 관계는 항상 '현실적인 것'과 '이론적인 것' 사이의 관계로 이데올로기적으로 추락하는 경향을

---

[57] 이 문제는 우리가 생산력에 대한 생산관계의 우위를 **부정**할 경우 아주 단순히 존재조차 하지 않게 되는 것이다. 우리가 생산력에 대한 생산관계의 우위를 **부정**할 경우, 우리는 사회주의를 '생산력의 해방', '계획화' 그리고 소유의 법률적 형태와 생산물의 배분 조건의 변형으로 기술하는 데에 만족할 수밖에 없다. 마르크스는, '사회주의'를 '공산주의 사회의 첫 번째 단계'로 정의함으로써 이 문제를 해결 가능한 것으로 만드는 유일한 용어들로, 이 문제를 **제기**했다. 이를 통해 마르크스는 이행기로서의 사회주의가 **자본주의적 착취**(잉여가치에 대한 착취)와 **공산주의적 노동** 사이의 모순과 이 모순의 연속적 형태들로부터 유래하는 생산관계와는 다른 생산관계일 수 없다는 점을 보여주었다.

지닌다—로서가 아니라면), 우리에게 명료하게 나타날 수 없었던 것이다. 바로 그렇기 때문에 몇몇 이들이 『'자본'을 읽자』에서 제시된 몇몇 정식화들을 통해 '여러 생산양식들 간'의 단순한 '결합'으로, 다시 말해 '복잡한' 생산양식으로 혹은 심지어는 일종의 여러 유형들의 층위 속에서 '상위의 등급de rang supérieur'의 생산양식으로 사회구성체를 정의하고자 시도했다는 점이 각별히 흥미로워지는 것이다.

여기에서 나의 논의를 이러한 이론이 지니는 난점들에 대한 논의로까지 확장하지는 않으면서('이행의 일반이론'이라는 관념은 이 이론에 대한 하나의 특수한 적용이다), 나는 단지 다음을 지적하고자 한다. 이러한 이론은, 그 세부사항에서는 더욱 복잡하겠지만, 1859년의 『정치경제학 비판을 위하여: 1분책』의 서문에서 마르크스가 제시했던 가설적 정식화들—그 자체로 이 정식화들은 생산력 발전의 **단계들**과 관련해 『독일 이데올로기』의 주제들을, 마르크스 이후 마르크스주의의 역사를 매우 무겁게 짓누르고 있는 정식화들을 표상한다—과 실체적으로는 동일하다는 점을 말이다. 이러한 이론은, 서로 다른 수단들을 통해서라고 할지라도, 이 이론이 '정관사la' 사회구성체 일반의 구조가 취하는 도식으로부터 도출 가능한, 사회구성체들의 변형이라는 **보편적 메커니즘**의 존재(이는 형태와 내용 사이의 모순이라는 메커니즘인데, 이 모순의 메커니즘은 생산력의 자생적 발전이 주기적으로 '폭파'하도록 만드는 것으로서의 생산관계라는 외피의 '협소함'과 관련한 저 유명한 [스탈린의] 정식을 뜻한다)를 시사한다는 점에서 동일한 것이다.

동시에 이러한 상호접근은 표면적으로는 대립되지만 사실은 대칭적인, 서로가 서로에 대해 **비-변증법적인**, 역사에 대한 **진화주의적** 표상들과 **상대주의적**(유형학적 또는 구조주의적) 표상들 사이의 연합 그리고 심지어는 필연적으로 상호의존적인 하나의 근본적인 인식론적 사실을 밝혀내기도 한다. 이 두 가지 표상 모두가 마르크스의 이론 내에서는 일체를 이루는 다음과 같은 두 가지 질문들을 우리가 **각각 따로** 제시한다는 사실로 인해 출현하게 된다는 점은 명확하다.

— 어느 생산양식이 **역사적으로 상대적인** 특징을 지닌다는 문제.
— **역사 내에서의 계급투쟁의 역할**과 이 계급투쟁의 존재조건이라는 문제.

이 두 가지 문제가 분리되자마자(물론 마르크스의 이론 내에서 이두 가지 문제는 하나로 결합되며, 이러한 결합을 통해 마르크스의 혁명적 '발견'의 토대가 구성된다), 계급 착취의 특수한 형태로서의 **잉여가치**에 대한 분석은 엄밀히 말해 사고 불가능한 것이 되어버린다. 그리고 인위적으로 상호 고립되어버린 이 두 가지 문제들 각각은 상대주의적이거나 진화주의적인 두 가지 대칭적인 이데올로기적 정식화들을 산출하게 된다. 예를 들어, 사람들은 자본주의적 생산양식이 '즉자적으로'[그 자체로서] 물질적인 부의 하나의 생산양식인 것은 아니며, 타인의 부불노동에 대한 전유의 한 양식으로서의 봉건제 혹은 노예제 '그 이상도 그 이하도 아닌 것'—오직 강탈의 '서로 다른 방식'에 의해서만 구분되는 것—일 뿐이라고 말할 것이다. 가상의 자본가에게 말을 걸면서, 사람들은 이 자본가에게 다음과 같이 말할 것이다. "너의 잉여가치는 부역 혹은 지대의 변종에 불과해." 그리고 사람들은 단순히 그 역사적 **상대성**을 보여주는 것을 핵심으로 취하는 자본주의 **비판**을 개진한다. 역으로, 역사 내에서 계급투쟁의 역할을 설명하고 이 계급투쟁의 역할을 계급 없는 사회라는 혁명적 관점과 결합시키기 위해, 사람들은 이 관점이 예전부터 존재해왔던, 생산물의 '희소성'과 생산력의 '미-발전'이라는 매우 낡은 물질적 조건으로부터 자신의 기원을 끌어낸다고, 그리고 이로 인해 이 계급투쟁이 생산력의 '격렬한 발전'과 [생산물의 '희소성'과 생산력의 '미발전'에 대립되는] '풍요'라는 새로운 [물질적] 조건의 토대 위에서 폐지된다고 말할 것이다. 따라서 우리는 '유물론적' 외양을 지닌, 하지만 단지 그 외양에서만 '유물론적'인 하나의 **목적론**을 재구성하게 되는 것이다(그렇기에 사실상 진화주의는 바로 유물론적 외양을 취하는 목적론인 것이다).

따라서, (마르크스 이후에 그러했듯) 이 두 가지 문제가 분리되어버리자마자, 우리는 왜 **그 어떠한 새로운** 착취관계의 형태도 **자본주의적** 생산관계를 넘어서서는au-delà 가능하지 않은지의 문제를 과학적 용어들로 제기할 수 없게 된다. 자본주의적 생산관계를 파괴하는 사회혁명은 생산관계와 생산력 사이의 모순과 재조정réajustement이라는 일반적 메커니즘의 단순한 하나의 **특수한 경우**[에 불과한 것으]로 나타나게 된다. 심지어 이 사회혁명의 특수한 결과, 즉 계급적 지배와 착취의 **모든 형태들**의 폐지는 고유한 내용 없이 설명 불가능하며 심지어는 사고조차 불가능한 것으로 남게 된다. 따라서 우리는 생산관계에 대한 정의 내에 상대주의를 위한 자유로운 영역을, 생산력 발전에 대한 분석 내에 진화주의를 위한 자유로운 영역을, 이들 모두 함께 혹은 각기 따로, 남겨둘 수 있게 된다.[58]

---

[58]　최근 클라우디아 만치나(Claudia Mancina)는 상대주의와 진화주의 사이의, 표면적으로만 놀라워 보일 뿐인 이러한 이데올로기적 상보성을 명료하게 지적했다. "Strutture e Contradizzione in Godelier"(모리스 고들리에에서 구조와 모순), *Critica Marxista*(마르크스주의 비평) 1971, n. 4.

『'자본'을 읽자』에서 내가 (대부분은 구조주의적 유형의 용어법으로) 제시했던 정식화들 중 몇몇의 정식화 내에서 부인할 수 없이 존재하고 있는 상대주의적 경향은 정말 많은 수의 마르크스주의자들이 빠져들고 말았던 진화주의적 경향의 반향과 그 간접적 효과에 불과했던 것으로 보인다.

사실 역사유물론의 존재 자체가 다음과 같은 테제를 내포하고 있다. 사회구성체 내에서의 '이행', 다시 말해 '생산관계 내에서의 혁명', 이 혁명의 물질적 조건과 효과에 대한 하나의 **일반적 문제설정**이 존재한다는 테제. 왜냐하면 착취양식과 동시적으로 존재하는 생산양식 위에 기초해 있는 '계급사회'라는 개념 그 자체가 착취양식의 역사적 변형을 참조하지 않고서는 구성될 수 없기 때문이다(달리 말해, 착취 일반이란 존재하지 않고 단지 착취의 규정된 형태들만이 존재하는 것이다[59]). 하지만 그렇다고 해서 어느 한 과정의 현실적 인과성에 대한 설명이라는 강한 의미에서 이행의 **일반이론**이 존재하는 것은 아니다. 오히려 물질적으로, 그러므로 개념적으로, **역사적인 각각의 '이행'은 서로 다른 것**으로 명백히 드러난다. 그리고 정확히 바로 이 필연적 차이를 역사유물론의 문제설정이 우리로 하여금 이해할 수 있게 해주는 것이다.

엥겔스 자신부터 시작해서 여러 마르크스주의 이론가들이 봉건제로부터 자본주의로의 '이행'을, 그리고 자본주의로부터 사회주의

---

[59] 마르크스가 『자본』에서(8분책, p. 224), 그리고 「고타 강령 비판」에서 매우 명료하게 지적했듯, **양적으로** 사고된, 다시 말해 사회적 노동력 재생산에 '필수적인 노동'과 비교한 초과분으로서의 '잉여노동'은 공산주의 사회를 포함해 모든 사회에서 존재하는 것이다. 따라서 이러한 의미에서의 '잉여노동'은 착취의 일반 개념을 구성할 수 없다. 우리는 노동자와 그 노동력에 대한 착취로 정의된 **사회형태들**을 필연적으로 고려해야만 한다.

로의 '이행'을 **유사한** 과정들로 간주하는 경향을 종종 지녀왔던 것이 사실이라면—예를 들어 근대 프롤레타리아를 생산력 운동의 '대표자'로 정의함으로써(부르주아지가 봉건제 사회의 중심에서 이러한 생산력 운동을 '대표'했던 것과 **동일한 방식으로**), 혹은 봉건 지배계급이 지대생활자 같은 하나의 '잉여적superflue' 계급이 되었던 것과 **동일한 방식으로** ('생산의 외부'에 존재한다는 점에서) 부르주아지가 어느 특정한 시기에 사회적으로 '잉여적인' 하나의 계급이 된다는 점을 설명함으로써 말이다—, 이 지점은 근본적인 정치적 중요성을 지니게 된다.[60] 반면 레닌은 이 과정들 사이의 환원 불가능한 차이를 강조했는데, 이 차이를 사고하지 않았다면 레닌은 1905년과 1917년의 러시아 혁명에서 발생했던 이 과정들 사이의 결합과 이 과정들 사이의 '예외적'이고 '역설적'인 응축condensation을 절대로 이해하고 설명하지 못했을 것이다. 따라서 우리는 역사유물론이 사회적 관계의 (혁명적) 변형의 필연성에 대한 이론일 뿐만 아니라 사회적 관계의 변형 **양식**의 변형 transformation du mode de transformation에 대한 이론이기도 하다는 일반 테

---

60 마르크스는, 부르주아지가 자신의 혁명을 수행했듯, 프롤레타리아가 **자신의 편에서** '자신만의' 혁명을 수행해야만 한다는 점을 지적하는 것에 만족했다. 하지만 엥겔스는, 특히 *Socialisme utopique et Socialisme scientifique*(유토피아적 사회주의와 과학적 사회주의)에서, 그리고 더욱 명료하게는 (카우츠키가 그로부터 많은 영감을 얻었던) "Notwendige und überflüssige Gesellschaftsklassen"(1881), M.E.W., 19권, p. 287 이하에서, 이러한 유비에 대한 이론을 거의 완성시켰으며, 혹은 오히려 이러한 유비를 역사유물론에 대한 설명의 토대 그 자체로 만들었다. 레닌 자신은 이를 전혀 행한 바 없다. 이 책의 2장을 참조하라. 2장에서 나는 『공산주의자 선언』에서 『프랑스 내전』으로까지 나아가면서 국가적 관점에서 부르주아 혁명과 프롤레타리아 혁명 사이의 유비에 관해 마르크스가 제시했던 정식화들을 분석한다. ('지대생활자'는 rentiers를 옮긴 것으로, 사실 이 단어는 현재에는 케인즈가 말했던 '금리생활자의 안락사'라는 표현에 등장하는 '금리생활자'를 지칭하는 데에 쓰인다. 물론 당연히 여기에서는 노동하지 않고 지대로만 살아가는 '지대생활자'로서의 지배계급을 지칭한다.—옮긴이)

제를 제기해야만 한다. 따라서 두 가지 '혁명들'은 절대로 동일한 하나의 개념을 갖지 않는 것이다.

'경향' 개념으로부터 모든 진화주의를 제거하기

이러한 테제 그 자체는 우리가 하나의 생산양식(특히 자본주의)의 발전développement 혹은 변화évolution로서 사고하는 바에 대한 정정과 밀접하게 연결되어 있다. 이를 이해하기 위해서는 다음을 지적하는 것만으로도 충분하다. 만일 우리가 각각의 혁명적 '이행'을 이전의 사회적 관계에 특징적인 일반적 형태뿐만 아니라(예를 들어 자본과 임노동이라는 형태, 그리고 이 자본과 임노동이라는 형태가 내포하는 생산관계와 생산력 사이의 모순적 결합의 유형), 또한 이전 생산양식의 **특수한 역사**, 다시 말해 이 생산양식의 발전에 기반을 두는 사회구성체들의 역사와도 연결 짓지 않는다면, 이러한 각각의 혁명적 '이행'이 지니는 **특수성**을 이해하는 것은 불가능할 것이라고.

사실, 자신 스스로가 지니고 있는 혁명적인 이론적 지향에 부과된 상황의 물질적 강제에 의해 앞에서 언급했던 이러한 사실이 취하는 모든 이론적 중요성을 사고했던 첫 번째 인물은 마르크스가 아니라 바로 **레닌**이다. 그리고 이러한 발견은 결국 마르크스의 몇몇 가설적 정식화들에 대한 하나의 정정을 내포하게 된다. **'사회주의적'인 혁명적 '이행'의 과정이 자본주의적 생산관계 일반의 존재가 아니라 자본주의 역사의 규정된 [특수한] 한 단계의 존재와 연결되어 있다는 점을** 보여주었다는 점에서, 마르크스가 아니라 바로 레닌이 그 첫 번째 인물이었던 것이다. 이 점으로 인해(그리고 오직 이 점으로 인해서만이), 자본주의 역사의 규정된 한 단계로서의 **제국주의**가 자본주의 역사의 '최종적dernier'('최고suprême') 단계가 되는 것이다. 따라서 혁명적 이행의 과정은 제국주의 시기의 (당연히 불변의 생산관계라는 외적 '틀' 내부에 존재하는 생산력뿐만 아니라) 자본주의적 생산관계와 계급투쟁의 규정된 '변형된 형태들'에 의존한다. 그래서 (프롤레타리아의) 사회주의 혁명에 대한 분석이라는 문제, 그리고 역사적 시기로서의 '사회주의' 그 자체란 무엇인지에 대한 문제는, 제국주의에 대한 분석과, 그러니까 자본주의 역사의 규정된 **단계들**stades(혹은 시기들périodes)이라는 문제와 분리 불가능해진다. 내가 취했던 출발점으로 다시 돌아오자면, 정확히 말해 『'자본'을 읽자』에 기고한 내 텍스트의 [잘못된] 지향점들 중 하나는 이 단계들을, 다시 말해 이 질적인qualitatives 역사적 변형들을 (그 자체로 불변인 경향의 실현 내 선형적 단계들로서의 '발전 단계들'이라는 현재 통용되고 있는 경제주의적이고 진화주의적인 의미에서가 아니라면) 엄밀하게는 사고 불가능하게 만드는 것이라는 점을 인정해야만 한다.

따라서 우리는, 여전히 매우 도식적으로, 사회주의적 이행의 문제에 대한 검토가 다른 무엇보다도 **자본주의**의 역사라는 문제 전체를 비판적으로 다시 다루는 것이라는 점을, 그리고 이 문제에 따라서 en fonction de 『자본』에 대한 우리의 '독해'를 재주조refonte하는 것—이는 마르크스 그 자신조차 매우 부분적으로만 접근했을 뿐이라는 점에서 그만큼 더욱 어려운 작업이다—이라는 점을 확인하게 된다.[61]

---

61 이 지점에서 마르크스와 레닌을 연구하는 **부르주아** 주석가들의 관념을 우리의 것으로 다시 취하는 것만큼 최악의 선택은 분명 존재하지 않을 것이다. 이 **부르주아** 주석가들의 관념에 따르면, 『자

특히 이는, 가장 추상적인 수준이라 할지라도, 자본주의적 생산양식의 재생산과 '경향들'이라는 문제로 되돌아올 것을 전제한다. 이러한 관점에서, 우리는 관습적인 정식화를 아마도 다음과 같이 **전도해야만** 할 것이다. 생산양식 내에 생산관계의 **재생산으로의** 하나의 **경향**이, 혹은 오히려 생산관계의 **재생산을 실현하는** (축적, 자본 집적, 자본의 유기적 구성의 고도화 등등으로의) 하나의 경향이 존재한다고 말해서는 안 된다. 오히려 우리는 어떻게 **하나의 '동일한' 경향**이, 이 경향의 축적과 집적 등등의 효과들이 표면적 연속성에 따라 누적되는 방식으로, 반복해서 **경향**으로 재인도되고 **재생산될 수 있는지**를 질문해보아야만 한다.[62] 바로 계급투쟁이, 연속적으로 이어지는 이 계급투쟁의 정세들 내에서, 그리고 이 계급투쟁의 세력관계의 변형 내에서, '생산양식'의 경향들의 재생산을, 그러니까 이 경향들의 존재 그 자체를 지배하는 것이다. 따라서 우리는, **계급투쟁 내에서의** 이 경향의 고유한 재생산 조건을 고려한다면, **어떠한 형태하에서 하나의 경향이** 실현될 수 있는지를(역사적 효과들을 생산할 수 있는지를) 질문해보아야만 한다. 재생산 과정의 유일한 현실적 '장소'로서의 사회구성체 내에서, (이 사회구성체의 정치적이고 이데올로기적인 조건을 포함하여) 이 사회구성체의 물질적 조건이 역사적으로 변형되어왔음에도, 어떻게 이러한 재생산이 가능할 수 있는지를 우리는 질문해보아야만 한다.

　달리 말해, 실천 속에서 우리는 내가 앞서 언급했던 이데올로기

본』은 하나의 역사적 단계(즉 19세기)에 대한 이론이며, 『제국주의론』은 이에 이어지는 그다음 단계에 대한 이론이다.

62　여기에서 '표면적'은 apparente를 번역한 것인데, 이미 지적했듯 이 단어는 '명백한'이라는 의미 또한 지니고 있다. ─옮긴이

적 허상, 즉 하나의 역사적 '경향'의 존재를 동시에 이러한 '경향'의 지속과 실현 등등으로의 경향으로 나타나도록 만드는 이러한 이데올로기적 허상과 단절해야만 한다. 그리고 이를 위해 우리는 사회구성체를 '재생산'하고 어떠한 의미에서는 이 사회구성체의 역사를 '생성'하는 것이 생산양식(과 그 발전)이 아니라는 점을, 오히려 사회구성체의 역사가 (이 사회구성체가 그 위에 기반하게 되는) 생산양식을 재생산하는(혹은 하지 못하는), 그리고 이 생산양식의 발전과 변형을 설명하는 것이라는 점을 이해해야만 한다. 사회구성체의 역사란 곧 (사회구성체 내에서 구성되는) 서로 다른 계급투쟁들의 역사, (레닌에게서 자주 등장하는 하나의 정식을 활용하자면) 이 계급투쟁이 연속적으로 이어지는 역사적 정세들 내에서 '결과하는 바_{résultante}'[합력]의 역사다. 아마도 우리는 바로 이 점에서, 우리 시대와 우리 시대가 지닌 모순이 요구하는 바에 따라 마르크스-레닌주의에, 즉 **마르크스주의 및**_{suivi de} **레닌주의**가 아니라 (내가 감히 다음과 같이 말할 수 있다면) 레닌주의 **내의**_{dans} 마르크스주의에 진정으로 기여할 수 있을 것이다.[63]

---

63 '마르크스주의 및 레닌주의'가 아닌 '레닌주의 내의 마르크스주의'라는 발리바르의 명제에 관해서는, 이 책의 5장을 참조하라.―옮긴이

5장

마르크스주의 이론의 역사에서
유물론과 관념론*

어느 한 단어의 의미를 바꾸는 것은 전혀 효과적이지 않다. 반면 어느 한 텍스트의 의미 자체를 바꾸는 것은 종종 매우 효과적이다.

— 스피노자, 「신학-정치론」

잘 알려진 한 격언에 따르면, 만일 기하학의 공리들이 인간의 이해관계와 충돌하게 된다면 인간은 분명 이 공리들을 반박하려 시도할 것이라고 한다. 신학의 낡은 편견과 충돌했던 자연과학의 이론들은 맹렬한 투쟁을 불러일으켰으며 여전히 불러일으키고 있다. 현대 사회의 선진 계급에 빛을 비추어 이 계급을 조직하는 역할을 수행하는 마르크스의 독트린이 이러한 계급의 과업이 무엇인지 지시해주고 (경제적 발전에 따라) 현재의 체제가 사태의 새로운 질서에 의해 필연적으로 대체될 것이라는 점을 보여준다는 사실에 놀랄 것은 전혀 없다. 이러한 마르크스의 독트린이 삶의 길 위에서 행해지는 한걸음 한걸음의 전진을 드높은 투쟁을 통해 이루어내야만 했다고 해서 이에 놀랄 것 또한 전혀 없다.

— 레닌, 「마르크스주의와 수정주의」, 1908

마르크스주의자가 되기 위해서는, 제2인터내셔널의 지도자들이 보여주는 '마르크스주의적 위선'을 비판해야만 한다. 마르크스주의자가 되기 위해서는, 사회주의의 중심에 존재하는 두 경향들tendances 사이의 투쟁을 두려움 없이 사고해야만 한다. 마르크스주의자가 되기 위해서는, 이러한 투쟁이 제기하는 문제들을 그 근본에서부터 성찰해야만 한다.

— 레닌, 「영국 평화주의와 이론에 대한 영국적 혐오」, 1915

이 글에서 나는 다음과 같은 질문, 즉 **마르크스주의 이론의 역사란 무엇인가**라는 질문에 대한 몇몇 평가 요소들과 성찰들을 제시하고자 한다. 또한 나는, 만일 (마르크스주의 이론이 거쳐왔던 이전 단계들에 대한 요약을 요구하는 것이 절대로 아닌) 이러한 질문이 마르크스주의 이론의 현재 상태 내에서의 이 이론에 대한 **설명**exposition과는 전혀 다른 것이라고 해도, 그렇다고 해서 이것이 단순한 박식함을 목표로 하는 질문 또한 전혀 아니라는 점을 보여주고자 한다. 이러한 질문은 마르크스주의의 발전 그 자체에 핵심적인 것이기 때문이다.

우선 나는 다음과 같은 두 가지를 언급하겠다.

첫 번째로, 이러한 질문의 위치가 마르크스주의 이론 자체의 이론적 '새로움'에 대한 모든 객관적 평가를 지배한다commande는 점은 명확하다. 단순히 새로운 용어를 덧입힌 오래된 달¹에 불과한 '새로움들'이 존재하며, 이와 반대로 현재적이며 혁명적인 내용을 포함하는 유효한 새로움들이 존재한다. 최종심급에서[결국에는], 이 현재적

---

1   여기에서 '오래된 달' 혹은 '낡은 달'(vieilles lunes)이란 겉으로는 새로운 것처럼 보이지만 사실은 전혀 새롭지 않은 것을 비꼬기 위한 표현으로, 요즘에는 잘 쓰이지 않는 프랑스어다.—옮긴이

이며 혁명적인 내용이 나타나도록 만드는 것은 바로 '실천'이라는 기준'이다. 그러나 그 어떠한 이론적 위치/입장이든 이들은 마르크스주의 100년의 역사 이후 마르크스주의를 분할하는, 그리고 그 분기가 공교롭게도 벌어진 우연적 사건으로 환원될 수 없는 변별적이고 심지어는 대립적인 여러 **경향들**의 작용$_{jeu}$ 내에 모두 기입될 수밖에 없다. 마르크스주의의 대립적 경향들 사이의 작용 내에서, 긍정적이고 부정적인 방식으로, (사회계급이 그 고유한 투쟁의 역사 내에서 '행위자'로 사고 가능하다는 조건에서) 사회계급을 그 행위자로 취하는 정치적이고 경제적이며 이데올로기적인 사건들과 과정들이 심원한 반향을 일으킨다. 마찬가지로 역사에 의해 제거되지 않은 내적 모순의 연장된 효과들, 역사에 의해 제거되지 않은 이전 경향들 간 갈등의 연장된 효과들이 심원한 반향을 일으킨다. 이를 확인하기 위해서는 현재 생산되고 있는 문헌들을 검토하는 것만으로도 충분하다. 그 어느 때보다도, '트로츠키주의'와 '스탈린주의', 그리고 [로자] '룩셈부르크주의'까지는 얘기하지 않더라도, 바로 '레닌주의'와 '마오주의'를 둘러싸고서 (하나의 올바른 정치를 그 쟁점[내깃물]으로 취하는) 이론적 투쟁이 진행되고 있다.

두 번째로, 이러한 질문을 제기한다는 것이 마르크스주의 이론 그 자체에 (또한 마르크스라는 이름의 이론가의 저작 속에서 이 마르크스주의 이론의 구성을 목도하는 이의 관점에서) 역사적이고 변증법적인 유물론에 대한 설명 원리를 적용하는 것이 필연적임을 인정하는 것이라는 점 또한 동일하게 명확하다. 마르크스주의 이론은 그 자체로 하나의 역사적 현실이다. 따라서 마르크스주의 이론은 숭배의 대상이 아니라 설명해야 할 하나의 사회적 현상이다. 그러나 **오늘날** 이러한 질문을 제기한다는 것은 또한 이러한 적용이 본질적으로는 **여전히 완수해야 할** 과업이라는 점을 인정하는 것이기도 하다. 물론 이러한 적용이 마르크스주의 이론의 그 시작점에서부터 여러 요소들의 형태 하에서 소묘된 바 있기는 하지만 말이다. 따라서 우리는 이러한 '공백'―만일 이러한 '공백'이 실제로 존재하는 것이라면―의 역사적 원인들이라는 질문을 우리 스스로에게 제기해야 한다.

1. 이론의 역사, 노동자운동의 역사
: 불가능한 객관성

마르크스주의 이론의 유물론적 '역사'가 여전히 존재하지 않는다고 말하는 것, 이 '역사'가 강한 의미에서 오늘날 여전히 구성해야만 할 것으로 남아 있다는 점을 말하는 것, 이것은 마르크스주의의 역사에 관한 정확하고 유용하며 엄밀한 그 무엇도 우리가 알고 있지 못하다는 점을 의미하지 않는다. 오히려 이는 이 역사 전체를 어떻게 설명할 수 있는지를, 이 역사에 어떠한 원인들을 부여해야 하는지를, 이 역사의 객관적인 계기들과 경향들을 어떻게 설명할 수 있는지를, 이 역사를 통해 유물론적 이론을 어떻게 만들어낼 수 있는지를 우리가 여전히 알지 못한다는 점을 의미한다.

이러한 주장은 무엇을 의미하는가?

물론, 마르크스주의 텍스트들에 관해 조금이라도 알고 있는 그 누구라도, 마르크스주의는 마르크스의 저작 속에서 출발했을 때부터 **끊임없이** 이 문제를 제기해왔으며 또한 이 문제에 대한 해답의 요소들을 제시해왔다는 점을 알고 있다. 위와 같은 테제를 개진함으로써, 우리는 이 요소들을 무시하거나 거부하는 척하지 않을 뿐만 아니라, 이 요소들이 여전히 사실상 과소평가되어왔으며 이 요소들이 문제의 해결을 위해 **그 전체가 온전히** 활용되고 있지는 않다는 점을 주장하기도 하는 것이다.

이 요소들 중 몇 가지만을 매우 암시적으로 지적해보도록 하자.

마르크스와 엥겔스는 『독일 이데올로기』 그리고 동일한 시기의 다른 저작들에서 다음과 같은 본질적 테제를 제시한다. 만일 우리가 이론을 **그 생산의 물질적 조건**과 관계맺지 않는다면, (특히 무엇보다도 역사에 관한 이론을 포함해) 그 어떠한 이론이든 이해하는 것이 불가능할 것이다. 또한 사회에 대한 과학적 인식은, 자본주의의 모순들이 자연적 경향과 같이 프롤레타리아의 혁명적 운동으로부터 돌발하게 되는 시기에 그 자체 사회적 과정으로부터 도출된다.

다른 여러 텍스트들 가운데에서도 『공산주의자 선언』과 『반-뒤링』에서, 마르크스와 엥겔스는 '유토피아 사회주의'의 서로 다른 여러 형태들을, 그리고 이 '유토피아 사회주의'의 '과학적 사회주의'로의 변형을 가능하며 필연적인 것으로 만들었던 역사적 조건을 매우 자세히 연구한다.

『자본』, 그중에서도 특히 독일어 2판 후기에서, 그리고 『자본』 4권인 『잉여가치학설사』에서, 마르크스는 매우 체계적이며 동시에 놀라울 정도로 세심한 형태로 정치경제학이라는 하나의 '과학적' 분과 학문의 역사를 연구한다. 마르크스는 어떻게 이 정치경제학이 가치의 객관적 정의(상품의 생산을 위해 '사회적으로 필요한 노동시간'이라는 근본적이고 추상적인 개념 속에 존재하는 정의)를 점진적으로 구성해나갔는지를 보여준다. 동시에 마르크스는 어떠한 넘어설 수 없는(하지만 모순적인) 내적 **한계들** 속에서 이 개념이 리카도에게서까지 닫힌 개념으로 남아 있게 되었는지를 보여준다. 마르크스는 이러한 한계들이

'드러나도록' 만들어주는 새로운 혁명적 개념들, 즉 **잉여가치**라는 개념과 사회적 노동의 '이중적 특징'[노동의 이중적 성격]에 대한 분석 등등이 자신의 이론 내에서 어떻게 절합되는지를 보여준다. 마르크스는 정치경제학의 이러한 구성과 한계가 자본주의 발전의 규정된 **국면들**과 계급투쟁의 발현들에 어떻게 연결되어 있는지를, 또한 마찬가지로 과학적 사회주의의 구성과 '과학적' 정치경제학의 '속류' 경제학으로의 상관적 해체décomposition corrélative와도 어떻게 연결되어 있는지를 보여준다.

레닌에 관해서 말해보자면(조금 뒤에 나는 레닌의 문제로 다시 돌아오도록 하겠다), 그는 이러한 지표들을 발전시키고 이 지표들을 다수의 텍스트들을 통해 체계적으로 제시할 뿐만 아니라, 이 지표들에 근본적인 설명들(특히 마르크스주의 이론의 역사와 **노동자운동**의 역사 사이의 관계, 노동자운동의 연속적인 조직 형태들, 그리고 노동자운동 내에서의 여러 경향들 사이의 내적 투쟁들에 관한 설명들)을 **추가**하기도 한다.

마르크스주의 역사가들이 잘해왔듯이 이러한 작업을 **이어나가**이를 발전시키는 것으로 충분하지 않을까? 이 이상 무엇을 요구해야 하는가? 이 이상의 무언가를 요구하는 것은 굉장히 오만한 짓 아닐까?

이 질문에 답하기 전에, 이와 유사한 하나의 문제, 우리가 근본적으로는 이와 동일한 문제임을 발견하게 될 그러한 문제에 눈길을 던져 이에 대해 가늠해보자.

마르크스주의는 단순히 하나의 이론이기만 한 것이 아니다. 내가 얼마간 이 점에 대해 강조하지 않는 이유는, 원칙적으로[사실상] 우리 모두가 이 점을 이미 알고 있기 때문이다. 동시에 그리고 무엇보다도 마르크스주의는, 점점 더 노동자운동의 역사와 현대 사회주의의 역사와 결합하면서도 절대로 완전히 동일시되지는 않는, 하나의 실천적[현실적] 역사다.[2]

여기에서 이러한 역사의 계기들을 이 계기들 그 자체의 이름으로 부르기를 두려워하지 말자. 이는 제1인터내셔널의 역사이자, 마르크스주의자들과 노동조합주의자들 사이의, 마르크스주의자들과 아나키스트들 사이의 등등, 제1인터내셔널의 경향 투쟁의 역사다.[3] 이는, 20세기에서부터 1914년 1차대전이 열어젖힌 제2인터내셔널의 위기와 그 해체에 이르기까지, '정통' 마르크스주의와 '수정주의' 혹은 '기회주의' 사이의 투쟁을 둘러싼 국민적 사회주의 정당들의 발전의 역사다. 이는 공산주의 정당들의 구성의 역사이자 이 공산주의 정당들의 (그 효과가 오늘날에 이르기까지 여전히 느껴지는) 구舊 사회민주당과의 적대와 동맹의 역사다. 이는 공산주의 정당들과 소련의, 그리고 그 이후에는 중국 혁명과 사회주의 국가들의 폭력적이고 모순적인 역사 전체다. 이는 오늘날 제국주의, 착취, 전쟁, 비참(나는 베트남과 쿠바를 머릿속에 떠올리고 있다)을 후퇴하게 만든 그 거대한 성공 곁에서 우리를 화해할 수 없는 분열들(나는 소련과 중화인민공화국 사이의 적대[즉 중소분쟁]를 머릿속에 떠올리고 있다)로, 노동자운동 전체를 뒤흔든 비극들(나는 체코슬로바키아 침공을 머릿속에 떠올리고 있다)로 이끈 그러한 역사다.

---

2   여기에서 '결합'으로 옮긴 단어의 원어는 se confondre로, 뉘앙스를 살려 직역하면 '혼동되다'로 옮길 수도 있다.—옮긴이

3   '노동조합주의자'는 syndicaliste를 번역한 것이다. 이미 지적했듯 이는 그대로 음차하여 '생디칼리스트'로도 종종 번역된다.—옮긴이

노동자운동과 사회주의의 역사, 그리고 노동자운동과 맺는 관계 속에서의 마르크스주의의 역사는 오늘날 어떻게 다루어지고 있는가? 사실 나는 다음과 같이 질문하고자 하는 것이다. 이러한 역사는 유물론적 설명을 기대할 수 있는 유일한 이들인 마르크스주의자들에게서 어떠한 방식으로 다루어지고 있는가?

이러한 역사는 항상 직접적으로 **정치적인** 방식으로 다루어져왔다. 이러한 지적은 우리를 놀라게 하기 위함도 우리를 당황하게 하기 위함도 전혀 아니다. 오히려 우리는, 이 점에서 내가 앞에서 이미 인용했던 마르크스와 레닌의 교훈을 따라, 마르크스주의와 노동자운동의 역사가 현재적 투쟁에 온전히 종속되어 있는 근본적으로 정치적인 질문이라는 점을 인정할 수 있다. 여기에서 이 현재적 투쟁은 마르크스주의와 노동자운동의 역사에 빛을 비추어주며, 심지어는 마르크스주의와 노동자운동의 역사는 이러한 현재적 투쟁의 일부이기까지 한데, 왜냐하면 우리는 이러한 역사의 물질적 **영향력**conséquences을 매일 경험하고 있으며, 또한 이러한 역사가 이미 표현하고 있는 경향들과 관계하고 있기 때문이다. 우리는 이러한 역사가 계급적 관점에서만 이해될 수 있기에 정치적 관점에서만 이해될 수 있다고 생각한다. 더욱이, 마르크스주의자로서 우리는 이러한 역사가 이와는 다른 것일 수 있다고는 생각할 수 없으며, 우리는 이러한 설명의 형태가 이 역사의 물질적 대상과 조응해야 한다고 주장한다.

하지만 동시에 우리는 이러한 역사가 **단 한 번도** 혹은 **거의 단 한 번도 과학적인** 방식으로 다루어지고 연구되지 않았다는 점을 확인/인정constater할 수밖에 없게 된다. 나는 확인/인정이라고 정확히 말하고자 하는데, 왜냐하면 마르크스주의의 과학적 저작들을 연구해왔음에도 불구하고, 여전히 모든 이들은 이러한 확인/인정을 원하지 않거나 [연구 이후에도 여전히] 마르크스주의의 과학적 저작들에 대해 무지해서 이러한 확인/인정을 행할 수 없기 때문이다.[4]

반면, 이 역사는 오늘날 항상(혹은 거의 항상) **변호론적인** 관점에서 다루어지고 있다. 당연히 지금 나는 [과거에 대한] 경험적 자료연구documentation라는 단순하면서도 필요불가결한 작업들에 대해 비판하고 있는 것은 전혀 아니다. 하지만 이러한 작업들의 발전조차 이러한 상황의 영향을 받고 있는 것이 사실이다. 만일 우리가 노동자운동의 현재 실천의 이러저러한 부분에 대해 이 노동자운동의 현재 실천이 올바르게 정향되어 있다고 생각한다 하더라도, 우리는 본질적인 지점들에서 이러한 실천이 [역설적이게도] 그 자신의 역사는 무시하고 있다는 점을 확인/인정해야만 한다. 그렇기 때문에 아직까지도 노동자운동에 대한, 특히 제2인터내셔널, 제3인터내셔널, 공산주의 정당들, 사회주의 국가들에 대한 진정한 마르크스주의적 역사가 존재하지 않는 것이다. 한편으로 마르크스주의 역사의 이러저러한 계기를 **사후적으로** 정당화하는 교화적인édifiantes 역사들—균열이 전혀 없는 하나의 통일체bloc로서의 마르크스주의이든, 마르크스주의에 대한 비판에 응답하기 위해 마르크스주의의 '좋은' 측면과 '나쁜' 측면을 구분한 마르크스주의이든—이 존재하며, 다른 한편으로 이러저러한 다른 계기의 마르크스주의의 불명예스런 지점을 비난하고 강조하는, 동

---

4   '확인/인정'으로 옮긴 constater는 '사실임을 확인하다' '사실임을 인정하다'의 의미를 지닌다. 가독성을 해치더라도 발리바르가 표현하고자 하는 뉘앙스를 전달하기 위해 필요한 경우에 한하여 '확인'과 '인정'으로 동시에 옮긴다(참고로 앞서 우리는 constatation을 '사실확인'으로 옮긴 바 있다).—옮긴이

일하게 교화적인 역사들이 존재한다(하지만 사실 잠재적으로 이 두 역사는 동일한 것이다). 마르크스가 이 역사들의 물질적 원인들과 이 역사들의 내적 모순들의 발전을 통해 자본주의의 역사, 산업혁명, 영국과 프랑스를 포함한 유럽의 계급투쟁, 유토피아 사회주의 등등을 설명했던 방식과 동일한 방식으로, 역사들의 물질적 원인들과 이 원인들의 변증법을 통해 이 역사들[사회주의의 역사들, 마르크스주의의 역사들]을 설명하려는 시도는 전혀 혹은 거의 존재하지 않는다.

심원하게 유물론적인 방식으로, 스피노자는 '철학자'가 웃지도 울지도 분노하지도 말고 사태의 본성nature des choses을, 사회 속에서 살아가는 인간들의 본성을, 이 본성을 그 원인들과 관계지음으로써 **인식**expliquer, intelligere해야 한다고 말했다.[5] 그리고 이는, 스피노자 자신이 스스로 보여주었듯, 행위agir한다는 것, 입장을 취한다는 것에 대립되는 것이 아니다. 오히려 이는 행위하기 위한, 입장을 취하기 위한 하나의 조건이다.

오늘날 모든 사태는 마치 마르크스주의가 역사에 대한 이해 intelligence를 위해 **보편적**으로 적용하는 설명explication의 유물론적 원리들이 갑작스레 망각되어버려야만 했던 것처럼 흐르고 있다(하지만 사실 이러한 상황이 어제오늘만의 새로운 일은 전혀 아니다). 모든 사태는 마치 마르크스주의가 **자기 자신의 역사만은 제외하고** 모든 역사적 계기들에 이 설명의 유물론적 원리들을 (최소한 올바른 방식으로는) 적용할 수 있는 것처럼 흐르고 있다. 원인이자 결과로서, 행위자의 자격으로서, 그리고 종종 중심 행위자의 자격으로서 **마르크스주의 그 자신이**

---

5 '오히려 인식하라'로 요약될 수 있는 발리바르의 이 테제에 대해서는, 『마르크스의 철학』, 에티엔 발리바르 지음, 배세진 옮김, 오월의봄, 2018의 부록 1번 「오히려 인식하라」를 참조하라.—옮긴이

오늘날의 사회구성체와 계급투쟁의 역사 내에 기입되자마자, 바로 이 사회구성체와 계급투쟁의 역사만은 제외하고서 말이다.

이는 역설적인 상황이다. 시간이 흘러 우리는 이 역설적 상황과 관련해 그 해결책의 몇몇 요소들을 선차적으로 결정해버리기 위해 이 역사를 올바르게 성찰하고 이 역사를 그 자체로 제시하는 것만으로도 충분했다고 아마 변명할 수도 있을 것이다. 하지만 지금으로서는 이러한 역설적 상황이 첫눈에 보기에는 완전히 당황스러운 것으로 보인다는 점을 인정해야만 한다.

사회주의 국가들과 공산주의 정당들 내에서(이 국가들과 정당들 바깥에서 우리가 발견할 수 있는 것들에 대해서는 생략하자) 스탈린의 죽음에 뒤이은 프랑스 공산당 20차 당대회와 정치적 변화의 결과들을 끌어내는 것과 관련해 사람들은 이러한 역설적 상황을 확인할 수 있었다. 따라서 사람들은 알튀세르가 정당하게도 마르크스주의 이론 내에서는 '찾을 수 없다'고 말했던 개념인 스탈린에 대한 '개인숭배'라는 개념, 그리고 이와 함께 '사회주의적 합법성의 규범들에 대한 위반'이라는 개념의 함의들을 다양한 방식으로 발전시켰다. 이 두 가지 개념은 마르크스주의 이론 내에서는 발견할 수 없는 것인데, 왜냐하면 이 두 가지 개념은 **심리학적**이고 심리-사회학적인[사회심리학적인] 개념들이거나 **법률적인** (제도와 국가의 법률 이데올로기에 속하는) 개념들이기 때문이다. 이 두 가지 개념은 '스탈린의 범죄' '관료제적' 실천 action 혹은 '노동자 혁명의 타락' 같은 개념들보다, 혹은 18세기의 합리주의가 한 무리의 사제들의 '파벌'의 실천action으로 종교를 설명했던 방식을 연상시키는 '한 파벌의 지도자들'에 의한 권력 재장악이라는 개념보다 전혀 나을 것이 없는 것이다. 지금까지도 나는 사회주의 혁명 이후에 발전된 **생산의 사회적 관계**rapports sociaux de production란 무엇인가, 이 **생산의 사회적 관계**의 역사적 모순들이란 무엇인가 같은 질문을 제기함으로써 역사유물론의 문제설정을 진정으로 적용시키는 방식으로 이러한 문제(혹은 이 문제와 유사한, 그리고 그만큼이나 뜨거운 문제들)를 취급하는 모습을 전혀 본 적이 없다. (물론 **생산의 사회적 관계가 배제하는 바**—시장의 형태들, '이윤의 법칙' 등등—에 대해 말하는 것으로도, 원리상 **이 생산의 사회적 관계가 향하는 바**—개인적이고 집합적인 필요[욕구]의 충족, 생산의 사회적 계획화 등등—에 대해 말하는 것으로도 전혀 충분하지 않다.) 그리고 이 지점에서 명시적으로 문제가 되는 것이 바로 **국가**와 그 장치들의 기능작용이기 때문에, 또한 마르크스주의 이론은 계급적 모순 없이는 국가란 존재할 수 없다는 테제를 언표하기 때문에, 다음과 같은 질문이 우리에게 필연적으로 제기된다. '개인숭배'라는 통념이 덮어 가리고 있는 효과들을 생산하는 계급적 모순의 본성이란 무엇인가? 이 계급적 모순은 그 효과 속에서 어떻게 반영되어 있는가? 이 계급적 모순이 혁명 이전에 취했던 형태들과의 관련성 속에서par rapport aux 이 계급적 모순은 어떠한 변형을 겪었는가? 아주 정확히 말해, 이는 이러한 질문들에 응답할 수 있도록 이 질문들을 과학적으로 **제시하는 것** 그 자체다.

마르크스주의 이론의 역사라는 문제로 돌아오자. 나는 다음을 주장하는 것으로 만족하고자 한다. 마르크스주의 이론의 역사는 노동자운동과 사회주의 역사의 한 **부분**에 불과하다. 그리고 전체에 유효한 것은 부분에도 유효하며, 우리가 마르크스주의의 역사를, 노동자운동의 비판적이고 유물론적인 역사를 결여하는 만큼, 우리는 마르크스주의 이론의 만족스러운 역사도, 이러한 역사에 대한 만족스러운 이론도 갖지 못한다.

하지만 이러한 이유raison는 여전히 너무 일반적이다. 이 이유는 **이론**으로서의 마르크스주의 이론이 특수한 것spécifique을 지니고 있다는 점을 무시한다. 그리고 그 반향으로 인해, 이러한 주장은 이론의 역사가 노동자운동과 사회주의의 역사, 즉 우리의 역사 그 자체인 이러한 역사에서 필요불가결한 이유를 모호한 것으로 만들 수 있다.

따라서 우리는 다음의 이유를 추가해야 한다. 과학적이고 철학적인 이론으로서의 마르크스주의의 역사를 가로막는 것은 바로 매우 오래된, 하지만 매우 끈질긴, 이론적 **진리**에 대한 표상이다. 이러한 표상 내에서 근본적으로 진리는(그러니까 인식은) **현실적 역사를 갖지 않는다.** '참'인 것(그리고 실천에 대해 '올바른' 것)은 그 자체로 그리고 그 자체에 의해 한순간에 영원히 참이다.

이러한 표상 내에서, 참이 소유하는 유일한 역사는 참의 **발견**révélation과 참의 **진보**progrès의 역사, 다시 말해 이 역사에 추가되는 진리의 새로운 요소들의 역사, 혹은 그 안에서 인간들이 참을 마주하거나 그렇지 못하는, 그 안에서 인간들이 참을 정식화하고 인지하고 확산시키고 그들 사이에서 교통communiquent하는 상황의 역사다.

따라서 참이 소유하는 유일한 역사는 또한 인간들이 이 참을 **여전히** 인지하지 않아서든, 이 인간들이 참을 망각하거나 왜곡하거나 혹은 이 참을 우회해서든, 참의 무지/무시ignorance의 역사이자 참의 오인méconnaissance의 역사, 참을 반박하는 **오류**의 역사다.[6]

그러므로 참이 가질 수 있는 유일한 역사는 참이 항상-이미 그

---

6   영어 단어 ignorance와 달리 프랑스어 ignorance에는 '무지'와 '무시'라는 의미가 동시에 들어 있다.—옮긴이

곳에 존재하고 있다는 점을 전제하는, 참이 기원에서부터à l'origine 이미 주어져 있다는 점을 전제하는 하나의 **비-역사**다(마르크스 혹은 레닌 혹은 마오는 우리의 경우에서[사회주의와 노동자운동의 경우에서] 이러한 **기원**으로 매우 잘 표상될 수 있었다. 이미 우리는 이 모든 것이 어떠한 의미에서 우리가 마르크스, 레닌, 마오를 그 용어의 서로 다른 의미에서 마르크스주의의 **저자/장본인**auteurs으로 간주할 수 있는 것인지를 파악하는 것의 문제에 관여되어 있다는 점을 알고 있다).[7] 혹은 이는 [앞서 언급했던] **참과는 다른 것**의 역사다. 예를 들어, 자신들의 의견[억견 혹은 독사doxa] 내에서, 자신들의 의식 내에서뿐만 아니라 또한 특히 진리에 '참여'하는 혹은 역으로 진리로부터 스스로를 배제하는 자신들의 행위 내에서 마르크스주의의 선재하는 진리vérité préexistante를 인지하거나 인지하지 않는 인간들, 집단들, 당파들의 개별적 역사.

이제 우리는 이러한 표상—물론 여기에서 내가 이 표상을 분명 매우 도식적인 방식으로 제시하고 있다는 점은 인정한다—이 심원하게 **관념론적**이라고 말해야만 한다. 심지어 이 표상은 헤겔의 관념론 철학(이 헤겔의 관념론 철학은 그러나 헤겔 자신에게 극한적인, 모순적인 그리고 결국에는 유지 불가능한 하나의 형태를 부여해주는데, 왜냐하면 헤겔은 이론적 진리의 항상-이미 주어진 이러한 기원적 현존présence originelle이, 동시에 그리고 그 자신의 역사 내에서만이, 그 이론적 진리의 생산의 역사라는 점을 확인/인정하기 때문이다)을 포함해 모든 관념론 철학에 대해 구성적이기까지 하다.

---

7   프랑스어 auteur에는 '저자'라는 뜻 이외에도 '장본인'이라는 뜻이 있다. 프랑스어상으로는, 만일 내가 절도를 당했을 경우, 절도를 행한 범인 즉 장본인이 바로 auteur다. 이렇듯 auteur는 '행위의 기원' 혹은 '행위의 귀속자'라는 의미를 지닌다.—옮긴이

이에 더해, 이제 우리는 이러한 표상이 마르크스주의의 역사 내에서 끈질기게, 심지어는 집요하게 현존présente하고 있다고까지 말해야만 한다. 그리고 결과적으로 우리는 마르크스주의가 자기 자신의 한가운데에 자신의 유물론적 문제설정을 반박하는[자신의 유물론적 문제설정과 모순되는], 그리고 마르크스주의가 완전히 **제거**하는 데에 실패한 **관념론의 한 요소**를 끊임없이 내포해왔다는 점을 인정해야만 한다. 이는 관념론이 자기 자신에 대해 제시한, 이론으로서의 (그리고 이를 통해, 더욱 일반적이고 더욱 강력하게는, 사회적 힘으로서의) 자기 자신의 역사에 대해 제시한 표상을 정확히 그 대상으로 하는 관념론의 한 요소다. 우리는 마르크스주의의 역사가, 마르크스주의 이론의 고유한 역사가, 마르크스주의 이론이 역사에 대한 자신의 유물론적이고 과학적인 개념화의 유효범위 바깥에 남아 있는 한, 이러한 의미에서 이 유물론적 철학의 관념론적 균열로 남아 있다고 말할 수 있다.

하지만 이 점에 대해 성찰해본다면, 혹은 오히려 이 점에 대해 자세히 검토해본다면, 이러한 상황은, 비록 이 상황이 이론적이고 실천적인 재앙적 효과들을 산출했다고 하더라도, 추문적이거나 이해 불가능한 것은 전혀 지니고 있지 않다. 이러한 상황은, 이 상황이 우리에게 유물론과 관념론의 동시적이지만 불균등한 현존을, 그러니까 **동일한 이론 내부에서의**, 동일한 문제설정 내부에서의 유물론과 관념론 사이의 투쟁을 발견하게 해주는 한에서, 전혀 이해 불가능하지 않다. 왜냐하면 철학의 역사 전체가 유물론과 관념론 사이의 투쟁의 역사라는 점을 확인/인정하는 (엥겔스, 레닌 그리고 마오의) 마르크스주의적 테제, 이 테제는 철학들이 기계적으로mécaniquement[자연히, 자동적으로] 두 분류로, 한 분류는 균일하게 '유물론적인', 다른 한 분류는 균일하게 '관념론적인' 두 분류로 **나뉜다**se partagent는 점을 주장affirme 하는 것이 전혀 아니기 때문이다. 오히려 이러한 테제는 유물론과 관념론 사이의 **투쟁**이 철학의 역사를 **규정**한다는 점을 주장affirmer한다. 따라서 유물론적이고 관념론적인 경향들은 서로 다른 여러 형태들 하에서, **각각의** 철학 내부에서 대립한다.

다른 한편으로 이러한 상황에서는, 이러한 관점에서 보자면 일반화된 규칙에서 전혀 벗어나 있지는 않은 **마르크스주의 자체**에 대해, 추문적인 것도 이해 불가능한 것도 전혀 없다. 마르크스주의 자체의 관점에서 보았을 때, 마르크스주의를 정의하는 것은 **순수하게** 그리고 **확정적으로** 유물론적인 하나의 이론으로 그 자체 돌발하는 것이 아니다. 그것은 역사상 최초로 하나의 철학을, 유물론이 '결론적인conséquente' 방식으로(레닌의 표현을 따르자면 그러한데, 우리는 이러한 '결론'이 변증법 그 자체라는 점을 알고 있다) **지배적**이며 따라서 명시적으로 발전된 장소로서의 그러한 하나의 철학을, 따라서 끊임없는 하지만 그 각각의 단계에서 부분적으로는 유효하게 완수되는 과업에 따라 관념론을 넘어서고 비판하고 제거하기 위해 작동할 수 있는 그러한 하나의 철학을 구성하는 것이다. 그래서 만일 이러한 작동이 중단된다면, 철학적 지배력이 항상-이미 전도될 수도 있다는 문제가 남는다.[8]

따라서 우리는 방금 내가 언급했던 마르크스와 레닌의 텍스트들로, 그리고 마르크스주의의 다른 고전적 텍스트들로 되돌아올 수

---

8   '결론'은 conséquence를 옮긴 것으로, '결론'만으로 옮겼지만 사실 이 단어에는 '결론' '결과' '일관성' '영향력' '중요성'이라는 뜻이 모두 들어 있다. 여기에서도 이 네 가지 뜻 모두가 결합된 표현으로 쓰였다는 점을 독자들은 염두에 두기 바란다.—옮긴이

있다. 우리는 주의를 기울여 이 텍스트들을 분석해야 하며 끊임없이 새롭게 이 텍스트들을 통해 작업해야만 한다. 여기에서 마르크스주의라는 이름을 칭하는 그 어떠한 변호론적 성격의 문헌을 통해서도 이 텍스트들을 서로 결합해서는 안 된다. 이러한 결합은 이 텍스트들에 대한 심대한 모독일 뿐만 아니라, 우리의 문제를 앞으로 진척시키는 데에 본질적인 수단들을 우리 자신으로부터 빼앗는 것이며, 결국 이 문제에 대한 해결책으로부터 스스로 등을 돌리는 것이다.

하지만 더 정확히 말하자면, 이 텍스트들에 대한 우리의 세심한 분석 속에서 다음과 같은 질문을 제기하는 것이 필수적이다. 이 텍스트들이 내포하는, 그리고 이 텍스트들과 함께 하나의 동일하면서도 복잡한 문제설정 내에서 결합된, 마르크스주의의 역사에 대한 유물론적 설명의 모든 **요소들** 곁에, 종종 이 텍스트들 **안에서조차**, 이러한 설명을 **가로막는**, 이러한 설명이 '결론적인conséquente'[일관된] 방식으로 전개되는 것을 방해하는 관념론적인 하나의 요소가 존재하는 것은 아닌가? 그리고 관념론의 이러한 역설적 요소는 (인식론적 테제들, 즉 과학들의 역사를 대상으로 하는 테제들의 형태하에서 그리고 동시에 노동자운동의 역사를 대상으로 하는 테제들의 형태하에서) 이 텍스트들에 투여되어 있는 이론적 '진리'라는 개념화와 **항상** 밀접하게 연결되어 있지 않은가?

나에게는 이것이 바로 우리가 그 정확한 지표들을 발견할 수 있는, 그리고 이 지표들을 발견한 뒤에는 마르크스주의 이론으로 하여금 새로운 한 걸음(이 테제들에 대한 정정에 기반해 있는, 그리고 이 테제들이 수반하는 근본적인 유물론적 요소들 덕택에 가능한 새로운 한 걸음)을 내딛게 만들도록 시도할 수 있는 그러한 경우cas인 것으로 보인다.

심지어 더 나아가 다음과 같이 말해보도록 하자. 마르크스주의 이론, 마르크스주의 이론의 기원들(혹은 그 '원천들'), 마르크스주의 이론의 발전과 그 역사적 운명의 조건들의 역사라는 질문이 마르크스주의에 그 자신의 '진리'의 구체적 형상을 표상하고 그 자신이 이론으로서 실천 **내에서** 차지하고 있는 활동적 **위치**에 대한 인정을 함의하는 한에서, 이러한 질문은 마르크스주의의 '맹점'이자 **동시에** 지속적인 관심의 대상일 수밖에 없었다고. 마르크스주의의 역사 내에서 그리고 혁명적 노동자운동의 역사 내에서, 모든 진보pas en avant[앞으로 나아가는 한 걸음]는 이러한 역사의 본원적 특징들의 '실천적 상태à l'état pratique'에 대한 인정을, 혹은 심지어는 상황에 의해 지배되는commandée 특수한 양태하에서의 이에 대한 이론적 인정을 내포할 수밖에 없었다. 따라서 동일한 분석들과 동일한 언표들 내에서 마르크스주의 철학의 유물론적 명제들과 종종 분리 불가능하게 연결되어 있는 '관념론적' 테제들이라고 부를 수 있을 거라 믿었던 바의 바로 지척에서 우리는 또한 가장 빛나는 **유물론적** 명제들을 발견할 수 있는 것이다.

역설적으로 보일 수 있는 이러한 정식화들에 머무르지 않기 위한 시도를, 그리고 이를 그 구체적 요소들 내에서 낱낱이 설명하기 위한 시도를 아래에서 개시해보자.

2. 마르크스주의의 역사가로서 마르크스와 레닌

　이러한 전형적 상황의 두 가지 예를 제시하고자 한다. 이 두 가지 예 모두는 각각 더욱 심원한 분석을 수행할 만한 가치를 지니지만, 그 자체만으로도 이미 우리로 하여금 마르크스주의 전통의 민감한 지점들을 지시할 수 있게 해준다. 첫 번째 예는 어떻게 마르크스가 정치경제학의 역사와 이 정치경제학과 비교해 자신의 이론이 차지하는 자리를 분석했는지다. 두 번째 예는 레닌이 당대의 노동자운동 내에서 마르크스주의가 지니는 역사적 숙명에 할애했던 분석들이다.

마르크스와 '잉여가치에 대한 이론들'[9]

　마르크스가 '고전파' 정치경제학의 역사와 이에 대한 비판에 할애했던 모든 분석들을 이 자리에서 자세히 분석하는 것은 불가능하

9　'잉여가치에 대한 이론들'은 les théories sur la plus-value를 옮긴 것으로, 여기서 Théories sur la plus-value는 『자본』 4권인 "잉여가치학설사"의 프랑스어 제목이다. ─옮긴이

다. 왜냐하면 이 분석들은 마르크스의 작업 전체와 사실상 그 외연이 동일하여, 즉 너무나 광대하기 때문이다. 단지 나는 하나의 '역설'을, 마르크스주의 철학의 문제설정과 직접적으로 연결되어 있다는 점을 우리가 이미 알고 있는 그러한 '역설'을 다시 한 번 지적하는 것으로 만족하고 싶다.

마르크스가 자신의 잉여가치 개념에 대한 '발견'이 고전파 정치경제학의 역사와 맺는 관계를 연구했을 때, 그에게 이는 항상 역사유물론과의 **차이**를, 결론에서의 차이를, 하지만 특히 전제에서의 차이 혹은 문제설정 그 자체에서의 차이를 밝히는 작업이었다. 그리고 이를 통해 경제학자들의 문제설정이 역사적으로 어떻게 **변형**transformation되었는지를 연구하는 것이었다. 부분적으로는 바로 이 경제학자들의 문제설정에 대한 변형으로부터 역사유물론의 문제설정이 도출되었다. 따라서 이는 단순한 형태변화métamorphose와는, 혹은 정치경제학의 결론들을 부르주아 경제학(예를 들어 우리가 시스몽디에게서 발견할 수 있는 경제학)에 대한 '비판'으로 한 지점 한 지점마다 모두 전도시키는 것과는 구분되는 강한 의미에서의 변형이다. 이러한 변형은 전혀 순수하거나 자의적이지 않은 원리적[즉 근본적] 혼동들(이 혼동들 속에서 부르주아 이데올로기의 계급적 위치/입장이 실현된다)에 대한 내재적 **비판**과 정치경제학과는 완전히 동떨어진 개념들에 대한 외부로부터의 **수입**(그리고 정치경제학에 대한 변형을 수행하기 위해 이론적 '작업 수단'으로 이 도구들을 활용하는 것)을 동시에 전제한다. 이러한 변형의 표지는, 마르크스가 끊임없이 반복해 지적하듯, 그 자체 하나의 새로운 **문제**, 노동에 대한 착취의 역사적 형태들이라는 **문제**에 조응하는 '잉여가치'라는 **하나의 새로운 개념의 출현**이다. 이 새로운 개념은 이론적 개념으로서 새로운 계급의 위치/입장을 이론 내에서 실현한다. 이 잉여가치라는 새로운 개념이 프롤레타리아에게 그 역사적 상황을 설명해주고 이 프롤레타리아에게 이 역사적 상황을 변형시키기 위해 필요한 무기를 제시해주는 이론을, 즉 프롤레타리아를 **위한** 하나의 이론을 정립할 뿐만 아니라, 이 새로운 개념이 역사상 처음으로 프롤레타리아(그리고 더 일반적으로는 착취받는 [모든] 노동자들)에게 이론의 **지형 위에서도 또한** 자율적 계급으로서 존재할 수 있게 해주는 그러한 프롤레타리아의 이론을 정립하기도 한다. 따라서 모든 면에서, 그러니까 인식론적이고 정치적으로, 이 개념 그리고 이 개념으로부터 도출되는 개념들은 이전의 이론적 역사로는 **환원 불가능**하다. 하지만 이는 이 개념들이 이전의 이론적 **역사로부터**, 이 이전의 이론적 역사가 제공했던 조건과 **수단으로부터** 생산되지는 않았다는 점을 의미하는 것은 아니다. 이 점에 관해 마르크스의 입장은 완벽히 명료하다.

하지만 수많은 다른 저자들[특히 경제학자들]을 비판했던 『자본』(특히 『잉여가치학설사』)의 여러 구절들에서 마르크스가 행한 것은 도대체 무엇이었나? 마르크스는 고전파 경제학자들(중농주의자, 스미스 그리고 특히 리카도)이 **다른 이름으로**라고는 할지라도 잉여가치라는 개념을 **암묵적으로 이미** 발견했다는 점을 확인하려, 혹은 오히려 보여주려 노력했다. 더욱 정확히 말해, 마르크스의 관점에 따르면, 경제학자들은 자신의 **입장**에서 (지대, 이윤 혹은 이자 같은) 서로 다른 이름으로 잉여가치를 이미 발견했던 것이다. 아마도 이는 심지어 그들의 관점에서는 아직은 종종 사람들이 찾아내지 못한 것으로 보이는 그들의 **과학적** 측면(스미스의 ['현교적 측면'과 대립되는] '비교적 측면')일 것이다. 따라서 마르크스는 중농주의자들, 스미스 그리고 리카도가 지대, 이윤, 이자를, 그리고 **임금의 변이에 따른 이것들**[지대, 이윤 그리고 이자]**의 변이**를 명시적으로 말하는 곳에서 **이미** 함축된 것이 바로 잉여가치의 법칙들이라는 점을 보여주려 노력한다. 물론 잉여가치에 대해서뿐만 아니라 이윤이나 지대 등등에 관한 이러한 '오해', 부분을 전체로 은밀하게 대체해버리는 이러한 부정은 오류를 저지른 이 경제학자들에게 직접적 책임이 있다. 하지만 자신들이 연구하는 대상의 **이름**에 대한 오해로부터 연원하는 이러한 오류는 용어법과 특수한 [개별] 결론들에만 관련된 것은 아니다. 간단히 말해, 우리가 원하든 원하지 않든, 이 지점에서 마르크스는 자신이 '발견'한 **진리**가 마르크스 자신에게는, 생산된 것이 아니라 단지 (역사유물론 내에서의 '대자적인 것'이, 의식적인 것이 되기 이전에 정치경제학 내에서 '즉자적인 것'으로 어떠한 방식으로는 이미 주어지고 제시된 것) 드러난 것일 뿐이라는 점을 보여주고자 노력하고 있는 것이다. 그런데 바로 이것이 방금 전에 내가 언급했던 이데올로기적 표상과 정확히 일치하는 것 아닌가?

1965년의 『'자본'을 읽자』의 「『자본』의 대상」이라는 글에서, 알튀세르는 이 문제를 이미 자세하게 분석했다. 따라서 우리는 알튀세르의 증명démonstration에 의거하고 이를 연장하는 것에 만족할 수 있다.

알튀세르는 정치경제학에 대한 마르크스의 '비판들' 중에서 세부지점에 대한 비판들로 제시된 것과 근본적인 하나의 비판을 구분한다. 세부지점에 대한 비판들 가운데에는 잉여가치를 지대, 이윤 그리고 이자—마르크스에 따르면 사실은 잉여가치의 개별적인 particulières[특수한], 변형된 형태들에 불과한—라는 이름으로 지시한다(혹은 위장시킨다)는 이유로 경제학자들에게 행했던 마르크스의 비판이 자리한다. 근본적인 하나의 비판은 사실은 하나의 역사─이 역사 내에서 경제적 범주들은 규정된 하나의 계기[즉 시기]를 반영할 뿐이다─적인 생산물인 경제적 범주들을 **비역사적인**anhistorique, 초역사적인éternitaire, 고정적인fixiste 그리고 추상적인 성격을 지니는 것으로 간주하는 것에 대한 비판이다. 마르크스를 비판하는 정식화들, 알튀세르가 **문자 그대로** 분석하고자 하는 정식화들의 목록으로부터 출발해, 알튀세르는 동일한 공격 목표를 공유하지 않는 이 두 종류의 비판(하나는 '기술적technique'이고 다른 하나는 '철학적'인 비판)을 구분함에서 옳았다. 하지만 곧 우리는 이 비판들이 내재적으로 서로 연결되어 있다는 점을 확인하게 될 것이다.

게다가 알튀세르 스스로가 자신의 분석 내에서 이 점을 확인하는데, 왜냐하면 '용어법'이라는 질문과 '역사성'이라는 질문은 『자본』의 경제학과 이론의 **문제설정상 차이**라는 질문에서 결국 서로 결합되기 때문이다. 알튀세르는 경제적 범주들의 '역사화'라는 관념이 심원하게 모호한 관념이라는 점을 보여준다. 왜냐하면 알튀세르에게 이러한 관념은 정치경제학의 이론적 **대상**을 문제삼는 것이 아니라 단지 정치경제학의 표상이 지니는 한계들만을, 즉 그 내부에서 역사적 유효성을 갖는 것으로 이 정치경제학의 표상이 인정받을 수 있는 그러한 한계들만을 문제삼기 때문이다. 하나의 이론이 현실적인 것을 (인식이라는 양태하에서) 전유할 수 있도록 해주는, 그리고 이를 통해 현실적인 것을 인식의 대상으로 '변형'하게 해주는 그러한 조건 자체에 준거하는 대신에, 이 이론이 규정하는 **개념들**의 본성과 이 개념들이 표현하는 **인과성**의 유형에 의존하는 조건 자체에 준거하는 대신에, 결국 경제이론이 취하는 **객관성**의 조건에 대해 문제를 제기하는 대신에, '역사화'라는 개념은 이론과 역사 사이의 관계가 취하는 **주관적** 조건에만 준거할 뿐이다(비록 이러한 주관성이 경제학자들의 개인적 주관성이 아니라 이들의 이론적 의식과 이 의식의 역사적 한계들 내에 함축된 '초월론적transcendantale' 주관성이긴 하지만 말이다). 따라서 우리는 『자본』의 대상이 정치경제학의 대상과 동일한 대상이라고, 정치경제학의 대상과 동일한 구조를 지닌다고, 양적 범주의 동일한 유형에 의해 그리고 '경제적 사실'의 실천적 경험 내에서 무매개적으로 주어진 '가변적' 크기에 대한 동일한 경험주의에 의해, 숨겨진 인간학적 범주들의 동일한 체계('투자하고자 하는 성향'에서부터 '유동성 선호' 등에 이르기까지 정치경제학의 발전이 새로운 허구적 능력들을 통해 끊임없이 확장시켜온 인간적 '필요'[욕구]의 인간학, **호모 에코노미쿠스적** 행동의 인간학)에 의해 정의된다고 생각할 수 있다. 이러한 표상에 반대해, 알튀세르는 『자본』이 사실은 정치경제학의 대상으로 환원 불가능한 또 다른 하나의 대상을 가진다(왜냐하면 『자본』은 경제적 범주들—바로 이 경제적 범주들이 '경제인류학'[즉 '경제인간학']의 진정한 아버지인 스튜어트 밀의 목표였다—의 유효성을 제한하고 상대화하는 것에 만족하지 않고 **생산관계** 그 자체에 대한 이론을 발전시키기 때문이다)는 점을 보여주었다. 바로 그렇기 때문에 알튀세르는 1885년 출간된 『자본』 2권의 서문에서 엥겔스가 제시했던 정식화에 특별한 중요성을 부여하는 것이다. 왜냐하면 엥겔스의 정식화는 '**노동의** 가격(혹은 가치)' 대신 **노동력의** 가치라는 문제를 제기하기 위해 '**노동의** 가격(혹은 가치)'이라는 표현의 비합리성을 인지하는 것을 핵심으로 하는 마르크스의 결정적인 이론적 단절과 직접적으로 공명하기 때문이다. 엥겔스의 이 정식화는 그로 하여금 마르크스의 작업을 **문제설정의 변화** 내에 기입된 이론적 지형 변경으로 특징짓도록 만든다. 개념을 지시하는 측면에서는 동일한 이 단어들이 하나의 문제설정에서 다른 하나의 문제설정으로 이동하면서 동일한 의미를 지닐 수는 없다. 이 개념들을 규정된 이론적 의미에 투여하는 것은 이 개념들의 무매개적이고 고립된 의미작용signification이 아니라 전체 이론체계 내에서 이 개념들이 수행하는 그 기능이다.

하지만 곧바로 알튀세르가 지적하듯, 엥겔스의 이 탁월한 정식화는 여전히 마르크스의 이론적 혁명의 **형식적** 측면에 의해 제한되어 있다. 만일 이 정식화가 반박 불가능한 정도로까지 '절단'—(경제학자들의 문제설정에서와 같이 잉여가치 자체를 사고하지 못하는 문제설정 내에서) 잉여가치를 '생산'한다는 사실을, (마르크스의 문제설정에서와 같이) 이 잉여가치를 '인정'하고 설명하며 하나의 새로운 문제설정의 기반으로 만든다는 사실로부터 분리시키는 '절단'—을 표시하기에 충분한 것이라 해도, 이 엥겔스의 정식화는 하나의 문제설정으로부터 다른 하나의 문제설정으로의 이행(현실적인 것에 대한 새로운 이론적 관계를 실현하는 것으로서의 이행)을 우리에게 **설명해**주기에는 전혀 충분하지 않다. 엥겔스의 정식화는 우리에게 이러한 이행을 '발견'이라는 양식하에서 하나의 '사실'로, '그건 원래 그렇다c'est ainsi'로 제시하는 것에서 멈추고 만다.[10]

이를 통해 우리는 역사화라는 관념이 유지하는 모호성의 문제

---

[10] C'est ainsi!는 사실 헤겔이 사용한 표현 esist so! 즉 '이렇게 되어 있군!'을 프랑스어로 번역한 것으로, 알튀세르가 여러 글에서 사용하는 표현이다. 『마르크스를 위하여』, 루이 알튀세르 지음, 서관모 옮김, 후마니타스, 2017, 361쪽의 옮긴이 주를 참조하라. 하지만 옮긴이는 C'est ainsi에 대한 더 자연스럽고 구어적인 번역으로 '그건 원래 그런 거야'를 선택하겠다.—옮긴이

로 다시 돌아오게 된다. 바로 이것이 인식에 대한 이론으로서의, 철학적 경험주의의 변형태[변종]로서의, 고유한 의미의 **역사주의**다. 역사주의에 따르면, 만일 하나의 이론적 문제설정으로부터 다른 하나의 이론적 문제설정으로의 이행이, 그러니까 이론의 변형이 존재한다면, 단순히 이는 **현실이 변화**하고, 자본주의적 생산양식 내에서 상품적 관계가 발전하고 일반화되며, 이러한 변화가 이론 내에 무매개적으로 **반영되기** 때문일 것이다. 특히 '정치경제학의 방법'에 대한 1857년 『정치경제학 비판을 위하여: 1분책』 서문의 그 유명한 단락에 존재하는 이러한 모호성을 지적함으로써, 알튀세르는 정치경제학의 발전에 대한 그러한 '설명'이 항상 역사에 대한 관념론적이고 목적론적인 개념화를 전제한다는 점을 보여준다. 이러한 개념화 내에서, (과학적 이론까지도 포함해) 이론은 **한 시대에서의 자기 의식**을, 자기 의식으로 생성되는 각 시기의 (통일된 총체성으로서의) 역사적 현재présent historique를 이론의 반영적/성찰적réflexive 형태 내에서 표상한다. 그리고 마르크스의 이론은 경제적 범주들에 대한 **비판**이며, 마르크스의 이론 그 자체 또한 현재에 대한 반영이다. 그렇기 때문에, 이 현재가 **비판적 자기 의식**의, 그 자체 '자기비판'인 그러한 역사적 계기의, 결국 절대지식과 일치하는 역사적 계기의 특권화된 형상을 구현한다고 전제해야만 한다. 이때부터, 마르크스주의 이론의 혁명적 새로움은 이전의 이론적 역사에 대한 (이 용어의 두 가지 의미에서의) '종말/목적fin'으로밖에는, **정치경제학의 진리**—이 진리에 따르면, 정치경제학은 모순, 오류 그리고 비의식inconscience의 (소외된) 형태하에서라고 할지라도 항상-이미 이러한 진리를 지향한다tendait—로밖에는 사고될 수 없게 된다. 사실 이는 강한 의미에서 지형의 변경과 혁명적 변형이라는 관념을 **취소**[즉 말소]시킨다.

나는 이러한 분석을 연장하고, 동시에 정확한 지점 위에서 이 분석을 정정하고자 한다. 어떠한 의미에서 이는 이러한 분석의 힘을 강화시키는 것이고, 이를 통해 마르크스의 이론-역사적인 고유한 위치에 대한 관념론적 표상이 마르크스로 하여금 자신의 논의를 매우 멀리까지 밀어붙이게 만드는 결론들을 산출했다는 점을 보여준다. 또한 이는 마르크스 그 자신에게서 규정된 역사적 조건 내에서 문제의 하나의 **또 다른 위치**의 (완전히 다른) 요소들이 문자 그대로 나타난다는 점을 보여주는 것이기도 하다.

그 결론들에 대해 우선 말해보자. 이 결론들의 유효범위를 가늠하기 위해, 마르크스가 가장 종합적인 형태로 경제학자들의 '착각quiproquo'의 본성을 설명하는 텍스트들 중 하나를 살펴보자.

"그 어디에서도 리카도는 잉여가치의 개별적particulières[특수한] 형태들, 즉 이윤(과 이자), 지대와는 독립적으로 **잉여가치**를 고립적인 방식으로isolément 사고하지 않는다. 그래서 매우 결정적인 중요성을 지니는 문제인 자본의 유기적 구성이라는 문제에 대한 리카도의 사고는 애덤 스미스(와 중농주의자들)로부터 상속받은, 유통과정으로부터 기원하는 (고정자본과 유동자본 사이의) 이론적 구분에 한계 지어져 있다. 하지만 그 어디에서도 리카도는 그 고유한 의미에서의 생산과정 내의 유기적 구성과 관계된 구분들에 대해서는 언급하지도 인정하지도 않는다. 이로부터 리카도의 **가치**와 **생산가격** 사이의 혼동, 지대에 대한 그의 잘못된 이론, 이윤율의 증가와 감소의 원인에 대한 그의 잘못된 법칙 등등이 유래한다.

이윤과 잉여가치는 투입된avancé 자본이 직접적으로 임금으로 지출된dépense 자본과 동일한 한에서만 동일한 것이다. (…) 따라서 이윤과 임금에 대한 이러한 사고 내에서, 리카도는 임금으로 지출되지 않는 자본의 불변적 일부분을 생략해버린다. 리카도는 마치 자본 전체가 직접적으로 임금으로 지출되는 것처럼 문제를 다룬다. **이러한 논의의 틀 내에서 보자면, 리카도가 사고하는 것은 이윤이 아니라 잉여가치이며,** 우리는 리카도의 잉여가치론에 대해 말할 수 있게 된다. 하지만 다른 한편으로, 리카도는 스스로가 이윤 그 자체를 말하고 있다고 믿는데, 이로 인해 우리는 그의 설명에서 잉여가치가 아닌 이윤이라는 전제로부터 유래하는 관점들이 증식하는 것을 보게 된다. 리카도가 잉여가치의 법칙들을 올바르게 설명할 때조차, 그는 이 잉여가치의 법칙들을 무매개적으로 이윤의 법칙들로 언표함으로써 이를 왜곡한다. 그리고 또 다른 측면에서, 리카도는 잉여가치의 법칙들 같은 매개적 요소들 없이 무매개적으로 이윤의 법칙들을 설명한다고 자처한다.

우리가 리카도의 잉여가치론에 대해 말할 때, 결국 우리는, 리카도가 이 이윤을 잉여가치와 혼동한다는 점에서, 이윤에 관한 리카도의 이론, 그러니까 가변자본(즉 임금으로 지출된 자본의 몫)과만 관계지어진, 그러한 이윤을 대상으로 하는 리카도의 이론을 말하게 되는 것이다. (…)

잉여가치가 가변자본, 즉 직접적으로 임금으로 지출되는 자본과 관련해서만 다루어질 수 있다는 사실(그리고 잉여가치에 대한 이론 없이는 그 어떠한 이윤에 대한 이론도 가능하지 않다는 사실)은 매우 심원하게 사태의 본성에 기입되어 있는 것이기에, 리카도는 자본 전체tout l'ensemble를 가변자본으로 취급하며 불변자본을 **추상**[생략]해버린다.

비록 리카도가 이 불변자본을 투입avances이라는 형태로 가끔 언급하기는 하지만 말이다."[11]

이는 탁월한 텍스트일 뿐만 아니라, 만일 우리가 이를 세심하게 검토해본다면, 우리는 이것이 굉장히 놀라운 텍스트란 점 또한 발견할 수 있을 것이다. 우리는 리카도파 경제학자, 혹은 단순화시켜 말하자면 리카도의 독자 한 사람이 마르크스의 이러한 논증에 어떻게 반대할 수 있는지 쉽게 예상할 수 있다. 마르크스가 지적한 모든 '난점들'과 '오류들'은 마르크스가 원하는 바를, 그러니까 온 힘을 다해 **리카도로 하여금 자신이 말하고 있는 것과는 다른 것을 말하게 만듦**으로써, 즉 리카도가 이윤을 말할 때 잉여가치를, 잉여가치를 말할 때 이윤을 말하게 만듦으로써 초래되는 바에 불과한 것 아닌가? 자신의 이론적 적수를 더욱 잘 비판하기 위해 자신의 입맛에 맞게 텍스트를 짜맞추는 것으로 자신의 비판을 개시하는, 아주 훌륭한 비판이라고 사람들은 말할 것이다! 하지만 이렇게 마르크스를 조롱하는 것은 리카도의 이론이 지니는 필연적 난점들과 실제로 내포하고 있는 모순들(특히 ['비사회적'] '필요노동시간'으로 가치를 정의 내리는 리카도의 직접적immédiate 모순이 그러한데, 반면 ['사회적'] 필요노동시간이라는 개념을 제시하는] 오직 마르크스의 분석만이 가치의 기원을 [올바르게] 설명할 수 있다)을 망각하는 것일 뿐만 아니라, 마르크스의 비판이 겨냥하는 **본질적 지점**이 어디에 놓여 있는지를 망각하는 것이기도 하다. 이 지점은 단순히 하나의 단어를 다른 단어로 착각한다는 점과 관련된 것이 아니라, '탁월한 한 명의 생산의 경제학자'로서의 이 리카도가 사실은

11   Marx, *Théories sur la plus-value*(잉여가치학설사), Dietz, 1959, 2권, 15장, 1절, pp. 369~370.

자본주의적 **생산에 관한** 진정한 하나의 이론을 만들 능력을 갖고 있지 않았다는 점과 관련된 것이다. 리카도는, 특히 자본의 '유기적 구성'에 관한 자신의 정의가 보여주듯, 중농주의자들과 스미스의 관점의 연장선상에서 **유통의 관점으로부터 생산에 관한** 하나의 이론을 만들 뿐이다. 리카도는 이윤(그리고 이윤율)을 가치가 생산되는 조건과 관계 짓는 것이 아니라 자본의 여러 분파들이 유통되는 조건, 이서로 다른 분파들의 여러 '휴지immobilisation'기와 관계 짓는다. 리카도에게, '노동' 개념은 미분화된indifférencié 개념이며, '노동시간'은 지출된 노동력에 대한 척도라기보다는 생산을 위해 필요한 **기간**délai, 즉 노동자의 노동이 자본가에게 '저축épargne'되는 시간이다(이는 노동시간에 관한 자본의 관점을 표현하는 것이지 [직접]생산자의 관점을 표현하는 것은 아니다).¹² 역으로, 가치에 대한 정의에서 리카도는 **분배관계**rapports de distribution를 도입한다(왜냐하면 개별 자본가는 그가 이자 등등의 형태로 반환해야만 하는 잉여가치의 분파들을 자본의 추가적인 지출, 즉 **비용**frais으로 회계화하기 때문이다). 만일 리카도에게서 정말 분배관계가 생산관계의 '이면'이라면, 이는 생산관계가 (임금은 이윤에 대립된다는 그 고유한 적대와 함께) 수입revenus의 **분배관계**에 불과하기 때문이다.

이 모든 것을 마르크스는 명료하게 설명해낸다. 하지만 일단은 이러한 설명의 상관항[즉 이 설명과 공존하고 있는 바]을 살펴보도록 하자. 이 설명의 상관항은 다음과 같은 하나의 문장으로 정리된다. 만

12　따라서 리카도를 포함한 정치경제학은, 마르크스가 『자본』 1권에서 설명했듯, 항상-이미 노동을 '자본의 역량'으로 표상한다. 바로 이것이 정치경제학의 부르주아 이론적 위치/입장의 토대다. 그렇기 때문에 경제학 이론들이 스스로를 노동을 자신들의 문제설정의 기반으로 삼는지 아닌지에 따라 역사적으로 분류하는 것만으로는 전혀 충분치 않은 것이다. 이를 넘어서, 우리는 이 이론들 내에서 **어떠한** '노동' 개념이 적용되고 있는지를 물어야만 한다.

일 우리가 [『잉여가치학설사』의 텍스트를] 『자본』의 텍스트와 비교해본다면 우리의 눈에 드러나게 될 수밖에 없는 것은 바로 잉여가치에 대한 정의에서 나타나는 명백한 **퇴보**régression다. 자신의 리카도 비판에서, 마르크스는 리카도의 이론을 어떤 의미에서는 자신의 잉여가치에 관한 이론에 견주어서 '평가mesure'한다. 하지만 마르크스는 이 지점에서 하나의 속임수dupe를 작동시키는데, 왜냐하면 이러한 '평가/척도mesure'는 잉여가치에 대한 비-마르크스주의적인 정의라는 대가를 치르고서 수행되는 것이기 때문이다.[13] 우리는 심지어 더 나아가 다음과 같이 말할 수도 있다. 잉여가치에 대한 '리카도적' 정의라는 대가를 치르고서라고. 만일 리카도가 잉여가치에 대한 '리카도적' 정의를 정식화했다고 정말 가정할 수 있다면 말이다(하지만 이것이 바로 정확히 마르크스가 행했던 가정 아닌가?). 이 지점에서, **그러할 수밖에 없는** 비판[즉 위에서 설명했듯 마르크스가 리카도의 지형 위에서 이 리카도의 이론에 대한 해석을 제시하며 행할 수밖에 없는 비판]이 적수의 지평으로부터 절대 진정으로 **탈출**할 수는 없을 것이라는 점을 우리에게 보여줌으로써 자신의 존재 자체를 통해 스스로 드러내는 것은, '비판'이라는 관념의 모호성 그 자체다.

우선 이 지점에서 마르크스가, 마치 **잉여가치에 대한 (이론적) 정의가 '잉여가치율'에 대한 (산술적) 정의에 불과하다**는 식으로, 즉 잉여가치를 (유일하게) 가변자본과의 관계(pl/v) 속에서만 다룸으로써 자신의 논증을 처음부터 끝까지 전개해나간다는 점은 명확하다.[14] 이

---

13 여기서 '속임수의 작동'은 opération de dupe를 옮긴 것인데, 사실 한국어로 뉘앙스를 전달하기는 쉽지 않지만, 굳이 설명하자면 이는 거짓 혹은 잘못된 것임을 알면서 행하는 것 정도를 뜻한다. 예를 들어, '사랑은 바보짓이야'라고 할 때 이 '바보짓'이 프랑스어 dupe의 의미에 가깝다.—옮긴이

러한 정의가 명백히 순환적[즉 동어반복적]이라는 점을 일단 고려하지 않는다고 해도, 어쨌든 이 정의는 마르크스 스스로가 제기했던 문제 자체를 완전히 전치시켜버린다. 잉여가치를 정의하는 것은, **사후적으로**, 그러니까 생산 이후에 확립되는 것으로서의 산술적 관계를 가치평가évaluer하는 것이 아니라, 이 관계의 의미를, 그러니까 **왜** 잉여가치가 **가변자본과만** 맺는 관계를 통해 착취율을 '측정mesurer'하는 것이 필수적인지를 설명하는 것이다. 따라서 이는 생산의 과정 그 자체procès même de production의 **사회적 형태**를 잉여노동의 생산과정procès de production으로 정의하는 것이다. 이러한 의미에서, 그리고 바로 이러한 의미에서 우리는 마르크스에게 자신의 비판을 되돌려줄 수 있는데, 마르크스가 이 지점에서 리카도를 비판하기 위해 의거하는 '정의' 또한 완전히 '비역사적anhistorique'이기 때문이다. 이것이 바로 내가 도출한 첫 번째 결론이다.

　하지만 더욱 심각한 문제가 있다. 왜냐하면 이러한 정의 내에서 마르크스는 그가 리카도에게 경제학자들의 '심각한 오류bévue'를 반복한다고 비판하는 그때에조차, 경제학자들의 이러한 '오류'를, **불변자본에 대한 '망각'을 자신의 것으로 온전히 다시 취하기**[즉 동일하게 반복하기] 때문이다. 더욱 정확히 말해, 마르크스는 리카도의 **이윤에 관한** 이론 내에서의 이러한 망각을 자신의 **잉여가치에 관한** 이론 내에서도 지속적으로 유지한다는 조건에서만 비판한다. "잉여가치가 가변자본

14　가변자본과의 관계만을 고려하는 잉여가치율이 pl/v인 반면, 가변자본과 불변자본 모두를 고려하는 이윤율은 pl/(c + v)이다. 이윤이란, 최소한 특정한 상황 속에서, 자본가 **스스로가** (일반적으로는 자신이 공개하는 회계 속에서 이러한 측정을 은폐하려 시도함으로써) 그 측정을 위해 추구하는 (즉 활용하고자 하는—옮긴이) 크기라는 점을 잊지 말자.

과의 관계 내에서만 다루어질 수 있다는 사실은 (…) 사태의 본성에 매우 심원하게 기입되어 있는 것이다. (…)" 따라서 마르크스에게서 모든 논의는 마치, 잉여가치의 생산을 설명하기 위해서는, 우리가 알다시피 생산수단의 가치를 표상하는 불변자본을 추상[생략]할 수 있다는 듯이(그리고 추상해야만 한다는 듯이) 진행된다. 하지만 이렇게 불변자본과 생산수단을 '추상'하는 것은 생산수단 가치의 '보존'과 생산수단 가치의 생산된 상품으로의 '이전transfert'이라는 문제를 무시하는 것일 뿐만 아니라, **잉여가치의 생산 내에서 생산수단이 수행하는 역할**을 무시하는 것이기도 하다. 또한 이는 사회적 노동이, 이 사회적 노동이 하나의 특수한spécifique 상품[즉 '노동력'이라는 상품]의 활용으로서 **하나의 소유자 계급에 의해** 이미 자본화된 그리고 이미 **'독점화된'** 생산수단에 통합incorporé되는 한에서 잉여가치를 생산한다는 점을 무시하는 것이다. 간단히 말해, 이는 자본주의적 생산관계 그 자체를 '추상'하는 것이다. 왜냐하면 우리가 방금 상기시켰던 바 전체는 『자본』 1권에서 마르크스가 행했던 설명의 핵심 그 자체이기 때문이다.[15] 그렇다면 이제, 마르크스의 발견에 비추어 '잉여가치'라는 용어의 활용과 정치경제학에 대한 (비판적) 해석이 어떠한 의미를 지닐 수 있을까?

이제 우리는, 만일 최소한 우리가 마르크스에게 그의 텍스트를 문자 그대로 읽을 수 있는 영예를 구한다면, 잉여가치와 그 '개별 형태들formes particulières' 사이의 이러한 '변증법'을 통해 마르크스주의를 **정치경제학의** '진리'로 표상하는 (내가 방금 인용했던 것과 같은) 텍스트

---

15 '잉여가치'와 '사회계급'에 관한 연구인 이 책의 3장을 참조하라.

들 속에서 어떠한 대가를 치러야 하는지를 확인하게 된다. 우리가 치러야 할 대가란 바로 역사유물론의 지형 위에서 [이론적으로] 머무르는 것 자체의 불가능성이다.

하지만 이러한 상황에서조차, 우리는 하나의 소중한 지표를 발견하게 된다. 우리는 말소된 것이, **잉여가치에 대한 마르크스주의적 정의에서** (일시적으로) **사라져버린 것이, 정확히 경제학자들의 문제설정에서는 표현**figurer**될 수 없었던 것**이었다는 사실을 확인하게 된다. 바로 생산수단의 계급적 독점과 그것이 사회적 노동이 지출되는 형태에 미치는 효과들 말이다. 경제학자들의 '망각'에 대한 마르크스의 반복이 구성하는 놀라운 (일시적) 퇴보 속에서, 마르크스는 이러한 '망각'의 정확한 의미 또한 우리에게 드러내주며, 또한 그는 이러한 망각이 취하는 대상이 지금까지는 **전혀 사고된 바 없었다**는 점에서 우리에게 이것이 [이미 한 번 사고되었던 바에 대한] 하나의 망각이 아니라는 점을 드러내준다. 마르크스는 다음의 두 가지를 우리에게 명확히 보여준다. 1) **일반 형태**forme générale로서의 잉여가치(이윤, 지대 그리고 이자는 유통과 분배의 과정에 의해 변형된 개별 형태들formes particulières에 불과하다)라는 문제를 제기할 수 없는 경제학자들의 무능 속에서 고유하게 이론적인 방식으로 정치경제학의 문제설정과 착취와 계급투쟁 개념 사이의 양립 불가능성이 **실현된다**는 점. 2) 정치경제학에 제기된 **형식적** 비판하에서(즉 정치경제학의 범주들이 추상적이며 비역사적이라는 비판하에서), 우리는 정치경제학이 계급투쟁과 맺는 관계의 특수한spécifique 형태—정치경제학은 부르주아의 시대에 계급투쟁의 효과 자체하에서 계급관계에 대한 적극적인active 이론적 부인dénégation의 형태를 취한다—와는 다른 것을 찾으려 해서는 안 된다는 점.[16]

따라서 우리는 다음과 같이 말할 수 있을 것이다. 정치경제학에서 역사유물론으로의 이행을 위한 열쇠, 그러니까 정치경제학에 대한 '비판'을 위한 열쇠는 **생산 그 자체 내에서의** 계급투쟁에 대한 인지와 분석이다. 그래서 이는 결국 다음과 같은 문제를 인지하는 것이다. 어떻게 전혀 하나의 **이론적** 과정이 아닌 계급투쟁이 정치경제학, 철학, 법권리droit 같은 부르주아 이데올로기의 문제설정이 지금까지 차지해왔던 이론적 지형에 미치는 효과들을 생산해냈던 것인가? 바로 이러한 **역사적인**(그렇지만 전혀 역사주의적이지는 않은) 질문이 『자본』이 완수한 '인식론적 절단'에 대한 이해를 가능케 하는 것이다.[17]

하지만 이 모든 것을, 마르크스가 어딘가에서 '명료하게' 지적하지 않았느냐고 사람들은 물을 것이다. 실제로 마르크스는 매우 탁월한 조건 속에서, 특히 1873년 『자본』 독일어 2판의 후기에서 그러했던 것 같다. 나는 독자들에게 이 텍스트를 참조하기를 권하는데, 왜냐하면 이 텍스트는 매우 쉽게 구할 수 있고 그 전체를 인용하는 것은 우리의 논의를 너무 길어지게 만들 것이기 때문이다.

이 텍스트의 유효범위를 이해하기 위해, 우선 우리는 이 텍스트

---

16   다른 조건들이 모두 동일하다면, 이 지점에서 우리는 **평등**에 관한 엥겔스의 결정적인 설명들을 떠올릴 수 있을 것이다(『반-뒤링』, 1부, 10장). 프롤레타리아가 다시 자신의 것으로 취하는 바로서의 평등에 대한 요구 속에서, 계급 간 불평등의 철폐와 **계급** 그 자체의 철폐에 대한 요구 이외의 **다른 것**을 찾으려 해서는 안 된다. 경제학적 범주들의 '역사성'에 대한 요구 속에서, 생산 그 자체 내에서의 계급투쟁에 대한 인정 이외의 다른 것을 찾으려 해서는 안 된다. 앞에서 이미 암시했던, 그리고 '정치경제학의 방법'이라는 장 제목이 마르크스주의적 변증법의 정전적인 설명으로 너무 자주 (혹은 너무 배타적으로) 등장하는 공교로운 특권을 누렸던 『정치경제학 비판을 위하여: 1분책』의 1857년 서문이 **모순에 대해서도 계급투쟁에 대해서도 전혀 언급하지 않는다**는 점을 확인할 수 있을 것이다!

17   이 지점에서 우리는 노동자운동의 역할, 그리고 리카도에 대한 사회주의적 '비판들'의 역할에 대한 강조에 마르크스와 엥겔스 둘 모두가 부여하는 중요성(물론 이 자리에서 이 논점을 더욱 개진할 수는 없겠지만)을 발견할 수 있을 것이다.

가 놓여 있는 상황을 상기해보아야만 한다. 『잉여가치학설사』의 텍스트들(그리고 이에 더해 **특히** 1857~1859년의 텍스트들까지도)은 『자본』 1권의 집필 **이전에** 쓰인 것으로, 『잉여가치학설사』는 1862~1863년 으로 거슬러 올라가는 텍스트들이다. 따라서 이 텍스트들은 (완성된 형태를 취하도록 잉여가치에 관한 이론을 정교하게 구성해나가는 장소로서의) '실험실' 같다. 반면 『자본』 독일어 2판 후기라는 텍스트(이 텍스트에서 습관적으로 우리는 특히 헤겔 변증법에 대한 '전도'라는 정식화들에 대한 주석만을 달고 넘어가버린다)는 『자본』의 집필 **이후에** 쓰였을 뿐만 아니라 1867년 『자본』의 출판과 이 출판이 노동자운동에 미쳤던 그 최초의 역사적 효과들 **이후에** 쓰인 것이기도 하다. 『자본』 독일어 2판 후기가 놓여 있는 이러한 상황은 그 자체로 매우 중요하다. 제2인터내셔널의 마르크스주의 당파들의 시기 이전 노동자계급에 『자본』의 테제들이 전파됨으로써 생산해낸 영향력을 과대평가하지 말아야 한다면, 마찬가지로 이 영향력을 부정하는 것 또한 적절하지는 않다. 1867년과 1873년 사이에, 『자본』은, 그리고 더욱 일반적으로 말해 역사유물론이라는 이론은 다음의 두 가지 양태에 따라 노동자운동 내부로 이미 **침투해 들어갔다.** 한편으로, 텍스트 그 자체에 대한 독해와 영향력을 통해.[18] 다른 한편으로, 그리고 첫 번째 양태보다 더욱 강력하게, 마르크스, 인터내셔널 총평의회(예를 들어 『임금, 가격, 이윤』과 노동조합주의에 대한 마르크스와 엥겔스의 글들을 보라) 그리고 노

---

18 마르크스주의 역사가들이 가능한 한 가장 자세히 『자본』의 노동자운동 내부로의 침투의 역사를 우리에게 복원해주기를 매우 깊이 소망해야만 한다. *Histoire générale du socialisme*(사회주의의 일반 역사), J. Droz, 1권, Paris, PUF, 1972에 실린 장 브뤼아의 글 La place du *Capital* dans l'histoire du socialisme(사회주의의 역사 내에서 『자본』의 자리)는 아쉽게도 이 문제를 다루지는 않는다. 이는 오늘날 활용 가능한 정보가 여전히 부족해서일까?

동자운동(특히 독일) 최초의 '마르크스주의' 지도자들의 **실천적** 행동을 통해. 따라서 1873년의 텍스트[『자본』독일어 2판 후기]는 마르크스주의 이론이 노동자운동과 프롤레타리아 투쟁과 맺는 관계 내에서의 **새로운 정세**에 속하는 것이다. 이때부터 역사에서 『자본』이 차지하는 '위치/입장'이라는 문제는 텍스트들, 즉 경제학자들의 텍스트들과 마르크스의 텍스트 사이의 관계 내에서만 순전히 이론적인 하나의 문제로서 반영[성찰]된 것으로 제시되지 않는다. 이 문제는 이론적 언표들과 대중운동 사이의 하나의 **실천적 관계**의 문제로, 이 언표들과 대중운동 사이의 상호적 '인지/인정reconnaissance'과 그 상호적 효과의 문제로 공개적으로 제시된다. 만일 1873년 마르크스가 새로운 용어들termes[조건들, 관점들]하에서 『자본』의 이론적 내용과 유효범위를 사고한 것이 사실이라면, 이는 그가 **노동자운동과 계급투쟁의 발전에 대한 마르크스주의 이론의 실천적 효과들**을 이미 물질적으로 포함하고 있는 새로운 정세 속에서 이 내용과 유효범위를 사고하기 때문이다. 이러한 정세 내에서, 마르크스주의 이론은 그 어떠한 부르주아 경제학 이론도 노동자운동과의 그 경향적 '융합fusion'의 부침을 통해 역사적 과정에 대한 실천적이고 '실험적'인 '장악력prise'을 지닐 수 없다는 점을 파악하게 된다. 반면 마르크스주의 이론의 실험적 장악력은 이 마르크스주의 이론을 과학적 이론으로 구성한다.[19]

　그 간략함에도 불구하고 1873년의 후기는, 마르크스가 정치경

19　이러한 사실로부터, 1873년의 후기가 마르크스의 이론적 활동에서 **'정정'의 시기**(마르크스주의 이론의 **발전** 형태 그 자체인 정정의 시기)라고 내가 부르자고 제안하는 바를 매우 잘 예증해준다는 점을, 그리고 이러한 점에서 마르크스의 이 1873년의 후기가 『프랑스 내전』 「고타 강령 비판」 「베라 자술리치에게 보내는 편지」 「미하일로프스키에게 보내는 편지」 「아돌프 바그너의 정치경제학 교과서에 대한 난외주석」 같은 다른 결정적 텍스트들과 상호 접근되어야 한다는 점을 지적하자.

제학의 발전을 자본의 형태변화métamorphoses의 주기적 과정이 취하는 이러저러한 '형상figure'의 역사적 일반화prédominance에만 연결시키지 않고 상품적 범주들과 교환가치의 전개에 연결시킨다는 점에서 그가 이전에 집필했던 다른 설명들과 구별된다.[20] 이 조건들은 정치경제학의 발전을 위한 필수적인 **토대**로서만 나타난다(왜냐하면 **존재**하는 것에 대한 이론만이 존재하며, 실천은 이론에 선행하기 때문이다). 정치경제학은 프랑스, 그리고 특히 영국에서 발전했는데, 왜냐하면 자본주의적 생산관계가 이 두 나라에서 발전했기 때문이다. 정치경제학은 독일에서는 모방적 성격의 스콜라적인 것scolastique으로 남아 있었는데, 왜냐하면 독일에서 자본주의적 생산의 발전은 오랜 시간 동안 상당한 지체를 겪었기 때문이다.

하지만 마르크스는 이 지점에서 자신의 논의를 더 앞으로 밀어붙인다. 마르크스는 정치경제학의 (모순적인) 발전과 유럽에서의 계급투쟁의 역사를 그 간극, 전치 그리고 연속적인 국면들과 함께 **단 하나의 동일한** 복잡한 **과정**으로 제시한다. "정치경제학이 부르주아적인 한에서, 다시 말해 정치경제학이 자본주의적 질서를 일시적인/이행적인transitoire 역사적 발전의 한 단계로 개념화하는 대신 역으로 사회적 생산의 최종적인 절대적 형태로 개념화하는 한에서, 정치경제학은 계급투쟁이 잠재적인 것으로 남아 있거나 고립된 현상들을 통해서만 발현된다는 조건에서만 하나의 과학으로 남아 있을 수 있다." 특히 정치경제학이 프롤레타리아의 편에서 **조직**되지 않는 한 말이다. 그래서 정치경제학의 고전파적 시기는 계급적인 경제적 이해관계 사

---

20   *Le Capital*, 2권, 1장부터 4장을 참조하라. 지나치는 김에 말하자면, 이는 마르크스의 저작에서 우리가 발견할 수 있는 가장 탁월한 '구조적' 분석의 사례들 중 하나다.

이의 대립(임금과 이윤, 이윤과 지대)을 하나의 자연 법칙으로, '부르주아 과학이 넘어설 수 없는 한계'로 정식화하는 리카도와 함께 1820년 중단되게 된다. 그다음, 자본과 프롤레타리아 사이의 적대가 산업자본과 토지 소유 사이의 적대에 의해 특징지어지게 되면서, 정치경제학의 **내적** 모순들이 발전하게 된다. "1830년에 결정적 위기가 폭발한다. 프랑스와 영국에서 부르주아지는 정치권력을 손에 쥐게 된다. 이때부터, 실천에서와 마찬가지로 이론에서, 계급투쟁은 점점 더 두드러진, 점점 더 위협적인 형태를 취하게 된다. 계급투쟁은 부르주아 경제학의 조종을 울린다." 1848~1849년에 발생했던 혁명들 이후, 우리는 정치경제학의 **해체**décomposition의 시기로, '속류' 경제학으로의 변질 transformation의 시기로 들어선다. 이와 동시에 **사회주의**는 하나의 과학적 형태를 획득하게 되며 정치경제학에 대한 비판을 전개한다. "이러한 [사회주의의] 비판이 하나의 계급을 표상[대표]하는 한에서, 이 비판은 그 역사적 사명이 자본주의적 생산관계를 혁명화하고, 결국에는 계급 그 자체를 철폐하는 하나의 계급, 즉 프롤레타리아를 표상[대표]할 수밖에 없다."

여기에서 우리는 (정치경제학을, 그다음으로는 사회주의를 한 시기 혹은 심지어는 한 계급의 집합적 의식으로 만드는) 하나의 단순한 '사회학주의'와는 다른 것을 보아야만 한다. 이론에 대한 역사적 조건의 효과가 경제적이고 정치적인 계급투쟁의 **국면들**을 통과하자마자, 역사적 계기는 더 이상 동일한 하나의 '원리'의 거대한 의미prégnance 내에 통합된 단순한 '총체성totalité'으로 표상될 수 없게 된다. 그리고 이론의 역사는 **각각의** 계급마다의 위치/입장을 지시하지 않게 되며, 그 대신 이 계급들의 **모순의 앙상블**의 형태를 지시하게 된다. 이는 더 이상 각 계급과 '그에 조응하는' 이론 사이의 관계가 아니라, 계급 모순의 형태와 이론 내 모순의 형태 사이의 관계다.

따라서, 이론의 측면에서 우리는 세 개의 항을 갖게 된다. '과학적' 정치경제학, '속류' 경제학 그리고 과학적 사회주의. 고전파 경제학은, 이 고전파 경제학이 원리들을 발견하고자 하는 객관적 설명들을 추구하는 한에서, 그리고 '현실경제affaires'[비즈니스]의 자본주의적 관리 기술 내에 함의된 경제적 이데올로기를 정교하게 구성하는 것에 만족하지 않는 한에서, **형식적으로는** '과학적'이다. 이는 이 경제적 이데올로기가 토지 소유자에 대립하는 (산업)자본의 투쟁에 준거하기 때문이다(그리고 농업을 포함한 자본주의적 생산양식이 발전하면 할수록, 이러한 투쟁은 지배계급의 분파들 **사이에서의** 잉여가치의 규정된 배분을 위한 투쟁에 스스로 만족하게 되기 때문이다). 이러한 이유로 인해, 경제적 이데올로기는 자본과 프롤레타리아 사이의 이해관계의 대립을 부차적인, 그리고 비적대적인 하나의 모순으로밖에 표상할 수 없다. 따라서 이 경제적 이데올로기는 **항상-이미** '속류적인' '변호론적인' 하나의 요소(리카도의 이론의 핵심에 항상 존재하는 스미스의 '현교적' 요소, 즉 생산의 3'요소'인 토지, 자본, 노동에 대한 '이론'[21])를 포함하는 것이다.

따라서 우리는 다음을 주장할 수 있다. 고전파 경제학에 그 '**과학적' 형태를** 부여하는 것, 내부에서부터 그 '과학적 추상물들'의 생산을 지배하는 것은 정확히 객관적 요소와 속류적 요소 사이의 결합combinaison이다. **하나의 동일한 문제설정의 통일체 내에서 계급투쟁에 대한 인지**reconnaissance**의 요소와 오인**méconnaissance**의 요소 사이의 결합.**

---

21   여기에서 '토지' '자본' '노동'의 원어의 첫 글자는 모두 대문자로 되어 있다. ─옮긴이

정치경제학에 구성적인, 필연적이면서도 모순적인 결합.

이러한 결합은 지배적인 사회적 모순이 전치될 때, 프롤레타리아와 자본 사이의 적대가 그 자체로 일차적 수준에au premier plan 등장할 때, 더 이상 존속할 수 없게 된다. 따라서 정치경제학은 하나의 순수한 속류 경제학이 되고, 자본주의적 관리를 위한 하나의 기술과 이데올로기가 된다. 계급투쟁의 전개를 자신의 대상으로 정확히 취하는 과학적 사회주의의 이론이 구성되는 바로 그 순간, '과학'으로서의 정치경제학은 사라진다.

그래서 마르크스는 **계급투쟁 내에서의 이론의** 위치/입장과 효과들이 그 자체로 **이론 내에서의 계급투쟁의** 효과들에 의해 지배된다는 관념에 도달하게 된다. 마르크스는 자신 이후의 마르크스주의 철학 전체가 그 해결을 위해 매달리게 될 다음과 같은 철학적 문제를 열어젖히는 것이다. (이론 내에서 실현되는) 규정된 계급의 위치/입장에 역사적이고 실천적으로 의존하는 것으로서의 하나의 이론이 지니는 과학적 객관성을 설명해내기.

이제 우리는 한 걸음 더 앞으로 나아가기 위해, 이 길 위에 레닌을 합류시켜야 한다.[22]

---

22 물론, 마르크스에서 레닌으로의 '이행'은 하나의 정식화를 단순히 답습하는 것보다는 훨씬 더 복잡한 작업이다. 마르크스에서 레닌으로의 '이행'은 실천으로의, 제2인터내셔널의 작업으로의 '우회'를 포함한다. 『농민전쟁』의 1874년 서문에서 **이론적 계급투쟁**(이론 내에서의 계급투쟁)이라는 개념을 아주 명료하게 언표했던 이가 바로 엥겔스라는 점을 지적하자. 레닌은 『무엇을 할 것인가?』의 중심에 이 엥겔스의 서문을 위치시키고 이에 상세한 주석을 단다. Althusser, *Réponse à John Lewis*, Maspero, 1973, p. 12를 참조하라.

레닌과 마르크스주의의 '편향들'

레닌이 마르크스주의의 역사 내에서 **경향들**tendances의, 이 경향
들 간 투쟁의 탁월한 이론가라는 점은 잘 알려져 있다. 레닌은 경향
들 간의 투쟁 내에서 끊임없이 적극적으로 자신만의 입장을 취한다.
그리고 자신의 힘을 '좌익적으로' 그리고 동시에 '우익적으로' 배분함
으로써 자신에게 닥친 정세에 따라 이러저러한 경향에 반대하는 타협
도 자비도 없는 끈질긴 투쟁을 조직한다. (레닌 당대 대부분의 마르크스
주의 이론가들로 하여금 레닌을 가증스러운 인물로 보이도록 만들었던) 이
러한 내부적 논쟁은 모든 '자유주의'를 배제하는 하나의 특수한 '스타
일'을, 20세기의 레닌주의적 당파들과 이론가들이 부분적으로는 상속
받았던(하지만 그 실제 내용을 항상 상속받았던 것은 아닌) 하나의 스타
일을 레닌의 모든 저작에 각인한다. 동시에, 또한 우리는 레닌이 당과
노동자운동의 **통일체 내에서** (바로 이러한 통일체를 보존하고 구축하기
위해서) 토론과 비판의 자유를 옹호했던 이론가, 모든 '분파들fractions
사이의 투쟁의 반대자였다는 점을 알고 있다(혹은 최소한 20여 년 전
부터 이 점을 깨닫게 되었다). 심지어 특히 이 분파들이 공식적인 하나
의 만장일치라는 허울 아래 감추어져 있을 때 말이다.[23] 자신의 죽음
에 이르기까지, 가장 힘겨운 조건들하에서, 레닌이 당과 혁명적 프롤
레타리아 한가운데에 존재하는 모순들에 대한 관료주의적이지 않고
민주적인 해결을 위해 투쟁해왔다는 점을 우리는 알고 있다.

공산주의 운동의 전통은 다음과 같은 하나의 단순한 형태 내에

---

23   1921년 (볼셰비키)공산당 10차 당대회에서의 작업들을 참조하라. Lénine, *Œuvres complètes*,
32권을 참조하라.

이러한 레닌의 교훈을 기입해놓았다. 마르크스주의는 이론과 실천 모두에서, '좌익적' 편향과 '우익적' 편향이라는 이중의 '편향déviations'에 의해 지속적으로 위협받는다. 레닌은 이 두 가지 편향 **모두와 동시에** 맞서 싸운다. 그는 이 두 가지 편향 모두로부터 동일하게 거리를 두는 입장을 유지한다. 마르크스로부터 유래한 조류들 가운데에서, 오직 레닌주의만이 마르크스에 충실하고 마르크스를 완벽히 따를 수 있다. 오직 레닌주의만이 마르크스라는 그 정초자가 제시한 원리들 자체에 기입되어 있는 올바른 '노선' 위에서 마르크스주의를 발전시키는 데에 성공할 수 있다. 이러한 첫 번째 특징에, 마르크스주의 전통은 두 번째 특징을 덧붙인다. 두 가지 전선 모두를 토대로 투쟁하기, 이는 배치된 두 전선의 '중앙'에서 하나의 전선 혹은 다른 하나의 전선 위를 걸음으로써 절충주의적 입장을 취하는 것이 아니다. 오히려 이는 '우익적인' 그리고 '좌익적인' 기회주의들—이 두 기회주의 사이의 도그마적 대립은 기계론적 특징만을 지닐 뿐이다(다시 말해, '좌익' 기회주의는 단순하게 전도된 '우익' 기회주의에 불과하다)—의 공통된 뿌리를 발견함으로써 이 두 전선 사이의 대립을 현실적으로 '지양dépasser'하는 것이다. 다음과 같은 또 다른 하나의 장소를 확립하기 위해. '구체적 상황에 대한 구체적 분석'이라는 장소, 변증법이라는 장소를.

　분명히 여기에서 나는 역사가 이미 확인한 이러한 전통적 교훈을 나의 것으로 다시 취하고 싶다. 또한 동시에 나는 이러한 전통적 교훈이 문제들—이 문제들에 대한 해결 이후 '망각'되어버려서는 안 되는—을 제기할 수밖에 없다는 점을 보여주고 싶다. 만일 우리가 이러한 교훈이 어떠한 편향도, 어떠한 도그마주의도 초래하지 않기를 원한다면 말이다. 왜냐하면 레닌의 실천적 해답을 마르크스주의의 역사와 그 위기라는 질문에 기입하는 것만으로는 충분하지 않기 때문이다. 이를 넘어서 우리는 다음을 질문해야 한다. 경향이란 무엇인가? '편향'이란 무엇인가? 어떠한 기준에 비추어, 어떠한 지점에서 혹은 어떠한 '고정된' 방향으로 우리는 편향을 규정할 수 있는가? 사실 레닌은 이러한 방향설정에 관한 질문들에 대해 끊임없이 성찰했으며, 우리의 제1의 과업이 바로 이 레닌을 주의깊게 읽어내는 것이다. 이를 통해, 레닌은 러시아 사회민주주의가 구성되는 시기(1900~1905)의 '경제주의'에 관한 텍스트들에서부터, 1914년 제국주의 전쟁 동안 그리고 전쟁 이후 '제2인터내셔널의 붕괴'를 인정하는 텍스트들에서부터, 공산주의 인터내셔널의 창립에 관한 텍스트들에 이르기까지, 언젠가는 자기 스스로의 본모습 그대로를 드러내야만 할 노동자운동의 역사에 관한 진정한 이론의 요소들을 점진적으로 정교하게 구성해나갔다. 이 지점에서 마르크스주의 **이론**과 관련되는 것만을, 그러니까 허구적 순수성으로 개념화된 것이 아니라 현대 사회주의의 발전 내에서의 한 계기로서(즉 과학적 '의식'과 '조직화'의 계기로서) 개념화된 마르크스주의 이론에 대해서만 다루도록 하자.

이러한 시도의 개요를 소묘하기 위해, 여기에서 나는 다음과 같은 네 가지 지점들만을 검토하고자 한다.

1) 어떠한 지형 위에서 레닌은, 이 지형이 순수하게 이론적일 수 없게 되는 순간부터, 마르크스주의의 역사라는 문제를 제기하는가?

2) 왜 레닌의 관점에서 경향들 사이의 투쟁은 마르크스주의의 발전에서 불가피한 것인가?

3) 어떻게 레닌은 경향 투쟁과 '편향주의적' 경향에 대한 비판을

실천하는가?

4) 결국 이러한 비판이 독창성을, 그리고 우리에게는 현재성을 가지도록 만드는 이유는 무엇인가?

나는 이 네 가지 지점들을 레닌주의의 형성에서 역사적인 단계들을 동시에 대표하는 몇몇 중요한 텍스트들에 대한 언급을 통해 검토하고자 한다. 나는 인민주의populisme, '합법' 마르크스주의, 맨셰비키주의, 제2인터내셔널 다수파의 기회주의, '좌익주의' 등등에 대항해 레닌이 이끌었던 투쟁의 내용 그 자체를 상당 부분 생략할 수밖에 없다. 반세기에 걸친 마르크스주의의 역사 전체는 언젠가 다시 쓰여야 할 것이다. 여기서는 레닌이 이러한 투쟁의 역사적 형태와 쟁점을 성찰했던 장소로서의 범주들 전체가 구성되어갔던 그러한 운동만을 다루고자 한다.

1) 우선 어떠한 지형 위에서, 그러니까 어떠한 조건들termes 내에서 레닌이 마르크스주의의 발전이라는 문제를 제기했는지 간단히 상기해보자. 이는 바로 혁명적 당파의 구축과 『무엇을 할 것인가?』(1902) 집필 이후의 시기다. 그 당시 레닌의 구호는 알다시피 다음과 같다. "혁명적 이론 없이 혁명적 운동은 없다. (⋯) 전위적 이론이 인도하는 당파만이 전위적 투사의 역할을 수행할 수 있다."[24] 그리고 이러한 필수적 이론은 마르크스주의 이론, (이 필수적 이론을 전유하고 자신의 실천에 적용해야만 하는) 러시아 노동자계급 바깥에서 **이미** 정교하게 구성된 과학적 사회주의일 수밖에 없다. 레닌은 이론적 투쟁의 중

---

[24]   Lénine, *Œuvres complètes*, 5권, p. 374 이하.

요성에 관한 엥겔스의 테제를 다시 취해 인용하고, 또한 마르크스주의 이론과 노동자운동(이 둘은 태초에는initialement 독립적인 방식으로, 즉 '변별적 전제들'로 돌발하는데, 하나는 부르주아 이데올로기의 가장 진전된 형태들의 이론적 변형으로, 다른 하나는 자본주의적 착취에 의해 자생적으로 촉발된 경제적 계급투쟁의 경험으로)의 **융합**의 필연성에 관한 카우츠키의 테제를 다시 취해 인용한다. 바로 프롤레타리아 계급투쟁을 노동조합적 투쟁과 파업주의gréviste 운동으로 환원한다고 자처하는, 그리고 이를 통해 프롤레타리아 계급투쟁을 ('자생주의spontanéisme'와 '노조운동trade-unionisme'이 원하든 원하지 않든) **부르주아** 정치에 종속시키는 이 '자생주의'와 '노조주의'에 맞서 싸우기 위해서다. 레닌은 카우츠키로부터 (경제적) 계급투쟁과 과학적 사회주의 이론 사이의 태초의 분리라는 테제를, 과학적 사회주의 이론의 (경제적) 계급투쟁 **안으로의** 필연적 '수입'(이러한 '수입'은 결국 이 둘 사이의 '융합'이라는 결과로 이어진다)이라는 테제를 다시 취한다.

이 지점에서 잠시 우리의 논의를 멈추어보자. 이러한 분석들 내에서, 레닌이 이론 그 자체만을, 혹은 실천 그 자체만을 자신의 '대상'으로 취하는 것이 아니라, 이론이 혁명적 실천과 맺는 역사적 **관계**를 (주어진 정세 속에서 이 **관계**의 형태들을 연구하기 위해) 정확히 자신의 '대상'으로 취한다는 점을 지적하는 것이 중요하다. 바로 이 관계가 마르크스주의 역사의 진정한 대상을 구성하는 것인데, 왜냐하면 이 관계는 그 유물론적 결정에 준거하기 때문이다. 분명,『무엇을 할 것인가?』에서, 레닌은 이러한 관계를 무엇보다도 **실천이라는 관점**에서 성찰하며, 우리는 레닌이 단 하나의 방향으로만, 그러니까 (이미 주어진) 이론으로부터 (조직하고 변형해야 하는) 실천으로 나아가는 방향으로만 이 관계를 사고한다고 생각할 수 있다. 이후에 레닌 스스로가 정세에 의해 강제된 이러한 일면적 방향설정을 인지하고 설명했다.[25] 하지만 이러한 일반적dominante 방향설정은 레닌이 이론과 실천이 맺는 관계의 복잡성을 **무시했다**는 점을 전혀 의미하지 않는다. 레닌의 분석을 자세히 재독해하자마자, 오히려 우리는 그가 이 관계를 그 두 **항**의 역사를 함축하는 하나의 변증법적 관계로 사고한다는 점을 확인하게 된다. 정확히 그 증거는, 레닌에게서 주어진 계기에서의 주요 목표, **실천적** 목표(러시아 노동자계급의 정치투쟁을 조직하기, 당이라는 이러한 투쟁의 물질적 도구를 창조하기)가 혁명적 운동 내에서 (과학적) **이론의** 역할에 대한 전례 없는 강조로 나타난다는 사실이다. 이러한 변증법은 레닌의 적들에게 그 용어의 고유한 의미에서 포착[이해] 불가능한 것으로 남아 있다. 왜냐하면 레닌의 적들은 이 변증법에서 어떤 때는 하나의 '이론주의'(과학주의와 도그마주의)만을, 어떤 때는 하나의 '실천주의'(게다가 실용주의)만을 보기 때문이다. 따라서 우리는 레닌이 이론을 정의하는 용어들 그 자체가 심지어 전혀 발전되지 않은 매우 일반적인 형태로 다음과 같은 하나의 보충적 테제를 **동시에 함의하기도** 한다는 점을 예상할 수 있다. 이론 그 자체에 **대해** 이론-실천 관계가 미치는 효과라는 테제를. 레닌의 분석은 마르크스주의 이론의 발전 또한 자신의 노동자운동 내부로의 '적용'과 '수입'에 의해 영향받는다는 점을 경향적으로 함의한다. 마르크스 자신과 관련해 위에서 이미 우리가 지적했듯, 마르크스주의 이론의 발전은 혁명적 노동자

---

[25]   Lénine, Discours sur la question du programme du parti(당 강령이라는 질문에 대한 담화, 1903), *Œuvres complètes*, 6권, p. 515를 참조하라. 또한 *En douze ans*(12년, 1907)이라는 글모음집의 서문 참조, *Œuvres complètes*, 13권, p. 95 이하를 참조하라.

운동—이 혁명적 노동자운동은 마르크스주의 이론에 그 실천적이고 실험적인 기반을, 해결해야 할 문제들을, 개입의 조건들을 제공한다—과의 **자기 고유의** '융합' 효과들에 의해 점점 더 심원하게 지배된다.

이를 이해하기 위해, 마르크스의 정식화들을 자신의 것으로 다시 취함 그 자체에서 이미 레닌을 카우츠키로부터 **구분**해주는 바에 주목해야 한다. 그 당시 레닌과 카우츠키 사이의 이러한 구분이 대립의 형태를 취하지 않았다고 할지라도, 이러한 구분은, 이 구분이 이후에 취하게 될 결과들을 앞당겨 고려해본다면, 하나의 특이점 un singulier relief을 획득하게 된다. 카우츠키의 정식화(다시 한 번 반복하자면, 레닌은 이 카우츠키의 정식화를 하나의 예로서 인용하고 제시한다)를 특징짓는 것은 그의 정식화가 사회주의와 노동자운동 사이의 '융합'을 **사회학주의적인**, 그러니까 기계론적인 관점에서 분석한다는 점이다. 카우츠키는 (이론적) 사회주의와 프롤레타리아의 계급투쟁(카우츠키의 정식화 내에서 이는 계급투쟁 **일반**에 관한 것임을 기억하자)을 현재의 경제적 관계의 두 가지 **독립적 효과**로 간주한다. "사회주의와 계급투쟁은 평행하게 돌발하며 서로가 서로로부터 생성되지 않는다." 평행성, 그러니까 상호적 외부성은 카우츠키에게서 규정된 정세의 조건에 준거하는 것이 아니라 자본주의 사회의 항상적 구조에 준거하는 것이며, 그렇기 때문에 그에게서 "**정관사**la 과학의 담지자는 프롤레타리아가 아니라 부르주아 지식인들"이다. 따라서 혁명적 운동의 각 요소들은 변별적인 하나의 사회집단의 존재와 무매개적으로 관계된다. 한편으로는 노동자라는 사회집단, 다른 한편으로는 지식인이라는 사회집단. 그리고 혁명적 이론과 혁명적 실천의 융합은 지식인과 노동자 사이의 결합union의 무매개적 표현이 된다.

카우츠키가 이러한 개략적인 방식으로 하나의 역사적 '사실'(마르크스와 엥겔스가 '부르주아 지식인'이었다는 사실)을 **기술**할 수 있었다는 점이 정말 사실이라고 할지라도, 그가 자신의 정식화를 통해 이 역사적 '사실'에 대해 제시하는 설명은 실은 심원하게 관념론적인 것이다. 이러한 카우츠키의 정식화 내에서, 이론적 사회주의는 계급투쟁 **바깥에서** 구성되는 것처럼 보인다. 왜냐하면 이론적 사회주의는 사회학적 집단으로서의 노동자계급 바깥에서, 그러니까 부르주아지 중 "몇몇 개인들의 두뇌 속에서" 구성되는 것처럼 보이기 때문이다. 따라서 이러한 '사실'은 그 현실 역사적 의미를 결여하고 있는 것으로 존재하거나, 혹은 오히려 카우츠키가 비판한다고 주장하는 '자생주의'의 범주들 내에서만 항상 근본적으로 표상되는 것으로 존재하게 된다. 간단히 말해, (계급투쟁은 생성시키지만 이론적 의식은 생성시키지 않는) **노동자적** 자생성 곁에, (과학적 인식을 생성시키는) 하나의 **지적** 자생성 또한 존재하는 것이다. 이때부터 카우츠키가 표방하는 '융합'은 지식인들의 사고와 노동자들의 투쟁 사이에서 이미 확립되어 있는 하나의 조화로밖에는 설명될 수 없다. 그리고 실천적 차원에서, 그러니까 당의 조직화라는 차원에서, 이러한 '융합'은 (노동자주의의 전도된 이미지로서) 지식인들의 우위로, 지식인들 그 자신들의 지도적 역할로 이어질 수밖에 없다. 우리는 이 글의 조금 더 뒤에서 카우츠키 사고의 특징들을 다시 살펴볼 것이다.

그런데 『무엇을 할 것인가?』라는 저서 전체에서(그리고 이와 동일한 시기의 텍스트들에서) 레닌은 사회학주의와 완전히 단절하는, 그리고 이를 통해 카우츠키가 형식적으로는 다시 취했던 정식화들에 매우 다른 의미를 부여하는, 완전히 다른 하나의 논증을 개진한다. 카우츠키와는 달리, 레닌은 노동자운동과 과학적 이론의 태생적initiale '분리'를, 마치 '노동자' 집단과 '지식인' 집단 사이의 대결, 그들 각자의 '의식' 사이의 대결과 같이, 사회학적인(그리고 심리사회학적인[사회심리학적인]) 방식으로 개념화하지 않는다. 그 대신 레닌은 이러한 상대적 분리와 융합의 역사적으로 규정된 **사회적 조건**을 연구하는데, 이는 카우츠키의 연구와는 그 성격이 완전히 다른 것이다.

첫 번째로, 레닌은 '자생성'이라는 개념이 절대적 의미를 갖는 것은 아니라는 점을 보여준다. "하나의 자생성이 있고 또 하나의 자생성이 있다."[즉 여러 종류의 자생성이 있다] 더욱 정확히 말해, 노동자적 '자생성'의 하나의 **역사**가, 다시 말해 각 국가의 프롤레타리아 투쟁의 **조직화** 단계들과 형태들에 관한 역사가 존재한다. (사회학적 연역이 아니라) 이러한 역사가 이 중요한 사실을 확인하고 설명할 수 있게 해준다. 노동자적 '자생성'은, 비록 이 '자생성'이 불가피한 시작점이라고 한다 해도, 단순한 것도 무매개적인 것도 아니며, 오히려 이는 항상-이미 복잡하고 모순적인 것이다. 따라서 노동자적 '자생성'은 모든 정치적 위치/입장의 **공백**이 아니라, 정확히 지배 이데올로기에 의해 규정되어 있으며 통제받는dictée 하나의 정치, 부르주아 정치의 **충만함**plein이다. 바로 그렇기 때문에 '자생주의'(혹은 자생성을 하나의 신화와 하나의 이상으로 만드는 '노조운동trade-unionisme')는 부르주아 이데올로기의 지배를 **강화**시킬 수밖에 없다. 자생성이란 **항상** 노동자계급이 (레닌이 말하듯, 혁명적 의식의 관점에서 그 당시 가장 '앞서 있는' 독일 노동자계급까지도 포함하여) 여러 이데올로기들로(특히 프롤레타리아적 이데올로기와 부르주아적 이데올로기로) **나뉘어진다**는 사실(이 여러 이데올로기들 사이에서 끊임없는 투쟁이 전개된다) 그 자체다.

두 번째로, 레닌은 혁명적 이론과 관련해 사회적 집단으로서의 '지식인들'이 지니는 모든 특권을 강력히 거부한다. 사회적 집단으로서, 지식인들은 노동자들보다 **더 앞서 있지** 않으며, 오히려 지식인들은 노동자들보다 무한히 뒤쳐져 있다. 만일 지식인들의 자생적 경향이 존재한다면, 이는 '자유주의로 나아가려는 과도한 성향'—노동자운동의 중심 그 자체에서 그 효과들을 생산하는—이다. 이러한 경향은 '지적 노동' 그 자체의 물질적 조건들과 사회적 형태들 내에, 그러니까 자본주의 사회 내에, 특히 과학적 활동의 학술적인 형태(이 형태는 부르주아 국가장치의 구조에 직접적으로 연결되어 있다) 내에 뿌리박혀 있다. 따라서 지식인들은, 철학이 원하듯 '인간성의 기능자[공무원 혹은 관리자]'로서가 아니라 지배 이데올로기의 기능자로서 매우 물질적으로 존재하고 있다.[26] 그리고 자본주의적 사회관계가 지배하는 한 이 지배 이데올로기로부터 집합적으로 해방될 수 있는 역량은 지식인들에게 존재하지 않는다. 따라서 과학적 사회주의의 정초자들[마르크스와 엥겔스]이 기원적으로는 부르주아 지식인들이었다는 사실은 이미 확립되어 있는 조화의 기반 위에서 하나의 단순한 사실을 기입하는 것이 아니라 하나의 해결하기 어려운 문제를 제기하는 것이다. 이는 과학적 사회주의의 구성이 이전의 지적 노동과 연속선상에 있지 않으며, 그 대신 과학적 노동의 이전 형태들과의 **단절**과 마찬가지로 지배 이데올로기와의 심원한 **단절**의 결과라는 점을 해명하는 것

---

[26] '기능자'는 fonctionnaire를 옮긴 것으로, 프랑스어에서 일반적으로 이 단어는 '공무원' 또는 '관리자'를 지칭하는 것이지만, 여기에서는 '체제 내에서 어떠한 기능을 담당하는 이' 정도로 생각하면 된다.—옮긴이

이다.

　이러한 단절은, 만일 우리가 이론을 자기 자신 내에 혹은 이론 가(의 '두뇌' 속)의 창조적 발명 내에 이 이론 자신의 기원을 갖고 있는 하나의 자율적 활동으로 표상한다면, 이해 불가능할 것이다. 이론은 [대문자] 개인 주체가 아니라, 규정된 조건 내에 존재하고 있는 이론적 수단을 적용하는 지적 '노동자들'을 가지고 있을 뿐이다. 따라서 모든 것은 이 조건과 관계된 것이다. 레닌은 이 조건을 두 가지 방향으로 분석한다. 한편으로 첫 번째 차원은 (부정적 조건으로서) 이론이 계급관계와 계급투쟁 일반이 아니라 **노동자와 고용주 사이만의 관계인 경제적 관계의** 영역에, 즉 노동력의 구매와 판매의 조건을 쟁점으로 취하는 경제적 투쟁의 영역에 '외부적'이라는 점을 포함한다. 하지만 그 즉시 이론은 사회의 **모든** 계급들을 맞세우도록 만드는 **정치적** 계급투쟁의 효과들에 종속된다. 다른 한편으로 두 번째 차원은 (실정적 조건으로서) 프롤레타리아 계급투쟁이 그 최초의 발현에서부터 항상-이미 경제적·정치적·철학적인 지배적 **이데올로기 내에서 효과들**을, 일차적으로는 간접적이고 불균등하지만 분명 현실적이며 지배 이데올로기의 모순 그 자체 내에서 인식 가능한 효과들을 생산하기 시작한다는 사실에 속한다.

　그래서 레닌은 혁명적 이론과 노동자운동 사이의 관계를 불균등하게 발전되어 있으며 전혀 다른 지형 위에서 발전되어 있는, **계급투쟁의 두 형태 사이의** 관계로 개념화한다. 따라서 경제적 투쟁으로부터 탄생한 조직들을 혁명적 **당파**로 변형하기 위해 이 조직들 내로 마르크스주의 이론을 체계적으로 수입하는 것은 (하나의 단순한 형태로 환원 불가능한 계급투쟁 그 자체의 효과들이 이미 발전되어 있는 장소로서의) 하나의 과정이 취하는 **상관항**, 즉 **반작용 효과**effet en retour에 불과하다. 이제 우리는 마르크스주의 이론의 독특한singulier 역사적 운명을 이해할 수 있다. '외부로부터' 노동자운동 안으로 수입된, 하지만 경제적이고 정치적인 투쟁을 통해 노동자운동에 의해 '인지된' 마르크스주의 이론은 노동자운동의 조직화의 **내적** 조건이 되었으며, 이 조직이 자신의 독립을 쟁취하기 위해 지배계급의 정치적이고 이데올로기적인 영향력으로부터 빠져나올 수 있게 만들어주는 요소, 정치적인 계급투쟁의 고유하게 프롤레타리아적이고 혁명적인 특징을 발전시키는 요소가 된다. 또한 우리는 이러한 '수입'이, 만일 이 '수입'이 절대적 시작점이 아니라면, 그리고 이미 도출된 하나의 결과가 아니라면, 또한 하나의 **종말/목적**fin도, 이론의 발전의 종착점terme도 아니라는 점을 이해할 수 있다. 오히려 이러한 '수입'은 이 '수입'이 자신의 고유한 **토대들**을 제시하는 그러한 새로운 발전 조건을 창조한다. 그러므로 이러한 '수입'을 (상당히 해결하기 어려운 난점들이라는 대가를 치르고서) 가능케 했던 조건을 영속화[불변화]하기는커녕, 이러한 '수입'은 이 조건을 변형시키고 새로운 유형의 '지적' 노동을 탄생시키면서 점점 더 이 조건으로부터 거리를 둘 수밖에 없다. 그 원리에서, 레닌의 분석은 [대문자] 기원들과 [대문자] 종말/목적들을 폐기한다. 이 첫 번째 지점을 머릿속에 잘 간직해두도록 하자. 왜냐하면 바로 이 첫 번째 지점이 나머지 세 가지 지점 모두를 지배하는 것이기 때문이다.

2) 여기에서 한 걸음 더 나아가기 위해, 이제 우리는 레닌이 일반적 문제—이 일반적 문제 바깥에서 이론의 역사를 이해하는 것은 불가능하다—로서의 편향이라는 질문을 제기했던 텍스트들을 참조

해야만 한다. 1905년 이후 레닌은 수정주의에 반대하는, 그리고 러시아 사회민주주의 내부에서의 '숙청'이라는 흐름에 반대하는 투쟁이 가장 격렬했던 때에 이 텍스트들을 집필했다. 이 텍스트들에서 레닌은 '수정주의'(그 '헤겔적인' '블랑키주의적인' 등등의 요소들을 제거함으로써 마르크스주의를 '교정corriger'하고 '정정rectifier'해야만 하는 필연성을 구호로 삼았던 베른슈타인 자신이 만들어낸 용어)를 (베른슈타인주의나 조레스주의 같은 그 국민적 변형태들과 함께, 그 아나코-생디칼리즘적anarcho-syndicalistes인 '좌익적' 변형태들까지도 포함해) 하나의 **일반적** 현상으로 만드는 **원인들**을 찾고자 한다. 레닌은 다음과 같이 질문한다. "자본주의 사회에서 수정주의를 불가피한 것으로 만드는 것은 무엇인가? 왜 수정주의는 국민적 특수성들과 자본주의의 발전 정도들보다 더욱 심원한 깊이를 지니는 것인가?"[27]

이를 이해하기 위해, 우선 레닌은 마르크스주의가 구성되었던 조건 그 자체로 거슬러 올라가야만 했다. 마르크스주의 이론의 역사 내에서, 적대적 이데올로기들에 대항하는 논쟁과 투쟁은 마르크스주의 자체의 구성에 파생적인, 부차적인 그리고 사후적인 측면이 아니었다. 정반대로 이 논쟁과 투쟁은 마르크스주의의 구성에 필수적이었다. 계급적인 이론적 관점은 **고립적인 방식으로** 구성되지 않으며, 끝없이 재개되고 재조정되는 투쟁 속에서, 사회주의 그 자체를 침투하는 지배 이데올로기에 대항해 구성되는 것이다. 왜냐하면 그 어떠한 계급적 위치/입장이든 현행적(en acte) **분할**[분할의 한 과정]이기 때문이다. 바로 그렇기 때문에 마르크스주의의 이론적 발전은 마르크

---

27   Lénine, *Marxisme et Révisionnisme*(마르크스주의와 수정주의, 1908), *Œuvres complètes*, 15권, p. 27 이하.

스가 '발견한 것들'로부터 도출되는 단순한 결과가 아니다. 마르크스주의의 이론적 발전은 바로 이러한 불가피한 논쟁의 효과, 즉 반-프루동, 반-바쿠닌, 반-뒤링이라는 논쟁의 효과인 것이다.

만일 우리가 마르크스주의와 마르크스주의 이전 사회주의 사이의 이러한 투쟁이 내부에서부터 마르크스주의 이론의 구성 그 자체에 영향을 미친다affecte[구성 그 자체를 변형한다]는 점을 인정한다면, 우리는 마르크스주의의 승리 **이후**에 다른 사회주의적 독트린들 위에서 전개된 과정의 본성을 이해할 수 있게 된다.

"대략 1890년대에, 크게 보아 이러한 승리는 기정사실이었다. (…) 주기적으로 열리는 국제대회의 형태로 부활한 노동자운동의 국제조직은, 단숨에 그리고 거의 그 어떠한 투쟁도 없이, 모든 본질적 문제들에서, **마르크스주의의 지형 위에** 위치하게 된다. 하지만 마르크스주의가 일관성을 지니는 이론이든 그렇지 않은 이론이든 적대적 이론들을 무력화시켰을 때, **이 이론들이 표현했던 경향들**은 새로운 길을 찾아나섰다. 투쟁의 형태들과 동기들은 변화했지만 투쟁 그 자체는 계속되었다. 그리고 마르크스주의의 두 번째 반세기 이후(1890년 이후), **마르크스주의의 중심에서 마르크스주의에 대한 하나의 적대적 조류의 투쟁**이 시작된다. (…) 마르크스주의 이전 사회주의는 패배한다. 마르크스주의 이전 사회주의는 자기 자신의 지형 위에서가 아니라 마르크스주의의 일반적 지형 위에서, 그러니까 **수정주의로서** 자신의 투쟁을 이어나간다."[28]

따라서 마르크스주의 이전 사회주의와 '수정주의'는 **하나의 동일**

---

[28]   Ibid.

한 경향의 두 가지 역사적 형태들, 서로 다른 정세 내에서 이 형태들 간의 연속이 하나의 동일한 경향을 재생산하는 그러한 두 가지 형태들이다. 그래서, 마르크스주의 이전 사회주의에 대항하는 투쟁이 마르크스주의 구성의 내적 조건이었던 것과 마찬가지로, 수정주의에 대항하는 투쟁은 수정주의 발전의 내적 조건이 된다. 하지만 이러한 확인/인정은 최소한 세 가지 질문을 불러일으킨다. 이러한 경향의 사회적 토대라는 질문, 이러한 경향의 (정세의 변화를 경험하면서도 불변적인) 이론적 내용이라는 질문, 마르크스주의 이론의 배치dispositif 내에서 투쟁에 부여해야 하는 '장소'라는 질문.

1908년, 이 세 가지 질문에 레닌은 부분적인 답변들만을, 하지만 그럼에도 매우 흥미로운 답변들을 제출한다.

첫 번째 지점에서, 레닌은 "수정주의를 불가피하게 만드는 것은 바로 이 수정주의가 현대 사회에서 지니고 있는 사회적 뿌리들"이라는 점을 보여준다. 프롤레타리아화 과정의 **불균등한** 특징이 항상 노동자계급의 곁에 프티-부르주아지를, 자본주의적 대량생산 곁에 상품 소ı생산을 유지하는 것이며, 자본주의의 발전 그 자체가 새로운 '중간 계층들'을 필연적으로 창조해내는 것이다. 따라서 수정주의는 단순한 '잔존survivance'이 아니라 항상적인, 현재적인 하나의 과정이다. 레닌은 이 과정이 (인구 대다수의 '통합적' 프롤레타리아화를 자신의 전제 조건으로 전혀 취하지 않는) **프롤레타리아 혁명** 그 자체 **이후**에도 이 과정의 효과들을 계속 생산해낼 것이라는 점을 보여준다. 따라서 혁명적 마르크스주의와 수정주의 사이의 현재적 투쟁, **마르크스주의 내에서의 (이론적) 계급투쟁의 지속은 프롤레타리아 독재 내에서의 계급투쟁의 지속의 예고**préfiguration로, 동일한 일반적 토대들을 취하는 그 측면들 중 하나로 나타나게 된다. 그러나 이러한 분석 내에서 레닌은 '자본주의 사회' **일반**만을 다루며, 항상적인 하나의 과정을, (프롤레타리아화와 프티-부르주아지 재구성이라는 이중 운동의) 그 역사 전체 내에서 변화 없이 잔존할 항상적인 하나의 과정을 기술한다. 이러한 레닌의 기술에 따르면, 19세기 수공업자들이 유토피아 사회주의, 아나키즘 등등을 담지했던porté 것과 **같이**, 수정주의는 프롤레타리아화의 과정 내에 있는 프티-부르주아지에 의해 담지될porté 것이다. 반면 이러한 의미에서, 레닌의 분석은 자본주의 역사의 규정된 **한 국면**을 대상으로 하지 않으며, 그 대신 수정주의의 특수성을 약화시키고자 한다. 마찬가지로, 레닌의 분석은 수정주의를 노동자계급의 **여백**에, 노동자계급이 프티-부르주아지와 맺는 그리고 불완전하게 혹은 불균등하게 프롤레타리아화된 계층들과 맺는 관계들 곁에서 노동자계급의 **여백**에 위치localiser하도록 만들고자 한다.

　　두 번째 지점에서, 이는 '마르크스주의의 지형 위에서', 다시 말해, 우리가 이미 보았듯, 이론만의 지형 혹은 실천만의 지형이 아니라 이론과 실천 사이의 통일체의 지형 위에서 부르주아 이데올로기의 특수한 '길들'이란 무엇인지, 마르크스주의 이론과 노동자운동의 결합union이 가능케 하는 이 '길들'이란 무엇인지를 이해하는 것이다. 이 지점에서 우리는 차츰 (자본주의적 집적, 위기, 가치론, 자본주의의 모순 등등에 대한) 이론적 수정의 과정 전체를 지배하는, 그리고 (개량주의에 대한, 부르주아 의회주의와 자유주의의 찬동에 대한) 실천적 수정의 과정 전체를 지배하는 결절점으로 나아가야만 한다. 레닌의 관점에서 이러한 결절점은 과학적 사회주의를 **하나의 당파적 과학**une science de parti으로 유효하게 인정하는 것이다. 하나의 당파를 위해 복무하는 과학이 아니라, 계급의 위치/입장과 당파에 의해 (자신의 유물론 내에서, 다시 말해 그 객관성 내에서) 항상-이미 지배되는commandée 과학으로 말이다. 이로부터 **철학**과의 상호접근이 가능해진다. "(…) 우리는, 정치경제학의 일반이론이 문제가 되는 한에서는, 현실적 사실들을 대상으로 하는 전문적 연구의 영역에서 매우 큰 가치를 지니는 저작들을 써낼 수 있는 정치경제학 교수들의 그 **어떠한 말도** 신뢰할 수 없다. 왜냐하면 정치경제학의 일반이론은 현대 사회의 **인식형이상학**gnoséologie과 정확히 마찬가지로, 하나의 **당파적** 과학이기 때문이다. 정치경제학 교수들은 일반적으로 말하자면 자본가계급을 위해 복무하는 학자들일 뿐이다. 그리고 철학 교수들은 신학자를 위해 복무하는 학자들일 뿐이다."[29] 이를 다른 식으로 말해보자. 왜냐하면 여기에서 문제가 되는 것은 '정치경제학'(혹은 적들이 구성한 학술적 지형 위에서 자신의 적들을 따라갈 수밖에 없는 레닌이 한 번 더 말하듯, '사회학'[30])과 '인식형이상학'(게다가 인식형이상학은 '하나의 과학'이 전혀 아니다) 사이의 평행성이 아니기 때문이다. 역사유물론을 하나의 당파적 과학으로 만들고 이를 통해 역사유물론의 **방향성**orientation(그러니까 또한 이론적 진보 혹은 퇴보)을 결정하는 것은 바로 역사유물론이 변증법적이고 유물론적인 **철학**(이 철학에 이론과 실천 사이의 올바른 결합union이 의존한다)**과 맺는** 내적 관계. 최종적인 수준에서, 마르크스주의의 이론적 '편향들'은 과학적 인식의 지형 위에서 실현된 철학적 편향들

---

29   Lénine, *Matérialisme et Empiriocriticisme*(유물론과 경험비판론, 1908), *Œuvres complètes*, 14권, p. 357.

30   "Wer den **Feind** will verstehen, muss im **Feindes** Lande gehen(자신의 **적**을 알고자 하는 이는 그 누구든 그 **적**의 나라로 직접 가야만 한다)", *Matérialisme et Empiriocriticisme*, op. cit., p. 330.

이며, 또한 '수정들'은 우선 자신들의 효과를 마르크스주의 이론 내에서, 그리고 이와 동시에 노동자운동의 노선 내에서 생산하는 철학적 수정들이다.

레닌의 분석이 처음 두 가지 질문, 즉 수정주의의 사회적 토대라는 질문과 이 수정주의가 마르크스주의를 어떤 의미에서는 그 내부에서부터 침식시키기 위해 취하는 길이라는 질문에 가져다주는 해답의 요소들을 통해, 우리는 레닌의 분석이 세 번째 질문, 즉 편향의 '장소' 그 자체라는 질문을 돌발하게 만든다는 점을 확인할 수 있다. 더욱 정확히 말하자면, 이는 편향이 역사적으로 뿌리 내리는 '장소'라는 질문, 그리고 편향의 이론적 효과들이 그 연쇄적 결과들과 함께 생산되는 '장소'라는 질문이다. 이 두 경우 모두, 이는 이러한 '장소'가 마르크스주의의 존재와 발전에서 결정적으로 **중심적인** 것인지에 대한, 혹은 그렇지 않다면 이러한 '장소'가 주변적이며 부차적인 것에 불과한지에 대한 질문이다. 그리고 이는 이 장소에 그 중요성을 부여하는 것이 무엇인지의 문제다. '마르크스주의의 지형 위에서' 부르주아 이데올로기의 특수한 형태들이란 무엇인지를 이해하기 위해, 그리고 **마르크스주의** 그 자체 **내에서** 부르주아 이데올로기라는 '억압된 것의 회귀'의 가능성의 조건이란 무엇인지를 이해하기 위해, 이러한 질문을 제기해야만 한다.

점점 더 레닌은 편향을 마르크스주의에 구성적인 이론과 실천 사이의 결합union 관계의 **중심에**, 즉 마르크스주의 이론과 노동자운동의 '연합' 관계의 **불균등성** 그 자체 내에, 그러니까 사회민주주의적인 **당파들**의 구조(프롤레타리아화 과정의 모순을 반영하는) 내에 '국지화localiser'시키고자 한다. 다시 말해 마르크스주의의 **이론적** 발전의 불균등성 내에, 특히 (지속적으로 위협받는다는 점에서 생기는) 고질적 취약성 내에, 그리고 마르크스주의의 **철학적** 위치/입장의 '전도'(이러 저러한 관념론 철학으로의 '회귀'는 이러한 '전도'의 정세적 지표다) 내에. 결국 중심에, 즉 당의 조직 내에, 당의 정치적 노선의 결정 내에, 과학적 작업[노동]의 한가운데에서의 '당파적 위치/입장'의 실천 내에 말이다.

3) 이제 우리는 다음과 같은 질문을 제기할 수 있다. 사회민주주의의 편향들에 대한 자신의 비판에서, 레닌은 어떻게 이러한 원리들을 실천으로 옮겼는가? 역사적으로 가장 의미심장한, 가장 중요한 예는 카우츠키, 플레하노프 그리고 더욱 일반적으로는 제국주의 전쟁 시기 제2인터내셔널 정당들의 이론가들과 지도자들 대다수다. 즉, '제2인터내셔널의 붕괴'라는 예에 대한 레닌의 비판과 분석이다. 이러한 비판은 결정적인 역사적 순간에 '레닌주의'에 특징적인 윤곽들을 한 지점으로 집중시킨다. 바로 이러한 비판이 '레닌주의'의 특징적인 윤곽들을 한 지점으로 집중시킴으로써 시련의 시기에 이를 한 시대 전체(심지어 오늘날의 우리까지도 여전히 속해 있는)에 유효한 마르크스주의의 진정한 **정관사**la 형태로 형성했던 것이다.

이러한 비판의 주요한 측면은 물론 대립되는 두 가지 정치적 실천 사이의 맞세움이다. 제국주의 전쟁에 대한 사회민주주의의 지원('신성동맹')에 찬성할 것인가 반대할 것인가, 제국주의 전쟁의 내전으로의 변형에 찬성할 것인가 반대할 것인가, 역사상 최초의 성공적 프롤레타리아 혁명인 소비에트 혁명에 찬성할 것인가 반대할 것인가. 하지만 이러한 맞세움은 그 즉시 하나의 이론적 투쟁을, 이에 우리가 레닌주의의 '고전적인' 주요 텍스트들 중 몇몇을 빚지고 있는 그러한 이론적 투쟁을 포함한다. 이러한 이론적 투쟁 그 자체가 이 지점에서 그 무엇보다도 우리를 흥미롭게 하는 것이다. 우리는 그 주요 주제들을 이미 알고 있다. '경제' 이론이라는 차원 위에서 반박 불가능한 하나의 마르크스주의를 선언하는 것처럼 보이는 사회민주주의의 기회주의는, 1) 독점 자본주의(이로부터 카우츠키의 '초-제국주의'에 관한 이론이 도출된다) 내에서의 계급투쟁의 심화와 악화에 대한 부인을 통해, 2) 계급투쟁 내에서의 정세적 변화를, 즉 '평화적' 시기에서 폭력적인 혁명적 대립의 시기로의 이행을 인지하고 분석하는 데에서의 무능력을 통해(반면 '좌익주의'는 폭력적 투쟁과는 다른 정세들은 전혀 인지하지 못하는 대칭적 무능력을 보여준다), 3) 제국주의 시기에 서로 다른 국가들에서 자본주의의 불균등한 발전의 효과들을, 그리고 '미발전된' 몇몇 자본주의 국가들에서 사회주의 혁명의 가능성을 인지하고 분석하지 못하는 무능력을 통해(트로츠키주의는 자신의 '연속혁명 révolution permanente'에 대한 이론을 통해 이러한 무능력의 경향을 지속시킨다), 4) 마지막으로 경향들 간의 대립에서 결정적인 지점이며 기회주의의 모든 변형태들에 **공통적인** 특징(카우츠키와 플레하노프의 프롤레타리아 독재 거부에서부터 국가 문제에 대한 '좌익 공산주의자들'의 오류 등등에 이르기까지)인 마르크스주의 **국가론**에 대한 오인과 왜곡을 통해 표현된다. 이 모든 특징들은 **변증법**에 대한 무지/무시를 표현하는데(심지어 그리고 특히, 이 변증법이 형식적으로 원용될 때 그러한데, 왜냐하면 '불행히도' 변증법은 규칙들의 체계와 같이 적용 가능한 하나의 방법이 아니기 때문이다), 레닌은 그 세부지점들을 보여줌으로써 이 점을 지속적으로 강조한다. 우리가 알다시피 이 지점들 **각각**은 레닌의 독창적 '발견'의 장소, 마르크스주의 이론에 새로운 인식들을 **추가**하는 이론적 발전의 장소다.

이러한 비판들[31]이 이미 잘 인식되어 있다고 전제함으로써, 이 비판들이 취하는 **형태**에 대해, 그리고 더 나아가 이 비판들의 '스타일'―이 '스타일' 안에서 레닌이 이론적 계급투쟁에 대해 형성하는 개념화가 표현된다―에 대해 잠시 생각해보자. 특히 카우츠키라는 특별한 예시에 대해 성찰해보자. 카우츠키의 위치/입장과 그가 역사적으로 대표하는 경향은 레닌의 테제들에 대한 발전에서 결정적인 자리를 차지한다.

그런데 카우츠키주의에 대한 비판은 그 난점들을 필연적으로 제시하는, 그리고 그 자체가 모순적인 효과들을 생산하는 하나의 역설적 형태 속에서 실행된다.

우선, 레닌은 카우츠키, 그리고 더욱 일반적으로는 베른슈타인과 노골적 수정주의에 대립하는 투쟁의 주인공들인 사회민주주의의 '정통적' 지도자들이 **개인들**로 간주되어서는 안 된다는 점을 끊임없이 강조한다. "개인들과 집단들은 진영을 바꿀 수 있다. 이는 가능할 뿐만 아니라 거대한 사회적 '대혼란'이 발생할 때마다 불가피한 것이기까지 하다. 주어진 **조류**courant의 특징은 규정된 조류들과 이 조류들의 계급적 의미 사이의 이데올로기적 관계가 그렇지 않은 것과 마

---

[31] 특히 Lénine, *La Faillite de la IIe Internationale*(제2인터내셔널의 붕괴), *Œuvres complètes*, 21권, *L'Impérialisme, stade suprême du capitalisme*(제국주의, 자본주의의 최고 단계), *Œuvres complètes*, 22권, *Une caricature du marxisme et à propos de 'l'économisme impérialiste'*(마르크스주의에 대한 희화화와 '제국주의적 경제주의'에 관하여), *Œuvres complètes*, 23권, *L'État et la Révolution*(국가와 혁명), *Œuvres complètes*, 25권, *La Maladie infantile du communisme: le gauchisme*(공산주의의 소아병: 좌익주의), *Œuvres complètes*, 31권 등등을 참조하라.

찬가지로 전혀 진영을 바꾸지 않는다는 것이다."[32] 본질적으로 기회주의에 대한 비판은 개인들(심지어 이 개인들이 집단을 형성한다고 해도), 다시 말해 주관적 의식의 형태들, 즉 개인들이 지니고 있는 마르크스주의에 대한 다소간 거대한 주관적 이해에 대한 비판이 아니라, 노동자운동의 역사적 방향을 설정하고 이 방향을 굴절시키는 객관적이며 필연적인, 이론적이고 실천적인 위치/입장에 대한 비판이다.

하지만 카우츠키와 기회주의에 대한 비판에서 레닌은 지속적으로 다음의 세 가지 논거를 활용한다.

1) 기회주의는 마르크스주의의 몇몇 측면들을, 특히 마르크스와 엥겔스의 일련의 **텍스트들** 전체를 **망각**했거나 **무시**했다. 무엇보다도 기회주의는 마르크스와 엥겔스가 파리코뮌으로부터 이끌어냈던 결론들을, 그리고 파리코뮌이 초래한 『공산주의자 선언』에 대한 '정정'을 '망각'했다.[33]

2) 결과적으로, 기회주의는 계급투쟁에 관한 이론을 프롤레타리아 독재에 관한 이론 **없이** 제시하는 방식으로 계급투쟁과 국가에 관한 마르크스주의 이론을 **왜곡**하고 그 **본성**을 **변형**dénaturé시켰다.[34]

3) 그 조건 속에서, 기회주의는 **표면적으로만**, '말로만', 의도에서만 그리고 약속에서만 마르크스주의적(이고 혁명적)이었지만 실천에서는 실제로 그러하지 않았다. 기회주의는 마르크스주의를 실천했던 것이 아니라 사실은 '위선'에 불과한 '마르크스주의 공문구

---

32 Lénine, *Œuvres complètes*, 21권, p. 152.

33 특히 *Œuvres complètes*, 25권, pp. 439~440, 518~520을 참조하라.

34 *Œuvres complètes*, 25권, pp. 416, 418, 446, 513 등등.

phraséologie'에 불과했다.[35]

　이러한 비판을 통해, 레닌은 마르크스와 엥겔스의 텍스트들을 자세히 인용하고 설명하고 발전시킴으로써, 이 텍스트들을 카우츠키와 플레하노프의 주석들, 그리고 그들의 저작들과 행위들에 맞세움으로써, 그 **증거들**을 제시한다.

　우리는 이러한 레닌의 비판이 취하는 형태가 이 비판이 자리하는 장소인 실천적 조건들에 의해 지배된다commandée는 점을 잘 이해하고 있다. 이는 혁명적 노동운동가들을 이 비판의 판관들로 만드는 것을 의미하는데, 혁명적 노동운동가들은 공산주의 정당들을 창립하고 이에 참여함으로써 이러한 판단[비판]을 상당 부분 인정한 것이라고 볼 수 있다. 하지만 이러한 주장의 문자 그 자체 내에서, 하나의 모순이 (정확히 말하자면 이 모순의 거대한 실천적 효과들로 인해) 우리에게 사후적으로 나타날 수밖에 없다. 이 모든 논거들은 (우리가 앞으로 지적할) 하나의 공통점을 가진다. 사실상 이 논거들 전체는 마르크스주의의 하나의 '고정'점, 기회주의적인 편향보다 **선재하는** 이론적 좌표, **이미 주어진**(하지만 이로부터 이미 멀어져버린) 하나의 올바른 노선의 **존재**를 전제한다. 마르크스주의가 '망각'되고 '왜곡'되기 위해서는, 마르크스주의가 위선적인 공문구phraséologie 아래에 존재하기 위해서는, 우선 이 마르크스주의가 구성되고 고정되어야만 한다. 정확히 바로 이것이 우리에게 주어진 문제다. 이러한 진정한authentique 마르크스주의—우리가 이를 통해 편향의 정도와 방향을 **측정**할 수 있는—의

---

[35]　Lénine, *Œuvres complètes*, 21권, p. 226, 25권, p. 457.

'존재'는 도대체 무엇을 의미하는 것인가?

진정한 마르크스주의라는 존재는 레닌의 논증에서 최소한 세 가지 물질적인 것들을, 각자가 자신의 양태를 지니고 있는 세 가지 물질적인 것들을 의미한다. 진정한 마르크스주의라는 존재는 우선 마르크스와 엥겔스의 텍스트들이 쓰였고 출판되었기 때문에(이미 그 자체 기회주의에 대항하는 하나의 투쟁인 기나긴 정치투쟁이라는 대가를 종종 치르고서 쓰이고 출판되었으며, 또한 이는 전혀 우연일 수 없는데, 우리는 이를 특히 「고타 강령 비판」에서 확인할 수 있다), 따라서 우리가 이를 읽을 수 있기 때문에 이미 존재하고 있다는 점을 의미한다. 그다음으로 진정한 마르크스주의라는 존재는 기회주의와 역사적으로 단절할 수 있었고 단절해야만 했던, 그래서 기회주의에 대항해 그 어떠한 타협 없이(볼셰비키주의가 그러하다) 투쟁할 수 있었고 투쟁해야만 했던 조직된 최소한 하나의 경향이 그 존재와 동시에 형성되었다는 점을 의미한다. 마지막으로 진정한 마르크스주의라는 존재는 기회주의와 사회민주주의 **지도자**들의 배신이라는 위치/입장과 대중들 그 자신들의 혁명적 경향 사이에 화해 불가능한 모순이 존재한다(이는 제2인터내셔널의 '붕괴'가 대중들의 붕괴가 아니라 지도자들의 붕괴라는 점을, 국제주의의 **종말**이 아니라 오히려 국제주의의 발전과 프롤레타리아의 진정한 **통일**의 조건이라는 점을 의미하는데, 왜냐하면 프롤레타리아의 통일은 곧 사회민주주의의 부르주아적 요소들로부터의 분리이기 때문이다[36])는 점을 의미한다.

무엇보다도 먼저 이러한 확인/인정을 표현하는 것은 무엇일까?

---

[36] Lénine, *Œuvres complètes*, 21권, pp. 15, 105, 150, 462를 참조하라.

이는 바로 (심지어 기회주의적 경향이 노동자계급의 조직들 내에서 일시적으로 지배적이라고 레닌이 말할 때조차) 기회주의의 원인들을 연구하고 비판함으로써 레닌이 **기회주의적 경향 그 자체의 관점에** 스스로를 위치시키지 않는다는(마치 이 기회주의적 경향이 유일한 경향이라는 듯이, 마치 본성적으로 이 기회주의적 경향이 장기적인 관점에서 역사적으로 지배적인 경향이라는 듯이 사고하지 않음으로써) 단순하고 결정적인 사실이다. 오히려 레닌은 (마오라면 '전략적으로'라고 말했을 텐데) 대립적 경향, 그러니까 혁명적 이데올로기를 포섭하는 노동자계급의 객관적 경향의 관점에, 그리고 이러한 경향을 실현하고 가속화하는 실천적이고 이론적인 수단의 관점에 스스로를 위치시킨다. 하지만 이러한 확인/인정은 완전히 문제적인 것이며, 더욱 정확히 말해 **순환론적인** 것이다. 이 확인/인정은 사전에 이미 '주어진 바'의 형태하에서 역사적 과정의 결과를 전제하는 것이다. 그래서 문제는 **대중들**이 사회민주주의의 기회주의적 지도자들로부터 스스로 분리되도록 객관적으로 전제된다portées는 것뿐만이 아니다. 1915~1920년에, 당면 문제는 모든 국가들에서 볼셰비키주의의 범례를 따라 (공산주의적인) **새로운** 형태를 취하는 혁명적 조직들을 구성하는 것이기도 했다. 문제는 마르크스와 엥겔스의 진정한 **텍스트들**이 '존재한다'는 것만이 아니다(왜냐하면 **마르크스주의적 텍스트들**의 존재가 **마르크스주의**의 존재 자체는 아니기 때문에). 당면 문제는 이 텍스트들이 **어디에서** 그리고 **어떻게** 존재하고 있는지를 아는 것, 이 텍스트들이 노동자운동에 의해 인식되고 인정되는지 아닌지다. 기회주의에 의해 '망각'되고 '그 본성이 왜곡dénaturé'된 마르크스주의의 존재를 확인/인정함으로써, [역설적이지만] 레닌은 기회주의에 대항하는 자신의 투쟁의 방향과 역사적 유효범위를 그가 이를 완수할 때조차 부분적으로 가려버리는 것이다. 경제주의와 개량주의라는 경향들을 넘어서는 마르크스주의 이론을 위한 하나의 새로운 투쟁, 마르크스주의의 혁명적 사상을 대중들에게 퍼뜨리기 위한 새로운 투쟁, 그러니까 마르크스주의와 노동자운동 사이의 융합의 새로운, 그리고 더욱 우월한 하나의 형태를 위한 투쟁, 무엇보다도 먼저 **시대의 흐름을 거슬러**à contre-courant 나아가야만 하는 하나의 투쟁의 방향과 역사적 유효범위를 말이다.

결국 레닌으로 하여금 자신의 실제 목표를 '전도된' 형태로 제시하도록 만드는 이러한 난점으로부터, 우리는 레닌이 집요하게 제기하는(그리고 스스로에게도 제기하는) 하나의 질문의 형태 그 자체의 지표를 발견할 수 있다. 이는 하나의 역설적 질문, 마르크스주의 이론 내에서는 우리가 '찾을 수 없는', 그리고 이 때문에 문자 그대로 이해하자면 필연적으로 **해결 불가능한** 역설적 질문이다. 도대체 **언제**부터, 도대체 **어떠한 텍스트**에서부터, 카우츠키는 실천에서든 발언에서든 마르크스주의를 '포기'했던 것인가? 도대체 어느 시기에 우리는 카우츠키가 '여전히' 마르크스주의자였다고 말할 수 있으며, 도대체 언제 그가 마르크스주의자이기를 확실히 '그만두었다'고 말해야만 하는가? 이러한 질문에 대해, 레닌은 어떤 때는 하나의 시기(예를 들어 그 출간 이후 카우츠키가 마르크스주의를 버렸다고 간주되는 『권력으로의 길Le Chemin du Pouvoir』이라는 책자가 출간된 1909년)를 제시함으로써, 어떤 때는 **처음부터**, 그러니까 베른슈타인의 '수정주의'에 대항한 카우츠키의 투쟁의 시기부터 그가 근본적인 타협을 함으로써만 기회주의와 투쟁했다는 점을 보여줌으로써 답변한다. 그런데 이러한 질문은 레닌의 비판에 함의된 **원리**, 즉 마르크스주의의 경향 투쟁과 편향에 대한 진정한 마르크스주의의 **선재성**이라는 원리, 기회주의의 역사에 대한 회고적이고 목적론적인 판단의 가능성을 이끌어내는 원리의 상관항에 불과하다. 이러한 원리가 최소한 레닌의 비판이라는 **형태** 내에서는(하지만 이러한 형태는 역사적으로 규정적일 수 있다[즉 역사에 따라 변화하는 것일 수 있다]), 하나의 관념론적 요소를 레닌 내부로 도입한다고 말해야만 할까? 물론 그렇게 말해야만 한다. 왜냐하면 이 지점에서 모든 사태는 레닌이 마르크스주의에 대한 **자기 자신의** 이데올로기적 개념을 자기 자신에 반해 전도시킴으로써만 카우츠키를 비판할 수 있는 것처럼 진행되기 때문이다. 자기 자신과 함께 자신의 대립물을 포함하는 '정통성orthodoxie'이라는 개념, 오류와 비정통성hétérodoxie 그리고 이단hérésie이라는 개념을 말이다. 결국 레닌의 비판을 이러한 용어 내에서 제시함으로써(하지만 이것이 자신의 내용에 의해 **반박/모순되는**contredit **부차적 측면**이라는 점을 잊지 말자), 우리는 이번에는 레닌 자신이 레닌주의를 하나의 '정통성', 다시 말해 하나의 도그마로 후에 제시될 수 있게 만드는 몇몇 조건들을 스스로 준비했다고 말할 수 있게 된다. 레닌주의에 대한 부르주아 비판가들이 원하듯 레닌의 비판의 **내용** 때문이 아니라(왜냐하면 레닌은 사회민주주의의 배신과 부르주아 이데올로기에 맞서 싸우는 혁명적 당파의 위치/입장을 타협없이 옹호했다는 점에서는 백번 천번 옳았기 때문에), 레닌의 비판이 취하는 이론적 형태 내에 존재하는 **이러한 요소** 때문에(게다가 유일하게 이 요소만으로 인해) 우리는 이렇게 말할 수 있게 된다.

동일한 난점이 또한 노동자운동 자체 내에서의 기회주의라는 상황에 대한 분석과 관련하여, 그러니까 그 **계급적** 본성과 관련하여 등장한다. 우리는 1908년 이래로 레닌이 수정주의를 모순적인 방식으로 특징지었다는 점을 알고 있다. 노동자운동 **내부에서**, 마르크스주의의 '지형 위에서' 존재하는, 하지만 프롤레타리아와 노동자운동의 낯선 물체['이물질'], 부르주아지 혹은 프티-부르주아지의 소유지로 표상되는 **주변적** 영역으로서의 수정주의. (고유하게 '토픽적인_topique') 이러한 문제는 이 문제가 사회민주주의의 고립되고 극단적인 하나의 **분파**가 아니라 사회민주주의 지도자들과 이론가들의 **다수**와 관련될 때, 훨씬 더 커다란 중요성을 갖게 된다. 그렇다면 이러한 레닌의 방향_direction[지도], 대중들의 운동—이 대중들의 운동 곁에서 이 방향은 부르주아지를 공격하는 트로이의 목마 역할을 수행한다—에 '외부적'임과 동시에 '내부적'인 이러한 방향의 모순적 지위를 어떻게 사고해야 하는가라는 질문을 제기해야만 한다. 왜냐하면 이러한 방향은 **일정한 기간 동안**(1870년 혹은 1889년부터 1914년까지) 마르크스주의의 확산, 혁명적 노동자 대중의 **조직화**의 확산에 필수적인 역사적 형태를 표상하기 때문이다. 하지만 지도자들의 기회주의를 대중들의 계급적 본능과 대립시키는 것이 하나의 현실적 모순을 명백히 밝히는 것임에도, 이는 주어진 정세 내에서의 **왜**를 설명하는 것은 아니다. 이러한 모순은 해결 불가능한 것으로 계속 남아 있다.

4) 그러나 나는 이러한 난점들이 그 원리에서는 레닌 자신에 의해 해소되었다고, 혹은 이러한 표현을 더 원한다면, 이 난점들이 레닌의 비판의 **내용** 그 자체에 의거함으로써 우리가 방금 환기시켰던 고립된 정식화들을 '다시 방향짓기_redresser' 위해 관점의 전도를 수행하자마자 사라져버린다고 말하고자 한다. 마찬가지로, 『무엇을 할 것인가?』의 노선 즉 수정주의에 반대하는 투쟁의 노선 위에 서 있는 레닌

에게서 우리는 그의 후계자들에게서 발견할 수 있는 것 전체보다 훨씬 더 **유물론적**이고 동시에 훨씬 더 **변증법적**인 마르크스주의 역사에 관한 하나의 이론의 요소들을 발견할 수 있을 것이다. 이 하나의 이론은 대부분의 마르크스주의자들과 레닌주의자들이 오늘날 이러한 역사를 표상하는 방식보다 더욱 '진전된' 이론이다.

이러한 이론의 기반 위에, 우리는 레닌의 두 가지 상관적 '발견들'을 위치시켜야 한다. 이 두 가지 상관적 '발견들' 각각 모두는 개별적으로 또한 자세하게 연구할 가치가 있다. 하나는 기회주의와 그 변형태의 이론적 원리에 대한 것이고, 다른 하나는 현재 역사의 유물론적 기반에 대한 것이다.

그로 하여금 1908년의 테제들을 조정함으로써 이 테제들을 다시 취할 수 있게 해주는 레닌의 첫 번째 위대한 '발견'은 마르크스 이후 마르크스주의의 역사 내 기회주의의 **근본 형태**가 '수정주의'도 '좌익주의'도 아니며 그 대신 우리가 '**중앙[그 자체]의**du centre **기회주의**—그 극단적 편향들(이 편향들이 마르크스주의에 '교정들corrections'을 빠르게 제시한다는 점에서 즉각적으로 지각되며 또 지각 가능한)은 그 효과와 변형태들을 표상할 뿐이다—라고 부를 수 있는 것이라는 사실이다. 이는 기회주의의 이론적 중핵이 마르크스주의적인 **경제주의** 그 자체 내에, 다시 말해 역사유물론에 대한 비변증법적인 기계론적이고 진화주의적인 해석 내에, 결국 역사유물론의 문제설정의 내적 '전도'—프롤레타리아 독재 **없이** 계급투쟁을 사고하고자 하는, 결국에는 (계급이 계급투쟁의 산물임에도) 계급투쟁 **없이** 계급의 존재를 사고하고자 하는 내적 '전도'—내에 존재한다는 사실이다. 이때부터 수정주의와 좌익주의는 (한 시기 전체에서 마르크스주의의 근본적인 **내적** 편향 그 자체였던) 경제주의의 부차적인, 때로는 역설적인(왜냐하면 수정주의와 좌익주의는 경제주의를 이 경제주의 자체가 이미 포함하고 있는 의지주의 혹은 인간주의와 대립시키기 때문에) 효과들로 나타난다.

레닌의 두 번째 위대한 '발견'은 이 사실을 설명할 수 있게 해준다. 이 두 번째 '발견'은 하나의 잔존 현상으로 혹은 주변적인 것으로 남아 있는 형태하에서가 아니라 자본주의 역사의 현재적인 역사적 국면에 연결되어 있는 하나의 심원한 모순이라는 형태하에서 그 물질적 토대를 보여준다. 추상적으로 말해, 이러한 모순은 마르크스주의 이론이, 노동자운동이 그렇지 않듯, **프롤레타리아** 자신이 그렇지 않듯, 자본주의 사회의 발전과 그 모순들에 **외부적**이지 않다는 점과 관련된다. 스피노자의 표현을 따르자면, 마르크스주의 이론, 노동자운동 그리고 프롤레타리아는 '왕국 속의 왕국' 같은 것이 전혀 아니다. 자본주의 사회의 물질적 모순들은 프롤레타리아 내에서 그리고 프롤레타리아의 조직 내에서, 그러니까 마르크스주의 이론 내에서 (바로 이 이론 내에서 끊임없이 새로운 효과들을 생산해내면서) 반영된다. 이러한 모순으로부터, 항상 레닌은 두 가지 측면을 동시에 지적한다. 우선, 노동자계급 **당파들**—이 당파들은 부르주아 국가에 대항하는 프롤레타리아 계급투쟁에 필수적인 조직들(이는 아나키즘과 자생주의가 무시하는 지점이다)이며 동시에 내부에서부터 부르주아 국가장치의 존재와 형태에 의해 영향 받는[변형되는] 조직들이다—의 존재와 조직에 내재적인 모순.

"우리는 **자본주의 체제 내에서는 부르주아지 지배하**의 기능자[즉 관리자] 없이는 존재할 수 없다. 프롤레타리아는 억압당하고, 노동laborieuses 대중들은 자본주의에 의해 예속된다. 자본주의 체제에서 민주주의는 임금 노예제, 그리고 대중들의 필요[욕구]와 비참이 만들어내는 이러한 환경에 의해 축소되고 억압되며 삭제되고 훼손된다. 바로 이러한 이유 때문에, 그리고 유일하게 바로 이 이유 때문에, 우리의 정치적이고 노동조합적인 조직들 내에서 기능자들은 자본주의적 환경에 의해 부패하게 되며(혹은 더욱 정확히 말해 부패하는 경향을 지니게 되며), 관료로, 다시 말해 대중들로부터 유리되어 이 대중들 **위에** 자리 잡는 특권을 지닌 인물들로 변형되는 경향을 보이게 된다. 그리하여 자본가들이 수탈당하지 않는 한에서, 부르주아지의 지배가 전도되지 않는 한에서, 프롤레타리아의 기능자들 **그 자신들의** 어떠한 '관료제화bureaucratisation'가 불가피해진다."[37]

따라서 기회주의는 프롤레타리아 조직과 당파의 존재 자체와 분리 불가능한 **정치적** 토대를 지니게 된다. 프롤레타리아 당파의 역사는 이러한 모순, 그리고 모순의 효과들과 그 '해결책들'의 역사다. 이를 이해하기 위해서는, 부르주아지의 이데올로기적 국가장치들에 관한 이론을, 이 장치들의 결합 작용jeu concerté과 이 장치들에서 진행되는 계급투쟁에 관한 이론을 만들어야만 한다.

하지만 기회주의는 경제적 토대 또한 지닌다. 제국주의의 시기에, 자본주의의 불균등한 발전, **몇몇** 제국주의 국가들의 집적된 자본에 의한 세계 전체의 분할과 침탈은 노동자계급의 불가피한 **분할**, '노동자 귀족제'의 경향적 형성이라는 결과를 낳았다. 레닌은 자본주의의 불균등한 발전과 세계 전체에 대한 분할과 침탈이 다수의 프롤레타리아에 대한 착취(와 세계 전체의 임금제 바깥 노동자 대중의 프롤레타

---

37   Lénine, *L'État et la Révolution, Œuvres complètes*, 25권, pp. 525~526.

리아화)를 가속화하고 **또한** 본질적으로는 정확히 '선진' 제국주의 국가들—노동자운동은 일차적으로는 바로 이 국가들 내에서 발전된다—에 속하는 소수의 프롤레타리아에 대한 착취를 (자본주의적 축적에 비교해서는 일시적이고 가소로운 수준으로라고 할지라도) 완화하는 경향을 **동시에** 지니게 된다고 지적한다. 바로 이 경향적 분할이 최종적인 수준에서는 그 서로 다른 다양한 형태들하에서의 기회주의의 항구적 토대를 마르크스주의 **내에서** 구성하는 것이며, 이 마르크스주의 내에서 마르크스주의와 노동자운동 사이의 끊임없이 더욱 진전되는 정확히 그 '융합'**으로 인해** 기회주의의 효과들이 생산되는 것이다. 하지만 또한 제국주의의 발전, 그리고 더욱 확장된 차원에서의 계급적대의 악화가 기회주의에 대한 비판, 그리고 혁명적 경향의 강화를 촉발하는 것이기도 하다.

레닌이 그 기초적 요소들을 우리에게 남겨주었던 이러한 설명은 마르크스주의를 마르크스와 엥겔스의 작업(그리고 이들이 우리에게 남겨준 텍스트들) 내에서 한순간에 영원히 **주어지는 것**으로서가 아니라, 마르크스주의가 노동자운동과 맺는 실천적 관계에 의존하는 그리고 그 안에서 부르주아 이데올로기와 프롤레타리아 이데올로기 사이의 투쟁이 (요즘 유행하는 표현을 쓰자면) '마르크스주의에는 낯선étranger' 현상으로서가 아니라, 마르크스주의 발전의 '동력' 그 자체로 지속되는 그러한 중단 없는ininterrompu 과정 내에서 **생산된 것**으로 간주해야한다는 점을 전제한다. 이러한 설명은 유물론적인데, 왜냐하면 이 설명은 이론적 발전의 역사적 토대와 그 변형을 지시하고 분석할 수 있기 때문이다. 또한 이러한 설명은 변증법적인데, 왜냐하면 이 설명은 우리의 객관적 인식의 증대를 표상하는 새로운 언표들의 **생산**과 기존 이론적 언표들(그 미완성 자체로 인해, 이 언표들의 문자 그 자체는 분기하는 해석들을, 하나는 혁명적이고 진보적이며 다른 하나는 수정주의적이고 퇴보적인 해석들을 위한 자리를 내어준다)의 **정정** 사이의 필연적 연결을 보여주기 때문이다. 마찬가지로 이는 변증법적인데, 왜냐하면 이 설명은 **모순**이 특수한spécifiques 형태들로 이론의 발전 내에서 작동하고 있다는 점을 보여주기 때문이다. 또한 이 설명은 마르크스주의의 객관적 **진리**가 그 내적 투쟁의 **기원**에 그리고 이편에[내부에] 있는 것이 아니라 오히려 그 내적 투쟁의 결과라는 점을 보여주기 때문이다. 이와 더불어 결국 이러한 설명은 '도그마주의'(진리는 영원하며 변하지도 않고 변형되지도 않는다는)와 절충주의 혹은 어떤 역사주의(절대적 진리란 존재하지 않으며 '상대적 진리들'만이, 주관적 의견들[억견들 혹은 독사]만이 존재한다는, 달리 말해 진리라는 것은 전혀 존재하지 않는다는) 사이의 딜레마로부터 빠져나오도록 해주기 때문이다. 마지막으로, 이를 통해, 이 설명은 왜 마르크스주의의 역사가 각각의 계기마다 새로운 객관적 발전들에 열려 있는지를 이해할 수 있게 해주기 때문이다.

이러한 개념화를 끝까지 밀어붙여보자. 이는, 경향들 간 갈등 이전에 존재하는 **고정점이 존재하지 않는다**는 **정확히 바로 그 이유 때문에**, 이론과 실천 사이의 관계 내에서 **한순간에 영원히** 그어질 수 있는 **올바른 선**[혹은 노선]이란 존재하지 않는다는 **정확히 바로 그 이유 때문에**, 마르크스주의의 역사 내에서 스스로 그 가치를 확장해나가는s'enrichir 객관적 인식의, '절대적 진리'의 중핵이 존재한다는 점을 의미한다. 왜냐하면 바로 이러한 경향들 간 갈등이 실천이라는 시련을 거친 뒤 올바른 노선을 생산하는 것이기 때문이다. 결과적으로, 마르크스주의의 발전과 그 변형이 수반하는 모든 위험들을 비롯하여, 바로 이 마르크스주의의 발전과 그 변형 이외에 마르크스주의에 대한 충실성이란 존재하지 않는다.

아마도 레닌은 이를 **위와 같이** 분명한 방식으로 말하지는 못했던 것 같다. 하지만 바로 이러한 틀 내에서 레닌의 모든 이론적 활동이 그 현행적en acte[지금도 살아 있는] 증거 자체로 존재하고 있는 것이다. 레닌은 기회주의가 망각하고 그 본성을 왜곡했던 마르크스와 엥겔스의 진정한 이론을 되찾았다고 스스로 주장했다. 하지만 사실은 레닌과 볼셰비키의 행동이, 최초로, 프롤레타리아 독재에 대한 마르크스의 이론(과 이를 제시하는 텍스트들)을 노동자운동의 실천, 그러니까 그 이론적 '의식' 내에 실제적으로 기입했던 것이다. 레닌은 카우츠키를 정정하고, 이러한 정정을 통해 마르크스와 엥겔스에게 무언가quelque chose를, 마르크스와 엥겔스는 실제로 예상할 수 없었던 무언가를 **추가**한다. 레닌은 마르크스와 엥겔스의 혁명적 이론에 대한 정확성과 충실성을, 레닌이 이러한 혁명적 이론을 이론적이고 동시에 정치적인 실천의 결과(처음에는 그 무엇도 이 결과를 보증해주지 않았던 그러한 결과)로 생산하는 바로 그 순간에도, 하나의 선재적 조건으로 지시한다. 왜냐하면 레닌(과 볼셰비키 혁명가들)은 마르크스주의의 역사에서 처음으로(하지만 아마도 마지막으로는 아닐 것이다) 혁명적 정세의 효과들—이 혁명적 정세가 흘러감에 따라 노동자운동의 이론과 실천은 새로운 토대들 위에서 재구성되어야만 한다—을 자신의 것으로 수용했기subissait 때문이다.

오늘날 여전히, [레닌의 시대의 것과는] 매우 다른 형태들하에서 노동자운동은 분열되어 있다. 이 노동자운동의 중심에 기회주의라는 경향들이 존재하며, 따라서 대중들의 운동과 융합하고 있고 앞으로도 융합할 그러한 혁명적 경향들 또한 존재한다. 그 원인들을 분석하는 방법을 인식하고 이 경향들을 (이 경향들 사이의 '타협'을 추구하면서) 절충주의적인 방식으로 다루는 것이 아니라 변증법적인 방식으로 다루는 것, 그것이 바로 우리의 과업이다. 마르크스주의와 노동자운동의 **역사**를 연구하자. 이러한 연구는 현재 우리가 나아가야 할 길을 발견하게 해주는 데에는 충분하지 않을 것이지만, 그럼에도 우리에게 필수적인 이론 내에서의 계급투쟁을 위한 수단들을 제공해줄 것이다.

동지들이여, 생산양식을 잊지 맙시다!
: 영원한 아포리아의 철학자 에티엔 발리바르를 위하여

우리는 보이지 않는 것을 희망하기에 인내심을 가지고 기다립니다.
— 「로마서」 8장 25절

형사: 이제 13년 남았습니다.
검사: 네?
형사: 제 정년퇴임까지요. 그리고 2년 있다가 그 놈이 출소를 해서 또 사람을
죽일 겁니다. 그때 저는 더 이상 형사가 아닐 거고요.
검사: 형사님 생각이 끝까지 틀리면요?
형사: 그럼 차라리 다행이죠.
검사: 뭐가요?
형사: 아, 세상에 나 혼자 바보 되면 그만 아닙니까.
— 김태균 감독의 〈암수살인〉(2018) 중에서

1.

루이 알튀세르와 에티엔 발리바르의 '마르크스주의의 전화' 기
획을 한신대학교 윤소영 교수와 함께 정력적으로 연구하고 소개해

온 충북대학교 서관모 교수의 정년퇴임 기념 대담 「한 마르크스주의 자의 회고」(서관모, 백승욱, 『경제와사회』, 2018년 겨울호)를 통해, 그리고 역시 윤소영 교수의 논문 「마르크스주의의 전화와 한국 사회성격 논쟁의 재출발」(윤소영, 『이론』, 1993년 겨울호)을 통해, 옮긴이는 선배 마르크스주의자들이 어떠한 맥락에서 알튀세르와 발리바르를 수용했는지를, 이론의 힘으로 견뎌내어야만 했던 그 엄혹한 시절을 경험하지 못했음에도 어렴풋이 짐작할 수 있었다.

이 두 글을 통해 이해할 수 있듯, 서관모 교수와 윤소영 교수를 포함한 당대의 알튀세리앵들 혹은 발리바리앵들은 현실 사회주의의 붕괴라는 역사적 대전환기에 마르크스주의를 '부활'시키기 위해 그 당시 한국 지식인들에게는 상당히 이질적이고 심지어는 반동적인 것으로까지 느껴졌을 알튀세르와 발리바르의 마르크스주의 '전화transformation' 기획을 수용했다. 조금 더 정확히 말하자면, 한국의 알튀세리앵들 혹은 발리바리앵들은 마르크스주의의 변종들의 위기가 아니라 마르크스-레닌주의의 위기를, 그리고 더 나아가서는 (마르크스주의의 모순과 공백을 드러냄으로써) 마르크스주의 자체의 위기를 선언하고 마르크스-레닌주의를 포함한 마르크스주의 자체를 쇄신하려 했던 알튀세르와 발리바르의 마르크스주의 전화 기획을 수용했다. 그러나 이러한 수용에서 한국의 알튀세리앵들 혹은 발리바리앵들은 알튀세르 스스로도 부정했지만 그럼에도 그가 자신의 기획 내에 잠재적으로 지니고 있었던, 그리고 발리바르가 알튀세르를 넘어 정면으로 마주했던 마르크스주의 전화의 아포리아까지 이해하고 수용할 수는 없었다. 서관모 교수의 다음과 같은 회고를 참조하자.

저는 발리바르의 이론 작업 등을 통해 마르크스주의의 쇄신 내지 개조가 이루어질 수 있으리라는 희망을 오랫동안 가졌습니다. 그러나 마르크스주의 개조 작업의 한계를 인식한 발리바르는 그것을 넘어 '정치의 개조' 작업으로 이행했습니다. 그는 1990년대 중반 무렵 포스트마르크스주의적 공산주의자로 진화했는데, 그의 포스트마르크스주의에서 마르크스주의는 상대화되고, 알튀세르의 마르크스주의를 포함한 마르크스주의 이론은 중요하기는 하지만 일부분을 구성할 뿐입니다. 레닌주의의 쇄신을 이론적 목표로 삼았던 윤소영이나 저 같은 사람에게 발리바르의 이론적 진화를 따라가는 것은 쉬운 일이 아니었습니다. 오늘날 이론으로서의 마르크스주의는 포스트마르크스주의의 구성 부분으로만 존재할 수 있다는 것을 인식해갔으면서도 그렇습니다. 발리바르의 저작을 계속 번역, 소개하던 윤소영 교수는 2000년대 중반부터 그의 이론들을 선택적으로만 수용했고, 뒤이어 '이윤율의 경제학'으로 집약되는 마르크스주의적이라고 보기 어려운 붕괴론적 입장으로 나아갔습니다. 저는 발리바르를 계속 추수해왔습니다. (서관모, 백승욱, 앞의 글, 376~377쪽)

서관모 교수가 지적하듯, 당대의 알튀세리앵들 혹은 발리바리앵들이 이해했던 알튀세르와 발리바르의 마르크스주의 전화 기획은 마르크스주의의 개조와 레닌주의의 쇄신을 통한 마르크스-레닌주의의 부활 기획이었다. 그렇기 때문에 당대의 알튀세리앵들 혹은 발리바리앵들은 알튀세르에게서 잠재적인 것으로 남아 있던, 그리고 발리바르에게서는 1990년대 초에는 이미 가시화되어 있던, 마르크스주의에 대한 포스트-마르크스주의적인 탈구축 기획을 인지하고 이해하고 수용할 수 없었다. 옮긴이는 선배 마르크스주의자들이 과거에는 벗어날 수 없었던 이러한 '맹목'을, 심지어는 발리바르에 대한 '선택적 수용'을 통해 현재까지도 이어지고 있는 이러한 '맹목'을 전혀 비난하고 싶지 않다. 만일 그랬다면 옮긴이는 1974년 출간된 이 책을, 게다가 1989년 (미완의 결과물이었지만) 이미 국역된 바 있었던 이 책을 구태여 역사 속에서 다시 끄집어내 재번역하지는 않았을 것이다. 마르크스주의자답게 선배들은 알튀세르와 발리바르가 놓여 있던 유럽의 맥락과는 다른 1980~90년대 한국이라는 정세 속에서 자신들만의 이론을 실천했고, 그로 인해 필연적으로 알튀세르와 발리바르의 철학에 대한 '선택적 수용'을 행할 수밖에 없었다. 선배들이 1980~90년대에 행했던 이러한 수용은 지식사회학의 관점에서 오늘날 다시 연구해야 할, 포스트-식민주의적 서구이론 수용의 탁월한 하나의 예시로 남아 있다.

그러나 발리바르가 지적하는 현실적 보편성, 혹은 쉽게 말해 세계화가 (불균등한 방식으로라고 할지라도) 지구 끝까지 지배하게 된 지금, 그래서 프랑스 학계와 한국 학계 사이의 시차가 거의 존재하지 않는 지금, 우리는 매우 역설적이게도 바로 그 당시의 발리바르가 한국의 알튀세리앵들 혹은 발리바리앵들과는 정반대의 방향으로 나아가는 작업을 수행하고 있었다는 점을 깨닫게 되었다. 옮긴이가 발리바르의 최근 논문 4편, 그리고 마르크스주의를 대상으로 수행해왔던 자신의 작업을 회고하는 새로운 서문과 함께 번역해 소개한 발리바르의 『마르크스의 철학』(에티엔 발리바르 지음, 배세진 옮김, 오월의봄, 2018)을 통해 알 수 있듯, 이미 1990년대부터 발리바르의 마르크스주의에 대한 포스트-구조주의적인 '탈구축déconstruction' 작업은 시작되고 있었다. 발리바르에게 마르크스주의에 대한 transformation은 더 이상 실정적인 무언가를 형성해내기 위한 '전화'가 아니었으며, 그렇기 때문에 이 '전화'라는 번역어가 지금은 '변형'이라는 번역어로 대체되어 역사 속으로 사라졌듯, 자신의 이론 또한 (알튀세르가 철학의 전화 혹은 변형에 대해 말했던 것과 평행하게) 완전히 다른 부정적인 무언가로 변형되어야만 했다. 매우 역설적이게도 선배들의 작업으로 인해 우리 세대가 정확히 파악할 수 있게 된 이러한 발리바르적 맥락에서 출발해, 이 짧은 후기에서 옮긴이는 생산양식이라는 낡디 낡은 개념으로까지 나아가보고자 한다.

2.

이 책은 루이 알튀세르, 에티엔 발리바르, 자크 랑시에르, 피에르 마슈레, 로제 에스타블레의 집단 작업으로 1965년 출간된 『'자본'을 읽자』(이 저서의 국역본은 연구자 진태원, 안준범, 김은주, 배세진의 공동 번역으로, 그리고 이미 웹진 Périodes에 공개된 발리바르의 『'자본'을 읽자』의 새로운 서문에 대한 옮긴이의 번역과 함께, 도서출판 그린비에서 2020년 안에 출간될 것이다)의 재판에서 랑시에르, 마슈레, 에스타블레의 저술들이 빠지면서 이를 보충하기 위해 (알튀세르의 사실상의 감독과 승인하에) 1974년 출간된 것이다. 이로써 이 책은 『마르크스를 위하여』와 『'자본'을 읽자』로 대표되는 알튀세르의 마르크스주의 '전화' 기획을 완성(하면서도 동시에, 이미 위에서 지적했듯, 이 완성을 미완성으로 탈구축)하는 의미를 지닌다. 자신의 논문인 「마르크스주의의 전화와 한국 사회성격 논쟁의 재출발」에서 윤소영 교수가 증언하듯, 그리고 옮긴이가 만나온 선배들이 증언하듯, 이 책의 1989년 번역본은 이병천 교수(2018년 강원대학교 경제학과 교수 퇴임)가 자신의 연구팀과 함께 일본어 번역본을 갖고 중역하여 이해민이라는 필명으로 출간한 것이다. 영역본도 존재하지 않았던(그리고 현재에도 존재하지 않는) 이 책을 읽기 위해 프랑스어를 공부하게 되었다고 어딘가에서 윤소영 교수가 증언하듯, (알튀세리앵과 발리바리앵을 포함하여) 당대의 마르크스주의 자들에게 이 책은 마르크스주의를 스탈린주의적 교조화로부터 탈출할 수 있게 만듦으로써 마르크스주의를 '개조'하고 마르크스-레닌주의를 '부활'시키기 위해 필요불가결한 사유의 도구상자였다.

하지만 이러한 정세적 맥락으로 인해, 1989년 번역본에서는 포스트-마르크스주의자인 옮긴이가 보기에 이 책의 결론이라고 할 수 있는, 1997년 『대중들의 공포』(에티엔 발리바르 지음, 서관모, 최원 옮김, 도서출판b, 2007)의 3부 4장 「정치와 진리」에서의 발리바르의 충격적인 결론(마르크스주의는 '진리'가 아니며 진리'효과'만을 생산할 뿐이라는)을 이미 예상하고 있는, (오늘날에는 전혀 읽히지 않고 있거나 교조주의적인 방식으로만 읽히고 있는 레닌을 대상으로 취해 프롤레타리아 독재라는 정치가 왜 끊임없이 '진리'에 도달하지 못하고 진리'효과'만을 생산하고 마는지를 포스트-구조주의의 진리관과 매우 유사한 방식으로 하지만 그럼에도 마지막까지 레닌에 준거한다는 점에서 본서가 놓여 있는 마르크스주의와 포스트-구조주의의 사잇길을 백일하에 드러내 보여준다는 점에서) 이 책의 핵심이자 백미인 5장을, 그리고 2019년 현재 한국에서 너무나 탁월한 현재성을 지니며 1990년대 이후 발리바르의 '관국민적 시민권la citoyenneté transnationale'에 대한 철학적 성찰의 맹아를 보여주는 3장의 부록을 번역에서 제외시켰다. 어떠한 알 수 없는 사정에 의해 어쩔 수 없이 5장과 3장의 부록이 번역에서 누락된 것이든, 옮긴이의 짐작대로 선배들이 '용납'할 수 없었기에 이 5장과 3장의 부록이 번역에서 누락된 것이든, 그 자체로 이러한 누락은 우리 세대가 앞으로 해명해나가야 할 증상이며 또한 지식사회학의 연구대상이다.

앞에서 이미 지적했듯 옮긴이는 이러한 누락을, 선택적 수용을, 포스트-식민주의적인 '정세 속에서 철학하기'를 비난할 의도는 전혀 없으며 또한 비난해서도 안 된다고 생각한다. 하지만 이미 우리는 1980~1990년대를 통과했다. 1997~2006년의 너무나도 기만적이었던 좌파-신자유주의의 시대를 지나 우리는 또 다른 기만의 시대로 들어섰다. 이매뉴얼 월러스틴과 조반니 아리기의 이론적 작업으로 대표되는 세계체계 분석의 주장대로 심지어 우리는 전지구적 금융자본에 의한 신자유주의적 금융세계화라는, 1980~1990년대보다 훨씬 더 복잡한 현실적 보편성의 상황 속에 놓이게 되었다. 이 책의 2장 「『공산주의자 선언』의 정정」에서 개진된 '정치의 새로운 실천'이라는 개념을 발전시킨 '종언 없는 정치'라는 발리바르의 개념이 무안하게 우리 마르크스주의자들은 '정치의 종언' 앞에서 에르네스토 라클라우와 샹탈 무페의 좌파 포퓰리즘에 대한 논의로까지 후퇴했다.

우리가 놓여 있는 이러한 새로운 맥락 속에서, 그러니까 좌파 포퓰리즘에서부터 정치를 시작할 수밖에 없는 이러한 절박한 맥락 속에서, 오늘의 우리는 더 이상 이 책의 1989년 국역본의 수준에 머무를 수는 없다. 옮긴이가 『마르크스의 철학』의 번역을 통해 간접적으로 주장했듯, 우리 앞에는 이제 발리바르가 알튀세르의 길을 따라감으로써 1990년대에 도달했던 포스트-마르크스주의의 아포리아를 진지하게 '용납'해야만 하는 과제가 놓이게 되었다. 마르크스, 엥겔스, 레닌, 마오(심지어 스탈린), 그리고 알튀세르와 발리바르를 넘어서, 이제는 조르조 아감벤, 안토니오 네그리, 질 들뢰즈, 펠릭스 가타리, 자크 데리다, 슬라보예 지젝, 미셸 푸코, 자크 랑시에르, 알랭 바디우로 대표되는 포스트-구조주의를 (서관모 교수의 증언에 따르면) 과거 윤소영 교수가 보여주었던 '이론적 능력과 에너지'를 갖고 정력적으로 '용납'해야만 한다.

마르크스주의와 포스트-구조주의 사이에서 포스트-마르크스주의만의 길을 개척하기 위해, 옮긴이에게는 이 낡디 낡은 저작을 너무나도 세련된 5장(그리고 3장 부록)의 번역과 함께 복간하는 것이 필요불가결한 과제로 보였다. 어느 글에서 서관모 교수가 지적한 바 있듯 자신의 정치에 대한 포스트-마르크스주의적 관점을 이미 아주 살짝 보여주고 있는 발리바르의 또 다른 저서 『프롤레타리아 독재에 관하여』와 함께, 이 책은 대나무와 같이 너무나 유연해서 결국 지금까지도 부러지지 않은 발리바르의 작업의 이론적 힘이 도대체 어디에 있는지 보여주는 저서다. 『민주주의와 독재』라는 제목으로 이미 국역된 바 있으나 이제는 잊혀진, 하지만 알튀세르의 유고집 『검은 소』(루이 알튀세르 지음, 배세진 옮김, 생각의힘, 2018)와 함께 반드시 병치해 독해해야만 하는 『프롤레타리아 독재에 관하여』의 복간 또한 독자들에게 약속하면서, 옮긴이는 이 책(그리고 앞으로 복간하고자 하는 『프롤레타리아 독재에 관하여』)이 한국 마르크스주의가 한 그루의 대나무와 같이 너무나도 유연해서 절대 부러지지 않는 그러한 이론과 사상이 되어 노동자운동과 하나가 될 수 있도록 하는 데에 기여할 수 있기를 진심으로 바란다.

3.

그럼에도 불구하고 옮긴이의 이러한 작업이 무의미한 것이라면 어떨까? 지금으로부터 45년 전인 1974년에 출간된, 그리고 서문에서 확인할 수 있듯 잉여가치와 프롤레타리아 독재라는 낡디 낡은 개념을 발전시키기 위해 쓰인 이 책이 지금 우리에게 아무 쓸모 없는 것이라고 누군가 주장한다면 옮긴이는 무어라 대답해야 할까? 〈암수살인〉에서 김형민 형사가 했던 것과 동일한 말을 할 수밖에 없을 것 같다. 차라리 다행이라고. 우리에게 포스트-구조주의만으로 충분하다면, '교조적' 마르크스주의자로서 테리 이글턴이 힐난했던 포스트모더니즘의 주장대로 현실이 '환상'과 '악몽'에 불과하다면, 차라리 다행이라고. 지금도 '위험의 외주화'로 인해 죽어나가는 수많은 노동자들에게 가해지는 폭력이, 다름 아닌 오직 마르크스주의만이 강한 의미에서 설명할 수 있는 계급적 착취가 아니라면, 그래서 이 노동자들의 죽음의 행렬이 일화적인 지엽적 예외에 불과하다면, 차라리 다행이라고. 저자인 발리바르 자신마저 프랑스에서 복간하지 않고 있으며 영어권에서는 번역 출판된 적도 없는 이 오래된 책을 번역한 옮긴이 혼자 바보 되면 그만이니까.

다만 이미 우리 모두 알고 있듯 현실은 '환상'과 '악몽'이면서도 동시에 그렇지 않으니까, 그러니까 한번 바보가 되어보는 한이 있어도 포스트-구조주의에 머무르지 말고 이를 마르크스주의와 접목시켜서(혹은 누구의 표현대로 '비역질'시켜서) 포스트-마르크스주의로까지 나아가보자. 좌파 포퓰리즘에서부터 출발할 수밖에 없다고 해도, 거기에 머무르지 말고 프롤레타리아 독재로까지 나아가보자. 옮긴이는 다시 한 번 바보가 될 위험을 무릅쓰고 『프롤레타리아 독재에 관하여』를 재번역해 복간하겠다고 독자들에게 약속하면서, 마르크스주의가 포스트-마르크스주의라는 대나무가 되기를, 너무나도 유연해서 절대 부러지지 않고 잉여가치와 프롤레타리아 독재라는 개념을 지키는 그런 한 그루의 나무가 되기를 재차 기원한다.

4.

『검은 소』의 한국어판 해제에서 진태원 교수가 이미 지적했듯, 프롤레타리아 독재는 '필연적이면서도 불가능한 것'이다. 옮긴이가 이미 본문에서 언급했고 한국어로 번역해 소개했듯, 발리바르는 아주 최근, 그러니까 2018년에도 잉여가치에 관한 논문을 집필하면서 마르크스주의에 대한 연구를, 아니 더 정확히 말하자면 (네그리 등과의 '비역질'을 통해) 포스트-마르크스주의에 대한 연구를 계속 심화시키고 있다. 하지만 이 잉여가치 개념에 대한 연구와는 비대칭적으로, 발리바르는 '정치의 종언'이 아닌 '종언 없는 정치'를 주장하면서, 그러니까 정치의 아포리아를 사유하면서 프롤레타리아 독재를 명시적으로 포기한 것으로 보인다. 그러나 이는 옮긴이의 생각에 발리바르의 작업에 대한 피상적 독해에서 생산되는 오해인 것으로 보인다. 발리바르가 이 책의 서문에서 지적하듯 잉여가치와 프롤레타리아 독재는 이론 내적으로 결합되어 있는 것이기 때문에 하나를 취하고 다른 하나를 포기할 수는 없다. 옮긴이는 그렇기 때문에 진태원 교수가 프롤레타리아 독재를 '불가능한 것'이라고 단정하지 않고 굳이 '필연적이면서도 불가능한 것'으로 규정했다고 생각한다.

　이 책의 2장에서 발리바르가 정치하게 설명하듯, 마르크스는 1871년의 파리코뮌을 거치면서 정치의 아포리아와 마주해 정치의 종언이라는 통념을 정치의 새로운 실천이라는 개념으로 변형하고 이 정치의 새로운 실천이라는 개념을 프롤레타리아 독재라는 개념으로 요약한다. 하지만 발리바르는 이 정치의 새로운 실천과 프롤레타리아 독재 사이에서 또 다시 아포리아를 발견하고 결국 프롤레타리아 독재 개념에 대한 폐기로까지 나아간다. 하지만 옮긴이의 생각에 이는 발리바르가 프롤레타리아 독재의 미망에서 벗어나 (잉여가치에 대한 논의와는 아무런 관계도 없는) 좌파 포퓰리즘으로 나아가야 한다고 주장하는 것이 아니다. 이는 최근 발리바르의 정세적 작업에 대한 편협한 독해를 통해 발리바르를 한 명의 포스트-구조주의자로 환원하는 독해 방식이다.

　오히려 옮긴이는 발리바르가 좌파 포퓰리즘의 아포리아를 찾아나가는 식으로 대항-포퓰리즘을 주장하는 것에서 알 수 있듯, 프롤레타리아 독재를 폐기하면서도 잉여가치 개념과의 관계 속에서 (정치의 세 개념인 해방, 변형, 시민다움 모두를 동시에 사유함으로써) 정치를 좌파 포퓰리즘의 논의보다는 더욱 복잡한 방식으로 사고하기 위해 아포리아와 마주해 단 한 발자국도 물러서지 않고 있다고 생각한다. 잉여가치 개념으로 인해 '불가능하면서도 필연적인 것'인 프롤레타리아 독재의 아포리아를 마지막까지 사유하기 위해, 발리바르는 정치의 세 개념에 대한 논의를 통해, 특히 변형의 정치에 대한 논의를 통해 여전히 프롤레타리아 독재를 이야기하고 있는 것이다. 이 책에서 잉여가치와 프롤레타리아 독재를 서로 연결시켜주는 마르크스주의적 개념이 바로 생산양식이기에, 옮긴이는 동지들에게 '결코 계급투쟁을 잊지 말자'고 호소했던 알튀세르를 따라, 세상 바보가 되는 한이 있더라도 다음과 같이 말하고자 한다. '동지들이여, 생산양식을 잊지 맙시다!' 선생이자 선배인 서관모 교수가 후배들에게 해주는 다음의 말로 쓸데없이 조금은 길었던 옮긴이 후기를 마치고자 한다.

비판사회학도들에게는 사회적 현실에 대한 긴박한 분석의 과제들이 산적해 있고 이러한 분석들 대다수는 실증주의에 입각해서도 훌륭히 수행될 수 있습니다. 그러나 더 비판적이기 위해서 여기서 더 나아가야 합니다. 마오의 말처럼 조사 없이는 발언권도 없으며, 이 점에서 저는 발언권 없는 사회학도입니다. 그럼에도 저는 비판사회학도들이 철학을 철학도들에게만 맡기지 말고 자신의 작업 속에서 실천하기를 희망합니다. (앞의 글, 382~383쪽)

5.

부족하지만 이 번역본을 태안화력발전소의 고故 김용균 씨의 영전에 바칩니다.

2019년 10월 서울에서
배세진

찾아보기 (키워드·인명·서명)

인명

서명

역사유물론 연구

1판 1쇄 2019년 12월 13일
1판 2쇄 2023년 3월 20일

지은이 에티엔 발리바르
옮긴이 배세진
펴낸이 김수기

펴낸곳 현실문화연구
등록 1999년 4월 23일 / 제25100-2015-000091호
주소 서울시 은평구 불광로 128 302호
전화 02-393-1125 / 팩스 02-393-1128 / 전자우편 hyunsilbook@daum.net
ⓑ hyunsilbook.blog.me　ⓕ hyunsilbook　ⓘ hyunsilbook

ISBN 978-89-6564-244-2 (03100)

이 도서의 국립중앙도서관 출판예정도서목록(CIP)은
서지정보유통지원시스템 홈페이지(http://seoji.nl.go.kr)와
국가자료종합목록 구축시스템(http://kolis-net.nl.go.kr)에서 이용하실 수 있습니다.
(CIP제어번호: CIP2019044701)

Cet ouvrage, publié dans le cadre du Programme d'aide à la Publication Sejong,
a bénéficié du soutien de l'Institut français de Corée du Sud.
이 책은 주한프랑스문화원 세종 출판번역지원프로그램의 도움으로 출간되었습니다.